DEUS
UMA BIOGRAFIA

JACK MILES

DEUS
UMA BIOGRAFIA

Tradução
José Rubens Siqueira

COMPANHIADEBOLSO

Copyright © 1995 by Jack Miles

Grafia atualizada segundo o Acordo Ortográfico da Língua Portuguesa de 1990, que entrou em vigor no Brasil em 2009.

Título original
God: A biography

Capa
Jeff Fisher

Preparação
Carlos Alberto Inada

Revisão
Marcelo D. de Britto Riqueti
Renato Potenza Rodrigues

Índice remissivo
Pedro Carvalho

Dados Internacionais de Catalogação na Publicação (CIP)
(Câmara Brasileira do Livro, SP, Brasil)

Miles, Jack
  Deus : uma biografia / Jack Miles ; tradução José Rubens Siqueira. — São Paulo : Companhia das Letras, 2009.

  Título original: God: A biography.
  ISBN 978-85-359-1419-7

  1. Bíblia (Literatura) 2. Bíblia. A. T. — Crítica e interpretação 3. Deus — Ensinamento bíblico I. Título.

09-01388 CDD-231.042

Índice para catálogo sistemático:
1. Deus : Conhecimento : Teologia dogmática cristã 231.042

2009

Todos os direitos desta edição reservados à
EDITORA SCHWARCZ LTDA.
Rua Bandeira Paulista, 702, cj. 32
04532-002 — São Paulo — SP
Telefone: (11) 3707-3500
Fax: (11) 3707-3501
www.companhiadasletras.com.br

Para Jacqueline e para Kathleen

*Vem o espírito ao vazio em que me debato,
guia-me e escrevo: "No princípio, era o Ato".*
GOETHE

SUMÁRIO

Nota do tradutor *9*
Programa — *A imagem e o original* *11*

1. PRELÚDIO — Pode-se escrever a vida de Deus? *16*

2. GERAÇÃO *37*
    Criador *Gênesis, 1-3* *40*
    Destruidor *Gênesis, 4-11* *54*
    Criador/Destruidor *Gênesis, 12-25:11* *65*
    Amigo da família *Gênesis, 25:12-50:18* *90*

3. INTERLÚDIO — O que torna Deus divino? *113*

4. JÚBILO *126*
    Liberador *Êxodo, 1:1-15:21* *129*
    Legislador *Êxodo, 15:22-40:38* *144*
    Suserano *Levítico, Números, Deuteronômio* *166*

5. TRIBULAÇÃO *195*
    Conquistador *Josué, Juízes* *199*
    Pai *Samuel* *206*
    Árbitro *Reis* *228*

6. INTERLÚDIO — Deus erra? *239*

7. TRANSFORMAÇÃO *248*
    Algoz *Isaías, 1-39* *258*
    Santo *Isaías, 40-66* *279*

8. INTERLÚDIO — Deus ama? *300*

9. RESTAURAÇÃO *319*
   Esposa *Ageu, Zacarias, Malaquias* *323*
   Conselheiro *Salmos* *343*
   Fiador *Provérbios* *365*

10. CONFRONTO *381*
    Satanás *Jó* *386*

11. OCULTAÇÃO *412*
    Adormecido *Cântico dos Cânticos* *418*
    Espectador *Rute* *425*
    Recluso *Lamentações* *431*
    Enigma *Eclesiastes* *437*

12. INCORPORAÇÃO *444*
    Ausência *Ester* *446*
    O Ancião dos Dias *Daniel* *455*
    Livros *Esdras* e *Neemias* *466*
    Rondó perpétuo *Crônicas* *489*

13. POSLÚDIO — Deus perde o interesse? *497*

Agradecimentos *513*
Apêndice — *Os livros do Tanach* *515*
Notas *517*
Índice remissivo *545*
Sobre o autor *557*

NOTA DO TRADUTOR

Por razões que ficam esclarecidas no corpo do texto, Jack Miles utilizou como base e referência deste seu trabalho o Tanach, a Bíblia hebraica, que se distingue do Antigo Testamento, primeira parte da Bíblia cristã, pelo ordenamento diferente dos livros que compõem ambas as obras.

Seria natural utilizar a mesma fonte de referência para esta tradução. Porém a primeira versão completa do Tanach para o português do Brasil está ainda em elaboração, sem data prevista para publicação. Apenas o *Livro de Moisés* (o Pentateuco, composto pelos primeiros cinco livros da Bíblia: *Gênesis, Êxodo, Levítico, Números* e *Deuteronômio*) foi traduzido e editado no Brasil.

Como *Deus: uma biografia*, abrange a totalidade do Tanach, citando abundantemente o texto bíblico, esta tradução perderia unidade caso se utilizasse essa versão judaica para os primeiros cinco livros e outra, cristã, para o restante.

A solução foi tomar como fonte de referências uma tradução cristã do Antigo Testamento, recurso que em nada compromete a fidelidade ao original de Jack Miles, uma vez que, a despeito da ordem diferente, o conteúdo de cada livro individual é idêntico nas Bíblias hebraica e cristã.

A escolha da tradução de João Ferreira de Almeida prende-se a questões exclusivamente literárias: tão preciso e rigoroso quanto outros textos disponíveis no mercado, o de João Ferreira de Almeida é o que mais se aproxima da áspera e arcaica poesia do original.

INDICAÇÕES BIBLIOGRÁFICAS

Obras mencionadas

A Bíblia sagrada — *Antigo e Novo Testamento*. Trad. João Ferreira de Almeida. Rio de Janeiro, Sociedade Bíblica do Brasil, s. d.

O livro de Moisés (ou *Pentateuco*). Trad. Meir Matzliah Melamed. Rio de Janeiro, Templo Israelita do Brasil Ohel Iaacov, 1962.

Outras traduções disponíveis no mercado

Bíblia de Jerusalém. Corpo de tradutores, corpo de revisores exegetas, corpo de revisores literários. São Paulo, Sociedade Bíblica Católica Internacional e Paulus Ed., s. d.

Bíblia sagrada. Corpo de tradutores. São Paulo/Petrópolis, FTD/Vozes, 1982.

Bíblia. Corpo de tradutores. São Paulo, Loyola, 1989.

Bíblia. Trad. Ivo Storniolo, Euclides Martins Balancin e José Luiz Gonzaga do Prado. São Paulo, Sociedade Bíblica Católica Internacional e Paulus Ed., 1990.

A Bíblia. Tradução dos originais mediante a versão dos monges de Maredsous (Bélgica), pelo Centro Bíblico Católico, revista por frei João Pedreira de Castro. São Paulo, Ed. Ave Maria, 1996.

A Bíblia. Tradução da Vulgata pelo padre Matos Soares. São Paulo, Paulinas, 1989.

José Rubens Siqueira
São Paulo, julho de 1996

PROGRAMA
A imagem e o original

Deus criou o homem, macho e fêmea, à sua própria imagem: isso é uma questão de fé. Durante séculos, nossos antepassados esforçaram-se para se aperfeiçoar à imagem de Deus: isso é uma questão histórica. Durante os longos séculos em que o Deus dos judeus e dos cristãos constituiu a realidade última do Ocidente, europeus e, mais tarde, americanos procuraram conscientemente nele se moldar. Acreditavam que conseguiriam transformar a si mesmos em cópias melhores do original divino, e empenharam-se diligentemente nessa tarefa. *Imitatio Dei*, a imitação de Deus, constituía categoria central da piedade hebraica. A imitação de Cristo, Deus feito homem, era igualmente central para os cristãos.

Muita gente no Ocidente não acredita mais em Deus, mas a crença perdida, assim como uma fortuna perdida, tem efeitos duradouros. Um jovem que cresce na riqueza pode, quando atinge a maioridade, doar toda a sua fortuna e viver na pobreza. Seu caráter, porém, continuará sendo o de um homem criado na riqueza, uma vez que não pode livrar-se de sua história. De forma semelhante, séculos de rigorosa moldagem do caráter à imagem de Deus criou um ideal de caráter humano que ainda hoje é forte, mesmo que para muitos seus fundamentos tenham sido removidos. Quando ocidentais encontram uma cultura com ideais diferentes, quando dizemos, por exemplo: "Os japoneses são diferentes", descobrimos, indiretamente, quão estranho e duradouro é nosso próprio ideal, a ideia que herdamos de como deve ser um ser humano. Em inúmeros aspectos externos, o Japão e o Ocidente passaram a se parecer. Os japoneses comem carne vermelha; os ocidentais comem *sushi*. Os japoneses usam ternos; o *quimono* passou a fazer parte do vocabulário ocidental.

No entanto, persiste uma profunda diferença, pois o Japão usava um espelho religioso-cultural diferente durante os séculos em que o Deus da Bíblia serviu de espelho para o Ocidente. Este livro sobre Deus procura colocar o espelho bíblico, limpo e polido, nas mãos do leitor.

Para os não-ocidentais, o conhecimento do Deus venerado no Ocidente abre uma via direta para o cerne e para a origem do ideal ocidental de caráter. Para os próprios ocidentais, um conhecimento aprofundado desse Deus pode servir para tornar conscientes e sofisticadas coisas que permanecem inconscientes e ingênuas. De certa forma, somos todos imigrantes do passado. E assim como um imigrante que retorna, depois de muitos anos, à terra onde nasceu pode enxergar seu próprio rosto no rosto de estranhos, assim também o leitor ocidental moderno, secular, pode sentir um tremor de reconhecimento na presença do antigo protagonista da Bíblia.

Como pode um não-crente chegar à presença de Deus? De geração em geração, o judaísmo e o cristianismo transmitiram seu conhecimento de Deus de diversas maneiras. Para poucos, existiam e ainda existem as exigentes e às vezes esotéricas disciplinas do ascetismo, do misticismo e da teologia. Para muitos, existe, o que talvez seja notável, um livro que tanto o crente como o não-crente podem abrir e ler. O conhecimento de Deus como personagem literário não impede nem exige a crença em Deus, e é esse tipo de conhecimento que o livro que está em suas mãos tenta intermediar.

Os filósofos da religião afirmam às vezes que todos os deuses são projeções da personalidade humana, e pode ser que isso seja verdade. Mas nesse caso devemos ao menos reconhecer o fato empírico de que muitos seres humanos, ao invés de projetarem as suas personalidades em deuses criados inteiramente por eles próprios, preferiram introjetar — imprimir em si próprios — as projeções religiosas de outras personalidades humanas.

É por isso que a religião desperta tamanha fascinação, inveja e (às vezes) raiva em escritores e críticos literários que se dedicam demais ao assunto. A religião — a religião ocidental em particular — pode ser considerada como uma obra literária mais bem-sucedida do que qualquer autor ousaria sonhar. Qualquer personagem que "ganhe vida" numa obra de arte literária exerce algum grau de influência sobre as pessoas reais que leem essa obra. O *Dom Quixote*, de Miguel de Cervantes, obra em que o personagem-título toma por modelo a literatura popular de sua época, traça um retrato cômico e pungente desse processo em ação. Cervantes sem dúvida meditou sobre a influência que sua própria obra viria a ter, e mostra o seu Dom Quixote "real" encontrando pessoas que conhecem um personagem literário com esse mesmo nome. Em nossos dias, milhões de pessoas misturam a vida real dos artistas de cinema com suas vidas fictícias, e atribuem a essa combinação uma importância maior do que a que concedem a qualquer ser humano real que de fato conheçam, sofrendo as melancólicas consequências dessa atitude. Sua carne é triste, sim, e elas assistiram a todos os filmes.

Nenhum personagem, porém — no palco, na página ou na tela —, jamais teve o sucesso que Deus sempre teve. No Ocidente, Deus é mais que um nome familiar; ele é, queira-se ou não, um membro virtual da família ocidental. Pais que não querem saber dele não conseguem impedir que seus filhos venham a conhecê-lo, pois não só todo mundo já ouviu falar dele, como todo mundo, mesmo hoje em dia, tem algo a dizer a seu respeito. O dramaturgo Neil Simon publicou há alguns anos uma comédia, *God's favorite*, inspirada no *Livro de Jó* da Bíblia. Das pessoas que assistiram à peça, poucas haviam lido o livro bíblico, mas isso não era preciso: já sabiam bem como era Deus para poderem entender as piadas. Se nada for sério, nada será engraçado, escreveu Oscar Wilde. De onde veio a imagem de Deus que os espectadores da Broadway tinham em mente ao rirem da peça de Simon?

Veio inteiramente da Bíblia e, em termos mais especificamente humanos, daqueles que escreveram a Bíblia. Aos olhos da fé, a Bíblia não é só um conjunto de palavras *sobre* Deus, é também a Palavra *de* Deus: Ele é seu autor e seu protagonista. Não importa se os antigos autores da Bíblia inventaram Deus ou meramente registraram as revelações de Deus sobre si mesmo: sua obra atingiu, em termos literários, um estrondoso sucesso. Ela vem sendo lida em voz alta, toda semana, há 2 mil anos, para plateias que a recebem com total seriedade, procurando conscientemente assimilar ao máximo a sua influência. Sob esse aspecto, não tem paralelos na literatura ocidental e provavelmente em nenhuma outra literatura. O Corão vem imediatamente à cabeça, mas os muçulmanos não consideram o Corão como literatura: essa obra ocupa, para eles, um nicho metafísico todo próprio. Os judeus e cristãos, ao contrário, mesmo reverenciando a Bíblia como algo mais que mera literatura, não negam que ela é *também* literária e concordam, em geral, que ela pode ser assim apreciada sem blasfêmia.

A apreciação religiosa da Bíblia coloca como foco central e explícito a bondade de Deus. Judeus e cristãos adoram Deus como origem de toda virtude, fonte de justiça, sabedoria, misericórdia, paciência, força e amor. Mas implícita e perifericamente foram se acostumando — e depois, ao longo dos séculos, também se apegando — a algo que podemos chamar de ansiedade de Deus. Deus é, como procurarei demonstrar neste livro, um amálgama de diversas personalidades num único personagem. A tensão entre essas personalidades faz com que Deus seja difícil, mas faz também que seja atraente, e até mesmo viciante. Ao emular conscientemente suas virtudes, o Ocidente assimilou de modo inconsciente essa tensão entre unidade e multiplicidade. No fim das contas, apesar do desejo que os ocidentais às vezes manifestam de um ideal humano mais simples, menos ansioso, mais "centrado", as únicas pessoas que achamos satisfatoriamente reais são aquelas cujas identidades contêm diversas subidentidades aglomeradas num todo. Quando nós, ocidentais, procuramos nos conhecer pessoalmente, é isso que procuramos descobrir uns sobre os outros. Na cultura ocidental, a incongruência e o conflito interno não são apenas permitidos, chegam quase a ser exigidos. Pessoas meramente capazes de desempenhar vários papéis não correspondem a esse ideal. Elas têm personalidade — ou um repertório de personalidades — mas não têm caráter. Pessoas simples sem complicações, que sabem claramente quem são e assumem um papel determinado sem relutar, também não correspondem a esse ideal. Podemos admirar sua paz interior, mas no Ocidente jamais as imitaremos. Centradas ou centradas demais, elas têm caráter, mas pouca personalidade. Entediam-nos como nós mesmos nos entediaríamos se fôssemos como elas.

Tornamos as coisas assim tão difíceis para nós mesmos porque nossos antepassados viam a si próprios como imagem de um Deus que, na verdade, havia complicado as coisas para si mesmo de maneira semelhante. O monoteísmo reconhece um único Deus: "Ouvi, ó Israel, o Senhor é nosso Deus, o Senhor é um". A Bíblia insiste na unidade de Deus mais do que em qualquer outra coisa. Deus é a Rocha das Idades, a integridade em pessoa. E, no entanto, esse mesmo ser combina diversas personalidades. Mera unidade (caráter apenas) ou mera multiplicidade (personalidade apenas) seriam bem mais fáceis. Mas ele é ambas as coisas e assim a imagem do humano que dele deriva exige ambas as coisas.

É estranho dizer isso, mas Deus não é nenhum santo. Muitas objeções podem ser feitas a seu respeito e já houve várias tentativas de melhorá-lo. Muitas coisas que a Bíblia diz a seu respeito raramente são pregadas no púlpito porque, se examinadas mais de perto, seriam um escândalo. Mas, mesmo que só parte da Bíblia seja ativamente pregada, nenhuma de suas partes é contestada. Em qualquer página da Bíblia, Deus continua sendo o que sempre foi: o original da Fé de nossos Pais, cuja imagem ainda vive dentro de nós como um ideal secular difícil mas dinâmico.

1. PRELÚDIO
Pode-se escrever a vida de Deus?

PODE-SE AFIRMAR que um personagem literário vive uma vida que começa com o nascimento e vai até a morte ou que, ao contrário, sofre apenas um desenvolvimento do começo até o fim da obra? Ou será que um personagem literário — fixado nas páginas de um livro, preso para sempre nas mesmas poucas palavras e ações — é o oposto de um ser humano vivo, em desenvolvimento?

Para William Kerrigan, o embate entre essas duas posições moldou todo um século de crítica ao *Hamlet*, e ele chama os dois grupos opostos de críticos e acadêmicos. Os críticos, diz ele, dominantes no começo do século XX, acreditavam no personagem. Acreditavam que para falar sobre *Hamlet*, a peça, era preciso falar sobre Hamlet, o homem: o que ele dizia, o que fazia, e como se transformava no tempo decorrido entre sua primeira e sua última palavra no palco. Os acadêmicos, dominantes no meio desse século, tomavam como lema a própria fala de Hamlet: "A peça é o que interessa". Eles acreditavam que empiricamente nunca existiu um Hamlet, mas apenas as palavras de Shakespeare sobre a página, e que, portanto, só sobre elas se podia falar com legitimidade. Para além delas, não se estaria falando de um resto imaginado sobre Hamlet, porque o resto é silêncio, para usar outra fala da peça. Só se podia discutir sobre o resto da dramaturgia e da sociedade elisabetanas procurando outras peças que Shakespeare pudesse ter conhecido, aprofundando o conhecimento da língua que ele falava, e assim por diante.

O patrono dos críticos era A. C. Bradley, cuja obra *Shakespearean tragedy*, publicada em 1904, é ainda influente. O momento de virada da crítica para o academicismo e do personagem para a dramaturgia como foco pode ser situado em 1933, quando L. C. Knights escreveu um famoso ensaio: "Quantos filhos tinha lady Macbeth?", caçoando da postura de Bradley — que Knights considerava ingênua — , segundo a qual se podia falar de personagens literários em si. Knights achava que a abordagem de Bradley talvez pudesse ser apropriada para biografias, mas era, sem dúvida, inadequada para a crítica literária.

Kerrigan demonstra que durante décadas o triunfo dos acadêmicos sobre os críticos pareceu completo. A maioria das pessoas que hoje ensinam e escrevem sobre Shakespeare foi formada pelos acadêmicos. Os críticos, porém, de um modo ou de outro sempre estiveram presentes, e nos últimos anos ocorreu uma interessante bifurcação.

Por um lado, o tipo de historicismo que passou a dominar na época do ensaio de Knights deu origem a um "Novo Historicismo" que, do ponto de vista intelectual, deve muito ao pensamento francês. Em termos gerais, enquanto o Velho Historicismo procurava entender a história que estava embutida no texto da peça, o Novo Historicismo procura entender a peça como ela própria embutida na história. Kerrigan escreve:

> Stephen Greenblatt [o mais conhecido dos Novos Historicistas] conclui o seu *Renaissance self-fashioning* com a famosa declaração de que começara a escrever um livro sobre indivíduos da Renascença para descobrir, no fim, que não havia indivíduos. É um tanto surpreendente descobrir, no início de seu *Shakespearean negotiations*, que ele começara esse livro em busca da intensidade única do autor, descobrindo, no fim, que também não existem autores: "Este livro demonstra que as obras de arte, por mais intensamente marcadas que sejam pela inteligência criativa e obsessões particulares de indivíduos, são produtos da negociação e do intercâmbio coletivo".

O reinado dos acadêmicos continua, portanto; mas, por outro lado, ao menos alguns dos acadêmicos de ontem estão sub-repticiamente passando para o campo da crítica, dentre eles o próprio Kerrigan. "Fui formado pelos acadêmicos", escreve ele, "e falar de 'desenvolvimento do personagem' em *Hamlet* é coisa que me deixa inquieto. Mas não sei de que outra maneira descrever a mudança do Hamlet autodepreciativo dos dois solilóquios finais para o belo e calmo Hamlet do quinto ato." Filosoficamente, Bradley era um hegeliano, e a disputa entre ele e Knights era uma versão literária da interminável contenda entre o idealismo germânico (ou continental) e o empirismo britânico. Mas ambas as tradições provêm, em última análise, da Antiguidade clássica, e Kerrigan termina sua avaliação citando Aristóteles:

> Precisamos, portanto, entender o começo e o fim de Hamlet e juntar as duas coisas. Como um Aristóteles moderno destrinchando a misteriosa tragédia do personagem, temos de ligar começo, meio e fim.
> É assim que se faz.

A BIOGRAFIA DE DEUS

É assim que faremos neste livro. Comecei este prólogo com uma discussão sobre *Hamlet* porque quero situar na literatura o meu assunto. Escreverei aqui sobre a vida do Senhor Deus como o protagonista — e apenas isso — de um clássico da literatura mundial; a saber, a Bíblia hebraica ou Antigo Testamento. Não escreverei sobre (embora certamente não escreva contra) o Senhor Deus como objeto de crença religiosa. Não procurarei, como a teologia, afirmar nada de original sobre Deus enquanto realidade extraliterária. Não escrevo como historiador e portanto não focalizarei, como fazem os historiadores, as sucessivas comunidades israelitas e hebraicas que acreditaram em Deus. O que me interessa não são essas comunidades de crentes mas, à maneira de A. C. Bradley, o Deus em que acreditavam. E como Bradley acredito, ao contrário de Knights, que o efeito biográfico — a sugestão artística de uma vida — é inseparável do efeito dramático ou literário em si. A menos que o espectador de

Hamlet acredite que Hamlet nasceu e morrerá, a menos que a imaginação do espectador seja transportada do palco para a vida da qual não se tem no palco nenhuma prova direta, a peça acabará morrendo junto com seu protagonista. Um personagem que não tenha vida fora do palco não pode ter vida no palco. E assim é também com Deus enquanto protagonista da Bíblia.

Se a biografia é tida, em termos estreitos, como um ramo da história, não pode, então, haver biografia de um personagem não histórico. Mas Deus efetivamente tem uma primeira e uma última aparição na Bíblia hebraica. Nós o vemos primeiro como criador, fora da história, anterior a ela, poderosamente colocando em movimento os corpos celestes por meio dos quais se pode medir o tempo histórico. Nós o vemos por fim como o "Ancião dos Dias", de cabelos brancos e silencioso, à espera do fim da história, sentado num trono remoto e nebuloso. Este livro passa a ser uma biografia de tipo especial por força de sua determinação em descrever aquilo que existe entre um começo de tanto vigor e um fim de tanta quietude.

O começo e o fim da Bíblia hebraica não estão ligados por uma narrativa única, contínua. Bem antes do meio do texto, a narrativa se quebra. O que vem em seguida são, primeiro, discursos pronunciados por Deus; segundo, discursos pronunciados para ou, até certo ponto, sobre Deus; terceiro, um prolongado silêncio; e, por último, uma breve retomada da narrativa antes da coda de encerramento. Depois do suspense narrativo que vai desde o *Livro do Gênesis* até *II Reis* existe, a partir desse ponto, um outro tipo de suspense, mais parecido com aquele que os jurados experimentam num tribunal diante de várias testemunhas falando sobre a mesma pessoa. Uma sequência de testemunhos — cada um com sua própria voz, com seu próprio começo e fim — pode ser tão eficiente quanto uma narrativa ao sugerir que a pessoa à qual as palavras se referem não se limita àquilo que dizem as palavras. Isso constitui uma outra forma de efeito biográfico. E, mesmo sob essa forma, trata-se de um efeito que pode trazer consigo algo como um movimento para a frente, um "E daí?".

Na Bíblia hebraica, porém, depois que a ação cede terreno ao discurso, o discurso por sua vez dá lugar ao silêncio. As últimas palavras de Deus são as que ele diz a Jó, o ser humano que ousa desafiar não seu poder físico, mas sua autoridade moral. No próprio *Livro de Jó* a resposta final e poderosa de Deus parece silenciar Jó. Mas se lermos do final do *Livro de Jó* em diante veremos que até certo ponto foi Jó quem silenciou Deus. Deus não torna a falar, e cada vez se fala menos dele. No *Livro de Ester* — que, como o *Livro do Êxodo*, mostra o povo escolhido enfrentando um inimigo genocida — Deus nem chega a ser mencionado. Na verdade, os judeus superam a ameaça sem a sua ajuda.

Qual é o significado dessa longa penumbra da Bíblia hebraica, em seus dez últimos livros? A penumbra não é seguida de trevas: Deus não morre. Mas ele nunca mais interfere nos assuntos humanos, e implicitamente fica cada vez mais claro que não se espera mais nenhuma intervenção dele. O povo escolhido, tendo retornado do exílio, louva-o mais do que nunca quando a sua vida termina — mais, decerto, do que quando ele derrotou o Faraó "com mão poderosa e braço estendido", levando esse povo pelo deserto até a terra prometida. Naquele tempo, eles eram recalcitrantes e Deus dizia, amargamente, que tinham "dura cerviz". Agora são devotos, mas ele nada mais tem a dizer para eles ou sobre eles — nem para ou sobre nada ou ninguém mais. Deus e seu povo estão bela e comovedoramente reconciliados quando a Bíblia hebraica chega ao fim, e não se pode acusar de blasfema a afirmação de que sua própria vida terminou.

Esse vasto movimento da ação para o discurso e do discurso para o silêncio constitui um relato que pode ser chamado de teografia, diverso tanto da teologia como da biografia. Um místico medieval escreveu uma vez: "Deus anula o que existe de sucessivo nos homens", querendo dizer que, enquanto os seres humanos vivem suas vidas um dia por vez, Deus enxerga a totalidade de suas vidas como um retrato na parede, todos os momentos visíveis para ele ao mesmo tempo. Os seres humanos, porém, retribuíram o favor com uma vingança, anulando o que existe de sucessivo no protagonista da Bíblia com uma tradição de leitura que considera a totalidade do texto como simultânea em si mesma, de forma que qualquer versículo pode ser lido como um comentário sobre qualquer outro versículo, e qualquer afirmação verdadeira a respeito de Deus num determinado ponto é considerada verdadeira em todos os pontos.

"Jesus Cristo ontem e hoje é o mesmo, e o será para sempre", diz o Novo Testamento em *Hebreus*,13:8; mas, deixando de lado esse versículo posterior e questionável, não existe no Novo Testamento nenhuma garantia à afirmação de que Deus é imutável, como também não há na Bíblia hebraica. A origem dessa concepção encontra-se, provavelmente, na filosofia aristotélica, com sua formulação de Deus como o motor imóvel, existindo num momento único, eterno. É fato que o Senhor Deus de Israel é o criador e controlador do tempo, e os *Salmos* repetem que ele vive para sempre. Até esse ponto ele é como o motor imóvel de Aristóteles. E, no entanto, por contraditório que possa parecer, ele penetra no tempo também e transforma-se através da experiência. Se assim não fosse, ele não se surpreenderia; e ele é infindavelmente surpreendido, às vezes de um modo desagradável. Deus é constante; não é imutável.

A leitura estritamente sequencial da Bíblia hebraica constitui uma maneira de recuperar o que nela existe de sucessivo, o caráter de desenvolvimento ou teografia que a exegese "aristotélica" obscureceu. Os cristãos rezam "Pai nosso que estais no céu...", como Cristo rezava, e imaginam que o ser que diz, no *Gênesis*,1:3: "Haja luz", é pai, mas Deus não se refere a si mesmo como pai nesse ponto. Só muitas centenas de páginas depois, em *II Samuel*, 7, é que ele o faz pela primeira vez. Os judeus rezam: "Bendito sois, ó Senhor, nosso Deus, Rei do Universo", e imaginam que o Deus do *Gênesis* é rei, mas ele não se apresenta como rei senão mais tarde, em *Isaías*, 6. "Mais tarde" neste contexto não significa mais tarde no tempo histórico, mas simplesmente mais tarde na exposição, mais adiante numa leitura que vá do começo ao fim do livro. Historicamente falando, o "tempo" em que Deus diz: "Haja luz", fica fora do tempo; mas do ponto de vista do leitor que começa no começo do *Livro do Gênesis* e lê direto a partir dali podemos dizer "mais tarde" e "mais cedo". É o que faremos muitas vezes neste livro.

Não há como fingir que uma abordagem diacrônica ou direta da Bíblia hebraica seja a única abordagem possível do personagem Deus como seu protagonista. É possível também uma leitura sincrônica. Isto é, em vez de proceder do início ao fim numa ordem quase cronológica, um crítico pode criar um conjunto de tópicos e juntar sob cada tópico todos os textos que parecem pertencer àquela categoria. Mas uma abordagem conscientemente ingênua, que vá do começo até o fim, além de ser mais respeitosa à integridade da Bíblia como obra literária, traz em si, conforme veremos, uma dramaticidade e um *pathos* surpreendentes.

Como se trata aqui de um estudo literário mais do que histórico, uma ingenuidade deliberada de outro tipo torna-se possível e até necessária. Toda história crítica a respeito de qualquer período ou assunto se vê em dificuldades para distinguir o que realmente aconteceu daquilo que não aconteceu. Mesmo quando esses historiadores estão quase seguros de estarem lidando com uma invenção literária, sua preocupação não é apreciar a invenção em si mesma como obra de arte literária, mas buscar nela provas da história real, mesmo que seja apenas da história intelectual de seu autor. Mito, lenda e história misturam-se infindavelmente na Bíblia, e os historiadores da Bíblia empenham-se infindavelmente em separar uma coisa da outra. A crítica literária, porém, não só pode como deve deixar essas coisas misturadas. O *Livro do Gênesis* diz que Deus transformou a esposa de Ló em uma estátua de sal, acontecimento que evidentemente não tem nenhum suporte enquanto história, mas que para os propósitos deste livro deve contar como um momento na vida de Deus e como prova, mesmo que menor, do desenvolvimento de seu caráter. Podemos aceitar que os historiadores nos contem o que realmente aconteceu. Podemos aceitar que os teólogos nos contem se o Deus verdadeiro faria uma coisa dessas. Em termos literários, porém, que constituem o único propósito deste livro, o fato de o protagonista do livro ter realmente praticado esse ato em suas páginas já basta para que seja levado em consideração.

Os leitores céticos poderão perguntar, evidentemente, se não haverá, mesmo numa época secular, alguma distorção em tentar compreender Deus nos termos que utilizamos para compreender seres humanos. Robert Alter escreveu a respeito: "Pouco se ganha, acredito, ao conceber o Deus bíblico, como faz Harold Bloom, como um personagem humano — petulante, teimoso, arbitrário, impulsivo ou o que seja. O que os autores bíblicos repetem todo o tempo é que não se pode entender Deus em termos humanos".

Mas Alter exagera. Uma das primeiras afirmações que todo escritor bíblico faz sobre Deus é que a humanidade é a imagem de Deus — um inconfundível convite a atribuir algum sentido a Deus em termos humanos. Deus raramente diz de si mesmo que é misterioso e mais de uma vez sugere mesmo o oposto, como quando, falando sobre a possível dificuldade de suas palavras, afirma: "Porque este mandamento, que hoje te ordeno, não é demasiado difícil, nem está longe de ti. Não está nos céus, para dizeres: 'Quem subirá por nós aos céus, que no-lo traga, e no-lo faça ouvir, para que o cumpramos?'" (*Deut.*, 30:11-2).

Em determinado ponto da Bíblia hebraica, Deus efetivamente começa a falar de si mesmo como misterioso. Mas nada nos impede de perguntar por que o faz então e não antes. Sem dúvida, não se encontra na própria Bíblia nada que nos autorize a ver Deus como um assunto a ser evitado em respeitoso silêncio.

Quanto a Bloom estar certo ou errado em afirmar que se pode falar de Deus como personagem humano, podemos perguntar, ao menos, de que forma Deus difere da criatura humana com a qual, segundo seu próprio testemunho, ele se parece até certo ponto. Em outras palavras, supondo que Deus e a humanidade não são idênticos, em que medida são diferentes? O que torna Deus divino? O que há de especial em seu caráter? E, acima de tudo, podemos perguntar, respeitando sempre os limites da Bíblia como obra de literatura, como o desenvolvimento de suas primeiras ações se relaciona com as ações posteriores. Essa questão não perde sua relevância mesmo quando lemos os livros bíblicos que vêm depois da extensa narrativa de abertura. Esses últimos pontos, podemos ouvi-los como um biógrafo ouve uma entrevista ou (conforme sugerimos antes) como um jurado num tribunal, não tentando reconstruir os eventos, mas simplesmente como um depoimento sobre o personagem, de uma testemunha que também é personagem. *Como é que ele atinge você? Ele o assusta? Você o ama? O que é que ele quer? Ele mudou muito desde que você o conheceu? O que mais o impressionou a respeito dele?*

São essas e outras perguntas semelhantes que impulsionam esta biografia.

Pode-se pensar, é claro, que não existe real desenvolvimento e que Deus é monotonamente o mesmo e impenetravelmente misterioso desde a primeira até a última de suas aparições. Nenhum resultado pode ser descartado. O que precisamos é apenas de fidelidade à humilde e paciente tática por meio da qual um personagem chega a conhecer outro personagem. Com empatia e atenção, o biógrafo tem de cotejar aparentes conflitos entre uma afirmação feita por Deus e outra posterior, entre uma ação e outra posterior, entre uma afirmação feita em qualquer momento determinado e seu comportamento nesse mesmo momento, e assim por diante. Os conflitos têm de ser resolvidos seja por sua identificação e confirmação enquanto desenvolvimento do personagem, seja explicando por que esses conflitos são mais aparentes do que reais ou — em último caso — simplesmente reconhecendo-os: o conhecimento de um conflito não resolvido num personagem pode ser o conhecimento mais importante de todos.

Na vida real, esta é a mais comum e necessária das atividades interpessoais. Avaliamos diariamente as pessoas com quem vivemos e trabalhamos. Alguém faz alguma coisa que não se encaixa e encontramos uma maneira de explicar a atitude não característica — "Meu filho está doente", "Minha mulher acaba de perder o emprego" — ou então revisamos provisoriamente nosso entendimento — "Ele sempre pareceu tão bem intencionado, mas aí...". Essa capacidade, tão importante para viver a vida, é igualmente importante na apreciação da literatura, uma arte feita pela reutilização intensificada de vidas e da linguagem humanas. A Bíblia é inquestionavelmente uma extraordinária obra de literatura, e o Senhor Deus um personagem dos mais extraordinários. Mas uma das duas premissas básicas desta biografia é que nem a obra nem o personagem são tão inumanos a ponto de essa avaliação interpessoal ter de ser descartada.

A ORDEM DO CÂNON E O RUMO DA VIDA DE DEUS

A segunda premissa desta biografia é que a ordem em que aparecem os livros da Bíblia — a ordem do cânon — constitui uma preocupação artística crucial. Já falei antes, neste prólogo, de "um clássico da literatura mundial, ou seja, a Bíblia hebraica ou Antigo Testamento", como se ambos fossem intercambiáveis. Serão?

Judeus e cristãos igualmente os consideraram como tal. É verdade que ambos os grupos sabem que a Bíblia cristã tem duas partes distintas: o Antigo Testamento e o Novo Testamento. Os judeus podem se ofender ao ver sua escritura sagrada qualificada de "antiga", em comparação com a conclusão da Bíblia cristã. Mas ambos os grupos, inclusive os sofisticados críticos literários de ambas as fés, invariavelmente falam da Bíblia hebraica e do Antigo Testamento como uma mesma obra com dois nomes diferentes.

Mas não são exatamente a mesma obra. Na Bíblia hebraica, o movimento amplo e característico da ação ao discurso e do discurso ao silêncio não encontra paralelo no Antigo Testamento, cujo movimento é da ação para o silêncio e do silêncio para o discurso. O conteúdo é o mesmo em ambos os casos, mas não a ordem. O Antigo Testamento transfere a grande coleção profética — *Isaías, Jeremias, Ezequiel* e os doze profetas menores — do meio para o fim, deixando no meio o que chamamos antes de livros do silêncio, que compreendem *Jó, Lamentações, Eclesiastes* e *Ester*. A diferença entre esses dois arranjos é crucial para os termos específicos de uma biografia de Deus.

Pode-se perguntar por que afinal levantar essa questão. A ordem de apresentação não é obviamente sempre crucial em termos literários? Se judeus e cristãos combinaram materiais tradicionais ou revelados de maneiras tão nitidamente diversas, não fica imediatamente claro que disso resultam duas obras diferentes? O que temos de enfatizar é o quão completamente a tradição ocidental de considerar cada versículo da sagrada escritura como simultâneo a todos os outros versículos — e, portanto, cada livro como simultâneo a todos os outros livros — cegou os críticos modernos para a importância das decisões artísticas que, tomadas há 2 mil anos por dois editores ou equipes de editores diferentes, arranjaram uma coleção de livros em dois cânones ou índices diferentes.

A história do porquê dessa distinção entre a Bíblia hebraica e o Antigo Testamento envolve, por mais improvável que pareça, um capítulo sobre a história da tecnologia. A tradição muçulmana chama tanto os judeus como os cristãos de "povos do livro", honrosamente admitindo que as escrituras inspiradas por Deus precederam a revelação divina do Corão a Maomé. No sentido moderno da palavra *livro*, porém, os judeus deveriam talvez ser chamados mais acuradamente de o povo do rolo de pergaminho. Os cristãos é que são o povo do livro como o conhecemos.

O que está em jogo não é nenhum título ou privilégio, mas apenas a definição de um termo. O que hoje chamamos de rolo de pergaminho é um dispositivo de armazenagem de texto que nos primeiros séculos da nossa era chamava-se de livro. O que chamamos de livro — páginas cortadas e costuradas de um lado — era então chamado de códex. O códex, inventado em algum momento do primeiro século da nossa era, diferia muito, naquela época, de um livro "real" — ou seja, de um rolo. A elite literária pagã do Império romano, os "conservadores" da época, considerava o códex mais como algumas pessoas de nossos dias consideram uma publicação eletrônica. Eram apegados ao antigo formato e só com relutância adotaram o novo. Os judeus, que usavam os rolos de pergaminho havia séculos, só foram mais rápidos na mudança, mas mantêm o rolo para efeitos rituais até hoje. Os cristãos do Império romano — grupo de classe baixa, pouco educado, sem nenhuma tradição literária secular e, enquanto religião nova, também sem muitas tradições sagradas a preservar — adotaram o novo dispositivo imediata e universalmente. O códex pode ser, de fato, invenção deles. Quem quer que o tenha inventado, o fato é que sua entusiástica adoção pelo cristianismo deu à nova religião uma vantagem tecnológica que sem dúvida favoreceu sua divulgação.

A nova mídia tinha uma mensagem própria, no entanto. Como os códices menores gradualmente geravam outros, maiores, surgiu pela primeira vez a possibilidade de incluir todas as escrituras hebraicas em um "contêiner" de textos. Como o rolo padrão de dez metros não podia conter obras maiores do que o *Livro de Isaías*, as várias obras que viriam a se tornar a Bíblia hebraica foram sempre guardadas separadamente: muitos rolos em muitos vasos. Mantendo as partes constituintes fisicamente móveis, o antigo sistema de armazenagem de textos tendia a mantê-las também mentalmente móveis, evitando assim qualquer tendência a editá-las numa antologia fechada, grande e única.

As escrituras cristãs, apesar de serem também uma antologia, tinham história diferente, pois nasceram exatamente quando o códex estava nascendo. Talvez pelo fato de o códex não ser percebido inicialmente como um livro propriamente dito, as diversas obras do Novo Testamento não foram tradicionalmente chamadas de livros. Não existe nenhum "Livro de Mateus" ou "Livro de Paulo". (É verdade que há um *Livro da Revelação*,* mas trata-se de um exercício de antiquário tardio e consciente de um autor que, entre outras peculiaridades, é um tanto obcecado pelos rolos enquanto objetos físicos.) É muito provável que as partes que compõem o Novo Testamento tenham sido vistas como equivalentes funcionais de capítulos numa obra única muito antes de isso acontecer com as partes que compõem a Bíblia hebraica.

O momento decisivo ocorreu quando o modo de armazenamento privilegiado pelos cristãos começou a se estender às escrituras hebraicas que haviam sido herdadas. Os cristãos, tendo tomado essas escrituras como suas, deram esse passo em primeiro lugar; os judeus o fizeram um tanto mais tarde. Como editores de ambos os grupos perceberam que a ordem das partes constituintes ficaria agora fixa e visível, ambos naturalmente passaram a perceber de forma nova o potencial estético ou polêmico dessa ordem. Afinal, os judeus optaram por uma ordem, os cristãos por outra, e ocorreu então que o passo definitivo na edição de uma obra-prima já editada foi dado duas vezes. A Bíblia hebraica e o Antigo Testamento não são exatamente duas obras diferentes, mas, para falar mais precisamente, duas edições muito diferentes do mesmo conjunto.

O que motivou o editor cristão a deslocar os profetas para o fim do recém-editado Antigo Testamento? Provavelmente sua esperança de que nessa posição os profetas pudessem anunciar melhor a sua relação com os Evangelhos, que agora vinham imediatamente em seguida. O cristianismo acredita que a vida de Cristo constitui o cumprimento da profecia. Os Evangelhos, que abrem o Novo Testamento, afirmam isso repetidas vezes. O editor cristão editou a Bíblia hebraica com a finalidade de refletir essa crença cristã.

Ou pelo menos podemos assim especular. Uma escola de

---

* *Livro da Revelação* — *Book of Revelation* é o título usual em inglês para o último livro da Bíblia cristã, cujo título em português é *Apocalipse de João*. (N. T.)

pensamento rival afirma que dois cânones judaicos antigos foram preservados — o cânon palestino, que sobrevive na Bíblia hebraica, e o cânon judaico alexandrino (ou diáspora), que sobrevive no Antigo Testamento. A meu ver, as provas mais fortes sustentam a ideia de que a ordem encontrada para o Antigo Testamento cristão reflete a revisão consciente de um editor cristão, mas admito que isso não pode ser confirmado definitivamente.

Seja qual for a origem das duas edições, a diferença entre elas é suficientemente grande para fazer com que um biógrafo de Deus tenha de escolher qual delas usará como base do seu relato. Por razões que só ficarão inteiramente evidentes no final deste livro, escolho como base para meu relato a Bíblia hebraica ou, para usar o nome hebraico aceito para esse conjunto, o Tanach. A palavra *Tanakh* é um acrônimo pós-bíblico derivado dos equivalentes hebraicos das letras *t*, *n* e *k* (pronunciada *kh* em determinadas condições fonéticas),* representando, respectivamente, as palavras hebraicas *torah*, "ensinamento"; *nebi'im*, "profetas"; e *ketubim*, "escritos". Se o Antigo Testamento fosse rebatizado com um acrônimo comparável, passaria a se chamar *Takhan*, pois a ordem do Antigo Testamento é, em termos gerais, ensinamento, escritos, profetas. *Tanach* é o nome que passarei a usar a partir deste ponto para indicar o conjunto. Mas o que tem importância decisiva, claro, não é o nome, mas o caráter do conjunto em si.

O caráter da Bíblia hebraica/Antigo Testamento é, para afirmar o que já deve ser óbvio, que o conjunto pode ser separado e reorganizado em mais de uma maneira. O mesmo aplica-se necessariamente ao caráter de Deus como seu protagonista. Um cético pode concluir que o conjunto é a tal ponto destituído de uma trama ou de um protagonista normais que resulta inteiramente inadequado às ferramentas normais da apreciação literá-

---

* O equivalente ao *kh*, em português, é grafado *ch*, com som expirado e gutural, semelhante ao *r* da pronúncia carioca. (N. T.)

ria. Uma leitura atenta do texto, entretanto, sugere que o Tanach tem uma parte com trama e uma parte sem trama, e seu protagonista é parcialmente um personagem genuíno ou "definido" e parcialmente não. Em resumo, defrontamo-nos com uma espécie de colcha de retalhos. As costuras de alguns retalhos podem ser desfeitas e recolocadas numa nova configuração. Mas mesmo nos pontos em que a intenção literária é questionável, o efeito literário é inegável. De fato, a influência da Bíblia hebraica ao longo dos tempos pode ser explicada em parte por seu caráter parcialmente aleatório ou acidental. Caracteristicamente, na arte nada acontece por acaso. No mundo real, o acaso é responsável por muita coisa. O ar de realidade dentro de uma obra de arte é, portanto, enfatizado se o acaso é admitido ou até mesmo simulado. Seja por razões conscientemente artísticas ou não, o acaso foi definitivamente admitido na Bíblia.

A ordem na qual a vida do Senhor Deus é contada neste livro é a ordem do Tanach (ver "Apêndice", na página 515); e, exceto onde indicado de forma diferente, a tradução citada é a edição em inglês do Tanach publicada em 1985 pela Jewish Publication Society (JPS). Apresso-me a acrescentar, porém, que apesar de haver me empenhado até agora em estabelecer as diferenças entre o Tanach e o Antigo Testamento, e apesar de acreditar de fato que podemos falar de dois clássicos em vez de um, as semelhanças entre essas obras no que diz respeito a seu protagonista comum são evidentemente enormes. A ordem nos livros dos dois cânones importa, mas o simples fato de a ordem ser idêntica nos primeiros onze livros formativos indica que desde a juventude até o começo da idade adulta, por assim dizer, o Senhor Deus é compreendido de maneira idêntica no Tanach e no Antigo Testamento. Só em sua meia-idade e velhice é que ele é compreendido de maneira diversa. Uma interpretação moderna em forma de biografia que se baseie na obra de um antigo editor será necessariamente diferente de uma interpretação baseada na obra de outro. Mas não resta a menor dúvida de que o personagem, o próprio Deus, é o mesmo em ambos os casos.

ACADÊMICOS DA BÍBLIA VERSUS CRÍTICOS DA BÍBLIA

Como William Kerrigan, também eu tive acadêmicos e não críticos como professores, e parece adequado dizer uma palavra sobre a relação deste trabalho com o imponente corpo de estudos históricos sobre o Tanach. Como ramo do conhecimento secular, esses estudos têm como objeto antes a religião do antigo Israel do que o Deus em si. Com essa postura, raramente, quando muito, colocaram-se contra a crítica literária, da maneira como um ramo do conhecimento secular pode colocar-se contra outro. Ao contrário, o seu "outro" psicológico e sociológico sempre foi compreendido como a autoridade religiosa estabelecida. Quando esses estudos pensam numa abordagem alternativa, pensam na teologia.

Apesar disso, porém, seus resultados, quando lidos atentamente, são do maior interesse literário. Em primeiro lugar, os acadêmicos históricos, se bem que por suas razões próprias, são característicamente mais atentos do que o crítico médio da literatura moderna para os detalhes "insignificantes" que acabam se revelando não tão insignificantes. Dentre esses encontram-se vários que falam sobre o caráter do Senhor Deus. Em segundo, os acadêmicos históricos têm muitas coisas válidas e úteis a dizer a respeito dos autores das obras individuais que constituem o Tanach. Mesmo um crítico que deseje focalizar apenas o efeito da obra como um todo sobre o leitor moderno poderá colher frutos se se instruir o máximo possível sobre o programa de trabalho dos antigos autores que pretende descartar.

O Deus venerado pelo antigo Israel brotou de uma fusão de numerosos deuses que uma nação nômade encontrou em seu vagar. Um leitor interessado em rastrear esse processo historicamente pode fazê-lo por meio de impressionantes estudos técnicos como *Yahweh and the gods of Canaan*, de William Foxwell Albright, *Canaanite myth and Hebrew epic*, do aluno de Albright, Frank Moore Cross, e *The early history of God*, pelo aluno de Cross, Mark S. Smith. São obras de imaginação controlada e de maciça erudição. Mas um leitor mais literário poderá ser estimulado por elas e perguntar: "Como é que Deus sente tudo isso?". Pergunta absurda sob o ponto de vista da reconstrução histórica, mas absolutamente normal — de fato, indispensável — do ponto de vista da apreciação literária. A menos que o espectador esteja constantemente alerta aos sentimentos cambiantes de Hamlet, *Hamlet* enquanto peça de teatro é incompreensível. A. C. Bradley continua sendo lido hoje porque, com efeito, uma vez dentro do teatro — na verdade, uma vez diante da presença perturbadora de Hamlet redivivo — todo espectador acredita, como Bradley, que Hamlet não se reduz às palavras de Shakespeare.

Repetindo: a pergunta "Como é que Deus sente tudo isso?" não é uma pergunta histórica, mas o leitor do Tanach que faz essa pergunta encontrará uma determinada série de respostas se passou algum tempo estudando história e outra se não. Em sua "genealogia" histórica de Deus, acadêmicos como Albright, Cross e Smith acham que várias personalidades divinas reconhecíveis em fontes extrabíblicas deixaram traços nas páginas da Bíblia. Um crítico literário que conhece a obra deles pode projetar essa multiplicidade objetiva no caráter do Senhor Deus enquanto protagonista literário, transformando imaginativamente as inconsistências observadas no conflito interno experimentado por Deus. Dessa forma, a emergência do monoteísmo a partir do politeísmo pode ser recuperada para a literatura como a história de um Deus único em luta consigo mesmo.

O Tanach jamais deixou de ser essa história. Não é preciso acrescentar nada a ele — nenhuma especulação psicológica mais profunda, nenhuma revelação sensacional da última escavação arqueológica, nenhuma leitura nas entrelinhas — para que essa leitura seja possível. As contradições, latentes ao longo de todo o texto, jamais deixaram de ter um efeito nitidamente estético no leitor ou no ouvinte: o Senhor Deus sempre foi intermitentemente desconcertante, irritante, inconsistente ou arbitrário por causa delas. O conhecimento histórico simplesmente ajuda a tornar patentes esses conflitos, transformando os vagos tons de cinza da vida interior do Senhor em tonalidades claramente perceptíveis. Aqui o azul-celeste de El, ali os tons terrosos do "deus de nosso pai", mais adiante o vermelho-sangue de Baal ou Tiamat ou a lembrança sempre verde de Asherah. Se a Bíblia é, ao fim das contas, uma obra de literatura, essas personalidades históricas distintas devem ser projetadas no — e depois novamente separadas do — Deus único, o *monos theos*, que ganhou existência quando elas se fundiram. Depois que Deus tiver sido compreendido em sua multiplicidade, terá de ser, em resumo, novamente imaginado em sua unidade esgarçada e difícil.

Só quando se faz isso é que a Bíblia pode ser enfocada como obra de arte mais do que meramente como uma obra imperfeita de história. Os historiadores em geral reconhecem a poderosa originalidade da síntese religiosa de Israel, mesmo quando não acreditam, em termos religiosos, que essa originalidade seja uma revelação do próprio Deus. Mas ao considerar a Bíblia apenas como a mais importante de muitas fontes religiosas na história da religião de Israel, eles deixam de perceber que o modo próprio de a Bíblia combinar diversas personalidades em um personagem complexo tem por finalidade tecê-las numa trama ao longo de uma história em que Deus — mais do que Israel — é o protagonista. A trama começa quando Deus sente o desejo de uma autoimagem. A trama se adensa quando a autoimagem de Deus torna-se um fabricante de autoimagens e Deus se ressente disso. Desse conflito inicial emergem outros. A trama atinge sua crise quando Deus, diante de um exemplar único de si mesmo, fisicamente destroçado mas moralmente exaltado, tenta ocultar sua motivação original e fracassa.

O movimento metodológico mais importante nessa releitura da Bíblia hebraica — e a razão por que ela pode ser chamada de uma biografia — é uma mudança de foco, dos atores humanos para o ator divino. Sem insultar nem contradizer o conhecimento histórico, é preciso permitir que seu personagem aflore por meio de uma outra série de perguntas críticas, porém mais subjetivas. Por que Deus criou o mundo? Por que, por razões tão frágeis, o destruiu logo depois da criação? Por que, depois de não haver demonstrado interesse pelas guerras da humanidade, de repente tornou-se ele próprio um guerreiro? Por que, não tendo esperado grande moralidade, se é que esperava alguma, tornou-se ele próprio um moralista? Quando seu pacto com Israel parecia romper-se, que consequências haveria para ele? Que tipo de vida estaria à sua espera depois do rompimento? Como ele enfrenta o fracasso em cumprir as promessas que fez por meio dos profetas? Qual é sua experiência de vida como um ser sem pais, sem esposa, sem filhos? O conhecimento histórico não pergunta nem responde perguntas como essas. A crítica sim. Mas o conhecimento histórico judiciosamente empregado pode ensinar a crítica a reconhecer aquilo que está procurando no momento que o encontra.

O UM E OS MUITOS

Quando perguntaram a um notável editor norte-americano por que tinha escolhido a carreira de editor, ele respondeu: "Meu pai era um leitor; minha mãe, uma trabalhadora". *Eu sou meu pai e minha mãe*, era o que ele insinuava; *publicar um livro permite-me vivenciar minha contradição*. Desde o momento da concepção, quando 23 cromossomos de um macho e 23 cromossomos de uma fêmea transformam-se na primeira célula de um novo ser humano, somos definidos por nossa divisão interior. Nossa única identidade é uma falta de identidade. Nada temos de nosso. Sobre essa divisão inicial operam outras divisões: racial, cultural, ocupacional, temperamental. A canção "Eely Meely and a-Miley Mo" — que minha filha de nove anos, Kathleen, canta na escola com seus colegas — tem uma quadra bem norte-americana, assim:

> *Minha mãe era doutora,*
> *espião era meu pai,*
> *e eu sou o joão-ninguém*
> *que contou pro FBI.*

Quando garoto dos meus catorze anos, ouvi em Chicago uma versão de versos que James Joyce havia tornado famosos:

Minha mãe era judia,
meu pai era vagabundo,
e eu sou o cara mais estranho
que jamais falou no mundo.

Geneticamente, todo mundo é fruto de um casamento misto, pois, a não ser pela clonagem, não existe nenhum outro tipo de casamento. Mas, como sugerem as canções infantis, a genética é só o começo.

A justificativa mais profunda para a leitura do Tanach como biografia de Deus é que, assim como muitíssimas biografias de seres humanos, ela acompanha as divisões de um personagem à medida que elas vão se expressando na obra de uma vida. Antes de existir um editor bem-sucedido, havia, em outras palavras, um jovem com pendores contraditórios. "Está tentando descobrir o que fazer da vida", dizemos. E a expressão está perfeitamente correta: tentar não só encontrar alguma coisa para fazer, mas descobrir algo a fazer *consigo mesmo*. Nem sempre, mas muitas vezes esse estágio de divisão e busca interior termina numa obra que permite que as personalidades — dupla ou múltiplas — coexistentes dentro de um determinado personagem imaturo encontrem expressão simultânea e que assim se fundam numa identidade madura e dinâmica. Nem sempre, mas muitas vezes a obra acaba comprometida pela própria tensão interior que inicialmente fez dela um sucesso. Para continuar com o exemplo do editor, a partir de um certo momento pode se tornar impossível ser ao mesmo tempo leitor e trabalhador. A empresa e a identidade podem então desmoronar. Ou, com maior frequência, a empresa pode se transformar e passar para outras mãos, enquanto a personalidade sobrevive.

O Senhor Deus não tem mãe nem pai, mas as outras contradições engendradas por seu caráter acabam encontrando expressão em sua vida. Seu caráter funde-se, explode e — é aqui que o Tanach difere mais notavelmente do Antigo Testamento — desintegra-se sem desaparecer. É interessante notar que o hebraico bíblico não tem nenhuma palavra para *história*, e o Tanach não termina como terminaria uma história bem escrita. As vidas reais, porém, jamais terminam assim. O fracasso do Tanach é aqui um sucesso. A morte chega para muitos, senão para a maioria dos seres humanos, como uma interrupção. Os sobreviventes ficam pensando não sobre a história que acabou, mas sobre a pessoa que se foi.

É assim no fim do Tanach. Um clássico desconcertante, produzido por incontáveis mãos literárias ao longo de muitas centenas de anos, mantém-se coeso graças a seu personagem central muito mais do que devido a qualquer estrutura rígida ou tema épico. O Senhor Deus está em guerra consigo mesmo, mas sua guerra é só sua, pois culturalmente falando vivemos com ele há séculos. Antes de encontrá-lo, todo mundo, absolutamente todo mundo, já ouviu falar dele. De quem mais se pode dizer a mesma coisa?

Quando lhe perguntaram se acreditava em Deus, o psicólogo Carl Jung deu uma resposta famosa: "Não acredito. Sei". É possível "saber" Deus? Deixo essa pergunta sem resposta. O que afirmo é simplesmente que a vida de Deus, conforme se encontra nas páginas da Bíblia, pode ser narrada. Este livro pretende ser essa narrativa.

2. GERAÇÃO

ELE FALA SOZINHO. Nenhum ser humano foi ainda criado para ouvi-lo e os outros seres divinos a quem raramente irá se dirigir, quase sempre de passagem, mal parecem estar dentro de seu círculo de atenção — espectadores na melhor das hipóteses, não colaboradores.

No princípio, Deus criou os céus e a terra. A terra, porém, era sem forma e vazia; havia trevas sobre a face do abismo e o Espírito de Deus pairava por sobre as águas. Disse Deus: "Haja luz"; e houve luz. E viu Deus que a luz era boa; e fez a separação entre a luz e as trevas. Deus chamou à luz Dia, e às trevas, Noite. Houve tarde e manhã, o primeiro dia.

E disse Deus: "Haja firmamento no meio das águas, e separação entre águas e águas". Fez, pois, Deus o firmamento, e separação entre as águas debaixo do firmamento e as águas sobre o firmamento. E assim se fez. E chamou Deus ao firmamento Céus. Houve tarde e manhã, o segundo dia.

Disse também Deus: "Ajuntem-se as águas debaixo dos céus num só lugar, e apareça a porção seca. E assim se fez. À porção seca chamou Deus Terra, e ao ajuntamento das águas, Mares. E viu Deus que isso era bom. E disse: "Produza a terra relva, ervas que deem semente, e árvores frutíferas que deem fruto segundo a sua espécie, cuja semente esteja nele, sobre a terra". E assim se fez. E a terra, pois, produziu relva, ervas que davam semente segundo a sua espécie, e árvores que davam fruto, cuja semente estava nele, conforme a sua espécie. E viu Deus que isso era bom. Houve tarde e manhã, o terceiro dia.

Disse também Deus: "Haja luzeiros no firmamento dos

céus, para fazerem a separação entre o dia e a noite; e sejam eles para sinais, para estações, para dias e anos. E sejam para luzirem no firmamento dos céus, para alumiar a terra". E assim se fez. Fez Deus dois grandes luzeiros: o maior para governar o dia, e o menor para governar a noite; e fez também as estrelas. E os colocou no firmamento dos céus para alumiarem a terra, para governarem o dia e a noite, e fazerem a separação entre a luz e as trevas. E viu Deus que isso era bom. Houve tarde e manhã, o quarto dia.

Disse também Deus: "Povoem-se as águas de enxames de seres viventes; e voem aves sobre a terra, sob o firmamento dos céus". Criou, pois, Deus os grandes animais marinhos e todos os seres viventes que rastejam, os quais povoaram as águas, segundo as suas espécies; e todas as aves, segundo as suas espécies. E viu Deus que isso era bom. E Deus os abençoou, dizendo: "Sede fecundos, multiplicai-vos e enchei as águas dos mares; e, na terra, se multipliquem as aves". Houve tarde e manhã, o quinto dia.

Disse também Deus: "Produza a terra seres viventes, conforme a sua espécie: animais domésticos, répteis e animais selváticos segundo a sua espécie". E fez Deus os animais selváticos segundo a sua espécie, e os animais domésticos, conforme a sua espécie. E viu Deus que isso era bom. [*Gên.*, 1:1-25]

Ele fala para si mesmo, mas não sobre si. Ele nada diz sobre quem é ou o que pretende, e suas palavras são abruptas, sem nenhuma intenção de comunicar nada a ninguém, muito menos explicar nada, mas simplesmente decretar. Suas primeiras palavras são extremamente abruptas. A frase "Let there be light" (1:3), tão imponente em inglês, traduz duas palavras rápidas em hebraico: *yhi ɔor*.* A palavra-frase "Luz!" seria uma tradução mais exata; pois, se a frase é um mandamento, ela não é dita como

---

* A tradução para o português, usando duas palavras também rápidas, "Haja luz", fica mais próxima da construção hebraica.

um mandamento: ninguém dá ordens a si mesmo. É mais como se o carpinteiro, ao pegar o martelo, dissesse em voz alta a palavra *martelo*. Não se pode nem remotamente pensar em submissão diante de uma tal "ordem".

A cena não tem narrador. Não é apresentada como uma visão referendada por algum profeta que teve o privilégio de assistir o trabalho de Deus. Mesmo assim, o efeito é o de algo ouvido atrás da porta, que se espiou escondido. Entramos em cena com a obra em andamento, e o que surpreende é que o trabalhador, apesar de estar falando consigo mesmo, não demonstra a menor hesitação. Não está cismando. Tem algo muito preciso em mente, e cada estágio de seu projeto conduz, sem pressa mas com extrema economia e de forma extremamente direta, ao estágio seguinte. Primeiro, luz. Depois a cúpula do céu, abrindo uma gigantesca bolha no caos de água: água acima, água abaixo. Depois, a separação das águas inferiores para que possa surgir a terra seca. Depois a vegetação da terra recém-exposta. Depois, no quarto dia, o sol, a lua, as estrelas, para fornecer mais luz e permitir o cálculo do tempo; no quinto dia, as criaturas vivas do mar e do ar; e no sexto, os seres da terra.

CRIADOR
"Onde estás?"
GÊNESIS, 1-3

E então, quando tudo parecia pronto, uma vacilação, uma palavra de explicação oblíqua da parte desse sujeito que parece tão acima de qualquer explicação:

Também disse Deus: "Façamos o homem à nossa imagem, conforme a nossa semelhança; tenha ele domínio sobre os peixes do mar, sobre as aves dos céus, sobre os animais domésticos, sobre toda a terra e sobre todos os répteis que rastejam pela terra". Criou Deus, pois, o homem à sua imagem, à imagem de Deus o criou; homem e mulher os criou. E Deus os abençoou, e lhes disse: "Sede fecundos, multiplicai-vos, enchei a terra e sujeitai-a; dominai sobre os peixes do mar, sobre as aves dos céus e sobre todo animal que rasteja pela terra".
E Deus disse ainda: "Eis que vos tenho dado todas as ervas que dão semente e se acham na superfície de toda a terra, e todas as árvores em que há fruto que dê semente; isso vos será para mantimento. E a todos os animais da terra e a todas as aves dos céus e a todos os répteis da terra, em que há fôlego de vida, toda erva verde lhes será para mantimento". E assim se fez. Viu Deus tudo quanto fizera, e eis que era muito bom. Houve tarde e manhã, o sexto dia. [*Gên.*, 1:26-31]

O sentido real de *imagem* é fornecido na instrução sobre o domínio da terra que vem imediatamente a seguir. Por que dar à humanidade essa versão do domínio divino? Porque a humanidade se transforma, assim, numa melhor imagem do "nós" que comanda a criação. E por que fecundidade e multiplicação?

Porque, quando os seres humanos se reproduzem, são a imagem de seu criador em seu ato criativo. A reprodução produz reproduções, imagens: os filhos não se parecem com os pais? O motivo para tudo aquilo que precede a criação da humanidade é, em última análise, prover o ato culminante com o qual Deus cria outro tipo de criador.

Repetindo: Deus faz o mundo porque quer a humanidade, e quer a humanidade porque quer uma imagem. Outros motivos podiam estar igualmente em jogo. Para citar um relacionado ao antigo Oriente Próximo, ele podia querer um servo. Para escolher outro, posterior em sua própria história, ele podia querer uma amante. Podia querer até um adorador. Mas neste ponto ele não é — a julgar por tudo o que diz — um Deus que deseje amor ou adoração ou qualquer outra coisa que se possa citar com facilidade. Ele quer uma imagem: mas por que haveria de querer isso? Neste ponto, só podemos adivinhar.

Deus é reservado em suas maneiras, mas o que ele está escondendo? Ouvimos que fala no plural "nós", que diz "nossa" imagem e queremos saber mais. Se "nossa" imagem é macho e fêmea, será que "nós" também é macho e fêmea? Essa inferência seria a mais lógica e imediata, mas nada do que vem em seguida parece corroborar isso. O texto fala de Deus no masculino e no singular. E se esse Deus tem uma vida privada ou mesmo, por assim dizer, uma vida social entre outros deuses, ele não nos admite nela. Ele parece estar inteiramente sozinho, não apenas sem esposa, mas também sem irmão, sem amigo, sem servo, sem nem mesmo um animal mítico. Sua vida está a ponto de enredar-se definitivamente na determinação de sua imagem de produzir imagens próprias. Porém, se faltavam à vida de Deus laços humanos, que tipo de vida levava? Só podemos adivinhar. Não existe nenhum indício de esforço em sua atividade. Os Seis Dias da Criação não têm nenhuma semelhança com os Doze Trabalhos de Hércules, cheios de músculos em ação e suor escorrendo. Soberania inquestionável e sem esforço é o seu traço característico. E, no entanto, no sétimo dia, ele descansa "de toda obra que, como Criador, fizera". Será que custou-lhe mais esforço do que percebemos de momento? Será mais fraco do que demonstra?

O sexto dia da criação tem um resultado ligeiramente ambivalente. Seu mandamento ao macho e à fêmea que acabou de criar é: "Sede fecundos, multiplicai-vos, enchei a terra e sujeitai-a", e o texto diz: "E assim se fez". Mas ainda não se fez. O macho e a fêmea ainda não se mostraram, nesse momento, fecundos, ainda não se multiplicaram. E deles Deus não diz diretamente, como o diz de todas as suas outras criações: "E Deus viu que isso era bom". O julgamento final, expresso pelo narrador, que misteriosamente lê a mente de Deus, diz respeito apenas à criação como um todo: "Viu Deus tudo quanto fizera, e eis que era muito bom". "Muito" ocorre pela primeira e única vez aqui, mas só depois de uma elisão ligeiramente perturbadora no que tange à humanidade. E então, repentinamente, esse mergulho num dia inteiro de descanso. Deus já é, nesse primeiro momento de sua história, uma mistura de força e fraqueza, de determinação e arrependimento.

Um segundo relato da criação, de fonte original independente, começa em *Gênesis*, 2:4. Aqui, "Deus", ᵓ*elohim*, é substituído por "Senhor Deus", *yahweh* ᵓ*elohim*. A divindade é chamada por seu nome próprio, *yahweh*, com o substantivo comum (em vez de seu nome próprio alternativo) ᵓ*elohim* acrescentado como adorno. A expressão "o Senhor", que se usa por convenção para traduzir *yahweh* em todas as Bíblias em português, é de fato uma tradução da palavra hebraica ᵓ*edonay*, literalmente, "meu Senhor". A palavra ᵓ*edonay*, que não se encontra no texto, era usada pelos judeus piedosos de outrora como forma de referir-se a Deus sem desrespeitar o sagrado nome próprio de Deus pronunciando-o. Mais adiante, em certos pontos de sua longa história, Deus será algumas vezes ᵓ*elohim*, com muito maior frequência *yahweh*, e algumas vezes será chamado por algum de seus nomes ou epítetos menos frequentes. Embora o texto considere claramente todos esses nomes como referentes a um mesmo e único ser, esse ser, como veremos, se conduz de maneira um tanto diversa quando sob seus diferentes nomes no *Livro do Gênesis*.

O segundo relato da criação — que, numa leitura contínua, constitui mais uma sequência do primeiro relato do que uma alternativa a ele — tem um foco mais delimitado, aumentando a tensão entre o criador e a criatura humana. A humanidade não é mais situada "na terra", concebida como um gigantesco paraíso natural no qual deve ser fecunda e multiplicar-se, mas sim em "um jardim no Éden, na banda do Oriente", que Deus plantou e deu ao "homem" para que plantasse e cuidasse. E o domínio que a humanidade deveria exercer como imagem de Deus é também restringido: "De toda árvore do jardim comerás livremente, mas da árvore do conhecimento do bem e do mal não comerás; porque, no dia que dela comeres, certamente morrerás" (*Gên.*, 2:17).

No primeiro relato da criação, algo é ordenado, mas nada é proibido. Agora, pela primeira vez, existe uma proibição. Parece imposta no interesse do homem, mas podemos conjeturar: se o homem deve dominar a terra (relembrando o primeiro relato da criação), por que não lhe é permitido o conhecimento do bem e do mal? Não é oferecida ao homem nenhuma razão para que obedeça, a não ser uma que não faz nenhum sentido. E o Senhor Deus desta segunda história da criação parece notavelmente mais ansioso no confronto com sua criatura do que parecia o Deus da primeira.

O tom de ansiedade fica mais agudo quando o Senhor Deus cria a mulher. No contexto, esse segundo relato pode ser lido como a história do que realmente aconteceu no sexto dia da criação, uma explicação de por que Deus, no primeiro relato, não "viu que isso era bom". O Senhor Deus, ao contrário de Deus, não vê o homem como bom nem mesmo por extensão. Não, há algo errado com o homem, e sobre essa falha o Senhor Deus só pode dizer: "Não é bom que o homem esteja só: far-lhe-ei uma auxiliadora que lhe seja idônea". Mas todos os esforços do Senhor Deus para fabricar uma auxiliadora adequada acabam falhando. Ele traz para diante do homem "todos os animais do campo, e todas as aves dos céus", num cortejo excepcional, e atribui ao homem o poderoso privilégio de dar nome a eles, mas "não achava uma auxiliadora que lhe fosse idônea". A implicação clara é que o homem rejeita todo o esforço divino de criar outras criaturas viventes: elas podem ser "boas", mas não são boas para ele. O Senhor Deus, agora trabalhando de fato, é levado a um expediente extremo e cria a mulher a partir de uma costela do homem.

O homem, nas primeiras palavras faladas por um ser humano na Bíblia, celebra-a com alegria, mas sem expressar nenhuma gratidão ou nenhum outro reconhecimento pelo Senhor Deus:

> *Esta, afinal,*
> *é osso dos meus ossos*
> *e carne da minha carne;*
> *chamar-se-á Mulher,*
> *porque do homem foi tomada.* [2:23]

No primeiro relato da criação, o macho e a fêmea também nada dizem em resposta ao Deus que os criou, mas de sua parte Deus não parece esperar nada. Sua única expectativa é que sejam fecundamente eles próprios, dominando a terra e servindo, assim, como sua imagem. A primeira história da criação não contém, portanto, nenhuma narrativa de transgressão humana.

Como é diversa a segunda narrativa, mais extensa que a primeira:

Ora, um e outro, o homem e sua mulher, estavam nus, e não se envergonhavam. Mas a serpente, mais sagaz que todos os animais selváticos que o Senhor Deus tinha feito, disse à mulher: "É assim que Deus disse: 'Não comereis de toda árvore do jardim'?". Respondeu-lhe a mulher: "Do fruto das árvores do jardim podemos comer, mas do fruto da árvore que está no meio do jardim, disse Deus: 'Dele não comereis, nem tocareis nele, para que não morrais'". Então a serpente disse à mulher: "É certo que não morrereis. Porque Deus sabe que no dia em que dele comerdes se vos abrirão os olhos e, como Deus, sereis conhecedores do bem e do mal". Vendo a mulher que a árvore era boa para se comer, agradável aos olhos, e árvore desejável para dar entendimento, tomou-lhe o fruto e comeu, e deu também ao marido, e ele comeu. Abriram-se, então, os olhos de ambos; e, percebendo que estavam nus, coseram folhas de figueira, e fizeram cintas para si. [2:25-3:7]

Quando a serpente diz à mulher que, ao contrário do que o Senhor Deus disse, ela não morrerá se comer da árvore do conhecimento do bem e do mal, a serpente está dizendo a verdade. Ela e o homem não morrem quando desobedecem ao mandamento do Senhor Deus; por certo não morrem, como alertara o Senhor Deus, "no dia em que dela comeres". Será a habilidade da serpente em frustrar o plano do Senhor Deus uma reflexão sobre o poder do Senhor Deus? Será a serpente sua rival? Ou será todo o episódio da tentação, por assim dizer, uma fraude? Será a serpente o agente secreto ou involuntário do Senhor Deus?

Podemos escapar de todas essas dificuldades e preservar o papel enganador da serpente argumentando que o casal de fato morreu imediatamente, mas que sua morte foi mais espiritual do que física. Essa é a interpretação teológica clássica da "queda do homem", do "pecado original". Porém, como veremos insistentemente, a narrativa que estamos lendo não é muito dada a significados espiritualizados ou puramente simbólicos, sendo-lhe, contudo, extremamente caras as histórias de enganos de todos os tipos. Em vez de eliminar o conflito espiritualizando a ameaça de morte ou racionalizando o engano aparente, podemos rastrear a origem do conflito até o Senhor Deus, causa das dores e dissabores das vidas de suas criaturas, porque os impulsos bons e os maus estão em conflito em seu caráter.

* * *

Na antiga Mesopotâmia, a criação era muitas vezes apresentada como uma vitória da divindade criadora sobre o caos, sendo o caos representado por uma deidade rival, um assustador dragão aquático, um monstro das enchentes. Imagine as curvas de um grande rio como o corpo vivo, coleante, de uma cobra gigantesca; imaginemos que essa cobra pode engolfar toda a terra em anéis aquáticos, como podiam efetivamente o Tigre e o Eufrates, e teremos então a *mise en scène* mitológica. Existe sem dúvida um eco dessa batalha mítica na punição dada pelo Senhor Deus à serpente por haver tentado a mulher, mas pouco mais do que um eco, pois a edição monoteísta domou a serpente tornando-a um oponente muito pouco digno do Senhor Deus. O material mítico antigo foi tão profundamente reescrito que a serpente — a terceira personalidade absorvida na personalidade divina emergente — não é mais um deus rival, mas (remetendo-nos ao primeiro relato da criação) meramente uma das criaturas de Deus.

Como resultado dessa revisão, o criador da serpente é forçado a se responsabilizar pelos atos da serpente. Mas um segundo resultado da mesma revisão, resultado raramente notado, é que o Senhor Deus passará a ser um personagem que mantém um diálogo interior. Ele repreende a serpente; e ao fazê-lo necessariamente repreende a si mesmo. Aquilo que no politeísmo poderia ser dirigido para o exterior, contra uma divindade rival, no monoteísmo — mesmo um monoteísmo que fala ocasionalmente na primeira pessoa do plural — tem de se transformar num arrependimento voltado para o interior do Senhor Deus. A aparição do arrependimento divino, primeira entre muitas, constitui a primeira aparição da divindade como um personagem literário verdadeiro, diferente de uma força mítica ou de um mero significado dotado de voz alegórica. A peculiar vida interior culturalmente determinada do homem ocidental começa, de certa forma, com a divisão na vida interior da divindade, e a vida interior da divindade começa com o arrependimento do criador.

O momento decisivo ocorre quando o Senhor Deus descobre que o homem e sua mulher lhe desobedeceram:

> Quando ouviram a voz do Senhor Deus, que andava no jardim pela viração do dia, esconderam-se da presença do Senhor Deus, o homem e sua mulher, por entre as árvores do jardim. E chamou o Senhor Deus ao homem, e lhe perguntou: "Onde estás?". Ele respondeu: "Ouvi a tua voz no jardim, e, porque estava nu, tive medo e me escondi". Perguntou-lhe Deus: "Quem te fez saber que estavas nu? Comeste da árvore de que te ordenei que não comesses?". Então disse o homem: "A mulher que me deste por esposa, ela me deu da árvore, e eu comi". Disse o Senhor Deus à mulher: "Que é isso que fizeste?". Respondeu a mulher: "A serpente me enganou, e eu comi". [3:8-13]

A linguagem com que o Senhor Deus impôs o seu único e não explicado mandamento e com a qual depois conversou com o homem e com a mulher após sua desobediência é a linguagem que qualquer ser humano usaria para falar com outro. Não possui nem a majestosa, quase abstrata, simplicidade da linguagem de Deus em *Gênesis*, 1, nem nenhuma ênfase poética ou retórica. Mas isso muda quando o Senhor Deus pune o pecado que acaba de descobrir. Sua condenação à serpente, à mulher e ao homem, nessa ordem, é uma explosão de fúria, e pode-se dizer que constitui também o primeiro grande poema da Bíblia:

> *Então o Senhor Deus disse à serpente:*
> *"Visto que isso fizeste,*
> *maldita és entre todos os animais domésticos*
> *e o és entre todos os animais selváticos:*
> *rastejarás sobre o teu ventre*
> *e comerás o pó*
> *todos os dias da tua vida.*
> *Porei inimizade*
> *entre ti e a mulher,*

entre a tua descendência e o seu descendente.
Este te ferirá a cabeça
e tu lhe ferirás o calcanhar".
E à mulher disse:
"Multiplicarei sobremodo
os sofrimentos da tua gravidez,
em meio a dores darás à luz filhos;
o teu desejo será para o teu marido
e ele te governará".

E a Adão disse: "Visto que atendeste a voz de tua mulher, e comeste da árvore que eu te ordenara não comesses":

"maldita é a terra por tua causa:
em fadigas obterás dela o sustento
durante todos os dias de tua vida.
Ela produzirá também cardos e abrolhos,
e tu comerás a erva do campo.
No suor do rosto
comerás o teu pão,
até que tornes à terra,
pois dela foste formado:
porque tu és pó
e ao pó tornarás". [3:14-9]

Essa explosão retórica é súbita demais, maciça demais e recebida por uma serpente — que nunca mais torna a falar ou agir — passiva demais para que a cena possa funcionar como uma batalha mítica. Além disso, qualquer ideia de conflito cósmico é frustrada pelo fato de a serpente ter falado a verdade a respeito de uma árvore sobre a qual o Senhor Deus mentiu. A serpente parece ser o bobo de Deus mais do que o seu grande inimigo, e o castigo imposto pelo Senhor Deus ao casal humano parece, consequentemente, quase um ato arbitrário. Como Deus, mais do que como Senhor Deus, o criador havia dado a suas criaturas humanas toda a criação para que nela vivessem.

O Senhor Deus, bem menos generoso, deu-lhes apenas um jardim para cuidar. E agora até esse presente menos generoso lhes é tirado.

Isso implica que todos os outros arranjos feitos anteriormente tendo o homem em mente sejam também revogados. Se o homem falhou diante do Senhor Deus, então fica implícito que tudo o que Deus fez para o bem do homem, produto de seus seis dias de trabalho, é também menos do que um sucesso total. Mas a dimensão da mudança é menos surpreendente do que o fato de ser tão súbita. Mesmo que o Senhor Deus estivesse fingindo, mesmo que na verdade não precisasse perguntar ao homem e à mulher onde estavam, ou "Quem te fez saber que estavas nu?", ainda não estamos preparados para a rapidez e radicalidade de sua reação vingativa. Por que o Senhor Deus, que pacientemente organizou para o homem um cortejo de todos os animais numa tentativa de achar uma companheira para ele, tem de reagir com uma impaciência tão brutal diante da desobediência da mulher e do erro aparentemente inocente do homem? Nesses primeiros momentos tão cruciais, que tipo de relacionamento entre o Senhor Deus e a humanidade podemos ver?

No primeiro relato da criação, Deus criou o homem para ser a própria imagem de Deus. O segundo relato é diferente. Aqui o Senhor Deus cria o homem a partir do pó e não por uma palavra de sua boca, e nunca descreve a criatura como feita à sua imagem. Além disso, a nudez ou não do primeiro casal, questão sem nenhum interesse no primeiro relato, é frisada no segundo, como também o desejo sexual e a vergonha. No entanto, como o segundo relato é uma sequência do primeiro e não sua correção, o pó, o desejo, a vergonha passam a constituir informações relevantes sobre a divindade, sobre o original do qual a humanidade continua a ser a imagem.

E na longa e emocional explosão que acabamos de citar o Senhor Deus age de fato como o original de uma criatura humana feita de pó e paixão. No primeiro relato da criação, a relação entre criador e criatura não tem nada a ver com obediência. Deus é tão magistralmente poderoso, mas também tão esplendidamente generoso, que o mau comportamento humano não consegue perturbar sua calma. "Sede fecundos e multiplicai--vos" é mais um convite magnânimo do que um mandamento. Menos de duas páginas depois, o Senhor Deus parece não apenas menos poderoso e menos generoso do que Deus, mas também muito mais vingativo. Pior, sua ira é tão gratuita quanto sua generosidade. Para o Senhor Deus tudo depende da obediência ao seu enganoso mandamento.

Como personagem, o Senhor Deus é tão perturbador quanto alguém que detém um imenso poder e parece não saber o que fazer com ele. Até esse ponto, o poder do Senhor Deus parece bem menor do que o poder de Deus. Mas, da forma como se manifesta, esse poder nos perturba. As motivações para o exercício desse poder estão em conflito, e esse conflito ocorre num relacionamento incomodamente íntimo. Qualquer personagem assustador fica ainda mais assustador quando está tão próximo que pode tocar-nos. O Senhor Deus está muito mais próximo de suas criaturas humanas do que Deus. Ao contrário de Deus, o Senhor Deus as toca, fisicamente. Esse toque — principalmente por ocorrer depois da transgressão humana — intensifica tudo o que diz respeito ao Senhor Deus.

Sugeri que a tentação de Eva pela serpente pode ser lida como um incidente em que a serpente funciona como agente involuntário de Deus. Mas o texto é ambíguo. Qualquer leitura da tentação como uma fria manipulação do Senhor Deus com as suas criaturas, colocando uma contra a outra, deve ser considerada contra o pano de fundo do chamado do Senhor Deus no jardim: "Onde estás?" (3:9). Se no primeiro relato da criação Deus fez a humanidade porque queria uma imagem, o Senhor Deus, neste segundo relato, parece ter feito seres humanos porque precisava de companhia. E a inocente pungência de seu chamado no jardim transforma-se em algo mais profundo no *Gênesis*, 3:21: "Fez o Senhor Deus vestimentas de peles para Adão e sua mulher, e os vestiu". Como se pode ler esse verso, senão como manifestação de que o Senhor Deus arrependeu-se de seu arrependimento? Tendo imposto a ela as dores do parto e a ele o trabalho dos campos, por que poupa-lhes agora o inconveniente de terem de fazer suas próprias roupas? Não será porque, para colocar em termos muito simples, sente-se mal por causa de tudo o que aconteceu?

O Senhor Deus podia ter prestado uma variedade de outros serviços à guisa de despedida quando expulsou o homem e a mulher do jardim. Podia tê-los alimentado, por exemplo. Ou podia tê-los instruído sobre o que estava à sua espera. Apesar de terem sido criados como adultos, são recém-nascidos no mundo e desamparados. O Senhor Deus podia, decerto, ter dito algo para mitigar as maldições que ainda ressoam nos ouvidos deles. Podia, acima de tudo, ter explicado por que teve de fazer o que fez. Mas não faz nada disso. E, no entanto, há uma ternura e pungência inerentes naquilo que ele efetivamente faz, escolhendo como seu gesto de despedida cobrir-lhes a nudez.

Alguns comentadores — inclusive alguns comentadores muito modernos, decididos a nos dar uma Bíblia iluminada em termos sexuais — insistem que o pecado de Adão e Eva não tem nada a ver com sexo. Consideram que as palavras *bem* e *mal*, na expressão "a árvore do conhecimento do bem e do mal" (2:17), significam "coisas em geral", como na expressão "de A a Z", e o conhecimento decorrente não seria tomado como um conhecimento estritamente sexual. Mas essa interpretação fica comprometida pelo que ocorre quando comem o fruto proibido: "Abriram-se então os olhos de ambos; e, percebendo que estavam nus, coseram folhas de figueira, e fizeram cintas para si" (3:7). Não é desejo, em si ou por si, mas o conhecimento do próprio desejo que gera a vergonha. Os animais desejam, mas não sabem que desejam, ou que são objeto de desejo, de forma que não sentem vergonha. A exultante reação do homem ao ver a mulher (2:23) sugere, por certo, que ele a deseja desde o começo; o uso da expressão "uma só carne" (2:24) deixa isso ainda mais claro. Mas havia uma diferença. O fato de que "um e outro [...] estavam nus, e não se envergonhavam" (2:25), mesmo não significando que os dois, como criancinhas, não tinham desejo, sugere que não tinham conhecimento do próprio desejo.

É o desejo *compreendido*, a vontade *admitida* que envergonha. Quando o Senhor Deus chama: "Onde estás?", estará ele admitindo seu próprio desejo e conscientemente comprometendo a perfeição de sua soberania? Para colocar mais simplesmente, Deus sente falta deles? Serão os dois humanos, em seu agora vergonhoso desejo recíproco, uma imagem ainda mais perfeita dele, que os deseja tanto a ponto de criá-los, mas que só a posteriori compreende o que estava fazendo? Será que é isso — os dois apresentando-o a si mesmo não como alguém exercendo o comando, mas como alguém experimentando o desejo — que o deixa furioso? E, passada sua raiva, será que ele sente vergonha do próprio desejo, sendo levado por isso a cobrir a própria vergonha cobrindo a vergonha deles?

Sempre se pode ler mais numa ação do que numa afirmação, mas essa ação em especial pede uma explicação. Ainda quente com o paroxismo da própria ira, por que o Senhor Deus de repente fica tão terno, curando, por assim dizer, a ferida que acabou de infligir? Note-se que o Senhor não se limita a fornecer roupas de peles para as suas criaturas envergonhadas, punidas e humilhadas; ele próprio veste seus corpos nus com essas roupas. Súbito e íntimo, esse gesto quase paternal é, como teremos ocasião de ver depois, característico do Senhor Deus.

A ternura desarma, mas só torna a inconsistência ainda mais enervante, pois o mesmo Senhor Deus que é terno com suas criaturas diz no versículo imediatamente seguinte (3:22): "Eis que o homem se tornou como um de nós, conhecedor do bem e do mal; assim, para que não estenda a mão, e tome também da árvore da vida, e coma e viva eternamente [...]". Mais uma prova de que a serpente falou a verdade quando disse: "É certo que não morrereis, porque Deus sabe que no dia em que dele comerdes se vos abrirão os olhos e, como Deus, sereis conhecedores do bem e do mal" (3:4-5). Pelo testemunho do próprio Senhor Deus, foi exatamente isso o que aconteceu. Mas por que o Senhor Deus tenta esconder que isso aconteceria? E por que o Senhor Deus quer impedir que a humanidade viva para sempre? Se a única motivação de Deus ao fazer a humanidade era que a humanidade fosse imagem de Deus, e se Deus vive para sempre, então por que não permitir que a humanidade viva para sempre? Será que a imortalidade — se o Senhor Deus a permitisse — não facilitaria a obediência ao único mandamento que Deus explicita à humanidade: "Sede fecundos, multiplicai-vos, enchei a terra e sujeitai-a"?

A preocupação expressa do Senhor Deus nos leva de volta à nossa observação anterior de que seus propósitos ameaçadores compreendem também os propósitos supostamente hostis da serpente. O Senhor Deus, semiconsciente como é, parece estar jogando um jogo duplo. Ele não formula para os primeiros humanos a explicação, a determinação de que a humanidade não "se torne como um de nós". Não, apesar de essa ser evidentemente a verdadeira questão, ele considera ansiosamente essa verdade como inadequada para os ouvidos deles. Deus — elevado, firme e sincero em seus atos criativos — quando se transforma no Senhor Deus torna-se íntimo, volúvel, com tendências para amargos arrependimentos e sombrios equívocos. O Senhor Deus *é* Deus. Não existem dois protagonistas neste texto, apenas um. Mas esse protagonista tem duas personalidades notavelmente distintas.

DESTRUIDOR

"Porque me arrependo de os haver feito."

GÊNESIS, 4-11

Embora o Senhor Deus tenha colocado o homem no jardim do Éden "para plantar e cuidar", pode-se perceber um pendor antiagrícola no fato de o trabalho agrícola, mais do que o pastoral ou qualquer outro, ser escolhido como punição para o pecado. Coletores e caçadores são antepassados dos fazendeiros e pastores, e ecoa aí a mesma tensão que se vê na provisão de comida exclusivamente vegetal em *Gênesis*, 1:29. Mas é na história de Caim e Abel que os historiadores leem na Bíblia a apresentação mais explicitamente mítica do eterno conflito:

> Coabitou o homem com Eva, sua mulher. Esta concebeu e deu à luz a Caim; então disse: "Adquiri um varão com o auxílio do Senhor". Depois deu à luz a Abel, seu irmão. Abel foi pastor de ovelhas, e Caim, lavrador. Aconteceu que no fim de uns tempos trouxe Caim do fruto da terra uma oferta ao Senhor. Abel, por sua vez, trouxe das primícias do seu rebanho, e da gordura deste. Agradou-se o Senhor de Abel e de sua oferta; ao passo que de Caim e de sua oferta não se agradou. Irou-se, pois, sobremaneira Caim, e descaiu-lhe o semblante. Então lhe disse o Senhor:

> *"Por que andas irado? E por que descaiu o teu semblante?*
> *Se procederes bem,*
> *não é certo que serás aceito?*
> *Se, todavia, procederes mal,*
> *eis que o pecado jaz à porta;*

*o seu desejo será contra ti,
mas a ti cumpre dominá-lo".**

Disse Caim a Abel, seu irmão: "Vamos ao campo". Estando eles no campo, sucedeu que se levantou Caim contra Abel, seu irmão, e o matou. Disse o Senhor a Caim: "Onde está Abel, seu irmão?". Ele respondeu: "Não sei: acaso sou eu tutor de meu irmão?". E disse Deus: "Que fizeste? A voz do sangue de teu irmão clama da terra a mim. És agora, pois, maldito por sobre a terra cuja boca se abriu para receber de tua mão o sangue de teu irmão. Quando lavrares o solo não te dará ele a sua força; serás fugitivo e errante pela terra".

Então Caim disse ao Senhor: "É tamanho o meu castigo, que já não posso suportá-lo. Eis que hoje me lanças da face da terra, e da tua presença hei de esconder-me; serei fugitivo e errante pela terra: quem comigo se encontrar me matará". O Senhor, porém, lhe disse: "Assim qualquer que matar a Caim será vingado sete vezes". E pôs o Senhor um sinal em Caim para que o não ferisse de morte quem quer que o encontrasse. Retirou-se Caim da presença do Senhor, e habitou na terra de Node, ao oriente do Éden. [*Gên.*, 4:1-16]

O que quer que esse breve episódio possa revelar sobre o pré-histórico conflito entre pastores e fazendeiros, ou entre os arquétipos do bem e do mal, ele faz também uma afirmação básica sobre o Senhor. O episódio revela que, quando o homem e a mulher — agora chamados de Adão e Eva — foram expulsos do jardim do Éden, o Senhor foi junto. Coisa que não se poderia prever nos últimos versículos de *Gênesis*, 1-3: "E, expulso o homem, colocou querubins ao oriente do jardim do Éden, e o refulgir de uma espada que se revolvia, para guardar

---

* No original, a tradução desses versículos foi feita pelo autor. Aqui, mantivemos a versão de João Ferreira de Almeida. (N. T.)

o caminho da árvore da vida". A Bíblia podia muito bem terminar com esse versículo, tal o seu sentido de finalidade. Redescoberto em tempos modernos, o *Gênesis*, 1-3, podia ser acrescentado ao tesouro arqueológico como mais um texto do Oriente Próximo recuperado e decifrado. Ninguém, por assim dizer, iria se dar conta.

De fato, porém, quando o Senhor Deus vestiu o homem e sua mulher com peles, estava lhes dando não um presente de despedida, mas uma pista de que seu relacionamento com eles iria continuar. Como será esse relacionamento? Nesse cósmico dia seguinte, eles não sabem, e tampouco nós sabemos. Os mandamentos que falam das árvores do jardim do Éden estão sendo agora obviamente questionados. O mandamento anterior, "Sede fecundos e multiplicai-vos", não foi revogado; porém, o que mais pode querer o Senhor Deus? E o que vai fazer? Depois de uma mudança tão drástica, o que a humanidade pode esperar dele?

Deus e o Senhor Deus assumem atitudes muito diferentes em relação à humanidade criada à imagem divina ou que de alguma outra forma se relaciona com a divindade. Deus falou em criar a humanidade "à nossa imagem"; o Senhor Deus, não. De fato, o Senhor Deus assume posição diametralmente oposta quando adverte ao celeste "nós" (3:22) que o homem pode se tornar "como um de nós" no que diz respeito ao conhecimento; isso é quase o mesmo que dizer que o homem é a imagem de Deus. Porém, o Senhor Deus objeta ainda mais à perspectiva de o homem poder assemelhar-se a Deus vivendo eternamente, e, coerentemente, reduz a humanidade à mortalidade: "Porque tu és pó e ao pó tornarás" (3:19). O mandamento de Deus ao macho e à fêmea, "Sede fecundos e multiplicai-vos", era incondicional e irrestrito. O Senhor Deus quer que a humanidade viva, mas não para sempre, e que se multiplique, mas não sem dor.

Em *Gênesis*, 6:1-4, quem sente atração pelas fêmeas humanas e se deita com elas são os filhos de Deus, não os filhos do Senhor. E é o Senhor que se põe contra esse acasalamento. Não é a miscigenação que o incomoda, mas simplesmente a superabundância de fecundidade que seria o resultado de vidas muito longas. A maldição de mortalidade que lançara sobre a humanidade não impede isso, então ele acrescenta uma cláusula a esse respeito. Mais uma vez a posteriori, o Senhor — não Deus — decide que a vida humana deve durar no máximo 120 anos.

Embora a divindade pareça diferente quando se trata do Senhor e quando se trata de Deus, todos os seus predicados sob cada um desses nomes continuam sendo predicados seus sob ambos os nomes. Ele é um personagem que, nesse ponto de sua vida, tem duas (ou, contando o seu lado serpente, dois pares de) personalidades. Basta essa ambiguidade para elevar o nível de tensão emocional na história de Caim e Abel.

Caim e Abel — os dois primeiros filhos de Adão e Eva — trazem cada um a sua oferenda ao Senhor (o texto usa "o Senhor" e não "o Senhor Deus" neste episódio, e a partir daí indiferentemente "o Senhor" ou "Deus"). Por quê? O Senhor não pediu nenhuma oferenda. Ele gosta da oferta de Abel, mas não da oferta de Caim, e Caim fica bravo. Por quê? O que esperava Caim? Assim como em *Gênesis*, 2-3, o Senhor fala com Caim do modo como um homem um tanto impetuoso falaria com um companheiro. Como antes, fala principalmente para condenar. Mas é importante notar que a condenação não se origina do fato de Caim haver desobedecido a qualquer mandamento do Senhor. O Senhor não mandou não matar. Depois do assassinato, quando diz a Caim: "A voz do sangue de teu irmão clama da terra a mim", é como se descobrisse naquele momento que o assassinato merece condenação. Existe uma qualidade algo hesitante e tateante em ambos os lados desse relacionamento. A metáfora — "A voz do sangue de teu irmão clama da terra a mim" — pode revelar agitação mais do que condenação moral. Algo está errado, mas o Senhor já sabe exatamente o quê? O Senhor age e depois infere sua própria intenção, a partir do que fez.

A punição de Caim é uma intensificação da punição de Adão. "Maldita é a terra por tua causa", disse o Senhor Deus a Adão; "em fadigas obterás dela o sustento durante os dias de tua vida" (3:17). A maldição de Caim é que a terra que ele trabalhar nada produzirá, e que ele se tornará um errante. Caim interpreta sua banição como um rompimento de sua relação com o Senhor: "Da tua presença hei de esconder-me" (na Nova Versão Padrão Revisada lê-se, mais literalmente: "De tua presença estarei escondido"). Mas o valor desse relacionamento, como o valor da vida, só é descoberto quando já foi perdido. Segundo *Gênesis*, 4:26, só na geração posterior a Caim e Abel foi que "se começou a invocar o nome do Senhor". Ao fazerem oferendas, Caim e Abel só descobrem que o Senhor é um ser a quem se podem fazer oferendas. E o próprio Senhor só descobre seu papel de regulador dos assuntos humanos quando começa a regulá-los. A humanidade vai descobrindo o que será sua vida depois do Éden, e o Senhor vai descobrindo ou determinando como será o relacionamento com sua imagem à medida que a imagem se reproduz em circunstâncias tão diferentes daquela que ele planejara. O relato "eloísta" (de "Deus") do primeiro ato de geração humana (5:1-3) difere em diversos pontos do relato "javeísta" (do "Senhor") que precede a história de Caim e Abel. Leitores atentos poderão notar que o relato de "Deus" faz de Sete, e não de Caim, o primeiro filho. Mas notarão também que o relato de "Deus" faz da reprodução a imagem da criatividade divina e, coerentemente, omite qualquer menção ao papel da mulher: "No dia em que Deus criou o homem, à semelhança de Deus o fez; homem e mulher os criou, e os abençoou, e lhes chamou pelo nome de Adão, no dia em que foram criados. Viveu Adão 130 anos, e gerou um filho à sua semelhança, conforme a sua imagem" (5:1-3). O relato "do Senhor", ao contrário, começa com a relação sexual — "Coabitou o homem com Eva, sua mulher" (4:1) — e omite qualquer menção à semelhança entre o divino e o humano.

Essas indicações da ambivalência divina em relação à fertilidade sexual humana, e, portanto, em relação ao status da humanidade enquanto imagem do criador divino, empalidecem ao lado da ação que expõe a mais profunda de todas as falhas do caráter divino. Na história do dilúvio, o criador — como Deus e também como o Senhor — transforma-se num total destruidor. Por um período breve mas aterrador, a serpente dentro dele, o inimigo da humanidade, domina inteiramente.

Assim como a história da criação, a história do dilúvio é contada duas vezes; mas, ao contrário dos dois relatos da criação, as duas histórias do dilúvio são interligadas. É mais fácil que isso aconteça porque as duas versões são estruturalmente idênticas. Em ambas, a divindade decide destruir toda vida humana e animal, afogando-as numa grande enchente. Em ambas, Noé e sua família são poupados, recebendo um aviso para preparar uma arca na qual flutuarão sobre a enchente. Em ambas, quando a enchente se esvazia, dá-se um novo começo divino-humano. As inconsistências encontram-se nos detalhes. Quantos animais Noé deve levar na arca? A versão de "Deus" fala de vinte de cada tipo (6:19); a versão do "Senhor" fala de sete pares dos puros e um par dos impuros (7:2). Essas duplicações engordam e ralentam o estilo econômico e rápido que caracteriza todo o resto do *Livro do Gênesis*, mas não obscurecem a trama comum.

É de muito maior importância a notável diferença no estado de espírito do Senhor e de Deus nos dois relatos. O Senhor age por causa de seus próprios sentimentos, de seu arrependimento; Deus age porque o mundo precisa de uma limpeza pela destruição. Assim, em *Gênesis*, 6:5-8, o Senhor está amargo, e dessa amargura é que brota a destruição: "Farei desaparecer da face da terra o homem que criei, o homem e o animal, os répteis, e as aves dos céus; porque me arrependo de os haver feito" (6:7). É feita uma exceção a Noé, mas não é por Noé — nem para dar à criação um novo começo com Noé no papel de novo Adão — que a terra é destruída. A destruição não é um meio, é um fim, um ato expressivo, e não instrumental. Depois da enchente, o Senhor de fato fará uma aliança com Noé, mas a princípio não previa nenhuma aliança. Em *Gênesis*, 6:11-22, em claro contraste, Deus age sem raiva e com perfeito conhecimento do que está a ponto de realizar. Ele prevê uma nova aliança, e os passos entre sua decisão de destruir a terra e sua proclamação de uma nova aliança se sucedem, um após o outro, até o último, com o mesmo domínio sereno demonstrado durante os sete dias da criação.

Depois, quando as águas recuam e Noé e seu grupo estão de novo em terra seca, Noé queima uma oferenda ao Senhor, a primeira dessas oferendas mencionada na Bíblia, "e o Senhor aspirou o suave cheiro, e disse consigo mesmo: 'Não tornarei a amaldiçoar a terra por causa do homem, porque é mau o desígnio íntimo do homem desde a sua mocidade; nem tornarei a ferir todo vivente, como fiz'" (8:21). O Senhor, que nunca disse, nem mesmo como algo implícito na bondade da criação, que a humanidade era boa, repete nesse momento que "é mau o desígnio íntimo do homem desde a sua mocidade"; isto é, que a humanidade nasce má, é incorrigível. E, se não fosse pelo suave cheiro da oferenda, qual teria sido o desfecho? O Senhor não planejou antecipadamente cada passo do dilúvio. Sua raiva, e a violência que dela brotou, foi uma explosão interpessoal de temperamento; foi uma reação morosa sem nenhuma consciência clara do que era essa maldade humana. A promessa que faz de abster-se de futuras violências catastróficas também não é premeditada, não havendo nenhuma estipulação do que ele deseja que a humanidade faça ou deixe de fazer.

Em resumo, o Senhor tem de ser seduzido pelo odor da oferenda de Noé para que não volte a se deixar dominar pela raiva. Deus, por outro lado, não exige oferendas de Noé. É mais o contrário que ocorre: Deus dá a Noé um sinal — o arco-íris — de que "não será mais destruída toda carne por águas de dilúvio" (9:11). E a aliança não é só com Noé, mas com todos os seus descendentes — isto é, com toda a raça humana, já que todos serão agora descendentes dele —, e, mais que com a raça humana, como sempre quando Deus fala, a aliança é com toda a realidade física. O Senhor, como antes, não abençoa. Deus abençoa copiosamente, exortando Noé e "seus filhos" com um calor ainda maior do que aquele que ouvimos na primeira criação: "Sede fecundos e multiplicai-vos; povoai a terra, e multiplicai-vos nela" (9:7).

Só num determinado ponto Deus fala com algo semelhante à paixão do Senhor; exatamente no ponto em que impõe sua primeira proibição à humanidade, estipulando, com efeito, aquilo que a humanidade deve fazer para evitar uma nova destruição do mundo. Antes do dilúvio, Deus indicou que era a violência humana (6:11-3) que exigia a destruição do mundo. Depois do dilúvio, numa frase que talvez seja a mais lapidar da Bíblia, ele coloca a mesma questão na forma de um implacável mandamento. A frase — *šopek dam haᵓ adam haᵓ adam damo yi šapek* — faz um trocadilho com a similaridade das palavras hebraicas *dam*, "sangue", e ᵓ*adam*, "ser humano". Eu traduziria como: "Derramado o sangue do homem, pelo homem seja o seu sangue derramado" (9:6).*

Por que o derramamento de sangue é tão importante para Deus? O versículo completo parece conter uma explicação: "Se alguém derramar o sangue do homem, pelo homem se derramará o seu; porque Deus fez o homem segundo a sua imagem". Ao contrário do Senhor, Deus vê sua criatura como uma imagem de si mesmo. Mas não fica evidente por que isso leva a uma proibição da violência inter-humana. Devemos inferir que os seres humanos devem reverenciar-se uns aos outros como reverenciam Deus, uma vez que profanar a imagem de Deus é profanar a Deus? Esta é a explicação que vem mais prontamente à cabeça, mas ela é anacrônica: nesse ponto da Bíblia, Deus ainda não pediu que suas criaturas humanas o reverenciassem, muito menos que o adorassem. Tampouco o Senhor pediu. Leitores principiantes da Bíblia ficam às vezes fascinados com o tom informal e pessoal da divindade — principalmente quando ele é chamado de "Senhor" — ao falar com a humanidade. Ele parece não esperar nenhuma reverência. Mas, se tomarmos esse

---

* Na tradução da Bíblia que usamos como referência, o versículo é: "Se alguém derramar o sangue do homem, pelo homem se derramará o seu". (N. T.)

ponto com toda seriedade, devemos perguntar se ele já sabe que merece reverência. Mais uma vez, porém, não havendo nenhuma indicação de que ele saiba disso, e não há mesmo nenhuma, teremos de encontrar para sua proibição de assassinato uma base diversa de uma exigência de reverência.

É notável como a frase "Se alguém derramar o sangue do homem, pelo homem se derramará o seu", que seria adequada como conclusão para a história de Caim e Abel, encerra, em vez disso, a história do dilúvio. Essa proibição ao derramamento de sangue humano vem logo depois de o Senhor/Deus haver derramado uma grande quantidade de sangue humano e acabado com grande número de vidas humanas. Assim como o mandamento único dado pelo Senhor depois de Deus haver criado o mundo era uma restrição à força procriadora humana, também o mandamento único posterior à destruição do mundo pelo Senhor/Deus é uma restrição ao poder destrutivo humano. A destruição é proibida porque Deus é destruidor tanto quanto criador. Deixando de lado a reverência, o ser humano que se empenha seja na destruição, seja na criação, torna-se seu rival.

Um destruidor tanto quanto um criador? A crítica histórica percebeu há muito a semelhança da história do dilúvio bíblico, tanto em sua estrutura geral como numa variedade de detalhes importantes, com o mito equivalente da Babilônia. Naquele mito, como neste, passaram-se dez gerações entre a criação do mundo e a sua destruição; a ira divina resulta numa enchente; o herói veda o seu barco com piche; depois a divindade sente o cheiro de uma oferenda; e assim por diante. Existem, porém, duas diferenças entre o mito babilônico e o bíblico. Primeiro, ao menos em sua forma sintética, o mito bíblico fornece à divindade um pretexto ético para punir a humanidade: sua ação não é gratuita; a humanidade a merece. Em segundo lugar, e muito mais importante, o mito babilônico coloca Marduque contra o monstro aquático do caos, Tiamat. Em outras palavras, um deus começa o dilúvio; outro deus — depois de uma batalha épica — o encerra. Não existem dois deuses no *Livro do Gênesis*, apesar de meu confronto deliberado entre o Senhor e Deus: existe apenas um, chamado algumas vezes de o Senhor e outras vezes de Deus. Mas em cada uma das duas histórias bíblicas do dilúvio que foram editadas como uma história única — a versão do "Senhor" e a versão de "Deus" — um destruidor aquático, serpentino (chamado, em outros textos hebraicos, de Rahab), foi inteiramente absorvido na figura do Senhor/Deus, o criador.

Na segunda história da criação notamos que a serpente tinha um papel independente, apenas residual. Obscuramente, os propósitos da serpente eram também os propósitos do Senhor. Nas duas histórias do dilúvio, o destruidor não tem sequer uma independência residual. Sua personalidade hostil (Tiamat/Rahab é uma deusa) foi absorvida pelas personalidades do Senhor e de Deus. Sua realidade física, aquática, foi reduzida a um instrumento nas mãos dele. O Senhor e Deus são diferentes tanto no papel de criadores como no de destruidores, mas a equação que o personagem da divindade nos dá quando as águas recuam não é $yahweh + {}^{\circ}elohim$. É ($yahweh +$ Tiamat) + (${}^{\circ}elohim +$ Tiamat).

Sob qualquer dos seus dois nomes principais, o criador nos comprovou que tem a capacidade de ser destruidor. Cada uma das duas versões (agora interligadas) da antiga história israelita do dilúvio constitui uma apropriação monoteísta de uma história originalmente politeísta. Em cada uma delas, duas divindades opostas — uma amiga, outra inimiga da humanidade — fundiram-se numa só. Talvez não seja demais afirmar que Tiamat é o ascendente do carrancudo e vingativo Senhor, enquanto Marduque seria o ascendente do calmo e majestoso Deus. No entanto, o Senhor e Deus parecem ambos muito plena e vigorosamente imaginados para que possamos falar deles como meramente duas versões da mesma "receita". Cada um deles é fruto de uma conquista artística e religiosa distinta.

Nem o Senhor, nem Deus, nem a combinação do Senhor com Deus compreende ainda tudo o que virá, afinal, a constituir o caráter ou personagem divino, mas mesmo agora ambos — cada um deles perpassado pela falha radical entre criador e destruidor — são personalidades quase humanas, coerentes e originais. E, se tomarmos a Bíblia literalmente, cada personalidade, assim duplicada, pertence a um mesmo personagem.

Mais uma vez, em *Gênesis*, 9:17 temos um momento que poderia facilmente servir como momento de encerramento da Bíblia. À criação seguiu-se o pecado, depois a violência e a catástrofe, e depois uma nova criação triunfal e uma aliança eterna contra a violência. Mas a história ainda não terminou e, à medida que ela continua, fica essa lembrança duplicada e quadruplicada de Deus nesses essenciais capítulos de abertura.

Apesar do arco-íris, o Senhor Deus agora não pode mais deixar de ser objeto tanto de medo como de admiração. Mesmo havendo jurado nunca mais destruir o mundo, acabará ameaçando quebrar sua palavra. Porém, mesmo antes de as ameaças de fato começarem, ele passará a constituir uma presença permanentemente ameaçadora. Damo-nos conta do que ele é capaz, e isso não conseguimos esquecer. Ele não só é imprevisível, mas perigosamente imprevisível.

CRIADOR/DESTRUIDOR
"Não estendas a mão sobre o rapaz."

GÊNESIS, 12-25:11

Eticamente, parece haver uma diferença abissal entre a paternidade e o assassinato; este último é um crime, o primeiro simplesmente um fato inframoral. Do ponto de vista psicológico, no entanto, os dois estão ligados como estão ligadas a vida e a morte. A fertilidade está para a esterilidade assim como a vida está para a morte. O controle sobre o termo positivo de qualquer um dos dois pares implica o controle sobre o termo negativo. Assim, Deus dá fertilidade à humanidade, e se a humanidade, a partir de então — na linguagem da tradução da Versão Padrão Revisada do *Gênesis*, 1 —, "tem domínio sobre" a própria fertilidade, então a humanidade também tem domínio sobre a esterilidade. Esse poder, o poder de decidir quem nascerá, é da mesma ordem do poder de decidir quem morrerá.

O Senhor, como vimos antes, não sabia que queria negar à humanidade o poder de decidir quem iria morrer, até que o primeiro assassinato é cometido e a voz do sangue clama da terra. De maneira semelhante, ele não sabia que queria restringir o domínio humano sobre a vida até que viu a humanidade se multiplicando. Mesmo sendo a corrupção humana a razão para o dilúvio, o breve episódio imediatamente precedente (*Gên.*, 6:1-4), uma espécie de prelúdio à história do dilúvio, sugere que a multiplicação não controlada de humanos também desempenhou seu papel.

Em *Gênesis*, 12 e nos capítulos restantes do *Livro do Gênesis*, vemos a divindade — enquanto Senhor e enquanto Deus — em permanente conflito com a humanidade para controlar a fertilidade humana. Esse é o significado sutilmente agressivo da afirmação do Senhor a Abrão em 12:1-3, abrindo o longo ciclo narrativo:

Sai da tua terra, da tua parentela e da casa de teu pai, e vai para a terra que te mostrarei;

> *de ti farei uma grande nação,*
> *e te abençoarei,*
> *e te engrandecerei o nome.*
> *Sê tu uma bênção:*
> *abençoarei os que te abençoarem,*
> *e amaldiçoarei os que te amaldiçoarem;*
> *em ti serão benditas*
> *todas as famílias da terra.*

A promessa do Senhor de fazer de Abrão uma grande nação, ou seja, de torná-lo fértil, é a retomada de um poder que antes parecia ter sido confiado à humanidade sem nenhuma necessidade de futura participação divina. Essa retomada do poder de dar vida é paralela à retomada anterior por parte de Deus do poder de tirar vida. Não seria preciso nenhuma promessa de fertilidade a Abrão, uma vez que Deus já ordenara a toda a humanidade que fosse fértil e se multiplicasse. Mas, por um lado, se Abrão precisa de uma promessa especial do Senhor para tornar-se uma grande nação, é porque não possui o poder de tornar-se uma grande nação por si próprio; e, por outro lado, se o Senhor não fez essa promessa a todas as nações, é porque a autonomia reprodutiva geral da humanidade está reduzida.

Em outras palavras, a premissa da narrativa é de que em termos de fertilidade humana, assim como no combate mortal, tudo o que dá vida a você tira vida de mim, e vice-versa. Em 9:6, o mandamento ostensivo de Deus contra o assassinato apenas transforma a lei de vingança sangrenta numa ação divina por procuração: sim, todo assassino será assassinado por sua vez, e os homens efetuarão a execução, só que Deus reclamará a ação deles como instrumento de sua própria ação. O que pode parecer a eles vingança é, na verdade, o exercício de sua prerrogativa exclusiva de tirar vida. O trecho do *Gênesis*, 12:1-3, tem a mesma energia profundamente isenta de motivações que aparece em ambos os relatos da criação. E, assim como a Bíblia podia ter terminado em dois outros pontos antes deste, ela podia também começar aqui. A narrativa é um novo começo, e Abrão não dá nenhuma indicação de ter ouvido falar de Adão, de Noé, ou dos atos e palavras anteriores de Deus. Abrão conhece Deus apenas a partir do que Deus diz ou faz para o próprio Abrão. O leitor, porém, pode fazer as comparações que Abrão não faz, e as comparações revelarão uma notável diferença entre este começo e os começos anteriores.

O Senhor não diz a Abrão: "Vai para a terra que te mostrarei e *sê fecundo e multiplica-te*". Não, é o Senhor que dará a fertilidade; ele é quem governará a multiplicação. A fertilidade de Abrão será tão proverbial que ser como Abrão passará a ser um voto de felicidade (é esse o sentido de "Sê tu uma bênção"). A inferência, porém, é que, sem contar com assistência divina que se compare, nenhum outro poderá competir com Abrão em termos de fertilidade. No contexto, o Senhor está tomando de volta da humanidade uma grande parte do dom da vida. Mas será que ele percebe isso em relação a si mesmo? Ou será necessária uma ação humana para forçá-lo a tomar consciência de seu próprio ciúme?

Abrão obedece, mas em silêncio. Ele vai para Siquém, em Canaã, lugar cuja importância final na história da descendência de Abrão só será rivalizada por Jerusalém. O Senhor aparece para ele uma segunda vez, agora para prometer que aquela terra, apesar de dominada no momento pelos cananeus, será dada à sua descendência. Abrão muda-se para um lugar entre Betel e Ai, constrói um altar ao Senhor, invoca o seu nome. Começa então a sua resistência.

Há fome na terra, e Abrão e sua mulher Sarai vão para o Egito. Dizendo que Sarai é tão bonita que os egípcios vão querer matá-lo para possuí-la, Abrão pede a ela que diga ser sua irmã e que se junte à casa do Faraó como concubina. Não existe, de fato, nenhum perigo evidente. O Senhor aflige a casa do Faraó com pragas, devido à presença de Sarai; mas quando o Faraó descobre o que aconteceu, simplesmente protesta junto a

Abrão: "Por que não me contou que era sua mulher?" — e manda embora marido e mulher. O conflito, na verdade, não é entre o Faraó e Abrão, mas entre o Senhor e Abrão, que não aceita a fertilidade nos termos em que foi oferecida e tenta passá-la adiante.

Abrão dá sua mulher ao Faraó para expressar seu desprazer com o Senhor. Contra os desejos do Senhor, entregando Sarai ao Faraó Abrão está lhe dando descendência. O Senhor intervém para retomar o controle. Abrão, que nada respondeu ao Senhor, apesar de ter obedecido, tampouco dá qualquer explicação ao Faraó, apesar de, curvando-se diante de uma força superior, mais uma vez obedecer. De volta a Betel/Ai, o Senhor aparece a Abrão uma terceira vez e, prometendo de novo descendência e posse da terra de Canaã, ordena-lhe: "Levanta-te, percorre essa terra no seu comprimento e na sua largura" (13:17). Mais uma vez, Abrão obedece. Mais uma vez, nada diz.

O silêncio de Abrão é ainda mais notável em *Gênesis*, 13. Ló, sobrinho de Abrão, que vive em Sodoma, é feito prisioneiro devido a uma aliança entre quatro reis, numa guerra local. Abrão lidera um bem-sucedido grupo de guerreiros para resgatá-lo, mas sem invocar o Senhor. Depois, tendo vencido os quatro reis, Abrão aceita a bênção do sacerdote Melquisedeque em nome de algo que parece ser um outro deus: o "Deus Altíssimo" (ʾ*el* ᶜ*elyon*, em hebraico). Abrão recusa-se a aceitar qualquer despojo de guerra, dizendo que jurou a esse deus, esse "que possui os céus e a terra", que "nada tomarei de tudo o que te pertence, nem um fio, nem uma correia de sandália" (14:22-3). Serão o Senhor e esse possuidor o mesmo ser? Terá Abrão feito um tal juramento antes de começar sua campanha militar, ou estará meramente improvisando uma resposta política? Seja como for, o próprio Senhor é pouco mais que um espectador nessa sequência de eventos.

Contra o pano de fundo do silêncio de Abrão e da não--participação do Senhor na batalha de Abrão, as palavras ditas pelo Senhor no começo de *Gênesis*, 15, adquirem um efeito irônico:

*Não temas, Abrão,
eu sou o teu escudo;
e teu galardão será sobremodo grande.*

Essas palavras, que Abrão recebe numa visão, deviam ter sido ditas antes, não depois, da batalha com os quatro reis. O Senhor parece estar, a posteriori, reclamando a vitória de Abrão como sua. A resposta de Abrão, as primeiras palavras que o ouvimos dizer ao Senhor, aproveita o momento de potencial embaraço do Senhor para fazer uma queixa: "Senhor Divino, de que servem os teus dons? Continuo sem filhos, e um escravo nascido em minha casa será meu herdeiro" (minha tradução). A quarta promessa do Senhor a Abrão vem a seguir, e pela primeira vez ficamos sabendo com todas as palavras que Abrão acreditava no Senhor e que "isso lhe foi imputado para justiça". Em outras palavras, o Senhor achou que Abrão fez bem em tomar as palavras do Senhor literalmente no que dizia respeito à descendência. Quanto à terra, as primeiras palavras de Abrão são ainda uma expressão de dúvida em relação à promessa: "Senhor Divino, como posso acreditar que hei de possuí-la?" (minha tradução). A promessa do Senhor é mais uma vez renovada, junto com uma profecia de opressão no Egito, só que dessa vez não ficamos sabendo se Abrão acreditou no Senhor. Não é um silêncio ensurdecedor, mas distintamente audível.

O efeito das quatro repetições da promessa de fertilidade é inspirar não confiança, mas dúvida no leitor. Os acadêmicos históricos veem essas promessas como versões independentes de uma mesma história preservadas num relato único, sintético. Seja como for, não há como negar o efeito da repetição. Uma promessa que era vazia já na primeira vez é repetida, repetida e repetida de novo, causando, visto que não é cumprida, um efeito de crescente inquietude. O efeito inicial da promessa era confirmar um dom anterior, e agora parece que a promessa não está sendo cumprida. Será que falta ao Senhor poder para cumprir sua promessa? Ou falta-lhe vontade?

Passam-se mais dez anos, e não nasce nenhum filho. Sarai

não diz que é estéril, mas ao contrário, refletindo sobre o fato de o Senhor ter-se instalado como guardião e provedor de sua fertilidade, diz: "Eis que o Senhor me tem impedido de dar à luz filhos" (16:2). Cheia de raiva, ela manda Abrão procurar sua serva egípcia, Hagar, desafiando o Senhor, da mesma forma como Abrão a havia enviado antes para o Faraó. Também ela tenta, num ato de contracoerção, transformar o dom coercivo do Senhor em descendência para os egípcios. Mas Sarai muda de ideia. Quando Hagar concebe uma criança e se torna arrogante, Sarai a expulsa para o deserto — na verdade, para a sua provável morte. Ironicamente, "o anjo do Senhor" (a expressão hebraica significa "uma aparição do Senhor") aparece diante de Hagar e promete que ela dará à luz um filho, Ismael, e que a descendência de Ismael será uma multidão — e manda-a de volta para Sarai. É o ritmo que torna irônica a promessa de Deus a Hagar. A mulher já está grávida. A promessa de fertilidade que o Senhor faz *depois* de ela ter concebido é como a promessa de segurança que fez a Abrão *depois* de Abrão ter-se saído vitorioso na batalha. Em ambos os casos, o Senhor parece estar cooptando mais do que sendo causa de alguma coisa. Além disso, ele está mais interessado em frustrar Sarai do que em proteger Hagar. Pelo menos, isso é o que parece. Sua intenção real fica obscura.

Passam-se mais treze anos. Abrão agora tem 99 anos. O Senhor aparece a ele (*Gênesis*, 17) e repete a promessa pela quinta vez. A cada repetição a promessa foi ficando mais elaborada: (1) discurso breve, (2) discurso não muito breve, (3) discurso longo, (4) discurso longo mais ritual, e agora (5) um discurso ainda mais longo seguido da circuncisão de Abrão e de todos os homens de sua casa, e também nomes novos, simbólicos — Abrão e Sarai passam a ser Abraão e Sara. Reagindo ao anúncio de tudo isso, Abrão, rindo, cai de cara no chão e diz para si mesmo (17:17): "A um homem de cem anos há de nascer um filho? Dará à luz Sara com seus noventa anos?". Abrão já havia caído de cara uma vez nesse capítulo, em 17:3, quando o Senhor disse: "Eu sou El Shaddai: anda na minha presença, e sê perfeito. Farei uma aliança entre mim e ti, e te multiplicarei extraordinariamente". O nome ᵓ*el šadday* é de origem obscura. A palavra *šadday* pode significar, ou sugerir, montanhas. Mas a tradição em uso e a tradução mais antiga desse nome, "Deus Todo-poderoso", deixam claro que, de todos os títulos aplicados a Deus em hebraico, este é o que mais tenciona traduzir poder puro e simples. A prostração inicial de Abrão parece constituir um reconhecimento deslumbrado desse poder, mas esta segunda prostração, risonha, logo questiona aquela primeira. Lembremos que Abrão conhece Deus não da criação ou do dilúvio, mas somente por suas palavras e atos relativos a ele, Abrão. A partir disso apenas, como pode entender Deus?

Abrão, ainda sem herdeiro nascido de sua mulher, havia falado com o Senhor 23 anos antes, quando tinha 76. Naquela ocasião, agora só tenuemente relembrada, a promessa fora, como sempre, de descendência. Mas nenhuma descendência nasceu. E agora surge novamente o prometedor divino, dessa vez chamando a si próprio com o mais augusto e imponente título que pode existir, repetindo pela quinta vez a promessa não cumprida, e exigindo que o velho pênis de 99 anos seja desnudado para a faca. É de admirar que Abrão dê risada?

Ao dizer isso não estamos fazendo um tipo de humor de hoje, externo, à custa do texto sagrado. O humor, assim como a risada amarga do antagonista humano, está no texto. É verdade que as vidas dos primeiros capítulos do *Gênesis* têm uma duração mítica, mas mesmo assim Abrão já é um homem muito velho, e o próprio texto chama atenção para a sua idade. Para esclarecer isso, podemos reduzir os números, sem nenhuma redução no efeito. Abrão morrerá com a idade de 175 anos (25:7). Se pensarmos em cem anos como um referencial para os dias de hoje, Abrão teria então, proporcionalmente, 57 anos e ainda não tinha filhos quando o Senhor, que não se manifestara durante treze anos (ao invés de 23), aparece prometendo fertilidade e pedindo a circuncisão. A promessa, feita agora pela quinta vez e com floreios retóricos, para um homem que já a escutou quatro vezes antes, é hilária. A própria aliança é um tanto fora de propósito. Apesar de o "Deus Todo-poderoso" iniciar seu discurso a Abrão dizendo: "Anda na minha presença e sê perfeito", o comportamento perfeito não é exigido de Abrão nos termos formais da aliança que vem a seguir. Tudo que lhe é pedido, humilhantemente, é o prepúcio, os prepúcios de todos os varões de sua casa, e, suprema ironia, de todos os prometidos varões de sua futura descendência, da qual ainda não nasceu nenhum filho legítimo.

Abrão responde ao "Deus Todo-poderoso" com uma frase seca e sarcástica: "Oxalá viva Ismael diante de ti". Ismael! Criar Ismael, desejar longa vida a Ismael, significa, com efeito: "Não espero outra descendência além do único filho ilegítimo que tenho hoje". Isso significa receber a grandiosa promessa de Deus com insultuoso ceticismo. Vinte e três anos antes, Abrão implorara ao Senhor que Ismael, bastardo da escrava egípcia, *não* fosse o seu único herdeiro, e o Senhor, levando-o para fora e mostrando-lhe o céu, dissera: "Olha para os céus e conta as estrelas, se é que o podes. [...] Será assim a tua posteridade" (15:5). Dessa vez, Abrão não se deixa levar. Ismael é seu único herdeiro. Ele recusa a esperança de ter outros.

Quando o Senhor exige um pedaço do pênis de Abrão está sendo profundamente coerente com toda a ambivalência que demonstrou antes em relação à potência humana em geral e à de Abrão em particular. A circuncisão não é um sinal da aliança meramente arbitrário e puramente externo, como seria uma tonsura ou uma cicatriz ritual. O pênis de Abrão — e os pênis, a potência sexual, de seus descendentes — é que constitui a matéria da aliança. Deus pede que Abrão aceite, simbolicamente, que sua fertilidade não lhe pertence, para que ele a exerça sem nenhum impedimento divino. Uma redução física da literal superabundância do pênis de Abrão é um sinal que traz em si uma relação intrínseca com seu significado. Abrão, a julgar por seu riso amargo e suas ideias explicitamente céticas, não acredita nas promessas do Senhor. Mas cede ao que lhe é pedido. No que está pensando? Não sabemos. Ele não acrescenta nem uma palavra à frase: "Oxalá viva Ismael diante de ti". Meramente faz o que lhe é pedido: entrega, como lhe foi pedido, o próprio prepúcio, o do filho (Ismael tem agora treze anos) e os de todos os varões de sua casa. O texto não esconde a estranheza do momento.

A seguir, um episódio, em *Gênesis*, 18-9, ilustra por que a Bíblia é considerada uma obra-prima de montagem. Os historiadores acreditam que algum antigo redator combinou lendas escritas e de tradição oral, algumas de fontes israelitas, outras de fontes estrangeiras, numa narrativa única. Essa narrativa, hoje o *Livro do Gênesis*, ia do começo do mundo até pouco antes do nascimento da nação. Constituindo um compêndio de respostas herdadas a perguntas sobre as origens, o livro aborda muitas questões. A questão mais constante é: de onde veio Israel? Mas em *Gênesis*, 11:1-8, o redator encontra lugar para uma velha lenda que responde às perguntas: por que as pessoas vivem tão espalhadas pelo mundo e por que falam línguas tão diferentes? Também no *Gênesis*, 18-9, a narrativa traz respostas para uma miscelânea de questões israelitas como: por que existem aquelas estranhas formações de sal às margens do mar Morto? por que o deserto ao longo de sua costa oriental se transformou num deserto quando sabemos que houve cidades ali? e por que os moabitas e os amonitas, que vivem tão próximos de nós e que parecem nossos parentes, são tão repugnantes para nós? Só que a história que responde essas questões vem logo depois de a confiança de Abraão no Senhor ter se transformado em riso incrédulo, e por essa disposição — brilhante achado do redator — provoca uma virada extraordinária no conflito do Senhor com Abraão a respeito da potência sexual de Abraão.

A história começa em *Gênesis*, 18, quando o Senhor aparece a Abraão na forma de três homens. Como na teologia posterior Deus é compreendido sempre como um ser único, os comentadores tradicionalmente racionalizaram essa aparição, definindo os três como sendo o Senhor acompanhado de dois assistentes do sexo masculino, angélicos. Mas se o Senhor pode aparecer na forma de um homem, pode também aparecer na forma de três. O que Abraão vê, explicitamente, são "três homens", num sinal tão claro quanto outros do Antigo Testamento de que a criação da humanidade "à nossa imagem" pode ser entendida literalmente. Tanto o número como o gênero devem ser levados em conta. O Senhor é uma singularidade, mas, quanto à sua aparência, pode surgir seja como o homem que apareceu a Hagar ou, nesse caso, como um grupo de homens. Ao longo de todo o episódio, as duas designações, "o Senhor" e "os homens", alternam-se, e não existe nenhuma maneira interna consistente de separar uma da outra.

Abraão manda preparar comida para "os homens", e um deles, depois de perguntar: "Sara, tua mulher, onde está?", revela: "Certamente voltarei a ti daqui a um ano; e Sara, tua mulher, dará à luz um filho" (18:10). É a sexta promessa fútil, e dessa vez, dentro da tenda, de onde estava escutando sem ser vista, é Sara quem ri:

Riu-se, pois, Sara no seu íntimo, dizendo consigo mesma: "Depois de velha, e velho também o meu senhor, terei ainda prazer?". Disse o Senhor a Abraão: "Por que se riu Sara, dizendo: 'Será verdade que darei ainda à luz, sendo velha?'? Acaso para Deus há coisa demasiadamente difícil? Daqui a um ano, neste mesmo tempo, voltarei a ti, e Sara terá um filho". Então Sara, receosa, o negou, dizendo: "Não me ri". Ele, porém, disse: "Não é assim, é certo que riste". [18:12-5]

Embora seja dito que Sara teve medo do Senhor, o Senhor parece indignado de não ser levado a sério. (Conversas como essa, por sinal, é que levaram alguns críticos a especular que parte dos livros de abertura da Bíblia pode ter sido obra de mulheres.)

Segue-se uma conversa extraordinária (18:16-33) na qual, com elegante sarcasmo de ambas as partes, primeiro o Senhor caçoa da integridade de Abraão e de sua própria confiança no

Senhor, e Abraão em seguida caçoa, ao mesmo tempo, do poder e da sinceridade do Senhor. Com o riso de Abraão e Sara ainda ressoando no ar, o Senhor diz, altivo:

> Ocultarei a Abraão o que estou para fazer? Visto que Abraão certamente virá a ser uma grande e poderosa nação, e nele serão benditas todas as nações da terra? Porque eu o escolhi para que ordene a seus filhos e a sua casa depois dele, a fim de que guardem o caminho do Senhor e pratiquem a justiça e o juízo; para que o Senhor faça vir sobre Abraão o que tem falado a seu respeito. [18:17-9]

Nem a integridade do próprio Abrão/Abraão nem a da prometida descendência incontável foi mencionada como um *motivo* para as promessas anteriores do Senhor a Abrão/Abraão. Da forma como é anunciado agora, esse motivo traz em si uma ameaça tácita. O Senhor está dizendo a Abraão por que a promessa de descendência poderia *não* se cumprir: porque Abraao pode não ser suficientemente íntegro para merecê-la.

E Abraão é íntegro? Antes, quando Abraão acreditava na promessa de descendência feita pelo Senhor, "foi imputado para justiça" (15:6). E agora? Abraão parece não mais acreditar na promessa do Senhor, e sua esposa também não. Terá, portanto, desistido de sua integridade? No ponto em que poderíamos esperar que o Senhor dissesse, magnanimamente: "Ocultarei de Abraão o que estou para fazer?... Não, *porque ele é íntegro* e eu o escolhi...", lemos apenas: "Porque eu o escolhi [...]". Nesse contexto, o fato de o Senhor confiar a Abraão que está a ponto de condenar a corrupção de Sodoma e Gomorra resulta numa espécie de brincadeira cruel.

Como reage Abraão a essa manipulação? "Aproximando-se a ele": a narrativa é ousada, quase brutal em sua economia. Um homem mortal, decaído, recuaria, não daria um passo à frente num momento em que o Deus Todo-poderoso está a ponto de destruir. Abraão aproxima-se dele e dirige-se ao Senhor em tom elogioso, insinuante, agressivo e sarcástico, tudo para revidar a animosa introdução do Senhor sobre a integridade como condição para a sua potência:

> Destruirás o justo com o ímpio? Se houver, porventura, cinquenta justos na cidade, destruirás ainda assim, e não pouparás o lugar por amor dos cinquenta justos que nela se encontram? Longe de ti o fazeres tal coisa, matares o justo com o ímpio, como se o justo fosse igual ao ímpio; longe de ti. Não fará justiça o Juiz de toda a terra? [18:23-5]

Abraão não está ligado a Sodoma por nenhum laço particular de ternura ou lealdade. É verdade que seu sobrinho Ló mora lá, mas ele e Ló separaram-se um tanto estremecidos, e ao se separarem Abraão renunciou a qualquer pretensão em relação a Sodoma e suas planícies. Para ele, Sodoma é uma cidade estranha, com a qual declaradamente negou-se até mesmo a estabelecer relações (14:22-4). Não, ao contrário do que alguns comentadores piedosos pretendem, o objetivo da "barganha" de Abraão com o Senhor nessa passagem não é mostrar a misericórdia nem de Abraão, nem do Senhor. O objetivo desse diálogo é demonstrar a profundidade do ressentimento de Abraão diante da promessa de fertilidade que foi quebrada e seu desdém pelo que parece ser uma tentativa de última hora da parte de Deus para revogar essa promessa. O que Abraão diz ao Senhor, com efeito, é: "Disseste que vais fazer, mas vais mesmo? E se não o fizeres, a tua desculpa será apontar algum defeito em minha integridade?".

A polidez com que Abraão trata o Deus de quem ele e sua mulher acabaram de rir é deliberadamente excessiva: "Longe de ti o fazeres tal coisa [...] longe de ti". Será que o Senhor, com pseudomagnanimidade, está convidando Abraão a participar do julgamento divino de Sodoma? Muito bem! Abraão aceita o convite, dirigindo-se a seu colega divino em tom de deferência exagerada como "juiz de toda a terra", insinuando que seu julgamento jamais será levado a efeito. Abraão vai barganhando com o Senhor, passando de cinquenta justos para 45, de quarenta para trinta, de vinte para dez. Ele não prossegue, mas é aí que reside a delicadeza do insulto: "E se sobrar só um justo?", o leitor lê mentalmente, da mesma forma como, com certeza, ouve o Senhor. "E nenhum?"

Abraão acompanha os "homens" até Sodoma. E então eles — o Senhor é agora descrito como dois homens — visitam Ló na cidade, assim como os três que visitaram Abraão. Os dois são recebidos com idêntica hospitalidade. Mas quando cai a noite, o povo da cidade — *"todo o povo de todos os lados"*, numa alusão à barganha de Abraão — cerca a casa de Ló e chama por Ló (na tradução da Nova Versão Padrão Revisada): "Onde estão os homens que, à noitinha, entraram em tua casa? Trazei-os fora a nós para que os conheçamos". O verbo *conhecer* em hebraico clássico é um eufemismo para as relações sexuais; nesse caso, evidentemente, relações homossexuais.* Ló insiste com eles: "Rogo-vos, meus irmãos, que não façais mal; tenho duas filhas, virgens, eu vo-las trarei; tratai-as como vos parecer, porém nada façais a estes homens, porquanto se acham sob a proteção de meu teto". Os sodomitas tentam arrombar a porta da casa de Ló. Os "homens" então os cegam, resgatam Ló, e destroem inteiramente Sodoma, todas as cidades vizinhas e toda a região adjacente: as cidades "e toda a campina, e todos os moradores das cidades, e o que nascia na terra" (19:25). O horror do julgamento fica ainda mais horrendo pela risonha frivolidade do diálogo mantido antes por Deus e Abraão.

O que acontece nesse episódio é que os homens da cidade de Ló exigem os genitais de Deus, da mesma forma como no episódio da circuncisão Deus exigiu os genitais de Abraão. Embora só num grande esforço "politicamente correto" se possa dizer que a Bíblia é neutra quanto à questão da homossexualidade, o que conta neste episódio não é a diferença entre hetero ou homossexual, e sim a diferença entre humano e divino. Os

---

* Na tradução que usamos como referência, a frase é mais explícita, sem deixar de ser fiel ao sentido: "Traze-os fora a nós para que abusemos deles". (N. T.)

"homens" que os sodomitas querem "conhecer" são Deus. As filhas virgens que Ló oferece no lugar deles são humanas. A autonomia sexual humana, que constitui sempre uma afronta indireta ao controle de Deus sobre a vida, torna-se aqui uma afronta direta; na verdade, literalmente, um ataque sexual.

Em resumo, não é a moralidade que está em questão, mas o poder. Em nenhuma de suas interações com a humanidade, em nenhuma de suas alianças com Adão, Noé ou Abraão, Deus exigiu ou proibiu relações sexuais de qualquer tipo. (A fertilidade implica relações heterossexuais, mas o assunto jamais é abordado nesses termos.) Assim como o crime de violência só foi reconhecido como crime quando Caim matou Abel, também aqui o crime de relações sexuais ilícitas só é reconhecido como tal à sua primeira ocorrência. Em ambos os casos, não é a ação em si que é intrinsecamente má; é o fato de a ação infringir uma prerrogativa divina recém-descoberta. Colocando em outras palavras, se Deus na forma dos dois homens em visita a Sodoma quisesse "conhecer" os sodomitas, ele/eles podiam tê-lo feito, da mesma forma como Deus podia ter matado Abel se quisesse. E, quando Deus destrói os sodomitas, o que está fazendo — com força espetacular — é mais uma vez análogo ao que fez quando baniu Caim: está retomando um poder que um humano ou os humanos tentaram conquistar, um poder que ele só percebe como seu no momento em que castiga o pretendido roubo.

Na manhã seguinte à destruição de Sodoma, Abraão corre "para o lugar onde estivera na presença do Senhor" (19:27) — isto é, onde ironizara o Senhor por causa de suas promessas e ameaças — para ver a destruição. O que foi destruído foi toda a região que havia ficado com Ló quando Abrão dividiu a terra entre ambos. A divisão podia tão facilmente ter sido feita ao contrário! Os concidadãos de Ló lutaram contra o Senhor da maneira mais direta possível por causa da força vital humana e divina. Nos versículos imediatamente seguintes, as filhas de Ló, como que se vingando dele por tê-las exposto à gangue estupradora, o atrairão para o incesto. Mas, quando Abraão contempla isso tudo, a ferida da recente circuncisão, signo de sua rendição, ainda está cicatrizando. Sua submissão genital é claramente distinta da agressão genital a Sodoma, e o palco agora está pronto para ele completá-la reconhecendo que só por meio de tal submissão terá a terra e a descendência. Com a destruição de Sodoma, o Senhor deu a ele tanto um aviso como uma segura demonstração de seu poder: aquele que tem o poder de tirar vida tão súbita e violentamente decerto tem também o poder de dar vida.

Abraão, porém, hesita antes de dar o passo final. Ele não só se cala, mas no capítulo seguinte (*Gênesis*, 20) tenta entregar Sara ao rei Abimeleque de Gerar, do mesmo modo como antes havia tentado entregá-la ao Faraó, alegando, como naquela ocasião anterior, que ela é sua irmã. Deus (esta é uma história de "Deus") intervém e conta em sonho a verdade a Abimeleque. Porém, Abraão demonstra, mais uma vez, que nem confia no poder de proteção do Senhor/Deus, nem aceita a autoridade do Senhor/Deus sobre seus próprios poderes reprodutivos. O episódio constitui o que os acadêmicos chamam de parelha, uma quase duplicata, de um episódio anterior. Qualquer forma de edição que considerasse a economia acima de qualquer outra coisa incluiria um episódio ou outro, e muitos críticos resistem em atribuir qualquer significado àquilo que consideram uma inclusão meramente acidental. No entanto, pela posição que ocupa, o mau comportamento de Abraão em Gerar constitui desafio não apenas às pretensões do Senhor sobre o corpo de Abraão como também à demonstração dos poderes destrutivos do Senhor em Sodoma. Por seu comportamento em Gerar, Abraão demonstra bastante claramente que, a partir de determinado ponto, ele não se deixa impressionar. Vindo logo depois de uma tal demonstração de poder divino, esse desafio tem outro sentido, diferente do que tinha depois das primeiras exortações do Senhor a Abrão.

A resposta de Deus à intransigência de Abraão é contada numa das fábulas mais ousadas e profundas da Bíblia. No centésimo ano da vida de Abraão, Sara dá-lhe um filho, Isaque; mas, alguns anos depois de o menino ser desmamado, pôs Deus Abraão à prova e lhe disse: "Abraão". Este lhe respondeu: "Eis-me aqui". Acrescentou Deus: "Toma teu filho, teu único filho, Isaque, a quem amas, e vai-te à terra de Moriá; oferece-o ali em holocausto, sobre um dos montes, que eu te mostrarei". [22:1-2]

A ^caqedah ou "amarração de Isaque", como é comumente chamada na tradição judaica, é justamente admirada como uma obra-prima de economia, psicologia e sutileza artística. Abraão não concorda expressamente com o pedido de Deus. Ele segue todos os passos do assassinato, até o momento em que Deus lhe diz: "Não estendas a mão sobre o rapaz". Mas nunca ficaremos sabendo se ele realmente iria até o fim com o sacrifício.

Em dois momentos, Abraão esconde o que está ostensivamente fazendo, como para indicar que sabe que aquilo está errado. Ele mente — ou não mente? — aos seus servos quando manda que fiquem para trás e diz: "Eu e o rapaz iremos até lá e, havendo adorado, voltaremos para junto de vós" (22:5). Isaque voltará? Não podemos saber se Abraão está fingindo ou não quando o menino pergunta: "Onde está o cordeiro para o holocausto?", e Abraão responde: "Deus proverá para si, meu filho, o cordeiro para o holocausto" (22:8). O sacrifício de Isaque, se Abraão tivesse ido até o fim, teria sido "adoração". Quanto à frase: "Deus proverá para si [...] o cordeiro", isso é exatamente o que Deus acaba fazendo. Será que a frase é dita não para Isaque, mas para Deus? Será um pedido? Será um desafio? A forma verbal traduzida por "proverá" pode ser tanto o futuro como o imperativo; isto é, tanto "Deus proverá" como "que Deus proveja". Abraão resiste, mesmo agindo como se aceitasse. No final do teste, assim como no começo, sua única declaração a Deus é a frase ostensivamente voluntária, mas extremamente opaca: "Eis-me aqui". Assim, quando Deus declara que Abraão passou no teste e, pela sétima e última vez, promete-lhe abundante descendência, Deus admite sua derrota tanto quanto Abraão.

Deus diz: "Agora sei que temes a Deus, porquanto não me

negaste o filho, o teu único filho" (22:12), e, um momento depois: "Porquanto fizeste isso, e não me negaste o teu único filho, que deveras te abençoarei e certamente multiplicarei a tua descendência como as estrelas dos céus e como a areia na praia do mar" (22:16-7). Mas a atitude de Abraão foi na verdade muito mais ambígua do que Deus prefere acreditar. Ele, afinal, não matou seu filho, e talvez nunca o fizesse. Abraão avança o mais que pode sem efetivamente realizar o ato, e Deus prefere satisfazer-se com isso. Na hora que esse teste tem início, já é inquestionável que Deus sabe o tipo de reconhecimento que deseja de Abraão. Essa afirmação da autodescoberta de Deus está muito bem colocada. Ao concluir o teste, no entanto, Deus sabe o quanto de reconhecimento pode ou não obter de Abraão. Isso é também parte da autodescoberta de Deus. Na autoestima de Abraão, agarrando-se como se agarra, por meio do blefe e do estratagema, a seu próprio poder definidor de criar que foi ameaçado, Deus pode muito bem enxergar uma imagem de si mesmo.

Desse ponto em diante, como Deus e Abraão estão ligados não só pela aliança, mas também, num nível mais profundo, por uma trégua, ocorre uma transformação sutil mas profunda em seu relacionamento e no tom da própria narrativa. Sara morre, e Abraão deixa o velório para ir comprar um sepulcro dos hititas que dominam a região. A etiqueta dominante dita que tudo o que for procurado por um comprador deve ser oferecido como presente pelo vendedor, mas que, no curso da conversa, o valor em dinheiro da propriedade deve ser mencionado "por acaso". Abraão, agindo bem como um homem deste mundo, diz as frases adequadas nos momentos adequados e conclui a compra. Esse é o primeiro pedaço da terra prometida por Deus que passa de fato para a sua propriedade. Em seguida, num tom igualmente prático, ele se volta para a questão do casamento de Isaque, encarregando seu servo de ir até Naor, região natal de Abraão, procurar uma esposa para seu filho.

A narrativa de tudo o que o servo faz é cheia de detalhes vívidos, de uma humildade nada característica. Parece que estamos uma escala abaixo do tom elevado, grave, atemporal dos mitos da criação e do dilúvio, um tom abaixo das lendas de abertura do ciclo de Abraão. Nessas lendas, Deus e Abraão são os personagens principais — o protagonista e o antagonista —, num conjunto de interações que, como vimos, atinge o nível de um conflito cósmico. Na história da compra de Rebeca, ao contrário, os personagens principais são o servo de Abraão (que não tem nome), Rebeca, o pai e o irmão de Rebeca, Betuel e Labão. Deus não aparece nesse episódio, nem para falar, nem para agir.

É notável, porém, que Abraão, que nunca antes houve por bem caracterizar Deus ou sua relação com Deus, agora finalmente o faz. O servo de Abraão preocupa-se: "Talvez não queira a mulher seguir-me para esta terra". Mas Abraão o tranquiliza: "O Senhor, Deus do céu, que me tirou da casa de meu pai e de minha terra natal, e que me falou e jurou, dizendo: 'À tua descendência darei esta terra'; ele enviará o seu anjo que te há de preceder" (24:6-7). Até agora, Deus anunciou a Abraão o que Deus fará. Agora, Abraão anuncia a Deus o que Deus fará. O verbo hebraico, como dissemos antes, tem um imperativo — isto é, uma forma de comando — assim como uma forma futura, mas o futuro e o imperativo são morfologicamente indistinguíveis na terceira pessoa do singular. Se o próprio Deus tivesse dito: "O meu anjo te há de preceder", o contexto nos revelaria, mesmo na tradução, que havia sido dado um comando para o anjo em questão. Quando é Abraão quem diz: "O Senhor, Deus do céu [...] enviará", a tradução esconde a possibilidade latente no original hebraico de a frase ser uma ordem em vez de uma profecia: "Que Deus mande" seria o equivalente mais próximo, mas ainda fraco demais. Na verdade, o hebraico é ambivalente; mas, sem exagerar, Abraão está falando sobre o que Deus irá fazer com uma liberdade nitidamente nova e, por assim dizer, de um modo bastante informal. Até esse ponto da história de Deus, suas ações foram sempre não motivadas e portanto numinosas, assombrosamente imprevisíveis. De repente, e isso dá uma medida da vitória de Abraão sobre Deus ao levantar sua faca contra Isaque, Deus está começando a tornar-se uma quantidade conhecida, definida, e restringida por seus compromissos anteriores.

Essa mudança em Deus reflete-se em *Gênesis*, 24, a história da compra de Rebeca pelo criado, que revela uma mudança de nomenclatura. Como vimos, o texto do *Gênesis* refere-se com frequência tanto a ᵓ*elohim*, sempre traduzido por "Deus", como a *yahweh*, transliterado em algumas traduções para "Javé", mas na maioria delas, inclusive o Tanach da Jewish Publication Society, traduzido por "o Senhor". Além desses dois nomes principais, o nome ᵓ*el*, "Deus", sempre seguido de um epíteto, é às vezes usado quando se descreve Abraão rezando, realizando um ritual, ou oferecendo um sacrifício. Assim, o ritual da circuncisão é realizado para, e a pedido de, ᵓ*el šaday*, "Deus Todo-poderoso"; e, pouco antes da amarração de Isaque, Abraão planta uma tamargueira em Berseba e invoca ᵓ*el o*ᵓ*lam*, traduzido na Versão Padrão Revisada por "Deus eterno". O substantivo semita ᵓ*el*, assim como o substantivo *D/deus*, é tanto substantivo comum como nome próprio. Enquanto substantivo comum, era o termo mais geral e amplamente difundido para a divindade em todo o antigo Oriente Próximo. Como nome próprio no panteão cananeu, nomeava o deus do céu ou "deus superior", aquele cuja autoridade sobre a natureza e a sociedade era a mais ampla, mas cujo envolvimento na vida de qualquer ser humano individual era o menor. O cananeu El era, se quisermos, um chefe do governo divino; e muitos acadêmicos acreditam que o próprio nome *yahweh*, que é morfologicamente uma forma verbal, apesar de sempre tratado sintaticamente como substantivo, era originalmente predicado de uma frase-nome na qual o sujeito era ᵓ*el*. Deixando de lado essa possibilidade, quando Abraão descreve o Senhor na passagem precedente como "o Deus dos céus" e, um momento antes, como "Deus do céu e da terra", ele identifica o ser que ordenou sua migração como, em termos funcionais, o mais alto dos deuses.

A identificação é natural na medida em que a formação e destruição de povos inteiros, a concessão e a tomada de terras inteiras, o privilégio da construção e manutenção da ordem política, isso constitui uma responsabilidade "executiva". O surpreendente é que, justamente nesse ponto da narrativa, tenhamos de descer desse nível para um nível muito mais privado e pessoal. Citando a sétima repetição da promessa, o Senhor, o Deus dos céus e da terra, falou como o cananeu El ao fazer sua promessa a Abraão: "[...] a tua descendência possuirá a cidade dos seus inimigos, nela serão benditas todas as nações da terra: porquanto obedeceste à minha voz" (22:17-8). Esse é o nível decisório em que El normalmente opera. Mas agora Abraão diz que essa mesma divindade mandará seu anjo para cuidar que o servo conclua satisfatoriamente a compra de uma noiva para Isaque. Exagerando um pouco, é como mandar o secretário-geral das Nações Unidas realizar tarefa meramente pessoal.

Se só agora, perto do final de sua longa vida, Abraão está assumindo, conscientemente, sua relação com o Senhor Deus, o servo de Abraão tem ainda menos certeza sobre que deus é esse e que tipo de exigência poderá fazer a ele. Na primeira prece verdadeira da Bíblia, o servo diz, ao chegar a Naor:

Ó Senhor, Deus de meu senhor Abraão, rogo-te que me acudas hoje e uses de bondade para com o meu senhor Abraão! Eis que estou ao pé da fonte de água, e as filhas dos homens desta cidade saem para tirar água; dá-me, pois, que a moça a quem eu disser: "Inclina o cântaro para que eu beba", e ela me responder: "Bebe, e darei ainda de beber aos teus camelos", seja a que designaste para o teu servo Isaque; e nisso verei que usaste de bondade para com meu senhor. [24: 12-4]

As instruções do servo ao Deus de seu senhor são notavelmente detalhadas. Ninguém, até esse momento da história do Senhor Deus, chegou nem mesmo perto de dar tantas ordens ao Senhor. O servo é polido ao dirigir-se ao Senhor, mas não se envergonha e dá-lhe instruções. É como se ele imaginasse estar lidando com um ser diferente daquele tipo augusto e imperioso que vimos em ação junto a Abraão, aquele que se movimenta em vastos territórios e eões de tempo e que, quando ofendido, manda fogo e enxofre do céu.

A religião da antiga Mesopotâmia conhecia de fato uma categoria de deuses com os quais se lidava nesse nível e dessa maneira. Era o deus pessoal, tipicamente designado pelo nome de seu cliente; isto é, como "o deus de fulano", "o deus de beltrano", e assim por diante. A autoridade do deus pessoal era pequena, mas sua responsabilidade para com seu adorador-cliente era enorme. Nada da vida pessoal do devoto-cliente era pequeno demais, humilde demais ou corriqueiro demais para merecer os cuidados do deus, pois era um deus que não tinha outras responsabilidades além dessas. O servo de Abraão sabe que seu senhor adora um deus chamado *yahweh*, "o Senhor", mas acha conveniente dirigir-se a ele duplamente: "Ó Senhor [*yahweh*], *Deus de meu senhor Abraão*". Essa segunda frase, que nos parece indicar apenas quem é que Abraão venera, indica na verdade algo mais para o servo de Abraão: identifica o homem por quem esse deus é sobretudo responsável. Em outras palavras, identifica uma limitação que os herdeiros contemporâneos das tradições judaica e cristã não mais escutam quando dizem "Meu Deus" ou "Nosso Deus". Essas palavras não sugerem hoje que o Deus mencionado é funcionalmente divino apenas para "mim" ou para "nós". Nas religiões politeístas da Mesopotâmia, antes da emergência de Israel, alguns deuses eram funcionalmente divinos para todo mundo, mas outros não. O monoteísmo israelita parece ter surgido como uma ruptura dessa divisão funcional, com a resultante fusão de traços que o politeísmo atribuía a diversas personalidades divinas.

No final do século XX, de fato muito tardiamente na história do monoteísmo, essa fusão tornou-se tão familiar que não nos parece mais estranho referirmo-nos possessivamente a um ser cujos proclamados poder e domínio transcendem a posse humana. O *Gênesis*, 24, demonstra-nos um momento extremamente antigo dessa fusão. Quando Abraão, tendo descrito o Senhor como, funcionalmente, o cananeu El, ordena a ele que coopere (ou pelo menos prevê, confiantemente, que ele irá cooperar) no desempenho de funções mais apropriadas a um deus pessoal da Mesopotâmia, Abraão faz uma portentosa inferência a partir de sua experiência religiosa. Ele infere que, nesse caso, El agirá como se fosse um deus pessoal. Abraão cria assim algo novo em termos de religião. Se faz isso por uma combinação consciente ou por uma simples falha de identificação, nunca saberemos. Decerto é concebível que os nômades que migravam da Mesopotâmia para Canaã pudessem erroneamente identificar o deus pessoal da região que haviam deixado com o alto deus da região à qual estavam chegando. Tudo o que um historiador pode fazer é notar, a posteriori, que, quando o monoteísmo emerge em Israel, o Deus de Israel combina os traços antes mais bem descritos como os do El cananeu com os do deus pessoal da Mesopotâmia. Nesse episódio é o servo de Abraão e não o próprio Abraão que realmente coloca em palavras essa combinação pela maneira como reza. O "Ó", indicador de um discurso dirigido, direto, como em "Ó Senhor", não aparece assim em hebraico. "Ó Senhor, Deus de meu senhor Abraão" traduz uma frase que poderia ser também traduzida como "Ó Senhor, Ó deus do meu senhor Abraão". Esta última tradução pode indicar melhor o que está ocorrendo: duas divindades originalmente separadas estão sendo invocadas simultaneamente, com a sugestão de que agora podem ser equacionadas. Ao personagem divino que vimos até aqui — uma fusão de *yahweh*, ᵓ*elohim* e o destruidor serpentino — justapõe-se agora uma quarta personalidade. O recém-chegado é um deus pessoal (uso a minúscula de propósito), uma divindade modesta, auxiliadora, mais parecida com um santo patrono ou com um anjo da guarda, que pode ser encarregado de tarefa tão humilde quanto encontrar uma mulher adequada para o filho de alguém.

É duplamente sugestivo que seja o servo de Abraão quem invoque o deus pessoal de Abraão. Por um lado, a assistência desse personagem útil é adequadamente solicitada para uma tarefa delegada a um servo. Por outro, Abraão já não é, se é que jamais foi, a única pessoa capaz de falar sobre o Deus de Abraão.

O servo de Abraão também tem acesso a ele. É justamente por meio dessas mudanças, quando uma pessoa fala sobre o deus da outra, que a religião se transforma. Algumas dessas transformações são deliberadas, outras acidentais.

Quando o servo de Abraão dirige-se a Deus com as palavras: "Ó Senhor, Ó deus de meu senhor Abraão", devemos entender que o segundo nome diz mais a respeito da entidade do que a respeito de Abraão. A expressão "deus de Abraão", mais do que servir para incluir Abraão entre seus adoradores, serve principalmente para limitar a Abraão a fidelidade e responsabilidade do deus. O processo histórico, factual, da fusão do conteúdo pessoal das quatro divindades mencionadas não é objeto deste livro. Seja qual for o interesse desse relato, ele não é pré-condição necessária para reconhecer que elementos como esses efetivamente se combinam no caráter do protagonista do *Livro do Gênesis*. O Senhor Deus, segundo a história que vai sendo contada a seu respeito, é tanto o criador do mundo como, a qualquer momento e por qualquer razão que ele escolha, o seu destruidor. O destino das nações, como atesta Sodoma, está em suas mãos, mas ele pode também dignar-se a ter um envolvimento direto na vida privada de um homem individual.

No começo do ciclo de Abraão, este pertencia ao Senhor; no final do ciclo, o Senhor pertence a Abraão, ou, pelo menos em determinados pontos, Abraão misteriosamente age como se ele lhe pertencesse. Um desses pontos é quando, pela primeira vez, o servo de Abraão refere-se ao Senhor como "de Abraão" e é, com efeito, enviado por Abraão para cumprir uma tarefa. Tendo procurado garantir seu controle sobre a potência sexual de Abraão, e obtendo sucesso até certo ponto, o Senhor Deus vê agora seu próprio poder sendo convocado para servir essa mesma potência sexual. Não é preciso ter ouvido falar do deus pessoal da Mesopotâmia para perceber essa mudança.

A história de Abraão termina com uma passagem que leitores novatos e inexperientes da Bíblia hebraica tendem a achar particularmente sem graça:

Desposou Abraão outra mulher; chamava-se Quetura. Ela lhe deu à luz Zinrá, Jocsã, Medã, Midiã, Jisbaque e Sua. Jocsã gerou a Seba e a Dedã; os filhos de Dedã foram: Assurim, Leturim e Leumim. Os filhos de Midiã foram: Efá, Efer, Enoque, Abida e Elda. Todos estes foram filhos de Quetura. Abraão deu tudo o que possuía a Isaque. Porém, aos filhos das concubinas que tinha, deu ele presentes e, ainda em vida, os separou de seu filho Isaque, enviando-os para a terra oriental.

Foram os dias da vida de Abraão cento e setenta e cinco anos. Expirou Abraão: morreu em ditosa velhice, avançado em anos; e foi reunido ao seu povo. Sepultaram-no Isaque e Ismael, seus filhos, na caverna de Macpel, no campo de Efrom, filho de Zoar, o heteu, fronteiro a Manre, o campo que Abraão comprara aos filhos de Hete. Ali foi sepultado Abraão, e Sara, sua mulher. Depois da morte de Abraão, Deus abençoou a Isaque, seu filho; Isaque habitava ajunto ao poço de Laai-Roi. [25:1-11]

Mestria literária? Dificilmente, mas é preciso ouvir o silêncio crucial dessa passagem, cuja própria banalidade esconde uma mensagem. O Senhor não aparece a Abraão e solenemente promete que Quetura irá gerar um filho, como antes, quando Abraão era muito mais jovem (apesar de já velho!), havia prometido solenemente que Sara teria um filho. E, no entanto, Quetura terá não apenas um, mas seis filhos, dois dos quais, pelo menos, continuarão tendo filhos e netos próprios. Os nomes de Quetura e sua descendência trazem ecos de nomes geográficos posteriores. Em termos etiológicos, a passagem expressa a sensação que os israelitas terão depois de que são parentes, apesar de algo distantes, das tribos do Sul da Arábia. Porém, inserida na conclusão da história de um conflito entre o Senhor Deus e Abraão a respeito dos poderes reprodutivos humanos, a história tem ainda o efeito de restabelecer parcialmente o *status quo ante*, isto é, o dom incondicional de fertilidade dado por Deus a Adão e Eva e de novo a Noé e seus descendentes. Pelo menos para a família de Abraão, a reprodução passa a ser de novo, por assim dizer, meramente uma parte da vida humana.

No restante do *Livro do Gênesis*, o Senhor Deus será repetidamente mencionado (e ocasionalmente se identificará) como Deus "de" um ou outro patriarca. O Senhor, o deus de Abraão, virá a ser o deus de Isaque, o deus de Jacó, ou "o deus de nosso pai". À medida que isso ocorre, ele virá muitas vezes a parecer mais um ocupado amigo da família do que o Juiz de toda a terra, como Abraão o chamou em Sodoma. Sua ajuda será solicitada para a concepção e para outras necessidades humanas, mas, significativamente, a iniciativa partirá do lado humano. Ele não tentará mais afirmar o mesmo tipo de controle sobre a reprodução que o vimos tentar sobre a reprodução de Abraão. Ele reclamará para si apenas o que Abraão já concedeu. No entanto, as modestas tempestades e calmarias da casa de Abraão deixarão de constituir sua única preocupação. Por vezes, o ser dominante, abrupto e inescrutável que encontramos no início retornará, pois as personalidades radicalmente imprevisíveis de criador e destruidor de *yahweh* e *ʾelohim* nele sobreviverão, ao lado do leal advogado agora chamado de "deus de nosso pai". Todos estão nele, numa combinação cujo potencial explosivo só será revelado gradualmente.

AMIGO DA FAMÍLIA
"E lhe deu mercê perante o carcereiro."
GÊNESIS, 25:12-50:18

Repetindo: no começo da história de Abraão, ele pertence ao Senhor; no fim, é o Senhor que pertence a Abraão. A tentativa do Senhor Deus de retomar controle da fertilidade humana viu-se frustrada quando ele foi, até certo ponto, domesticado na casa de Abraão. Esse processo continua ao longo do resto do *Livro do Gênesis*. *Gênesis*, 25-50 consiste na história de Jacó (25-36) e na história de José (37-50). Jacó, como veremos, tomava com o Senhor Deus liberdades muito maiores que aquelas que seu avô ousaria, mesmo levando-se em conta a atitude irônica e desafiadora de Abraão. Quanto a José, filho favorito de Jacó, ele praticamente ignora a divindade, nunca falando com ela e raramente falando a respeito dela. No fim do *Livro do Gênesis*, as últimas palavras de Jacó, invocando a bênção do Senhor para José e os dois filhos dele, têm um efeito quase nostálgico, pois durante a longa e comovente história de José (um quarto do livro todo) o Senhor Deus foi brevemente eclipsado.

Um sinal prematuro da gradual domesticação do Senhor Deus é que as mulheres agora sentem-se livres para a ele se dirigirem diretamente. Quando Rebeca concebeu, "os filhos lutavam no ventre dela; então disse: 'Se é assim, por que vivo eu?'. E consultou ao Senhor. E o Senhor respondeu-lhe" (*Gênesis*, 25:22-3). Até esse ponto da Bíblia, nenhuma mulher havia falado com Deus a não ser para responder uma pergunta direta dele. Depois do pecado de Adão e Eva, Deus não se dirige ao casal; dirige-se a Adão: "E chamou o Senhor Deus ao homem e lhe perguntou: 'Onde estás?'" (3:9). Só quando Adão joga a culpa sobre Eva é que Deus fala com ela; e só então ela fala com Deus. A mesma coisa com Sara. Nenhuma das sete promessas de Deus é dirigida a ela; nenhuma é dirigida nem sequer ao casal; todas são dirigidas a Abraão. Mesmo quando Deus conta a Abraão que Sara conceberá e Sara ri, Deus coloca a questão a Abraão — "Por que se riu Sara? [...]" (18:13) — e só se digna a falar com ela quando ela o contradiz de dentro da tenda. Duas vezes Deus fala, direta e compassivamente, com Hagar; mas, mesmo nessas ocasiões, ela não fala com ele. Rebeca fala com ele, e recebe uma resposta substancial:

> *"Duas nações há no teu ventre,*
> *dois povos, nascidos de ti, se dividirão:*
> *um povo será mais forte que o outro,*
> *e o mais velho servirá ao mais moço."* [25:23]

Os dois são Esaú e Jacó, cujos descendentes serão os edomitas e os israelitas.

Jacó terá duas esposas, Lia e Raquel; e, enquanto elas vão dando à luz doze filhos, a assistência de Deus é repetidamente mencionada. Assim: "Vendo o Senhor que Lia era desprezada, fê-la fecunda" (29:31) e "Lembrou-se Deus de Raquel, ouviu-a e a fez fecunda" (30:22). Deus, que antes falava exclusivamente aos homens e tratava a fertilidade no nível da fundação de nações, agora está ao lado das mulheres, lidando com a gravidez de cada uma.

Essa não é a única liberdade tomada com o poder divino. Quando Isaque aproxima-se do fim da vida, ele chama o filho mais velho, Esaú, para receber a sua bênção (*Gênesis*, 27). O simples fato de Isaque pensar em abençoar Esaú já é uma mudança. Abraão não chamou Isaque para receber uma bênção quando sua vida estava se acabando. Ao contrário: "Depois da morte de Abraão, *Deus* abençoou a Isaque, seu filho" (25:11, grifo meu). Mas, se Isaque se autovaloriza sutilmente em relação à prerrogativa divina, Jacó a desdenha. Isaque diz a Esaú: "Traze caça, e faze-me uma comida saborosa, para que eu coma e te abençoe diante do Senhor, antes que eu morra" (27:7). Mas Rebeca prefere Jacó e diz a ele para matar dois cabritos do rebanho de seu pai. Ela própria prepara um prato saboroso com eles e manda Jacó disfarçado de Esaú para roubar a bênção.

> Jacó foi a seu pai, e disse: "Meu pai!". Ele respondeu: "Fala. Quem és tu, meu filho?". Respondeu Jacó a seu pai: "Sou Esaú, teu primogênito; fiz o que me ordenaste. Levanta-te, pois, assenta-te, e come da minha caça, para que me abençoes". Disse Isaque a seu filho: "Como é isso que a pudeste achar tão depressa, meu filho?". Ele respondeu: "Porque o Senhor, teu Deus, a mandou ao meu encontro". [27:18-20]

"O Senhor, *teu* Deus"? Grosseiramente, Jacó envolve em sua mentira o Deus de seu pai, que ele ainda não aceitou como seu. A mentira funciona. A bênção — que agora, evidentemente, cabe mais a Isaque do que ao Senhor conceder, mesmo que ela prometa o favor do Senhor — vai para o desonesto Jacó no lugar do honesto Esaú. Para falar francamente, o Senhor é menosprezado.

Para proteger Jacó da vingança de Esaú, Rebeca levanta uma questão secundária: o desejo dela e de Isaque de que o filho mais novo não se case com uma cananeia, como fez seu irmão. Ela induz Isaque a mandar Jacó procurar uma noiva em sua ancestral Padã-Arã (= Naor). Particularmente, Rebeca promete chamar Jacó de volta para casa quando Esaú se acalmar. Jacó parte e, *en route*, o Senhor aparece-lhe em sonho:

> E sonhou: eis posta na terra uma escada, cujo topo atingia o céu; e os anjos de Deus subiam e desciam por ela. Perto dele estava o Senhor e lhe disse: "Eu sou o Senhor, Deus de Abraão, teu pai, e Deus de Isaque. A terra em que agora estás deitado, eu ta darei, a ti, e à tua descendência. A tua descendência será como o pó da terra; estender-te-ás para o Ocidente, e para o Oriente, e para o norte, e para o sul. Em ti e na tua descendência serão abençoadas todas as famílias da terra. Eis que eu estou contigo, e te guardarei por onde quer que fores, e te farei voltar a esta terra, por-

que te não desampararei, até cumprir eu aquilo que te hei referido".

Despertado Jacó do seu sono, disse: "Na verdade o Senhor está neste lugar; e eu não o sabia". E, tremendo, disse: "Quão temível é este lugar! É a casa de Deus, a porta dos céus". [28:12-7]

O Senhor apareceu a Jacó num sonho tão assombroso quanto qualquer visão experimentada por Abraão, mas Jacó, ao contrário de Abraão, reconheceu imediata e explicitamente o poder do Senhor. Pelo menos é o que parece até um momento depois, quando ele acrescenta:

"Se Deus for comigo, e me guardar nesta jornada que empreendo, e me der o pão para comer e a roupa que me vista, de maneira que eu volte em paz para a casa de meu pai, então o Senhor será o meu Deus; e a pedra, que erigi por coluna, será a casa de Deus; e de tudo quanto me concederes, certamente eu te darei o dízimo." [28:20-2]

Com essas palavras, que não têm paralelo em nada que Abraão jamais disse, Jacó coloca as condições sob as quais *não* aceitará o Deus de seu avô e de seu pai como seu Deus. Ao contrário da altercação de Abraão com o Senhor antes da destruição de Sodoma, esta não é uma barganha de brincadeira, mas uma barganha real. E note-se como são humildes os pedidos de Jacó — comida, roupas e segurança — e como é correspondentemente humilde a sua oferta de uma coluna de pedra como "casa" e um dízimo, um mero décimo, para o ser que acabou de prometer, grandiosamente: "A tua descendência será como o pó da terra". (Entre parênteses, podemos notar que nesse episódio os nomes *yahweh* e *ᵓelohim*, "Senhor" e "Deus", alternam-se e começam a parecer simples sinônimos um do outro.)

Se o Senhor — como amigo da família de Abraão e Isaque — tivesse prometido a Jacó suprir suas humildes necessidades de comida, roupa e segurança, então a promessa de Jacó — uma coluna e um dízimo — seria apropriada. Da mesma forma, a primeira reação de Jacó — "Quão temível é este lugar!" — teria sido tanto apropriada como adequada diante da grandeza do que o Senhor efetivamente prometera. Num segundo momento, Jacó parece questionar sua primeira resposta e com ela a visão do Senhor. Diante daquela visão grandiosa, as preocupações de Jacó parecem muito agressivamente pragmáticas. Em outras palavras, o Senhor fala como El, mas Jacó responde como a um amigo da família. Mas é exatamente essa incongruência que irá, a longo prazo, tornar-se um traço distintivo do protagonista da Bíblia. Jacó continua sua jornada, passa por diversas aventuras em Padã-Arã e retorna a Canaã, mas o tempo todo permanece no ar uma pergunta: tudo correrá bem com Jacó, a ponto de ele tomar o Senhor como seu deus pessoal? Barganhas difíceis como essa não são incomuns nos anais da antiga religião semítica; mas dentro dessa história é um tanto chocante ver o Deus, que no início era tão lacônico em seu domínio, encher-se de zelosas promessas e, apesar de todo seu empenho, ser colocado à prova por gente como Jacó.

Além disso, nos próximos três capítulos (*Gênesis*, 29-31), o Senhor parece aceitar os termos de Jacó. Jacó trabalha para seu tio Labão em troca do casamento com suas primas Lia e Raquel. Labão conspira para manter Jacó a seu serviço, mas Jacó conhece um truque para aumentar a fertilidade de seu próprio rebanho e, quando está rico e forte o suficiente para voltar para casa, explica a suas mulheres que foi Deus quem lhe ensinou o truque e diz que Deus é quem deseja que ele agora pegue a sua riqueza e volte para casa:

> Pois, chegado o tempo em que o rebanho concebia, levantei os olhos e vi em sonhos que os machos, que cobriam as ovelhas, eram listados, salpicados e malhados. E o Anjo de Deus me disse em sonho: "Jacó". Eu respondi: "Eis-me aqui". Ele continuou: "Levanta agora os olhos e vê que todos os machos que cobrem o rebanho são listados, salpi-

cados e malhados, porque vejo tudo o que Labão está te fazendo. Eu sou o Deus de Betel, onde ungiste uma coluna, onde me fizeste um voto: levanta-se agora, sai dessa terra, e volta para a terra de tua parentela". [31:10-3]

Talvez Jacó esteja mentindo a suas esposas sobre a ajuda de Deus, como mentiu antes a seu pai, usando uma história inventada sobre Deus para vencer a relutância delas em voltar para casa. Se tomarmos, porém, esse sonho como um relato honesto, veremos Deus ativo no nível mais humilde em que já atuou até esse ponto: como conselheiro de acasalamento de animais. Por que Deus faz isso? Sua alusão à promessa de Jacó e, consequentemente, aos pedidos a ele feitos parece conter a resposta.

Labão tenta impedir a partida de Jacó, mas acaba consentindo e faz um juramento de paz em nome do Deus de Abraão e do Deus de Naor, sendo Naor pai de Labão e tio-avô de Jacó (irmão de Abraão). Se Jacó tivesse de retribuir e jurar pelos mesmos dois deuses, estaria então reconhecendo a divindade de seu avô (Abraão) como sua. Mas, conforme vimos antes, Jacó colocou mais condições a esse compromisso do que jamais ocorrera antes. E ainda não retornou com segurança à sua casa. "E jurou Jacó pelo Temor de seu pai Isaque" (31:53). Esta expressão, *paḥad yiṣhaq*, "o Temor de Isaque", é comumente considerada como apenas mais um epíteto de El, ao lado de *ᵓel šadday* e outros. Mas é mais opaco do que este último, sem dúvida, e a opacidade é intencional. O ardiloso Jacó quer um juramento unilateral. Quer que Labão jure por uma divindade válida, enquanto ele próprio faz seu juramento com uma frase vazia, sem, portanto, comprometer-se, nem liberar prematuramente Deus de seu período de prova.

O que o Senhor ainda tem de fazer para conquistar a fidelidade de Jacó é cumprir com a terceira das condições iniciais de Jacó, protegendo-o da vingança de seu rival original, Esaú. Quando Esaú aproxima-se com um bando de quatrocentos homens, Jacó reza ao deus de seu avô e de seu pai:

Deus de meu pai Abraão, e deus de meu pai Isaque, ó Senhor, que me disseste: "Torna à tua terra, e à tua parentela, e te farei bem"; sou indigno de todas as misericórdias e de toda a fidelidade que tens usado para com teu servo; pois com apenas o meu cajado atravessei este Jordão; já agora sois dois bandos. Livra-me das mãos de meu irmão Esaú, porque eu o temo, para que não venha ele matar-me, e as mães com os filhos. E disseste: "Certamente eu te farei bem, e dar-te-ei a descendência como a areia do mar, que, pela multidão, não se pode contar". [32:9-12]

Em sua oração igualmente longa, o servo de Abraão (24: 12-4) pedia que o deus de Abraão mostrasse misericórdia. Aqui a misericórdia é atribuída ao deus de Abraão e de Isaque, contudo a misericórdia não é um atributo que o Senhor Deus haja reclamado para si. Não foi a misericórdia que motivou sua promessa de descendência e terra para Abraão. Era mais seu próprio desígnio grandioso do que uma ajuda generosa a qualquer projeto humano. Pode-se inferir que a misericórdia é uma qualidade mais própria do deus pessoal, divindade que, por assim dizer, acede a pedidos e faz favores. Mas pelo processo de fusão que dá origem ao protagonista da Bíblia, aquilo que é atribuído a qualquer componente é atribuído à fusão.

O monoteísmo israelita em sua forma plenamente desenvolvida, mesmo mantendo um deus pessoal — o "deus de" Abraão, Isaque e Jacó — e atribuindo suas funções à divindade fundida, irá negar a realidade de todos os outros deuses pessoais, da mesma forma como negou a realidade de todas as demais altas divindades. Mas o surgimento do monoteísmo a partir do politeísmo é uma questão de inclusão seletiva assim como de exclusão generalizada. Seria errado, inteiramente errado, supor que qualquer predicado anterior de qualquer divindade semita acabe sendo predicado da divindade de Israel — que seria o único sobrevivente, por assim dizer. Mas seria quase igualmente errado supor que não existe sobreposição entre a divindade de Israel e seus rivais antigos. De fato, a maneira mais coerente de imaginar o Senhor Deus de Israel é como a fusão do conteúdo de diversas personalidades divinas antigas num personagem único.

Existe, portanto, mais do que uma mera conexão verbal entre fusão e confusão. A história de como Jacó colocou em teste o alto Deus, pedindo a ele que realizasse uma tarefa própria do deus pessoal, revela uma confusão inicial, mas conduz a uma fusão final. Historicamente falando, terá sido assim que aconteceu? Não temos como saber. O deus pessoal da Mesopotâmia não aparece no *Livro do Gênesis* enquanto tal, como originário da Mesopotâmia, assim como o dilúvio não aparece em sua forma personalizada, como Tiamat. Mas, deixando a história desse processo aos historiadores, podemos mesmo assim confirmar seu resultado literário; a saber, um personagem com múltiplas personalidades.

Voltando à história, a promessa de Jacó de assumir o Senhor como seu próprio Deus tinha mais uma condição: o retorno de Jacó para casa em segurança. E o Senhor pode satisfazer essa condição?

Jacó — com suas duas esposas, duas criadas, onze filhos, seus criados e seus rebanhos — está viajando para o sul ao longo de uma rota que fica um tanto a leste do rio Jordão, que corre de norte a sul. Esaú está viajando para o norte para encontrá-lo. Quando chega ao Jaboque, um afluente do Jordão que corre em direção oeste por um vale profundo, Jacó manda grandes rebanhos como oferendas de paz para Esaú, do outro lado do Jaboque, ao sul. Finalmente, manda a família atravessar o vau do Jaboque. Ele próprio fica para trás e passa uma noite à margem norte da majestosa garganta.

> Ficando ele só [...] lutava com ele um homem, até o romper do dia. Vendo este que não podia com ele, tocou-lhe a articulação da coxa; deslocou-se a junta da coxa de Jacó, na luta com o homem. Disse este: "Deixa-me ir, pois já rompeu o dia". Respondeu Jacó: "Não te deixarei ir, se me não abençoares". Perguntou-lhe, pois: "Como te chamas?". Ele res-

pondeu: "Jacó". Então disse: "Já não te chamarás Jacó, e, sim, Israel: pois como príncipe lutaste com Deus e com os homens, e prevaleceste". Tornou Jacó: "Dize, rogo-te, como te chamas?". Respondeu ele: "Por que perguntas pelo meu nome?". E o abençoou ali. [32:24-9]

O "homem" desse episódio é tradicionalmente considerado, da mesma forma que os "homens" que visitaram Sodoma, como uma aparição de Deus. A luta de Jacó com Deus ou, como rezam algumas traduções, com um anjo, é uma das cenas mais famosas das Escrituras. Essencialmente, porém, todas as interpretações posteriores são baseadas na própria afirmação de Jacó: "Àquele lugar chamou Jacó Peniel, pois disse: 'Vi Deus face a face, e a minha vida foi salva'" (32:30). Mas a interpretação de Jacó não é necessariamente a do autor do texto, que pode pretender sugerir que Jacó lutou com um homem e simplesmente falou que ele era Deus depois do ocorrido. O texto deixa tentadoramente aberta a questão de Jacó ter visto ou não a face do oponente: a insistência do lutador em ir embora antes de raiar o dia pode significar que ele não a viu.

Mas mesmo que seja um homem, pouco visível na escuridão que antecede a aurora, quem diz: "Lutaste com Deus *e com os homens* e prevaleceste", o fato é que Jacó efetivamente prevaleceu sobre ambos. Sua tentativa de aplacar o irmão dá certo, e por meio desse sucesso o próprio Senhor acede à terceira condição de Jacó. Depois de cruzar o Jordão, avançando para Siquém, aonde Abraão chegou ao entrar em Canaã e onde construiu um altar, chamando o nome do Senhor, Jacó também constrói um altar e o chama "El, o Deus de Israel", juntando seu próprio nome novo, que lhe foi dado no escuro pelo lutador, ao nome de Deus, e, assim, finalmente reconhece e toma como seu o Deus de seu avô. Depois (35:14), em Betel, onde ocorreu a sua primeira fania, ele completa seu juramento construindo a prometida coluna de pedra.

Podemos muito bem afirmar, neste ponto da história de Jacó, que o Senhor Deus *sobreviveu* a mais uma geração. Jacó reconheceu o Senhor Deus, mas o leitor não pode deixar de se lembrar que em três pontos decisivos diferentes a vitória de Jacó foi claramente o resultado de suas próprias habilidades, se não artimanhas. Chega quase a parecer que é Jacó, mais do que Deus, quem demonstra um alto grau de amor incondicional e fidelidade, atribuindo à ajuda divina resultados que, a julgar pela narrativa, são fruto apenas de sua própria energia. Seja enganando o pai, superando o tio ou aplacando o irmão hostil, Jacó age, ao que tudo indica, inteiramente sozinho. O Senhor Deus não intervém senão para ajudar as esposas de Jacó a conceberem, e mesmo essa assistência só algumas vezes foi necessária.

Evidentemente, é tolice encarar o esforço humano e o favor divino como mutuamente exclusivos. Mas nesses momentos existe em Jacó algo parecido com um cinismo no uso que ele faz da crença e da prática religiosa recebida de seus antepassados. Em todos os três exemplos, Jacó se aproveita da reverência dos outros àquilo que ele meramente manipula. Primeiro, Jacó mente ao pai sobre os cabritos que a mãe disfarçou como caça. Segundo, ele parece inventar, a posteriori, uma visão divina para impressionar suas esposas (31:11-3). Quanto ao terceiro ponto decisivo, há um assombroso jogo de palavras em 33:10. Esaú tenta declinar os presentes agressivamente grandiosos de Jacó. Jacó insiste: "Não recuses; se logrei mercê diante de ti, peço-te que aceites o meu presente, porquanto vi o teu rosto como se tivesse contemplado o semblante de Deus; e te agradaste de mim". Ao falar do "homem" com quem lutou durante toda a noite, Jacó compara o seu rosto com o rosto de Deus, dizendo: "Vi a Deus face a face e a minha vida foi salva" (32:30). Mas aqui ele compara a face de Esaú com a face de Deus. Será que o visitante noturno de Jacó não foi o próprio Esaú, que pretendia matar o irmão como jurara fazer anos antes (27:41)? Conseguindo empatar com seu atacante, Jacó inesperadamente pede-lhe a bênção. E com quem mais, além de Esaú, Jacó teria razões para lutar por uma bênção? Ao solicitar a bênção de Esaú, Jacó estaria buscando a aquiescência do irmão com quem estava havia muito rompido pela perda anterior da bênção do pai. Finalmente,

Jacó, ao saudar Esaú de manhã, estaria fazendo uma ousada alusão à noite de luta, alusão que Esaú pode ouvir e reconhecer em silêncio? A força física primal e íntima dos dois homens lutando na escuridão retorna de súbito quando Jacó fala com seu irmão usando esse código.

A plausibilidade da ousadia de Jacó referindo-se a Deus em seu encontro com Esaú relembra a maneira igualmente arriscada com que ele referiu-se ao Senhor ao lidar com o pai e com as esposas. Jacó não precisa negar a realidade do Senhor Deus para usar o Senhor Deus a seu favor. O que de fato aconteceu nessa noite? Lutando no escuro, Jacó e Esaú não admitiram um ao outro quem eram: Esaú chamou Jacó de Israel, alegando que seu irmão havia vencido o combate com Deus, enquanto Jacó falou de Esaú como se fosse Deus. O que eles dizem não significa necessariamente que estejam caçoando de Deus. Mas quando, à luz do dia, Jacó diz a Esaú: "Vi o teu rosto como se tivesse contemplado o semblante de Deus", aludindo ao combate mortal que travaram à noite, sua afirmação é ambivalente, se não conscientemente irônica. Por irônico e manipulador que Jacó possa ter parecido ser no começo e no meio de sua história, no final ele parece sincero — e o Senhor Deus parece recuperar o quê de assombroso em seu ser:

> Disse Deus a Jacó: "Levanta-te, sobe a Betel, e habita ali; faze ali um altar ao Deus que te apareceu quando fugias da presença de Esaú, teu irmão". Então disse Jacó à sua família e a todos os que com ele estavam: "Lançai fora os deuses estranhos, que há em vosso meio, purificai-vos, e mudai as vossas vestes; levantem-nos e subamos a Betel. Farei ali um altar ao Deus que me respondeu no dia da minha angústia e me acompanhou no caminho por onde andei". Então deram a Jacó todos os deuses estrangeiros que tinham em mãos, e as argolas que lhes pendiam das orelhas; e Jacó os escondeu debaixo do carvalho que está junto a Siquém. E, tendo eles partido, o terror de Deus invadiu as cidades que lhes eram circunvizinhas, e não perseguiram aos filhos de Jacó.

Assim chegou Jacó a Luz, chamada Betel, que está na terra de Canaã, ele e todo o povo que com ele estava. E edificou ali um altar, e ao lugar chamou El-Betel: porque ali Deus se lhe revelou, quando fugia da presença de seu irmão. [35:1-7]

A alusão final faz parecer, como dissemos, que Jacó estipulou as condições que o Senhor teria de preencher para tornar-se o Deus de Jacó. Agora, o Senhor Deus preencheu todas as condições. O Senhor Deus — tão real, neste ponto, que o temor a ele pode paralisar todo o campo — repete sua promessa e formalmente muda o nome de Jacó para Israel. Jacó, conforme prometera da primeira vez, ergue uma coluna de pedra em honra de Deus.

A história de Jacó termina nesse ponto, e a de José está para começar, mas o que é que foi dito acerca do Senhor Deus? A astúcia com que Jacó usou o Senhor Deus transforma-se numa afirmação sobre o Senhor Deus, o que significa, no mínimo, que o poder do Senhor Deus, seja ele qual for, não impede tal uso. O Senhor Deus parece disposto a tolerar muita coisa contanto que, no fim, atinja seus propósitos.

Essa questão é colocada de maneira notável num incidente que, talvez obra da inspiração do redator, vem inserido entre a reconciliação com Esaú e sua aceitação final do Senhor Deus. A narrativa não salta da ironia do episódio noturno de Esaú-como-Deus para o encerramento, com a celebração litúrgica em Betel. Em vez disso, em *Gênesis*, 34, interpõe-se um episódio que parece violentamente blasfemo.

Ao final de *Gênesis*, 33, tendo feito as pazes com Esaú a leste do Jordão, Jacó, como já vimos, atravessa o rio em direção a Siquém e, pela primeira vez, dirige-se ao Senhor Deus como seu Deus: "El, o Deus de Israel" (33:20). Diná, filha de Jacó, vai então visitar as mulheres de Siquém, que ainda é uma cidade dos heveus, e é estuprada por Siquém, filho de Hamor. (O jovem e a cidade têm o mesmo nome.) Siquém não se limita a cobrar seu prazer e a abandonar Diná: "Sua alma se apegou a

Diná [...]; e amou a jovem, e falou-lhe ao coração" (34:3). Hamor pede a Jacó para dar Diná em casamento a seu filho e vai um passo adiante: "Aparentai-vos conosco, dai-nos as vossas filhas; e tomai as nossas; habitareis conosco, a terra estará ao vosso dispor; habitai e negociai nela, e nela tende possessões" (34: 9-10). Os filhos de Jacó aceitam a oferta com a condição de que os varões de Siquém aceitem a circuncisão. Se eles o fizerem, "então vos daremos nossas filhas, tomaremos para nós as vossas, habitaremos convosco, e seremos um só povo" (34:16). Os heveus aceitam a oferta, e todos os homens são circuncidados. Mas a oferta revela-se um estratagema:

> Ao terceiro dia, quando os homens sentiam mais forte a dor, dois filhos de Jacó, Simeão e Levi, irmãos de Diná, tomaram cada um a sua espada, entraram inesperadamente na cidade, e mataram os homens todos. Passaram também ao fio da espada a Hamor e seu filho Siquém; tomaram a Diná da casa de Siquém, e saíram. Sobreviveram os filhos de Jacó aos mortos e saquearam a cidade, porque sua irmã fora violada. Levaram deles os rebanhos, os bois, os jumentos e o que havia na cidade e no campo; todos os seus bens, e todos os seus meninos, e as suas mulheres, levaram cativos, e pilharam tudo o que havia nas casas. [34:25-9]

Quer Diná tenha servido meramente de pretexto para um ataque do clã de nômades a um povo estabelecido, quer Diná tenha sido genuinamente vingada por seus irmãos genuinamente indignados, é notável que a circuncisão — sinal da aliança do Senhor com Abraão — seja objeto de manipulação nesse episódio. Apesar de nem Abraão nem o Senhor serem mencionados na exigência de circuncisão dos heveus, o leitor sabe — e sabe que os filhos de Jacó sabem — qual o significado dessa prática. E por sinal até mesmo os heveus são levados a acreditar que isso constitui um signo de identidade do clã: é-lhes dito que se aceitarem a circuncisão tornar-se-ão "parentela" dos filhos de Jacó. Aqui, os filhos de Jacó utilizam enganosamente um símbolo sagrado com fins genocidas, da mesma forma como antes seu pai usou o nome de Deus enganosamente para fraudar Esaú. Jacó lamenta o que fizeram, mas só porque teme que outros cananeus (os heveus são uma tribo cananeia) possam agora voltar-se contra ele. Jacó não pensa ter ofendido ao Senhor Deus; e, a julgar pela ausência do Senhor Deus de todo esse capítulo, Jacó tem toda razão. (Assim como na campanha de Abraão contra inimigos estrangeiros em *Gênesis*, 14, não se trata jamais de invocar a ajuda do Senhor Deus contra um inimigo potencial ou de agradecer a ele por uma vitória.)

Quando Jacó mentiu a Isaque sobre o Senhor, dissemos que o Senhor foi vilipendiado. Aqui, podemos dizer que a circuncisão enquanto símbolo sagrado foi vilipendiada, usada de forma blasfema para um propósito inteiramente diverso do que o Senhor tinha em mente quando exigiu a circuncisão de Abraão e sua descendência. Mas o Senhor nunca reclama a Jacó por estar sendo vilipendiado com o genocídio dos heveus, ou pelo desrespeito à circuncisão. O Senhor Deus, neste ponto da história, não está nada preocupado com o que a humanidade — Jacó e seus filhos ou qualquer outra pessoa — diga ou deixe de dizer (ou diga enganosa ou cinicamente) a respeito dele. O discurso humano é deixado sem regras. Chame-se isso de soberana indiferença, serenidade, ausência de ciúmes, ou o que for, o assunto jamais vem à tona. Neste ponto da história, podemos afirmar com toda justiça, o Senhor Deus ainda não aprendeu a importar-se com aquilo que é meramente dito a seu respeito. Ele se importa com algumas coisas que são feitas. Tem ciúmes da capacidade reprodutiva humana em particular. Mas o discurso humano preocupa-o muito pouco.

O silêncio do Senhor Deus diante dessas provocações em potencial, mesmo parecendo audível apenas para um intérprete decidido a ouvi-lo, tem uma consequência de alto e bom som: ele prepara o caminho para a ausência do Senhor Deus da história de José. O Senhor Deus é ativo e articulado em sua relação com Abraão; é Abraão, não o Senhor Deus, que se mantém em silêncio. Na história de José, ao contrário, o Senhor Deus não é nem ativo, nem articulado. Apesar de se fazerem a ele referências ocasionais, ele se reduz temporariamente a algo que mais parece uma suposição do que um personagem. Se o texto passasse diretamente da história de Abraão para a de José, essa redução seria súbita. Da forma como está, Jacó já retirou muito da iniciativa do Senhor Deus. De Abraão para José seria um largo passo; de Jacó para José o passo é consideravelmente menor.

O Senhor conhecido por José não só tem um papel menor na vida de José do que na vida de Jacó, como também esse papel é diferente. A promessa do Senhor de terra e descendência permanece constante, mas o que Jacó pediu a ele em Luz (rebatizada de Betel) foi comida, abrigo e salvo-conduto na volta de Padã-Arã para Canaã. O que José recebe do mesmo Deus — sem nunca pedir — é uma bem-sucedida carreira na burocracia egípcia. Os irmãos de José, todos eles filhos de Jacó, ressentidos com o carinho do pai por José e com os sonhos em que José prevê sua própria grandeza, o vendem como escravo aos egípcios. Mas uma fabulosa fortuna segue-se a esse infortúnio:

> O Senhor era com José, que veio a ser homem próspero; e estava na casa de seu senhor egípcio. Vendo Potifar que o Senhor era com ele, e que tudo o que ele fazia o Senhor prosperava em suas mãos, logrou José mercê perante ele, a quem servia; e ele o pôs por mordomo de sua casa, e lhe passou às mãos tudo o que tinha. E, desde que o fizera mordomo de sua casa e sobre tudo o que tinha, o Senhor abençoou a casa do egípcio por amor de José. [39:2-5]

Mais tarde, falsamente acusado pela mulher de seu patrão, José é atirado na prisão, mas o Senhor torna a resgatá-lo: "O Senhor, porém, era com José e lhe foi benigno, e lhe deu mercê perante o carcereiro" (39:21). Ou, na tradução idiomática e viva desse versículo na edição de 1966 da *Bíblia de Jerusalém*: "Javé o fez popular com seu carcereiro". Trata-se de um novo papel para *yahweh*. Vemos, mais uma vez, as funções de deus pessoal atribuídas ao Senhor Deus.

O copeiro-chefe do Faraó lembra-se que quando foi encarcerado por um breve período, José interpretou corretamente um sonho que tivera. Por sugestão do copeiro-chefe, José é chamado a interpretar os sonhos do Faraó e novamente acerta. Em ambas as ocasiões, José refere-se a Deus — "Porventura não pertencem a Deus as interpretações? Contai-me o sonho" (40:8); "Deus manifestou a Faraó o que há de fazer" (41:25) —, mas ele não reza a Deus, nem recebe nenhuma mensagem de Deus. Impressionado com o desempenho de José, o Faraó diz: "Acharíamos, porventura, homem como este, em quem há o Espírito de Deus? [...] Visto que Deus te fez saber tudo isto, ninguém há tão ajuizado e sábio como tu. Administrarás a minha casa [...]" (41:38-9). E assim acontece: José torna-se o segundo homem do Egito, abaixo apenas do Faraó, e reconcilia-se com seus irmãos quando os salva, junto com o pai, da fome em Canaã. O Senhor fez de José um sucesso; e para José (que jamais refere-se ao Senhor, mas apenas a Deus) qualquer tipo de divindade é uma questão de fé, até mesmo de conhecimento, mas não de encontro pessoal como o que Abraão, Isaque e Jacó experimentaram.

Num determinado ponto (43:23) da história da reconciliação, José diz a seus irmãos: "O vosso Deus, e o Deus de vosso pai, vos deu tesouro nos vossos sacos". Na verdade, é José que, escondendo a própria ternura, colocou tesouros nos sacos; mas notavelmente essa é a única referência que José faz a Deus numa linguagem semelhante à de Abraão, Isaque e Jacó. Quando Jacó, agora chamado Israel, está para partir para o Egito,

> falou Deus a Israel em visões à noite, e disse: "Jacó, Jacó!". Ele respondeu: "Eis-me aqui". Então disse: "Eu sou Deus, o Deus de teu pai; não temas descer para o Egito, porque lá eu farei de ti uma grande nação. Eu descerei contigo para o Egito, e te farei tornar a subir, certamente. A mão de José fechará os teus olhos". [46:2-4]

Isso soa, agora, familiar, mas Deus não está falando com José. É como se Deus fosse um tipo de ser para Jacó e outro para José. Com Jacó, ele fala diretamente, num sonho ou numa visão tão inequívocos que não exigem interpretação. Nunca fala assim com José. O "espírito de Deus" que o Faraó (não o próprio José) diz estar com José é um talento, um dom de Deus, mas que não exige comunicação com Deus para funcionar.

Além disso, apesar de indiretamente José de fato prosperar por ter discernimento e sabedoria com a ajuda do Senhor, o que ele conquista diretamente é a preservação de toda uma ordem social à qual é estrangeiro. As promessas do Senhor e suas intervenções nas vidas de Abraão, Isaque e Jacó envolviam apenas a eles e suas famílias. Aqui, a interpretação dos sonhos inspirada por Deus salva todo o Egito, e só devido a esse grande sucesso é que José, com seu poder pessoal aumentado, pode salvar a própria família. O Senhor não anuncia suas intenções para José e sua descendência como anunciou para Abraão, Isaque, Jacó e suas descendências, e, nesse caso, Deus também não tem nenhuma intenção quanto ao Egito. Ao decifrar o sonho do Faraó e prever assim a fome que virá, José não infere a partir daí nenhum plano divino para o Egito que ele então implementaria. A fome não é mandada por Deus; Deus simplesmente ajudou José a prevê-la. O plano para enfrentar a fome também é de José, não de Deus. Em resumo, o repertório divino limita-se basicamente a uma ajuda curta, modesta e indireta a José. Tanto a ordem natural como a ordem social são dadas e tacitamente imutáveis; a ajuda divina de seu deus pessoal apenas permite a José exercer sua função com sucesso dentro dessas ordens.

A história de José e seus irmãos é comovente e acessível para os leitores modernos não só por sua inegável qualidade literária, mas também pelo "modernismo" da ausência nela de um Deus poderoso, invasivo. Na história de José, como na sociedade moderna, pós-religiosa, Deus é um personagem distante, mas essa distância importa pouco, porque só se pensa nele de passagem, em momentos de crise, quando sua ajuda é necessária para escapar de algum dilema ou evitar alguma catástrofe. A modernidade, não esperando nenhuma surpresa da parte de Deus, fala dele com calma, como o faz José, e presume que, seja qual for o poder de Deus, suas intenções sejam benevolentes. Deus é bom, como José é bom.

José atribui até mesmo sua escravização à providência divina:

> Disse José a seus irmãos: "Agora, chegai-vos a mim". E chegaram-se. Então disse: "Eu sou José, vosso irmão, a quem vendestes para o Egito. Agora, pois, não vos entristeçais, nem vos irriteis contra vós mesmos por me haverdes vendido para aqui; porque para conservação da vida, Deus me enviou adiante de vós". [45:4-5]

Até certo ponto, a interpretação que José dá a seu próprio infortúnio como fato providencial contradiz o que acabamos de dizer: que Deus não tinha planos para o Egito, nem para que José salvasse o Egito, muito menos sua própria família. Decerto Deus não tinha nenhum plano *anunciado*. O propósito emocional dessa cena, no entanto, não é mostrar se Deus tinha ou deixava de ter um plano, mas sim que José tinha um coração bondoso e magnânimo. Na medida em que é uma afirmação sobre Deus, a história de José, em momentos como esse, fala não do poder mas do caráter. Deus não favoreceria José de tal forma — um homem transparentemente bom, talvez o único santo verdadeiro do Tanach — se o próprio Deus não fosse como José.

Mas se Deus é implicitamente como José nos capítulos finais do *Gênesis*, não podemos deixar de notar que ele não era como José nos capítulos iniciais. O Senhor que não perdoou Adão e Eva por seu único ato de desobediência não era como o magnânimo José. Nem era como José o Senhor/Deus que mandou um dilúvio para "destruir toda carne" em resposta a algumas poucas ofensas da geração de Noé. O Senhor Deus dessas cenas é maximamente poderoso e minimamente bondoso, enquanto o Deus que se espelha em José é maximamente bom e minimamente poderoso. Já observamos que José nunca se dirige a Deus e poucas vezes se refere a ele; podemos acrescentar que ele se refere ao Senhor uma única vez. Mesmo no interlúdio de 46:1-4, protagonizado por Jacó, quem fala com ele é Deus, não o Senhor. O Senhor, a forma menos presa à lei, mais voluntária e mais pessoal da divindade, está ausente do final do *Livro do Gênesis*. Ele retornará, mas por ora desapareceu.

O Deus que se mantém silenciosamente em segundo plano na história de José — um ser no qual prevalecem o pródigo ᵓ*elohim* da criação e o solícito "deus de..." — é quase, se não inteiramente, amoroso. O amor não foi a motivação de Deus para criar ou destruir o mundo, nem para escolher Abraão, Isaque ou Jacó. O *Livro do Gênesis* fala só raramente do amor humano (cf. 29:18: "Jacó amava Raquel") e não fala nunca do amor divino. Pode-se ver, entretanto, um prelúdio de amor nas três escolhas divinas sucessivas: do jovem Isaque em vez do mais velho Ismael, do jovem Jacó contra o mais velho Esaú, e finalmente, mais importante, do jovem José contra seus dez irmãos mais velhos, principalmente Judá. O costume social, repetidas vezes aceito no texto, ditava que o filho mais velho seria o herdeiro do pai. Quando Deus escolhe contrariando esse costume, ele expressa seu amor dentro de limites claros: está escolhendo alguém e rejeitando um outro por motivos subjetivos não revelados. Isso fica particularmente claro na escolha de José. O que torna a escolha de José um pouco diferente da escolha de Isaque ou de Jacó é que já se sabe muito sobre José quando a escolha é feita. O texto sugere sutilmente que Deus não teria gostado de José se ele não se parecesse com José; e como se demonstra que José é amoroso, talvez Deus também o seja. Nem é preciso dizer que estamos no terreno não da argumentação, mas da impressão.

Ismael nasceu de mãe escrava. Esaú perdeu sua herança quando Isaque abençoou Jacó em seu lugar. Em ambos os casos, havia uma razão externa ou formal para o Senhor preferir o irmão mais jovem ao mais velho. Não existe uma razão comparável para Deus preferir o mais moço José ao mais velho Judá, figura dominante entre os doze irmãos. O texto sugere que Deus prefere José porque — e aí é que está a novidade — José é um homem melhor. Tanto em caráter como em conduta, ele é superior. O fato de o texto sugerir isso é ainda mais notável porque a Bíblia hebraica, apesar de não ter sido escrita inteiramente pelos descendentes de Judá, os judeus, foi por eles preservada; e a história de José depõe contra o pai epônimo dos judeus em pelo menos três pontos.

O primeiro deles está em *Gênesis*, 37:26-7, quando Judá propõe aos irmãos que vendam José como escravo. Mais tarde, a lei consideraria tal ato um crime capital. Mais importante, tratava-se também de um ato violento e impiedoso dos filhos de Lia contra Jacó, seu pai, que tanto amava José e Benjamin, filhos de Raquel. O autor da história de José (e aqui devemos falar de um autor, não de um redator) coloca deliberadamente Judá e José juntos no palco quando seu drama chega ao clímax. Judá, que ainda não reconheceu José, evoca eloquentemente a angústia de Jacó, que ainda lamenta a perda de José e agora teme perder Benjamin. Ao ouvir isso, José não consegue mais se conter: desfaz-se em lágrimas e, nas linhas citadas antes, identifica-se aos seus irmãos. Nesses momentos finais, Judá comporta-se com dignidade, mas o próprio espírito da cena constitui uma derrota para ele. Com toda clareza, o homem que prejudicou tantos anos antes é superior a ele.

O segundo comentário desabonador sobre Judá vem em *Gênesis*, 38, logo depois da venda de José. Vivendo então entre os cananeus, Judá tomou uma esposa cananeia e teve três filhos com ela. Quando dois dos filhos de Judá, um depois do outro, casam-se com a mesma mulher cananeia, Tamar, e morrem antes de ela ter concebido, a mulher disfarça-se de prostituta ritual, seduz Judá e tem dele filhos gêmeos. O ponto polêmico da história não é só o fato de os judeus serem fruto de uma união incestuosa, nem de serem fruto de uma união incestuosa israelita-cananeia, mas o de serem fruto de uma relação incestuosa entre um homem israelita e uma mulher cananeia no ato de copulação ritual cananeu. No Tanach, o filho gerado pelo incesto é condenado ao desdém. Assim, quando as filhas de Ló o embebedam e o seduzem, os filhos nascidos da união são os desprezados moabitas e amorreus (19:30-8). Em *Gênesis*, 38, o casamento misto com cananeias já foi condenado antes duas vezes: Abraão manda seu servo procurar uma esposa para Isaque em Naor para evitar que Isaque se case com uma cananeia; Isaque e Rebeca fazem com que Jacó parta na mesma direção para que ele não lhes dê a mesma tristeza que lhes deu Esaú casando com uma mulher cananeia. Os rituais religiosos dos cananeus ainda não foram condenados, mas serão, e esse episódio antecipa a condenação. Além disso, a história está colocada imediatamente antes da cena (*Gênesis*, 39) em que José se recusa a ceder à sedução da adúltera mulher do oficial egípcio. A intenção do redator (esse episódio é uma inserção no original) é claramente favorecer José na comparação com o ofensivo Judá.

O terceiro momento dessa comparação entre Judá e José vem no fim do *Livro do Gênesis*, quando Jacó adota e abençoa Efraim e Manassés, filhos de José com a egípcia Asenate. Perez e Zerá, filhos de Judá e Tamar, são ignorados. Depois, quando Jacó começa, em seu leito de morte, o longo oráculo sobre os doze filhos, as primeiras palavras são ditas à parte para José: "Dou--te de mais que a teus irmãos um declive montanhoso [uma porção, em hebraico *shechem*], o qual tirei das mãos dos amorreus com a minha espada e com o meu arco" (48:22). Trata-se de uma alusão a Siquém, a cidade que Simeão e Levi conquistaram e pilharam (apesar das admoestações pouco enérgicas de Jacó na época), primeira cidade visitada por Abraão quando ele entrou em Canaã e para onde Jacó se dirigiu em seu retorno, e onde José inocentemente foi encontrar os irmãos que o venderam como escravo. Muito depois, uma monarquia israelita irá se dividir entre um reino do norte, dominado pela casa de José, com capital em Siquém, e um reino do sul, dominado pela casa de Judá, com capital em Jerusalém. O oráculo de Jacó, manifestando a perspectiva do reino do norte, contém uma bênção verdadeira apenas para José, e meras profecias ou comentários sobre todos os outros irmãos. O oráculo a Judá reconhece seu poder em palavras de emocionante eloquência, porém atribui seu poder à violência e nada mais:

> *Judá, teus irmãos te louvarão;*
> *a tua mão estará sobre a cerviz de teus inimigos;*
> *os filhos de teu pai se inclinarão a ti.*
> *Judá é leãozinho,*
> *da presa subiste, filho meu.*
> *Encurva-se, e deita-se como leão*
> *e como leoa; quem o despertará?*
> *O cetro não se arredará de Judá,*
> *nem o bastão de entre seus pés,*
> *até que venha Siló;*
> *e a ele obedecerão os povos.*
>
> *Ele amarrará o seu jumentinho à vide,*
> *e o filho de sua jumenta à videira mais excelente;*
> *lavará as suas vestes no vinho,*
> *e a sua capa em sangue de uvas.*
> *Os seus olhos serão cintilantes de vinho,*
> *e os dentes brancos de leite.* [49:8-12]

Como a própria história de José, o oráculo de Jacó manifesta a posição do anônimo apologista-historiador do reino do norte, chamado em linguagem acadêmica de eloísta por usar exclusivamente o termo ᵓ*elohim* para o nome de Deus. A polêmica meio disfarçada e algo confusa, como os momentos polêmicos da história, é de interesse literário por ser um dos momentos em que Deus parece, mesmo obscuramente, responder às diferenças humanas. Até esse ponto da Bíblia, os atos do Senhor Deus nunca pareceram vir em resposta a qualidades humanas de qualquer tipo. As distinções que ele fez entre os seres humanos foram gratuitas. Nada havia em Abraão, por tudo que nos é contado, para fazer com que o Senhor o escolhesse para se tornar uma grande nação. No momento em que o Senhor abençoa Isaque e repete a ele a promessa feita a Abraão, tampouco

Isaque havia feito qualquer coisa digna de nota. José, ao contrário, no momento em que Jacó o abençoa, tem uma extraordinária carreira atrás de si. Mesmo não sendo a bênção atribuída em reconhecimento explícito ao mérito de José, subjacente à história como um todo existe a implicação de que José merece a bênção que recebe no fim. Quando Jacó dá seu último suspiro e "foi reunido ao seu povo", parece efetivamente que Deus escolheu José por razões que a história de José expôs. Ardente, bonito, astuto, forte e maravilhosamente bom, José é a figura mais sedutora da Bíblia até esse ponto. E Deus, pela primeira vez, parece deixar-se seduzir.

3. INTERLÚDIO
O que torna Deus divino?

NO ÊXODO, o segundo livro da Bíblia, o Senhor retornará com força súbita e violenta, pondo fim à sua relativa ausência nos últimos capítulos do *Livro do Gênesis*. Antes de examinar em detalhe o caráter que assume em seu retorno, podemos fazer uma pausa para considerar o quê, em termos literários, faz com que o Deus que conhecemos até esse ponto pareça divino. O que o faz diferente?

Deus — e neste breve interlúdio não pretendemos que a palavra *Deus* signifique ᵓ*elohim*, mas sim o protagonista do Tanach em toda a complexidade com que apareceu ao final do *Livro do Gênesis* — é no sentido mais básico da palavra o protagonista, o *protos agonistes* ou "primeiro ator" da Bíblia. Ele não entra na cena humana. Ele *cria* a cena humana, na qual entra depois. Cria o antagonista humano que ao interagir com ele dá forma a toda a ação subsequente. Esse é o seu traço distintivo primeiro e mais óbvio.

Se a precedência de Deus faz seu antagonista humano especialmente dependente dele, todavia é verdade também que Deus é especialmente dependente de seu antagonista humano, e essa dependência torna mais complicada a tarefa a que nos propomos — explicitamente, ler a Bíblia como a história de Deus. Pois, mesmo que jamais seja negada a dependência humana em relação a Deus na Bíblia, na prática muito do que os humanos aparecem fazendo nela tem uma autonomia "natural" que não encontra paralelo em nada do que Deus aparece fazendo. De forma alguma toda a ação humana relatada na Bíblia estabelece entre a humanidade e Deus uma relação de antagonista para protagonista, mas o contrário não é verdadeiro: nenhuma das ações divinas relatadas na Bíblia deixa de ter relação com os seres humanos; nenhuma dessas ações é, nesse sentido, puramente divina. Deus não toma nenhuma atitude que não tenha o homem como seu objetivo. Não se trata nunca das "aventuras de Deus".

Isso é, até certo ponto, o resultado inevitável do monoteísmo. A mitologia politeísta grega contém algumas histórias que falam da intervenção de Zeus nos negócios humanos, mas há aquelas que contam a vida de Zeus entre os outros deuses, seus colegas. Na Bíblia, Deus, sendo um deus único, não conta com esse segundo tipo de ação para se apresentar. Mas a peculiaridade do caráter do personagem Deus não termina aí. É concebível que Deus se dedicasse a algum tipo de ação demonstrativa que servisse para sua própria apresentação, à parte qualquer interação com o homem: exibições miraculosas, erupções cósmicas, a criação de outros mundos. Mas de fato ele se abstém de toda essa atividade. Não só lhe falta qualquer vida social entre outros deuses, como também o que poderíamos chamar de vida privada. A única maneira de interessar-se por si mesmo é por intermédio da humanidade.

As palavras de Deus demonstram o mesmo caráter simbiótico de seus feitos. Mesmo não tendo nenhuma companhia divina (para começar, ele não tem consorte), por que Deus jamais fala consigo mesmo? Com toda certeza a mente divina podia abrir-se a um solilóquio discursivo. Mas isso não ocorre. Nas cenas de abertura do *Livro do Gênesis* — a criação e o dilúvio — ouve-se algo próximo de um solilóquio. A partir desse ponto, porém, todo o discurso de Deus é dirigido ao homem, e, na maioria dos casos, é também diretivo *do* homem. Deus é como um romancista literalmente incapaz de uma autobiografia ou de crítica e que só consegue contar sua história por intermédio de seus personagens. Além disso, ele só pode lidar com seus personagens criativamente; e sua única tática criativa é a direção. Ele lhes diz o que devem fazer para ser o que ele quer que sejam. Não está interessado neles por seus méritos próprios. Não lida com eles analiticamente. É sempre diretivo, nunca apreciativo.

Quanto aos particulares concretos daquilo que Deus espera da humanidade, isso ele só vai descobrindo à medida que avança.

Age de maneira sempre extremamente segura, mas não anuncia seus planos em detalhe ou com antecedência e nem mesmo parece saber que planos são esses. Muitas e muitas vezes, Deus fica descontente com o homem, mas quase sempre parece que só por meio de sua ira ele descobre o que é que lhe agrada. Mudando ligeiramente a analogia, ele é como um diretor cujos atores parecem nunca acertar. Consequentemente, ele fica sempre bravo, ainda que ele próprio não saiba com antecedência como seria o modo certo. Quando os atores erram, ele também erra, até que, finalmente, os atores fazem mais ou menos certo, e ele se acalma e admite o acerto. Na Bíblia, o agir certo não é nem questão de a humanidade observar as leis de Deus (nesse ponto da história, a lei ainda nem foi dada). Depende mais, e muito mais amplamente, de a humanidade comportar-se como imagem de Deus. Essa busca, que brota da única motivação formulada pelo protagonista, dirige a única trama real que se pode afirmar existir na Bíblia. Mas essa trama — Deus tentando moldar a humanidade à sua imagem — seria muitíssimo mais compreensível se Deus tivesse uma vida subjetiva mais rica, mais claramente distinta e mais claramente anterior ao objeto humano que lhe serve de imagem.

Da maneira como existe, a trama da Bíblia é difícil e evasiva, o que está intimamente relacionado com a dificuldade e evasividade de Deus como seu protagonista. A experiência molda o caráter e o caráter determina a ação. Um caráter, um personagem totalmente inexperiente é praticamente uma contradição em termos. Se um tal personagem existisse, dificilmente saberíamos o que esperar dele ou o que significaria ser feito à sua imagem. É verdade que estamos bastante acostumados — tanto na vida como na literatura — a ver um personagem vivendo experiências novas, às vezes dolorosas, e assim desenvolvendo seu caráter. Mas essa inocência, essa falta de experiência, é sempre apenas relativa. O menino do interior que vem para a cidade grande tem, afinal de contas, uns dezoito anos de história por trás dele. É essa história que o torna compreensível para nós. Como poderíamos entendê-lo se, cronologicamente, ele tivesse dezoito anos, mas seu caráter fosse o de um órfão recém-

-nascido? Seu caráter dependeria então, necessariamente, apenas de seu futuro, e não de seu passado. Ele só seria aquilo que fosse se tornando, e de início seria, portanto, apenas um ponto de interrogação vivo.

Deus, apesar de termos conseguido falar bastante dele no *Livro do Gênesis*, é essa espécie de ponto de interrogação vivo, um personagem inteiramente prospectivo. Não tem história, nem genealogia, nem passado que possa ir sendo introduzido progressivamente em sua história, à maneira usual da literatura, para explicar seu comportamento e induzir algum tipo de catarse no leitor. Nenhum personagem humano poderia ser tão completamente desprovido de passado e ainda continuar sendo humano. E, no entanto, podemos ver que, ao dar a esse personagem inumano palavras para falar em linguagem humana e atos a realizar em interação com seres humanos, os autores da Bíblia criaram uma possibilidade literária nova. Deus frustra nossas expectativas literárias comuns, moldadas como elas são pelas expectativas que temos acerca de outros seres humanos quando os conhecemos. Esperamos descobrir quem eles são descobrindo como seu passado os conduziu até o presente. É isso que, quase por definição, torna qualquer personagem humano interessante e coerente.

Deus não é interessante nem coerente dessa maneira. O fato de os deuses gregos terem corpos humanos reconhecíveis era, em última análise, menos importante para seu antropomorfismo do que o fato de terem genealogias e desejos, passados e futuros. Deus não tem nem um nem outro, e os vagos detalhes antropomórficos que aparecem no *Livro do Gênesis* são diminuídos por esse fato. Devemos pensar Deus como um recém-nascido, mas não um bebê, com suas possibilidades não confinadas pelos limites da experiência humana e mesmo assim, paradoxalmente, só realizáveis no relacionamento com seres humanos. Seus modos no *Livro do Gênesis* são, em termos gerais, os de um homem de impensada autoconfiança, habituado a se intrometer, de maneira até agressiva, alguém de uma imprevisível eloquência. Mas, acima de tudo, seus modos são os de um homem que não revela nada de seu passado e quase nada de suas necessidades e desejos. Quando o adjetivo *divino* refere-se implicitamente a esse Deus — criador de Adão e parceiro de Abraão — mais do que, digamos, ao jovem, belo e brilhante Apolo, ele implica um conjunto de qualidades como aquelas que acabamos de mencionar; e se o tipo de que falamos é familiar no Ocidente isso se deve, sem dúvida, à influência da Bíblia. O mais atraente nesse tipo é um certo poder acoplado a uma ausência de quaisquer das pistas usuais de como esse poder poderá vir a ser utilizado.

No caso de absolutamente todos os personagens humanos, sabemos que, mesmo não revelando nada de seu passado, eles têm um passado que inclui uma mãe, um nascimento e uma infância de choros e vômitos. Quanto a seu futuro, mesmo que eles nada revelem de suas intenções, não acreditamos que não tenham desejos. Atitudes poderosas podem intimidar, mas todo adulto sabe que uma atitude divina que repouse apenas na negativa do passado e do futuro pode não passar de pose. Justamente aqui, porém, cessa a analogia: Deus não está fazendo pose. Ele não é o Mágico de Oz. É retratado, com aparente sinceridade e grande consistência, como um ser realmente sem passado e, apesar de não desprovido de intenções, realmente sem desejos, a não ser o desejo de que a humanidade seja sua autoimagem. Além disso, embora suas intenções, rudimentares a princípio, se tornem mais complexas, e ele se surpreenda com seus efeitos e tenda a repudiá-los, elas não são produto de desejo até muito mais adiante em sua história. No começo, e por um longo trecho depois do começo, Deus depende do homem até mesmo para o funcionamento de suas próprias intenções e, até esse ponto, é quase um parasita do desejo humano. Se o homem nada desejasse, seria difícil imaginar como Deus poderia descobrir o que Deus quer.

Quando reconhecemos dessa forma que Deus é dependente dos seres humanos, podemos avaliar por que, para ele, a busca de uma autoimagem não é uma indulgência inútil e opcional, mas sim a única e indispensável ferramenta de que dispõe para sua autocompreensão. Ainda que ninguém tenha pintado seu retrato, você, como ser humano, sabe quem você é. Ainda que você jamais tenha se visto num espelho, o mesmo continua sendo verdadeiro. A pessoa no retrato, a pessoa refletida no espelho, ela já existe, e você conhece aquela pessoa. Sua história o fez e ao mesmo tempo fez de você um fato evidente para si mesmo. Deus, no começo da Bíblia, ainda não tem história e é, portanto, menos do que evidente para si mesmo. Mesmo sendo um protagonista que dá vida a seu antagonista, ele é também um protagonista que recebe sua história de vida do seu antagonista.

A história da vida de Deus é a história da obra de sua vida, a criação da humanidade à sua própria imagem. Concretamente, esse ato de criação é conseguido por intermédio da história humana que constitui a trama da Bíblia. Mas essa trama não só não começa, como não pode começar *in medias res*, porque o próprio Deus, que dá início a ela, não tem nenhuma história. Por estranho que possa parecer, existe no começo da Bíblia muito pouca coisa a respeito de Deus para que sua história possa começar daquele modo. Como é que começa então? Quando ele diz à humanidade: "Sê fecundos e multiplicai-vos", Deus faz da única ação definidora da humanidade — a única ação efetiva que é ordenada à humanidade — uma imagem da única ação que, de início, define o próprio Deus. A fertilidade e automultiplicação da humanidade, porém, deixam Deus cheio de raiva, e gera-se um conflito que toca adiante a ação dramática. Deus descobre, a posteriori, que a fertilidade sem peias não era bem o que tinha em mente. Destrói a criação com um enorme dilúvio só para descobrir que a destruição também não era o que tinha em mente. Promete a Noé e sua família, únicos sobreviventes humanos, que nunca mais destruirá o mundo, mas está agora tão dilacerado que sua promessa não soa inteiramente convincente.

E depois? Historicamente falando, conforme observamos no capítulo 2, *yahweh* e *ᵓelohim* parecem ter absorvido separadamente a personalidade de uma deusa destruidora como a babilônia Tiamat, o dragão do dilúvio, cuja derrota pelo babilônio Marduque constitui o mito de criação da Babilônia. Ao postular uma tal fusão de divindades, os historiadores podem explicar a origem da contradição no caráter do Deus do Tanach. Mas, seja qual for a explicação, a contradição tem de ser confrontada com a realidade literária. É como dizer: "Sim, entendo: seu pai era médico, sua mãe era espiã, mas agora eu preciso conhecer *você*".

Depois do dilúvio bíblico, e apesar de sua promessa de nunca mais destruir o mundo, Deus mantém uma ambivalência criativa/destrutiva radical e assustadora. Mas, se a fusão em Deus das personalidades de criador e destruidor tem consequências para seu caráter, ela também tem consequências para a trama da Bíblia. A rejeição divina da fertilidade sem peias, por um lado, e de qualquer posterior destruição do mundo, por outro lado, contribui para o enredo com uma concessão: é feita uma aliança reprodutiva com uma parte da humanidade. A fertilidade ainda é prometida, porém não mais à humanidade como um todo. Em vez disso, é prometida exclusivamente, ou pelo menos primordialmente, a Abraão e seus descendentes, e mesmo essa fertilidade restrita não constitui posse soberana de Abraão. É agora um poder exercido em conjunto com Deus. Nessa nova ordem, a intervenção de Deus permite que Abraão e Sara concebam e procriem, sim, em sua velhice, mas o pênis de Abraão não mais lhe pertence. Como a circuncisão bem simboliza, o órgão e a potência dele agora pertencem em parte a Deus.

A história de Deus como criador e da humanidade como progenitora desenrola-se como uma invenção musical simplória em duas partes que, pela repetição em contraponto e pelas variações, transforma-se numa elaborada e magnífica fuga. A obsessão sexual da narrativa inicial atribui-lhe um extraordinário poder primitivo, quase animal. E no entanto há algo abstrato nessa mesma estreiteza, nessa mesma intensidade. O *Livro do Gênesis*, pelo menos até a história de José, é uma narrativa brutalmente obsessiva. Esterilidade, concepção, nascimento; masturbação, sedução, estupro; uxoricídio, fratricídio, infanticídio

— são esses os termos da ação. A narrativa está preocupada com a reprodução e com as ameaças à reprodução, excluindo praticamente todo o resto da experiência humana. Porém a arte narrativa da Bíblia não reside apenas no bem conhecido poder dessas primeiras histórias bíblicas, mas também, e até mais, na maneira como consegue fazer emergirem eventos subsequentes bem mais complexos a partir desse começo esquemático. E, à medida que a narrativa vai ficando mais complexa, ela vai sendo capaz de abranger e transmitir material não narrativo progressivamente mais elaborado: apresentações poéticas, legais e proféticas de Deus como protagonista e da humanidade como imagem e antagonista de Deus.

No *Livro do Êxodo*, sobre o qual nos debruçaremos a seguir, o conflito entre a humanidade e Deus pelo poder reprodutivo humano entra em nova fase decisiva. Na abertura do livro, a aliança reprodutiva entre o Senhor e Abraão, que domesticou o conflito criador/destruidor no Senhor Deus, gerou uma nova provocação e expôs um novo conflito. Isso aconteceu devido ao próprio sucesso da aliança abrâmica. Abraão e seu único filho se transformaram em Isaque e seus dois filhos, depois em Jacó e seus doze filhos, depois os doze e seus setenta, e, finalmente, quando começa o *Livro do Êxodo*, uma nação grande o bastante para rivalizar com o poderoso Egito: "Mas os filhos de Israel foram fecundos, aumentaram muito e se multiplicaram, e grandemente se fortaleceram; de maneira que a terra se encheu deles" (*Êxodo*, 1:7). Conforme observamos antes, a promessa de fertilidade que o Senhor faz a Abraão era uma clara, se bem que implícita, revogação de sua promessa ao resto da humanidade. E, mesmo que a consequência dessa promessa nos pareça previsível, o Senhor não a previu com clareza. (Nos termos da narrativa, evidentemente, todas essas coisas estão acontecendo pela primeira vez; não existe passado do qual tirar lições para o futuro, e tampouco existe pretensão de onisciência.) O Senhor é pego desprevenido, por assim dizer; ele não responde imediatamente quando Israel começa a se tornar uma grande nação em território egípcio, levando os egípcios a se defenderem escravizando os israelitas. Mas o cuidado egípcio é inútil: com a ajuda de Deus, os números israelitas continuam a crescer, as mulheres israelitas parindo sem problemas. Finalmente, o governante egípcio dá uma ordem que contraria diretamente os desígnios de Deus: "A todos os filhos que nascerem aos hebreus lançareis no Nilo" (1:22).

Deus já enfrentou a desobediência antes, mas nunca um desafio tão direto. Sua reação o transformará, pela primeira vez, num guerreiro. Mas, antes de considerarmos essa mudança, devemos levar em conta o conflito que o Faraó expõe no próprio caráter, no personagem de Deus. O conflito externo israelita-egípcio brota desse conflito interno. Foi Deus, afinal, quem prometeu fertilidade a todos os homens na criação, e de novo depois do dilúvio, mas também foi ele que depois prometeu — e cumpriu a promessa — uma maior fertilidade a Abraão e seus descendentes. Deus vê-se agora confrontado com o resultado de sua ação inconsistente: um poderoso perdedor no que diz respeito à fertilidade está em luta contra aquele que Deus designou como vencedor em termos de fertilidade. Como pode o conflito ser resolvido? Lembremos que, na criação e depois do dilúvio, Deus disse também aos egípcios, pelo menos implicitamente, que fossem fecundos e se multiplicassem.

Uma forma de resolver o conflito, ou melhor, uma condição sob a qual o conflito não teria surgido, seria o politeísmo. Isto é, um deus que fosse "de" Abraão podia coerentemente prometer a ele uma maior fertilidade, além da posse da terra "dos queneus, dos quenezeus, dos cadmoneus" e assim por diante. Outros deuses, também pessoais, também "dos" líderes desses outros grupos, podiam coerentemente prometer a mesma coisa a seus devotos. O resultado, evidentemente, seria decidido no campo de batalha. E o Deus do céu, que se considerava estar acima de todos os homens como também acima de todos os outros deuses, não se permitiria fazer essas promessas estritas. E, se os rivais humanos descessem à guerra direta, o Deus do céu poderia manter sua jurisdição universal abstendo-se de alianças de guerra com as forças de qualquer dos lados.

Manter o Deus do céu acima da disputa seria uma maneira de resolver o conflito da fertilidade, porém uma outra maneira seria transformar o Deus único num guerreiro divino. O Deus que é Deus de todos pode então tomar partido como se fosse um deus "de", mas ele tem de pagar o preço da contradição permitindo que ocorra uma mudança em seu próprio caráter. Ele deve assumir um outro papel nos negócios humanos, que de outra forma seriam assuntos seus. Em *Gênesis*, 24, vemos um estágio primitivo da fusão do Deus superior ou Deus do céu com o "deus pessoal de" quando Abraão refere-se ao deus que deve ajudar o seu servo a encontrar uma esposa para Isaque — tarefa humilde, de nível inferior — como "o Senhor, o Deus dos céus" (*Gênesis*, 24:7). O servo de Abraão chamou-o do mesmo modo quando rezou: "Ó Senhor, Ó deus de meu senhor Abraão [...]" (24:12). No começo do *Livro do Êxodo*, porém, o que antes era apenas uma fusão implícita, experimental, adquire um caráter confiante e explícito. O "ser-de" do Senhor Deus estende-se agora à vasta nação de Israel, formalizando uma aliança, e com o suporte da ação de *yahweh*, que agora se transforma numa divindade extremamente guerreira.

Em resumo, como em qualquer enredo ou trama eficiente, uma ação leva a outra. A criação de Deus leva à reprodução humana, que leva à guerra, que leva Deus a tomar parte na guerra. E, como em qualquer grande obra da literatura, a "ação" mais profunda é interna. Ela consiste em profundas mudanças espirituais que a ação opera nos personagens. É como consequência da fertilidade de Israel no Egito que *yahweh*, o Senhor, o deus de Abraão, de Isaque e de Jacó, vê-se levado à batalha pela primeira vez em sua carreira. Ao entrar na guerra, ele é transformado por aquilo que faz. A guerra o transforma, e ele se torna, permanentemente, uma divindade guerreira. Pela última vez no Tanach, de forma decisiva e eficaz, ele incorpora ao seu caráter mais uma personalidade divina, desta vez o feroz deus da guerra cananeu, Baal.

A relação entre a trama da Bíblia e o personagem do monoteísmo, Deus, uma divindade que era, historicamente, um precipitado do politeísmo semita, é, portanto, intrincada mas coerente. Primeiro, a contradição criador/destruidor no interior dessa divindade resolve-se por uma aliança de fertilidade entre Deus e um homem. Esse centramento nas preocupações particulares de um homem efetua uma outra fusão entre, de um lado, a divindade ainda cósmica do criador/destruidor e, de outro, o deus pessoal, muito mais humilde e terrestre. Depois, quando Israel — superfértil, graças à aliança — ameaça dominar o Egito, a tensão inerente à fusão alto deus/deus pessoal exige, para ser aliviada, que o Senhor se transforme e continue sendo um guerreiro, além de tudo o que já é. A equação é: criador (*yahweh/ ᵓelohim*) + destruidor cósmico (Tiamat) + deus pessoal (deus de...) + guerreiro (Baal) = DEUS, o protagonista compósito do Tanach.

Historicamente falando, os vários elementos não se combinaram nessa ordem simples. A fusão desses elementos — sua apresentação narrativa nos livros de abertura do Tanach — representa uma conquista literária de numerosos escritores, num processo cuja complexidade jamais será inteiramente identificada pelos acadêmicos históricos. No entanto, essa conquista literária repousa numa síntese intelectual anterior, um feito de criatividade religiosa mais do que literária. Só quando um conjunto de diversos deuses foi imaginado como uma unidade dinâmica com tensões não resolvidas é que se abriu o caminho para que se escrevesse a história de Deus, na qual toda a complexidade de um personagem com múltiplas personalidades pudesse ser apresentada e as tensões internas desse personagem pudessem ser coerente e progressivamente reveladas.

Foi a narrativa das histórias que criou o Deus ou foi o Deus, imaginado primeiro, que deu origem à narrativa das histórias? Ao enfatizar o quanto um personagem sem história e sem desejo resiste a que se conte sua vida, o quão desinteressante ele é sob todos os pontos de vista comuns humanos e literários, creio já haver sugerido qual resposta considero mais plausível. Uma ideia comum de Deus deve ter surgido primeiro, mas isso não quer dizer que tenha surgido num momento preciso. Só o fato de ser uma ideia comum pode explicar como um número tão grande de escritores trabalhando separadamente ao longo de um período de tempo tão amplo pode ter produzido uma obra que, em toda a sua variedade, possui uma profunda unidade subjacente. A crítica histórica acadêmica, ao atribuir diferentes partes de diferentes livros bíblicos a diferentes autores, e também, mais recentemente, papéis diversos e muito ampliados a diversos redatores posteriores, alterou definitivamente a maneira de ler a Bíblia. Mas a unidade da Bíblia não foi imposta inteiramente a posteriori por um trabalho inteligente de edição. Essa unidade repousa em última análise na singularidade do protagonista da Bíblia, o Deus Único, o *monos theos* do monoteísmo. Esse Deus brotou como uma fusão, com toda certeza, mas não de *todos* os deuses anteriores, apenas de alguns. As contradições internas resultantes da fusão tomaram forma, muito antes, como um conjunto finito de contradições internas. Foi a apreensão intelectual comum desse conjunto de contradições — esse e não outro — por parte dos autores bíblicos que lhes permitiu, trabalhando ao longo dos séculos, contribuir para o desenho de um personagem único.

Literariamente falando, a Bíblia é única sob vários pontos de vista, dos quais três podem ser mencionados nesse momento. Em primeiro lugar, é um clássico traduzido. Só uma minoria daqueles para quem ela funcionou como clássico ao longo dos séculos a leu nas línguas em que foi escrita. Em segundo lugar, de uma forma estranhamente moderna, é um clássico que contém uma opção de ordenamentos e finais que depende do leitor. O leitor pode escolher entre o Tanach — a Bíblia hebraica — ou a Bíblia cristã, com o Antigo Testamento em sua ordem diferente e o Novo Testamento funcionando como um final alternativo.

Um terceiro ponto acerca da originalidade literária da Bíblia, mais importante, porém mais difícil de formular, é o caráter de sua narrativa central. A longa narrativa que preenche os primeiros onze livros, estendendo-se da criação do mundo até a queda de Jerusalém, foi algumas vezes chamada de saga, mas não o é. A palavra *saga*, embora usada hoje para indicar qualquer relato longo de origem histórica, tem seus paradigmas em diversas obras clássicas da Islândia. Mesmo que, como a Bíblia, estas narrem a história das origens de uma nação e contenham também vários episódios miraculosos ou sobrenaturais, elas não têm um ser único como seu protagonista da forma como Deus é o protagonista da Bíblia. A narrativa bíblica tampouco é um épico clássico. Embora os deuses gregos desempenhem um papel importante nos épicos clássicos, estes diferem da narrativa bíblica em sua concepção de tempo. Os épicos, por vastos que possam parecer, cobrem apenas um período crucial dentro de um quadro temporal muito maior. Quando a ação começa, todos os deuses, assim como todos os personagens humanos, têm um passado, velhas rixas, votos a cumprir, contas a acertar e destinos a seguir. Toda a textura, a densidade de sentimentos que caracteriza o épico clássico, já desde suas linhas iniciais, contrasta, por assim dizer, com a trama aberta, com a relativa secura e vazio da Bíblia em seus momentos de abertura. A narrativa bíblica, cuja singularidade qualquer leitor ou ouvinte sente imediata e intuitivamente, funciona assim porque Deus, seu protagonista absoluto, é um personagem sem passado. Um personagem sem passado gera uma narrativa sem memória, uma narrativa que é radicalmente voltada para o futuro e que termina aberta porque, dado o seu protagonista, não há outra alternativa.

A cadeia de eventos que transforma *yahweh* em guerreiro e catapulta o Senhor Deus para a frente começa quando

> os filhos de Israel gemiam sob a servidão. E o seu clamor subiu a Deus. Ouvindo Deus o seu gemido, lembrou-se da sua aliança com Abraão, com Isaque e com Jacó. E viu Deus os filhos de Israel, e atentou para a sua condição. [*Êx.*, 2:23-5]

Voltamo-nos agora para a continuação da história.

4. JÚBILO

ISRAEL ESTÁ NO EGITO, uma multidão enorme sob um ataque genocida. Moisés, um israelita criado como egípcio depois de resgatado do infanticídio ordenado pelo Faraó, matou um capataz egípcio opressor e fugiu para Midiã. Aí, já casado, ele está pastoreando os carneiros de seu sogro perto de "Horebe, o monte de Deus", quando o Senhor lhe aparece:

> Apareceu-lhe o Anjo do Senhor numa chama de fogo no meio duma sarça; Moisés olhou e eis que a sarça ardia no fogo e a sarça não se consumia. Então disse consigo mesmo: "Irei para lá e verei essa grande maravilha, porque a sarça não se queima". Vendo o Senhor que ele se voltava para ver, Deus, do meio da sarça, o chamou e disse: "Moisés, Moisés!". Ele respondeu: "Eis-me aqui". Deus continuou: "Não te chegues para cá; tira as sandálias dos pés, porque o lugar em que estás é terra santa". Disse mais: "Eu sou o Deus de teu pai, o Deus de Abraão, o Deus de Isaque, e o Deus de Jacó". Moisés escondeu o rosto, porque temeu olhar para Deus. [*Êx.*, 3:2-6]

O anjo do Senhor, equivalente ao Senhor (*yahweh*), é mencionado poucas palavras depois como Deus (*ʾelohim*). Os dois nomes são usados de maneira intercambiável dentro de uma mesma sentença: "Vendo o Senhor que ele se voltava para ver, Deus [...] o chamou". Aqui as identidades do Senhor e de Deus fundem-se completamente. Ocorre mais uma fusão dos dois com o deus pessoal quando Deus identifica-se a Moisés como simultaneamente deus de Abraão, deus de Isaque, deus de Jacó, e deus do pai de Moisés. Qualquer sensação residual de que esses deuses "de" homens diferentes pudessem ser deuses diferentes — uma sensação que, como vimos, o próprio Jacó parecia ter no começo de sua carreira (*Gênesis*, 27:20 e 28:20-2) — é eliminada nesse momento. Esses três deuses "de" nunca falaram antes dessa maneira — isto é, juntando-se uns aos outros. O pai israelita de Moisés, embora posteriormente mencionado nominalmente em uma genealogia (*Êxodo*, 6:20), na história do bebê Moisés entre os juncos aparece, numa omissão sugestiva, apenas como "um certo homem da casa de Levi". A filha do Faraó salvou o belo enjeitado israelita do infanticídio ordenado por seu pai, criou-o na corte até a idade adulta, depois adotou-o e deu-lhe o nome egípcio de Moisés (*Êxodo*, 2:1-10). Será que tudo isso sugere que Moisés é filho ilegítimo? Que tinha um pai egípcio ilegítimo? Deixando de lado as especulações de Freud em *Moisés e o monoteísmo*, quando a voz na sarça ardente funde o "Deus de teu pai" com o "Deus de Abraão, o Deus de Isaque e o Deus de Jacó", ela se refere, simultânea e inevitavelmente, tanto ao pai israelita que Moisés não conheceu como ao patriarca egípcio da casa que o adotou. Moisés, um homem dividido entre duas culturas religiosas, tem dois pais, e seu Deus contém todos os deuses.

Essas mudanças, porém, por mais significativas que sejam, meramente solidificam uma antiga identidade, mesmo que complexa, que como vimos está cada vez mais próxima dessa unidade. O que é novo nessa aparição é que o Senhor Deus fala em meio às chamas e no alto de uma montanha sagrada. Ele nunca fez isso antes.

Mas alguém já fez. A história da religião semítica antiga fala de um deus cuja assinatura é uma montanha e o fogo: Baal, a divindade dominante em Canaã, região para a qual Abraão foi ao deixar Ur. Baal era simultaneamente deus da guerra, deus da tempestade, deus da fertilidade e deus da montanha/vulcão. Assim como a palavra ᵓ*el*, que já vimos, a palavra *baᶜal* pode ser tanto substantivo comum como nome próprio. Como substantivo comum, em hebraico e em outras línguas do grupo semítico do norte, ao qual pertence o hebraico, *baᶜal* significa "dono", "proprietário" ou "senhor", no sentido de o "senhor do castelo". Como nome próprio, a palavra refere-se a uma divindade, Baal, que é o mestre do universo, mas que, notavelmente, adquiriu esse domínio pela força militar. Em termos míticos, ele é um deus jovem, um deus rebelde.

LIBERADOR
"A tua destra despedaça o inimigo."
ÊXODO, 1:1-15:21

O cenário (as chamas, a montanha) em que o Senhor Deus fala com Moisés não é familiar, como também não o é a ação anunciada:

> Disse ainda o Senhor: "Certamente vi a aflição do meu povo, que está no Egito, e ouço o seu clamor por causa dos seus exatores. Conheço-lhe o sofrimento, por isso desci a fim de livrá-lo da mão dos egípcios, e para fazê-lo subir daquela terra a uma terra boa e ampla, terra que mana leite e mel; o lugar do cananeu, do heteu, do amorreu, do ferezeu, do heveu e o jebuseu. [...] Eu te enviarei a Faraó, para que tires o meu povo, os filhos de Israel, do Egito".
>
> Então disse Moisés a Deus: "Quem sou eu para ir a Faraó e tirar do Egito os filhos de Israel?". Deus lhe respondeu: "Eu serei contigo; e este será o sinal de que eu te enviei: depois de haveres tirado o povo do Egito, servireis a Deus neste monte".
>
> Disse Moisés a Deus: "Eis que quando eu vier aos filhos de Israel e lhes disser: 'O Deus de vossos pais me enviou a vós outros'; e eles me perguntarem: 'Qual é o seu nome?'. Que lhes direi?". Disse Deus a Moisés: "Eu Sou o que Sou [*Ehyeh-Asher-Ehyeh*]". Disse mais: "Assim dirás aos filhos de Israel: 'Eu Sou [*Ehyeh*] me enviou a vós outros'". Disse Deus ainda mais a Moisés: "Assim dirás aos filhos de Israel: 'O Senhor, o Deus de vossos pais, o Deus de Abraão, o Deus de Isaque, e o Deus de Jacó, me enviou a vós outros';
>
> *este é o meu nome eternamente,*
> *e assim serei lembrado de geração em geração".* [*Êx.*, 3:7-15]

Quando Moisés pede que Deus responda à pergunta: "Qual é o Seu nome?", Deus diz alguma coisa, mas será que revela o próprio nome ou dá outro tipo de resposta? A tradução da JPS* translitera em vez de traduzir as palavras de Deus: ᵓehyeh ᵓašer ᵓehyeh. A VPR traduz por: "EU SOU O QUE SOU". As três palavras em questão são vocábulos hebraicos extremamente usuais: ᵓehyeh ("eu sou") ᵓašer ("quem" ou "aquele que") ᵓehyeh ("eu sou"). A palavra ᵓehyeh pode significar "eu serei" tanto quanto "eu sou". É o contexto que geralmente determina qual a tradução correta, mas Deus não coloca contexto nenhum. Assim, ao invés de dizer que seu nome é "Eu Sou o Que Sou", Deus podia estar dizendo "Eu Sou o Que Serei"; ou seja, "Você descobrirá quem sou eu". A questão fica ainda mais interessante e complicada pelo fato de, na escritura original, o texto hebraico conter apenas consoantes: ᵓhyh ᵓšr ᵓhyh. Mudando apenas uma letra, a terceira palavra dessa frase pode ser transformada numa forma da antiga raiz hebraica hwh, da qual provém o nome *yahweh*. A diferença entre ᵓhyh ᵓšr ᵓhyh e ᵓhyh ᵓšr ᵓhwh é pequena mesmo quando usamos as letras do nosso alfabeto. No alfabeto hebraico a diferença gráfica (escrita) entre y e w é quase microscópica. Basta acrescentar vogais diferentes, fazendo com que se leia a sentença como ᵓehyeh ᵓašer ᵓahweh, e a semelhança da última palavra, ᵓahweh, com *yahweh* fica imediatamente aparente.

O que significaria ᵓehyeh ᵓašer ᵓahweh? A raiz hwh, como dissemos, é arcaica. Os estudiosos do hebraico tiveram de especular sobre seu sentido. Mas o mais provável é que signifique "tornar-se", e quando usado como verbo causativo, como no nome *yahweh*, significaria "fazer tornar-se" ou "fazer acontecer" ou simplesmente "agir". A sentença ᵓehyeh ᵓašer ᵓahweh significaria, portanto, "eu sou o que faço". Conforme já vimos

---

* A partir deste ponto, a tradução do Tanach da Jewish Publication Society passa a ser designada pelas iniciais JPS; a Versão Padrão Revisada pelas iniciais VPR e a Nova Versão Padrão Revisada, citada menos vezes, pelas iniciais NVPR. (N. T.)

repetidamente, Deus é de fato definido por aquilo que faz, ele se define dessa forma até para si mesmo. Seus atos precedem suas intenções, ou pelo menos precedem a plena consciência de suas intenções. Não é exagero (e certamente não se tenciona que seja um insulto) dizer que ele não sabe quem é. Até para si mesmo, ele é um mistério que vai se revelando progressivamente só através de suas ações e dos resultados destas. Mas o momento de sua aparição a Moisés é, evidentemente, um momento de autoconsciência relativamente intenso. Quando Deus aplica simultaneamente tantos nomes a si mesmo está acumulando autoconhecimento. E há também uma frase em que Deus parece estar falando com o autoconhecimento pressuposto pela confissão. Depois de responder evasivamente à pergunta de Moisés dizendo: "Eu sou o que faço", Deus se recupera e dá a Moisés uma resposta explícita para que ele repita aos israelitas. Na tradução da JPS: "Assim dirás aos filhos de Israel: '꜂Ehyeh me enviou a vós'". Trocando mais uma vez ꜂ehyeh para ꜂ahweh, podemos perceber uma mudança no sentido das instruções de Deus para Moisés: "Dirás aos filhos de Israel: '"Eu Ajo" me enviou a vós'".

Por mais especulativo que tudo isso seja em detalhe, é bastante provável, historicamente falando, que a expressão críptica ꜂ehyeh ꜂ašer ꜂ehyeh esteja de alguma forma ligada à introdução do nome *yahweh*; em outras palavras, em seu sentido original, a visão da sarça ardente continha provavelmente uma etimologia popular do nome *yahweh*. Essa leitura pode estar errada; certamente não há como provar que esteja certa. Mas ela brota do caráter fortemente e nada caracteristicamente ativista do texto que vem logo a seguir:

"Vai, ajunta os anciãos de Israel, e dize-lhes: 'O Senhor, o Deus de vossos pais, o Deus de Abraão, o Deus de Isaque, e o Deus de Jacó, me apareceu, dizendo: "Em verdade vos tenho visitado, e visto o que vos tem sido feito no Egito. Portanto disse eu: far-vos-ei subir da aflição do Egito para a terra do cananeu, do heteu, do amorreu, do ferezeu, do heveu e do jebuseu, para uma terra que mana leite e mel'". E ouvirão a tua voz; e irás, com os anciãos de Israel, ao rei do Egito, e lhe dirás: 'O Senhor, o Deus dos hebreus, nos encontrou. Agora, pois, deixa-nos ir caminho de três dias para o deserto, a fim de que sacrifiquemos ao Senhor nosso Deus'. Eu sei, porém, que o rei do Egito não vos deixará ir, se não for obrigado por mão forte. Portanto, estenderei a minha mão, e ferirei o Egito com todos os meus prodígios que farei no meio dele; depois vos deixará ir. Eu darei mercê a este povo aos olhos dos egípcios; e, quando sairdes, não será de mãos vazias. Cada mulher pedirá, à sua vizinha e à sua hóspeda, joias de prata, e joias de ouro e vestimentas; as quais poreis sobre vossos filhos e sobre vossas filhas; e despojareis os egípcios." [3:16-22]

Em todas as suas promessas à humanidade como um todo e a Israel em particular, nunca antes o Senhor prometeu estender a mão e ferir o Egito ou qualquer outra nação. Isso é particularmente surpreendente porque o povo escolhido pelo Senhor *jamais* teve de ir à guerra antes. Em *Gênesis*, 14, conforme observamos, Abraão guerreia contra uma aliança de quatro reis, mas nem invoca o Senhor antes da batalha, nem lhe agradece depois. Naquele ponto da história, o Senhor simplesmente não é um guerreiro: Abraão não espera isso dele; só ironicamente, se tanto, é o Senhor quem espera isso de si mesmo. Em *Gênesis*, 19, o Senhor destrói Sodoma, mas a destruição não se deve à intervenção de Deus em nenhuma guerra humana, e sim a uma afronta sexual direta da parte dos habitantes da cidade ao Senhor, que os está visitando na forma de dois homens. E, se a ameaça de violência divina é uma surpresa, também o é a promessa de tributo egípcio. Deus quer mais do que a mera liberação de seu povo escravizado; quer também um polpudo tributo material da parte dos egípcios. Nada do que o Senhor Deus exigiu para si mesmo ou prometeu a Israel até agora assumiu essa forma — joias, prata, ouro etc. — ou foi conseguido dessa maneira, como espólio de vitória.

Moisés teme que o povo não acredite nele; Deus concede-lhe o poder de realizar prodígios para convencê-los. Moisés teme que lhe falte a eloquência necessária; Deus, irado, promete-lhe seu irmão Arão como porta-voz. Moisés e sua mulher, Zípora, partem então para o Egito com seus filhos. A caminho, no entanto, Deus se revela a eles numa forma mais paradoxal do que nunca:

> Disse o Senhor a Moisés: "Quando voltares ao Egito, vê que faças diante de Faraó todos os milagres que te hei posto na mão; mas eu lhe endurecerei o coração, para que não deixe ir o povo. Dirás a Faraó: 'Assim diz o Senhor: "Israel é meu filho, meu primogênito". Digo-te, pois: "Deixa ir meu filho, para que me sirva"; mas se recusares deixá-lo ir, eis que eu matarei a teu filho, teu primogênito'".
>
> Estando Moisés no caminho, numa estalagem, encontrou-o o Senhor, e o quis matar. Então Zípora tomou uma pedra aguda, cortou o prepúcio de seu filho, lançou-o aos pés de Moisés [outras traduções trazem: "tocou com ele as pernas de Moisés", num eufemismo para o órgão genital] e lhe disse: "Sem dúvida tu és para mim esposo sanguinário". Assim o Senhor o deixou. Ela disse: "Esposo sanguinário"; por causa da circuncisão. [*Êx.*, 4:21-6]

O Senhor, que a partir de Abraão se empenha na criação seletiva, começa agora a empenhar-se na destruição seletiva. O espólio que os israelitas devem tomar do Egito não é tudo o que o Senhor deseja. Ele quer também que os egípcios vejam que a vitória de Israel é a vitória do Senhor, e para isso um simples consentimento não serve: tem de haver uma vitória e vidas devem ser tomadas. O Senhor endurecerá o coração do Faraó para garantir que seja esse o resultado. Quanto à sua atitude com Moisés, quando Zípora toca com o prepúcio de seu filho Gérson no prepúcio de seu marido, evidentemente não circuncidado, ela circuncida Moisés simbolicamente e assim o salva da morte pela mão do Senhor. O ato de Zípora nos relembra que a aliança simbolizada pela circuncisão era uma alternativa para uma repetição da destruição imposta à geração de Noé. O prepúcio ensanguentado do menino Gérson tocando os genitais de Moisés é um sinal não apenas da vida prometida, mas da morte evitada pela submissão; explicitamente, pela submissão da autonomia geradora.

Israel é, sim, "o primogênito" do Senhor, mas a expressão só é usada por causa do Faraó. Nesse ponto, o Senhor nunca disse a Israel ou a qualquer israelita: "Sois meu filho", e levará séculos para dar o primeiro passo na qualificação de si mesmo como pai de Israel. O que ele está afirmando é, antes de mais nada, que tudo aquilo que for gerado pela força produtiva de Israel pertencerá a ele. Quando, conforme o prometido, ele mata o primogênito do Egito, o ato estará ligado à prática israelita de tratar todo primogênito como posse do Senhor. Os rituais de consagração dessa posse, como a circuncisão, são apotropaicos; isto é, eles aplacam a ira divina. Porque nesse momento o Senhor está a ponto de tornar-se um deus da morte que desde o dilúvio não se manifesta, e como todos os que não estão visivelmente com ele estão contra ele, esse estranho episódio de pais e filhos e assassinato evitado pela circuncisão acaba não sendo a intrusão indecifrável e irrelevante que parece a princípio. A circuncisão, desde o início, sempre teve por objetivo deter o assassino divino. E as mulheres de Israel correm tanto risco quanto os homens. As mulheres são noivas de sangue — noivas em perigo de vida nas mãos do Senhor — tanto quanto seus maridos são noivos de sangue.

A primeira tentativa de Moisés e Arão de induzir o Faraó a libertar os israelitas é o estratagema de uma mera viagem de três dias ao deserto. O governante não se deixa enganar e só oprime ainda mais os israelitas. Eles reclamam com Moisés, que reclama com o Senhor e recebe esta resposta:

> "Portanto dize aos filhos de Israel: 'Eu sou o Senhor, e vos tirarei de debaixo das cargas do Egito, vos livrarei da sua

servidão e vos resgatarei com o braço estendido e com grandes manifestações de julgamento. Tomar-vos-ei por meu povo, e serei vosso Deus; e sabereis que eu sou o Senhor vosso Deus, que vos tiro de debaixo das cargas do Egito. E vos levarei à terra, acerca da qual jurei dar a Abraão, a Isaque e a Jacó; e vo-la darei como possessão: Eu sou o Senhor'". Desse modo falou Moisés aos filhos de Israel, mas eles não atenderam a Moisés, por causa da ânsia de espírito e da dura escravidão. [6:6-9]

Nunca antes, quando queria falar, o Senhor falou através de um intermediário como Moisés. Nunca ofereceu sua ação como resposta à incredulidade humana.

Se Deus é, por um lado, mais remoto, por outro lado é, no entanto, mais diretamente invasivo. Nunca antes exerceu domínio algum sobre a mente e o coração humanos. Por exemplo, quando ordenou a Adão e Eva que não comessem da árvore do conhecimento do bem e do mal, Deus não tentou manipular suas mentes e apetites para garantir obediência. Aqui, ao infligir as "dez pragas", como são tradicionalmente chamadas, o Senhor intervém repetidamente na própria mente do Faraó para impedir que aja no melhor interesse do Egito. Os motivos do Senhor estão disfarçados. Antes de mandar a praga dos gafanhotos, ele diz a Moisés:

"Vai ter com Faraó, porque lhe endureci o coração, e o coração de seus oficiais, para que eu faça estes meus sinais no meio deles. E para que contes a teus filhos e aos filhos de teus filhos como zombei dos egípcios, e quantos prodígios fiz no meio deles; para que saibais que eu sou o Senhor." [10:1-2]

Os israelitas devem regozijar-se com o desastre que afeta o Egito, e o próprio regozijo será um reconhecimento do poder do Senhor. Numa passagem particularmente terrível, as últimas palavras de Moisés ao Faraó como emissário do Senhor deixam claro por que o Egito deve sofrer:

Moisés disse: "Assim diz o Senhor: 'Cerca da meia-noite passarei pelo meio do Egito. E todo primogênito na terra do Egito morrerá, desde o primogênito do Faraó, que se assenta no seu trono, até ao primogênito da serva que está junto à mó, e todo primogênito dos animais. Haverá grande clamor em toda a terra do Egito, qual nunca houve, nem haverá jamais; porém contra nenhum dos filhos de Israel, desde os homens até aos animais, nem ainda um cão rosnará, para que saibais que o Senhor fez distinção entre os egípcios e os israelitas. Então todos estes teus oficiais descerão a mim, e se inclinarão perante mim, dizendo: "Sai tu, e todo o povo que te segue". E depois disto sairei'". E, ardendo em ira, se retirou da presença de Faraó. [11:4-8]

Os israelitas não são uma minoria pouco numerosa, oprimida, à espera de ser libertada da escravidão. Uma das razões do Faraó quando se recusa a deixá-los ir é que eles já são mais numerosos que os habitantes da terra (5:5). O censo de *Números*, 2, fala de 603 550 homens adultos, sem contar os homens adultos da tribo de Levi. Contando as mulheres, crianças e servos, o número pode ser talvez sete vezes maior. Em resumo, os israelitas são uma maioria que o Faraó, considerado um deus legítimo pela crença egípcia, tenta dominar. Mas sua saída do Egito não é, apesar do uso que se fez do episódio em movimentos de liberação posteriores, uma vitória da justiça. É simplesmente uma vitória, uma demonstração do poder do Senhor para garantir fertilidade ao seu povo escolhido e arrasar o inimigo, uma prova de que "o Senhor faz distinção" quando quer. Esse é também o sentido da "páscoa [passagem] do Senhor" (*Êxodo*, 12:11). Moisés instrui os israelitas a espargir o sangue de um carneiro sacrificado ritualmente "em ambas as ombreiras e na verga da porta" (*Êxodo*, 12:7) e cita a explicação do Senhor: "Quando eu vir o sangue, *passarei por vós*, e não haverá entre vós praga destruidora, quando eu ferir a terra do Egito" (12:13, itálicos meus). Isso, mais do que qualquer sentimento convencionalmente benevolente, é o que Moisés determina que os israelitas celebrem ao longo das futuras gerações (12:14-28). O sentido do dever legal de consagrar todo primogênito ao Senhor, inserido na narrativa nesse ponto, é que o Senhor poderia matar também os primogênitos israelitas, uma vez que estes também pertencem a ele.

Nenhum historiador responsável acredita que na época do Êxodo os israelitas efetivamente eram mais numerosos que os egípcios, ou que uma multidão de 4 ou 5 milhões de pessoas atravessou o deserto até Canaã. Mas mesmo não havendo nenhum registro histórico fora da Bíblia, a maioria dos historiadores não considera a história do Êxodo apenas uma invenção. Se fosse, porém, um evento com as dimensões descritas pela Bíblia, seriam poucas as probabilidades de não haver outro registro além da Bíblia. Para que o efeito literário do *Livro do Êxodo* seja o que seu autor pretende, no entanto, é essencial que os leitores imaginem os números que o texto traz e não os números nos quais os historiadores poderiam, com base em outras provas, ter boa razão para acreditar. Os historiadores da Inglaterra têm boa razão para acreditar que Ricardo III não era o monstro pintado por Shakespeare na peça que leva o seu nome. No entanto, para a peça funcionar como Shakespeare tencionava, o vilão tem de ser um vilão. A mesma coisa vale para o *Livro do Êxodo*. *Os dez mandamentos*, de Cecil B. De Mille, com sua imensa multidão cruzando o mar, pode ser mais fiel ao efeito literário tencionado pelo *Livro do Êxodo* do que a reconstrução acadêmica de um bando de tribos menores esgueirando-se pelo pântano.

Seja como for, quando o Senhor da Páscoa insiste que é seu o poder de dar vida quando e onde quiser e destruí-la quando e onde quiser, sua atitude é completa e claramente consistente com tudo o que vimos de seu comportamento anterior. O que é novo não é essa atitude básica, mas apenas a guerra entre nações inteiras como cenário e a manipulação mental (o endurecimento do coração do Faraó) como uma tática a esse serviço. Como tática hostil, esse tipo de contato direto com o coração humano aparece raramente na Bíblia depois; mas, de maneira mais benevolente, irá se ampliando progressivamente: Deus como pesquisador, conhecedor, motivador do coração humano e como senhor que exige de seus vassalos total devoção interior, assim como cuidadosa observância exterior. Ironicamente, as primeiras intervenções de Deus em atitudes humanas têm o Faraó e os egípcios como objetos; elas resultam na dura determinação do Faraó de não consentir na partida dos israelitas (contra o clamor de seus próprios conselheiros, que afirmam que o "Egito está arruinado" [10:7]) e resulta também na chuva de presentes com que os egípcios, iludidos, cobrem os israelitas na noite de sua partida:

> Fizeram, pois, os filhos de Israel conforme a palavra de Moisés, e pediram aos egípcios objetos de prata, e objetos de ouro, e roupas. E o Senhor fez que seu povo encontrasse favor da parte dos egípcios, de maneira que estes lhes davam o que pediam. E despojaram os egípcios. [12:35-6]

A disposição favorável dos egípcios soa quase como afeto, mas esse afeto é equivalente a mais uma praga. É um ato de alteração mental provocado por Deus, assim como o endurecimento do coração do Faraó, e seu objetivo, desavergonhadamente, é a humilhação do Egito.

Nesse momento, e em outros correlatos, vemos com que força o texto insiste no Senhor como protagonista. Os israelitas não podem levar a culpa de terem praticado a pilhagem. Foi ideia de Deus. De forma semelhante, não se pode falar de valor ou de amor à liberdade em sua fuga da escravidão. Depois de matar os primogênitos, o Senhor endurece o coração do Faraó mais uma vez, e este manda seu exército, que inicia uma malfadada perseguição. Quando o exército se aproxima, os israelitas dizem a Moisés:

> "Será por não haver sepulcros no Egito, que nos tiraste de lá, para que morramos neste deserto? Por que nos trataste assim, fazendo-nos sair do Egito? Não é isto o que te dis-

semos no Egito: 'Deixa-nos, para que sirvamos os egípcios'? Pois melhor nos fora servir aos egípcios do que morrermos no deserto." [14:11-2]

Há momentos em que o Tanach fala uma linguagem tão estranha que parece caída da lua, e momentos em que uma sentença parece ter sido ouvida ontem: "Será por não haver sepulcros [...]" é uma frase desse segundo tipo. Se existe um cerne de verdade histórica no Êxodo, algo desse tipo deve ter sido dito. Nunca saberemos. O objetivo da frase nesta conjuntura, no entanto, é despojar os israelitas de virtude autônoma, da mesma forma que o objetivo de Deus ao endurecer o coração do Faraó era despojá-lo de vício autônomo. O Êxodo não é nem uma vitória israelita, nem uma derrota egípcia. Do começo ao fim, do episódio das mulheres israelitas dando à luz antes que cheguem as parteiras até o afogamento dos carros de guerra egípcios no mar Vermelho, o Êxodo é um ato de Deus.

Quando Moisés e os israelitas veem os egípcios mortos na praia e sabem que escaparam, cantam um dos maiores e mais exultantes cantos de vitória de toda a literatura, e o seu tom, ouvido agora pela primeira vez, não deixará mais as páginas da Bíblia. Abafado, transposto, o mesmo tom continuará audível até a última página do Novo Testamento. Se tivéssemos de dizer em uma palavra o que é Deus e sobre o que é a Bíblia, diríamos que Deus é um *guerreiro* e que a Bíblia é sobre a *vitória*. O sentido dessa vitória pode mudar, mas nenhum substituto poderá ser encontrado para a linguagem da vitória:

> *Cantarei ao Senhor, porque triunfou, gloriosamente*:
> *lançou no mar o cavalo e o seu cavaleiro.*
> *O Senhor é a minha força e o meu cântico;*
> *ele me foi por salvação;*
> *este é o meu Deus, portanto eu o louvarei;*
> *ele é o Deus de meu pai, por isso o exaltarei.*
> *O Senhor é homem de guerra;*

Senhor é o seu nome.
Lançou no mar os carros de Faraó e o seu exército;
e os seus capitães afogaram-se no mar Vermelho.
Os vagalhões os cobriram;
desceram às profundezas como pedra.
A tua destra, ó Senhor, é gloriosa em poder,
a tua destra, ó Senhor, despedaça o inimigo.
Na grandeza da tua excelência derribas os que se levantam
[*contra ti;*
envias o teu furor, que os consome como restolho.
Com o resfolgar das tuas narinas amontoaram-se as águas,
as correntes pararam em montão;
os vagalhões coalharam-se no coração do mar.
O inimigo dizia: "Perseguirei, alcançarei,
repartirei os despojos; a minha alma se fartará deles,
arrancarei a minha espada, a minha mão os destruirá".
Sopraste com o teu vento, o mar os cobriu:
afundaram-se como chumbo em águas impetuosas. [15:1-10]

Nessa primeira metade do canto, que continua até *Êxodo*, 15:18, vemos, numa espécie de fusão estática, a mesma mistura de elementos que vimos quando Moisés estava diante da sarça ardente. O Deus que é louvado é um deus pessoal: ele é *"minha* força e poder [...] *minha* libertação". Ele é também "o deus de *meu* pai", como "Deus" e como "Senhor". Mas seja como Deus, seja como Senhor, seja como "deus de", esta é uma divindade que ainda não havia se revelado guerreira. Agora, de repente, inesperadamente mostrou-se guerreiro invencível, derrotando o maior poder militar que os israelitas conheciam. Que esse ser estava do seu lado eles já sabiam. Sabiam também que tinha imenso poder, poder sobre a natureza, poder de vida e morte. Mas que fosse utilizar esse poder em seu proveito militarmente, isso constitui a grande surpresa e fonte de júbilo.

A linguagem usada no canto alude à vitória cósmica ao evocar a vitória militar: a vitória da ordem sobre o caos, do Marduque sobre a Tiamat da Mesopotâmia ou dos cananeus Baal sobre Yam (mito bastante similar). O versículo:

Com o resfolgar das tuas narinas amontoaram-se as águas,
as correntes pararam em montão;
os vagalhões coalharam-se no coração do mar,

pode ser cotejado com *Gênesis*, 1:9: "Ajuntem-se as águas debaixo dos céus num só lugar, e apareça a porção seca". Um poder maior do que o poder do mar é, evidentemente, um poder que ninguém pode superar; e nenhum israelita duvidou que a divindade de Israel, quer seja chamada de Deus ou de Senhor, detém esse poder. Porém, no mar Vermelho vê-se que esse poder tem uma aplicação guerreira que ninguém esperava que tivesse. O que esse poder não pode obter? E o que procurará obter em seguida?

Ó Senhor, quem é como tu entre os deuses?
Quem é como tu glorificado em santidade,
terrível em feitos gloriosos, que operas maravilhas?
Estendeste a tua destra:
a terra os tragou.
Com a tua beneficência guiaste o povo, que salvaste;
com a tua força o levaste à habitação da tua santidade.
Os povos o ouviram, eles estremecem:
agonias apoderaram-se dos habitantes da Filístia.
Ora os príncipes de Edom se perturbam,
dos poderosos de Moabe se apodera temor,
esmorecem todos os habitantes de Canaã.
Sobre eles cai espanto e pavor:
pela grandeza do teu braço emudecem como pedra;
até que passe o teu povo, ó Senhor,
até que passe o povo que adquiriste.

Tu os introduzirás, e os plantarás no monte da tua herança,
no lugar que aparelhaste, ó Senhor, para a tua habitação,
no santuário, ó Senhor, que as tuas mãos estabeleceram.
O Senhor reinará por todo o sempre. [15:11-8]

Filístia, Edom e Moabe são nações cujos territórios Israel terá de atravessar a caminho de Canaã, sendo Canaã o nome tanto da região como de um grupo de nações cuja terra Deus repetidamente prometeu a Israel. Nenhum dos quatro povos mencionados escravizou ou abusou de alguma forma dos israelitas, mas a guerra entre eles e Israel terá como causa a mesma fertilidade vinda de Deus que provocou a guerra entre Israel e o Egito; e como o Egito foi derrotado, assim também eles o serão. Suas intenções, boas ou más, não entram em conta.

Até esse ponto, o canto não parece esperar nada além do que Deus já prometeu. Mas quando os cantores imaginam que o Senhor já os trouxe "com beneficência" à sua habitação, e que os "plantará no monte da sua herança", estão indo muito além de qualquer coisa que o próprio Deus tenha dito. Pelas evidências internas, parece claro que, pelo menos em sua forma final, esse canto provém de uma época posterior à data do evento que celebra, e as referências à morada de Deus podem ser facilmente compreendidas como alusão ao templo de Jerusalém. Por ocasião da construção do templo no monte Sião, em Jerusalém, passou-se a aplicar ao Senhor uma imagética — notavelmente a de uma montanha-morada nobre e pacífica — emprestada do culto ao Baal cananeu. Mas o canto contém essas alusões precisamente para sugerir que, em sua imaginação exultante, os israelitas já completaram sua jornada, já conquistaram Canaã, já construíram o templo.

É razoável inferir, a partir do lugar central atribuído ao Êxodo na tradição judaica, que Israel efetivamente conquistou a liberação e uma vitória de algum tipo sobre o Egito e que sua confiança em Deus surgiu como consequência disso. Mas, se ouvirmos esse canto com os ouvidos do Senhor, então veremos atribuída a ele uma devoção a Israel maior do que aquela que ele próprio expressou. Deus jamais prometeu levar Abraão, Isaque e Jacó, e muito menos todos os seus descendentes, à sua morada na montanha sagrada. Nem mesmo a José, excepcional sob tantos aspectos, ele prometeu tamanha intimidade. Dele se diz que gozou da "bondade" de Deus ("o amor fiel" seria outra tradução aceitável), mas o que é a ele atribuído não é atribuído a mais ninguém, nem mesmo a Abraão.

É claro que ocorreu uma mudança. Como resultado de sua intervenção militar, Deus tem agora um povo inteiro nas mãos, acampado no deserto, dependendo dele de uma maneira nova, vivendo com ele numa nova intimidade. Se devem ser, coletivamente, a sua imagem, terão de mudar; mas, dada a relação peculiar entre o protagonista divino e o antagonista humano na narrativa, também ele terá de mudar.

LEGISLADOR
"Tábuas de pedra, escritas pelo dedo de Deus."
ÊXODO, 15:22-40:38

O monoteísmo ético é comumente considerado como a contribuição emblemática de Israel à civilização ocidental. Porém, numa era de descrença o porquê de o monoteísmo ser um avanço em relação ao politeísmo é algo que não fica evidente de imediato. Se tanto quanto os muitos deuses o Deus único não passa de uma ficção, onde está a vantagem? E, se se considera especificamente o monoteísmo ético como uma conquista cultural decisiva, será que essa alegação não passa de vaidade etnocêntrica? O hinduísmo é politeísta até hoje. Serão os hindus menos éticos que os cristãos e judeus leitores da Bíblia?

Uma tentativa modesta de responder essa questão pode ajudar a fundamentar a crítica algo desusada que se segue. A emergência do monoteísmo ético em Israel merece a honra que recebeu como passo decisivo na história cultural do Ocidente, mas existem caminhos alternativos que levam a um resultado equivalente. O que conta é que, de uma forma ou de outra, o valor moral deve ser colocado acima de outros valores que os seres humanos reconhecem, tais como o poder, a riqueza, o prazer, a beleza, o conhecimento... a lista é longa. Todos esses bens da vida humana devem de alguma forma ser reunidos numa perspectiva única e ser assim classificados, e a bondade moral tem de ocupar o primeiro lugar.

O monoteísmo obtém esse resultado negando a realidade de todos os deuses com exceção de um e atribuindo a esse deus a preocupação suprema com a moralidade. O politeísmo atinge também o mesmo resultado negando importância suprema a qualquer dos deuses, por muitos que sejam, e atribuindo-a a uma necessidade impessoal de algum tipo, cuja ação favorece e reforça a moralidade e atinge da mesma forma homens e deuses. É a *ananke* grega, o *karma* hindu e budista. Um cristão piedoso pode afirmar sobre algum infortúnio aparente: "Foi vontade de Deus", personalizando aquilo que em muitas visões de mundo politeístas não seria personalizado; ou dizer: "Não cabe a nós julgar", delegando ao juiz divino uma correção que o politeísmo esperaria que ocorresse como um processo mais do que como um veredicto.

Entre os dilemas da modernidade está o do homem moderno, que quer viver uma vida moral, mas acredita que a moralidade não está de forma alguma garantida — nem por um juiz que recompensa os bons e castiga os maus, nem por nenhum processo em que, de alguma forma, depois de determinado tempo, a justiça acabe triunfando. Mesmo na Bíblia há momentos — o *Livro de Jó*, o *Livro de Eclesiastes*, talvez algumas das falas mais sombrias de Jesus — em que esse dilema "moderno" encontra uma expressão antiga. E não há como refutar aqueles que alegam conseguir dormir de noite independentemente do que tenham feito durante o dia, que na verdade não veem nenhuma razão para não perseguir efetivamente algum outro bem às expensas do bem moral.

Em termos mais amplos, no entanto, a elevação da moralidade acima de outros bens da vida humana vem sendo honrada, em todos os lugares onde foi proposta, como instrumento de temperança para os apetites humanos, insaciáveis de poder, riqueza, prazer e todo o resto. A moralidade constitui, portanto, o preço da paz e a base da civilização, e a forma de moralidade dominante no Ocidente foi definitivamente afetada pela emergência do monoteísmo ético em Israel. Escolheu-se o termo *emergência* porque os historiadores da religião não acreditam que o monoteísmo ético tenha sido conquistado de um só golpe no antigo Israel. Embora se possa nomear momentos decisivos e indivíduos fundamentais, o seu desenvolvimento foi gradual. Dessa forma, quando lemos a Bíblia como uma obra de literatura na qual Deus é o protagonista, ela passa a ser a história de como ele foi se tornando gradualmente mais unitário e também mais ético. É para o primeiro estágio decisivo dessa parte da história de Deus que agora nos voltamos.

* * *

Até logo depois do Êxodo, Deus demonstra pouco interesse na ética. Seu único mandamento a Adão e Eva, não comer da árvore do conhecimento do bem e do mal, não constitui uma ordem ética, mas sim condição de permanência num paraíso em que a ética é desnecessária. A proibição ao derramamento de sangue depois do assassinato de Abel por Caim constitui uma exigência genuinamente ética, e depois do dilúvio ele repete e expande ligeiramente essa proibição. Mas em termos gerais, ao longo de todo o *Livro do Gênesis*, Deus está mais preocupado com a reprodução do que com a moralidade. Com a moralidade dá-se o mesmo que com a guerra: ele trata um assunto que acabará sendo uma de suas preocupações intensas como se fosse de interesse meramente humano e prático.

Isso não quer dizer que o assunto não venha à baila. Nas narrativas dos patriarcas, podemos encontrar um quadro de pelo menos alguns dos costumes que governavam a sociedade nômade à qual Abraão, Isaque e Jacó pertenciam, costumes regendo o preço das noivas, por exemplo, e as relações entre o marido e as servas de sua mulher. À maneira dos nômades, os patriarcas estão mais ou menos familiarizados e são pacientes com as leis e costumes dos povos estabelecidos entre os quais se locomovem. Abraão não questiona o costume hitita quando compra seu próprio sepulcro.

A questão não é haver ou não leis ou costumes, mas sim que observá-los não é importante para a relação dos patriarcas com Deus. Abraão não quer que Isaque despose uma mulher cananeia, mas sim uma mulher de sua região nativa. Deus, porém, não expressa nenhuma opinião a respeito. Isaque e Rebeca ficam infelizes quando Esaú desposa duas mulheres hititas e insistem que Jacó não faça o mesmo. Mas não afirmam que Deus proibiu Jacó de fazê-lo. Quando Deus faz suas várias aparições aos três patriarcas e repete as promessas de terra e descendência, ele nem uma vez condiciona essa promessa à observância de qualquer lei existente, e muito menos nova. O que se presume é que os arranjos existentes são adequados como estão, e que não é preciso mais.

Tudo isso muda quando os israelitas saem do Egito. As várias e longas passagens de leis interpoladas no *Livro do Êxodo* inegavelmente fazem com que a escapada do Egito e a marcha para a Terra Prometida percam muito de seu impacto. Esse efeito, porém, não é de forma alguma o único a ser mencionado. Um efeito muito mais poderoso é o do forte contraste — pode-se legitimamente falar de choque — entre o comportamento feroz, aterrador e muitas vezes aparentemente anárquico de Deus enquanto guerreiro e a linguagem cuidadosa, severa mas comedida, e às vezes relativamente benigna, de Deus enquanto legislador. Ambos os papéis, como já notamos, são novos. Os israelitas não estão preparados para nenhum dos dois. E, assim como eles, tampouco nós, leitores e ouvintes da Bíblia, estamos preparados.

O restante do *Livro do Êxodo*, de 15:22 a 40:38, começa com uma transição cobrindo os primeiros dias da jornada de Israel no deserto. O Senhor provê comida e água para os israelitas, reclamadores crônicos, e os defende dos ataques dos amalequitas. Moisés, a conselho de seu sogro, estabelece um sistema simples de administração. Então começa a ação para valer:

1. O Senhor revela-se a Israel numa exibição espetacular e terrível de efeitos vulcânicos e meteorológicos (19:1-25).

2. Tendo-se tornado assim maximamente assustador, ele fornece o imortal Decálogo (os Dez Mandamentos) e um outro conjunto de regras comumente chamado de Livro da Aliança (20:1-23:33), seguidos de uma promessa de vitória em Canaã e instruções para o tratamento dos vencidos (23:20-33). O povo submete-se então a um ritual de sangue em submissão às leis do Senhor (24:1-14).

3. Moisés volta ao monte por quarenta dias e quarenta noites, desaparecendo em meio a fogo e fumaça, e ali o Senhor lhe dá instruções detalhadas para a construção de um *miskan* ou morada para si e para a provisão de uniformes e equipamentos para os seus sacerdotes. O Senhor, que entrava e saía da vida

cotidiana dos patriarcas, indica que, com todo o seu aspecto aterrador, agora veio para ficar (24:15-28:43 e 30:1-31:18). Em meio a essas instruções, o Senhor prescreve um ritual de sanguinolência sem precedentes para a investidura dos sacerdotes (29:1-46).

4. Moisés retorna do monte e descobre que o povo mergulhou na idolatria. Em sua ira, quebra as tábuas da lei e induz os levitas a uma sangrenta e indiscriminada represália contra os israelitas. Milhares morrem, e além disso Deus atinge a nação com uma praga (32:1-35). Deus prova que em suas ações junto ao seu povo escolhido será tão violento e perigoso quanto em sua primeira e assustadora aparição a eles.

5. Deus fornece as leis novamente, mas dessa vez o povo não é conclamado a submeter-se a elas. Em vez disso, a revelação é mais privada — e mais intensamente aceita —, feita a Moisés apenas. Em deferência a Moisés, Deus, que estava a ponto de "retirar sua presença" de Israel, desiste de fazê-lo. Assim como na primeira vez, as últimas instruções referem-se à prometida vitória em Canaã (34:11-26).

6. De volta do monte, Moisés dirige os preparativos para o ritual e ordena Arão e os outros sacerdotes numa cerimônia muito mais simples. Em termos gerais, o que no item 3 era instrução relativa ao trabalho a ser feito é aqui uma narrativa do trabalho efetivamente sendo realizado (34:27-40:38). Na conclusão, Moisés pessoalmente monta a tenda em que o Senhor habitará.

A crítica histórica observou adequadamente que duas composições originalmente separadas foram aqui combinadas em uma única, com diversos acréscimos. O resultado é um texto com duplicações. Os capítulos 25-31 e 35-40, por exemplo, contêm várias passagens que são literalmente equivalentes. No entanto, a fusão das duas versões possibilitou um quádruplo crescendo que é particularmente poderoso por afetar o caráter emergente do próprio Deus.

O primeiro crescendo é o do sofrimento dos israelitas: eles

gemem no Egito, exultam brevemente em sua libertação, reclamam depois do evento, recuam temerosamente e depois se submetem humildemente ao Senhor no Sinai, caindo, por fim, na idolatria e sofrendo um castigo horrendo pela mão do mesmo Deus que os resgatou. O segundo crescendo é o da militância divina: primeiro Deus guerreia contra o Egito, depois alerta Israel, depois aterroriza Israel com uma demonstração de violência imprevisível, depois efetivamente ataca Israel. O terceiro crescendo, tão incrivelmente oposto em tom ao segundo, é o da justiça divina: que passa dos sombrios alertas de 15:26 (observem minhas leis, senão enviarei pragas como as que enviei aos egípcios) para a majestosa misericórdia diante da qual Moisés prostra-se em adoração: "Senhor, Senhor Deus compassivo, clemente e longânimo, e grande em misericórdia e fidelidade" (34:6). O quarto crescendo é o da intensificação das relações de Moisés com Deus. Moisés, o pastor assustado, "pesado de boca e pesado de língua" (4:10), acaba falando com Deus "face a face, como qualquer fala a seu amigo" (33:11), e, além disso, solicita e obtém o privilégio de ver a glória do Senhor (33:17-23).

Uma vez que nosso interesse é Deus mais do que Israel, podemos deixar de lado o primeiro crescendo e começar pelo segundo. Muitos homens, ao retornarem da guerra, parecem profundamente transformados por essa experiência. Alguns ficam temerosos; alguns, do tipo que gosta de ser chamado de "coronel" ou "general" pelo resto da vida, mantêm sua identidade guerreira durante os tempos de paz. *São* guerreiros; essa é a sua nova autodefinição. O impulso inicial pode ter vindo do exterior, mas a mudança que ocasionou é mantida de dentro para fora. Da mesma forma, a mudança na identidade de Deus, que começa quando os israelitas clamam por ele em sua opressão, parece libertar-se a curto prazo daquela situação e irromper numa personalidade inteiramente nova. Muitos homens, na guerra, descobrem que "não sabiam o que tinham em si". Deus nunca fala de nenhuma descoberta desse tipo, mas o leitor pode notar que, seja qual for a sua fonte, uma personalidade tempestuosa, vulcânica, irrompe em cena como consequência do

Êxodo. Historicamente, como já foi observado, os novos elementos da personalidade de Deus emparelham-se aos do Baal cananeu, um deus da tempestade e do vulcão e também da guerra. No Senhor Deus, entretanto, esses elementos não deslocam outros, cujas fontes são diversas, e são efetivamente tramados na narrativa para emergir como resposta às atrocidades egípcias.

A trama é hábil. Se fizermos algumas concessões, podemos dizer até que é plausível. E, no entanto, alguém que conheceu apenas o Senhor Deus do *Livro do Gênesis*, sofre um choque inevitável e profundo diante da primeira aparição real do Senhor ao seu povo:

> Ao amanhecer do terceiro dia houve trovões e relâmpagos e uma espessa nuvem sobre o monte, e mui forte clangor de trombeta, de maneira que todo o povo que estava no arraial se estremeceu. E Moisés levou o povo fora do arraial ao encontro de Deus; e puseram-se ao pé do monte.
>
> Todo o monte Sinai fumegava, porque o Senhor descera sobre ele em fogo; a sua fumaça subiu como uma fumaça de fornalha e todo o monte tremia grandemente. E o clangor da trombeta ia aumentando cada vez mais: Moisés falava e Deus lhe respondia no trovão. Descendo o Senhor para o cume do monte Sinai, chamou a Moisés para o cimo do monte. Moisés subiu, e o Senhor disse a Moisés: "Desce, adverte ao povo que não traspasse o termo até ao Senhor para vê-lo, a fim de muitos deles não perecerem. Também os sacerdotes, que se chegam ao Senhor, se hão de consagrar, para que o Senhor não os fira". Então disse Moisés ao Senhor: "O povo não poderá subir ao monte Sinai, porque tu nos advertiste, dizendo: 'Marca limites ao redor do monte e consagra-o'". Replicou-lhe o Senhor: "Vai, desce; depois subirás tu, e Arão contigo; os sacerdotes, porém, e o povo não traspassem o termo para subir ao Senhor, para que não os fira". [19:16-24]

Ninguém remotamente semelhante a esse ser violento e tempestuoso foi até então visto ou ouvido na Bíblia. E que estranho preâmbulo para o grande código moral que vem imediatamente a seguir essa explosiva passagem constitui. Alguns alegam que o poder literário da Bíblia repousa em parte nas incongruências e nas transições súbitas, que forçam o leitor ou ouvinte a encontrar um sentido pessoal no texto. Esta é, claramente, uma dessas passagens.

A iconografia do Baal cananeu deriva da tempestade e da montanha vulcânica: trovão e relâmpagos, nuvens, fumaça, terremoto, fogo inextinguível (ver 24:17 e sua antecipação em 3:2). Quase todos esses fenômenos estão em evidência aqui. Mas o Baal cananeu não era um legislador como o Senhor Deus. Uma coisa é o cenário ser explosivo, outra o próprio protagonista parecer pronto a irromper, a "ferir", na linguagem da tradução. Será essa imagem a de um legislador e juiz? O Senhor parece extremamente amoral, impessoal e fisicamente anárquico — uma força da natureza a ponto de escapar ao controle, a todo momento um perigo mortal para aqueles que acabou de resgatar do Faraó —, e tudo isso justamente no momento em que está a ponto de dar ao povo as suas leis. Aterrado, o povo diz a Moisés: "Fala-nos tu e te ouviremos; porém não fale Deus conosco, para que não morramos" (20:19). Moisés responde: "Não temais; Deus veio para vos provar, e para que o seu temor esteja diante de vós, a fim de que não pequeis" (20:20). Porém acreditamos mais no medo do povo do que na tranquilização de Moisés. Verdade que Deus programou sua aparição. Ela é claramente *planejada* como uma demonstração, mas a demonstração parece escapar ao controle, até mesmo de Deus.

A descrição de tudo o que o Senhor pretende fazer com os cananeus, embora venha como porção final da lei promulgada, é coerente com o som e a fúria do monte Sinai. Depois de dar a Moisés o Decálogo e o Livro da Aliança, o Senhor descreve como irá varrer de Canaã os seus habitantes nativos:

"Enviarei o meu terror diante de ti confundindo a todo o povo aonde entrares, farei que todos os teus inimigos te voltem as costas. Também enviarei vespas diante de ti, que lancem fora os heveus, os cananeus e os heteus, de diante de ti. Não os lançarei fora de diante de ti num só ano para que a terra se não torne em desolação, e as feras do campo se não multipliquem contra ti. Pouco a pouco os lançarei de diante de ti, até que te multipliques e possuas a terra por herança. Porei os teus termos desde o mar Vermelho até ao mar dos filisteus, e desde o deserto até o Eufrates; porque darei nas tuas mãos os moradores da terra, para que os lances fora de diante de ti. Não farás aliança nenhuma com eles, nem com os seus deuses. Eles não habitarão na tua terra, para que te não façam pecar contra mim: se servires aos seus deuses, isso te será cilada." [23:27-33]

Pouco antes, nessa passagem, o Senhor disse: "Servireis ao Senhor vosso Deus, e ele abençoará o vosso pão e a vossa água; e tirarás do vosso meio as enfermidades. Na tua terra não haverá mulher que aborte, nem estéril; completarei o número dos teus dias [isto é, ninguém morrerá jovem]".

Os termos do compromisso futuro em Canaã serão bastante semelhantes àqueles vistos no Egito. Os israelitas, com a fertilidade que lhes foi proporcionada por Deus, superarão em número os cananeus e assim os dominarão do mesmo modo como dominaram os egípcios. Deus afligirá os cananeus com pestilência e terror conforme fez aos egípcios. A diferença, a grande diferença, é que a separação física entre os de dentro e os de fora da aliança — uma distinção que, no Egito, foi imposta pela partida dos israelitas — ocorrerá em Canaã pela expulsão dos cananeus. Ao anunciar seus planos para a limpeza étnica de Canaã, o Senhor não parece irado com os cananeus, mas o resultado é genocida de qualquer forma e não há como escapar a ele. Ao contrário dos egípcios, que provocaram o Senhor escravizando os israelitas e sentenciando os israelitas recém-nascidos de sexo masculino à morte, a única ofensa dos cananeus é eles adorarem seus próprios deuses e viverem numa terra para a qual o Senhor tem outros planos. Nada importa: eles estão condenados. Não lhes será oferecida a opção de converterem-se à adoração do Senhor, e muito menos de coexistir com Israel mantendo seus hábitos próprios: "Não farás aliança nenhuma com eles, nem com os seus deuses".

Se isso constitui um claro passo além do nível de violência que o Senhor estava disposto a infligir ao Egito, está a um universo de distância da atitude que o Senhor teve com as nações onde viveram os patriarcas. A mistura de povos está implícita no *Livro do Gênesis*; e, mesmo quando a terra das tribos cananeias é prometida a Abraão e sua família, supõe-se, pela ausência de qualquer observação em contrário, que eles a receberão como a conhecem — ou seja, com seus habitantes. Em sua nova e mais guerreira face, Deus revoga essa suposição. A ordem genocida do Faraó para matar todo bebê masculino dos israelitas levou o Senhor, agora que ele derrotou o Faraó, a se tornar ele próprio genocida, não só em relação aos que ocupam a terra em que o Senhor quer assentar Israel, mas também em relação a todos os inimigos de Israel. Depois de uma batalha contra os amalequitas no deserto, bem longe de Canaã,

> disse o Senhor a Moisés: "Escreve isto para memória num livro, e repete-o a Josué; porque eu hei de riscar totalmente a memória de Amaleque de debaixo do céu". E Moisés edificou um altar, e lhe chamou: "O Senhor é minha bandeira" [em outras traduções: "E lhe chamou Adonai-nissi. E disse: 'O que significa "A mão sobre o trono do Senhor""']. E disse: "Porquanto o Senhor jurou, haverá guerra do Senhor contra Amaleque de geração em geração". [17: 14-6]

Por "riscar a memória" podemos entender nada menos que o extermínio.

Se o tom do Senhor Deus nas páginas de abertura do *Livro do Gênesis* é um tom de domínio sem esforço, seu tom aqui não é apenas violento, mas também vigorosamente empenhado e insistente. Deus está, em algum nível, *preocupado* com as nações não israelitas e a atitude delas a seu respeito, e não apenas com a ameaça que elas significam para Israel. Assim como a espetacular nova teofania do Sinai, a impiedosa nova atitude em relação aos não-israelitas revela uma profunda mudança. Deus é um guerreiro com uma agenda misteriosamente militar, na qual o Egito parece ter sido apenas a primeira anotação.

A profundidade da mudança é assinalada ainda de uma outra forma, quando o Senhor prescreve a Moisés o tipo de sacrifício animal que quer que seja feito a ele. Os sacrifícios que os patriarcas ofereciam, quando ofereciam, eram extremamente simples. Nem todos são tão simples quanto o do *Gênesis*, 22:13: "Tendo Abraão erguido os olhos, viu atrás de si um carneiro preso pelos chifres entre os arbustos; tomou Abraão o carneiro e o ofereceu em holocausto, em lugar de seu filho". Mas nenhum pode ser considerado elaborado, e o sangue, *per se*, não desempenha neles nenhum papel.

Ao contrário, há sangue por toda parte nos sacrifícios pedidos pelo Senhor Deus, Conquistador do Egito. Na ratificação da aliança em *Êxodo*, 24, o sangue de doze bois — um para cada uma das doze tribos de Israel — é drenado e coletado em bacias. Metade dele é jogado em torno do altar, a outra metade sobre o povo, como diz Moisés: "Eis aqui o sangue da aliança que o Senhor fez convosco a respeito de todas estas palavras" (*Êx.*, 24:8). Da mesma forma, a ordenação ritual que o Senhor manda Moisés exigir de Arão e de seus filhos, futuros sacerdotes de Deus, é especialmente sangrenta. Um touro é abatido na entrada da tenda de reunião; parte de seu sangue é esfregada nos cantos do altar, o resto é despejado na base. Em seguida, um carneiro é abatido e seu sangue jogado sobre o altar. Outro carneiro é morto e seu sangue esfregado em partes do corpo dos homens, além de ser misturado a óleo e aspergido em suas roupas. No clímax, os ordinandos seguram os rins cheios de sangue, as caudas gordas e outras partes dos corpos dos carneiros, além de outras oferendas rituais. Todo o ritual é lavado em sangue (29:10-28).

Não me detenho nesses detalhes para condená-los, nem me esquivo deles, como faria qualquer defensor dos direitos dos animais. O sacrifício de animais caracterizava um imenso número de sociedades, e é intrinsecamente uma coisa sangrenta. Ao mesmo tempo, deve-se notar que o sacrifício animal não é um universal cultural. Dentro da história de Israel, desempenhou um pequeno papel, depois um papel maior, e mais tarde nenhum papel. A questão que se pode com justiça levantar sobre esse ritual é: o que dizer do Deus que os exige? Que tipo de personalidade precisa deles? A resposta é: exatamente o tipo de deus violento e explosivo que vimos de repente trovejando no Sinai; o tipo que vimos maximizando e não minimizando a perda de vidas no Egito e soturnamente planejando a aniquilação dos cananeus; e finalmente o tipo que se mostra disposto a impor um reinado de terror a seu próprio povo.

Quando Moisés desceu do Sinai e encontrou os israelitas entregues à idolatria, liderados por Arão, Moisés

> pôs-se de pé à entrada do arraial e disse: "Quem é do Senhor venha até mim". Então se ajuntaram a ele todos os filhos de Levi, aos quais disse: "Assim diz o Senhor Deus de Israel: 'Cada um cinja a espada sobre o lado, passai e tornai a passar pelo arraial de porta em porta, e mate cada um a seu irmão, cada um a seu amigo, e cada um a seu vizinho'". E fizeram os filhos de Levi segundo a palavra de Moisés: e caíram do povo naquele dia uns 3 mil homens. Pois Moisés dissera: "Consagrai-vos hoje ao Senhor: cada um contra o seu filho, e contra o seu irmão; para que ele vos conceda hoje bênção". [32:26-9]

Em outras palavras, a sanguinolência da ordenação ritual não deixava de ter relação com a sanguinolência real, homicida. O que contava a favor dos levitas para Moisés não era o fato de terem identificado os líderes da idolatria, mas precisamente o fato de estarem dispostos a matar "irmão, vizinho e parente". Isso se parece muito com as demonstrações de violência dos membros de uma gangue, que provam assim sua capacidade de matar e a disposição de colocar a lealdade ao chefe acima de todos os outros valores. Com efeito, os levitas fazem o que Abraão talvez não estivesse disposto a fazer por Deus — precisamente, matar a família para provar sua lealdade. E o Senhor deixa claro que ele não desaprova: no dia seguinte, quando Moisés implora a Deus que perdoe o povo, o Senhor se recusa e manda uma praga para afligir ainda mais o campo coberto de cadáveres (32:35).

Assim é o guerreiro divino do *Livro do Êxodo*. E como é o legislador divino? Como é aquilo que no começo deste capítulo chamamos de terceiro crescendo? Este começa com uma afirmação preliminar da aliança mosaica, pouco antes da teofania no Sinai:

> Subiu Moisés a Deus, e do monte o Senhor o chamou e lhe disse: "Assim falarás à casa de Jacó, e anunciarás aos filhos de Israel: 'Tendes visto o que fiz aos egípcios, como vos levei sobre asas de águias, e vos cheguei a mim. Agora, pois, se diligentemente ouvirdes a minha voz, e guardardes a minha aliança, então sereis a minha propriedade peculiar dentre todos os povos; porque toda a terra é minha; vós me sereis reino de sacerdotes e nação santa'. São estas as palavras que falarás aos filhos de Israel".
>
> Veio Moisés, chamou os anciãos do povo, e expôs diante deles todas estas palavras, que o Senhor lhe havia ordenado. Então o povo respondeu a uma vez: "Tudo o que o Senhor falou, faremos". [19:3-8]

Depois dessa afirmação daquilo que se pode descrever como boa vontade da aliança de parte a parte, e depois da já descrita teofania do Sinai, vem o Decálogo ou os Dez Mandamentos (20:1-23:33) e um código de regulamentos mais particulares que os acadêmicos chamam de Livro da Aliança. Esse código mais longo governa a vida numa sociedade agrária estabelecida, com vinhedos, rebanhos e vários tipos de propriedades a serem cuidados.

O Decálogo, em sua extraordinária economia e força lapidar, provou ser o código moral culturalmente menos limitado jamais escrito. Mas o Livro da Aliança é bem diferente. Os historiadores observam corretamente que os regulamentos desse livro refletem uma era posterior: muitos seriam impossíveis de aplicar a uma nação que está migrando pelo deserto. Deixando de lado o anacronismo, alguns moralistas e outros que não relutam em fazer juízos de valor podem achar que determinadas partes do código são bárbaras em qualquer época. O código é extremamente livre, por exemplo, na atribuição da pena de morte: "Quem amaldiçoar a seu pai ou a sua mãe, será morto" (21:17). E é chocantemente tolerante não só com a escravidão enquanto instituição, mas com os abusos dentro da escravidão. Assim, "se alguém ferir com vara o seu escravo ou a sua escrava, e o ferido morrer debaixo da sua mão, será punido; porém, se ele sobreviver por um ou dois dias, não será punido, porque é dinheiro seu" (21:20). Muitas das regras pressupõem a violência interpessoal como uma parte da vida e meramente procuram codificá-la, não proibi-la. Assim, numa passagem que contém uma das frases mais citadas da Bíblia:

> Se homens brigarem, e ferirem mulher grávida, e forem causa de que aborte, porém sem maior dano, será obrigado a indenizar segundo o que lhe exigir o marido da mulher; e pagará como os juízes lhe determinarem. Mas se houver dano grave, então darás vida por vida, olho por olho, dente por dente, mão por mão, pé por pé, queimadura por queimadura, ferimento por ferimento, golpe por golpe. [21:22-5]

A finalidade dessa *lex talionis* é que não se tenha de dar dois olhos por um olho ou um olho por uma queimadura. Até esse ponto, o código pode ter sido, em sua época, um grande passo na direção certa — isto é, evitando a retaliação e a vingança. A maioria dos leitores modernos, no entanto, poderá perceber com maior facilidade os muitos passos que ainda faltavam.

Como informação sobre o Senhor, que impôs esses regulamentos por intermédio de Moisés ("São estes os estatutos que lhes proporás" [21:1]), o Livro da Aliança é, em outras palavras, menos do que uma boa recomendação. Mas o passo que dá na direção correta é um passo decisivo para Deus. E isso porque a doação de leis exerce um efeito sobre o legislador tanto como sobre o legislado. No curso da Bíblia, Deus nunca aceitará com todas as letras qualquer obrigação a ele imposta pela humanidade. No entanto, ele imporá obrigações a si mesmo em função daquelas que impôs à humanidade e, por meio desse processo, se deslocará do reino do puramente arbitrário para o reino do delimitado e legal.

No duplo relato do *Livro do Êxodo*, Moisés recebe as leis uma vez, quebra as tábuas em que estavam escritas e sobe o Sinai para recebê-las uma segunda vez. Nessa segunda ocasião, a doação das leis não é precedida por todo o som e a fúria da primeira vez. As únicas manifestações físicas que ocorrem são as nuvens que envolvem o Senhor quando ele vem dar as leis a Moisés e a luz cegante que se irradia do rosto de Moisés quando ele desce do monte depois de ter recebido "as duas tábuas do testemunho, tábuas de pedra, escritas pelo dedo de Deus" (31:18). Como prelúdio imediato à doação da lei, Moisés fica de pé, segurando as tábuas de pedra ainda em branco nas quais Deus escreverá a lei. O Senhor então passa diante dele, de forma que Moisés possa ver a sua glória, e faz uma gloriosa formulação de sua própria identidade: "Senhor, Senhor Deus compassivo, clemente e longânimo, e grande em misericórdia e fidelidade; que guarda a misericórdia em mil gerações, que perdoa a iniquidade, a transgressão e o pecado, ainda que não inocenta o culpado, e visita a iniquidade dos pais nos filhos, e nos filhos dos filhos até a terceira e quarta geração" (34:6-7).

Os acadêmicos históricos situaram o termo *ḥesed*, traduzido acima por "misericórdia e fidelidade", mais no terreno da antiga diplomacia do que no das relações pessoais. Num contrato entre um suserano e um vassalo, *ḥesed* era a promessa mútua de lealdade. Outra tradução às vezes encontrada é "fidelidade da aliança". Em seu nível mais básico, ḥesed é a virtude daquele cuja palavra merece confiança. No contexto dessa aliança com Israel, o Senhor tem ḥesed, o que significa dizer que, apesar de ser livre (como ele próprio insiste incessantemente) para quebrar a promessa, ele não a quebrará.

A majestosa descrição que o Senhor faz de si mesmo como "grande em misericórdia e fidelidade", no entanto, contém uma certa tensão. Conforme veremos, sua relação de aliança com Israel e sua relação mais próxima, pessoal, com Moisés são deliberadamente confundidas uma com a outra no final do *Livro do Êxodo*. Deixando isso de lado no momento, pareceria haver uma verdadeira contradição na descrição que o Senhor faz de si mesmo dizendo que "perdoa a iniquidade, a transgressão e o pecado, ainda que não inocenta o culpado, e visita a iniquidade dos pais nos filhos, e nos filhos dos filhos até a terceira e quarta geração". Como é isso? Ele é misericordioso ou é vingativo?

Por estranha e repulsiva que possa soar a ouvidos modernos a noção de "visita[r] a iniquidade dos pais nos filhos", ela é um passo à frente em termos éticos tanto quanto qualquer regra prática do Livro da Aliança. Em primeiro lugar, vale notar que o Senhor estende sua bondade "à milésima geração" e visita a iniquidade só até a terceira e a quarta. Mas para voltar à discussão que abriu este capítulo, a regra de punição transgeracional é, num nível mais básico, uma versão da sociedade israelita antiga para a noção de *karma*. Numa visão de mundo que não continha a noção de vida além da morte, com recompensas e castigos, a única punição que podia ser aplicada a um criminoso que morresse impune era através de seus filhos. Até hoje a consciência de que a vingança pode se abater sobre os filhos é um importante agente de prevenção ao crime em algumas sociedades tradicionais. Ao colocar o peso de seu próprio poder e autoridade nessa medida profilática aplicada a Israel, Deus garante a seu sócio na aliança que, como parte de seu amor integral a ele, fará o que é dever do suserano fazer — especificamente, aplicar a justiça.

E, sejam quais forem os requisitos particulares de justiça e os métodos particulares de sua aplicação, é de permanente e fundamental importância que, exatamente no momento em que seu poder é menos questionado, Deus escolha definir-se por meio de sua justiça e não por meio de qualquer outro bem. Se o objetivo de Deus é ainda fazer a humanidade à sua imagem, por extensão, a tendência humana de subordinar a moral ao poder (aplicando-se as regras apenas àqueles que não têm força suficiente para quebrá-las) sofre aqui um questionamento implícito. Se a moralidade é suprema para Deus, então deve ser suprema para o homem. Não pode haver nenhum nível do poder humano ou do saber humano no qual a justiça deixe de ser o objetivo final e o critério supremo. Só uma vez antes, no julgamento e na punição de Caim, Deus assumiu papel semelhante ao que assume aqui. E ele o assume porque se não o fizesse as leis que está a ponto de escrever nas tábuas de Moisés não seriam aplicadas e portanto não teriam sentido.

Numa cultura como a nossa, com uma noção extremamente forte do indivíduo e uma noção cada vez mais fraca de família, a aplicação da justiça "visita[ndo] a iniquidade dos pais nos filhos" constitui uma ideia repulsiva. Da mesma forma, a promessa de descendência tão numerosa quanto as estrelas do céu é um tanto intrigante. "Tão numerosa quanto as estrelas do céu?", pergunta o leitor moderno. "E de que me adianta isso?" Não pretendo fazer o leitor moderno parecer grosseiro, mas simplesmente indicar que não é só na questão da justiça que os primeiros livros da Bíblia pensam de maneira transgeracional. Claro que, para os patriarcas, um homem que ao morrer tivesse filhos tinha o único tipo possível de imortalidade. Aquele que tivesse grande descendência, descendência tão numerosa quanto as estrelas, teria não só a imortalidade, mas também o equivalente a grande renome: filhos eram a única extensão possível de si mesmo.

A sociedade moderna acredita que os filhos não são apenas extensões dos pais, mas imagine uma sociedade que acreditava o contrário: e se todos acreditassem que os filhos eram uma verdadeira continuação dos pais? Nesse caso seria tão razoável os filhos herdarem o castigo quanto os bens. Em *Êxodo*, 34:6-7, é isso que se afirma. Deus acabará rompendo ativamente essa antropologia moral intergeracional, por assim dizer; mas, mesmo nessa passagem, o que ele quer revelar a Moisés é exatamente o oposto da crueldade indiscriminada. Ele quer demonstrar o mais eloquentemente possível que é um Deus que atribui suprema importância à justiça e que será incansável em sua aplicação.

O quarto crescendo na última metade do *Livro do Êxodo* é uma intensificação das relações pessoais de Moisés com Deus. O que caracteriza o personagem de Deus, como já observamos repetidamente, é o modo como ele combina as personalidades altivas e relativamente impessoais de criador e destruidor do mundo com aquela mais humilde e mais íntima de advogado de causas pessoais. Deus não renuncia a nenhuma dessas personalidades anteriores quando se transforma em guerreiro e legislador. Ao contrário, permanecendo um deus pessoal, ele personaliza sua própria legislação e atos de guerra. Concretamente falando, ele os insere em suas relações com Moisés.

Mesmo que a expressão "misericórdia e fidelidade" possa referir-se, em termos gerais, à confiança de que ele manterá a aliança, ela já foi usada uma vez antes, para caracterizar a relação de Deus com um homem individual. O homem era José. Significativamente, Moisés traz consigo os ossos de José ao deixar o Egito durante o Êxodo e os confiará a seu lugar-tenente Josué. Como José, Moisés escapou por pouco da morte prematura e passou muitos anos na companhia dos egípcios. Moisés, com seu nome egípcio e seus complexos laços culturais, se não também físicos, com o Egito, é o herdeiro espiritual de José.

A ligação única de Deus com Moisés vem à tona depois da idolatria dos israelitas, durante um longo período em que Moisés está sozinho com o Senhor no alto do monte. O Senhor anuncia que não permanecerá mais com Israel: enviará um anjo para afastar seus inimigos, mas, diz, "eu não subirei no meio de ti, porque é povo de dura cerviz, para que te não consuma eu no caminho" (33:3). Moisés insiste para que o Senhor mude de ideia: "Pois como se há de saber que achamos graça aos teus olhos, eu e o teu povo? Não é porventura, em andares conosco, de maneira que somos separados, eu e o teu povo, de todos os povos da terra?" (33:16). A possibilidade de o Senhor não mais residir com Israel tem o efeito paradoxal, mas sem dúvida intencional, de chamar a atenção para o fato de que ele fixara residência entre eles, em primeiro lugar. O Senhor visitava os patriarcas, muitas vezes à noite ou em sonhos; não viajava com eles, nem tinha nenhum lugar simbólico que lhe servisse de moradia em seus acampamentos. Depois do Êxodo, o Senhor declarou sua intenção de ocupar um pavilhão meticulosamente construído entre as tendas de Israel. Quando ele reconsidera esse plano, automaticamente se focaliza a atenção nele.

O Senhor cede: ele por fim "subirá" até Canaã com Israel. Mas cede de uma forma que inscreve a sua relação legal com Israel no interior de um profundo relacionamento pessoal com Moisés, um relacionamento que é uma versão mais intensa e muito expandida das teofanias do "deus de" experimentadas por Abraão, Isaque e Jacó:

> Disse o Senhor a Moisés: "Farei também isto que disseste; porque achaste graça aos meus olhos, e eu te conheço pelo teu nome. [...] Farei passar toda a minha bondade diante de ti, e te proclamarei o nome do Senhor; terei misericórdia de quem eu tiver misericórdia, e me compadecerei de quem eu me compadecer". E acrescentou: "Não me poderás ver a face, porquanto homem nenhum verá a minha face e viverá". Disse mais o Senhor: "Eis aqui um lugar junto a mim; e tu estarás sobre a penha. Quando passar a minha glória, eu te porei numa fenda da penha, e com a mão te cobrirei, até que eu tenha passado. Depois, em tirando eu a mão, tu me verás pelas costas; mas a minha face não se verá". [33: 17,19-23]

O discurso de Deus é dilacerado por uma contradição que pode não ser lógica, mas é emocional. No mesmo momento em que está declarando a Moisés algo parecido com o amor ("Achaste graça aos meus olhos, e eu te conheço pelo teu nome") e trazendo Moisés para uma intimidade física cuidadosamente protegida, Deus insiste no seu direito soberano de não fazer o que está fazendo. As palavras: "Terei misericórdia de quem eu tiver misericórdia [...]", ditas nesse momento, são, com efeito, jactanciosas, gratuitas e grosseiras. Mas a ação fala mais alto que essas palavras. Lemos um momento antes que "falava o Senhor a Moisés face a face, como qualquer fala a seu amigo" (33:11), e a intimidade da cena que se segue só tem paralelo, talvez, no tom da cena de Jacó lutando com seu visitante noturno. O fato de que o Senhor só quer ser visto de costas pode sugerir que está ocultando de Moisés a sua genitália. A palavra *kabod* pode ter um sentido espiritual — sua tradução usual é "glória" —, mas tem também um sentido visceral: é a palavra usual para "fígado". Segundo o eminente linguista e estudioso da Bíblia Marvin H. Pope, *kabod* refere-se provavelmente à genitália masculina em *Jó*, 29:20, onde a tradução "glória" ainda é correta, mesmo que ali se deva entender "genitália". A palavra *kabod* pode aqui ter o mesmo duplo sentido. À parte essa possibilidade, no entanto, a cena confirma de maneira muito forte a proximidade física de Moisés com o Senhor.

E assim, numa quarta instância, o duplo relato do *Livro do Êxodo* possibilita algo que o relato simples não teria possibilitado. Na primeira doação da lei, a aliança é entre o Senhor e Israel, e a lei meramente transmitida através de Moisés. Depois que os israelitas praticam a idolatria, porém, a lei é dada verdadeiramente a Moisés. Não se solicita a concordância dos israelitas. É como se o Senhor visse Moisés quando olha para Israel.

A personalização — ou, como chega quase a parecer, a repersonalização — da atividade de Deus em sua relação com Moisés é a nota de encerramento do *Livro do Êxodo*. Conforme já observamos, muitas partes de 25:1-31:18, que tratam do tabernáculo ou tenda de moradia de Deus e dos sacerdotes que aí o servirão, são repetidas textualmente em 35:1-40:38. Na maior parte do tempo, as instruções dadas no setor anterior são efetivamente realizadas no posterior. Porém, em uma parte que ocorre só na seção posterior, em 40:16-33, já perto do final do livro, o próprio Moisés constrói o tabernáculo de Deus, no lugar dos artesãos Bezalel e Aoliabe.

Completada a obra, ele pega as tábuas da lei, chamadas no texto simplesmente de "a aliança", coloca-as no gabinete, "a arca", e coloca a tampa ou "propiciatório" sobre a arca, dentro do tabernáculo. O Senhor proibiu os israelitas de fazerem uma imagem dele, mas é-lhes permitido fazer um trono para ele e adorná-lo com as criaturas aladas ou "querubins", que se acreditava servirem no céu.

No fim do *Livro do Êxodo*, depois que Moisés cuidou pessoalmente de todos esses arranjos, o Senhor Deus finalmente assenta-se em seu trono:

> Assim Moisés acabou a obra. Então a nuvem cobriu a tenda da congregação, e a glória do Senhor encheu o tabernáculo. Moisés não podia entrar na tenda da congregação, porque a nuvem permanecia sobre ela, e a glória do Senhor enchia o tabernáculo. Quando a nuvem se levantava de sobre o tabernáculo, os filhos de Israel caminhavam avante, em todas as suas jornadas; se a nuvem, porém, não se levantava, não caminhavam até o dia em que se levantava. De dia a nuvem do Senhor repousava sobre o tabernáculo, e de noite havia fogo nele, à vista de toda a casa de Israel, em todas as suas jornadas. [40:33-8]

Não existe na natureza nada que pareça nuvem de dia e fogo de noite, a não ser um vulcão. A profundidade desse poder esmagador, mas contraditório, do Senhor Deus é bem evocada pela imagem extraordinária de um vulcão trazido para dentro de uma tenda. Os últimos editores do *Livro do Êxodo*, chamados editores sacerdotais, com sua grande preocupação com a observância litúrgica, acabaram por enfatizar esse mesmo contraste.

O poder de um ser que, por tudo aquilo que é correto em termos pessoais e de caráter, deveria estar varrendo toda lei como a irresistível força da natureza que ele é, acaba, de certa forma, atrelado pelo cumprimento da lei. E foi o relacionamento pessoal com um homem que levou a isso. O vulcão foi morar na tenda porque a tenda foi construída pelo amigo do vulcão.

SUSERANO
"Circuncidai, pois, o vosso coração."

LEVÍTICO, NÚMEROS, DEUTERONÔMIO

Para um crítico que está escrevendo uma biografia literária de Deus, quase nada é tão interessante quanto as partes de sua história que examinamos até este ponto, pois, como na história de qualquer vida comum, o começo é decisivo. Os livros do *Gênesis* e do *Êxodo* são, em certo sentido, a infância de Deus. É neles que se forma sua identidade básica. As mudanças que ocorrem em rápida sucessão nesses dois livros são, como as mudanças da infância, grandes e dramáticas. Elas merecem especial atenção. Deus muda menos nos livros bíblicos que vêm imediatamente a seguir, e o biógrafo literário tem menos necessidade de falar sobre eles.

Os primeiros cinco livros da Bíblia são chamados, na tradição judaica, de Torá, palavra hebraica que significa, grosso modo, "ensinamento", e pelos acadêmicos seculares de Pentateuco, de uma palavra grega que significa "livro de cinco". O *Gênesis*, primeiro livro do Pentateuco, começa quando Deus cria o mundo. O *Êxodo*, segundo livro do Pentateuco, termina exatamente um ano depois de os israelitas deixarem o Egito. Nesse dia, Deus muda-se para o tabernáculo ou morada preparada para ele por Moisés. "Então a nuvem cobriu a tenda da congregação", lemos, "e a glória do Senhor encheu o tabernáculo. Moisés não podia entrar na tenda da congregação, porque a nuvem permanecia sobre ela, e a glória do Senhor enchia o tabernáculo" (*Êx.*, 40:34-5).

O restante da história que o Pentateuco tem a nos contar sobre os israelitas no deserto é descrito em *Números*, quarto livro do Pentateuco. Aí lemos que, um mês depois de o senhor ter assumido sua residência no tabernáculo, ele ordenou um censo (daí o título, *Livro dos Números*) dos israelitas acampados com ele no Sinai. Depois do censo, no vigésimo dia do segundo mês do segundo ano, "a nuvem se ergueu de sobre o tabernáculo da congregação. Os filhos de Israel puseram-se em marcha do deserto do Sinai" (*Núm.*, 10:11-2). O resto do *Livro dos Números* descreve as andanças de Israel no deserto, os primeiros ataques a Canaã (mais ou menos a área hoje ocupada por Israel) vindos do sul, a subsequente decisão de invadir Canaã atravessando o rio Jordão a partir do leste, e — a caminho dessa invasão — as vitórias sobre Hesbom e Basã, dois pequenos reinos amorreus na margem leste do rio Jordão (na Jordânia de hoje). A narrativa termina quando Israel, acampado em seu recém-conquistado território, está se preparando para invadir o coração da terra cananeia.

Flanqueando essa narrativa estão o terceiro e o quinto livros do Pentateuco, o *Levítico* e o *Deuteronômio*, o primeiro um longo discurso do Senhor a Moisés, o segundo um discurso de Moisés aos israelitas. O primeiro ocorre no Sinai, imediatamente antes de os israelitas começarem o seu trajeto até Canaã; o segundo é composto pelas últimas palavras de Moisés antes de sua morte, pronunciadas nas planícies de Moabe, ao longo da margem leste do Jordão, diante de Jericó.

LEVÍTICO

Assim como o muito mais breve Livro da Aliança, que é uma seção do *Livro do Êxodo*, o *Levítico* reflete os costumes de uma era posterior, e foi escrito numa era que veio ainda depois. Em 587 a.C., uns seiscentos anos depois da conquista de Canaã, Jerusalém caiu em poder de Nabucodonosor, rei da Babilônia, e os israelitas caíram em cativeiro. Foi na Babilônia que os sacerdotes de Jerusalém, únicos líderes israelitas efetivos a sobreviver à conquista, tentaram codificar a vida que a nação levava na pátria perdida. O resultado, numa apresentação altamente estruturada e às vezes quase abstrata, coloca grande ênfase, o que não é de surpreender, naquela parte da vida nacional que era território específico dos sacerdotes, ou seja, o ritual religioso (os sacerdotes eram todos da casa de Levi, daí o título do livro).

Os rituais religiosos descritos referem-se à purificação e ao perdão, sendo ambos aspectos da mesma preocupação — que Israel enquanto nação e cada israelita como indivíduo continuavam em aliança com o Senhor. Uma comparação de *Levítico*, 19, versão ampliada do Decálogo, com *Êxodo*, 20, primeira formulação do Decálogo, pode esclarecer a ênfase distintiva do *Levítico*. No *Êxodo*, no monte Sinai, existe uma clara — na verdade, esmagadora — sensação da "diversidade", do estranhamento numinoso do Senhor. Os israelitas não são menos excluídos dessa diversidade do que o resto da humanidade. Só Moisés tem acesso a ela. No *Levítico*, a linha é traçada de maneira diferente. Deus e Israel juntos são "especiais", e o resto da humanidade — e, num certo sentido, o resto da realidade — é excluído. A lista de mandamentos do *Levítico* começa com: "Santos sereis, porque eu, o Senhor vosso Deus, sou santo" (19:2).

A secularidade enquanto tradição iniciada pelo Iluminismo é, evidentemente, desconhecida na Bíblia; e, no entanto, em diferentes livros, em diferentes momentos, varia o grau em que as relações humanas se encaixam na relação divino-humana. Assim, a guerra era, para os patriarcas, uma empresa relativamente secular. No *Levítico*, ao contrário, tudo aquilo que separa visivelmente Israel das outras nações — e grande parte é destinada a fazer exatamente isso — diz respeito a Deus, que foi o primeiro a separar Israel do resto. E, da mesma forma, tudo aquilo que divide um israelita de outro perturba a perfeição da aliança entre Israel e Deus e portanto, mais uma vez, diz respeito a Deus. Todos os atos da vida ordinária são sacralizados ao serem interpretados como atos que envolvem a Deus, mas todos os atos importantes prescritos são previsíveis e eficazes, e todos são em última análise benevolentes. Por mais repetitivos e, portanto, tediosos que sejam os muitos rituais para o leitor moderno, eles efetivamente apresentam, coletivamente, um retrato especialmente sereno e idealizado da vida nacional. Tudo o que dá errado pode ser consertado pelo ritual adequado; e, como não se conta nenhuma história de alguém que tenha se recusado a realizar o ritual, a implicação sutil é de que ninguém jamais o fez.

Os historiadores postulam que os redatores sacerdotais que produziram o Pentateuco combinando e, em grande parte, suplementando textos anteriores compuseram o *Livro do Levítico* na forma de um longo discurso do Senhor no Sinai como maneira de atribuir a mais alta autoridade às suas práticas rituais. Isso serve como explicação histórica; mas, uma vez que o texto é assim colocado, uma vez que é Deus que o pronuncia, o texto passa a ser uma afirmação *sobre* ele, além de uma afirmação *dele*. Qualquer discurso, inevitavelmente, caracteriza quem o diz. Vindo logo depois das tempestades do *Livro do Êxodo*, o *Levítico* é como um remanso. O Deus apresentado no *Livro do Êxodo* era um Deus assustador. Sua presença entre as tendas de Israel — nuvem de dia e fogo de noite — era potencialmente ameaçadora. Mas, se a concordância do Senhor em acomodar-se no tabernáculo constitui literalmente uma domesticação, o *Levítico* sugere uma domesticação muito mais elaborada e simbólica. Temendo sempre o Senhor, e criando nos outros esse medo, os sacerdotes encaixaram o objeto de seu medo num conjunto complexo de rituais destinado a garantir a pureza, a imunidade e a segurança de Israel. Assim como muita liturgia, o próprio tédio acalma. Não se pode ficar entediado e aterrorizado ao mesmo tempo. Ou, colocando de maneira menos dura, é impossível ficar ao mesmo tempo paralisado de medo e observar minuciosamente as instruções.

O *Levítico* representa, assim, um "respiro" na história de Deus. O tom de voz do Senhor fica muitos registros abaixo do tom que se ouvia no Sinai. À parte o tom, o conteúdo do que ele diz quanto à vida que seu povo levará na terra que lhe dará deixa claro que ele não será para sempre tão assustador quanto se mostrou ultimamente. Durante os seis primeiros capítulos sobre os sacrifícios rituais, apesar de referir-se a si mesmo com frequência, ele sempre se refere a si mesmo na terceira pessoa. Durante o longo trecho sobre a pureza e a impureza (capítulos 11-16), faltam até mesmo as referências à terceira pessoa: existe apenas uma fórmula de abertura: "Disse o Senhor a Moisés...". Para a crítica histórica, a ausência de Deus do corpo desses discursos constitui uma clara indicação de que o texto não foi escrito originalmente como discurso divino. No entanto, tendo sido agora reescrito para funcionar como tal, ele cumpre sua função de interromper a violência da explosiva subjetividade que tornou o Senhor tão aterrador no Sinai. "Que os sacerdotes [...] e o povo não traspassem o termo para subir ao Senhor, para que não os fira" é o que lemos em *Êxodo*, 19:24, e "Terei misericórdia de quem eu tiver misericórdia, e me compadecerei de quem eu me compadecer" em *Êxodo*, 33:19. No *Levítico*, graças a procedimentos confiáveis, o Senhor não ameaça mais "ferir" ou exercer sua misericórdia (ou expressar sua ira) de nenhuma maneira inesperada. Se no final do *Livro do Êxodo* o Senhor está vivendo calmamente dentro de Israel (isto é, entre os israelitas), no *Levítico* Israel está vivendo calmamente "dentro" de uma versão consideravelmente objetivada e despersonalizada do Senhor.

O *Levítico*, o menos dramático, o menos absorvente dos livros da Bíblia, é, também, como resultado de tudo isso, um dos mais suaves. Pouco se fala de castigos a serem aplicados se Israel vacilar na obediência ao Senhor. A conhecida bênção:

> *O Senhor te abençoe e te guarde;*
> *o Senhor faça resplandecer o seu rosto sobre ti,*
> *e tenha misericórdia de ti;*
> *o Senhor sobre ti levante o seu rosto*
> *e te dê paz,*

está em *Números*, 6:24-6, mas é uma amostra do tipo de material sacerdotal do *Levítico*, livro que o precede. Embora haja no *Levítico* (26:14-45) uma seção de maldições, traço característico dos antigos tratados que serviam de modelo formal para as alianças de Deus com Israel, a grande convicção do *Levítico* é que Israel merece e só receberá bênçãos. A suposição tácita é de que a nação está em casa e em paz, venerando o seu próprio Deus e, garantida sua segurança e prosperidade, de boa vontade não só para com os pobres de Israel mas também, dentro dos limites do razoável, com os residentes estrangeiros. Assim,

> quando também segares a messe da tua terra, o canto do teu campo não segarás totalmente, nem as espigas caídas colherás da tua messe. Não rebuscarás a tua vinha, nem colherás os bagos caídos da tua vinha: deixá-los-ás ao pobre e ao estrangeiro: eu sou o Senhor vosso Deus.
>
> Não furtareis, nem mentireis, nem usareis de falsidade cada um com o seu próximo; nem jurareis falso pelo meu nome, pois profanareis o nome do vosso Deus: eu sou o Senhor.
>
> Não oprimirás o teu próximo, nem o roubarás: a paga do jornaleiro não ficará contigo até pela manhã.
>
> Não amaldiçoarás ao surdo, nem porás tropeço diante do cego: mas temerás o teu Deus: eu sou o Senhor.
>
> Se o estrangeiro peregrinar na vossa terra, não o oprimireis. Como o natural será entre vós o estrangeiro que peregrina convosco; amá-lo-eis como a vós mesmos, pois estrangeiros fostes na terra do Egito: eu sou o Senhor vosso Deus. [*Lev.*, 19:9-14, 33-4]

Este último tema — "estrangeiros fostes na terra do Egito" — já foi ouvido antes, no *Livro do Êxodo*, mas não serviu de base ainda, como aqui, para o israelita "amar [o estrangeiro] como a si mesmo". O *Levítico* não ensina, nem aqui, nem em nenhum outro ponto, que os indivíduos devem amar todos os outros com a força de seu amor-próprio. Como deixam bem claro as frases adjacentes, a instrução é simplesmente que o estrangeiro deve ser tratado da mesma forma que um israelita, mas só isso já é muito.

Nem é preciso dizer, claro, que não se prevê nada sequer semelhante à liberdade religiosa para o estrangeiro. O *Levítico*, obcecado como é pelo sagrado e pela pureza que começa literalmente com a própria terra física, não tem nenhuma intenção de acomodar nessa terra a poluidora adoração de deuses estrangeiros. Além disso, o texto é contraditório no que diz respeito a estrangeiros. Em outros pontos, é-lhes claramente negado qualquer tipo de tratamento igual perante a lei. Por exemplo, estrangeiros não residentes encontrados perto das fronteiras podem ser capturados e escravizados, e os filhos de residentes estrangeiros podem ser comprados como escravos, o que não vale para os israelitas e seus filhos (25:44-6).

É claro, portanto, que o estrangeiro não é mais considerado uma ameaça, acima de tudo não é mais considerado uma ameaça espiritual séria. Nessa visão de mundo, Israel já tem seu próprio Deus e sua maneira perfeitamente estabelecida de gerenciar suas relações com esse Deus. A única questão relevante a respeito de estrangeiros residentes é a medida em que se pode ou se deve admitir sua participação na vida e no culto de Israel.

Deter-se sobre o tratamento aos estrangeiros não significa apenas identificar uma área das relações sociais dentre muitas em que os princípios vigentes no século VII a.C. podem diferir dos vigentes no século XX d.C. Como veremos na discussão do *Livro dos Números* que vem logo a seguir, essa área específica das relações sociais é capital por força de sua relação especial e inversa com a ideia de aliança (ou "pacto", na tradução da JPS). É impossível — e essa impossibilidade vem desde o começo — pensar sobre a relação especial de Deus com Israel sem pensar na ausência dessa relação dele com as outras nações.

Isso aceito em princípio, o Deus que era apenas pouco menos feroz com Israel do que com as outras nações no *Livro do Êxodo*, e que logo voltará a parecer ainda mais feroz com todas, aparecerá no *Levítico* apenas um pouco menos benigno com os residentes estrangeiros do que com os israelitas. Se o Senhor é ainda um vulcão, de momento, desejando uma vida feliz com seu povo, ele é um vulcão adormecido.

NÚMEROS

Qual é o tom da Bíblia? O tom varia, é claro; mas com impressionante frequência o tom é de irritabilidade, de denúncia, de queixa raivosa. No capítulo 3 respondemos à pergunta: "O que torna Deus divino?", e nossa resposta concentrava-se na falta de história ou vida privada de Deus na abertura da Bíblia. Respondendo à mesma pergunta não sobre o protagonista da Bíblia, mas sobre o referencial do substantivo/nome próprio *deus/ Deus* na cultura ocidental, podemos começar por uma longa lista de adjetivos na qual *nobre, sereno, grave, solene* ocupariam os primeiros lugares, da mesma forma como *lamurioso* provavelmente não nos viria à mente. A imagem da divindade na cultura ocidental provém em primeiro lugar da Bíblia e, secundariamente, da Antiguidade greco-romana. Os deuses da Grécia e de Roma tinham muitos defeitos, mas a irritabilidade característica do Senhor Deus não é um deles, e pode ser que a influência clássica tenha abrandado essa qualidade na noção popular de Deus. Seja como for, só muito raramente se vê reconhecida a profunda originalidade do pacto divino-humano no qual ambas as partes reclamam sem parar uma da outra. Se a humanidade é feita à imagem de Deus, se Deus mantém a criação para fazer da humanidade uma imagem mais completa e perfeita de si mesmo, será que essa irritabilidade mútua, dentre todas as reciprocidades possíveis, significa um passo à frente?

A resposta é, por assim dizer, um alto e claro *sim*! Deus não é estoico, não prega o estoicismo, não respeita nem encoraja a resignação ou a aceitação, e é, sem sombra de dúvida, impossível de satisfazer. Em cada um desses aspectos, Israel é feito à sua imagem. O que não quer dizer que Deus admita que Israel é a cara do pai reclamão. Nada disso: ele reclama sem parar das reclamações de Israel. E, no entanto, externamente pode-se ver uma certa simetria, muitíssimo clara no *Livro dos Números*, onde Israel reclama de Moisés, Moisés reclama de Israel, Deus reclama de Israel, Israel reclama de Deus, Deus reclama de Moisés e Moisés reclama de Deus. O fato de uma tal narrativa haver sido preservada, sendo elevada ao nível de escritura sagrada e clássico nacional, constitui um ato da mais profunda originalidade literária e moral.

Literariamente, essa originalidade está no modo como os

autores e editores desse texto, depreciando incessantemente o queixoso Israel como "teimoso" e "de dura cerviz", forçam o (igualmente queixoso) Senhor Deus a se expor, tornando-o protagonista da narrativa que recebe dele o seu próprio caráter sem precedentes. Moralmente, a originalidade desses mesmos autores e editores da Antiguidade reside em sua recusa de "enobrecer" seja Deus, seja Israel numa história que verse simplesmente sobre estranhamento e reconciliação, construindo, ao contrário, uma história de contínua reclamação recíproca. Estruturalmente, uma simplificação desse tipo podia facilmente ter sido resolvida. E o que mudaria seria menos a linha da história do que seu tom caracteristicamente emocional — em resumo, o seu espírito. Ao preservar o espírito da reclamação — reclamação contra o homem em nome de Deus, e contra Deus em seu próprio nome — em sua primeira aparição plena, os editores antigos colocaram em ação uma coisa portentosa. O que eles fizeram foi lançar as sementes da profecia na Bíblia e, em termos mais amplos, as sementes da reforma moral como uma possibilidade perene na história da sociedade ocidental.

Historicamente falando, é muito possível que, apesar de escravizados no Egito, os israelitas não fossem forçados, de fato, a trabalhar até a morte e, muito menos, que fossem ameaçados pelo assassinato (certamente mítico) dos primogênitos de sexo masculino. O seu status como residentes do Egito pode muito bem ter sido parecido com o status que os estrangeiros teriam mais tarde em Israel: sujeição, por certo, mas não necessariamente uma opressão intolerável. É possível também, e isso é de fato insinuado no *Livro do Êxodo*, que depois de longa residência no Egito os israelitas tivessem em grande medida esquecido o Deus de seus pais, em nome de quem Moisés ordenara sua emigração. Dado esse conjunto de circunstâncias, eles podem provavelmente ter lamentado sua decisão de seguir Moisés até o áspero e mortal deserto do Sinai. Moisés também pode ter sentido que foi enganado por seu próprio sucesso na liderança de toda uma nação cativa rumo a uma liberdade fadada ao perigo.

A história real é irrecuperável; mas, se pudéssemos conhecê-la, talvez ela pudesse nos oferecer um contexto para as notáveis queixas "judias" que ouvimos por toda parte no *Livro dos Números*. "Me estais matando", Moisés reclama a Deus. "Então por que não me matais?" Da mesma forma, os israelitas dizem: "Nos estás matando, então por que não nos mata?". E Deus: "Continuai essas murmurações e vos matarei".

Moisés ao Senhor:

"Por que fizeste mal a teu servo, e por que não achei favor aos teus olhos, visto que puseste sobre mim a carga de todo este povo? Concebi eu porventura todo este povo? Dei-o eu à luz para que me digas: 'Leva-o ao teu colo, como a ama leva a criança que mama', à terra que, sob juramento, prometeste a seus pais? Donde teria eu carne para dar a todo este povo? Pois choram diante de mim, dizendo: 'Dá-nos carne que possamos comer'. Eu sozinho não posso levar a todo este povo, pois me é pesado demais. Se assim me tratas, mata-me de uma vez, eu te peço, se tenho achado favor aos teus olhos; e não me deixes ver a minha miséria." [*Núm.*, 11:11-5]

Os israelitas (depois que os primeiros batedores relatam que Canaã é fortificada e habitada por gigantes) reclamam a Moisés e Arão e lamentam entre eles mesmos:

"Oxalá tivéssemos morrido na terra do Egito! Ou mesmo neste deserto! E por que nos traz o Senhor a esta terra, para cairmos à espada, e para que nossas mulheres e nossas crianças sejam presas? Não nos seria melhor voltarmos para o Egito?" [14:2-3]

O Senhor a Moisés:

"Até quando me provocará este povo, e até quando não crerão em mim, a despeito de todos os sinais que fiz no meio

deles? Com pestilência o ferirei, e o deserdarei; e farei de ti [referindo-se a Moisés individualmente, Moisés como um novo Abraão em potencial] povo maior e mais forte do que este." Respondeu Moisés ao Senhor: "Os egípcios não somente ouviram que com a tua força fizeste subir este povo do meio deles, mas também o disseram aos moradores desta terra [...] Se matares este povo como a um só homem, as gentes, pois, que antes ouviram a tua fama, dirão: 'Não podendo o Senhor fazer entrar este povo na terra que lhe prometeu com juramento, os matou no deserto'. Agora, pois, rogo-te que a força do meu Senhor se engrandeça; como tens falado, dizendo: 'O Senhor é longânimo [...]'".
[14:11-8]

O Senhor cede. Sua determinação de impressionar os egípcios era, de fato, uma motivação repetidamente mencionada no *Livro do Êxodo*, e Moisés é astuto em mencioná-la. Mesmo assim, o Senhor vingativamente mata todos os batedores, menos os dois que trouxeram informações corretas, e, ainda mais vingativamente, determina que nenhuma das atuais gerações de israelitas, nem o próprio Moisés, entrará na terra prometida. Seus filhos é que serão beneficiários da fidelidade à aliança do Senhor. Eles próprios não.

Pouco depois dessa conversa, irrompe uma nova rebelião de 250 israelitas contra Moisés e Arão: "Basta-vos! Pois que toda a congregação é santa, cada um deles é santo, e o Senhor está no meio deles: por que, pois, vos exaltais sobre a congregação do Senhor?" (16:3). Dessa vez, o Senhor não aceita restrições e castiga os rebeldes espetacularmente: a terra os engole vivos. No dia seguinte, ainda mais raivosos por causa dessas mortes, os israelitas tentam uma revolta maior. Dessa vez, o Senhor mata 14 700 deles antes de ser aplacado por um ritual de reconciliação.

Seria de esperar que isso assustasse Israel. Mas logo outros israelitas estão desejando em voz alta, dramaticamente, que Deus os mate também:

Não havia água para o povo: então se ajuntaram contra Moisés e contra Arão. E o povo contendeu com Moisés, e disseram: "Oxalá tivéssemos perecido quando expiraram nossos irmãos perante o Senhor! Por que trouxestes a congregação do Senhor a este deserto, para morrermos aí, nós e os nossos animais?". [20:2-4]

No *Livro do Deuteronômio* as repetidas queixas de Israel serão consideradas uma espécie de prova tácita e cumulativa da fidelidade do Senhor. Mas, se podem ser assim interpretadas, servem também como caracterização para o Senhor Deus. Ele pode ser capaz de comandar tudo, mas parece incapaz de comandar o entusiasmo de Israel. A nação não passa de um cúmplice relutante em seu plano para ela. A metáfora oculta na expressão "de dura cerviz" é a da canga do boi. O boi tem de relaxar o pescoço e baixar a cabeça para a canga ficar bem presa no ponto em que o pescoço se junta aos ombros. Israel, de cabeça erguida, recusa insistentemente submeter-se dessa maneira ao Senhor. O *Deuteronômio* considera isso uma qualificação de Israel, mas isso constitui inevitavelmente também uma afirmação sobre Deus. O Senhor é um personagem rude, para falar com franqueza, e, se levarmos em conta nossa própria reação emocional diante dele, não nos será surpreendente que Israel se recuse a submeter-se de boa vontade.

Talvez o Senhor precise impor-se a Israel por meio da força bruta, mas é também verdade que quando está a favor de Israel essa força é irresistível. Os israelitas capturam Hesbom e expulsam seus habitantes; capturam Basã e exterminam seus habitantes (*Núm.*, 21). Balaque, rei de Moabe, procura em vão obter o apoio do poder divino contra os israelitas, através do profeta Balaão (*Núm.*, 22-4). Deus transforma as pretensas pragas de Balaão em bênçãos. Essas vitórias têm uma consequência escandalosa, porém, quando os homens israelitas juntam-se em massa às mulheres moabitas e midianitas, entregando-se à adoração orgiástica de Baal-Peor. O choque provocado por essa apostasia, como a do bezerro de ouro que vem logo depois da teofania no Sinai, é enfatizado por sua colocação na narrativa.

E, como a apostasia do bezerro de ouro, esta é também seguida de maciça represália divina. Depois do episódio do bezerro de ouro, os levitas, a pedido de Moisés, mataram 3 mil israelitas, e o Senhor, desdenhando o pedido de misericórdia de Moisés, matou inúmeros outros. Dessa vez, o Senhor manda uma praga que mata 24 mil antes que Fineias aplaque o Senhor empalando com uma lança um homem israelita e uma mulher midianita enquanto copulavam (25:7-9). Depois disso, Moisés manda uma expedição punitiva a Midiã. Os israelitas, vitoriosos, exterminam os homens midianitas, mas trazem as mulheres e o resto da pilhagem a Moisés, que se enfurece:

> Disse-lhes Moisés: "Deixastes viver todas as mulheres? Eis que estas, por conselho de Balaão, fizeram prevaricar os filhos de Israel contra o Senhor, no caso de Peor, pelo que houve a praga entre a congregação do Senhor. Agora, pois, matai de entre as crianças todas as do sexo masculino; e matai toda mulher que coabitou com algum homem, deitando-se com ele. Porém todas as meninas, e as jovens que não coabitaram com algum homem, deitando-se com ele, deixai-as viver para vós outros". [31:15-8]

Moisés fica furioso porque os israelitas não foram suficientemente impiedosos com os midianitas e consequentemente reduz a parte do saque que lhes cabe. É-lhes permitido conservar apenas as moças virgens. As mulheres não virgens, que pertenceriam a eles, e os meninos, que esperavam escravizar, eles têm agora de matar. O número dos que perecem na matança que se segue não é fornecido, mas pode ser calculado pelo número de virgens que sobrevive — 32 mil.

Essa é a última grande campanha militar antes de cruzarem o Jordão e partirem para o grande ataque a Canaã. O Senhor distribui antecipadamente a terra entre as tribos que a ocuparão mas, com o massacre de Midiã ainda fresco na memória, a distribuição contém um alerta: "Porém se não desapossardes de diante de vós os moradores da terra, então os que deixardes ficar ser-vos-ão como espinho nos vossos olhos, e como aguilhões nas vossas ilhargas, e vos perturbarão na terra em que habitardes. E será que farei a vós outros como pensei fazer-lhes a eles" (33: 55-6). Por que o Baal de Peor constitui uma tal ameaça ao Senhor Deus? Enquanto fato histórico, durante os seis séculos que Israel ocupará e, em diversos graus, dominará Canaã, Baal será o "deus estranho" que tem maior apelo ao populacho e que mais horroriza a liderança. A atração provém do fato de que, ao se tornar tão guerreiro, tão tempestuoso, tão semelhante a Baal durante e depois do tempo do Êxodo, o Senhor diminuiu a distância que o separa desse que é um de seus rivais. A liderança israelita continua se horrorizando, porém, porque apesar de Baal ser, como Deus, um deus da guerra, cujas manifestações incluem imagens e sons de tempestade e vulcão, ele é também um deus da fertilidade, cujo culto compreende a copulação ritual. Claro que o Senhor é, também, um deus da fertilidade em certo sentido. Como vimos, acompanhando sua história da criação até a aliança com Abraão e as consequências dessa aliança no Egito, ele é um deus obcecado com a reprodução; e no *Levítico*, apesar de não termos examinado as passagens relevantes, ele também aparece obcecado com as manifestações físicas da fertilidade reprodutiva: a polução noturna, a menstruação, e uma diversidade de práticas sexuais permitidas e proibidas. Seria, por assim dizer, lógico que um deus desses fosse ele próprio sexuado e mantivesse relações sexuais com outros deuses e com seres humanos. Nessa questão, Baal é, logicamente, o que o Senhor deveria ser; e por essa razão, além da atração da licença sexual em si, o culto de Baal será uma permanente tentação em Israel.

O culto a Baal era uma forma de sincretismo religioso à qual a liderança israelita opunha-se mais implacavelmente porque, como dissemos no capítulo 3, é precisamente a falta de história do Senhor Deus que o define, e sua a-historicidade, essa crucial diferença, não pode ser mantida a menos que Deus seja claramente compreendido como sexualmente inativo, por mais masculino que seja em seu comportamento. Um deus que é pai de filhos é um deus que terá sido, antes, ele próprio um filho, e que é portanto integrado ao processo natural da vida. Os autores da Bíblia intencionalmente segregam Deus de todos esses processos.

Embora os autores do Pentateuco conhecessem o calendário (lunar) e fossem capazes de calcular anos e séculos, o seu sentido de tempo mais profundo é o biológico e não o astronômico. A tradução VPR do *Gênesis*, 10-1, que avalia o tempo decorrido de Noé a Abraão, começa assim: "São as gerações dos filhos de Noé [...]". Algumas versões recentes dessas palavras hebraicas, *we⁰eleh toledot bney noah*, usualmente traduzem *toledot* por "descendentes" ou "linhagem", mas a tradução mais literal tem a vantagem de sugerir uma sensação biológica de tempo. Atribuindo-se esse sentido ao tempo, Deus não pode ficar à parte do tempo a menos que fique à parte da geração biológica: nem gerando, nem sendo gerado. Mas precisamente por ser a nossa própria experiência não só do tempo, mas também do amor, fruto da sequência e do entretecer de gerações (e porque isso era ainda mais intenso na Antiguidade), Deus, estando fora do tempo e da geração, acaba também, de alguma forma, excluído do amor. E, mesmo sendo difícil explicar exatamente como, esse fato está sem dúvida ligado à irritabilidade mútua que existe entre ele e Israel, uma irritabilidade única nos anais da literatura.

Estranhos não reclamam um do outro como fazem Israel e o Senhor. A relação alternativa que o Senhor propôs em *Números*, 14:11-8: não com alguma outra nação em vez de Israel, mas com Moisés em vez de Israel, sugere o quanto o próprio Senhor considera pessoal sua relação com Israel. Essa sugestão nos relembra que, apesar de ele ser agora um deus vulcânico da guerra, continua sendo também um deus pessoal. A novidade é que agora, quando esse deus pessoal se irrita, milhares morrem.

DEUTERONÔMIO

Os títulos dos livros do Tanach usados nas traduções vêm dos títulos a eles atribuídos em sua primeira tradução completa, uma versão para o grego do século II a.C., o Septuaginto. *Deuteronômio* vem do grego *deuteronomion*, ou "Segunda Lei", assim chamado porque virtualmente tudo o que existe neste último livro do Pentateuco já foi contado ou decretado nos primeiros quatro livros.

Tomando a forma de um longo discurso tripartido de Moisés, suas últimas palavras antes da morte, o *Deuteronômio* é a primeira peça de oratória propriamente dita na Bíblia. As duas primeiras partes do discurso, em particular, podem ser comparadas aos grandes discursos da Antiguidade grega. Evidentemente, já se ouviu muito diálogo nos primeiros quatro livros da Bíblia, alguns deles vívidos e apaixonados. No *Levítico*, conforme observamos, o Senhor recita um detalhado código de leis. Antes do *Deuteronômio*, no entanto, ninguém falou aos israelitas tão longamente num estilo tão pessoal e tão retórico a respeito deles mesmos, de seu Deus e de seu destino.

Na história da escritura da Bíblia, diversa da história contida na Bíblia, o *Livro do Deuteronômio*, escrito no século VII a.C., tem enorme impacto. Nada desse tipo havia sido escrito antes. Nada escrito depois deixou de ser profundamente afetado por suas cadências ricas, ondulantes, e pelo tom de inflamado orgulho nacional equilibrado pela humildade da motivação religiosa que o caracteriza. Mas o *Deuteronômio* não apenas criou uma voz e uma perspectiva, como também transformou Moisés num personagem intensamente emocional. Deu a Moisés o caráter de alguém que sofreu muito nas mãos da nação que liderou, mas que agora vê seus próprios sofrimentos assim como os de seu povo iluminados pelo fulgor de um grande destino.

Como a voz que se ouve no *Deuteronômio* é a voz de Moisés e não a de Deus, sua caracterização de Deus é também uma caracterização de Moisés. O *Deuteronômio* oferece uma interpretação, em outras palavras, algo distinto de uma autorrepresentação divina em palavras e atos. O discurso de Moisés, seguindo o esquema amplo de um tratado, começa com uma revisão da história das duas partes do tratado, prossegue com os termos do tratado e termina com as bênçãos e maldições que o sancionam. Portanto, não é *per se* de maneira nenhuma uma discussão de Deus. Em cada estágio, porém, Moisés dá clara e forte expressão a um ou outro aspecto da personalidade de Deus. Observamos diferentes aspectos dessa personalidade emergindo no *Gênesis*, no *Êxodo*, no *Levítico* e nos *Números*. Moisés harmoniza todos eles como nunca antes se viu.

Ao final do seu primeiro discurso (*Deuteronômio*, 1:1-4:40), tendo ido para trás até o começo e para a frente até o fim da história israelita, Moisés conduz o caráter de Deus e o destino de Israel a uma visão única, exultante:

> Agora, pois, pergunta aos tempos passados, que te precederam desde o dia em que Deus criou o homem sobre a terra, desde uma extremidade do céu até a outra, se sucedeu jamais coisa tamanha como esta, ou se se ouviu coisa como esta. Ou se algum povo ouviu falar a voz de algum deus do meio do fogo, como tu a ouviste, ficando vivo. Ou se um deus intentou ir tomar para si um povo do meio de outro povo com provas, com sinais, e com milagres, e com peleja, e com mão poderosa, e com braço estendido, e com grandes espantos, segundo a tudo quanto o Senhor vosso Deus vos fez no Egito aos vossos olhos. A ti te foi mostrado para que soubesses que o Senhor é Deus; nenhum outro há senão ele. Dos céus te fez ouvir a sua voz, para te ensinar, e sobre a terra te mostrou o seu grande fogo, e do meio do fogo ouviste as suas palavras. Porquanto amou teus pais, e escolheu a sua descendência depois deles, e te tirou do Egito, ele mesmo presente, e com a sua grande força, para lançar fora de diante de ti nações maiores e mais poderosas do que tu, para te introduzir na sua terra e ta dar por herança, como hoje se vê. Por isso hoje saberás, e refletirás no teu coração, que só o Senhor é Deus, em cima no céu, e embaixo na terra; nenhum outro há. Guarda, pois, os seus estatutos e os seus mandamentos, que te ordeno hoje, para que te vá bem a ti, e a teus filhos depois de ti, e para que prolongues os

dias na terra que o Senhor teu Deus te dá para todo o sempre. [4:32-40]

O "Senhor teu Deus" é o criador do mundo. Ele é, portanto, não meramente o deus nacional de Israel em algum panteão nacional de deuses nacionais, mas o Deus "do céu acima e da terra debaixo". No entanto, ele escolheu — e essa é a maravilha — Israel "para si". Esse criador é também um destruidor, um deus de fogo letal, a quem Israel mesmo assim miraculosamente sobreviveu. Ele é o deus que "amou teus pais, e escolheu a sua descendência depois deles" — um deus, portanto, com uma relação pessoal com os pais, pessoalmente renovada com os filhos e com cada geração subsequente. Ele é um guerreiro, o conquistador do Egito e de outras nações poderosas. Finalmente, ele é o legislador cujas leis, estatutos e mandamentos, se observados, garantem a Israel vida longa e prosperidade.

Se Deus, como combinação desses elementos apenas e de nenhum outro, nos parece familiar, em boa medida devemos agradecer por isso ao deuteronomista. Foi seu talento que tomou materiais preexistentes, cujo caráter disparatado já observamos, e os fez parecerem harmônicos, de forma que até mesmo as expressões "O Senhor nosso Deus" ou "O Senhor teu Deus" soam não apenas plausíveis, mas inevitáveis, e não apenas inevitáveis, mas emocionantes. Se os vários autores da Bíblia fossem compositores, o deuteronomista seria Bach, com sua confiança plena, majestosa. Evidentemente, essa combinação não é inevitável. Mais do que deus do céu e da terra, Deus podia ter sido o deus do mar. Mais do que o deus da lei, ele podia ser o deus do canto. Mais do que o deus que escolheu nossos antepassados, *ele* podia ser nosso antepassado, o distante ancestral mítico de um deus legendário, ou um casal divino, ou uma deusa. Como provam as apostasias do Sinai e de Peor, os israelitas nem sempre acham inevitável que aquele seja o seu Deus. Mas o deuteronomista procura fazer esse Deus *parecer* inevitável; e seus esforços, incrivelmente persuasivos na leitura, foram definitivos no impacto histórico que tiveram sobre a forma como Deus é imaginado. O Deus do *Deuteronômio* continua sendo o Deus de judeus e cristãos até os tempos modernos. No Ocidente, até mesmo o ateísmo e o agnosticismo tenderam a tomar esse Deus pelo menos como sua referência imaginária. Quando o ateu ocidental diz que não acredita em Deus, é, no nível da imaginação, o Deus do *Deuteronômio* que ele rejeita.

Mesmo apresentando sinais de edição, a unidade interna do *Livro do Deuteronômio* excede em muito a dos primeiros quatro livros do Pentateuco, às vezes chamados de Tetrateuco. A diferença é aquela que existe entre edição e reescritura. O Tetrateuco é a combinação editada e suplementada dos escritos mais antigos. O *Deuteronômio* é uma apropriação mais pessoal, singular, uma confirmação de temas anteriores e uma condensação de narrativas anteriores que, ao serem recontadas, assumem a finalidade da arte. O personagem radicalmente prospectivo, sem história, do Senhor Deus, protagonista do Tetrateuco, e o caráter incerto, particularmente ansioso, que ele atribui à narrativa do Tetrateuco (em nenhum ponto mais aparente do que no *Livro dos Números*) dão origem, no *Livro do Deuteronômio*, à clareza e serenidade de uma visão retrospectiva. Para o deuteronomista, a própria andança pelo deserto parece uma marcha triunfal.

O último discurso de Moisés, como uma oração da Antiguidade greco-romana, é proferido quando as tropas estão se reunindo para a batalha. A geração que deixou o Egito, a geração à qual o próprio Moisés pertence, não cruzará o Jordão nem gozará a terra prometida. Não importa: Moisés exorta os homens mais jovens, evoca para eles a nobreza da história a que devem dar continuidade. Seu discurso vem logo depois da grande apostasia em Peor (na verdade, o discurso é proferido em Peor) e pouco antes do que vem a ser a grande vitória de Jericó. Moisés conduz assim a história de Israel e sua própria vida a um clímax numa exortação única e transcendente, e a exortação é bem-sucedida em tudo o que pretendia.

Na história dessas orações de véspera da batalha, o amor é sempre um tema tão frequente quanto a bravura, e a família uma imagem ao menos tão poderosa quanto a da irmandade nas armas. De sua maneira própria, profundamente original, Moisés usa essa imagem numa parte de seu discurso que constitui, até hoje, o texto mais sagrado do judaísmo:

> Ouve, Israel, o Senhor nosso Deus é o único Senhor. Amarás, pois, o Senhor teu Deus de todo o teu coração, de toda a tua alma, e de toda a tua força. Estas palavras que hoje te ordeno estarão no teu coração; tu as inculcarás a teus filhos, e delas falarás assentado em tua casa, e andando pelo caminho, e ao deitar-te e levantar-te. Também as atarás como sinal na tua mão e te serão por frontal entre os teus olhos. E as escreverás nos umbrais de tua casa, e nas tuas portas. [6:4-9]

A passagem é também, evidentemente, de extrema relevância para a história posterior do judaísmo como uma religião baseada na sagrada escritura. Mas nosso interesse é por aquilo que Deus exige e que Moisés chama de *amor*.

O fato de ele não exigir amor da maneira como entendemos normalmente essa palavra fica claro na passagem que vem imediatamente antes da que acabamos de citar. Nesta passagem o verbo *temer* — traduzido como "reverenciar" pela JPS — funciona quase exatamente como a palavra *amor* no trecho que acabamos de citar:

> Estes, pois, são os mandamentos, os estatutos e os juízos que mandou o Senhor teu Deus se te ensinassem, para que os cumprisses na terra a que passas para a possuir; para que reverencies [= temas] ao Senhor teu Deus, e guardes todos os seus estatutos e mandamentos que eu te ordeno, tu, e teu filho, e o filho de teu filho, todos os dias da tua vida; e que teus dias sejam prolongados. Obedece [= ouve], pois, ó Israel, e atenta em os cumprires, para que bem te suceda, e muito te multipliques na terra que mana leite e mel, como te disse o Senhor Deus de teus pais. [6:1-3]

O que pede então o Senhor, amor ou medo? Uma resposta fácil é que ele exige ambos, mas de fato trata-se essencialmente de palavras alternativas para a mesma atitude. A crítica histórica afirmou isso enfatizando que o amor em questão não é a emoção espontânea, interpessoal, mas o amor da aliança. Amar o Senhor teu Deus "com todo o teu coração, de toda a tua alma, e de toda a tua força" significa meramente empenhar todos os esforços em permanecer fiel aos termos da aliança, e a diferença entre esforçar-se para manter uma aliança e temer quebrá-la é pequena. A distância existente entre *ḥesed*, "amor", conforme utilizada em antigos textos israelitas, e amor no sentido moderno da palavra é algo que fica claro um pouco adiante no Tanach, em *Juízes*, 1:24. Aí, espiões israelitas que se preparam para atacar Betel veem um homem saindo da cidade e dizem a ele: "Mostra-nos a entrada da cidade, e usaremos de misericórdia para contigo"; literalmente, "dar-lhe-emos *ḥesed*". A mensagem não vai muito além de: "Se ficar do nosso lado, ficamos do teu" — o homem, encurralado, coopera, e quando tomam a cidade eles permitem que ele fuja.

Deixando de lado a diferença, se é que existe, entre esforçar-se para manter uma aliança e temer quebrá-la, será que Israel fez uma dessas duas coisas? Evidentemente não: a atitude demonstrada desde a travessia do mar Vermelho até a iminente travessia do rio Jordão foi sempre de obstinada reclamação, ceticismo, "de dura cerviz", ressentimento com os líderes escolhidos por Deus, e, em duas ocasiões, deserção para outros deuses. Nesse contexto, mesmo supondo que a geração mais jovem seja diferente da mais velha, Moisés tem razões para pedir uma mudança. E ele o faz com uma notável metáfora:

> Agora, pois, Israel, que é que o Senhor requer de ti? Não é que temas o Senhor teu Deus, andes em todos os seus caminhos, e o ames, e sirvas ao Senhor teu Deus de todo o teu coração e de toda a tua alma, para guardares os mandamentos do Senhor, e os seus estatutos, que hoje te ordeno, para o teu bem? Eis que os céus e os céus dos céus são do

Senhor teu Deus, a terra e tudo o que nela há. Tão-somente o Senhor se afeiçoou a teus pais para os amar: a vós outros, descendentes deles, escolheu de todos os povos, como hoje se vê. Circuncidai, pois, o vosso coração, e não mais sede teimosos ["E não mais endureçais a vossa cerviz", na tradução da JPS]. [*Deut.*, 10:11-6]

Circuncidai vosso coração! Em sua vívida barbaridade, a metáfora é ainda mais poderosa do que a circuncisão do pênis. A Bíblia nunca fala da cabeça. No Tanach, quando há referência a *lebab*, o coração, devemos entender a mente e a imaginação. Como vimos no *Livro do Gênesis*, quando Abraão cedeu um pedaço de seu pênis e, simbolicamente, sua autonomia reprodutiva a Deus, ele o fez em silêncio. Ele se submeteu: nada mais. E a submissão é o máximo a que chegam os israelitas diante das subsequentes exigências do Senhor Deus que, no Sinai e depois, quase literalmente os força a uma aliança. Mas o que Moisés diz é que a mera submissão não basta. O Senhor exige ardor. Uma parte da mente — "o prepúcio do coração" — deve ser figurativamente extirpada para indicar a submissão da autonomia mental, assim como uma parte do pênis, o prepúcio, era circuncidado para indicar a submissão da autonomia reprodutiva.

E se "o prepúcio do coração" for negado? A consequência é indicada ao longo de todo o discurso de Moisés, mas especialmente perto do fim, quando bênçãos e maldições são formalmente anunciadas, complementando e dando especificidade à fusão amor/temor que já mencionamos. As bênçãos consistem, na primeira instância, em pilhagem. Já nos versículos que vêm imediatamente depois da passagem que começa com "Ouve, ó Israel", citada anteriormente, Moisés diz:

Havendo-te, pois, o Senhor teu Deus introduzido na terra que, sob juramento, prometeu a teus pais, Abraão, Isaque e Jacó, te daria, grandes e boas cidades, que tu não edificaste; e casas cheias de tudo o que é bom, casas que não encheste; e poços abertos, que não abriste; vinhas e olivais que não plantaste; e, quando comeres e te fartares, guarda-te, para que não esqueças o Senhor, que te tirou da terra do Egito, da casa da servidão. [6:10-2]

A passagem fala por si mesma. Evidentemente, não foi só a terra que foi prometida, mas todos os frutos do trabalho daqueles que serão exterminados, escravizados ou expulsos da terra. Isso será expresso em maiores detalhes no próprio Código Deuteronômico:

Quando te aproximares de alguma cidade para pelejar contra ela, oferecer-lhe-ás a paz. Se a sua resposta é de paz, e te abrir as portas, todo o povo que nela se achar será sujeito a trabalhos forçados e te servirá. Porém se ela não fizer paz contigo, mas te fizer guerra, então a sitiarás. E o Senhor teu Deus a dará na tua mão; e todos os do sexo masculino que houver nela passarás ao fio da espada; mas as mulheres, as crianças, e os animais, e tudo o que houver na cidade, todo o seu despojo, tomarás para ti; e desfrutarás o despojo dos teus inimigos, que te deu o Senhor teu Deus.
Assim farás a todas as cidades que estiverem mui longe de ti, que não forem das cidades destes povos. Porém, das cidades destas nações que o Senhor teu Deus te dá em herança, não deixarás com vida tudo o que tem fôlego. Antes, como te ordenou o Senhor teu Deus, destruí-las-ás totalmente: aos heteus, aos amorreus, aos cananeus, aos ferezeus, aos heveus, e aos jebuzeus, para que não vos ensinem a fazer segundo todas as suas abominações, que fizeram a seus deuses, pois pecaríeis contra o Senhor vosso Deus. [20:10-8]

E o estágio final da bênção é simplesmente a vida longa, a prosperidade e a segurança que o Israel militarmente dominante gozará para todo o sempre. Isso é que é evocado na lista de bênçãos formais no começo do capítulo 28.

Por sombrio que possa parecer o destino das vítimas de Israel, mais sombria ainda é a aterradora descrição que Moisés faz do destino de Israel se não observar as leis de Deus. No capítulo 28, a seção de maldições é quatro vezes mais longa que a seção de bênçãos e descreve os horrores com uma eloquência que só será igualada por Dante. Na segunda metade da seção de maldições, Moisés imagina, com detalhes horrendos, um Israel infiel cercado por um inimigo implacável:

> Porquanto não serviste ao Senhor teu Deus com alegria e bondade de coração, não obstante a abundância de tudo. Assim com fome, com sede, com nudez, e com falta de tudo, servirás aos teus inimigos, que o Senhor enviará contra ti; sobre o teu pescoço porá um jugo de ferro, até que te haja destruído.
>
> O Senhor levantará contra ti uma nação de longe, da extremidade da terra virá como o voo impetuoso da águia, nação cuja língua não entenderás; nação feroz de rosto, que não respeitará ao velho, nem se apiedará do moço. Ela comerá o fruto dos teus animais, e o fruto da tua terra, até que seja destruído; e não te deixará grão, mosto, nem azeite, nem as crias das tuas vacas e das tuas ovelhas, até que te haja consumido. Sitiar-te-á em todas as tuas cidades, até que venham a cair os teus altos e fortes muros, em que confiavas em toda a tua terra; e te sitiará em todas as tuas cidades, em toda a tua terra, que o Senhor teu Deus te deu. Comerás o fruto do teu ventre, a carne de teus filhos e de tuas filhas, que te der o Senhor teu Deus, na angústia e no aperto com que os teus inimigos te apertarão. O mais mimoso dos homens, e o mais delicado do teu meio, será mesquinho para com seu irmão, e para com a mulher do seu amor, e para com os demais de seus filhos que ainda lhe restarem; de sorte que não dará a nenhum deles da carne de seus filhos, que ele comer; porquanto nada lhe ficou de resto na angústia e no aperto com que o teu inimigo te apertará em todas as tuas cidades. A mais mimosa das mulheres, e a mais delicada do teu meio, que de mimo e delicadeza não tentaria pôr a planta do pé sobre a terra, será mesquinha para com

o marido de seu amor, e para com seu filho, e para com sua filha; mesquinha de sua placenta que lhe saiu dentre os pés, e dos filhos que tiver, porque os comerá às escondidas pela falta de tudo, na angústia e no aperto com que o teu inimigo te apertará nas tuas cidades. [28:47-57]

É difícil acreditar que essa descrição não seja construída a partir da experiência direta de alguma cidade da Antiguidade sitiada por inimigos. O cerco e a pilhagem de Jerusalém pelos babilônios em 587 a.C. é o candidato mais plausível. A imagem revoltante de uma mulher lutando com o marido e os filhos para ver quem comerá sua placenta é exatamente o tipo de detalhe inimaginável que só a experiência real é capaz de fornecer a um escritor.

A seção de maldições continua, e imagina a revogação da promessa que Deus fez a Abraão com as palavras da própria promessa: "Ficareis poucos em número, os que éreis como as estrelas dos céus em multidão, porque não destes ouvidos à voz do Senhor vosso Deus" (28:62). E conclui evocando o desespero de um exílio do qual Deus livrará Israel não para voltar à sua terra, mas, muito adequadamente, para o Egito:

Pela manhã dirás: "Ah! Quem me dera ver a noite!". E à noitinha dirás: "Ah! Quem me dera ver a manhã!". Pelo pavor que sentirás no coração e pelo espetáculo que terás diante dos olhos. O Senhor te fará voltar ao Egito em navios, pelo caminho de que te disse: "Nunca jamais o verás; sereis ali oferecidos para venda como escravos e escravas aos vossos inimigos, mas não haverá quem os compre". [28:67-8]

Inadequados até para serem escravos! Não há como não ficar assombrado com o brilho sombrio dessa conclusão. E notem-se as palavras que iniciam a acusação: "Porquanto não serviste ao Senhor teu Deus com alegria e bondade de coração". Em outras palavras, porque não cedeu o prepúcio de seu coração, porque não foi ardente, porque meramente se submeteu.

Mas *Deuteronômio*, 28, um alerta a Israel, é também uma terrível revelação acerca do caráter do Senhor, Deus de Israel. Na selvageria de seus detalhes, essa visão supera em muito o dilúvio. Será o Senhor Deus capaz disso? De fato, sim.

Fica claro, portanto, que o amor de que fala Moisés no *Livro do Deuteronômio* não é uma emoção terna, não é o amor no nosso sentido da palavra. E, apesar do sentido de coerção esmagadora que uma leitura objetiva da eloquência de Moisés possa deixar, a palavra *amor* não é simplesmente mal usada. Seria errado traduzir essa importante passagem assim: "Sirvas ao Senhor teu Deus de todo o teu coração" etc. Há algo mais do que servir com lealdade por trás dessa relação. Pois o amor da aliança foi precedido por um amor mais misterioso e gratuito, que serviu para estabelecer a aliança em primeiro lugar. Vejamos a passagem que fala da circuncisão do coração, citada antes: "Eis que os céus e os céus dos céus são do Senhor teu Deus, a terra e tudo o que nela há. Tão-somente o Senhor se afeiçoou a teus pais para os amar [...]". Por que ele fez isso? Ou quem é aquele que faz isso? Existe um lado ameaçador e furioso nesse personagem. O que o mantém sob controle? O que o faz fazer o bem que faz?

Moisés aceita agradecido o mistério da misericórdia divina, sem realmente tentar resolvê-lo. Prescreve, no entanto, o que é, com efeito, a encenação ritual desse mistério, e o ritual contém uma espécie de pista. No capítulo 27, ele diz aos israelitas que, quando entrarem na terra prometida, devem ir até Siquém, registrar a lei em tábuas de pedra, oferecer sacrifício num altar de pedra bruta, depois dividir-se em dois grupos e subir ao alto de duas montanhas vizinhas, Ebal e Gerizim. Seis tribos recitarão as bênçãos em Gerizim, e as outras seis em Ebal as maldições. Trata-se muito claramente de um ritual de ratificação da aliança, mas o local, Siquém, atribui ao ritual um sentido alusivo e profundo. Foi a Siquém que Abraão se dirigiu quando o Senhor o chamou pela primeira vez em Ur, em Siquém ele ofereceu o primeiro sacrifício ao Senhor. Foi perto de Siquém que José, o favorito de Deus, foi capturado e vendido como escravo por seus irmãos. Moisés trouxe com ele os ossos de José, e Josué os enterrará em Siquém. Deus, que esteve por duas vezes a ponto de cancelar sua aliança com Israel, renovou-a por causa de Moisés. E agora Moisés ordena que a aliança seja formalmente encenada em Siquém.

A única motivação declarada de Deus, como dissemos, é a criação da humanidade à sua imagem. Mas o poder quase divino por meio do qual homens e mulheres criam outros homens e mulheres é a reprodução sexual. É dessa forma que, se Deus é definido como criador, a humanidade constitui sua imagem mais clara. Mas uma vez mais, como já vimos, Deus se surpreende com o resultado de seu mandamento à humanidade: "Sede fecundos e multiplicai-vos". O crescimento da humanidade na terra o ofendeu, e ele reagiu primeiro destruindo a criação, depois estabelecendo uma aliança que garante a fertilidade e a multiplicação não a todos, mas, desta vez, apenas a Abraão e seus descendentes e com um preço a pagar: a submissão da autonomia reprodutiva. O motivo de Deus não era o desejo de responder a alguma atração que sentisse por Abraão, uma resposta a alguma bondade inata que reconhecesse em Abraão. Moisés tem razão ao dizer: "Sabe, pois, que não é por causa da tua justiça que o Senhor teu Deus te dá esta boa terra para possuí-la" (9:6).

Mas se Deus foi surpreendido pelas consequências de seu ato criador inicial e novamente surpreendido pelas consequências dessa aliança com Abraão, levando-o a uma ação militar contra o Egito e tendo depois de descer do céu para instalar-se em uma tenda no acampamento de Israel, ele também deve ter se surpreendido por sentir esse "amor fiel" por José, pessoalmente, surpreendido por ver-se falando a Moisés como se fala com um amigo e acedendo ao ousado pedido de desvendar sua "glória" ao olhar de Moisés, e finalmente surpreendido, neste ponto da sua própria história, por ouvir Moisés pedindo a todo Israel essa "alegria e bondade de coração" para com Deus. Se Deus exige alegria e bondade de coração da parte de Israel, não terá a obrigação de dedicar a mesma coisa a Israel? Moisés, ao final de sua vida, pede em nome de Deus uma coisa que o próprio Deus jamais pediu a ninguém. Estará Moisés pedindo a mesma coisa de Deus?

As últimas palavras de Moisés são a sua bênção às doze tribos de Israel, e elas ecoam a bênção que o próprio Israel — Jacó, antepassado de Moisés, que à sua maneira foi tão ousado com Deus — pronunciou ao fim de sua vida. A bênção mais longa e a que vem, de longe, do mais fundo do coração, Moisés dedica a José, que era também o favorito de Jacó. Nessa bênção, talvez apenas algumas horas antes de sua morte, Moisés alude publicamente, pela primeira e única vez, ao momento mais sagrado e mais íntimo de sua vida, o momento em que "Eu Agirei" chamou por ele na sarça ardente:

De José disse:

> *"Bendita do Senhor seja a sua terra,*
> *com o que é mais excelente dos céus,*
> *do orvalho e das profundezas,*
> *com o que é mais excelente daquilo que o sol amadurece,*
> *e daquilo que os meses produzem,*
> *com o que é mais excelente dos montes antigos,*
> *e mais excelente dos outeiros eternos,*
> *com o que é mais excelente da terra e da sua plenitude,*
> *e da benevolência daquele que apareceu na sarça;*
> *que tudo isso venha sobre a cabeça de José,*
> *sobre a cabeça do príncipe entre seus irmãos.*
> *Ele tem a imponência do primogênito do seu touro,*
> *e as suas pontas são como as de um boi selvagem;*
> *com elas rechaçará todos os povos*
> *até às extremidades da terra.*
> *Tais, pois, as miríades de Efraim,*
> *e tais os milhares de Manassés".* [33:13-17]

As bênçãos de Moisés à tribo de José (Efraim e Manassés são filhos de José) integram-se a tudo o que ele disse em sua exortação imortal a Israel, porém o próprio Moisés não pode ser contido em seu próprio discurso. De Israel, Moisés exigiu o prepúcio de seu coração para Deus. De Deus, Moisés, ao morrer, pode estar solicitando, mesmo sem o dizer, uma submissão comparável.

5. TRIBULAÇÃO

A OFERTA QUE O SENHOR FEZ DE UMA ALIANÇA reprodutiva com Abraão foi, como observamos antes, coerciva para Abraão e agressiva para o resto da humanidade, por mais benevolente que o Senhor possa ter parecido quando "conduziu-o até fora, e disse: 'Olha para o céu e conta as estrelas, se é que podes'" (*Gênesis*, 15:5). Essa cena — uma noite estrelada, um homem sem filhos sozinho com seu Deus — nada tem de abertamente coerciva. Mas se a partir dela tivesse sido possível antecipar as maldições de *Deuteronômio*, 28, acharíamos mais fácil avaliar por que Abrão/Abraão resistiu à oferta de Deus e por que Jacó, chamado Israel, neto de Abraão, também o faria. Se a promessa divina de uma fertilidade, por assim dizer, astronômica viesse ligada a uma ameaça divina de degradação pior do que qualquer morte, por que alguém não ficaria satisfeito com a expectativa humana normal de descendência?

No fim, como vimos, Abraão e Isaque deixaram de resistir, submeteram-se à circuncisão e aceitaram a promessa de Deus. Deus cumpriu a primeira parte de sua promessa: Israel tornou-se uma poderosa multidão. A segunda parte, a promessa de terra, ainda está para ser cumprida. Mas será que Israel preenche as condições retroativas impostas por Deus?

Essa é a sombra que paira sobre toda a longa narrativa que vai da conquista de Canaã, no começo do *Livro de Josué*, até a queda de Jerusalém diante dos babilônios no fim de *II Reis*. E, ao longo de toda essa narrativa, o personagem de Deus continua a ser definido em termos gerais como suserano dos seus vassalos israelitas. No começo, eles são, em termos gerais, vassalos fiéis, mantendo os termos do acordo, e ele faz a sua parte, levando-os à vitória na batalha. No fim, eles abandonam o acordo com Deus; conforme o previsto, Deus os abandona aos seus inimigos, e eles sofrem uma derrota catastrófica. Os próprios eventos são turbulentos, mas desde *Josué* até *II Reis* o personagem do Senhor Deus é estável se compararmos com o que vimos desde o *Gênesis* até o *Deuteronômio*. A síntese obtida no *Deuteronômio* não se rompe sob o impacto dos eventos subsequentes.

Dentro dessa identidade praticamente estável, há, no entanto, elementos de uma autodescoberta de Deus. Os termos que associamos a esses elementos são: (1) *conquistador*, como desenvolvimento do liberador anterior; (2) *pai*, como desenvolvimento do amigo da família anterior; e (3) *árbitro*, desenvolvimento do legislador anterior.

1. *Conquistador*. No *Livro de Josué*, o Senhor faz para os cananeus nada mais do que já havia prometido fazer em *Êxodo*, 23:27: "Enviarei o meu terror diante de ti confundindo a todo o povo aonde entrares, farei que todos os teus inimigos te voltem as costas". Fazer uma promessa já implica, para aquele que promete, ser um personagem coerente com a promessa feita. Quando Deus promete conquista, ele entende que, quanto ao seu caráter, já é um conquistador. Dessa forma, o *Livro de Josué* apenas incrementa o desenvolvimento do personagem. Ao colocar em ação suas palavras, o Senhor percebe mais plenamente o que estava implícito em sua promessa original, muito menos consciente, feita a Abraão.

Quando Deus prometeu fertilidade sobre-humana a Abraão, ele não parecia prever que a promessa iria exigir que se tornasse um deus da guerra, para assim liberar do Egito a descendência de Abraão. No entanto, quando ele se tinge de sangue nessa primeira guerra, parece perceber imediatamente que uma segunda guerra será necessária. Os israelitas não precisam gemer no deserto pedindo-lhe uma terra que lhes sirva de moradia: ele antecipa essa necessidade; sabe que, para manter a promessa de terra que fizera anteriormente, terá de tornar-se um conquistador e tomar a terra prometida daqueles que nela nasceram. Como elemento de sua identidade, portanto, o conquistador está intimamente ligado ao liberador, com uma diferença.

O Faraó estava oprimindo os israelitas, e sua humilhação é apresentada como mais ou menos merecida. Além disso, o Senhor esforça-se para garantir que o Faraó tenha plena consciência de quem é que o está derrotando. Ao contrário, os cananeus não são apresentados como culpados de nenhuma ofensa ativa contra Israel. Sua ofensa é passiva e não intencional: o Senhor acredita que eles representam uma tentação a Israel simplesmente por serem praticantes de suas religiões não israelitas. E, quando são expulsos ou exterminados, não importa a Deus que saibam, como sabia o Faraó, que seu destino é um exercício da vontade dele. Como aliados na conquista de Canaã, Deus e Israel são leais um ao outro, porém no mais são brutais. Esse tom de brutalidade vai ficando gradualmente mais sombrio e ao final do *Livro dos Juízes* afeta as relações até mesmo entre as doze tribos de Israel.

2. *Pai*. É notável que nos primeiros capítulos de *I Samuel*, assim que termina a selvageria interisraelita ao final do *Livro dos Juízes*, venha um incidente de grande ternura que conclui com uma prece tocante. Nessa oração, Deus, embora chamado de "Senhor das Hostes", que quer dizer Senhor dos Exércitos, é também exaltado, pela primeira vez, como amigo dos oprimidos contra o poder dos militarmente fortes. Como conquistador de Canaã, o Senhor pouco difere do que era ao derrotar o Egito. O componente militar de sua identidade permanece dominante, mas o subtema da preocupação social começa a tornar mais complexa essa identidade. O fato de essa oração vir de uma mulher e de ser um pedido na área da reprodução nos leva de volta às preocupações mais humildes, mais amigas, do Senhor enquanto "deus de", que aparece no *Livro do Gênesis*. Mas, nas ocasiões anteriores, ele não era simultaneamente um deus da guerra. E ninguém que chamasse por ele nessas ocasiões se referia a ele, de maneira geral, como amigo dos pobres ou dos fracos. Naquelas ocasiões, ele era, por assim dizer, o amigo desarmado de uma extensa família; aqui ele é o amigo fortemente armado de todos os oprimidos — pelo menos implicitamente.

Um maior desenvolvimento na mesma direção ocorre quando, depois da fugidia relação pessoal com José e de sua amizade com Moisés, Deus pela primeira vez, ainda hesitante, refere-se a si mesmo como Pai. Respondendo ao ardor da devoção de Davi, Deus anuncia que adotará o filho de Davi, Salomão, como seu próprio filho (*II Samuel*, 7). O relacionamento básico de Deus com Israel continua sendo o de suserano e vassalo, mas no seio desse relacionamento um novo tipo de relação — que constitui um desenvolvimento de um aspecto do caráter de Deus — começa a emergir. Apenas mencionada nesse primeiro relato, essa cena — ampliada e nobremente adornada — em seu segundo relato, no *Livro das Crônicas*, canonizará a paternidade como a mais profunda verdade acerca de Deus. Em *II Samuel*, porém, Deus ainda não é inteiramente um pai. Está apenas começando a se reconhecer nesse papel.

3. *Árbitro*. Quando resgatou Israel do Egito, Deus parece não ter percebido que estava fazendo uma revisão na ordem internacional. Ao final de *II Reis*, ele já começou a conscientemente perceber a si mesmo não só como suserano de Israel, mas também como árbitro das relações entre as nações. O papel de árbitro do mundo não está incluído em sua identidade de legislador de Israel, mas tem por base essa identidade.

A linha do enredo do Tanach de *Josué* até *II Reis* começa com invasão e conquista e termina com derrota e exílio; em termos deuteronômicos é uma história de fidelidade e bênção seguida de apostasia e maldições. Em muitos dos eventos que constituem esses seis livros, Deus não é o personagem central. A própria estabilização desse personagem no *Livro do Deuteronômio* possibilita que ele se torne, até certo ponto, mais uma parte do cenário do que uma das *dramatis personae*. As mudanças que efetivamente ocorrem em seu caráter são definitivas, não por causa de seu efeito imediato, já que este é modesto, mas porque são pontos de partida para a recuperação que Deus, não menos que Israel, terá de buscar depois de cumprir plenamente as suas terríveis maldições contra Israel.

CONQUISTADOR
"E não deixaram nada que respirasse."

JOSUÉ, JUÍZES

Os críticos históricos acreditam, e têm boa base para isso, na existência de uma História Deuteronomista, uma obra composta que começa com o *Livro de Josué* e termina em *II Reis*, servindo o *Livro do Deuteronômio* em si como um extenso prólogo. Seja lido como história de Deus, seja como história da humanidade, o *Livro do Deuteronômio* funciona ao mesmo tempo como fim e como princípio. Se ele não existisse, a narrativa saltaria diretamente da morte de Moisés (que poderia vir no final do *Livro dos Números* em vez de, como agora, no fim do *Deuteronômio*) para a conquista de Canaã. Isso faria a exposição mais rápida, mas deixaria Deus muito menos vívido em nossas mentes do que ele é no Tanach tal como o lemos hoje. O *Deuteronômio* dá organicidade a Deus, levando sua autoapresentação a um clímax justamente antes de Josué atravessar o rio Jordão. Apesar de ser Moisés quem está falando, e falando de fato com a segurança de um grande orador, é "o Senhor nosso Deus" que acaba provocando a impressão mais forte em nossa imaginação, por sua clareza de propósito, sua extraordinária vitalidade e sua mistura única de crueldade e cordialidade.

Quando começa a ação que irá preencher os livros de *Josué*, *Juízes*, *I* e *II Samuel* e *I* e *II Reis*, livros que são chamados na tradição judaica "os antigos profetas", a questão que ocupa as mentes dos leitores ou ouvintes não pode ser mais clara: Israel vai ou não manter a aliança? Se mantiver, tudo bem para Israel. Se não, tudo estará extremamente mal.

No começo, tudo vai bem. Sob a liderança de Josué, lugar-tenente de Moisés e agora seu sucessor, os israelitas efetuam uma matança genocida em 31 cidades cananeias, uma única vez limitando-se, devido a uma promessa precipitada de Josué, a escravizar os habitantes de um grupo de cidades (*Josué*, 9). A radicalidade do extermínio é enfatizada por uma variedade de expressões. Na matança de Maquedá "feriu à espada [...] todos que nela estavam, sem deixar nem sequer um" (10:30). A destruição de Hazor continua "até que os destruíram; e ninguém sobreviveu" (11:14). A VPR, mais literal e mais próxima da vivacidade do texto hebraico do que a tradução da JPS, termina com: "E não deixaram nada que respirasse". As mulheres eram mortas da mesma forma que os homens; só o gado e os despojos escapavam da destruição (8:26-7). A destruição de Ai, para vermos um exemplo em detalhe, começa quando os israelitas incendeiam a cidade. Os habitantes fogem para o campo, onde os israelitas os caçam e matam. Os conquistadores voltam então à cidade e matam os habitantes que restaram, deixando o rei para o fim:

> Tendo os israelitas acabado de matar todos os moradores de Ai no campo, e no deserto onde os tinham perseguido, e havendo todos caído ao fio da espada, e sendo já todos consumidos, todo o Israel voltou a Ai e a passaram ao fio da espada.
>
> Os que caíram aquele dia, assim homens como mulheres, foram doze mil: todos moradores de Ai.
>
> Porque Josué não retirou a mão, que estendera com a lança, até haver destruído totalmente os moradores de Ai. Saquearam, entretanto, para si os israelitas o gado e os despojos daquela cidade, segundo a palavra do Senhor que ordenara a Josué.
>
> Então Josué pôs fogo a Ai, e a reduziu para sempre a um montão, a ruínas até o dia de hoje. Ao rei de Ai enforcou-o, e o deixou no madeiro até a tarde; ao pôr-do-sol, por ordem de Josué, tiraram do madeiro o cadáver, e o lançaram à porta da cidade, e sobre ele levantaram um montão de pedras, que até hoje permanece. [8:24-29]

Israel está unificado e — a não ser por um pequeno desvio logo corrigido — animado sob o comando de Josué, e o Senhor propicia as vitórias que havia prometido.

A narrativa da conquista começa e termina na histórica Siquém, primeira cidade que Abraão visitou quando o Senhor o trouxe à região. O primeiro pedaço de terra que Jacó, Israel em pessoa, comprou foi em Siquém. O primeiro contato dos israelitas com o genocídio sagrado, uma prévia da conquista posterior, ocorreu em Siquém, depois da violação de Diná. Quando José foi raptado e vendido como escravo no Egito, ele estava a caminho de Siquém. Moisés deu instruções para a leitura ritual das bênçãos e maldições em Siquém, instruções que Josué cumpriu fielmente antes de adentrar a região e começar seus ataques à população local. E no fim da vida de Josué, já concluída a conquista espetacular, o conquistador faz um memorável discurso final em Siquém, ao qual os israelitas respondem em uníssono num ápice de entusiasmo jamais superado:

> Então respondeu o povo, e disse: "Longe de nós o abandonarmos o Senhor para servirmos a outros deuses; porque o Senhor é o nosso Deus; ele é quem nos fez subir, a nós e a nossos pais, da terra do Egito, da casa da servidão, quem fez estes grandes sinais aos nossos olhos, e nos guardou por todo o caminho que andamos, e entre todos os povos pelo meio dos quais passamos. O Senhor expulsou de diante de nós a todas estas gentes; até o amorreu, morador da terra: portanto, nós também serviremos ao Senhor, pois ele é o nosso Deus". [24:16-8]

Josué adverte o povo que o Senhor não perdoará suas transgressões se o abandonarem. Mas eles não se deixam abalar: "Não, serviremos ao Senhor".

Josué disse ao povo: "Sois testemunhas contra vós mesmos de que escolhestes ao Senhor, para o servir". E disseram: "Nós somos". "Deitai, pois, agora, fora os deuses estranhos que há no meio de vós, e inclinai o vosso coração ao Senhor Deus de Israel." Disse o povo a Josué: "Ao Senhor nosso Deus serviremos, e obedeceremos à sua voz". [24:22-4]

Josué morre e é enterrado logo depois no campo montanhoso de Efraim, e os ossos de José, que Moisés e Josué haviam trazido do Egito, são reenterrados em Siquém, que também fica no território de Efraim. Efraim e seu irmão, Manassés, filhos de José, constituem Israel por excelência, a tribo escolhida no interior do povo escolhido. José está em casa afinal, conforme os planos do Senhor caminham para aquela que parece ser sua consumação perfeita.

Mas eis que as ousadas palavras dos israelitas logo refletem seus feitos menos ousados. No começo do *Livro dos Juízes*, ao lado de uma lista de todas as doze tribos, lemos um relato sobre os cananeus e outros nativos que as respectivas tribos não expulsaram. Logo em seguida, o Senhor aparece na forma de um anjo para pronunciar seu julgamento fatal:

"Eu disse: 'Nunca invalidarei a minha aliança convosco. Vós, porém, não fareis aliança com os moradores desta terra, antes derrubareis os seus altares'; contudo não obedecestes à minha voz. Que é isso que fizestes? Pelo que também eu disse: 'Não os expulsarei de diante de vós; antes vos serão por adversários, e os seus deuses vos serão laços'." Sucedeu que, falando o anjo do Senhor estas palavras a todos os filhos de Israel, levantou o povo a sua voz e chorou. [*Jz.*, 2:1-4]

Ambas as consequências que o Senhor anuncia comprovam-se verdadeiras. Primeiro, os habitantes da terra efetivamente tornam-se adversários de Israel, e Israel não é mais invencível ao combatê-los. O exército de Josué se divide em bandos guerrilheiros locais sob vários chefes ("juízes"). Segue-se um combate aparentemente interminável. Depois, dando início ao que acabará sendo uma longa série de defecções para os deuses de Canaã, o primeiro pretenso rei de Israel, o renegado Abimeleque, encena um golpe em Siquém. A apostasia, a tentação que existe desde o primeiro momento da aliança de Israel com o Senhor, torna-se agora cada vez mais frequente. Gradualmente, a nação começa a mudar de religião.

No fim, as apostasias locais recorrentes irão se somar, resultando na apostasia total, em massa. Nesse ponto, Israel estará condenado à catástrofe. Só gradualmente, porém, é que será atingido. Os mencionados chefes locais, carismáticos, vários profetas e um punhado de reis excepcionalmente devotos adiam esse momento, clamam à nação por uma reforma, e novamente a conduzem à vitória, por algum tempo. O padrão, no entanto, é de um inexorável declínio e termina com o cumprimento da maldição final, prevista em *Deuteronômio*, 28: sítio, conquista, exílio. E, no final de *II Reis*, o último rei israelita é cegado, depois de assistir à execução de seus dois filhos, e o que resta da nação abatida é levado em cativeiro para a Babilônia. A História Deuteronomista fica assim emoldurada pelo genocídio: o genocídio que Israel impôs aos seus inimigos no começo e o genocídio que os inimigos impõem a Israel no final. Ambos são vontade e obra do Senhor.

A espiral declinante começa com um golpe que tenciona transformar a liga de tribos estabelecida por Moisés e Josué numa monarquia. Abimeleque mata os outros herdeiros de seu pai, o chefe Gideão, num gesto de alguma forma ligado ao culto de um deus local curiosamente chamado tanto de Baal Berith ("Baal da Aliança") como de El Berith ("El da Aliança"). A maior resistência a Abimeleque não vem dos israelitas fiéis, mas dos nativos siquemitas, descendentes de Siquém, filho de Hamor (a resistência invoca-o pelo nome) que foi morto pelos filhos de Jacó. Abimeleque vence a resistência e arrasa Siquém. Quando, logo depois, ele próprio é morto, terminam juntas a primeira monarquia de Israel e a ascendência religiosa e política de Siquém. A próxima vez que ouvimos falar da arca da aliança, na qual o Senhor está entronizado, ela foi transferida para Silo.

A destruição de Siquém é um momento profundamente chocante, mas no último capítulo do *Livro dos Juízes* surge um outro tipo de violência, mais chocante. Com toda certeza, uma horrenda violência é também imposta às cidades cananeias no

Livro de Josué, mas os relatos a esse respeito têm uma qualidade concisa, esquemática. Com apenas poucas exceções, os feitos individuais de poderio militar da parte de Israel ou contra Israel não são relatados. Durante o *Livro dos Juízes*, porém, o que era antes um exército de ocupação disciplinado e unificado degenerou em bandos guerrilheiros ou, na melhor das hipóteses, em milícias. Embora os sucessivos chefes que controlam as milícias dominem nominalmente todo Israel, eles vêm de tribos diferentes, e suas ações são invariavelmente localizadas. Nenhum dos chefes fala pelo Senhor como Moisés ou Josué. Todos são, se quisermos, empenhados, mas não inspirados, e só uma parte desse empenho vem do Senhor. Assim, em *Juízes*, 18, perto do fim do livro, a tribo de Dan está claramente buscando apenas ampliação territorial quando deixa a área a ela destinada e ataca Laís no extremo norte, "um povo em paz e confiado, e os feriram ao fio da espada, e queimaram a cidade a fogo. Ninguém houve que os livrasse, porquanto estavam longe de Sidom, e não tinham trato com ninguém" (18:27). Os danitas escolhem Laís para conquistar por questões puramente estratégicas.

O pior de todos os brutais incidentes descritos no *Livro dos Juízes* vem no capítulo 19, e joga os israelitas uns contra os outros. Nesse incidente, um levita (funcionário religioso) da tribo e território de Efraim, viajando pelo território adjacente da tribo de Benjamin com sua concubina, é recebido como hóspede na casa de um efraimita morador da região. Nessa noite, os benjaminitas, repetindo a ofensa de Sodoma, solicitam acesso sexual ao visitante: "Traze para fora o homem que entrou em tua casa, para que abusemos dele". Assim como na ocasião anterior, o dono da casa oferece aos agressores sua filha e sua própria concubina. Os benjaminitas recusam a oferta. O visitante entrega então a sua concubina e os benjaminitas passam a noite abusando dela — estuprando-a, de fato, até a morte:

> [...] e eles a forçaram e abusaram dela toda a noite até pela manhã, e, subindo a alva, a deixaram.

Ao romper da manhã, vindo a mulher, caiu à porta da casa do homem, onde estava o seu senhor, e ali ficou até que se fez dia claro. Levantando-se pela manhã o seu senhor, abriu as portas da casa e, saindo a seguir o seu caminho, eis que a mulher, sua concubina, jazia à porta da casa, com as mãos sobre o limiar. Ele lhe disse: "Levanta-te, e vamos", porém ela não respondeu. [19:25-8]

É um lance brilhante do narrador colocar a frase mais brutal do incidente na boca do dono da mulher e não na de seus atacantes. Mas, se o levita não tem piedade, ele não fica alheio à raiva. Sua resposta ao assassinato é cortar o corpo da concubina em pedaços e mandar um pedaço para cada tribo de Israel, exceto para a de Benjamin. As tribos então se juntam e marcham contra Benjamin, matando todos os homens, mulheres, crianças e animais da tribo e queimando todas as suas cidades. Os únicos sobreviventes benjaminitas são uns poucos soldados. Depois, os outros israelitas dão-se conta, lamentosamente, de que seu voto — parte de sua represália contra Benjamin — de não permitir que nenhuma de suas filhas despose benjaminitas significa que essa tribo deve agora morrer, a menos que achem uma solução. E acham: percebem que uma cidade israelita, Gibeá, não se juntou à ação comum contra Benjamin, e mandam um exército para matar todos os seus habitantes, inclusive as mulheres e meninos, poupando apenas as meninas virgens. Essas virgens são trazidas para o altar de Silo, e os sobreviventes benjaminitas são informados de que durante os festejos de uma data religiosa vindoura poderão capturar e violar as moças impunemente, preservando assim sua tribo como uma das doze.

PAI
"Ó Absalão, meu filho, meu filho!"

I e II SAMUEL

O *Livro dos Juízes* termina com uma descrição de Israel mergulhado em brutalidade, cinismo religioso e degradação sexual. O primeiro *Livro de Samuel* abre numa atmosfera de grande calma e dignidade. Passou-se algum tempo (talvez bastante), e estamos em Silo novamente, a mesma cidade santuário onde se permitiu que os homens benjaminitas estuprassem impunemente. No intervalo decorrido, a cidade passou a ser a sucessora de Siquém como centro de culto da aliança de doze tribos, e a ação começa com a história de um efraimita muito diferente daquele que desmembrou o corpo da concubina.

Elcana tem duas esposas: Penina, que tem filhos, e Ana, que ele ama, mas que não tem filhos. Penina fica ressentida com o favor que Ana goza junto a Elcana e caçoa de sua esterilidade:

> E assim o fazia ele de ano em ano; e, todas as vezes que Ana subia à casa do senhor, a outra a irritava; pelo que chorava, e não comia. Então Elcana, seu marido, lhe disse: "Ana, por que choras? e por que não comes? e por que estás de coração triste? Não te sou eu melhor do que dez filhos?".
> [*I Sm.*, 1:7-8]

"Não te sou eu melhor do que dez filhos?" Dentro do contexto, que vem desde Abraão e Sara, passando pelos estupros de Silo que acabamos de ver e o estupro e assassinato da concubina desmembrada, essa frase é emocionante em sua delicadeza e doçura. Porém, mais surpreendente que essa primeiríssima palavra de ternura de um homem israelita para uma mulher israelita, esse é o primeiro passo de volta à tirania da fertilidade. Um passo pequeno. Numa sociedade poligâmica, uma esposa estéril pode funcionar como amante. Elcana tem Panina para os bebês. Mesmo assim, suas palavras contam, pois na narrativa bíblica até esse ponto Deus e a humanidade foram sempre obcecados com a reprodução. Apesar de o amor e a preferência amorosa não serem inteiramente desconhecidos (Rebeca por Jacó, Jacó por Raquel, Jacó por José etc.), foi sempre muito claro que o amor marital era inferior à fertilidade materna. Aqui não: "melhor" ["mais devotado" na interpretação da JPS]. O que a frase diz literalmente é: "Eu não sou para você mais do que dez filhos?".

Seja o que for que Elcana tenha dito, porém, Ana quer ser mãe. Nos versículos imediatamente posteriores às palavras confortadoras de Elcana, lemos:

Após terem comido e bebido em Silo, estando Eli, o sacerdote, assentado numa cadeira, junto a um pilar do templo do Senhor, levantou-se Ana e, com amargura de alma, orou ao Senhor, e chorou abundantemente. E fez um voto dizendo: "Senhor dos Exércitos, se benignamente atentares para a aflição da tua serva, e de mim te lembrares, e da tua serva te não esqueceres, e lhe deres um filho varão, ao Senhor o darei por todos os dias da sua vida, e sobre a sua cabeça não passará navalha". [1:9-11]

Ao fazer o voto de que seu filho será o que o Tanach chama de "nazireu", uma espécie de monge ou ministro do santuário, Ana sente com toda clareza que tem o direito de levar sua aflição ao Senhor.

Mas quem é o Senhor a quem ela manifesta a sua aflição? Em sua oração, é o "Senhor dos Exércitos" [em outras traduções, "Senhor das Hostes"]. A palavra *hostes* é sinônimo de *exército*. Ela está rezando ao Senhor dos Exércitos, um deus da guerra, não um deus da fertilidade. Em hebraico, o nome é *yahweh ṣebaʾ ot*, expressão composta morfologicamente de um verbo, *yahweh*, e de um substantivo, *ṣebaʾ ot*, apesar de funcionar sintaticamente como dois substantivos, uma vez que seu elemento verbal há muito passou a funcionar como nome. Alguns estudiosos especulam que a forma original, completa, do nome *yahweh ṣebaʾ ot*, "Senhor das Hostes", poderia ser o nome-frase *ʾel yahweh ṣebaʾ ot*, "El Levanta os Exércitos". O nome completo do deus a quem Ana dirige sua oração podia também ser *baᶜal yahweh ṣebaʾ ot*, "Baal Levanta os Exércitos". O sujeito da frase perdeu-se pela abreviação, como sempre acontece, mas podemos afirmar, a partir apenas do objeto, que o deus a que o nome se refere é um guerreiro.

Mas não será um guerreiro pouco comum esse a quem um pedido como o de Ana pode ser feito? O Senhor, o Deus de Israel, é uma fusão de personalidades divinas. A uma delas, o "deus de", o amigo da família, o pedido dela seria adequado, humilde. Lia e Raquel fizeram pedidos semelhantes em sua época. Para outra dessas personalidades, El, o pedido seria apropriado, mesmo ficando bem abaixo de seu nível usual de consideração. A uma terceira, precisamente aquela a quem a oração é dirigida, constitui um pedido inadequado, na medida em que o "Senhor dos Exércitos" é encarregado da guerra e não da fertilidade. Mas, precisamente nesse momento da mais pura piedade israelita, podemos ver o começo de um novo tipo de problema.

O Baal cananeu, como observamos antes, era ao mesmo tempo um furioso deus da guerra e um orgiástico deus da fertilidade. Inúmeros indícios dão a entender que Ana é a última israelita a se voltar para o culto de Baal. Mas quando ela pede uma criança ao Senhor, suserano de Israel e comandante nas batalhas, ela se dirige a ele como uma divindade tão similar a Baal em suas funções que, se o estiver confundindo com Baal, podemos imaginar que seu erro seja inocente. Confusões semelhantes, não reconhecidas na história anterior de Israel, desempenham um papel importante na emergência do personagem do Senhor Deus enquanto fusão de diversas personalidades.

Depois do *Livro do Deuteronômio*, confusões/fusões desse tipo passaram a ser proibidas. Mas a proibição é desrespeitada no geral: nos últimos momentos, parte do povo — e em alguns dos últimos momentos quase todo o povo — dá continuidade ao seu sincretismo religioso. Mas colocar nesses termos e usar a palavra *sincretismo* é falar a língua neutra do historiador moderno. O historiador deuteronomista vê esse sincretismo como um indício de que Israel está abandonando a aliança com o Senhor. Do ponto de vista histórico, neutro, moderno, Israel vai ficando oficialmente menos tolerante com outros deuses à medida que sua liderança vai se tornando mais consciente de como é única a religião israelita. Do ponto de vista do próprio Tanach, a mesma mudança significa, com efeito, uma mudança no próprio Senhor Deus. Indiferente a outros deuses na época de sua ligação com Adão, Noé, Abraão, Jacó e José, o Senhor fica, de repente, "ciumento", exatamente o oposto de indiferente, a começar de Moisés. A narrativa que vai de *Josué* até *II Reis* encena, repetidamente, o conflito central entre esse Deus que acabou de descobrir o ciúme e o povo habitualmente promíscuo.

Para voltar à história de *I Samuel*, o Senhor ouve a prece de Ana, e ela dá à luz um filho, Samuel, que como sacerdote e profeta presidirá o altar de Silo e acabará coroando os primeiros reis de Israel. Tudo isso ainda pertence ao futuro quando Ana faz a sua prece de gratidão, na qual, em êxtase, louva o Senhor como ao mesmo tempo criador, guerreiro, amigo dos esquecidos e necessitados, zelador igualmente da vida (da fertilidade) e da morte (o outro mundo), juiz internacional e árbitro. O terço central de sua prece é assim:

> *O arco dos fortes é quebrado,*
> *porém os débeis cingidos de força.*
> *Os que antes eram fartos hoje se alugam por pão,*
> *mas os que andavam famintos*
> *não sofrem mais fome;*
> *até a estéril tem sete filhos,*
> *e a que tinha muitos filhos perde o vigor.*
> *O Senhor é o que tira a vida, e a dá;*
> *faz descer à sepultura, e faz subir.*
> *O Senhor empobrece e enriquece;*

abaixa e também exalta.
Levanta o pobre do pó,
e desde o monturo exalta o necessitado,
para o fazer assentar entre os príncipes,
para o fazer herdar o trono da glória;
porque do Senhor são as colunas da terra,
e assentou sobre elas o mundo. [2:4-8]

O que é particularmente interessante na prece de Ana, além da mistura de traços do caráter divino, é a primeiríssima menção à preocupação do Senhor com os pobres, os fracos e os necessitados, além dos estéreis. A humildade (para usar palavra que resume tudo) jamais constituiu antes, na Bíblia, uma virtude especial para o Senhor. Quando os israelitas gemiam na escravidão no Egito, não foi por estarem escravizados mas principalmente por serem seus parceiros na aliança que Deus notou seus gemidos. E, quando Ana fala dos pobres e necessitados, devemos entender os pobres e necessitados israelitas. Mesmo assim, existe aqui uma nova ênfase inteiramente distinta; e, quando Deus aceita o agradecimento de Ana, ele aceita também, tacitamente, a caracterização que ela faz dele.

Ao longo de toda a História Deuteronomista, Deus permanece personagem do drama, com falas e ações a desempenhar, mas são encenados trechos inteiros em que ele fica fora de cena e, temporariamente, fora de nossa lembrança. Isso é particularmente verdadeiro no caso da narrativa excepcionalmente dramática que vai de *I Samuel*, 8, até *II Samuel*, 1. Esses capítulos narram o conflito de poder entre Saul e Davi, primeiro e segundo reis de Israel, respectivamente, e envolve de maneira decisiva a Jônatas, filho de Saul e amigo querido de Davi. O favor do Senhor, duas vezes retirado de Saul e concedido a Davi, sempre por intermédio de Samuel, acaba determinando o resultado final; mas, até o lamento de Davi pelo assassinato de Saul e Jônatas em *II Samuel*, 1, grande parte da ação e mesmo dos comentários paralelos repousa nos atores humanos. Estritamente falando, não há tragédia na Bíblia, nenhum infortúnio que seja resultado inevitável mas inocente da imperfeição humana e do curso involuntariamente cruel dos acontecimentos, e não de uma intervenção divina qualquer. Não existe nada na Bíblia, em outras palavras, que "simplesmente aconteça". Mas a história de Saul chega perto disso.

A queda de Saul ocorre quando ele deixa de executar adequadamente a sentença do Senhor, que havia sido objeto de juramento. Em *Êxodo*, 17:14, muitos anos antes do nascimento de Saul, o Senhor disse a Moisés, numa passagem já citada: "Escreve isto para memória num livro, e repete-o a Josué; porque eu hei de riscar totalmente a memória de Amaleque de debaixo do céu". Apagar a lembrança, como observamos antes, ao examinar aquele incidente, significa exterminar, e em *I Samuel*, 15, cabe tardiamente a Saul executar a sangrenta vingança do Senhor. O Senhor o alerta para que não demonstre piedade:

Castigarei a Amaleque pelo que fez a Israel; ter-se oposto a Israel no caminho, quando este subia do Egito. Vai, pois, agora e fere a Amaleque, e destrói totalmente a tudo o que tiver; nada lhe poupes, porém matarás homem e mulher, meninos e crianças de peito, bois e ovelhas, camelos e jumentos. [15:2-3]

Mas, quando chega o momento, Saul manda fugirem os queneus, um clã que vivia entre os amalequitas: "Ide-vos, retirai-vos e saí do meio dos amalequitas, para que eu vos não destrua juntamente com eles, porque usastes de misericórdia com todos os filhos de Israel, quando subiram do Egito" (15:6). É verdade: a esposa e o sogro de Moisés eram queneus, e a tribo efetivamente ajudou os israelitas. Mas a misericórdia com os bebês queneus não estava entre as instruções do Senhor a Saul. Pior, Saul captura o rei amalequita em vez de matá-lo, e, pior ainda, toma o melhor dos carneiros e dos bois como espólio de guerra em vez de destruí-los todos. Por essas ações, e para grande desgosto de Samuel, o Senhor volta-se contra Saul. Saul não é inocente, portanto, mas a desproporção entre seu pecado e seu sofrimento é tão extrema que ele assume a aura de um herói trágico grego, e sua queda produz no leitor ou ouvinte algo como a catarse da tragédia grega. Da mesma forma, o poder destrutivo de Deus, por ser tão tenuemente ligado a considerações éticas, fica próximo do caráter cego, autônomo, da *ananke* grega.

Conforme observamos antes, Deus não faz nada na Bíblia que não tenha a humanidade como referência, mas o contrário não é verdadeiro: algumas ações humanas não têm Deus como referência constante. O incomparável lamento de Davi por Saul e Jônatas é um exemplo muito adequado disso, terminando assim:

> *Como caíram os valentes,*
> *no meio da peleja!*
> *Jônatas sobre os montes foi morto!*
> *Angustiado estou por ti, meu irmão Jônatas;*
> *tu eras amabilíssimo para comigo!*
> *Excepcional era o teu amor,*
> *ultrapassando o amor de mulheres.*
> *Como caíram os valentes,*
> *e pereceram as armas de guerra!* [II Sm., 1:25-7]

Saul pode ter caído porque o Senhor voltou-se contra ele, mas isso não se depreende do lamento de Davi: em doze versículos ele não menciona Deus nem uma vez.

Davi deve ter boas razões, é claro, razões de tato e de artifício, além de religiosas, para não mencionar Deus em seu lamento. Quando lhe chega a notícia da morte de Saul e Jônatas, ele está, afinal, lutando *contra* Deus ao lado dos filisteus, contra Israel. Davi passou muitos anos como líder de uma gangue de bandidos leais ao filisteu Aquis de Gate, que se maravilhava com a selvageria dos ataques de Davi contra seu próprio povo (era costume de Davi exterminar todos os habitantes de qualquer cidade que atacasse). Aquis confiava na lealdade de Davi porque duvidava que um traidor desse porte pudesse retornar ao seu povo, mesmo que quisesse. Aquis estava errado, mas a narrativa da ascendência de Davi está cheia de incidentes que parecem confirmar a regra de que não existe honra entre ladrões. Na narrativa desses incidentes, apesar de o Senhor efetivamente desempenhar um papel, é um papel apenas consultivo. Davi, que, apesar de suas faltas, parece ter sido um fiel javeísta, nunca tentado pelo baalismo, lança mão da adivinhação e dos ofícios de um sacerdote de Javé antes de todas as suas ações mais importantes. O papel consultivo é, no entanto, menor do que os papéis que o Senhor desempenhou antes e desempenhará depois desse ponto, nos livros de *Samuel* e *Reis*.

A narrativa da História Deuteronomista constitui uma espécie de ponto intermediário entre, de um lado, o mito e a lenda do *Livro do Gênesis*, no qual Deus domina inteiramente, e, de outro, narrativas hebraicas posteriores como o *Livro de Esdras* e o *Livro de Ester*. Destes dois últimos só o de *Esdras* pode ser considerado história, mas em ambos Deus está presente mais como objeto de credo do que como sujeito com alguma finalidade. O traço que caracteriza a história de conquista através do exílio, ao contrário, incluindo até mesmo a história de Saul e Davi, é a maneira relativamente direta como ela introduz Deus na narrativa, combinando história genuína com mito e lenda. Na História Deuteronomista, Deus passa a ser um personagem histórico, e, contrariamente, a história adquire o status de mito. Ao longo do trajeto, histórias populares que passaram a fazer parte dessa mistura, puras ficções claramente criadas por seu valor como entretenimento, assumem uma gravidade que é um misto de mito e história. A controvérsia quanto ao caráter histórico, mítico ou fictício dessa narrativa não tem fundamento. Trata-se na realidade de uma mistura das três coisas. E essa mistura é que constitui precisamente o seu traço distintivo como uma forma de literatura.

Os motivos daqueles que produziram essa forma mista não eram os do historiador moderno ou os do romancista moderno ou os do pregador moderno. Podemos abordar esses motivos, porém, dentro dos limites das modernas divisões padronizadas;

no ponto em que, por exemplo, o trabalho do historiador pode "ser lido como um romance" ou em que o novelista mergulhou fundo na história, digamos, da Segunda Guerra Mundial, só para "fundamentar", ou em que o pregador conta do púlpito histórias que — independente de sua moral — deixam a congregação num silêncio emocionado. A divisão de gêneros está profundamente enraizada na cultura de nossos dias. Por isso, tendemos a ser impacientes com um pregador que tenta com empenho excessivo ser interessante ou com um escritor que parece disposto a salvar o mundo. Mas o poder único desse clássico da narrativa hebraica é que ele faz exatamente aquilo que tende a nos deixar impacientes. Se tomarmos o Tanach em seus próprios termos, aceitando que tudo o que nele está contido realmente ocorreu (história), o resultado é de enorme conseqüência pessoal para todo leitor ou ouvinte (religião), e, página por página, às vezes linha por linha, o Tanach todo tem a inconfundível segurança e o *panache* artístico de uma literatura viva (ficção). Não há como fazer retroceder a mentalidade moderna. Jamais conheceremos essa unidade outra vez. Nenhum historiador, nenhum pregador, nenhum escritor jamais poderá recriá-la — isto é, jamais poderá ser as três coisas ao mesmo tempo. Mas, com um esforço de imaginação, podemos vivenciar nesse texto central de nossa herança literária a unidade que o caracterizava.

Grande parte da melhor literatura contida na Bíblia encontra-se nesses seis livros. Se este livro fosse uma introdução geral à Bíblia mais do que apenas uma análise literária de seu protagonista, afirmaríamos que há nesses livros muita coisa que exigiria um tratamento mais extenso. Mas nosso compromisso é com ele; e portanto, depois dessas digressões, devemos nos voltar para a segunda mudança em seu caráter, conforme sugerido antes, permite que o seu envolvimento com Israel prossiga, agora com nova base. Essa mudança ocorre em *II Samuel*, 7, pouco antes da metade da narrativa, e diz respeito a um desenvolvimento impossível de se prever — ou seja, a transformação das tribos de Israel em uma monarquia.

* * *

Moisés mantém-se cautelosamente neutro a respeito da monarquia no *Livro do Deuteronômio*. Ele disse: "Quando entrardes na terra, que te dá o Senhor teu Deus, e a possuíres, e nela habitares, e disseres: 'Estabelecerei sobre mim um rei, como todas as nações que se acham em redor de mim', estabelecerás, com efeito, sobre ti como rei aquele que o Senhor teu Deus escolher" (*Deut.*, 17:14-5). Seguem-se várias restrições, mas elas acabam se resumindo a uma: o rei está sujeito à aliança, tanto como todo mundo em Israel:

> [...] quando se assentar no trono do seu reino, escreverá para si um traslado desta lei num livro, do que está diante dos levitas sacerdotes. E o terá consigo, e nele lerá todos os dias da sua vida, para que aprenda a temer ao Senhor seu Deus, a fim de guardar todas as palavras desta lei, e estes estatutos, para os cumprir. Isto fará para que o seu coração não se eleve sobre os seus irmãos, e não se aparte do mandamento, nem para a direita nem para a esquerda; de sorte que prolongue os dias no seu reino, ele e seus filhos no meio de Israel. [*Deut.*, 17:18-20]

O texto deixa claro que a mudança para a monarquia, se ocorrer, não deverá mudar a relação de Israel com o Senhor. Para ele, governante e governado são igualmente israelitas, obrigados a observar a lei.

Além disso, quando começa a História Deuteronomista, Deus ainda não foi nunca em sua história caracterizado por si mesmo ou por qualquer outra pessoa como um rei. Isso vale mesmo para momentos em que essa palavra poderia vir naturalmente aos lábios de quem fala. Em *Deuteronômio*, 4:39, lemos: "Só o Senhor é Deus em cima no céu, e embaixo na terra". "Rei no céu acima e na terra embaixo" parece constituir um passo retórico pequeno e inconsequente, mas ele nunca é dado. Quando Israel está em vias de nomear seu primeiro rei, Samuel relembra o tempo em que "o Senhor vosso Deus era vosso rei" (*I Sm.*, 12:12). Mas ele não pretende dizer que o Senhor era rei, e sim que, com tal Senhor, Israel não tinha necessidade de um rei, como quem diz: "O Senhor já é o rei de que precisamos". Outras nações tinham reis, a começar pelo "Faraó, rei do Egito", passando pelo transjordaniano Seom, rei de Hesbom, e Ogue, rei de Basã, até a longa lista de reis cananeus dada em *Josué*, 12; mas foram todos derrotados por Israel, que não tem rei, com o seu Deus que não é rei. Para os israelitas, no começo de sua vida nacional, a monarquia era uma instituição estranha e uma categoria estranha tanto em conceito como em imaginação. Depois, e devido ao estabelecimento da monarquia israelita, isso iria mudar; mas até o final de *II Reis* o Senhor Deus jamais é mencionado como rei.

É quando o Senhor fala de si mesmo não como rei mas como pai que começa a ocorrer uma mudança definitiva no modo como ele compreende a si mesmo. Ele faz isso pela primeira e, nesta narrativa, única vez logo depois de um momento de alta emoção, tingido de erotismo. A arca da aliança, na qual o Senhor está entronizado, foi levada à recém-conquistada Jerusalém, a cidade de Davi, coroando uma série triunfal de vitórias militares israelitas. O jovem governante, exultante, dança loucamente diante da arca vestindo apenas um *ephod* de linho, no máximo uma fralda, mas talvez apenas um pequeno avental frontal sem nada atrás, uma espécie de folha de parreira. Depois dessa dança, Mical, uma de suas esposas, o repreende:

> "Que bela figura fez o rei de Israel, descobrindo-se hoje aos olhos das servas de seus servos, como sem pejo se descobre um vadio qualquer!" Disse, porém, Davi a Mical: "Perante o Senhor, que me escolheu a mim antes do que a teu pai, e a toda a sua casa, mandando-me que fosse chefe sobre o povo do Senhor, sobre Israel, perante o Senhor me tenho alegrado. Ainda mais desprezível me farei, e me humilharei aos meus olhos; quanto às servas, de quem falaste, delas serei honrado". [*II Sm.*, 6:20-2]

Brincalhão e malicioso, Davi deixa ambígua, para Mical, a maneira como espera que as servas o honrem; mas não resta dúvida de que estava dançando genuinamente para o Senhor, e não existe ninguém na Bíblia, nem antes, nem depois dele, de quem se possa esperar um ato de tal exuberância e audácia.

Qual é, portanto, o impacto desse ato sobre Deus?

Nessa noite, no silêncio depois da festa, Davi experimenta um breve momento de vergonha, mas não do tipo que Mical tinha em mente. Ele diz a Natã, o profeta:

"Olha, eu moro em casa de cedros, e a arca de Deus se acha numa tenda." Disse Natã ao rei: "Vai, faze tudo quanto está no teu coração; porque o Senhor é contigo".

Porém naquela mesma noite, veio a palavra do Senhor a Natã, dizendo: "Vai, e dize a meu servo Davi: 'Assim diz o Senhor: "Edificar-me-ás tu casa para minha habitação? Porque em casa nenhuma habitei desde o dia em que fiz subir os filhos de Israel do Egito até o dia de hoje; mas tenho andado em tenda, em tabernáculo. Em todo lugar em que andei com todos os filhos de Israel, falei acaso alguma palavra com qualquer das suas tribos, a quem mandei apascentar o meu povo de Israel, dizendo: 'Por que não me edificaste uma casa de cedro?'"'.

"Agora, pois, assim dirás ao meu servo Davi: 'Assim diz o Senhor dos Exércitos: "Tomei-te da malhada, de detrás das ovelhas, para que fosses príncipe sobre o meu povo, sobre Israel. E fui contigo, por onde quer que andaste, eliminei os teus inimigos diante de ti, e fiz grande o teu nome, como só os grandes têm na terra. Prepararei lugar para o meu povo, para Israel, e o plantarei, para que habite no seu lugar, e não mais seja perturbado, e jamais os filhos da perversidade o aflijam, como dantes, desde o dia em que mandei houvesse juízes sobre o meu povo de Israel. Dar-te-ei, porém, descanso de todos os teus inimigos; também o Senhor te faz saber que ele mesmo te fará casa".

"Quando teus dias se cumprirem, e descansardes com

teus pais, então farei levantar depois de ti o teu descendente, que procederá de ti, e estabelecerei o seu reino. Este edificará uma casa ao meu nome, e eu estabelecerei para sempre o trono de seu reino. *Eu lhe serei por pai, e ele me será por filho; se vier a transgredir, castigá-lo-ei com varas de homens, e com açoites de filhos de homens. Mas a minha misericórdia se não apartará dele, como a retirei de Saul, a quem tirei de diante de ti. Porém a tua casa e o teu reino serão firmados para sempre diante de ti; teu trono será estabelecido para sempre*'."

Segundo todas estas palavras, e conforme a toda esta visão, assim falou Natã a Davi. [7:2-17, itálicos meus]

A crítica histórica identifica essa passagem como parte da "História da Corte" da dinastia davídica. O maior propósito da passagem, assim lida, é de fazer propaganda da dinastia. Um propósito menor seria fornecer uma explicação de por que o filho de Davi, Salomão, e não o próprio Davi é quem construirá o templo de Jerusalém. Os historiadores postularam também que essa aliança incondicional com a dinastia davídica foi editorialmente acrescentada à História Deuteronomista depois da queda de Jerusalém para fornecer aos exilados judeus uma razão teológica para a sua esperança de voltar um dia à terra natal.

Tudo isso é verdade, ou pelo menos plausível. Mas, se desviarmos nossa atenção da comunidade judaica e a voltarmos para o Senhor, poderemos ver que o fato de ter sido anunciada uma aliança incondicional importa um tanto menos do que o fato de o Senhor, pela primeira vez, ter falado de si mesmo como pai, ainda que pai de um grande rei, e que ele o faz imediatamente depois da animada dança de Davi e de seu adequado momento de humildade. A passagem, por sinal, contém um jogo de palavras. O vocábulo *bayit*, em hebraico, geralmente "casa", pode também significar seja "dinastia", seja "templo". Assim, Davi diz que vai construir uma *bayit* para o Senhor, e o Senhor diz que não, que ele é que construirá uma *bayit* para Davi. A conversa ilustra um momento augusto com um toque de afeto lúdico. Davi, em resumo, tornou-se querido aos olhos do Senhor.

A paternidade é um estado absoluto, não condicional. Dada a natureza das coisas, o pai de um filho não pode deixar de sê-lo. Se o pai deserda o filho, ele é pai de um filho deserdado. Se mata o filho, é pai de um filho morto. Se renega o filho, é pai de um filho renegado. Se aborta um filho, é pai de um filho abortado. Funcionalmente, esse aspecto da paternidade é que sugeriu a imagem ao Senhor e ao autor bíblico. Mas, uma vez na boca do Senhor, uma vez na página, a paternidade, um dos símbolos naturais mais ricos da experiência humana, começa inevitavelmente a assumir vida própria. A incondicionalidade é apenas uma de suas inúmeras possibilidades.

Existe uma enorme diferença entre o Deus de nossos pais e Deus nosso Pai. Até este ponto na narrativa e, de fato, até um bom pedaço depois também, Deus é o Deus de nossos pais e *não* Deus nosso Pai. O Senhor Deus — sem esposa — criou o mundo, mas não se tornou pai dele. Criou-o por meio da palavra e esse modo de criação é corretamente considerado como um repúdio deliberado das modalidades sexuais tão comuns na mitologia mundial. Pode-se dizer, é claro, que, metafórica ou figurativamente falando, ele foi pai do mundo. Mas dizer isso é apontar uma outra mudança, talvez igualmente portentosa — ou seja, a mudança da linguagem literal para a linguagem figurativa.

Os autores bíblicos sem dúvida compreendiam desde o começo a diferença entre as duas. Quando Moisés canta: "Eis a Rocha! Suas obras são perfeitas" (*Deut.*, 32:4), sabemos — e sabemos que ele sabe — que não está dizendo que o Senhor é literalmente uma rocha. Porém, mesmo sabendo o que significa falar figurativamente de Deus, os escritores bíblicos não o fazem com frequência, ou pelo menos não falam figurativamente em muitos momentos em que um orador religioso contemporâneo o faria. Para eles, a criação e destruição do mundo devem ser entendidas literalmente, como também a travessia do mar Vermelho, o maná no deserto e o trovão e o terremoto no monte Sinai. Acima de tudo, a aliança entre o Senhor e Abraão é literalmente, não figurativamente, um acordo. Se Israel seguir as instruções genocidas de Deus ao pé da letra e, além disso, jamais flertar com deuses estranhos, Israel receberá uma terra de fato (mesmo que só figurativamente corram nela o leite e o mel). Se Israel desviar-se das instruções militares e/ou brincar com Baal ou Camos ou Dagom, então Israel estará de fato, não figurativamente, sujeito ao genocídio nas mãos de Deus.

Contra esse pano de fundo, quando o Senhor promete a Davi que será um pai para Salomão e que Salomão será um filho para ele, não está simplesmente empregando um tropo literário por seu efeito momentâneo, como em: "Eis a Rocha! Suas obras são perfeitas!". Ele está anunciando uma mudança real em seu relacionamento com essa família humana real, a família de Davi, e meramente expressando a mudança metaforicamente — isto é, por uma bem sustentada comparação com algo que não é a própria coisa. Quando, no *Livro do Gênesis*, Deus diz que a humanidade é a sua imagem, ele não tenciona que a palavra *imagem* seja uma metáfora para a relação real entre ele e a humanidade. Não, a relação entre original e cópia *é* a relação real que existe entre eles, uma relação tão real quanto, apesar de diferente, a relação de pai e filho possível entre dois seres humanos. Na linguagem comum, dizemos às vezes, usando uma metáfora, que um filho é a imagem de seu pai. Pai/filho indicam a relação real; original/cópia indicam a metafórica. Em *II Samuel*, 7, esses dois pares são invertidos. Deus diz, usando uma metáfora, que uma cópia (Salomão) se tornará filho de seu original (o Senhor Deus). Salomão, que, como todos os homens, é realmente a imagem do seu original, irá daí em diante ser, metaforicamente, o filho original.

Numa análise literária isso soa mais complexo do que é na realidade. A metáfora é, em todos os casos, uma tentativa de expandir a linguagem. Quando nenhuma das maneiras "corretas" de dizer uma coisa é adequada, escolhemos uma maneira "errada" para termos acesso àquela correção mais profunda a que aspiramos. A morte é, para o Hamlet de Shakespeare, "aquela terra não descoberta de onde nenhum viajante retorna". A morte não é, de fato, nenhuma terra não descoberta: a morte não é de forma alguma um território. Mas falando assim Hamlet consegue expressar o seu medo e assombro diante da face da morte, o que de outra forma seria impossível. A paternidade é uma metáfora que expande a linguagem com que Deus se refere a si mesmo e permite a ele escapar do dilema em que a aliança com Israel o colocou. Ele não pode deixar de aplicar as punições que jurou aplicar. E então? A paternidade é o começo da resposta para essa questão. Deus não pode mudar a aliança, mas pode mudar a si mesmo.

Em sua primeira tentativa de falar de sua relação com a família de Davi como uma relação paternal, o Senhor diz: "Se [Salomão] vier a transgredir, castigá-lo-ei com varas de homens, e com açoites de filhos de homens; mas a minha misericórdia se não apartará dele [...]". A retirada do seu favor — a ruptura da aliança, o divórcio final — é o que Deus sente-se obrigado a fazer se continuar a encarar sua aliança com Israel exclusivamente como uma aliança. Mas de repente ele diz que com Salomão e os descendentes posteriores de Davi ele não fará isso, nem desempenhará o papel de sócio divino enganado da aliança, mas assumirá, ao contrário, um papel muito diferente, quase humano, o de pai estrito. Por mais estrito que seja, o pai sabe que o filho não deixará nunca de ser seu filho. A aliança pode ser revogada, mas não há como revogar a paternidade. A irrevocabilidade é, em primeiro lugar, o aspecto da paternidade de que o Senhor necessita.

Mas a irrevocabilidade é de fato apenas o começo. Ao falar sobre si mesmo aos "profetas posteriores", aqueles de que nos ocuparemos nos próximos capítulos, o Senhor descobrirá em si mesmo uma mãe metafórica igual ao pai que descobre aqui. O que vemos aqui não é a porta toda aberta, mas apenas uma fresta, e a força que a abre é chamada Davi. É assim a interação entre trama e personagem na Bíblia. Davi não é apenas o matador implacável e o líder visionário; ele é também um amante apaixonado, amigo ardente e leal, um poeta e músico de candente ternura e altos voos de lirismo. Por que Deus não haveria de se apaixonar por Davi? Todo mundo se apaixona! Mas então por que Deus não adota Davi em vez de Salomão? Talvez porque conceder o dom ao filho seja como uma vitória sobre a própria morte do pai. Quando Natã narra a Davi o oráculo divino, de noite Davi se levanta, entra na tenda do Senhor e conversa com ele em segredo:

> Quem sou eu, Senhor Deus, e qual é a minha casa, para que me tenhas trazido até aqui? Foi isso ainda pouco aos teus olhos, Senhor Deus, de maneira que também falaste a respeito da casa de teu servo para tempos distantes; e isto é instrução para todos os homens, ó Senhor Deus. Que mais ainda te poderá dizer Davi? Pois tu conheces bem a teu servo, ó Senhor Deus. Por causa da tua palavra, e segundo o teu coração, fizeste toda esta grandeza, dando-a a conhecer a teu servo. [*II Sm.*, 7:18-21]

Davi sabe como tocar Deus, mas Deus também sabe como tocar Davi.

Falando de si mesmo como pai, Deus fala metaforicamente de si mesmo pela primeira e única vez na História Deuteronomista. Mas, se pensarmos nessa passagem como a introdução, ao lado da paternidade incondicional, de um elemento de ternura paterna em Deus, podemos então acrescentar um ou dois outros momentos desses seis livros. Destes, o mais diretamente relevante, que combina tanto a emocionalidade como a incondicionalidade da paternidade, vem em *II Samuel*, 18-9, quando Davi recebe a notícia de que seu filho Absalão está morto. Absalão liderou uma revolta contra seu pai. Joabe, comandante de Davi e, repetidamente, o seu carrasco, matou o príncipe quando podia facilmente tê-lo feito prisioneiro, e manda um mensageiro estrangeiro, um cusita, levar a amarga notícia a Davi:

> Chegou o cusita e disse: "Boas novas ao rei meu senhor. Hoje o Senhor te vingou do poder de todos os que se levan-

taram contra ti". Então disse o rei ao cusita: "Vai bem o jovem Absalão?". Respondeu o cusita: "Sejam como aquele os inimigos do rei meu senhor, e todos os que se levantaram contra ti para o mal". Então o rei, profundamente comovido, subiu à sala que estava por cima da porta, e chorou; e andando, dizia: "Meu filho Absalão, meu filho, meu filho Absalão! Quem me dera que eu morrera por ti, Absalão, meu filho, meu filho!".

Disseram a Joabe: "eis que o rei anda chorando, e lastima-se por Absalão". Então a vitória se tornou naquele mesmo dia em luto para todo o povo; porque naquele dia o povo ouvira dizer: "o rei está de luto por causa de seu filho". Naquele mesmo dia entrou o povo às furtadelas na cidade, como o faz quando foge envergonhado da batalha. Tendo o rei coberto o rosto, exclamava em alta voz: "Meu filho Absalão, Absalão meu filho, meu filho!".

Então Joabe entrou na casa do rei, e lhe disse: "Hoje envergonhaste a face de todos os teus servos, que livraram hoje a tua vida, e a vida de teus filhos, e de tuas filhas, e a vida de tuas mulheres, e de tuas concubinas, amando tu aos que te aborrecem, e aborrecendo aos que te amam: porque hoje dás a entender que nada valem para contigo príncipes e servos; porque entendo agora que se Absalão vivesse, e todos nós hoje fôssemos mortos, então estarias contente. Levanta-te agora, sai, e fala segundo o coração de teus servos. Juro pelo Senhor que, se não saíres, nenhum só homem ficará contigo esta noite; e maior mal te será isto do que todo o mal que tem vindo sobre ti desde a tua mocidade até agora". Então o rei se levantou, e se assentou à porta, e o fizeram saber a todo povo dizendo: "eis que o rei está assentado à porta". Veio, pois, todo o povo apresentar-se diante do rei. [18:31-19:8]

Joabe tem razão, mas Davi estará errado? Absalão teve o que mereceu, mas Davi não pode lamentar-se? E o que dizer do Senhor quando, pelos termos da aliança, o rebelde Israel recebe o que merece? O Senhor torna-se uma espécie de teólogo ao fazer uma analogia e falar de si mesmo como um pai, mas para que a analogia? O sentido da analogia tem de ser compreendido a partir do conceito de paternidade conforme ela era conhecida na vida israelita e sobretudo na vida de Davi. Na história de Absalão, vemos o que significa ser pai quando seu filho o ataca e você o destrói, mas ele é ainda seu filho e você ainda seu pai. Poderá o Senhor ser um pai assim? Essa possibilidade é, no mínimo, mantida reservada, subconscientemente.

A ternura paterna e a preocupação com a defesa dos fracos contra os fortes fundem-se também num outro oráculo do profeta Natã ao rei Davi em *II Samuel*, 12, a meio caminho entre o oráculo da paternidade feito por Natã e a revolta de Absalão. Se a coragem, a exuberância e a generosidade de Davi levaram Deus a pensar e a falar com ele pela primeira vez como um pai, desta vez a covardia, o adultério, a blasfêmia, a traição e a gula de Davi — uma longa lista, mas os deuteronomistas conseguem acusar Davi de tudo isso — ofendem a Deus.

Covardia. O exército israelita está combatendo os amonitas, mas Davi, tão recentemente um herói militar, ficou para trás, em Jerusalém. No fim, os seus homens pedirão a ele que o faça por sua própria segurança (21:17), mas ainda não pediram. O rei está seguro em casa, em seu palácio de cedro, enquanto seus homens arriscam a vida numa batalha.

Adultério. Do pátio superior de seu palácio, Davi espia o banho de Betsabá, esposa de um dos seus soldados. O rei "mandou mensageiros que a trouxessem; ela veio, e ele se deitou com ela". Ela resistiu? Ela consentiu? Teria dado um jeito de ser vista? O texto silencia sobre todas essas questões, mas sob a lei de Israel o comportamento dela não poderia de forma alguma mitigar o pecado de Davi.

Blasfêmia. Constitui ofensa à aliança um israelita ter relações sexuais com uma mulher estrangeira, e por certo uma que não foi tomada como espólio de guerra. Betsabá, cujo nome é cananeu e que é casada com um heteu, parece ser uma convertida ao credo do Deus israelita. Seu banho é descrito como um banho pós-menstrual de purificação, conforme a lei israelita. Mas continua sendo uma estrangeira. Sua conversão não exime Davi de observar a lei.

Traição. Urias, marido de Betsabá, está lutando por Davi ao lado do exército israelita. Davi ordena que Urias seja dispensado e enviado a Jerusalém, onde o rei tenta induzi-lo a dormir com Betsabá. A intenção de Davi, obviamente, é garantir-se para o caso de Betsabá ter engravidado num momento em que seu marido não poderia ter sido o fecundador. Mas Urias, apesar de heteu, é mais devoto do que Davi na observância da lei. Ele responde à sugestão de Davi: "A arca, Israel e Judá ficam em tendas; Joabe [comandante-em-chefe de Davi], meu senhor, e os servos de meu senhor estão acampados ao ar livre; e hei eu de entrar na minha casa, para comer e beber, e para me deitar com minha mulher? Tão certo como tu vives e como vive a tua alma, não farei tal coisa" (11:10-1). Mais tarde, quando Urias retorna para a guerra, Davi manda que leve uma mensagem, evidentemente selada, a Joabe: "Ponde a Urias na frente da maior força da peleja; e deixai-o sozinho, para que seja ferido e morra" (11:15). Joabe cinicamente obedece, e a manobra custa várias vidas além da vida de Urias. O comandante-em-chefe manda um mensageiro para relatar a Davi todas essas mortes, e Davi reage também cinicamente. O rei instrui o mensageiro: "Assim dirás a Joabe: 'Não pareça isto mal aos teus olhos; pois a espada devora assim este como aquele: intensifica a tua peleja contra a cidade, e derrota-a'; e tu anima a Joabe" (11:25).

Gula. O pano de fundo para a ordem de assassinar seu leal soldado e o roubo da mulher da vítima são as muitas esposas de Davi. Suas primeiras sete esposas chamam-se Mical, Ainoam, Abigail, Talmai, Hagite, Abital e Egla. Porém, quando Davi se instala em Jerusalém, o deuteronomista para de contar e simplesmente diz (5:13) que nesse ponto Davi "tomou [...] mais concubinas e mulheres". Para dizer o mínimo, Davi não precisava de outra mulher, e é sobre esse aspecto do abuso de poder que o Senhor se concentra quando manda Natã proferir um oráculo a Davi:

O Senhor enviou Natã a Davi. Chegando Natã a Davi, disse-lhe: "Havia numa cidade dois homens, um rico e outro pobre. Tinha o rico ovelhas e gado em grande número; mas o pobre não tinha coisa nenhuma, senão uma cordeirinha que comprara e criara, e que em sua casa crescera, junto com seus filhos; comia do seu bocado e do seu copo bebia; dormia nos seus braços e a tinha como filha. Vindo um viajante ao homem rico, não quis este tomar das suas ovelhas e do gado para dar de comer ao viajante que viera a ele; mas tomou a cordeirinha do homem pobre, e a preparou para o homem que lhe havia chegado".

Então o furor de Davi se acendeu sobremaneira contra aquele homem, e disse a Natã: "Tão certo como vive o Senhor, o homem que fez isso deve ser morto. E pela cordeirinha restituirá quatro vezes, porque fez tal coisa, e porque não se compadeceu". Então disse Natã a Davi: "Tu és o homem. Assim diz o Senhor Deus de Israel: 'Eu te ungi rei sobre Israel, e eu te livrei das mãos de Saul, dei-te a casa de teu senhor, e as mulheres de teu senhor em teus braços, e também te dei a casa de Israel e de Judá, e, se isto fora pouco, eu teria acrescentado tais e tais coisas. Por que, pois, desprezaste a palavra do Senhor, fazendo o que era mal perante ele? A Urias, o heteu feriste à espada; e a sua mulher tomaste por mulher, depois de o matar com a espada dos filhos de Amom. Agora, pois, não se apartará a espada jamais da tua casa, porquanto me desprezaste e tomaste a mulher de Urias, o heteu para ser tua mulher'". [12:1-10]

Não teria sido absolutamente necessário que o Senhor condenasse o pecado de Davi da maneira como condena. Sua escolha de imagens e comparações revela que tem em mente a vida familiar humana, sua intimidade e a ternura de suas emoções.

Para fazer uma breve digressão, a história do homem pobre com a sua cordeirinha, além de nos dar um relance do lar israelita antigo, é, talvez, a única vez na Bíblia em que ouvimos falar de alguém que tem um animal de estimação. Talvez a cordeirinha, a seu devido tempo, venha a ser comida pelo homem e por seus filhos, mas nenhum norte-americano que tenha conhecido o porco Wilbur no livro *Charlotte's web*, de E. B. White, duvidará que animais de corte de fato podem, mesmo que só temporariamente, ser bichos de estimação. A passagem é reveladora também porque mostra que o cordeiro era o animal que essa sociedade pastoril podia com maior facilidade permitir que comesse à mesa, amar como filho etc.: "Comia do seu bocado e do seu copo bebia; dormia nos seus braços e a tinha como filha". Na longa e riquíssima história do cordeiro como símbolo religioso judeu e cristão, este é um momento revelador muito antigo e inesperado.

As diferenças entre a cordeirinha e Betsabá são bastante grandes, claro, mas Davi deixa-se facilmente iludir. O Senhor sabe colocar sua armadilha. Davi está esperando, talvez, ser acusado de adultério e assassinato. Mas em vez disso o Senhor fala de avareza e gula. Sua alegoria, transformando Betsabá na cordeirinha, transforma-a em comida e riqueza também, transformando assim Davi, o sedutor, num glutão e num sovina. Se estivéssemos fazendo uma leitura histórica do oráculo de Natã, encontraríamos provas da transformação da sociedade nômade em uma sociedade assentada, na qual a propriedade da terra e a acumulação de riqueza tornam possíveis abusos que os nômades não imaginavam e que são raramente mencionados na Torá. Assim pode ter ocorrido a mudança, historicamente; mas como é Deus que está falando, qualquer suposição contida num oráculo dele significa novos dados sobre ele. Aqui, o Senhor parece tomar por certo, como nunca havia feito antes, que o pobre e o fraco têm a priori direito à sua proteção.

ÁRBITRO
"Tu hás de ser rei da Síria."

I e II REIS

Essa pouco previsível afinidade do Senhor das Hostes, o Senhor dos Exércitos, com os fracos e humildes pode servir como ponte para o profeta cujo poder sobre a imaginação religiosa judaica e cristã posterior só foi rivalizado pelo do próprio Moisés — o profeta Elias. Elias e seu sucessor, Eliseu, eram milagreiros, defensores dos pobres, e implacáveis oponentes da corrupção religiosa e civil. Até certo ponto eles e seu contemporâneo, o profeta Micaías, encaixam-se perfeitamente no relato deuteronomista sobre os avisos que, negligenciados, levam à destruição de Israel pelo Senhor. Até certo ponto, porém, eles vão além disso; e a história de Elias o mostra com um efeito paradoxal e único.

O grande oponente de Elias era uma rainha estrangeira casada com um rei israelita, a infame Jezebel, mulher do rei Acabe. Em *I Reis*, 21, Jezebel trama a condenação judicial e a execução de Nabote, cujas vinhas ela cobiça, e chama para si a ira do Senhor, como predissera o profeta Elias:

> Então veio a palavra do Senhor a Elias, o tesbita, dizendo: "Dispõe-te, desce para encontrar-te com Acabe, rei de Israel, que habita em Samaria; eis que está na vinha de Nabote, aonde desceu para tomar posse dela. Falar-lhe-ás, dizendo: 'Assim diz o Senhor: "Mataste e ainda por cima tomaste a herança?"'. Dir-lhe-ás mais: 'Assim diz o Senhor: "No lugar em que os cães lamberem o sangue de Nabote, cães lamberão o teu sangue, o teu mesmo"'". [*I Reis*, 21:17-9]

O fato de Elias assim enfatizar essa ofensa o alinha inteiramente com o subtema da preocupação com os pobres e fracos que torna mais complexa a marcha deuteronomista para o julgamento em nível nacional.

Mas isso não é, em última análise, o traço mais notável a respeito de Elias. Jezebel, sidônia de nascimento, não é apenas devota de Baal, mas ativa propagandista do culto a Baal e perseguidora dos que seguem o Senhor. O modo como abusa de seu poder real contra o inocente Nabote é, de certa forma, a menor das acusações que pesam contra ela. Elias, ao opor-lhe resistência como impiedosa missionária de uma religião estrangeira, está se envolvendo, de certa forma, em relações internacionais. E é em sua carreira e na carreira de Micaías que vemos um desenvolvimento comparável ocorrer com o próprio Deus. Depois da nova preocupação de Deus com os humildes e sua nova maneira de pensar em si mesmo como pai, esta é a terceira mudança que vamos observar nele.

De forma um tanto surpreendente, um dos atos de Elias é ungir um novo rei em Arã para que faça guerra ao pecaminoso reino do norte de Israel. (No mapa antigo, Arã coincide mais ou menos com a moderna Síria, e o nome *Síria* é usado no versículo da VPR que serve de epígrafe a esta seção.) Antes de esse rei de Arã subir ao poder, porém, o marido de Jezebel, Acabe, e Josafá, rei de Judá, guerreiam contra Arã e procuram o conselho de profetas. A maioria dos profetas é canalha e prediz uma vitória gloriosa. Um deles, Micaías, recusa-se a juntar-se ao coro. Chamado à presença dos reis, ele repete sarcasticamente o que seus colegas disseram, mas Acabe percebe o sarcasmo. E reclama a verdade:

> O rei lhe disse: "Quantas vezes te conjurarei, que não me fales senão a verdade em nome do Senhor?". Então disse ele: "Vi todo o Israel disperso pelos montes, como ovelhas que não têm pastor; e disse o Senhor: 'Estes não têm dono; torne cada um em paz para a sua casa'". Então o rei de Israel disse a Josafá: "Não te disse eu, que ele não profetiza a meu respeito o que é bom, mas somente o que é mau?". Micaías prosseguiu: "Ouve, pois, a palavra do Senhor: vi o Senhor

assentado no seu trono, e todo o exército do céu estava junto a ele, à sua direita e à sua esquerda. Perguntou o Senhor: 'Quem enganará a Acabe, para que suba, e caia em Ramote de Gileade?'. Um dizia desta maneira, e outro de outra. Então saiu um espírito, e se apresentou diante do Senhor, e disse: 'Eu o enganarei'. Perguntou-lhe o Senhor: 'Com quê?'. Respondeu ele: 'Sairei, e serei espírito mentiroso na boca de todos os seus profetas'. Disse o Senhor: 'Tu o enganarás, e ainda prevalecerás; sai, e faze-o assim'. Eis que o Senhor pôs o espírito mentiroso na boca de todos estes teus profetas, e o Senhor falou o que é mau contra ti". [22:16-23]

Vemos aqui como, na visão da História Deuteronomista, o castigo imposto a Israel por intermédio de outras nações envolve o Senhor Deus em complexas manipulações internacionais de um tipo antes não encontrado. Chamado rei do céu, ele é, na terra, mais como um imperador, um fazedor de reis, um árbitro internacional plenipotenciário. Porém, uma vez mais, temos de perguntar o que significa para o Senhor Deus o sucesso dessas manipulações. A demonstração do seu poder não será extremamente paradoxal e, em última análise, sem sentido? Se Israel e Judá perderem, como é que ele próprio vencerá?

O último quartel da História Deuteronomista fica à sombra de uma segunda teofania do Senhor Deus no monte Sinai, também chamado monte Horebe. Essa teofania é uma aparição a Elias contada em *I Reis*, 19. Ela modifica ligeiramente tudo o que acontece depois dela, inclusive o discurso de Micaías que acabamos de citar e a queda final de ambos os reinos israelitas. Elias sobrepujou e depois matou 450 profetas de Baal num concurso público, mas tornou-se agora um homem marcado. Fugindo para proteger sua vida, chega a Horebe por um desvio, um caminho semimiraculoso.

E eis que lhe veio a palavra do Senhor; e lhe disse: {"Que fazes aqui, Elias?". Ele respondeu: "Tenho sido zeloso pelo Senhor Deus dos Exércitos, porque os filhos de Israel deixaram a tua aliança, derribaram os teus altares, e mataram os teus profetas à espada; e eu fiquei só, e procuram tirar--me a vida.} Disse-lhe Deus: "Sai, e põe-te neste monte perante o Senhor".

Eis que passava o Senhor; e um grande e forte vento fendia os montes e despedaçava as penhas diante dele, porém o Senhor não estava no vento; depois do vento um terremoto, mas o Senhor não estava no terremoto; depois do terremoto um fogo, mas o Senhor não estava no fogo; e depois do fogo um cicio tranquilo e suave. Ouvindo-o Elias, envolveu o rosto no seu manto e, saindo, pôs-se à entrada da caverna. Eis que lhe veio uma voz e lhe disse: {"Que fazes aqui, Elias?". Ele respondeu: "Tenho sido zeloso pelo Senhor Deus dos Exércitos, porque os filhos de Israel deixaram a tua aliança, derribaram os teus altares, e mataram os teus profetas à espada; e eu fiquei só, e procuram tirar-me a vida".

Disse-lhe o Senhor:}* "Vai, volta ao teu caminho para o deserto de Damasco e, em chegando lá, unge a Hazael, rei sobre a Síria [Arã]. A Jeú, filho de Ninsi, ungirás rei sobre Israel, e também Eliseu, filho de Safate de Abel-Meolá, ungirás profeta em teu lugar. Quem escapar à espada de Hazael, Jeú o matará; quem escapar à espada de Jeú, Eliseu o matará. Também conservei em Israel sete mil: todos os joelhos que não se dobraram a Baal e toda boca que não o beijou". [19:9-18]

Apesar de a memorável frase da versão do rei James, "uma voz ainda pequena" (aqui traduzida como "um cicio tranquilo e suave"), haver ganhado vida própria, os exegetas quase sempre

* As palavras entre chaves {...} são exemplo do tipo de erro de cópia chamado ditografia ou escritura dupla. Quer na primeira, quer na segunda vez, essas palavras foram introduzidas no texto por acidente, quando os olhos do copista pousaram na ocorrência errada da ubíqua palavra *disse*. A interpretação feita aqui não seria muito afetada se fossem incluídas ambas as ocorrências, mas será baseada numa leitura em que a primeira ocorrência é ignorada.

passam por esse trecho em virtual silêncio. Devido a este e diversos outros detalhes biográficos, fica claro que Elias é apresentado como um segundo Moisés, mas como devemos entender o fato de que todos os elementos da teofania de Moisés — o vento, o terremoto, o fogo — são mencionados e rejeitados? É inquestionável que o "cicio tranquilo e suave" tem por intenção demonstrar ternura, que se liga de alguma forma com os momentos de compaixão e ternura que enumeramos. Hazael de Arã será um inimigo feroz de Israel; domesticamente, Jeú perpetrará atrocidade sobre atrocidade; e Eliseu, como predisse Elias, será guerreiro, além de profeta.

A semelhança com o desafio a Moisés está mais no *resultado* do que nas atitudes que Elias tomará, por ordem do Senhor. Sim, Jeú perseguirá os adoradores de Baal, mas ele também continuará a praticar a idolatria do bezerro de ouro, e lutará contra Hazael, apesar de os dois deverem, em princípio, ser instrumentos da vontade divina. Eliseu será valente no serviço do Senhor, mas no final de sua vida ele também se esforçará para desfazer o efeito das vitórias de Hazael, aqui anunciadas como obras do Senhor, mas que no fim encherão de dor Eliseu. Combinadas, as ações dos três reduzirão Israel aos meros 7 mil escolhidos por Deus. Um tal resultado pode passar como prova do poder divino?

É pelo menos possível que de maneira deliberadamente críptica essa passagem expresse ceticismo quanto ao poder do Senhor. A despeito da grandeza de Eliseu, que continuou a ser reconhecida nos séculos posteriores, essa passagem foi omitida dos livros religiosa e politicamente corretos das *Crônicas*, escritos depois. O poder divino que se exibia tão espetacularmente quando Moisés e os israelitas estavam diante do Senhor no Sinai é aqui questionado. Eliseu suspeita que todo aquele espetáculo pode não ter sido o que parecia. O que mais pode resultar igualmente ilusório? Eliseu cobre seu rosto diante do "cicio tranquilo e suave". O que significa esse gesto? Será a calmaria, a mensagem do Senhor para ele, uma revisão? Será uma confissão? Fugindo de Acabe e Jezebel, Eliseu havia pedido para morrer: "Basta!", ele gritara. "Toma agora, ó Senhor, a minha alma, pois não sou melhor do que meus pais" (19:4). Em resposta a essa oração é que o Senhor levou-o ao monte Horebe (= Sinai), mas a teofania que ele testemunha ali será convincente? Até que ponto o Senhor realmente controla o curso dos acontecimentos?

Os acadêmicos históricos acreditam que dois "ciclos" separados, um de Elias, um de Eliseu, foram combinados nos livros dos *Reis*, e que isso explica a anomalia de ser Eliseu, e não Elias, quem acaba outorgando o poder a Hazael. Pode muito bem ser, mas vale notar também uma continuidade de *pathos* entre uma cena e outra.

> Veio Eliseu a Damasco. Estava doente Ben-Hadade, rei da Síria [Arã]; e lhe anunciaram, dizendo: "O homem de Deus é chegado aqui". Então o rei disse a Hazael: "Toma presentes contigo e vai a encontrar-te com o homem de Deus, e por seu intermédio pergunta ao Senhor, dizendo: sararei eu desta doença?". Foi, pois, Hazael a encontrar-se com ele, levando consigo um presente, a saber, quarenta camelos carregados de tudo que era bom de Damasco; chegou, apresentou-se diante dele e disse: "Teu filho Ben-Hadade, rei da Síria, me enviou a perguntar-te: sararei eu desta doença?". Eliseu respondeu: "Vai, e dize-lhe: 'Certamente sararás'. Porém o Senhor me mostrou que ele morrerá". Olhou Eliseu para Hazael, e tanto lhe fitou os olhos que este ficou embaraçado; e chorou o homem de Deus. Então disse Hazael: "Por que chora o meu senhor?". Ele respondeu: "Porque sei o mal que hás de fazer aos filhos de Israel; deitará fogo às suas fortalezas, matarás à espada os seus jovens, esmagarás os seus pequeninos e rasgarás o ventre de suas mulheres grávidas". Tornou Hazael: "Pois que é teu servo, este cão, para fazer tão grandes coisas?". Respondeu Eliseu: "O Senhor me mostrou que tu hás de ser rei da Síria". Então deixou a Eliseu e veio a seu senhor, o qual lhe perguntou: "Que te disse Eliseu?". Respondeu ele: "Disse-me que certamente

sararás". No dia seguinte, Hazael tomou um cobertor, molhou-o na água e o estendeu sobre o rosto do rei até que morreu; e Hazael reinou em seu lugar. [*II Reis*, 8:7-15]

Hazael, encorajado pelo Deus de Israel, matou seu senhor, mas Eliseu não vê os futuros ataques de Hazael a Israel como um julgamento do Senhor, nem expressa dúvida alguma a respeito. Por intermédio do Senhor, Eliseu conhece o futuro, mas parece não perceber que o Senhor controla e dirige o futuro. Nesse ponto, o contraste entre Moisés e Josué de um lado e Elias e Eliseu de outro é notável.

Os maiores líderes israelitas anteriores a Elias — Jacó, Moisés, Josué e Davi — deixaram, todos, um testamento final em belos versos e depois "juntaram-se ao seu povo" e foram enterrados com honras em local conhecido. Com Elias a diferença é notável:

> Havendo eles passado [o rio Jordão], Elias disse a Eliseu: "Pede-me o que queres que eu te faça, antes que seja tomado de ti". Disse Eliseu: "Peço-te que me toque por herança porção dobrada do teu espírito". Tornou-lhe Elias: "Dura coisa pediste. Todavia se me vires quando for tomado de ti, assim se te fará; porém, se não me vires, não se fará". Indo eles andando e falando, eis que um carro de fogo, com cavalos de fogo, os separou um do outro; e Elias subiu ao céu num redemoinho. O que vendo Eliseu, clamou: "Meu pai, meu pai, carros de Israel, e seus cavaleiros!". E nunca mais o viu; e, tomando as suas vestes, rasgou-as em duas partes. [2:9-12]

O fato de Elias ser levado vivo para o céu sugere que ele nunca morreu. O profeta Malaquias previu seu retorno como um prelúdio para "o dia do Senhor". Os Evangelhos narram que no tempo de Jesus acreditava-se que a volta de Elias anunciaria a chegada do Messias. Em torno da *merkabah* ou carro de fogo no qual Elias subiu ao céu, iria desenvolver-se uma escola de misticismo judaico. De maneiras diferentes, todos esses acontecimentos revelam uma espécie de ambiguidade estática nesse texto. A cena de Elias sendo levado para o céu não tem a atmosfera de grande calma e paz que envolve as outras mortes mencionadas. Quando Jacó, Moisés, Josué e Davi morreram, a obra que o Senhor esperava deles estava completa. A morte de Elias não é cercada dessa atmosfera. Seu trabalho é interrompido. Seus negócios ficam inacabados. A frase "carros de Israel, e seus cavaleiros!" pode ser um grito de batalha da época, aqui transformado numa forma angustiada de falar ao profeta moribundo — ou que partia: ele foi o último defensor do credo do Senhor Deus, o último defensor da aliança. Depois dele, o que resta senão os terríveis juízos do Senhor Deus, as maldições de *Deuteronômio*, 28?

A mesma frase assombrada será de novo ouvida na morte de Eliseu:

> Estando Eliseu padecendo da enfermidade de que havia de morrer, Jeoás, rei de Israel, desceu a visitá-lo e chorou sobre ele, e disse: "Meu pai, meu pai, carros de Israel e seus cavaleiros!". Então lhe disse Eliseu: "Toma um arco e flechas"; ele tomou um arco e flechas. Disse ao rei de Israel: "Retesa o arco", e ele o fez. Então Eliseu pôs as mãos sobre as mãos do rei. E disse: "Abre a janela para o Oriente"; ele a abriu. Disse mais Eliseu: "Atira"; e ele atirou. Prosseguiu: "Flecha da vitória do Senhor, flecha da vitória contra os sírios [arameus], porque ferirás os sírios em Afeque até os consumir". [13:14-7]

Eliseu morre, mas Jeoás vai e vence Hazael. Essa é a cena que impressionou tão fortemente o poeta inglês William Blake:

> *Traz-me o meu Arco de ouro flamejante*:
> *traz-me as Flechas do desejo logo*:
> *traz-me a Lança: que a nuvem se levante!*
> *traz-me as minhas Carruagens de fogo!*

Essa quadra é do seu *Milton*. Blake funde as cenas das mortes de Elias e de Eliseu e toma outras liberdades, mas sua resposta é profunda e verdadeira ao sentido subjacente a ambas as cenas de profunda e desesperada urgência, uma espécie de pânico diante do fim próximo. Blake tinha exatamente essa sensação a respeito da Inglaterra do seu tempo, e acerta com perfeição ao encontrar o momento da história bíblica que melhor se adequa a isso.

Assim como a paternidade e o tema correlato da ternura, esse tema da dúvida é levantado, mas não desenvolvido. E, antes que terminem os livros dos *Reis*, vem uma réplica. Em *II Reis*, 19:23-5, o profeta Isaías faz, com efeito, uma espécie de réplica ao desespero de Elias e ao pânico de Eliseu. Bastante seguro, ele prevê corretamente o desastre de Jerusalém diante do invasor assírio Senaqueribe (o assírio que "desceu como um lobo na montanha", no poema de Byron). No oráculo que Isaías recita nessa ocasião, o Senhor gaba-se pelo fato de Senaqueribe nada ter feito além do que o Senhor planejara que fizesse:

> *Por meio dos teus mensageiros afrontaste o Senhor,*
> *e disseste:*
> *"Com a multidão dos meus carros,*
> *subi ao cume dos montes,*
> *ao mais interior do Líbano;*
> *deitarei abaixo os seus altos cedros*
> *e seus ciprestes escolhidos,*
> *chegarei a suas pousadas extremas,*
> *ao seu denso e fértil pomar.*
> *Eu mesmo cavei, e bebi as águas de estrangeiros,*
> *e com as plantas dos meus pés sequei*
> *todos os rios do Egito".*
> *Acaso não ouviste, que já*
> *há muito dispus eu estas coisas,*
> *já desde os dias remotos*
> *o tinha planejado?*
> *Agora, porém, as faço executar,*

> *e eu quis que tu reduzisses*
> *a montões de ruínas*
> *as cidades fortificadas.*

Essa filosofia ou teologia da história, inteiramente dominante na História Deuteronomista, continuará relativamente dominante mesmo depois dela. No entanto, enfrentará um ceticismo que se tornará cada vez maior; e podemos ver um tênue alvorecer desse ceticismo na antiteofania que Elias testemunhou no monte Horebe, na qual foram-lhe revelados eventos que acabam não ocorrendo. O que torna tão ousado o ceticismo é que é o Senhor, e não Elias, quem o expressa. É o Senhor quem se retira do vento, do terremoto e do fogo, e é ele quem, num suave murmúrio, decreta um futuro que não ocorrerá (e que ele sabe que não ocorrerá?).

Israel já se transformou em dois territórios claramente distintos — Israel propriamente dito, ao norte, e Judá, ao sul — quando Davi consegue reverter a evolução e reunir os dois em sua nova capital recém-conquistada, Jerusalém. A memória da mudança é preservada nos *Salmos*, 78:67-8:

> *Além disso, rejeitou a tenda de José,*
> *e não elegeu a tribo de Efraim.*
> *Escolheu antes a tribo de Judá,*
> *o monte de Sião, que ele amava.*

O salmo 78 traz também uma das várias alusões contidas no Tanach à destruição de Silo, evento não preservado explicitamente em nenhuma narrativa.

Em termos amplos, os quatro primeiros livros da História Deuteronomista — *Josué*, *Juízes* e *I* e *II Samuel* — mostram a ascensão de Judá e um claro aumento de poder material e político em ambos os reinos, a despeito da rivalidade entre eles. Os livros dos *Reis*, no entanto, que começam com a morte de Davi, traçam um declínio daquele ápice em direção ao caos e ao fim. Salomão, um dos filhos de Davi, ascende ao trono, constrói e consagra um templo ao Senhor e lidera sua nação em direção à riqueza e ao poder que brevemente sobrepujam os padrões estabelecidos por seu pai. Mas Salomão reúne também um vasto harém estrangeiro, e suas mulheres o levam a credos estrangeiros. Depois de sua morte, Jeroboão, filho de Nebate, efrateu, lidera uma revolta do norte contra a dinastia davídica judaica. O grito rebelde (*I Reis*, 12:15) é assim:

> *Que parte temos nós com Davi?*
> *Não há para nós herança no filho de Jessé!*
> *Às vossas tendas, ó Israel!*
> *Cuida agora da tua casa, ó Davi!*

O herdeiro de Salomão, Roboão, tenta reunir o norte e o sul em torno de si, indo à histórica Siquém, centro simbólico do norte e do nascimento da nação, para ser proclamado rei, mas de nada adianta.

Ao longo de todo o restante dos livros dos *Reis*, a idolatria e os credos estrangeiros que proliferaram sob Salomão continuam a se espalhar. Os reis apóstatas de Israel do norte são invariavelmente comparados com Jeroboão; em Judá, ao sul, invariavelmente a Roboão. Há exceções — principalmente Ezequias e Josias, já perto do fim da existência independente de Judá. Os dois efetivamente tentam realizar reformas e muitos historiadores ligam Josias à dominação posterior, se não à efetiva escritura da História Deuteronomista. E, ao longo de toda a corrupção dos reis e dos enganos dos muitos falsos profetas, as vozes de um punhado de homens leais à aliança, como Elias, Eliseu e — já perto do fim — Isaías, levantam-se em feroz e desditoso protesto. Mas o resultado final jamais é questionado. Os assírios tomam Samaria, capital de Israel (*II Reis*, 17) em 722 a.C.; os babilônios tomam Jerusalém, capital de Judá (*II Reis*, 30) em 587 a.C.; e um esforço divino que, segundo os cálculos da Bíblia, durou mais de um milênio termina em devastação, assassinato e na ignomínia do exílio.

6. INTERLÚDIO
Deus erra?

SE A RUPTURA DA ALIANÇA e o genocídio dela resultante são uma evidente catástrofe na vida de Israel, o que eles significam na vida de Deus? A aliança reprodutiva com Israel começou, como vimos, como uma espécie de tratado *no interior* do personagem divino, um compromisso entre os impulsos criativos e destrutivos de Deus. Ele se arrependeu da criação, depois tornou a se arrepender da destruição total. A aliança com Abraão era o caminho do meio: com ela a fertilidade humana ficava implicitamente restrita, a destrutividade divina implicitamente canalizada e restrita. Essa aliança terminou agora em fracasso. O que Deus faz em seguida?

Lembre-se que Deus, conforme notamos no primeiro interlúdio, não tem vida social nem vida privada, não convive com os outros deuses, nenhuma vida intelectual autoinvestigativa. Ele simplesmente não é esse tipo de ser. Sua única maneira de conhecer a si mesmo parece ser por intermédio da humanidade como imagem de si mesmo. Qual poderá ser seu próximo passo com a humanidade, ao ver o seu esforço de séculos desde a aliança abrâmica terminar num aparente fracasso?

Será que vai se arrepender de um dos seus arrependimentos anteriores? Isto é, será que vai voltar ao tempo antes do dilúvio, promulgar de novo seu mandamento incondicional e universal à humanidade, para ela "ser fecunda e multiplicar-se" e resignar-se às consequências? Ou seu lado destrutivo triunfará? Tendo falhado com Israel, julgará ter falhado com a humanidade como um todo? Por duas vezes ele chegou perto de destruir todo Israel para começar do começo com Moisés. Poderia agora destruir a humanidade como um todo e começar de novo com...? Não conseguimos imaginar com o que ou com quem ele começaria.

239

Os próprios termos da aliança entre Israel e o Senhor acabaram envolvendo o Senhor em uma nova relação com algumas outras nações do mundo. Como vimos nos detalhes macabros em *Deuteronômio*, 28, o Senhor jurou fazer o pior contra Israel, não diretamente, mas por intermédio de uma nação ou de nações que iriam sitiar e derrotar seu antigo parceiro e expulsá-lo para um terrível exílio. Se Israel não houvesse desrespeitado a aliança, o exercício dos poderes tanto criativos como destrutivos de Deus continuaria concentrado no relacionamento com Israel. Em outras palavras, assim como não fizera nenhuma aliança reprodutiva com nenhuma outra nação além de Israel, ele não assumiria nenhum compromisso militar. Mas, uma vez que os exércitos da Assíria e da Babilônia tornam-se instrumentos de seu julgamento de Israel, ele passa a ter pelo menos esse envolvimento específico com eles.

O resultado é que o âmbito geral de sua atividade se amplia: a fim de punir seu sócio na aliança, ele tem de aumentar o alcance de sua intervenção internacional. Isso não equivale a dizer que sua relação instrumental com a Assíria e a Babilônia constitui uma nova aliança. Como essas nações serviram ao seu propósito, tendo Israel recebido a punição merecida e tendo sido rompida a aliança, não existe, em princípio, nenhuma razão para o Senhor continuar tendo qualquer envolvimento posterior com qualquer grupo humano. E, se elas ultrapassarem as intenções de Deus, elas poderão também incorrer em sua ira. Porém, na medida em que o caráter de Deus é definido por suas ações, mesmo uma ampliação temporária de seu envolvimento com as nações do mundo enquanto nações independentes (mais do que meramente enquanto humanidade) implica uma mudança no padrão de ser definido por suas ações: o que ele fez antes, ele poderá fazer de novo, de uma forma ou de outra.

Ao falar da vitória do Senhor sobre o Faraó, dissemos que, para Moisés e para os israelitas que entoam o canto de vitória do *Êxodo*, 15, era como se El, um deus de imenso poder, mas que dificilmente faria guerra em favor de alguém, houvesse, surpreendentemente, se voltado para o lado deles. Todas as nações tinham algum tipo de deus do seu lado. Em *Juízes*, 11:24, ouvimos um claro eco dessa visão politeísta quando um líder israelita, querendo evitar a guerra com o rei de Amom, dirige-se ao rei em seus próprios termos: "Não é certo que aquilo que Camos, teu deus, te dá, consideras como tua possessão? Assim possuiremos nós o território de todos quantos o Senhor nosso Deus expulsou de diante de nós". Portanto, toda nação tinha, sim, algum tipo de apoio divino, mas nenhuma tinha o apoio do mais alto, do mais remoto dos deuses até que, pelo menos foi isso o que Israel pensou, esse deus apareceu lutando do lado israelita. Rapidamente, o deus que resgatou Israel começou a parecer menos um militarizado deus do céu/juiz cósmico e mais um familiar e menos exaltado deus da guerra, Baal, embora, numa virada absolutamente imprevisível, esse recém-chegado salvador tenha combinado as funções guerreiras e desregradas de Baal com as de um legislador.

Se tomarmos isso como o perfil do Senhor Deus no final do *Livro do Êxodo*, podemos praticamente dizer que quase nada muda ao longo de *Levítico*, *Números*, *Deuteronômio*, *Josué*, *Juízes* e *I* e *II Samuel*. Em todos esses livros, Israel é liderado por um deus da guerra que muito se assemelha a um Baal dessexualizado; e, apesar de Israel não sair vitorioso de todos os eventos, há pelo menos uma recuperação e uma nova vitória depois de cada derrota. O elemento baalístico dentro do Senhor Deus é dominante.

Nos livros dos *Reis*, porém, quando se aproximam as duas derrotas finais, a fusão das personalidades de Baal e El muda sutilmente, e El volta a ser dominante. Assim, quando o Senhor entra em ação ao lado de Josué contra Jericó (*Josué*, 6), ele aparece como Baal em pessoa. Mas, quando chega o momento de o Senhor punir Israel, ele manda que o profeta Elias unja outro profeta e dois reis, um dos quais irá reinar sobre a nação estrangeira de Arã. Se El, como deus de todos os deuses e dos homens, tivesse de se tornar ativamente guerreiro, isto é exatamente o que poderíamos esperar que fizesse: colocar uma nação contra outra, manipular as peças numa espécie de jogo de xadrez com o mundo, ao invés de envolver-se pessoalmente em combates.

Assim, à medida que a aliança se aproxima da devastação final, o *close-up* anterior do Senhor e de Israel como sócios viajando juntos pelo deserto e juntos atravessando o Jordão para conquistar Canaã é substituído por um plano geral no qual várias nações são vistas simultaneamente, e o Senhor tem desígnios para diversas delas. O Senhor não se torna menos guerreiro por causa dessa mudança, mas sua belicosidade passa a ser de um tipo mais "diplomático" do que aquele de seus momentos mais explosivos com Moisés no monte Sinai. De fato, a ruptura da aliança amplia o envolvimento potencial do Senhor como guerreiro e formador de destinos nacionais para além do âmbito geograficamente estreito da aliança — Egito, o deserto, Canaã —, levando-o àqueles impérios que, historicamente falando, ao se expadirem, esmagaram Israel. A militarização da dimensão El do caráter do Senhor, apesar de não constituir em si uma volta à destruição em massa do grande dilúvio, amplia de fato a presença potencialmente destrutiva do Senhor. Quando criou o mundo, sua esfera de ação era cósmica sem ser internacional, por assim dizer. De agora em diante, é também internacional.

Evidentemente, é possível falar desses eventos em termos especificamente históricos. Para os críticos históricos acadêmicos, o Tanach é essencialmente apenas uma fonte na escritura da história das crenças religiosas do antigo Israel. Mas os eventos que, com toda certeza, *podem* ser comentados em termos exclusivamente históricos não *precisam* ser tratados assim; e, se o filósofo pode ver a projeção por trás da crença religiosa, o crítico literário pode também ver a criatividade do projetor por trás da projeção. O que faz do Tanach uma obra de arte literária é precisamente a maneira como ele transforma a experiência religiosa de um povo num personagem, o do Senhor Deus, e sua experiência histórica num enredo, numa trama. Tal transformação jamais poderia ocorrer como um processo puramente inconsciente, como algum tipo de ab-reação involuntária. Ela exige o exercício de uma inteligência agressivamente criativa.

Constitui um ousado feito literário transformar as vitórias históricas da Assíria e da Babilônia em ações de um protagonista, o Senhor Deus, que reforça os termos de um acordo anterior com seu antagonista, Israel. Constitui um gesto literário comparável permitir que o caráter do protagonista se desenvolva nessas e por meio dessas ações. Na História Deuteronomista, a mudança particular que acabamos de discutir quase não é mencionada. É nos oráculos dos profetas, como veremos no próximo capítulo, que essa mudança recebe sua elaboração mais importante. Mas mesmo essa previsão de desenvolvimentos futuros em ocorrências anteriores é uma questão mais de arte do que de acidente, a despeito do fato de esse processo estar sujeito a acidentes e de nenhuma consciência artística única controlá-lo por completo.

Chamamos os livros de *Josué*, *Juízes*, *I* e *II Samuel* e *I* e *II Reis* de História Deuteronomista com mais frequência do que mencionamos a expressão "antigos profetas". Mas, por mais que se enfatize a palavra *Deuteronomista*, não há diferença entre essas duas designações. Como o *Deuteronômio* termina com uma extensa profecia, a História Deuteronomista desenrola-se como história contida na profecia. Moisés, o primeiro e maior dos profetas, o paradigma dos profetas, denunciou o Faraó, rei do Egito, assim como profetas posteriores denunciarão os reis de Israel e Judá. Moisés predisse a ação do Senhor contra o Faraó se este não obedecesse a Deus. O Faraó não obedeceu a Deus, e seguiu-se a espetacular ação divina. Mas, falando mais uma vez através de Moisés no fim de sua carreira, Deus prometeu uma ação igualmente espetacular contra seu próprio povo se eles deixassem de observar determinadas condições. Eles deixam de observá-las, e Deus agora agiu. Dessa forma, a sombra profética de Moisés paira sobre toda a história da vida nacional de Israel, desde a sua vitória sobre Canaã até a sua derrota pela Assíria e pela Babilônia.

Essa interpretação é repetida explicitamente nos livros dos *Reis*, principalmente depois da derrota do reino do norte pela Assíria. O deuteronomista escreve:

Tal sucedeu porque os filhos de Israel pecaram contra o Senhor seu Deus, que os fizera subir da terra do Egito, de debaixo da mão de Faraó, rei do Egito; e temeram a outros deuses. Andaram nos estatutos das nações que o Senhor lançara fora de diante dos filhos de Israel, e nos costumes estabelecidos pelos reis de Israel. Os filhos de Israel fizeram contra o Senhor seu Deus o que não era reto; edificaram para si altos em todas as suas cidades, desde as atalaias dos vigias até à cidade fortificada. Levantaram para si colunas e postes-ídolos, em todos os altos outeiros, e debaixo de todas as árvores frondosas. Queimaram ali incenso em todos os altos, como as nações que o Senhor expulsara de diante deles; cometeram ações perversas para provocar o Senhor à ira, e serviram os ídolos, dos quais o Senhor lhes havia dito: "Não fareis essas coisas".

O Senhor advertiu a Israel e a Judá por intermédio de todos os profetas e de todos os videntes, dizendo: "Voltai-vos dos vossos maus caminhos e guardai os meus mandamentos e os meus estatutos, segundo toda a lei que prescrevi a vossos pais e que vos enviei por intermédio dos meus servos, os profetas". Porém não deram ouvidos; antes se tornaram obstinados, de dura cerviz como seus pais, que não creram no Senhor seu Deus. Rejeitaram os estatutos e a aliança que fizera com seus pais, como também as suas advertências com que protestara contra eles; seguiram os ídolos e se tornaram vãos, e seguiram as nações que estavam em derredor deles, das quais o Senhor lhes havia ordenado que não as imitassem. Desprezaram todos os mandamentos do Senhor seu Deus, e fizeram para si imagens de fundição, dois bezerros, e adoraram todo o exército do céu, e serviram a Baal. Também queimaram a seus filhos e a suas filhas como sacrifício, deram-se à prática de adivinhações e criam em agouros; e venderam-se para fazer o que era mau perante o Senhor para o provocarem à ira. Pelo que o Senhor muito se indignou contra Israel, e os afastou da sua presença; e nada mais ficou, senão só a tribo de Judá.

Também Judá não guardou os mandamentos do Senhor seu Deus; antes andaram nos costumes que Israel introduziu. Pelo que o Senhor rejeitou toda descendência de Israel, e os afligiu e os entregou nas mãos dos despojadores, até que os expulsou da sua presença. [*II Reis*, 17:7-20]

Aparentemente, uma vez que Israel claramente violou a aliança e que a punição condigna foi imposta a Israel por meio da Assíria e da Babilônia, nada mais resta a ser feito. A história terminou. Cai o pano. Mas Deus não quer que o pano caia — sobre Deus. Se foi um ato de ousadia de algum escritor antigo imaginar as vitórias da Assíria e da Babilônia como ações divinas, algum outro escritor antigo assumiu o desafio de escrever um segundo ato para um primeiro ato que parecia não admitir um segundo ato. Nesse caso, o caminho para a continuação da ação repousava sobre o caráter do protagonista. O Senhor encontrou um caminho para dar continuidade à sua ligação com Israel, e portanto ao desenrolar de sua própria vida, provocando uma mudança em si mesmo.

Até certo ponto, essa mudança e a sobrevivência de algum tipo de parceria entre Israel e o Senhor já são previstas no próprio *Livro do Deuteronômio*. Em uma daquelas passagens incandescentes que explicam, se é que é possível explicar, a sobrevivência dos judeus ao longo de mil anos, Moisés espera pelo dia em que a terra de Israel será destruída tão completa e horrivelmente quanto Sodoma. E pergunta: o que a geração que vier *depois* da destruição irá fazer quando se deparar com "toda a sua terra abrasada com enxofre e sal, de sorte que não será semeada, e nada produzirá, nem crescerá nela erva alguma"? O que essa geração fará quando as nações perguntarem: "Por quê?", e vier a resposta esmagadora: "Porque desprezaram a aliança que o Senhor Deus de seus pais fez com eles" (*Deut.*, 29:23-4)?

Quando, pois, todas estas coisas vierem sobre ti, a bênção e a maldição que pus diante de ti, e te recordares delas entre todas as nações para onde te lançar o Senhor teu Deus; e

> tornares ao Senhor teu Deus, tu e teus filhos, de todo o teu coração e de toda a tua alma, e deres ouvidos à sua voz segundo tudo o que hoje te ordeno, então o Senhor teu Deus mudará a tua sorte e se compadecerá de ti, e te ajuntará de novo de todos os povos entre os quais te havia espalhado o Senhor teu Deus. Ainda que os teus desterrados estejam para a extremidade dos céus, desde aí te ajuntará o Senhor teu Deus e te tomará de lá. O Senhor teu Deus te introduzirá na terra que teus pais possuíram e a possuirás; e te fará bem, e te multiplicará mais do que a teus pais. [...]
>
> Porque este mandamento, que hoje te ordeno, não é demasiado difícil, nem está longe de ti. Não está nos céus para dizeres: "Quem subirá por nós aos céus, que no-lo traga, e no-lo faça ouvir, para que o cumpramos?". Nem está além do mar, para dizeres: "Quem passará por nós além do mar, que no-lo traga, e no-lo faça ouvir, para que o cumpramos?". Pois esta palavra está mui perto de ti, na tua boca e no teu coração, para a cumprires. [*Deut.*, 30:1-5, 11-4]

Digo que essa passagem prevê a sobrevivência "até certo ponto" porque tanto o longo discurso de Moisés como a narrativa em que Deus por três vezes se detém no momento em que ia aniquilar Israel pesam profundamente para o lado do julgamento irreversível. No fim da última maldição de *Deuteronômio*, 28, quando Moisés diz: "O Senhor te fará voltar ao Egito em navios [...]. Sereis ali oferecidos para venda como escravos e escravas aos vossos inimigos, mas não haverá quem vos compre", ele está falando do que inconfundivelmente se compreende como o estado terminal de Israel. Se a passagem citada contradiz os fatos, o que devemos inferir? Que o Senhor "não queria dizer aquilo", afinal? Ou que seu senso de misericórdia predominará sempre sobre seu senso de justiça? Se ele pode perdoar Israel infinitamente, então em que sentido ele tem uma aliança com Israel? Se ele torna sem efeito esse castigo, mas não suas promessas, não estará criando para si mesmo uma obrigação unilateral e gratuita em relação a Israel? E não estará, em certo sentido, fazendo papel de bobo?

A resposta para as duas últimas perguntas é "Sim", mas o Senhor ainda terá uma chance antes de se confrontar com essas perguntas. Por ora, como vemos no final de *II Reis*, tais possibilidades são apenas vagamente entrevistas. Pouco antes da passagem em que Moisés prevê o desastre e depois uma recuperação com ajuda divina que parece transformar em *nonsense* tudo o que estava dizendo, ele diz: "As coisas encobertas pertencem ao Senhor nosso Deus; porém as reveladas nos pertencem a nós e nossos filhos para sempre, para que cumpramos todas as palavras desta lei" (*Deut.*, 29:29).

Se, em outras palavras, existe uma contradição entre a esperança de misericórdia de Deus e as exigências de uma aliança com Deus, Moisés quer que Israel tome por base de seu comportamento as exigências insistentemente repisadas da aliança e pretende tratar a promessa mais remota e misteriosa de misericórdia como uma das "coisas encobertas [que] pertencem ao Senhor". No contexto, a promessa de uma volta do exílio para a terra prometida nao passa de uma vacilação na decisao ardentemente clara do Senhor de eliminar Israel se ele deixar de cumprir os termos da aliança. Essa situação não pode tomar uma nova direção a menos que Deus mude, e, como diz Moisés, não há como saber ou prever isso: dentre as "coisas encobertas" do Senhor, o segredo supremo é o próprio Senhor.

7. TRANSFORMAÇÃO

SE NÃO EXISTE NADA na literatura moderna que corresponda exatamente a algo como a Bíblia, dentre todos os gêneros literários nada é tão absolutamente único quanto a profecia. A profecia combina a pregação, a política e a poesia de uma forma que desconcerta igualmente comentários teológicos, históricos e literários. Nossa abordagem é literária, porém o seu foco não está na linguagem ou no efeito literário em si. Está no personagem. Consideraremos a profecia como caracterização, a autocaracterização de Deus numa forma não narrativa. Na maior parte das vezes, as palavras dos profetas não são suas. Falam as palavras ou "a Palavra" (singular e quase personificada, como muitas vezes afirmam) de Deus. Se tomarmos seu relacionamento com Deus como uma verdade ao menos literária, descobriremos que essa "Palavra" revela tanto sobre Deus quanto sobre eles próprios.

Se a caracterização de Deus através de sua mensagem aos profetas é razoável em princípio, na prática ela é difícil, porque parece haver mais do que uma mensagem e porque, pior ainda, as várias mensagens muitas vezes se contradizem abertamente. De modo bem característico, os comentadores contornam essa dificuldade deixando de lado, tacitamente, a ficção segundo a qual é Deus quem fala, e tratam cada profeta como um comentador religioso-político autônomo, um autor no sentido moderno, dividindo os livros maiores em livros menores, de maior coerência interna, ou mesmo em oráculos individuais. Ao fazer isso, porém, por mais que se ganhe historicamente, nega-se a premissa literária maior da própria Bíblia — ou seja, que essas mensagens aparentemente contraditórias provêm da mesma fonte divina.

A alternativa coerente, porém não menos difícil, é partir do pressuposto de que todas essas mensagens vêm efetivamente do mesmo personagem, e em seguida inferir, a partir das contradições, que o personagem deve estar sofrendo. Numa tal leitura, o fracasso da aliança, a queda de Jerusalém e o exílio de Israel na Babilônia passam a ser uma crise na vida de Deus, assim como na vida da nação.

O biógrafo de Deus, ao ir do Pentateuco e da História Deuteronomista para os profetas posteriores, pode ser comparado ao biógrafo de um general de alguma guerra antiga, de outras eras. Contando apenas com o que sobreviveu como história geral dessa guerra, na qual o general pode ter sido personagem central mas está longe de ser único, o biógrafo, num golpe de sorte imenso, descobre três coleções grandes e doze menores de correspondência do general — os quinze livros de profecias. As cartas estão em grande desordem. Além disso, seus destinatários eram um grupo variado de indivíduos, e o general evidentemente tentava adaptar suas mensagens às necessidades e habilidades deles. Também é evidente que ele próprio se achava muitas vezes sob extrema pressão ao fazê-lo. Não se pode descobrir um sentido simples em suas cartas; no entanto, são uma descoberta deslumbrante, uma janela que se abre para a mentalidade de alguém até então conhecido apenas através de suas ações e outros relatos *ad hoc*, muito mais breves.

A relação entre o protagonista divino e o antagonista divino na Bíblia é uma relação única. Deus faz a humanidade à sua imagem, porém, privado dessa autoimagem, Deus parece incapaz de qualquer atitude, até mesmo em relação a si mesmo. No exemplo presente, se não houvesse Deus para enviar sua "Palavra", os profetas não teriam nada para receber. E, no entanto, sem eles Deus nada teria para enviar. Além disso, aquilo que ele envia — como missivista talentoso — é formulado sob medida para cada um dos destinatários.

Nessas "cartas", incessantemente, o Senhor tanto ameaça como prediz o desastre central da perda da terra de Israel e o exílio do povo em consequência do rompimento da aliança com

249

o Senhor. Muitas, senão a maioria, dessas ameaças e previsões são feitas antes do fato; e se, em bases internas, a crítica histórica é capaz de demonstrar que algumas foram escritas depois do fato, o que conta em nossa leitura sequencial da Bíblia é que todas são *lidas* depois do fato. Sob esse aspecto, seu impacto emocional pode ser comparado, de certa forma, ao das memórias e coleções de cartas pós-Segunda Guerra Mundial — como as de Montgomery, Churchill, Roosevelt, Speer, De Gaulle — à medida que eram recebidas por leitores que já sabiam como havia terminado a guerra. Quando a paz está restabelecida e a guerra acabada, existe disponibilidade para considerar seus efeitos sobre indivíduos importantes na época.

E qual é o efeito sobre Deus dessa memorável derrota de seu sócio de aliança? Em resumo, uma pungente mas poderosamente atraente agitação. Deus — um deus composto de partes, como já vimos — recorre na profecia às suas próprias tensões internas, com uma desenvoltura criativa bem focalizada, visando manter vivas duas vidas, a sua e a de Israel. Como um guerreiro-estadista dotado e desembaraçado, ele opera sob extrema pressão para produzir de dentro de si mesmo algo que possa ser relevante numa crise externa tão esmagadora. Para conseguir isso nessa crise em particular, o Senhor tem de lançar mão dos elementos separados de sua própria personalidade e de seu próprio passado para, de alguma forma, fazê-los gerar uma nova versão da relação entre original e imagem que o levou a criar a humanidade e que, depois de seu fracasso com a humanidade como um todo, o levou a um novo começo mais restrito com Abraão. Ele, que não tinha história no começo, tem agora uma história poderosamente sugestiva. Precisa explorá-la agressivamente, e é o que faz.

Nos livros do *Êxodo* e do *Deuteronômio*, vimos o potencial explosivo, de vencedor de impérios e de construtor de nações das várias personalidades divinas que se fundiram para formar o caráter do Senhor Deus. Nos livros de profecia, começamos a ver que essa fusão, apesar de inerentemente instável, não é *necessariamente* explosiva. A decadência pode partir da instabilidade explosiva, passar pela fragmentação e chegar à estabilidade da inércia. Podemos dizer então que Deus está empenhado numa luta de vida e morte para se manter inteiro numa fusão que será ainda dinâmica, ou, mudando o ponto de vista, que os profetas estão tentando pressionar os elementos da fusão original para trazê-los novamente à razão. O personagem talvez precise explodir de novo para tornar a se fundir. Os profetas, pessoas muitas vezes instáveis, têm efeito desestabilizador, mas sem algum tipo de desestabilização a vida de Deus corre o risco de encerrar-se.

Sem abusar de nenhuma das metáforas que vimos até agora, podemos afirmar que a personalidade conflituosa de Deus e sua história variegada constituem um inventário básico de suas possibilidades de desenvolvimento. Para explorar esse inventário, ele recorre a colaboradores que são, eles próprios, personalidades conflituosas com histórias variegadas. Os três maiores profetas — Isaías, Jeremias e Ezequiel — podem ser considerados, respectivamente, como a formulação maníaca, depressiva e psicótica da mensagem profética. Calma, sanidade, moderação são coisas que não existem nas diversas versões da profecia. A sanidade e a calma habitam não na tradição profética de Israel, mas em sua tradição de sabedoria. A sabedoria aceita; a profecia rejeita; e é preciso uma espécie de loucura para rejeitar os dados básicos de toda uma sociedade, sobretudo se é para sugerir que a história devia começar de novo com uma nova criação do mundo. A loucura em questão não é, por certo, uma loucura simples, mas a loucura controlada que a sociedade moderna às vezes louva nos grandes artistas. Mas essa loucura também não é tão inteiramente diversa da outra a ponto de não se poder aplicar a ela o termo *loucura*. Existe um ponto comum entre ambas. O clichê do louco que pensa ser Deus está mais perto desses loucos profetas do que de qualquer outro autor da literatura mundial. O profeta "representa" os velhos temas da história e da teologia israelitas de uma maneira nova, louca e obsessiva. Mas sob todos os aspectos, quando Deus experimenta e às vezes descarta imediatamente cada nova ideia, cada nova imagem, a questão subjacente em sua mente, terrível demais para ser colocada em palavras comuns, é: *Se for verdade, se funcionar, então... podemos começar de novo?*

A narrativa formal e contínua do Tanach rompe-se no final de *II Reis* e não é retomada senão no *Livro de Esdras*, 25 livros bíblicos adiante. Porém os oráculos (discursos proféticos) dos três profetas maiores — Isaías, Jeremias e Ezequiel — e de dois dos doze profetas menores — Ageu e Zacarias — são amparados por narrativas capazes de fornecer um tênue laço entre esses dois pontos. O *Livro de Jeremias* é particularmente importante sob esse aspecto. Nele a biografia do profeta, alternando-se com seus oráculos, dá continuidade à narrativa de *II Reis*, revelando uma divisão tripartite do povo israelita derrotado. Em *Jeremias*, os israelitas são muitas vezes chamados de *hayyehudim*, palavra que pode ser traduzida por "judeus", mas é geralmente traduzida por "Judá" [a tradução da JPS prefere a forma *judean*, "judaico", ao termo *jew*, "judeu"]. Das doze tribos de Israel, só a casa de Judá sobreviverá, mas neste ponto de transição em sua história ela ainda não assumiu a forma que passará a ter com os judeus, uma nação que vive tanto em sua terra como no estrangeiro. Uma vez que a tradução "judeus" sugere muito automática e anacronicamente essa identidade posterior, é preferível usar "Judá" neste ponto da história. Quando a Pérsia derrotou a Babilônia em 538 a.C., a diáspora tornou-se em grande parte voluntária. A partir desse ponto, a designação usualmente preferida é "judeus", especialmente fora da Judeia.

Uma leitura atenta dos últimos capítulos de *II Reis* e dos capítulos narrativos em *Jeremias*, *Ezequiel*, *Ageu* e *Zacarias* deixa claro que a conquista babilônica não ocorreu de um só golpe. Nabucodonosor, rei da Babilônia, deportou a elite religiosa e cultural de Judá para a Babilônia algumas décadas antes de sua conquista final de Jerusalém. A conquista final foi selvagem, sem dúvida, e a própria Jerusalém foi devastada; no entanto, como acontece tantas vezes no curso de um império, os camponeses foram deixados em paz para cultivar a terra. Os babilônios não praticaram uma política arrasadora na totalidade de

Judá, e no momento adequado instalaram um governador que administrava a partir de Samaria, como parte de uma das províncias ocidentais do império babilônio. Jeremias predisse que o exílio babilônio duraria setenta anos; e se calcularmos a partir de 609 a.C., quando a elite foi deportada, a profecia tornou-se realidade no ano exato, em 538 a.C., quando Ciro, rei da Pérsia (que havia, nesse ínterim, conquistado a Babilônia), mandou uma delegação a Judá para reconstruir o templo da divindade que ele chamava de "o Deus do Céu".

Grande parte do povo de Judá exilado na Babilônia aí permaneceu, no entanto, vivendo como uma minoria próspera e influente enquanto impérios subiam e caíam — babilônio, persa, grego, parta, sassaniano etc. Uma modesta vida política nacional, renovada na província judaica do império persa, fez de Jerusalém mais uma vez o centro espiritual do emergente mundo judaico, mas a Babilônia continuou sendo o centro cultural, intelectual e financeiro. O aramaico, a língua franca dos impérios babilônio e persa, tornou-se a língua do conhecimento judaico. (Das duas edições antigas do Talmude, a mais importante foi produzida na Babilônia.) O mais surpreendente, talvez, é que o alfabeto aramaico substituiu o alfabeto cursivo original israelita na escrita do próprio hebraico. A influência babilônia foi forte também de outras maneiras. Judá adotou os nomes babilônios para os meses do calendário. O mito da criação de Judá — tão fortemente influenciado pelo mito babilônio, como já vimos — pode, de fato, ter sido escrito na Babilônia. E a Babilônia pode ter sido uma influência mesmo quando suas práticas eram rejeitadas. O espetáculo da idolatria babilônia, algo que Judá nunca havia visto entre os cananeus, tornou mais refinada a sua distinção entre o Senhor Deus e os deuses fabricados, quer tivessem forma física ou não.

A força da grande comunidade expatriada judaica na Babilônia foi de crucial importância seis séculos depois, quando Jerusalém foi destruída novamente, pelas chamas, dessa vez como resultado de duas revoltas frustradas contra a dominação romana (em 70 e 136 d. C.). As deportações em massa que resultaram dessas derrotas ampliaram grandemente a diáspora ocidental do povo de Judá e dilaceraram profundamente a vida da comunidade ocidental judaica. Mas no Oriente a vida judaica babilônia não foi interrompida. Muito surpreendentemente, as academias talmúdicas em Sura e Neardeia, na Babilônia, eram respeitadas como autoridade pelos judeus no Oriente e mesmo no Ocidente, até o século XII da nossa era.

Havia, entretanto, uma terceira grande comunidade judaica. Na época em que a vida de Judá estava começando na Babilônia, eclodiu uma revolta de forças militares judaicas insubmissas — isso aprendemos também em Jeremias — contra o governador babilônio. Os rebeldes eram uma espécie de resistência judaica aliada à nação não judaica local, os amonitas. Apesar de os rebeldes terem chegado a assassinar o governador, sua rebelião fracassou, e eles próprios — ignorando os ferozes alertas de Jeremias — fugiram para o Egito. Simbolicamente, pelo menos, isso pode ser visto como o começo da longa história pós-exílio do judaísmo dissidente, militante no Egito.

O gueto egípcio resultaria de importância única para a história judaica, porque foi no Egito, depois que Alexandre, o Grande, incorporou o país ao mundo helenístico, que se fez uma tentativa ampla de conciliar a religião judaica com o pensamento filosófico grego. Em Alexandria, pela primeira vez, podemos falar de uma teologia judaica no sentido mais forte da palavra. A figura principal desse esforço é o filósofo religioso judeu Fílon de Alexandria, do século I. Tragicamente, visto que era recíproco o interesse que judeus e gregos (cultivados) demonstravam pelas respectivas visões religiosas, irrompeu o conflito civil entre os dois grupos, numa malfadada rebelião judaica em 117 d.C. Por essa época, os romanos haviam substituído os gregos como dominadores, apesar de a língua e a cultura continuarem sendo gregas. Alguns estudiosos suspeitam que a poderosa e confiante comunidade judaica de Alexandria tentou retomar militarmente a posse de Jerusalém, mas sem sucesso: a rebelião terminou numa derrota esmagadora, com deportações maciças, aumentando a diáspora judaica ocidental. Alguns estudiosos recentes dizem que, embora o pensamento judaico alexandrino pareça não ter influenciado intensamente o judaísmo em si nos séculos imediatamente posteriores à derrota da rebelião, o judaísmo alexandrino teve a chance de continuar vivo na forma de cristianismo. Em outras palavras, missionários judeus do primeiro movimento de Jesus, trazendo para a diáspora judaica do Mediterrâneo o que era ainda uma forma de judaísmo, podem ter sido calorosamente recebidos pelos judeus culturalmente assimilados, influenciados pelo pensamento filônico e alexandrino. O agnosticismo constituiu talvez um destino intelectual ainda mais importante para a linha de pensamento iniciada por Fílon.

Por interessante que seja essa história, nossa preocupação, porém, não é histórica, mas literária, não estamos preocupados com a evolução do antigo Israel para o judaísmo moderno, mas sim com o caráter do Senhor Deus conforme apresentado nos discursos proféticos que são, em sua maioria, entrecortados por breves interlúdios narrativos. Como este livro não é um comentário sobre o Tanach, está fora de questão uma análise completa dos discursos de todos os quinze profetas. Nosso compromisso é tentar examinar em detalhe um dos profetas maiores e três dos menores: Isaías neste capítulo; Ageu, Zacarias e Malaquias no começo do capítulo 9. Alguns dos outros profetas serão mencionados em capítulos posteriores, mas só de passagem.

Um pouco atrás chamamos Isaías de profeta "maníaco". O fato de alguns críticos históricos não acreditarem que todas as profecias do *Livro de Isaías* sejam obra de um único escritor, sadio ou louco, não anula essa observação. Seja qual for a genealogia literária da obra e quantas forem as mãos que nela tomaram parte, o efeito literário de seus cortes rápidos, especialmente nos capítulos de abertura, é o de uma mente única repleta de conceitos e imagens. O narrador — ora o Senhor, ora Isaías, ora nenhum dos dois, ora ambos — muda constantemente. A tipografia pode racionalizar isso colocando o que parecem ser palavras de Deus entre aspas mesmo quando o texto não as identifica explicitamente como tais, mas a verdade é mais profunda que a tipografia: ambas as mentes — a do Senhor e a de Isaías — estão repletas, e por essa razão nenhuma das duas demonstra tranquilidade. Da mesma forma, a fertilidade quase dolorosa do *Livro de Isaías* faz dele um compêndio de profecia: quase toda ideia e quase toda imagem que aparecerá depois em qualquer dos outros profetas aparece, pelo menos brevemente, em Isaías. Com seus loucos mergulhos e mudanças de direção, suas devastadoras visões de destruição universal e arrebatados êxtases de redenção universal, o *Livro de Isaías* é uma espécie de *Deus agonistes*, um espetáculo de conflito em que o Senhor Deus exercita cada nervo.

Não que Isaías nos diga, com todas as letras, que Deus está confuso. Tudo o que o Senhor diz aqui ele parece dizer com a mesma confiança que tinha ao falar com Moisés ou, se é que é possível, com ainda maior confiança. Mas, apesar de sua maneira altiva, seu assunto é, de certa forma, humilhante, pois as interpretações que o Senhor dá para a queda de Jerusalém — todas elas sustentadas em total certeza divina — se contradizem radicalmente umas às outras e contradizem também a interpretação deuteronomista que acabamos de ver.

Duas opções interpretativas principais alternam-se e às vezes entram em conflito:

1. Israel pecou e recebeu seu bem merecido castigo, e aí se encerra a participação de Deus. Esta é a interpretação deuteronomista repetida com força retórica.

2. Israel foi punido além da conta pelos seus pecados e, de uma forma ou de outra, o Senhor deve agora resgatar Israel.

Embora, como já indicamos, Deus fale de maneira diferente com cada profeta, revelando assim aspectos diferentes de si mesmo, ao falar com cada um deles ele está se referindo aos mesmos eventos de sua própria vida e ao mesmo conjunto de questões. Os eventos: Israel foi infiel a Deus; Deus puniu Israel. As questões: Deus e Israel podem começar de novo? Como? A relação de Deus com outras nações do mundo mudará agora? Como?

Jeremias, mais do que Isaías, é o profeta que parece ter sido mais celebrado e querido pela elite de Judá que, trabalhando na

Babilônia, iria reconstruir a vida nacional judaica. Quando essa elite retorna à sua terra, ela afirma que a profecia dele é que se cumpriu. Único entre os profetas, ele estimulou os que foram levados à Babilônia a se casarem, procriarem e prosperarem lá até que o Senhor os trouxesse de volta para casa; da mesma forma, ele estimulou os que ficaram na Judeia devastada a não partir para outros destinos, tal como o Egito. Vilipendiado durante toda a sua vida, Jeremias tornou-se, depois de sua morte, algo como o profeta "oficial" do establishment sacerdotal.

Mas é Isaías, não Jeremias, que desperta a eloquência do Senhor Deus. É falando com Isaías que o Senhor mergulha mais profunda e impetuosamente em si mesmo, fornecendo os mais completos inventários de respostas à agonia de sua própria vida, provocada pela agonia que infligiu ao seu povo escolhido. Ler essas respostas é atravessar essa crise na vida de Deus em companhia do próprio Deus que a está sofrendo.

ALGOZ
"As nações distantes [...] vêm apressadamente."
ISAÍAS, 1-39

Para o leitor moderno seria muito mais fácil se situar no *Livro de Isaías* se, em suas páginas, o Senhor se confessasse desanimado ao ver sua própria punição efetivamente aplicada a Jerusalém, e se mostrasse, além disso, dividido entre as duas posições — chamemos de posição de justiça e posição de misericórdia — que acabamos de mencionar. Mas ele não faz isso.

Para voltar uma vez mais à analogia da carta pessoal, essas "cartas" de Deus não são do tipo em que o autor confidencia a própria confusão, mas do tipo em que ele experimenta, com diferentes correspondentes, posições radicalmente diferentes, levando cada uma delas a seu limite extremo. Tomado como um todo, o *Livro de Isaías* fornece um repertório de respostas ao menos parcialmente compatíveis com a crise suprema da vida conjunta de Israel e Deus.

Em *II Samuel*, 7, vemos como, ao falar com Davi por intermédio do profeta Natã, Deus utilizou, pela primeira vez, uma maneira comparativa, analógica, de falar sobre si mesmo. "Eu lhe serei por pai", disse ele a Davi. Aqui, ele toma a comparação e a desenvolve. Mas o "lhe serei por pai" revela-se apenas um começo: ele é também como um amante, um marido, uma mãe, um pastor, um jardineiro, um rei, e — categorias jamais mencionadas antes — um redentor e "o Santo de Israel". Quase no fim da História Deuteronomista, nós o vimos envolvido, mesmo que sem assumir grandes responsabilidades, em relações internacionais. Aqui, esse envolvimento cresce e transforma-se em responsabilidade verdadeira e numa tentativa de perguntar como essa nova responsabilidade pode ser integrada a algum novo relacionamento com Israel, em termos ainda a ser definidos. Porém, se tudo isso resulta no que podemos chamar de "novo Senhor Deus", existem também momentos — e são muitos — em que a sólida síntese de personalidades divinas que Moisés anunciou com tamanha eloquência no *Livro do Deuteronômio* retorna para silenciar toda dissensão e suspender todo desenvolvimento.

Como os versículos mais famosos de Isaías foram musicados no oratório *Messias*, de G. F. Haendel, trechos dessa obra poderão vir à mente do leitor quando lê o *Livro de Isaías*. Mas em nível de composição este se parece menos com o *Messias*, lembrando mais o segundo e terceiro movimentos da Nona Sinfonia de Beethoven. Nesses movimentos, um tema interrompe outro tema, e um tempo rompe outro tempo. É assim em Isaías. Mesmo os capítulos do "coral" culminante (obra do "Segundo Isaías", como dizem os acadêmicos), em que todos os temas e tons anteriores parecem juntar-se esplendidamente — mesmo esses capítulos apresentam súbitas interrupções, mudanças de ritmo, saltos à frente e desvios que nem sempre são percebidos imediatamente. A Nona Sinfonia, como já se disse muitas vezes, é uma composição quase não composta, pela sensação de infinitas possibilidades que provoca no ouvinte. Nestes casos também: o rompimento da única relação sólida que Deus jamais teve e o terrível fim da história de Israel como nação criam uma estonteante, às vezes dolorosa sensação de liberdade. Intelectualmente falando, muito pouca coisa chega a ser inteiramente descartada; e um estilo quase arrebatado reflete essa abertura sem precedentes.

Na longa visão que abre o livro, Isaías cita as palavras do Senhor aos reis de Judá, chamando-os, chocantemente, de "príncipes de Sodoma":

> *Ouvi a palavra do Senhor,*
> *vós, príncipes de Sodoma;*
> *prestai ouvidos à lei do nosso Deus,*
> *vós, povo de Gomorra.*
> *"De que me serve a mim a multidão de vossos sacrifícios?",*
> *diz o Senhor.*
> *"Estou farto de holocaustos de carneiros*

> *e da gordura de animais cevados,*
> *e não me agrado do sangue de novilhos,*
> *nem de cordeiros, nem de bodes.*
> *Quando vindes para comparecer perante mim,*
> *quem vos requereu*
> *o só pisardes os meus átrios?"*[Is., 1:10-2]

A NVPR traduz assim o último versículo:

> *"Quando vindes comparecer perante mim,*
> *quem vos requereu isso de vossas mãos?*
> *Não piseis mais os meus átrios."*

A versão da JPS, muito semelhante, lê:

> *"Vindes comparecer perante mim...*
> *Quem vos pediu tal coisa?*
> *Não piseis os meus átrios*
> *nunca mais."*

Tomada literalmente, a questão é surpreendente. Qualquer leitor que se lembre do *Êxodo* ou do *Levítico* poderá responder: "Quem pediu? *O Senhor pediu!*". Em hebraico, as perguntas que começam com *mi*, "quem?", são às vezes mais exclamações do que perguntas, como na expressão "Quem ele pensa que é?". Mas isso em nada mitiga o choque.

Se o Senhor não quer holocaustos, o que é que quer?

> *Lavai-vos, purificai-vos,*
> *tirai a maldade de vossos atos de diante dos meus olhos:*
> *cessai de fazer o mal.*
> *Aprendei a fazer o bem;*
> *atendei à justiça,*
> *repreendei o opressor;*
> *defendei o direito do órfão,*
> *pleiteai a causa das viúvas.* [1:16-7]

Essas palavras fazem parte de uma visão que Isaías "teve a respeito de Judá e Jerusalém, nos dias de Uzias, Jotão, Acaz, e Ezequias, reis de Judá" (1:1). Mas esses quatro reis governaram, somando todos, durante um século. Com efeito, o Senhor está dizendo que isso é o que ele sempre quis, apesar das aparências contrárias, e que vem pedindo isso em vão há cem anos. Elaborados sacrifícios de animais não podem ser realizados no exílio; mas mesmo no exílio os órfãos têm de ser defendidos, e os direitos das viúvas pleiteados, e assim por diante. Eis aqui uma nova base para estabelecer uma aliança.

A punição enquanto tal não serve de nova base para uma aliança, mas talvez o exílio não seja puramente punição:

> *Portanto diz o Senhor,*
> *o Senhor dos Exércitos,*
> *o Poderoso de Israel:*
> *"Ah, tomarei satisfações aos meus adversários,*
> *e vingar-me-ei dos meus inimigos.*
> *Voltarei contra ti a minha mão,*
> *purificar-te-ei como com potassa das tuas escórias,*
> *e tirarei de ti todo metal impuro.*
> *Restituir-te-ei os teus juízes, como eram antigamente,*
> *os teus conselheiros, como no princípio;*
> *depois te chamarão cidade de justiça,*
> *cidade fiel".*[1:24-6]

"Purificar-te-ei [...] das tuas escórias": o Senhor está agora revendo suas próprias ações. Quando puniu a geração de Noé, considerou a humanidade como um todo incorrigível. Não havia como purificá-la. E essa acabou sendo a sua posição. Com exceção de *II Samuel*, 7, quando o Senhor diz que será um pai severo para a casa de Davi, mas nada mais que isso, a punição não foi entendida como disciplina em nenhuma parte anterior da Bíblia. Agora é.

E as outras nações, as que o Senhor está usando para punir Israel?

Nos últimos dias acontecerá
que o monte da casa do Senhor
será estabelecido no cume dos montes,
e se elevará sobre os outeiros,
e para ele afluirão todos os povos.
Irão muitas nações, e dirão:
"Vinde, e subamos ao monte do Senhor,
e à casa do Deus de Jacó,
para que nos ensine os seus caminhos,
e andemos pelas suas veredas";
porque de Sião sairá a lei,
e a palavra do Senhor de Jerusalém. [2:2-3]

O Senhor pode restaurar a aliança com Israel e mesmo assim continuar um relacionamento de algum tipo com as outras nações, para fazer de Israel o mestre — ou pelo menos o local da instrução — e das outras nações os aprendizes. A passagem conclui com uma visão muito citada do "aprendizado" da paz:

Ele julgará entre os povos,
e corrigirá muitas nações;
estes converterão as suas espadas em relhas de arados,
e suas lanças em podadeiras:
uma nação não levantará a espada contra outra nação,
nem aprenderão mais a guerra. [2:4]

"*I ain't gonna study war no more*", "não vou mais estudar guerra", assim o *spiritual* "*Down by the riverside*" parafraseia esse versículo. A montanha é morada tanto de Baal (a História Deuteronomista não se cansa de denunciar os topos dos montes como locais de culto a Baal) como de Javé, na forma do deus guerreiro baalista. Aqui, a mesma montanha é transformada num local de instrução da paz.

Mas primeiro haverá "um dia do Senhor", em que o guerreiro sagrado assolará toda a terra uma última e definitiva vez. Só então os homens "lançarão às toupeiras e aos morcegos os seus ídolos de prata, e os seus ídolos de ouro" (2:20). Isso também constitui um novo ponto de partida pouco crível. Mesmo que tenha de ser por meio da guerra que as nações venham ao Senhor, a ideia de que elas venham a ele é radicalmente nova. O deuteronomista alertou incessantemente Israel contra o culto aos deuses cananeus, mas nunca considerou a possibilidade de os cananeus deixarem de adorar seus próprios deuses para começar a cultuar o deus de Israel. A premissa de que esse desenvolvimento era impossível foi precisamente o que justificou o genocídio: como a conversão era impossível, o extermínio era necessário.

Mas, se toda a humanidade adorar o Senhor, em que sentido Israel continuará sendo o povo escolhido? O Senhor parece contradizer-se. Num momento, todo Israel é ainda o povo da aliança; no momento seguinte, o chão começa a ceder debaixo da nação:

> *O Senhor entra em juízo*
> *contra os anciãos do seu povo, e contra os seus príncipes.*
> *"Vós sois os que consumistes esta vinha;*
> *o que roubastes do pobre está em vossas casas.*
> *Que há convosco que esmagais o meu povo*
> *e moeis a face dos pobres?"*
> *Diz o Senhor, o Senhor dos Exércitos.* [3:14-5, destaques meus]

Todo Israel será o povo do Senhor, ou só os pobres de Israel? Ou serão os pobres de todas as nações o seu povo agora? Os códigos legais do Pentateuco proveem moderadamente as viúvas, os órfãos, os estrangeiros, os escravos e outros em categorias vulneráveis, mas essa provisão não era exigida devido a nenhuma relação especial que o Senhor tivesse com esse tipo de gente. Porém, se ele agora pende nessa direção, a lista pode facilmente incluir também uma categoria: os derrotados de guerra, sem excluir Israel derrotado. Em resumo, mais uma base possível para a renovação da aliança.

Tendo tantas vezes prometido riqueza ao seu povo escolhido, o Senhor os encorajou a ver a riqueza como um sinal de favor. Mas agora, de repente, isso também é questionado. Em *Isaías*, 3-5, a riqueza — e as mulheres arrogantes e indulgentes em particular — é submetida à linguagem mais depreciativa de toda a Bíblia. *Isaías*, 3:16-26, contém uma espécie de inventário dos luxos femininos — "as cintas, as caixinhas de perfumes e os amuletos" etc. — e uma amarga promessa: "O Senhor porá a descoberto as suas vergonhas". Quando chegarem os conquistadores babilônios,

> [...] *em lugar de perfume haverá podridão,*
> *e por cinta, corda,*
> *em lugar de encrespadura de cabelos, calvície,*
> *e em lugar de veste suntuosa, cilício,*
> *e marca de fogo em lugar de formosura.* [3:24]

Quanto à linguagem, não é diferente de uma maldição deuteronômica; mas a preocupação do Senhor com o abuso da riqueza é nova. A própria acumulação de bens é condenada num dos versículos da Bíblia mais diretamente anticapitalistas:

> *Ai dos que ajuntam casa a casa,*
> *reúnem campo a campo,*
> *até que não haja mais lugar,*
> *e ficam como únicos moradores no meio da terra!*
> *A meus ouvidos disse o Senhor dos Exércitos:*
> *"Em verdade que muitas casas ficarão desertas,*
> *até as grandes e belas sem moradores".* [5:8-9]

Quem é que se ofende com esse comportamento? Ao anunciar seu julgamento, o Senhor se chama por um nome novo: "o Santo de Israel". Com esse nome é que ele é o amigo dos pobres, o sarcástico oponente tanto dos ricos como dos corruptos:

> *Ai dos que são sábios a seus próprios olhos*
> *e prudentes em seu próprio conceito!*

Ai dos que são heróis para beber vinho,
e valentes para misturar bebida forte;
os quais por suborno justificam o perverso,
e ao justo negam justiça! [5:21-3]

E é o Santo de Israel que envia Babilônia como uma espécie de cão de guerra contra Israel. Em sua beleza dura, cruel, *Isaías*, 5:26-30, é um dos melhores poemas sobre a guerra em qualquer língua:

Ele arvorará o estandarte para as nações distantes,
e lhes assobiará para que venham das extremidades da terra;
e vêm apressadamente.
Não há entre eles cansado, nem quem tropece;
ninguém tosqueneja, nem dorme;
não se lhe desata o cinto dos seus lombos,
nem se lhe rompe das sandálias a correia.
As suas flechas são agudas,
e todos os seus arcos retesados;
as unhas dos seus cavalos dizem-se de pederneira,
e as rodas dos seus carros um redemoinho.
O seu rugido é como o do leão;
rugem como filhos de leão,
e, rosnando, arrebatam a presa,
e a levam, e não há quem a livre.
Bramam contra eles naquele dia,
como o bramido do mar;
se alguém olhar para a terra,
eis que só há trevas e angústia,
e a luz se escurece em densas nuvens.

E quem é esse "Santo de Israel" que assobia chamando os cães de guerra? No capítulo seguinte (*Is.*, 6), o profeta tem uma visão na qual o Senhor, que ele jamais vira antes, aparece sentado num trono grandioso, as vestes enchendo o templo. Ele é servido por "serafins" de seis asas, que cobrem seus genitais com um par de asas, os rostos com um segundo, e que voam com o terceiro, clamando:

> *Santo, santo, santo é o Senhor dos Exércitos;*
> *toda a terra está cheia da sua glória.*

Isaías brada: "Ai de mim! Estou perdido! Porque sou homem de lábios impuros, habito no meio dum povo de impuros lábios, e os meus olhos viram o Rei, o Senhor dos Exércitos!".

O Senhor Deus, como vimos antes, não foi até então rei de Israel nem de ninguém. Mesmo na visão de Miqueias, que já discutimos brevemente, ele é um juiz ou árbitro internacional mais do que um monarca. Agora ele é tremenda e assombrosamente real. Mas qual é o seu desejo? Um dos serafins coloca uma brasa viva sobre os lábios de Isaías e diz: "Eis que ela tocou os teus lábios; a tua iniquidade foi tirada, e perdoado o teu pecado". O *Livro do Levítico* traz elaboradas instruções para a remoção de vários tipos de culpa, mas suas medidas são simplesmente humanas. Aqui a ação parte do próprio Senhor. Por quê?

> Depois disso ouvi a voz do Senhor, que dizia: "A quem enviarei, e quem há de ir por nós?". Disse eu: "Eis-me aqui, envia-me a mim". Então disse ele: "Vai, e dize a este povo:
>
> *'Ouvi, ouvi, e não entendais;*
> *vede, vede, mas não percebais'.*
> *Torna insensível o coração deste povo,*
> *e fecha-lhes os olhos,*
> *para que não venha ele a ver com os olhos,*
> *a ouvir com os ouvidos,*
> *e a entender com o coração,*
> *e se converta e seja salvo*". [6:8-10]

"Eis-me aqui" foi a resposta de Moisés à voz que lhe falou da sarça ardente, mas existe aqui uma outra semelhança mais inquietante. O Senhor diz a Isaías para escurecer o coração de Israel da mesma forma que o próprio Senhor escureceu (além de endurecer) o coração do Faraó, impossibilitando que o Faraó recebesse a mensagem a ele dada. Dita desse modo, a frase "Ouvi, ouvi, e não entendais" é irônica, mas a ironia é amarga. A instrução do Senhor a Isaías trai a sua agora irreversível intenção de destruir Israel. Nisso não há nada de irônico ou equívoco. "Até quando?", pergunta Isaías; isto é, até quando essa irônica injunção divina a "não compreender" terá efeito? A resposta: até a total destruição da terra. A terra não tombará apenas, como uma árvore, mas será obliterada como uma árvore cujo tronco é queimado depois de derrubada:

> *Mas se ainda ficar a décima parte dela,*
> *tornará a ser destruída.*
> *Como terebinto e como carvalho,*
> *dos quais depois de derrubados,*
> *ainda fica o toco* [...] [6:13]

O Santo de Israel combina diversos elementos, todos eles novos, nenhum recebendo senão uma breve menção nesse ponto. O Santo é exaltado, entronizado no céu, mas sua preocupação é com os humildes da terra. Ele é um professor, um revelador, enviando Isaías para proclamar a sua palavra. E, no entanto, com pleno controle sobre todas as nações do mundo, deputou à Assíria e à Babilônia a destruição de Israel, e quer que Israel compreenda sua mensagem só *depois* de o castigo haver sido aplicado. Não é de admirar que o Santo seja também descrito como incognoscível.

O *Livro de Isaías*, como dissemos antes, está cheio de mudanças súbitas. Esse decreto divino de cegueira é seguido por seu polo oposto:

> *O povo que andava em trevas*
> *viu grande luz,*
> *e aos que viviam na região da sombra da morte*

resplandeceu-lhes a luz. [...]
Porque um menino nos nasceu,
um filho se nos deu;
o governo está sobre os seus ombros;
e o seu nome será:
Maravilhoso, Conselheiro, Deus Forte,
Pai da Eternidade, Príncipe da Paz;
para que se aumente o seu governo
e venha paz sem fim
sobre o trono de Davi e sobre o seu reino,
para o estabelecer e o firmar
mediante o juízo e a justiça,
desde agora e para sempre.
O zelo do Senhor dos Exércitos fará isto. [9:2,6-7]

Em seus termos mais amplos, essa profecia lembra a profecia de Natã ao rei Davi dizendo que sua dinastia seria eterna. Porém Natã não previu para algum herdeiro davídico nada remotamente comparável aos títulos "Deus Forte, Pai da Eternidade, Príncipe da Paz". É verdade que Isaías, mesmo ao dar nome aos seus próprios filhos, tendia a brincar com as palavras; e, uma vez que os nomes hebraicos são muitas vezes ou nomes-frase, ou "teofóricos" (nomes que trazem um nome de deus contido neles), seus recursos nessa área são muito ricos. Se, em vez de dizer: "O seu nome será [...] Príncipe da Paz", a tradução lesse: "O seu nome será [...] Sarsalão", como Absalão, o fato de esses nomes serem, afinal, *apenas* nomes seria inequívoco. De qualquer forma, a tradição de traduzir mais do que deixar os nomes, como qualquer outro nome, em sua forma hebraica transliterada é bem justificada. Pois, quando Isaías diz que "o seu nome será [...] Elgibor [Deus Forte]", ele não está querendo dizer que um homem da linhagem de Davi será divino; está dizendo — precisamente por ter escolhido esse nome — que ele será sobre-humano. O capítulo 6 era uma visão do rei Javé em seu trono celeste. O capítulo 9 coloca a seu lado a visão de um rei terreno futuro, exaltado, messiânico.

Historicamente falando, essa ampliação da ideia do rei sem dúvida surgiu em Israel como uma reação à emergência da ideia de um Estado mundial na Assíria. Embora não constituíssem nenhum tipo original de império, nem tampouco uma cultura original, os assírios foram os primeiros a conscientemente procurar estabelecer um império integrado, multinacional, no qual as fronteiras seriam eliminadas, as populações forçadas ao intercâmbio com as regiões tributárias, com uma economia única administrada pela capital real. Os próprios assírios foram derrotados, mas o modelo de império introduzido por eles sobreviveu numa espécie de ecumenismo que abrangeu todo o Oriente Próximo, dominado sucessivamente pelos babilônios, pelos persas e pelos gregos. Mais importante, a *ideia* de império mundial, uma vez nascida, jamais morreu. Os babilônios, sendo a nação que efetivamente destruiu Jerusalém, predominam na imaginação israelita mais do que os assírios, mas os assírios, inventores dessa ousada ideia, são frequentemente mencionados; e uma dessas menções-chave ocorre, como uma espécie de associação psicológica, nesse momento em que a exaltação messiânica do reinado israelita está recebendo sua primeira formulação. Depois que o Senhor tiver instalado seu rei messiânico no monte Sião, ele castigará o rei da Assíria por dizer:

> *"Com o poder da minha mão fiz isto,*
> *e com a minha sabedoria, porque sou entendido;*
> *removi os limites dos povos,*
> *e roubei os seus tesouros,*
> *e como valente abati os que se assentavam em tronos.*
> *Meti a mão nas riquezas dos povos como a um ninho,*
> *e como se ajuntam os ovos abandonados,*
> *assim eu ajuntei toda a terra,*
> *e não houve quem movesse a asa,*
> *ou abrisse a boca e piasse."* [10:13-4]

Uma vez que o Senhor na verdade simplesmente usou a Assíria como seu flagelo, ele fica claramente ofendido pelo fato de o rei assírio não se dar conta dessa verdade. Ele precisa aprender uma lição.

O novo império mundial que o Senhor está planejando, no entanto, com o Sião como sua capital, deverá ser superior à Assíria e não só nas armas. Na passagem imediatamente seguinte, os temas anteriores — a preferência do Senhor pelos pobres e pelo monte Sião como centro do "conhecimento do Senhor" — convergem para esse tema do reinado messiânico. As vitórias do Senhor serão obtidas da mesma maneira que a criação de Deus, a partir de sua palavra apenas. Na ousada imagem de Isaías, ele atingirá seus inimigos "com a vara de sua boca". Mas a tudo isso acrescenta-se ainda mais uma ideia, nova e muito incompleta: a ideia do futuro império mundial como uma nova criação.

O reino messiânico/nova criação começará quando "do tronco de Jessé [pai de Davi] sair um rebento" — em outras palavras, quando uma nova vida brotar de um toco aparentemente queimado. Esse "rebento", o príncipe messiânico do Senhor,

> *não julgará segundo a vista dos seus olhos,*
> *nem repreenderá segundo o ouvir dos seus ouvidos;*
> *mas julgará com justiça os pobres,*
> *e decidirá com equidade a favor dos mansos da terra;*
> *ferirá a terra com a vara de sua boca.*
> *E com o sopro dos seus lábios matará o perverso.*

Essa transformação social, porém, é só o começo. Ela será completada por uma transformação natural:

> *O lobo habitará com o cordeiro,*
> *e o leopardo se deitará junto ao cabrito;*
> *o bezerro, o leão novo e o animal cevado andarão juntos,*
> *e um pequenino os guiará.*
> *A vaca e a ursa pastarão juntas,*
> *e as suas crias juntas se deitarão;*
> *o leão comerá palha como o boi.*

A criança de peito brincará sobre a toca da áspide,
e o já desmamado meterá a mão na cova do basilisco.
Não se fará mal nem dano algum em todo o meu santo monte,
porque a terra se encherá do conhecimento do Senhor,
como as águas cobrem o mar. [11:3-4,6-9]

Trata-se do "reino pacífico" insistentemente retratado na arte norte-americana antiga.

Na síntese de conceitos bíblicos de Deus que define a palavra *Deus* e seus equivalentes em todas a línguas ocidentais, uma benignidade miraculosa como essa parece ter existido eternamente, mas ela nem sempre existiu: ela tem um começo, e é nesse ponto que ela começa. Nem o Deus que circuncidou Abraão, nem o Deus que inspirou as interpretações de sonhos de José, nem o Deus da guerra que tirou Israel do Egito, nem o legislador que promulgou a aliança no monte Sinai jamais falaram dessa total transformação da natureza social e natural. Se é lícito presumir que o poder de realizar tal transformação já lhe pertencia, tendo em vista o poder demonstrado ao criar o mundo a partir do nada, ele jamais encontrou ocasião, naqueles estágios anteriores de sua história, para reclamá-lo publicamente. A ocasião agora se apresenta. Nesse momento de crise, o Senhor revisa seu próprio passado, como dissemos, para buscar o que poderá lhe possibilitar um futuro. Se a Assíria precisa ser vigiada e suplantada, se o estabelecimento de uma nova aliança exige um mundo inteiramente novo, não lhe faltam os meios. Falando a Isaías, o Senhor "lembra" que pode, sim, fazer tudo isso.

O Senhor não pode deixar de pensar em si mesmo como um ator no palco do mundo, agora que Israel, com sua população dispersa, transformou-se no judaísmo mundial. Sua resposta a essa dispersão é prever, como prelúdio para uma nova criação, um novo tipo de Êxodo, não de uma terra, mas das muitas terras para as quais Judá foi banido. No dia do Senhor, diz Isaías, ele "tornará a estender a mão para resgatar o restante do seu povo, que for deixado, da Assíria, do Egito, de Patros, da Etiópia, de Elã, de Sinear, de Hamate e das terras do mar" (11:11). A primeira vez que o Senhor "estendeu a sua mão" foi quando feriu o Egito (ver *Êxodo*, 7:5, entre outros). Dessa vez,

> *haverá caminho plano para o restante do seu povo,*
> *que for deixado da Assíria,*
> *como o houve para Israel*
> *no dia em que subiu da terra do Egito.* [*Is.*, 11:16]

Até aqui, o triunfo, mas por que só o restante do seu povo? Já ouvimos o restante ser mencionado antes no *Livro do Deuteronômio*; e, no entanto, assim como a lista dos lugares de exílio real que vem diretamente depois da visão do "reino pacífico", a palavra *restante* ressoa como uma nota dissonante de pequenez num contexto de expansão mítica. E esta não é a única nota dissonante nos capítulos de abertura de *Isaías*, doze capítulos que, como dissemos antes, constituem uma espécie de inventário de conceitos que podem ser compatíveis mas estão longe da integração e permanecem coletivamente em descompasso com um conceito muito mais simples — que Israel encerrou a aliança pecando e provocando a implacável ira de Deus.

Nesse ponto não fica claro se Deus superará sua ira, e a ira é praticamente o único assunto dos próximos onze capítulos (*Isaías*, 13-23). Esses capítulos contêm oráculos prevendo soturnos desastres para uma nação após outra. Individualmente monótonos, eles são coletivamente notáveis simplesmente porque nada como eles apareceu antes e porque não há nenhuma razão real para que algo do tipo possa ser visto agora. A não ser quando usa uma Assíria ou uma Babilônia como instrumentos, o relacionamento do Senhor com as nações do mundo sempre foi limitado pela aliança com Noé, que proibia apenas o assassinato e não falava nada de sanções. Com exceção de Israel, as outras nações não estavam e não estão, nesse ponto, sob nenhum comando divino que diga que devem adorar o Senhor ou observar algum código legal ou moral imposto por ele. Por que, então, estão sendo punidas?

Muito caracteristicamente, não é fornecida nenhuma razão, ou quase. Assim, contra a Arábia:

> *Sentença contra a Arábia.*
> *Nos bosques da Arábia passareis a noite,*
> *ó caravanas dos dedanitas.*
> *Traga-se água ao encontro dos sedentos;*
> *ó moradores da terra de Tema,*
> *levai pão aos fugitivos.*
> *Porque fogem de diante da espada nua,*
> *de diante do arco armado,*
> *e de diante do furor da guerra.* [21:13-5]

Nem todos os oráculos são secos como este, mas todos se detêm longamente sobre a ira vindoura e passam depressa pela razão que a provocou. No *Livro de Josué*, quando os israelitas levam o genocídio a Canaã em nome do Senhor, os cananeus são igualmente inocentes. Talvez esses oráculos, mais do que imagens do julgamento divino, sejam simplesmente imagens das futuras vitórias israelitas, moralmente neutras em certo sentido, como aquelas primeiras vitórias eram simplesmente a encenação de um plano divino para a terra, como a limpeza de um campo antes do plantio. Verdade que o Senhor foi impiedoso contra aqueles que se colocaram em seu caminho, tais como os amalequitas que Saul deixou de exterminar inteiramente, mas mesmo então sua ferocidade não era um juízo moral. Só no caso de Israel é que o aniquilamento físico provém de indiscutível condenação moral.

Por outro lado, se outras nações são consideradas agora dignas de condenação moral, talvez a imagem que o Senhor faz delas tenha mudado. Paradoxalmente, o fato de essas nações poderem agora ser verdadeiramente punidas, mais do que meramente eliminadas, as deixa mais próximas da equivalência moral com Israel. A posição antiga pode continuar viva em alguns desses oráculos, mas uma nova posição agora compete com aquela. A premissa da antiga posição era a impossibilidade da conversão

— ou, melhor dizendo, a impossibilidade de sequer imaginá-la. Mas a meio caminho dessa série de clássicas profecias de aniquilamento vem uma incrível previsão de conversão. "O Senhor se dará a conhecer ao Egito" e os egípcios virão a ele.

> Naquele dia haverá estrada do Egito até a Assíria, os assírios irão ao Egito, e os egípcios à Assíria; e os egípcios adorarão com os assírios ao Senhor. Naquele dia, Israel será o terceiro com os egípcios e os assírios, uma bênção no meio da terra; porque o Senhor dos Exércitos os abençoará, dizendo: Bendito seja o Egito, meu povo, e a Assíria, obra de minhas mãos, e Israel, minha herança. [19:23-5]

O que devemos concluir? O Senhor Deus quer derrotar, humilhar e punir outras nações do mundo? Quer subordiná-las a Israel em uma nova ordem social e uma nova criação? Ou pretende que se juntem a Israel como iguais, todos a seu serviço? Cada uma dessas posições diretamente opostas é expressa com igual e desapegado rigor.

Mas a mente de Deus está mais profundamente dividida do que isso. O grande motivo de orgulho do monoteísmo é que a realidade definitiva vive em sua casa e em nenhum outro lugar. A tristeza do monoteísmo é que tudo tenha de ser acomodado nessa casa única. No segundo capítulo deste livro, examinando a destruição divina do mundo inteiro no dilúvio, observamos que na antiga Mesopotâmia havia dois deuses, um deus criador e um deus destruidor, que lutavam um contra o outro. No antigo Israel, ao contrário, só havia um deus, que tanto criava como destruía. A luta dele era interna. Logo depois da série de oráculos contra os vizinhos de Israel, interrompida pela visão loucamente inconsistente que acabamos de citar de um glorioso futuro assírio-egípcio-israelita, vem se armando desde as profundezas um retorno do Deus destruidor. Dessa vez, não é o Egito ou a Assíria que são condenados, mas o mundo inteiro; e, mais uma vez, o crime é quase que só mencionado, enquanto o castigo é apresentado com riqueza de detalhes:

Terror, cova e laço
vêm sobre ti, ó morador da terra.
E será que aquele que fugir da voz do terror
cairá na cova,
e se sair da cova
o laço o prenderá, porque as represas do alto se abrem,
e tremem os fundamentos da terra.
A terra está de todo quebrantada,
ela totalmente se rompe,
a terra violentamente se move.
A terra cambaleia como um bêbado,
e balanceia como rede de dormir;
a sua transgressão pesa sobre ela,
ela cairá e jamais se levantará.
Naquele dia o Senhor castigará,
no céu, as hostes celestes,
e os reis da terra, na terra.
Serão ajustados como presos em masmorra,
e encerrados num cárcere,
e serão castigados depois de muitos dias.
A lua se envergonhará,
e o sol se confundirá
quando o Senhor dos Exércitos
reinar no monte Sião e em Jerusalém;
perante os seus anciãos haverá glória. [24:17-23]

Esse é o primeiro apocalipse ou visão da destruição final que ocorre na Bíblia. Sua erupção indica, com clareza única, que o trauma do rompimento da aliança e da queda de Jerusalém atinge por todas as vias a personalidade múltipla do Senhor. A aliança do Senhor com Abraão e tudo o que veio depois dela foi um compromisso entre a criatividade indiferenciada do "Sê fecundos e multiplicai-vos" (*Gên.*, 1:22) e a destrutividade indiferenciada do "Tudo que há na terra perecerá" (6:17). Agora que esse compromisso se rompeu, essas duas alternativas originais voltam à tona. A visão do reino pacífico é de inquestionável criatividade e benevolência; a visão apenas citada é de inquestionável destrutividade e malevolência. Israel e seu destino estão ausentes dessa visão, que termina com os seguidores do destruidor divino (*seus* anciãos, não os de Israel) reunidos em torno de seu trono na montanha com nenhuma outra finalidade senão testemunhar sua glória em meio à destruição do mundo.

Não se pode tomar por alegoria cada acidente editorial de uma obra montada, colaborativa, como o *Livro de Isaías*. Não se pode transformar cada mudança interna numa mudança do enredo. Os anotadores da *Oxford annotated Bible* [Bíblia anotada de Oxford] aconselham laconicamente: "Comparar com v. 19", referindo-se a *Isaías*, 26:14, que é assim:

> *Mortos não tornarão a viver,*
> *sombras não ressuscitam;*
> *por isso os castigaste e destruíste,*
> *e lhes fizeste perecer toda memória.*

Quatro versículos abaixo, no mesmo capítulo, vem o versículo 26:19, indicado pela edição de Oxford:

> *Os vossos mortos e também o meu cadáver viverão e ressuscitarão;*
> *despertai e exultai, os que habitais no pó,*
> *porque o teu orvalho, ó Deus, será como o orvalho da vida,*
> *e a terra dará à luz os seus mortos.*

Os anotadores de Oxford nada tinham a dizer além daquilo que a própria justaposição diz por si mesma — ou seja, que o texto é contraditório. E quem pode censurá-los?

Ao mesmo tempo, certos movimentos mais amplos, mais lentos, merecem ser lidos como mudanças na trama ou desenvolvimentos de consequências duradouras para o caráter do protagonista, e é adequado notá-los em sua primeira aparição, assim como observamos a primeira menção da paternidade divina em *II Samuel*, 7. A escatologia, a especulação sobre o fim dos tempos e sobre como se saberá que está chegando, e o apocaliptismo, as visões desse fim enquanto destruição sem precedentes em escala mundial ou cósmica, tudo isso desempenhou um papel muito pequeno na Bíblia desde *Gênesis*, 6. Deste ponto em diante, essas visões terão um papel cada vez maior, não substituindo todas as outras visões, mas emergindo ao lado delas como uma opção permanente. A condição *sine qua non* para a emergência da escatologia e do apocaliptismo pode ter sido, primeiro, a exposição ao império assírio e à globalização do pensamento social que isso representava e, em segundo lugar, a experiência mais pessoal de ter o seu próprio mundo, a sua própria sociedade absolutamente destruída. Tais influências, porém, podem levar um escritor a uma variedade de direções. Elas levaram os autores bíblicos a introduzir mudanças na voz e no caráter do Senhor Deus. Deus fala sobre as pretensões da Assíria e da Babilônia. Fala sobre a devastação de Israel. E formula respostas mutuamente contraditórias que refletem as diferentes partes de seu próprio caráter e de seu próprio passado. Em última análise, ao fazer tudo isso, ele convence a si mesmo a se transformar. Mas o processo é permeado de contrastes de vida e morte.

No "Pequeno Apocalipse" de *Isaías*, conforme esse trecho é chamado algumas vezes (*Isaías*, 24-7), a visão da morte antes citada é seguida por uma visão de vida que não chega a suplantá-la inteiramente. Os versículos 25:7-8, que serão citados no *Apocalipse*, último livro da Bíblia cristã, vão extravagantemente além da eliminação da morte, incluindo a eliminação da dor e da mágoa:

> Destruirá neste monte a coberta que envolve todos os povos, e o véu que está posto sobre todas as nações. Tragará a morte para sempre, e assim enxugará o Senhor Deus as lágrimas de todos os rostos, e tirará de toda a terra o opróbrio do seu povo, porque o Senhor falou.

Que visão vem da mente de Deus? Essa? Ou: "Terror, cova e laço vêm sobre ti, ó morador da terra"? Ambas. E só se pode inferir que a mente que contém ambas não está de forma alguma em paz consigo mesma.

Para um rei que tentava ouvir os oráculos tão variados que acabamos de examinar, só pode ter sido um grande conflito. O *Livro de Isaías* está dividido mais ou menos no meio por um interlúdio em prosa, referente a Ezequias, um rei quase bom, resgatado dos assírios e curado de uma doença que julgava fatal. Mas quando, depois da recuperação, o rei imprudentemente permite que uma delegação babilônia visite seu tesouro, o profeta volta-se contra ele e profetiza uma vitória final para a Babilônia, acrescentando tenebrosamente que alguns dos filhos de Ezequias serão feitos eunucos para o governante babilônio. Ezequias responde e pode-se sentir sua aflição: "'Boa é a palavra do Senhor que disseste.' Pois pensava: 'Haverá paz e segurança em meus dias'" (39:8). Será uma versão israelita antiga de *Après moi le déluge*? Talvez, mas a mistura de boas e más notícias em *Isaías* deixou tão perplexos os seus contemporâneos quanto nos deixa a nós.

SANTO
"A quem me comparareis?"
ISAÍAS, 40-66

As desconcertantes mudanças anunciadas em *Isaías* começam a se tornar menos frequentes e as boas novas começam a predominar na última porção do livro, aquela parte atribuída ao escritor que a crítica histórica chama, como também nós chamaremos, de "Segundo Isaías". *Segundo* porque seu estilo e sua síntese característica o distinguem claramente do autor ou autores que produziram *Isaías*, 1-39; e *Isaías* porque muitas das suas imagens e conceitos são desenvolvimentos daqueles que acabamos de examinar. Se o *Livro de Isaías* pode ser comparado à Nona Sinfonia de Beethoven, é evidentemente no Segundo Isaías que ouvimos a ode coral, com sua atmosfera de triunfo, liberação e, ao menos numa primeira audição, unidade.

O Primeiro Isaías não cabe em nenhum resumo; o Segundo Isaías, sim. E seu resumo pode ser o seguinte:

> Israel pecou gravemente e merece castigo, mas, agora, o castigo recebido pode ser considerado adequado e, de fato, muito mais do que adequado. É hora de o Senhor confortar seu povo, e ele anseia por fazê-lo. Seu retorno, através do deserto, da Babilônia para Jerusalém deverá ser uma marcha triunfal, eclipsando a glória de sua travessia do deserto desde o Egito. O Senhor dos Exércitos nomeou Ciro, rei da Pérsia, para derrotar a Babilônia e restabelecer Israel na montanha sagrada do Senhor em Jerusalém. Aí, por intermédio do "servo do Senhor", o Senhor reunirá um povo escolhido que contém, em princípio, toda a raça humana. Ao estabelecer essa nova ordem, o Senhor será rei além de criador, e pai além de rei. Acima de tudo, porém, ele será "teu redentor, o Santo de Israel" — invencível porque é o único

Deus que existe de fato e santo porque é exaltado acima de todo conhecimento humano.

Na visão do Segundo Isaías, Deus tem muito pouco de novo a dizer acerca de si mesmo ou de Israel. No entanto, ele transforma drasticamente seu temperamento por meio de omissões estratégicas, substituições e expansões, e pela adoção de um tom de solicitude terna, quase maternal, uma solicitude sem precedentes, e isso tudo é ainda mais notável porque vem acoplado a uma ênfase igualmente nova em sua assombrosa singularidade como único deus que não é uma invenção.

Algumas mudanças específicas:

1. Deus dispensa quase inteiramente outros oráculos de destruição, seja contra Israel, seja contra qualquer outra nação, exceto, uma vez, contra a Babilônia.

2. Ele se abstém de condenar Israel por falhas morais, exploração dos pobres, corrupção etc., ou por qualquer outra ruptura da aliança mosaica. Moisés é mencionado apenas uma vez, e a retórica legal do *Deuteronômio* está completamente ausente.

3. Em sua maior parte, ao invés de invectivar contra o interesse de Israel pelo Baal cananeu no passado, ele caçoa da idolatria babilônica sem jamais sugerir que os judeus exilados tenham demonstrado qualquer interesse nela. Aqui, como em *Números I* e *II*, a premissa é que Israel, pecador agora perdoado, é digno desse glorioso novo relacionamento com o Senhor.

4. Tendo estabelecido a total não-realidade de todos os deuses concorrentes como meros objetos manufaturados, ele faz com que sua própria confiabilidade e invencibilidade como redentor pareça ainda mais poderosa, para isso referindo-se pródiga e eloquentemente a toda a sua história: criação, patriarcas, êxodo, conquista e uma aliança pessoal e eterna com a linhagem real de Davi.

5. Sem negar seu próprio poder, ele insiste de maneira nova no mistério, mais do que no poder, como fonte de sua santidade. A santidade só pode ser definida dialeticamente. Santo, sagrado é tudo o que é *diverso de* profano ou não-sagrado. O

Senhor é santo porque é *diverso da* humanidade. Mas em que sentido? No Segundo Isaías, o Senhor insiste que conhece a humanidade, mas que a humanidade não o conhece e não pode conhecê-lo, pelo menos não sem ajuda. É dessa forma que ele e a humanidade diferem. Se a primeira aliança, agora rompida, era baseada na clareza da lei e suas exigências, esta nova aliança é centrada no mistério da personalidade do Senhor e em suas intenções incognoscíveis.

A primeira e a segunda dessas mudanças são omissões que falam por si mesmas. A terceira, quarta e quinta, por lidarem com o monoteísmo e com o caráter do Senhor, exigem maiores comentários.

Entre a proibição da idolatria no Decálogo e a polêmica do Segundo Isaías contra a idolatria babilônica, existem, surpreendentemente, poucas menções à idolatria no Tanach. A História Deuteronomista só raramente toca no assunto. Embora o caráter absoluto da proibição inicial constitua talvez o traço individual mais marcante do início da religião israelita, deve-se notar que a religião cananeia, rival do javeísmo durante os séculos anteriores à conquista babilônica, era, em si, não particularmente idólatra. Israelitas que desertaram o Senhor e adotaram o credo de Baal não se tornaram, portanto, idólatras, e a idolatria não é jamais uma acusação lançada contra eles. A acusação, que admite uma certa realidade a Baal, é, caracteristicamente, a de infidelidade à aliança com o Senhor pela oferenda de sacrifícios a Baal. O culto ao Baal cananeu empregava uma variedade de objetos sacros, inclusive altares, colunas sagradas, árvores, rochas eretas e outras coisas mais, porém Israel tinha seu próprio e elaborado aparato de objetos de culto. As duas tradições se separaram não por causa da idolatria, mas por causa do sexo. O culto de Baal era orgiástico; o culto do Senhor, um Deus assexuado, era casto. A "prostituição por deuses falsos" contra a qual investe o *Deuteronômio* era literal: a prostituição ritual era um traço padrão do baalismo. E a prática era repulsiva para os israelitas. E, além disso, como o Senhor de Israel, da mesma forma que Baal, era um deus da guerra que, embora assexuado, tinha intensas preocupações com a fertilidade, não excluindo um interesse direto pelo pênis, pela menstruação, pelos primeiros frutos do útero e do campo, e assim por diante, o sincretismo com Canaã deve ter sido praticamente inevitável e, para os seus adeptos, deve ter representado um choque cultural relativamente menor.

Com a Babilônia o choque foi bem maior. A imagem do deus babilônio Marduque em seu templo piramidal, a famosa "torre de Babel", estava tão próxima da literalidade divina para os babilônios quanto qualquer ícone de toda a história religiosa. À medida que a grande capital ia sendo conquistada e retomada pelas diversas nações que a dominaram sucessivamente, por cinco vezes a estátua foi raptada, removida, recapturada e trazida de volta em triunfo. Tudo isso era profundamente estranho e parecia ridículo, repulsivo, aos exilados judeus, mesmo que o Segundo Isaías exagere deliberadamente as coisas em função da sátira. Se o conceito assírio de um Estado mundial significou uma contribuição positiva para o pensamento religioso judaico, a ideia babilônia de uma estátua divina significou uma contribuição negativa. Isso permitiu que os exilados judeus refinassem mais do que nunca sua compreensão do quão literalmente devia ser entendido seu monoteísmo. Colocada na boca de Deus, essa compreensão volta a insistir no fato de ele ser único e sua grandeza, portanto, insuperável.

No início, a confissão deuteronômica "Ouve, Israel, o Senhor nosso Deus é o único Senhor" não significava tão precisa e conscientemente que o Senhor era o único Deus quanto passaria a significar durante este período e para todo o sempre. Pode-se mesmo afirmar que quando se atribuiu uma esmagadora não-realidade aos deuses dos idólatras, ela foi também atribuída a todos os deuses concorrentes, houvesse ou não idolatria em seu culto. E o resultado foi um certo grau de assombro diante do Senhor Deus, o Senhor dos Exércitos, o "Santo de Israel", como o Segundo Isaías gosta de chamá-lo, um grau de temor que não existia quando se acreditava tacitamente, mesmo que irrefletidamente, que os moabitas teriam sempre o seu Camos, os filisteus o seu Dagom, e assim por diante, e que, afinal, tinham lá suas razões para ter esses deuses.

Esse foi, em termos gerais, o modo de funcionamento do mundo antigo. Outras nações não negavam a realidade do Senhor como deus nacional dos judeus. Quando Senaqueribe ameaça Ezequias, diz que o Senhor, como deus nacional de Israel, não consegue defender Judá contra ele melhor do que qualquer deus nacional de todas as outras nações agora derrotadas. Senaqueribe afirma que, na verdade, o Senhor disse a ele: "Sobe contra a terra e destrói-a" (*II Reis*, 18:25; *Isaías*, 36:10). No *Deuteronômio*, o Senhor chega perto de admitir um mundo de muitas nações e muitos deuses, mesmo que menos reais do que ele, mas em *Isaías* não o admite mais. Daqui para a frente, quer uma nação tenha ou não o Senhor como seu Deus, não terá a menor razão para ter qualquer outro deus. A escolha que ele oferece, quase literalmente, é adorar a mim ou adorar a nada:

> *A quem me comparareis para que lhe seja igual?*
> *E que coisa semelhante confrontareis comigo?*
> *Os que gastam o ouro da bolsa,*
> *e pesam a prata nas balanças,*
> *assalariam o ourives para que faça um deus,*
> *e diante deste se prostram e se inclinam.*
> *Sobre os ombros o tomam, levam-no*
> *e o põem no seu lugar, e aí ele fica;*
> *do seu lugar não se move;*
> *recorrem-se a ele, mas nenhuma resposta ele dá,*
> *e a ninguém livra da sua tribulação.* [*Is.*, 46:5-7]

O Senhor que diz esses versículos não espera que nenhum dos seus ouvintes o compare com um ídolo. Implicitamente, ficam do lado dele todas as vezes que ele ridiculariza o vazio dos deuses dos idólatras. O que ele espera é que tragam o resto do mundo até ele. Israel já não basta. Em uma das quatro passagens em que Israel é personificado como um servo sofredor cujo destino há muito oculto está para ser revelado, o Senhor diz:

*Pouco é o seres meu servo,
para restaurares as tribos de Jacó,
e tornares a trazer os remanescentes de Israel;
também te dei como luz para os gentios,
para seres a minha salvação até a extremidade da terra.* [49:6]

O tema já foi levantado pelo Primeiro Isaías, mas o resultado era ainda apresentado mais ou menos como um triunfo militar, enquanto aqui é apresentado como uma implicação lógica do monoteísmo israelita e também como uma conquista espiritual de Israel enquanto nação, resultado e recompensa do esforço nacional.

O monoteísmo inflexível que é exigido da humanidade sugere, quase inevitavelmente, a possibilidade de um inflexível "monoantropismo" da parte de Deus. Sugere, em outras palavras, que uma aliança divina com toda a raça humana — efetivamente a aliança do Senhor com Noé ou uma restauração de sua aliança implícita com Adão — deva ser a aliança única, sugerindo a conclusão: *muitos deuses: muitos povos :: um Deus: um povo*. Se, porém, uma aliança única entre Deus e a humanidade está para ser estabelecida como extensão da aliança com Abraão, mais do que como seu substituto, essa aliança deve então deixar de ser a aliança de fertilidade formulada na primeira vez. Evidentemente, uma aliança que promete fertilidade desproporcional a uma nação não pode, pela própria natureza da promessa, ser estendida a todas as nações. Existe uma outra alternativa, porém, e é essa que o Senhor escolhe. Em vez de ampliar a recompensa da aliança, definida como fertilidade, ele ampliará as suas obrigações. No lugar de uma fertilidade intensificada por Deus, o que poderá ser dado a todas as nações, sem restrições, será a lei escrita por Deus, particularmente se a lei começar a ser considerada como uma recompensa em si mesma. E é exatamente assim que ele começa a ver as coisas agora. Quando promulgada no Sinai, a lei tinha apenas função instrumental: estipulava as condições que, se cumpridas, resultariam em desproporcional fertilidade e prosperidade para Israel na terra de

Canaã. Porém, o Senhor, ao refletir que é único, começou a ver a sua lei como um bem em si, e Israel como a sua "luz para as nações", por divulgar o conhecimento da lei.

Isso resume o tema que vimos primeiro em *Isaías*, 2:3, onde o profeta imagina as nações dizendo:

> *"Vinde, e subamos ao monte do Senhor,*
> *e à casa do Deus de Jacó,*
> *para que nos ensine os seus caminhos*
> *e andemos pelas suas veredas";*
> *porque de Sião sairá a lei,*
> *e a palavra do Senhor de Jerusalém.*

A ascendência de Israel, nessa revisão do plano do Senhor, provém não da vitória sobre um inimigo, mas do exercício pacífico de uma vocação religiosa universalmente reconhecida:

> *Estranhos se apresentarão e apascentarão os vossos rebanhos;*
> *estrangeiros serão os vossos lavradores e os vossos vinhateiros.*
> *Mas vós sereis chamados sacerdotes do Senhor,*
> *e vos chamarão ministros de nosso Deus;*
> *e comereis as riquezas das nações,*
> *e na sua glória vos gloriareis.* [*Is.*, 61:5-6]

Esses lavradores e vinhateiros estrangeiros podem ser, como uma época muito posterior formulará, "cidadãos de segunda classe", mas a revisão do seu estatuto é mesmo assim surpreendente. Antes, o plano do Senhor para os habitantes da terra que Josué conquistaria era o extermínio. E a razão disso não era simplesmente o fato de serem adoradores de Baal, podendo constituir tentação para os israelitas, mas também o fato de que o Senhor exigia os frutos de seu trabalho para Israel. Israel deveria fruir, como dizia Moisés, de "grandes e boas cidades que tu não edificaste; e casas cheias de tudo o que é bom, que não encheste; e poços abertos, que não abriste; vinhais e olivais que não plantaste" (*Deut.*, 6:10-1). Agora, numa passagem que vai muito além da mera injunção de ser brando com eles, os estrangeiros são transformados em parte da aliança e convidados ao próprio templo:

> *Aos estrangeiros que chegarem ao Senhor,*
> *para o servirem, e para amarem o nome do Senhor,*
> *sendo deste modo servos seus, sim,*
> *todos os que guardam o sábado,*
> *não o profanando, e abraçam a minha aliança,*
> *também os levarei ao meu santo monte,*
> *e os alegrarei na minha casa de oração;*
> *os seus holocaustos e os seus sacrifícios*
> *serão aceitos no meu altar,*
> *porque a minha casa será chamada casa de oração*
> *para todos os povos.*
> *Assim diz o Senhor Deus*
> *que congrega os dispersos de Israel:*
> *Ainda congregarei outros*
> *aos que já se acham reunidos.*
> *Vós, todos os animais do campo,*
> *todas as feras dos bosques, vinde comer.* [Is., 56:6-9]

Em todas as divisões étnicas existe a tentação constante de desumanizar o forasteiro. O *Homo sapiens* é uma espécie única, mas a pseudoespeciação, como é algumas vezes chamada, cria um poderoso sentimento de que a diferença entre um povo e outro, ou entre um povo e todos os outros, é a mesma que existe entre o humano e o não-humano. No último versículo citado acima, o Senhor toca nesse assunto espinhoso, dirigindo-se às nações que admite à sua aliança pela primeira vez numa linguagem tão preconceituosa quanto aquela que qualquer israelita pensaria em utilizar ao referir-se a elas. Elas são feras, mas são bem-vindas.

Se isso representa uma melhoria dramática no *status* conferido por Deus às nações, não representa nenhuma perda para Israel, nem mesmo materialmente. Admitindo o Senhor como único Deus, as nações admitem também, indiretamente, a superioridade da nação que provê os sacerdotes, professores e ministros do Senhor. Mesmo não sendo mais fruto da expropriação e do extermínio, as riquezas continuam afluindo a Israel, e de um círculo incomparavelmente mais amplo de nações. Quando Ciro sobe ao trono, recebe ordem de reconstruir o templo, e com a iminência da derrota da Babilônia, Israel parece sentir que as nações estão a ponto de deixar de significar uma ameaça. A ameaça brota, isto sim, é do próprio medo de Israel e de seu medo de que tudo isso realmente ocorra. Porém o Senhor está preparado até para isso.

O Senhor percebe que seus adoradores, derrotados e exilados, duvidam do seu poder, mas ele desculpa a dúvida como resultado de sua própria incognoscibilidade — e aqui retornamos à novidade central do modo como o Senhor se apresenta em todo o *Livro de Isaías*.

> *Por que, pois, dizes, ó Jacó,*
> *e falas, ó Israel:*
> *"O meu caminho está encoberto ao Senhor,*
> *e o meu direito passa despercebido ao meu Deus"?*
> *Não sabes, não ouviste que o eterno Deus,*
> *o Senhor, o Criador dos fins da terra,*
> *nem se cansa nem se fatiga?*
> *Não se pode esquadrinhar o seu entendimento.* [40:27-8]

É essa incognoscibilidade inerente, mais do que qualquer culpa, que explica por que as outras nações só agora começam a reconhecer o Senhor:

> *Assim diz o Senhor:*
> *"A riqueza do Egito e as mercadorias da Etiópia,*
> *e os sabeus, homens de grande estatura,*
> *passarão ao teu poder e serão teus;*
> *seguir-te-ão, irão em grilhões,*
> *e diante de ti se prostrarão*

> *e te farão as suas súplicas, dizendo:*
> *'Só contigo está Deus e não há outro que seja Deus'".*
> *Verdadeiramente tu és Deus misterioso,*
> *ó Deus de Israel, ó Salvador.* [45:14-5]

Quando o Egito aceita Deus, essa aceitação irá, com certeza, enriquecer Israel da mesma forma que no *Êxodo*, quando os egípcios cobriram de presentes os israelitas que partiam. Mas essa previsão é novidade muito menor do que a afirmação de que Deus é um deus que se esconde.

A noção de que Deus é inescrutável, misterioso, e que está além da compreensão de meros humanos, embora faça hoje parte da noção popular, aprendida, que temos de Deus, praticamente não existe nas apresentações que a Bíblia faz dele antes de *Isaías*. Quem lê o *Livro do Gênesis* pela primeira vez trazendo dentro de si essa noção fica quase sempre surpreendido e encantado com o fato de o Senhor Deus ser tão pouco majestoso no contato com Adão e Eva, com os patriarcas e com seu "amigo" Moisés, pelo menos nos encontros mais tranquilos, em que ele se vê face a face com a divindade. A expectativa de que Deus seja remoto e invisível, falando do alto céu e não andando num jardim ou morando numa tenda, é também bíblica em sua origem, porém uma ideia encontrada num ponto da Bíblia pode não estar presente em toda a Bíblia. Essa ideia não é encontrada no *Gênesis*, é apenas mencionada talvez uma única vez no *Deuteronômio*, e está ausente de toda a História Deuteronomista. Ela começa com Isaías, e muito provavelmente, pelo menos em parte, como maneira de escapar da eloquente mas limitadora clareza do *Deuteronômio*. O mistério abre as portas para a novidade: "Eis que faço uma coisa nova" (43:19).

O texto que inaugura o lado augusto do divino está em *Isaías*, 6, um dos primeiros capítulos do Primeiro Isaías, mas esse tema vai crescendo constantemente no Segundo Isaías. Para o Deus que falava por intermédio de Moisés, o que contava não era o fato de ser incognoscível, mas seu poder superior, que demonstrava em obras poderosas. Para o Deus que fala agora por intermédio de Isaías, o poder conta, inegavelmente, mas o mistério conta ainda mais. O Deus de Isaías compreende a humanidade, a humanidade não compreende o Deus de Isaías, e é para provar *isso* que servem agora os milagres divinos. Assim, em 29:13-4, lemos:

> [...] *o seu temor para comigo consiste só em mandamentos de*
> [*homens, que maquinalmente aprendeu,*
> *continuarei a fazer obra maravilhosa no meio deste povo;*
> *sim, obra maravilhosa e um portento;*
> *de maneira que a sabedoria dos seus sábios perecerá,*
> *e a prudência dos seus prudentes se esconderá.*

Compare-se isso com a insistência com que Moisés afirma que o mandamento de Deus "não está no céu para dizeres: 'Quem subirá por nós aos céus, que no-lo traga...?'" (*Deut.*, 30:12), e também com a sua insistência, em *Deuteronômio, 6*, na importância da repetição constante e da memorização. Em marcante contraste, Isaías compara a Palavra do Senhor a um texto colocado nas mãos de um analfabeto (29:12). Parte do tempo, o profeta coloca a culpa da visão obtusa de Israel num embrutecimento moral; a maior parte do tempo, porém, a causa disso é a incompreensibilidade intrínseca do Senhor.

Conforme observamos antes, a pergunta subjacente em todos os profetas é: *Podemos começar de novo?* Esse novo aspecto, o mistério de Deus, não constitui em si uma resposta a essa pergunta, mas é condição para uma resposta. Se as premissas forem colocadas claramente, e cada um dos lados for perfeitamente compreensível e completamente previsível para o outro, Deus e Israel não poderão começar de novo, no caso de a aliança entre ambos irremediavelmente acabar. Mas se um dos lados, o lado de Deus, é tão misterioso para o outro que nada pode ser previsto com confiança total a seu respeito, então a novidade é novamente possível: a História pode recomeçar.

O que eleva o entusiasmo do Segundo Isaías a um nível de êxtase, quase maníaco, não é esse mistério emergente, mas um movimento paralelo a ele, ou seja, a coincidência da recente clareza, já mencionada, em torno da unicidade de Deus com o anúncio de que, a pedido de Deus, Ciro e os persas irão derrotar a Babilônia. Historicamente, a convergência dessas duas mensagens — de que o Deus de Israel era o único Deus e de que estava *mandando* em Ciro — não só "fez" o Segundo Isaías como também refez Israel. Foi essa convergência de ideias literalmente embriagadora que deu esperanças aos judeus. No texto profético, o próprio Senhor parece embriagado com a convergência e levado a esmiuçar sua própria história em busca de imagens comparáveis. Será uma nova criação, um novo Êxodo, uma nova aliança, uma nova monarquia. Existe uma espécie de fusão imagética nos versículos de abertura do poema que vai de *Isaías*, 51:9 até 52:2. Em 51:9-11, o profeta começa:

> *Desperta, desperta, arma-te de força,*
> *braço do Senhor;*
> *desperta como nos dias passados,*
> *como nas gerações antigas;*
> *não és tu aquele que abateu o Egito*
> [em outras traduções:
> "que cortou Raabe (Rahab) em pedaços"]
> *e feriu o monstro marinho?*
> *Não és tu aquele que secou o mar,*
> *as águas do grande abismo?*
> *O que fez o caminho no fundo do mar,*
> *para que passassem os remidos?*
> *Assim voltarão os resgatados do Senhor,*
> *e virão a Sião em júbilo,*
> *e perpétua alegria lhes coroará as cabeças,*
> *e deles fugirão a dor e o gemido.*

Rahab é o nome hebraico para o dragão do caos aquático que, em outros mitos da criação semitas, o alto deus derrota a fim de criar a ordem ou o jovem deus guerreiro derrota para restaurar a ordem. O desmembramento desse inimigo da humanidade no início está ligado aqui à abertura do mar Vermelho no *Êxodo* e é depois ampliado para incluir o "grande abismo", o Mediterrâneo. Sob a pressão da derrota e do exílio, as personalidades do alto deus e do deus de Israel fundem-se como nunca antes haviam se fundido. E, nos versículos imediatamente posteriores, essa fusão se volta para Israel de um modo pessoal, também desconhecido antes:

> *Eu, eu sou aquele que vos consola;*
> *quem, pois, és tu, para que temas o homem que é mortal,*
> *ou o filho do homem que não passa de erva?*
> *Quem és tu que te esqueces do Senhor,*
> *que te criou,*
> *que estendeu os céus e fundou a terra,*
> *e temes continuamente todo o dia*
> *o furor do tirano,*
> *que se prepara para destruir?*
> *Onde está o furor do tirano?*
> *O exilado cativo depressa será libertado,*
> *lá não morrerá, lá não descerá à sepultura;*
> *o seu pão não lhe faltará.*
> *Pois eu sou o Senhor teu Deus* [...] [51:12-5]

Historicamente, assim que se restabeleceram como uma comunidade, os judeus puderam efetivamente reviver, mesmo num Estado vassalo da Pérsia, uma imitação da antiga vida com suas leis, seus rituais, sua inteireza; e nesse momento a profecia morreu e essa retórica desapareceu. Mas ela foi indispensável no começo. E não era ilusória mesmo então. É verdade que a maior parte das maravilhas que Isaías e outros profetas previram para um Israel retornado do exílio jamais aconteceu. O fracasso da profecia, fato de gigantesca importância na história da religião israelita e depois judaica, significa um fracasso pessoal na vida de Deus. E, no entanto, o autor que elaborou a primeira formulação plena do monoteísmo e que sentiu claramente que essa ideia iria varrer o mundo estava, em termos rigorosamente históricos, absolutamente correto. A divulgação dessa ideia, principalmente por intermédio do cristianismo e do islamismo, não foi o que ele previu; e ao difundirem essa ideia os judeus foram muitas vezes mais vilipendiados do que glorificados. Entretanto, o cristianismo e o islamismo sabem que veneram o mesmo ser que Israel foi o primeiro a venerar. E Jerusalém, que Isaías viu recebendo homenagens materiais e espirituais das nações convertidas, continua sendo a grande cidade sagrada do monoteísmo.

No poema que estamos examinando, quem fala é Isaías, citando extensamente as palavras do Senhor a Israel, mas o versículo final, que se dirige a Israel em palavras que ecoam as palavras de abertura dirigidas ao Senhor, pode ser dito tanto pelo Senhor como pelo profeta:

Desperta, desperta, reveste-te da tua fortaleza, ó Sião;
veste-te das tuas roupagens formosas [...]

Deus "despertou" para a sua unicidade como o deus vivo e verdadeiro, e isso despertou-o para o sentido de suas ações passadas. Porém, quando ele desperta, desperta também o seu povo, consciente da própria força e preparado para começar de novo a sua história, confiante de que a segunda vez será mais gloriosa que a primeira.

Quando o Senhor Deus se torna plenamente consciente de que é literalmente o único e que tem portanto um poder extraordinário, podemos dizer que o trauma pela derrota de Israel e a crise pela aliança abalada mostraram a ele quem ele é. Quando dizemos uma coisa dessas de um ser humano, o que estamos dizendo é que o trauma e a crise demonstraram à pessoa aquilo que ela *veio a ser* — isto é, o que sua história e sua personalidade combinadas fizeram dela. E assim é, por extensão, com o Senhor Deus. Ele começou sem uma história, mas agora possui uma história tumultuosa; e ele sabe que melhorou como resultado dela. No entanto, assim como a história de Deus não passou pelos estágios humanos usuais de nascimento, infância, juventude e o resto, assim também sua autodescoberta não passa por esses estágios. Porque Deus não foi gerado e não gera, ele só pode experimentar uma versão análoga da identidade sexual humana, do desejo sexual, da latência sexual, da intimidade sexual, da inibição ou frustração sexual, e assim por diante. E, uma vez que ele não envelhece, mesmo essas experiências análogas não estão sujeitas aos estágios de nenhuma maturação física. Existe, por exemplo, algo de avô na maneira do Senhor com Abraão, porém na experiência do Senhor esse estágio vem antes, o que seria impossível na vida de um homem.

Da mesma forma, agora que chegamos praticamente à metade da história de Deus, não devemos nos surpreender se não o encontrarmos naquele que seria o típico ponto médio do desenvolvimento psicossexual humano. Seria assim mais adequado abordá-lo por intermédio de seres humanos cujo próprio desenvolvimento psicossexual escapou por alguma razão da ordem usual. Um garotinho cuja mãe ficou viúva, por exemplo, pode agora ouvir em casa que se tornou o homem da família e por isso experimentar, antes do tempo normal, alguma versão de uma relação masculina adulta com uma mulher. Mesmo uma menina cuja mãe enviuvou poderá se ver preenchendo parte do espaço deixado vago na vida da mãe pela morte do pai. Mas imagine agora um ser cujas experiências são *todas* desse tipo — imitações, empréstimos, analogias da vida real, ocorrendo numa ordem biologicamente idiossincrática, solta. Esse é o Senhor Deus, um ser sem pais, sem filhos, um órfão cósmico, literalmente o único de sua espécie. Um tal ser não tem outra alternativa senão tomar emprestado, e, no entanto, tudo o que tomar emprestado jamais lhe servirá perfeitamente. E aqui reside a profunda peculiaridade psicológica, a singularidade, a indefinível estranheza do Senhor Deus. Onde quer que haja se originado seu caráter, é difícil acreditar que se trate da simples projeção de um caráter humano. Um tal caráter humano não pode ter existido jamais.

Alguns leitores podem se sentir incomodados de ouvir falar em desenvolvimento de Deus. Os leitores religiosos poderão objetar que as categorias do desenvolvimento psicossexual humano são uma blasfêmia quando aplicados a ele: Deus é eterno, imutável, está além do conhecimento humano; não tentem limitá-lo ao tamanho do divã do analista! E mesmo leitores seculares poderão imaginar se não é forçado demais aplicar a ele as categorias da análise de personagens literárias. Talvez ele possa ser mais adequadamente discutido como uma personificação — da força vital, ou da sociedade, ou da ordem, ou de alguma fusão dessas personificações — do que, como busca a análise neste livro, uma verdadeira fusão de personalidades.

À objeção religiosa a resposta tem de ser uma outra pergunta: como se sabe que Deus é incognoscível? Quem lhe disse isso? Se sua resposta vem de fora da Bíblia, sua objeção é infundada, porque só estamos considerando o Deus da Bíblia. Se sua resposta invoca a Bíblia, é justo observarmos que, ao longo de todos os livros da Bíblia até este ponto (um ponto, por sinal, que no Tanach vem muito depois do que na ordem cristã do Antigo Testamento), a hipótese que levantamos é exatamente oposta à sua. Do *Gênesis* até *II Reis*, disto ninguém duvida, jamais: Deus é cognoscível. Depois, no *Livro de Isaías*, a incognoscibilidade de Deus começa a se firmar. É como se Deus se *tornasse* incognoscível nesse ponto, e a única coisa que se pode fazer é perguntar por quê. E, se você não concorda que ele só se torna incognoscível nesse ponto, então terá de encontrar alguma outra maneira de explicar por que as hipóteses em torno da questão diferem antes e depois de um determinado ponto do texto.

A resposta aos leitores seculares é até certo ponto uma concessão. Sim, um ser que, por definição, não pertence à condição humana não pode ser adequadamente discutido utilizando categorias definidas por essa condição. Mas um tal ser pode ser inadequadamente — quer dizer, analogicamente — discutido nessas categorias, pois existe um aspecto decisivo em que sua condição e a condição humana são idênticas: é a temporalidade da experiência. As coisas acontecem para Deus uma de cada vez. Ele age, depois reage ao que fez, ou ao que outros fizeram em reação a ele. Ele faz planos e ajusta-os quando não funcionam direito. Ele se arrepende, começa de novo, olha para o futuro, olha para o passado. Como resultado de tudo isso, ele aprende, e o aprendizado é a condição mínima necessária para a discussão de qualquer personagem.

Entre parênteses, podemos observar que no *Livro de Isaías* Deus começa a pleitear um conhecimento simultâneo do passado e do presente que, por assim dizer, chega perto da onisciência. Em 41:4 ele diz:

Quem fez e executou tudo isso?
Aquele que desde o princípio tem chamado as gerações à existência,
eu, o Senhor, o primeiro,
e com os últimos eu mesmo.

Mas o paradoxo é que essa habilidade mental sobre-humana parece ser algo que ele *aprendeu* sobre si mesmo, não algo que, como seria o caso da verdadeira onisciência, ele sempre soube.

Deus se acha estranho? No começo, certamente não. Nos versículos de abertura do *Livro do Gênesis*, Deus tem a autoconfiança cega de um sonâmbulo. Ele faz o que faz. Não sabe o que está fazendo nem por quê. Só depois, diante de obstáculos, descobre quais poderiam ter sido suas intenções ou quais elas devem ser agora. Essa impressão pode desaparecer por longos trechos. Certamente o Senhor que dita o longo e meticulosamente detalhado *Livro do Levítico* a Moisés sabe o que está fazendo em um ou outro sentido dessa frase. No entanto, até o final de *II Reis*, o Senhor ainda não se tornou de nenhuma maneira significativa uma questão para si mesmo.

No *Livro de Isaías*, ele começa a se tornar uma questão para si mesmo. Essa autopercepção é que está por trás quando ele fala de sua própria incognoscibilidade. E, mesmo que pretenda ser incognoscível para a humanidade mais do que para si mesmo, a mudança é muito grande. Até esse momento, até mesmo para a humanidade, insistiu-se na clareza inequívoca da lei de Deus mais do que em qualquer tipo de obscuridade. Agora, pela primeira vez, o Senhor parece reconhecer quão surpreendentemente *diferente* ele é. É diferente dos não-deuses apresentados como seus rivais porque ele é real e os outros não são. O espetáculo da idolatria ensina-lhe isso. Mas ele é também diferente dos seres humanos porque eles amam e ele — em toda a sua história até este ponto — não amou. Agora, com o Segundo Isaías, ao chegar ao amor o que ele diz de si mesmo não é simplesmente: "Como eu te amo!", mas: "Como sou misterioso!".

Inegavelmente, existe algo atemorizador e misterioso nos versículos de abertura de *Isaías*, 40, frases ditas num tom para o qual nada na Bíblia, até esse ponto, nos preparou:

> *Consolai, consolai o meu povo,*
> *diz o vosso Deus.*
> *Falai ao coração de Jerusalém,*
> *bradai-lhe que já é findo o tempo da sua milícia,*
> *que a sua iniquidade está perdoada*
> *e que já recebeu em dobro da mão do Senhor,*
> *por todos os seus pecados.* [40:1-2]

Consolar? *Consolar?* Não é demais insistir que o Senhor Deus jamais falou em consolo antes. O conceito de recuperação depois do desastre pode ser menos que uma novidade total, mas o tom da voz daquele que emprega esse conceito, percebendo e vivendo de empréstimo a dor humana, é não apenas inteiramente novo, mas também chocante no modo como justapõe o conforto ao imenso poder divino. Poucos versículos adiante, lemos:

> *Quem na concha de sua mão mediu as águas,*
> *e tomou a medida dos céus a palmos?*

> *Quem recolheu na terça parte de um efa o pó da terra*
> *e pesou os montes em romana*
> *e os outeiros em balança de precisão?*
> *Quem guiou o Espírito do Senhor?*
> *Ou, como seu conselheiro, o ensinou?* [40:12-3]

Questões retóricas como essas serão alinhadas depois, quando o Senhor repreende Jó, e elas se prestam bastante bem à repreensão, pois falam do poder em si. Aqui, porém, servem para sublinhar o fato de que as ternas palavras de abertura têm esse improvável poder por trás delas.

E exatamente aqui, nessa incongruência, está a base mais profunda para a alegação feita pelo Senhor de que é misterioso, oculto, de que está além da compreensão. Em outras palavras, não só Deus é um segredo que os homens não podem conhecer, como também Deus conhece todos os segredos humanos. Já citamos os versículos abaixo, do discurso de abertura do Segundo Isaías.

> *Por que, pois, dizes, ó Jacó,*
> *e falas, ó Israel:*
> *"O meu caminho está encoberto ao Senhor,*
> *e o meu direito passa despercebido ao meu Deus"?*
> *Não sabes, não ouviste que o eterno Deus,*
> *o Senhor, o Criador dos fins da terra,*
> *nem se cansa nem se fatiga?*
> *Não se pode esquadrinhar o seu entendimento.*

Mas essa passagem prossegue explicando o que o Deus incognoscível faz com sua nova consciência da dor humana, especialmente a de Israel:

> *Faz forte ao cansado,*
> *e multiplica as forças ao que não tem nenhum vigor.*
> *Os jovens se cansam e se fatigam,*
> *e os moços de exaustos caem,*

*mas os que esperam no Senhor renovam as suas forças,
sobem com asas como águias, correm e não se fatigam.* [40:29-31]

Assim como a incompreensibilidade é um traço da ideia que se tem de Deus introduzido numa época determinada sob circunstâncias específicas, assim o é também a noção correlata de que, apesar de não conhecermos Deus, ele conhece a nós e conhece-nos íntima e individualmente, sem que precisemos contar nada a ele. Na passagem acima citada, o Senhor sabe, sem que lhe digam, que Israel está assolado pela dúvida. Antes, seria preciso que lhe dissessem, como Moisés teve de contar-lhe seus medos diante da sarça ardente e Ana, suas dificuldades à porta do templo de Silo.

Havia, como vimos no *Êxodo*, algo de excitante na noção de que o deus do céu, El, podia ser simultaneamente o Deus nacional de Israel, o guerreiro *yahweh* e o amigo pessoal de Moisés. Isaías pega esses elementos já incongruentes e refina cada um deles, insistindo, por um lado, no acesso íntimo e imediato do Senhor à dor experimentada por Israel (tornando-o, implicitamente, o Deus pessoal de cada membro de Judá); insistindo, por outro lado, no poder cósmico e de criador de mundos do Senhor. O resultado é um tom de êxtase tanto no profeta como, naqueles muitos momentos em que é o Senhor quem fala, no próprio Senhor. Mas o êxtase não supera o mistério. Repetindo, o *Livro de Isaías*, sob esse aspecto, contrasta vivamente com o *Livro do Deuteronômio*, em que Deus é, de um lado, cristalinamente claro em sua exigências e promessas e, de outro, não apresenta nenhum interesse anterior evidente no sofrimento ou na vida interior nem do próprio Moisés.

A combinação desses dois elementos — o acesso divino ao coração humano e a onipotência e mistério divinos — tornou-se a incongruência definidora no cerne da palavra *Deus*, conforme ela é entendida nas línguas vernáculas do Ocidente. E o papel de Isaías na criação dessa incongruência é quase absoluto. O coração humano do qual o Senhor é íntimo é, muito especialmente, o coração do oprimido:

"Não temas, ó vermezinho de Jacó,
povozinho de Israel ["inseto de Israel" em outras traduções];
eu te ajudo",

diz o Senhor em 41:14 na tradução da NVPR. (O Tanach da JPS propõe "larva" em lugar de "inseto".) Antes desse ponto, há pouca ou nenhuma indicação de que, mesmo como deus pessoal, como "deus de", o Senhor tivesse a habilidade ou, mais especialmente, a tendência de espionar o coração humano, de observar medos, tristezas, confusões etc., de ser o companheiro onisciente da alma. Durante muito tempo, mesmo as relações mais pessoais do Senhor — com Abraão, Jacó, José, Moisés e Davi — pareciam existir em função de seu relacionamento coletivo com a futura nação, Israel. Mesmo nos raros momentos em que o pessoal parecia ter precedência sobre o coletivo, Deus parecia tratar apenas externamente com aqueles que escolhia. Sua preocupação era com o prepúcio, não com a imaginação.

Se, portanto, o Senhor começa de repente a demonstrar, a partir de *Isaías*, 40, uma consciência intensa e íntima dos temores e tristezas, dúvidas e esperanças de Israel, a novidade constitui, em si mesma, base para a teoria de que o Senhor é um tanto misterioso: deixando de ser o que durante muito tempo pareceu ser, ele *tornou-se* misterioso. Mas como essa nova consciência vem junto com uma ternura igualmente sem precedentes, ela nos leva à nova e intrigante questão de por que o Senhor foi até agora tão inteiramente estranho às emoções ternas.

8. INTERLÚDIO
Deus ama?

O VERBO HEBRAICO *yd^c*, "conhecer", quando se refere à relação pessoal, pode trazer implícito o sentido de *"amar"*, coisa que não ocorre com o verbo *conhecer* em português. Na visão final do reino pacífico em *Isaías*, 11, a última imagem — "Porque a terra se encherá do conhecimento do Senhor, como as águas cobrem o mar" — refere-se a um dilúvio de conhecimento pessoal, não de conhecimento acadêmico teológico. Eventualmente, *yd^c* pode indicar até a intimidade sexual. Existe uma força emotiva similar inerente a outros verbos hebraicos relacionados à percepção: *zkr*, "lembrar"; *š'm^c*, "ouvir"; e outros. Assim, mesmo não havendo nenhuma referência à ternura do Senhor por Israel, a súbita intensificação do conhecimento pessoal que ele tem de Israel pode implicar algo como uma transformação emocional também.

Conhecendo-se esses aspectos específicos da psicologia antiga, devemos afirmar simplesmente que, até esse ponto de sua história, o Senhor Deus não havia amado. O amor nunca foi um predicado atribuído a ele, seja como ato, seja como motivação. Não que ele não tivesse vida emocional. Ele já sentiu ira, desejo de vingança e remorso. Mas nunca amou. Não foi por amor que fez o homem. Não foi por amor que fez sua aliança com Abraão. Não foi por amor que tirou os israelitas do Egito e expulsou os cananeus. O "amor fiel" da aliança mosaica era, como vimos, mais uma feroz lealdade mútua ligando suserano e vassalo do que uma emoção mais suave.

Deus foi extremamente objetivo e inteiramente fiel quanto às suas responsabilidades na aliança. Mas suas atitudes eram desprovidas de amor. Mesmo quando faz algo terno para um indivíduo, como ouvir a prece de Ana e dar-lhe um filho, Samuel, ele jamais faz, assim como ninguém faz a respeito dele, referência alguma a sentimentos ternos. Vejamos o *Êxodo*, 2:23-5:

> Decorridos muitos dias, morreu o rei do Egito; e os filhos de Israel gemiam sob a servidão, e por causa dela clamaram, e o seu clamor subiu a Deus. Ouvindo Deus o seu gemido, lembrou-se da sua aliança com Abraão, com Isaque e com Jacó. E viu Deus os filhos de Israel, e atentou para a sua condição.

Deus não se comove com a sua condição. Ele não lamenta a sua condição. Meramente toma conhecimento da sua condição. O texto não diz: "...sua aliança com Abraão, com Isaque e com Jacó, *que ele amava*", como seria fácil dizer. Os verbos dessa passagem, repetidos quando Deus dá suas ordens a Moisés, são verbos de percepção apenas: "ouviu... lembrou-se... olhou... notou". E, mesmo admitindo a força emotiva que os verbos hebraicos correspondentes podem trazer, é inevitável a sensação de abstenção que há nesse trecho. O hebraico clássico tem recursos abundantes para a expressão de emoções, e essa passagem evita recorrer a eles. Não é exagero dizer que, a julgar pelo texto inteiro da Bíblia desde o *Gênesis*, 1, até *Isaías*, 39, o Senhor não sabe o que é amor.

Igualmente notável, se não mais, é que Deus não sente prazer com nada nem com ninguém. Evidentemente, podemos contrapor a essa afirmação radical alguns contraexemplos. Em *Gênesis*, 8:21, quando as águas do dilúvio recuam, Noé faz um holocausto ao Senhor; "e o Senhor aspirou o suave cheiro e disse consigo mesmo: 'Não tornarei a amaldiçoar a terra por causa do homem [...]'", deixando pelo menos implícito que sentiu prazer com o cheiro. Quase no fim das maldições detalhadas em *Deuteronômio*, 28, Moisés adverte: "Assim como o Senhor se alegrava em vós outros, em fazer-vos bem e multiplicar-vos, da mesma sorte o Senhor se alegrará em vos fazer perecer e vos destruir" (*Deut.*, 28:63; sentimento semelhante vem expresso em 30:9). E, quando Salomão pede sabedoria ao Senhor, "estas palavras agradaram ao Senhor, por haver Salomão pedido tal coisa" (*I Rs.*, 3:10). Mas essas poucas e magras alusões ao prazer divino não são em nada representativas: são virtualmente as *únicas* passagens desse tipo. Em sua escassez servem apenas para iluminar o total silêncio sobre a alegria, a felicidade ou o prazer divino na Bíblia desde o *Gênesis* até *II Reis*.

Homens e mulheres expressam sua alegria com Deus. De fato, isso é exigido dos israelitas: no *Livro do Deuteronômio*, Moisés insistentemente ordena a Israel que "se alegre diante do Senhor" e adverte: "Porquanto não serviste ao Senhor teu Deus com alegria e bondade de coração [...] servirás aos teus inimigos [...]" (28:47). Moisés, porém, nunca diz que o Senhor se alegra com essa alegria. Deus não se alegra com a alegria deles. Mesmo em momentos de máxima exultação religiosa, quando Moisés e os israelitas cantam depois de terem sido salvos por ele do exército do Faraó, ou quando Débora e Baraque cantam ao Senhor por tê-los salvo dos cananeus (*Jz.*, 5), o Senhor não demonstra nenhuma exultação própria em retribuição.

Uma vez reconhecido esse padrão, até mesmo a maneira como Deus encerra cada dia da criação — "E viu Deus que isso era bom" — assume uma estranha qualidade anedótica. O texto não diz, como evidentemente poderia: "E Deus se alegrou, porque era bom". Deus não se alegra. Nunca se alegra. Não tem prazer nem consigo mesmo. Abstendo-se de atribuir a ele qualquer satisfação com sua obra criativa, o Tanach dá início, de fato, a uma longa e muito consistente série de tais abstenções. Em inúmeras ocasiões entre a criação do mundo e a queda de Jerusalém, o Senhor Deus podia ter dado provas de alegria ou prazer. Apesar de toda a teimosia de Israel, muitas foram as vitórias, não faltaram ocasiões. Mas, com poucas exceções, ele não aproveita essas ocasiões.

Nos primeiros capítulos deste livro, procuramos deliberadamente enfatizar essas exceções. Pode não haver nenhuma referência direta a alegria ou prazer na resposta do Senhor a Davi em *II Samuel*, 7 — aquele oráculo que Natã anuncia depois de Davi haver dançado diante do tabernáculo e espontaneamente declarado seu desejo de construir um templo para o Senhor —, mas dá para perceber uma nota desusada de calor pessoal na primeira referência do Senhor a si mesmo como pai. Antes, o *Êxodo*, 33, observa, num tom que não esconde uma certa surpresa, que o Senhor e Moisés conversam como se fossem dois amigos, dois humanos; e, por força dessa amizade, o Senhor contém sua ira contra Israel e passa a residir numa tenda no acampamento israelita. Antes ainda, afirma-se que José gozava do "amor fiel" e da "bondade e fidelidade" do Senhor, sem nenhuma referência à possibilidade de ele ser veículo para a criação de uma aliança nacional. Mas tudo isso são apenas lampejos de possibilidades. No geral, o caráter de Deus é, página após página, livro após livro, de uma imperiosa impassibilidade, frequentemente intercalada pela ira.

Esse caráter é inumano ou meramente desumano? Ou desumano porque inumano? O gênio israelita antigo que primeiro pensou num deus que fosse pessoal, mas não sexual, não pode ter simplesmente tropeçado nessa ideia ou composto essas ideias com retalhos de ideias anteriores. Simplesmente não se trata desse *tipo* de ideia. Muitíssimas ideias sobre o Senhor Deus são efetivamente remendadas a partir de ideias anteriores, e este livro jamais escondeu esse caráter de colcha de retalhos, mas esta ideia é diferente. Nada do tipo era conhecido em nenhum ponto da civilização em que ela emergiu, em nenhum momento anterior à sua emergência. Um gênio tão original a ponto de ter uma tal ideia pode muito bem ter tido também a originalidade de introduzir medidas que protegessem — isto é, dar início a uma tradição literária de retratar o Deus pessoal, assexual, de forma que não pudesse ir se sexualizando gradualmente.

O texto do Tanach que vai do *Gênesis* até *II Reis* é mais livremente antropomórfico: ouvimos falar do braço, da mão, do dedo e da face de Deus, entre outras referências físicas; e os anjos de Deus, indistinguíveis do próprio Deus, têm corpos masculinos e inclusive (pode-se inferir) genitália. Mas, talvez por utilizarmos, na linguagem cotidiana, infinitas metáforas para fazer menção a partes e funções do corpo humano, esses antropomorfismos não chegam a depreciar em nada a divindade de Deus. A decisão do autor de que podia tomar essa liberdade foi uma decisão acertada, e isso é confirmado por todos os leitores que, em todos esses séculos, sabem, sem que seja preciso lhes dizer, que o braço que Deus estendeu contra o Egito não era nenhum braço humano normal.

Mas, talvez por uma razão igualmente boa, o mesmo autor parece ter concluído que certos sentimentos corporais podiam de fato depreciar a divindade de Deus, depreciando a perfeição de seu poder. O exemplo mais óbvio disso é o desejo sexual, que reconhecemos corretamente mais como paixão do que como ação, usando uma palavra cognata em nossa linguagem: *passivo*. O prazer não é um feito. A luxúria é algo a que cedemos, não algo que fazemos. E alguém nas garras da luxúria até certo ponto submete o seu poder àquilo ou àquele que despertou a luxúria. O mesmo se dá, se bem que menos obviamente, com outras emoções ternas. A mágoa é o fracasso do desejo: a pessoa ou coisa amada se foi, mas o desejo por ele ou ela continua. A verdadeira alegria é sempre uma surpresa e constitui, nessa medida, uma invasão da privacidade e da autonomia do indivíduo. A compaixão, como a própria palavra indica, é uma variedade da paixão. Sente-se pelo objeto de compaixão a mesma coisa que ele ou ela está sentindo; e, na medida em que os sentimentos de compaixão ou piedade são involuntários, eles depreciam a perfeição do autocontrole do indivíduo. Existe um grau tão grande de interação e interdependência corpóreas em tudo isso que é, por assim dizer, perigoso atribuir essas coisas a um ser cujo poder e cuja assexualidade queremos frisar. O caráter físico difuso, visceral, da frase "O Senhor comoveu-se de piedade" tem um potencial sexualizador e corporalizador muito maior do que a frase "O Senhor estendeu o seu braço". Talvez seja por isso que os autores do Pentateuco e os primeiros profetas tenham voluntariamente escrito infindáveis variações desta última frase, mas jamais chegaram sequer perto da primeira.

Quanto às emoções não ternas que esses escritores se sentem livres para atribuir a Deus, talvez possamos dizer que são, sim, emoções, mas não paixões. Em *Gênesis*, 6:6-7, lemos:

> Então se arrependeu o Senhor de ter feito o homem na terra, e isso lhe pesou no coração. Disse o Senhor: "Farei desaparecer da face da terra o homem que criei, o homem e o animal, os répteis, e as aves dos céus; porque me arrependo de os haver feito".

As palavras *arrependeu* e *pesou* são usadas, claro, mas como indica a atitude a ser tomada, esse arrependimento e esse peso, essa tristeza, não provêm de nenhum apego, mas do rompimento de um apego. A ira e o desprazer (e, como vimos, o Senhor fica infinitamente irado e descontente) têm o mesmo efeito de rompimento. Longe de criar qualquer vulnerabilidade no Senhor por via de alguma simpatia física ou outro laço qualquer entre ele e um ser humano, essas coisas restauram o isolamento e a invulnerabilidade, especialmente porque a ira de Deus é sempre perfeitamente controlada: o Senhor Deus, exceto talvez no Sinai, jamais chega sequer perto de perder o controle. Geralmente, a única consequência negativa da ira de Deus para o próprio Deus é a descontinuidade de sua aliança com Israel ou, no caso extremo previsto em *Deuteronômio*, 28, o fim genocida de seu relacionamento com Israel. Foi assim também quando, no versículo que acabamos de citar, ele se arrependeu da criação de toda a vida animal. Se Noé e sua arca não mitigassem essa ação, e toda a vida animal na terra houvesse terminado, em que condições ficaria Deus? Seria o Deus que era ao final do quarto dia da criação, antes que os pássaros, os répteis, os mamíferos e os seres humanos houvessem sido criados. E quando ele foi mais divino do que naquele momento?

Do ponto de vista do escritor que o caracterizou pela primeira vez, talvez tenha sido inevitável fazer Deus desumano, porque ele fora feito primeiro inumano, mas certamente não podemos eliminar a possibilidade de esse mesmo escritor ter se inspirado em seres humanos que procuravam parecer divinos parecendo inumanos. É praticamente impossível que haja existido o personagem humano de quem o Senhor Deus seria uma simples projeção, mas certamente muitos chefes guerreiros procuraram retratar a si mesmos como impiedosos, acima das necessidades e da paixão, intimidantes na imprevisibilidade da sua ira, e imperiosos sem nenhum motivo discernível. A máscara do poder não é sempre assim? Não é de admirar que, por isso, não possa ser nunca nada mais do que uma máscara. Não é de admirar que nenhum ser humano jamais esteja realmente acima das necessidades ou acima da paixão, e que a raiva que busca intimidar acabe se tornando previsível, e que motivações indiscerníveis continuem assim mesmo sendo motivações. Se a máscara for bem-feita, ela pode aterrorizar. E o imenso poder do Senhor Deus retratado no início do Tanach reside exatamente no fato de essa máscara aterrorizadora sobre sua face ser sua própria face.

Mas então sua face se transforma. Algo acontece que o transporta dessa condição de feroz e prolongada latência afetiva para o ardor lírico que explode sobre nós com o Segundo Isaías. Na experiência humana ordinária, existe algum espírito mais enfraquecido do que o de uma velha abandonada por seu marido, do que uma viúva de fim de semana, do que uma mulher que é como viúva pelo abandono do marido? Dos inúmeros momentos possíveis em uma história de amor, é este o que o Senhor Deus, que nunca dá os passos usuais na ordem usual, parece tomar como seu passo mais decisivo:

> *Não temas, porque não serás envergonhada;*
> *não te envergonhes, porque não sofrerás humilhação;*
> *pois te esquecerás da vergonha da tua mocidade*
> *e não mais te lembrarás do opróbrio da tua viuvez.*
> *Porque o teu Criador é o teu marido;*
> *o Senhor dos Exércitos é o seu nome;*
> *e o Santo de Israel é o teu Redentor;*
> *ele é chamado Deus de toda a terra.*
> *Porque o Senhor te chamou como a mulher desamparada*

e de espírito abatido;
como a mulher da mocidade,
que fora repudiada, diz o teu Deus.
Por breve momento te deixei,
mas com grandes misericórdias torno a acolher-te;
num ímpeto de indignação escondi de ti a minha face
por um momento;
mas com misericórdia eterna ["com amor eterno",
em outras traduções] *me compadeço de ti,*
diz o Senhor, teu Redentor. [Is., 54:4-8]

Um dos maiores romances já escritos sobre o aprendizado do amor é o irônico *A educação sentimental*, de Gustave Flaubert. Sua moral, resumindo, é: antes de ter um amor, é preciso ter um amor não correspondido. O Senhor Deus não é nenhum Frédéric Moreau, nenhum romântico apaixonado por si mesmo, como o protagonista de Flaubert. As aspirações de ambos são nitidamente diferentes, e seus fracassos são diferentes. Mas o que o Senhor Deus e Frédéric têm em comum é, de fato, o fracasso. O que ambos aprendem sobre o amor vem ao final de um caso fracassado que nenhum dos dois, enquanto dura o caso, se permite considerar como um caso de amor de fato.

Deus se vê na condição de um homem que bateu na mulher e expulsou-a de casa. Ela se tornou pouco mais do que uma prostituta comum, humilhando a si mesma e a ele ao ligar-se aos mais repulsivos vizinhos. Ele teve com ela uma paciência infinita, enviando um intermediário depois do outro para insistir com ela e alertá-la, sem nenhum resultado: ela está afundada no vício. E assim ele acaba expulsando-a: que os vizinhos façam com ela o que quiserem; para ele, acabou.

É o que ele pensa. Uma atitude que não deveria causar nenhuma surpresa, uma vez que fora prevista — repetidamente prevista e compreendida por ambos, desde o começo, como a consequência inevitável desse tipo de comportamento —, acaba criando uma surpresa, uma imensa surpresa. Ele descobre, pela primeira vez, o que significa amá-la. Descobre que nunca a tinha amado de verdade antes. Aceita-a de volta; e mesmo que ela possa não ter mudado, ele indiscutivelmente mudou. Existe um tom inteiramente novo em sua voz.

No texto hebraico traduzido acima como "amor eterno", "misericórdia eterna", o substantivo para "amor" é ḥesed, e ḥesed, como vimos antes, o "amor fiel" ou a "bondade e fidelidade" da aliança, é a lealdade que une suserano e vassalo mais do que qualquer sentimento terno ou pessoal. Para que não reste nenhuma dúvida, nos versículos imediatamente seguintes aos citados acima é feita uma referência à aliança e à sua continuidade:

> *Porque os montes se retirarão,*
> *e os outeiros serão removidos;*
> *mas a minha misericórdia não se apartará de ti,*
> *e a aliança da minha paz não será removida.* [54:10]

Trata-se inegavelmente do amor da aliança, mas o relacionamento da aliança, potencialmente mais do que um relacionamento contratual, está, também inegavelmente, atingindo uma nova intensidade. A reconciliação matrimonial é, nesse momento, a metáfora perfeita. Muitos casamentos no curso da história humana começaram sem amor. Os esposos contratantes, quando prometem "amar e honrar", não estão sendo necessariamente insinceros. Particularmente num casamento arranjado, e o casamento de Israel com Deus foi um casamento arranjado (Israel não tinha escolha), o que o casal promete de fato é um determinado grau de comportamento semiamoroso exigido para cumprir as outras necessidades, mais externas, do contrato. Muitos casamentos continuam nessa base até que a morte separa os esposos, e, se Israel houvesse permanecido fiel a Deus, o casamento metafórico entre Deus e Israel poderia ter continuado indefinidamente em bases semelhantes, uma base estabelecida pela aliança deuteronomista. Mas Israel não foi fiel. Segundo o testemunho dos profetas, a nação realmente mudou sua religião. E o rompimento da aliança inicial, o término violento do casamento, leva agora, por mais improvável que pareça, a um novo relacionamento, estabelecido — para Deus e, implicitamente, para Israel — numa base emocional drasticamente diferente.

A novidade é maior para Deus do que para Israel. Deus nunca foi amado por sua mãe ou seu pai: ele não tem mãe, nem pai. Não teve amigos a não ser Moisés. De uma forma ou de outra, toda a sua vida emocional ocorreu dentro dos limites de uma relação singular, coletiva. Davi, para falarmos de um israelita apenas, quando ama Jônatas, Saul, Betsabá, Abigail ou Absalão não o faz em função de sua relação com Deus, mas Deus não teve nenhum relacionamento afetivo que não tenha sido parte de sua relação coletiva com Israel. Qualquer mudança nessa relação é, portanto, proporcionalmente, mesmo que paradoxalmente, de importância afetiva muito maior para ele do que para qualquer israelita considerado individualmente ou mesmo para Israel como um todo.

Seria errado afirmar que, nesse ponto de sua história, Deus apaixona-se por Israel, ou que pela primeira vez ele se apaixona pela humanidade. O que ele sente pode ser mais acuradamente descrito como piedade amorosa. Em *Isaías*, 62:5, na expectativa de seu futuro feliz com Israel, ele diz: "Como o noivo se alegra da noiva, assim de ti se alegrará o teu Deus", o que soa como amor. Certamente alegrar-se e ter prazer já são predicados de Deus depois de *Isaías*, 40, como nunca haviam sido antes. No entanto, como demonstra uma citação mais completa, o contexto é de piedade:

> *Nunca mais te chamarão: Desamparada;*
> *nem a tua terra se denominará jamais: Desolada;*
> *mas chamar-te-ão: Minha delícia;*
> *e à tua terra: Desposada;*
> *porque o Senhor se delicia em ti;*
> *e a tua terra se desposará.*
> *Porque, como o jovem esposa a donzela,*
> *assim teus filhos te esposarão a ti,*
> *como o noivo se alegra da noiva,*
> *assim de ti se alegrará o teu Deus.* [62:4-5]

É possível casar, ou recasar, por piedade? Claro que sim. O segundo casamento do Senhor com Israel não é motivado apenas por piedade, mas devemos ao menos falar de um amor piedoso ou uma piedade amorosa. E dizer isso em nada diminui o fato de que, olhando as consequências de sua própria ação, Deus se surpreende com um novo sentimento de si mesmo.

E junto com essa surpresa existe uma outra surpresa de porte ainda maior. Na rústica hierarquia de emoções que a maioria dos ocidentais traz consigo, o amor parece estar um passo mais próximo da maturidade do que a piedade. Alguém capaz de piedade mas incapaz de amar — bem, o que seria uma pessoa assim? Mas, na evolução emocional do criador do mundo, a piedade pode ter consequências finais muito maiores do que o amor, pois ela envolve uma revisão radical do significado do sofrimento. Na vida mental do Senhor Deus, como a vimos desde o *Gênesis* até *II Reis*, não havia necessidade de piedade. Os maus não a mereciam quando eram punidos. Os bons não precisavam dela, pois eram recompensados. É verdade que as ações de Deus nunca eram inteiramente limitadas por considerações do bem e do mal dos seres humanos; isto é, a possibilidade de uma ação puramente arbitrária nunca foi negada. No entanto, particularmente depois do *Livro do Deuteronômio*, as ações de Deus eram vistas quase sempre como recompensas ou punições, e fica implicitamente claro que ele jamais errou.

Mas numa implicação tão clara quanto a precedente, quando Deus se permite sentir piedade, o sentimento traz em si a suspeita do erro. Em 40:2, o Senhor diz a Isaías para chorar por Jerusalém, porque

> *já é findo o tempo da sua milícia,*
> *que a sua iniquidade está perdoada*
> *e que já recebeu em dobro da mão do Senhor*
> *por todos os seus pecados.*

Em 51:22-3, novamente falando de Jerusalém, o Senhor diz:

Eis que tomo da tua mão
o cálice de atordoamento,
o cálice do meu furor
jamais dele beberás;
pô-lo-ei nas mãos dos que te atormentaram [...]

A primeira citação é uma admissão pela metade de que a punição do Senhor foi longe demais, a segunda de que as nações que aplicavam castigo não maior do que aquele ordenado pelo Senhor contra Israel foram além do que ele pretendia e elas próprias agora merecem castigo. Nesse caso, os eventos não chegam a estar perfeitamente sob controle dele; mas, de qualquer forma, o resultado é o sofrimento imerecido de Jerusalém.

Um tipo de resposta a essa percepção por parte do Senhor é simplesmente sua promessa de compensar Israel. Em *Isaías*, 54, continuando a dirigir-se a Israel como à sua esposa prometida, o Senhor diz:

Ó tu, aflita, arrojada com a tormenta e desconsolada!
Eis que eu assentarei as tuas pedras com argamassa colorida
e te fundarei sobre safiras.
Farei os teus baluartes de rubis,
as tuas portas de carbúnculos,
e toda a tua muralha de pedras preciosas. [54:11-2]

Três versículos adiante, como que para admitir, pelo menos em princípio, que nem todos os infortúnios de Israel foram punições saídas de suas mãos, ele diz:

Eis que poderão suscitar contendas,
mas não procederá de mim;
quem conspira contra ti
cairá diante de ti.

> *Eis que eu criei o ferreiro,*
> *que assopra as brasas no fogo,*
> *e que produz a arma para o seu devido fim;*
> *também criei o assolador, para destruir.*
> *Toda arma forjada contra ti não prosperará;*
> *toda língua que ousar contra ti em juízo,*
> *tu a condenarás.* [54:15-7]

As últimas linhas insistem detalhadamente na soberania do Senhor sobre todos aqueles que trouxeram ou poderão trazer destruição a Israel, mas as primeiras linhas vão em direção diferente. E essa direção é confirmada pela promessa do Senhor de transformar uma cidade construída de pedra em uma outra, construída de joias: ele está se corrigindo.

Essa resposta, por meio de uma simples correção, restaura o universo mental em que Deus vem operando desde o começo: o bem é recompensado, o mal é punido; e, se as contas estão desequilibradas, Deus as equilibrará, *mesmo que demore um pouco*. Isaías parece mesmo achar, quase todo o tempo, que só terá de esperar um pouco, mas já fez uma das opções básicas para lidar com o que passou a chamar de problema do mal. Quando vemos os inocentes sofrendo e o mal prosperando, o que devemos concluir? Parece haver apenas poucas possibilidades:

1. Sim, o inocente sofre e o mau prospera. O mundo é imoral — na verdade, ele é governado por um demônio.

2. Não, o inocente sofre e o mau prospera só parte do tempo. Às vezes o inocente prospera e o mau sofre. O mundo é amoral e sem sentido — na verdade, não é governado por ninguém ou é governado pelo acaso.

3. Sim, o inocente efetivamente sofre aqui e agora algumas vezes, e o mau efetivamente prospera aqui e agora algumas vezes. Mas nosso mundo de tempo e espaço é apenas uma parte do mundo real. Mais tarde, ou em algum outro lugar, o inocente receberá a sua justa recompensa, e o mau o seu justo castigo. O mundo, se olhado em sua totalidade, é moral — na verdade, governado por um juiz justo.

4. A prosperidade do mau implica um juiz do mundo exclusivamente misericordioso. Quanto ao sofrimento do inocente, ele não é simplesmente mau (opção 1), nem simplesmente sem sentido (opção 2), nem simplesmente uma compensação (opção 3). Ele pode, em lugar de qualquer uma dessas três opções, ser *meritório*, por servir de instrumento com que o juiz justo distribui justiça para todos no final. O inocente que sofre será recompensado no fim mais do que o inocente que não sofre. O mundo é moral; na verdade, é governado por um juiz justo e misterioso que algumas vezes exige o sofrimento humano para atingir seus objetivos.

As opções 3 e 4 estão claramente relacionadas. Com efeito, enquanto a opção 3 prevê um outro lugar ou tempo, o céu ou o futuro, a opção 4 prevê outra dimensão. Na maioria das vezes, o Senhor fala da opção 3 (o futuro, mais do que o céu), transformando a punição de Israel em recompensa, por meio de uma ampliação de contexto. Mas, no último dos vários poemas que falam de um servo que parece ser, simultaneamente, Israel personificado e uma pessoa real, muito possivelmente o próprio profeta, a opção 4 ganha sua primeira articulação. O sofrimento mencionado nesse poema extraordinário nunca é negado: é uma dor extrema, terrível, pungente. No entanto, o Senhor não parece disposto nem a ver esse sofrimento como algo sem sentido, nem, à maneira do *Livro de Jó*, a fazer dele ocasião para exaltar a si mesmo acima do bem e do mal. O Senhor não dá nenhuma indicação de que acredita nesse universo transcendentalmente amoral. Seu servo sofreu, seu servo será recompensado; mas, no caminho do sofrimento à recompensa, seu servo terá ocasionado a redenção de muitos:

> *Eis que o meu servo procederá com prudência,*
> *será exaltado e elevado,*
> *e será mui sublime.*
> *Como pasmaram muitos à vista dele,*
> *pois o seu aspecto está mui desfigurado,*
> *mais do que o de outro qualquer,*

*e a sua aparência,
mais do que a dos outros filhos dos homens,
assim causará admiração às nações,
e os reis fecharão as suas bocas por causa dele;
porque aquilo que não lhes foi anunciado verão,
e aquilo que não ouviram entenderão.*

*Quem creu em nossa pregação?
E a quem foi revelado o braço do Senhor?
Porque foi subindo como renovo perante ele,
e como raiz duma terra seca;
não tinha aparência nem formosura;
olhamo-lo, mas nenhuma beleza havia que nos agradasse.
Era desprezado, e o mais rejeitado entre os homens;
homem de dores e que sabe o que é padecer;
e como um de quem os homens escondem o rosto,
era desprezado, e dele não fizemos caso.*

*Certamente ele tomou sobre si as nossas enfermidades,
e as nossas dores levou sobre si;
e nós o reputávamos por aflito,
ferido de Deus, e oprimido.
Mas ele foi traspassado pelas nossas transgressões,
e moído pelas nossas iniquidades;
o castigo que nos traz a paz estava sobre ele,
e pelas suas pisaduras fomos sarados.
Todos nós andávamos desgarrados como ovelhas;
cada um se desviava pelo caminho,
mas o Senhor fez cair sobre ele a iniquidade de nós todos.*

*Ele foi oprimido e humilhado,
mas não abriu a boca;
como cordeiro foi levado ao matadouro;
e, como ovelha, muda perante os seus tosquiadores,
ele não abriu a sua boca.
Por juízo opressor foi arrebatado,*

e de sua linhagem quem dela cogitou?
Porquanto foi cortado da terra dos viventes;
por causa da transgressão do meu povo foi ele ferido.
Designaram-lhe a sepultura com os perversos,
mas com o rico esteve na sua morte,
posto que nunca fez injustiça,
nem dolo algum se achou em sua boca.

Todavia, ao Senhor agradou moê-lo, fazendo-o enfermar;
quando der ele a sua alma como oferta pelo pecado,
verá a sua posteridade e prolongará os seus dias;
e a vontade do Senhor prosperará nas suas mãos.
Ele verá o fruto do penoso trabalho de sua alma,
e ficará satisfeito;
o meu Servo, o Justo, com o seu conhecimento,
justificará a muitos
porque as iniquidades deles levará sobre si.
Por isso eu lhe darei muitos como a sua parte
e com os poderosos repartirá ele o despojo,
porquanto derramou a sua alma na morte;
foi contado com os transgressores,
contudo levou sobre si o pecado de muitos,
e pelos transgressores intercedeu. [52:13-53:12]

O que aconteceu com Deus para estar falando desse jeito? Sua vida o surpreendeu. Quando ele puniu Israel, não previu que a dor de Israel o levaria ao amor. E previu ainda menos que a interação entre a dor de Israel e o seu amor teria, como precipitado, essa noção radicalmente revisada do que aquela dor é — ou pode ser. Nem todo o poema, evidentemente, é falado por Deus. Os versos do meio podem ser ditos por Isaías. Podem também ser ditos por Deus citando um grupo não identificado de pessoas ("nós") que olha para o servo com horror, com assombro e afinal com gratidão. Será esse grupo Israel? Então por que não é chamado por esse nome? Ao contrário de alguns autores bíblicos posteriores, o Segundo Isaías não é dado a códigos:

ele quase sempre diz os nomes. Não sabemos a resposta. Mas de uma forma ou de outra, cercado como está pelas palavras de Deus nos versículos iniciais e finais, esse assombroso poema representa uma mudança na mente de Deus que é ainda mais importante que seu trajeto, ou quase trajeto, na direção do amor.

E a mudança ocorreu, assim como todas as outras mudanças anteriores, por uma inconfundível subversão em suas intenções. O acaso é uma parte, mas geralmente apenas uma parte, de toda experiência humana. Talvez por Deus não ter outra vida além daquela que vive através da humanidade, talvez por não haver, em outras palavras, nenhuma experiência puramente divina a que possa recorrer, quase todas as suas experiências capitais parecem subverter suas intenções. Depois de cada um dos seus grandes atos, ele descobre que não fez exatamente aquilo que pensava estar fazendo, ou que fez algo que nunca tencionou fazer. Ao dizer à humanidade: "Sê fecundos e multiplicai-vos", ele não se deu conta de que estava criando uma imagem de si mesmo que constituía também um criador rival. Quando destruiu esse rival, não se deu conta de que ia lamentar a destruição da sua imagem. Ele não se deu conta de que sua aliança com Abraão, reconciliação de tantos apelos contrários dentro de seu próprio caráter, acabaria exigindo dele, exatamente por haver tornado Abraão uma tão poderosa nação, que entrasse em guerra com o Egito. Ao entrar em guerra com o Egito ele não se deu conta de que sua vitória o deixaria com um povo inteiro nas mãos e que teria de se tornar um legislador para eles e conquistar uma terra para viverem. Ao lhes entregar a lei ele não se deu conta de que onde há lei pode haver transgressão, e que, portanto, ele próprio havia transformado uma aliança implicitamente inquebrável numa aliança explicitamente quebrável. Quando começou a se afastar da aliança com Israel, depois das primeiras pequenas infidelidades israelitas, ele não se deu conta de que o resultado desse afastamento seria a ascensão de um rei, Davi, cujo carisma atrairia o Senhor mesmo involuntariamente para um relacionamento quase paternal com seu aliado semiabandonado. Quando seu aliado o desertou inteiramente e ele fez da

Assíria e da Babilônia os instrumentos de sua vingança, não se deu conta de que estava criando um novo papel internacional para si mesmo. Quando essas nações aplicaram os castigos determinados por ele, não se deu conta de que seus sentimentos, ao invés de serem apenas os de um suserano vingado, seriam também os de um marido ofendido pela esposa espancada. Ao ver o sofrimento dela, ele não se deu conta de que descobriria um sentido para o sofrimento humano diferente de tudo o que havia visto antes.

Observando o trajeto completo da história de Deus até esse ponto, o que nós podemos concluir é que a consciência que Deus tem de si mesmo é muito imperfeita e que é tênue o controle que exerce sobre as consequências de suas palavras e atos. Do ponto de vista do próprio Deus, ele só tira uma conclusão por vez, e quase sempre tateando depois do fato. É assim que ele se expressa ao Segundo Isaías:

> *Porque os meus pensamentos não são os vossos pensamentos,*
> *nem os vossos caminhos os meus caminhos, diz o Senhor;*
> *porque assim como os céus são mais altos do que a terra,*
> *assim são os meus caminhos mais altos do que os vossos caminhos,*
> *e os meus pensamentos mais altos do que os vossos pensamentos.*
> *Porque assim como descem a chuva e a neve dos céus,*
> *e para lá não tornam, sem que primeiro reguem a terra*
> *e a fecundem e a façam brotar,*
> *para dar semente ao semeador e pão ao que come,*
> *assim será a palavra que sair da minha boca;*
> *não voltará para mim vazia, mas fará o que me apraz,*
> *e prosperará naquilo para que a designei.* [55:8-11]

Na aparência, ele está se gabando do poder da sua palavra; por trás da aparência, está admitindo que tem tão pouco controle sobre a sua palavra quanto sobre a chuva que já caiu do céu e que tem de se esforçar para fazer com que seus pensamentos estejam à altura de sua experiência. "Eis que faço uma coisa nova." Sim, e eis que pensa um pensamento novo, cujas implicações estará destrinchando ainda por um longo tempo. Apesar de radicalmente diferente da humanidade em algumas coisas, Deus é igual a suas criaturas na medida em que vive sua vida passo a passo, e, a despeito de seus protestos, é dolorosamente incapaz de prever o seu fim em seu princípio.

9. RESTAURAÇÃO

Como bem sabem os dramaturgos, um personagem pode ser caracterizado *em* sua ausência e, às vezes, exatamente *por* sua ausência. Um personagem que é conhecido, mas não está presente, ou cuja aparição é retardada, adquire um poder especial. Em *Macbeth*, de Shakespeare, o personagem título só aparece na terceira das sete cenas do primeiro ato; e, quando as duas primeiras cenas terminam sem a sua presença, seu poder sobre a plateia aumenta perceptivelmente. O mecanismo é psicologicamente primitivo e fácil de se dominar. Quem não viu uma vez na vida alguém chegar deliberadamente atrasado a uma festa para fazer uma "grande entrada"? Podemos saber exatamente o que está acontecendo, mas o fato de sabermos em nada reduz um efeito quase automático. Podemos imaginar um personagem pelo qual os outros personagens esperam indefinidamente, que nunca entra em cena e é assim caracterizado inteiramente pelo que se diz a seu respeito? Tal personagem não seria uma impossibilidade?

Se fosse, a peça de Samuel Beckett, *Esperando Godot*, seria um fracasso dramático, pois nela o personagem título nunca chega, e a ação consiste de uma espera sem fim. E, no entanto, como pode confirmar qualquer pessoa que tenha assistido a ela ou trabalhado nela, trata-se de uma das peças mais magnéticas para a plateia, e mais instigante para os atores, de todo o repertório moderno. Por meio de sua profunda ligação com aquele mecanismo primitivo e infalível, ela mantém o suspense até a última fala — e, de fato, até depois dela. O poder do Godot fora de cena na peça de Beckett constitui uma transformação cômica da presença da ausência de Deus na vida moderna. O próprio nome *Godot* é um compósito da palavra inglesa *God*, "Deus", e do sufixo diminutivo francês -*ot*, equivalente ao sufixo -*ie* em inglês [ao -*inho* no português atual e ao -*ito*, mais antigo]. Charlie Chaplin é Charlot em francês. [E Carlitos em português.] Beckett, um irlandês cuja língua nativa era o inglês, mas que escrevia em francês, apresentou a condição humana como uma tragicômica espera pelo "Deusinho".

O Tanach evidentemente não funciona desde o começo como *Esperando Godot*. Deus é que diz a primeira fala, afinal; e de fato o estranho poder, não artístico, que o *Gênesis*, 1:1, exerce sobre os leitores provém de certa forma da nossa sensação de que nada está sendo dito ou feito meramente pelo efeito que exerce sobre a plateia. Deus não faz nenhuma entrada grandiosa: ele ergue a própria cortina. Desse momento até o ponto a que chegamos agora, Deus jamais saiu de cena, e o que ele diz a respeito de si mesmo paira com maior força sobre a compreensão que temos dele do que o que qualquer outra pessoa diz a seu respeito. Mas com o *Livro dos Salmos*, que tem como um de seus motes "Até quando, Senhor?", começa uma valente e paciente espera por Deus. Deus prometeu, por intermédio dos profetas, a restauração e o juízo. Prometeu uma nova criação no "dia do Senhor". Mas quando chegará esse dia do Senhor? O salmista não sabe, apenas espera. Tal é o laço literário que existe entre Deus e Godot.

Nenhuma regra clara e límpida determina quando um personagem está meramente ausente e quando sua ausência é uma presença. Mas, se o personagem ausente está sendo constantemente invocado pelos outros, que estão presentes, como o Senhor é invocado no *Livro dos Salmos*, ou se outros falam por ele e predizem suas ações, como é o caso, ao menos residualmente, nos livros de *Ageu*, *Zacarias* e *Malaquias*, então ele tende a ser uma ausência presente, mais do que uma mera ausência. Podemos, portanto, distinguir uma escala: presença, presença ausente, ausência presente, ausência. Muito esquematicamente, presença é o que um homem sente quando está numa sala com uma mulher e tem plena consciência dela. Presença ausente é o que ele sente quando ela acabou de partir, mas o som de sua voz, o perfume de seu corpo ainda pairam no ar. Ausência presente é o que ele sente quando ela efetivamente não está presente, mas tem saudade dela. Ausência é quando ele sente que tem de fazer um esforço para se lembrar se a conhece.

O Senhor Deus é uma presença ausente no *Livro de Isaías*. Está a ponto de deixar de ser uma presença ausente e se transformar em ausência presente, em *Ageu*, *Zacarias* e *Malaquias*. Ele é uma ausência presente no *Livro dos Salmos*. Está talvez em vias de (ou pensando em) transformar-se em simples ausência no *Livro dos Provérbios*. É uma ausência no *Cântico dos Cânticos* e, acima de tudo, em *Ester*, que examinaremos no capítulo 12.

Vamos estipular que a ordem do Tanach é parte intencional, parte acidental. Assim, é claro que é intencional *II Samuel* vir depois de *I Samuel*, mas é provavelmente acidental que o *Livro de Jó* venha depois dos *Provérbios*. A questão artística é saber qual o efeito estético da combinação. Deveríamos "ouvir" a alternância dos dois do mesmo modo como deveríamos ouvir a alternância da música composta da maneira normal com a música aleatória. Para muitos, a música aleatória é simplesmente barulho. Para muitos, porém, mesmo o ruído pode ser música de um certo tipo, se você parar para ouvir. Quando questionamos o efeito estético do ordenamento não intencional de alguns livros do Tanach, o que fazemos é esse parar para ouvir. Ler a sequência dos seis livros examinados neste capítulo e no próximo — *Ageu*, *Zacarias*, *Malaquias* (os três profetas pós-exílio); *Salmos*; *Provérbios* e *Jó* — é um pouco como ouvir música misturada com ruído. Não é ouvir a música através do barulho, mas sim ouvir o efeito produzido pela combinação de música e ruído. Nos primeiros três livros, existe ainda um bom grau de esperança e de vitalidade intercomunicativa entre Deus e Israel. Esses livros tocam, se quisermos, uma velha canção conhecida. Mas no *Livro dos Salmos* o que os outros dizem para e a respeito de Deus substitui o que Deus diz a respeito de si mesmo, ou o que ele revela por meio de suas ações. O *Livro dos Provérbios* é uma espécie de conversa aparentemente irrelevante quanto ao caráter de Deus, que pode parecer mero ruído. Finalmente, no *Livro de Jó*, existe o som do divino silêncio.

Se todas essas obras forem ouvidas atentamente, e ouvidas em ordem, cada uma delas pode produzir uma certa porção de entendimento a respeito do Senhor Deus; e a sequência, apesar de não ter o tipo de enredo que tem uma história de ficção, terá o suspense de um ousado conjunto de variações musicais ou, usando outra metáfora, o suspense de uma série de testemunhas radicalmente diferentes depondo num tribunal. Cada vez que uma testemunha deixa a banca, você pensa que ouviu certamente a versão definitiva. Aí, vem a próxima testemunha. A pergunta: "O que vai *acontecer* em seguida?" não é a única versão intelectual de: "E daí?", que pode dominar a mente humana. "O que vamos *ouvir* em seguida?" também funciona. E uma vez que, ao longo de todo o "tempo de página" ocupado pelos testemunhos, Deus está *ouvindo* o que as suas criaturas dizem a seu respeito, o testemunho delas passa a ser percebido como um período de sua vida, a despeito do fato de eles não estarem colocados em nenhuma sequência narrativa.

Antes de nos voltarmos para esse testemunho sobre Deus, porém, devemos ouvir os últimos discursos feitos pelo próprio Deus antes que a humanidade comece a dar sua resposta em *Salmos-Provérbios-Jó*. Os discursos divinos estão nos livros de *Ageu*, *Zacarias* e *Malaquias*, os últimos dos profetas menores. Quando o salmista abre a boca para falar, as palavras desses três profetas ainda estão soando (ou pairando) no ar.

ESPOSA
"O dia dos humildes começos."

AGEU, ZACARIAS, MALAQUIAS

Comparamos antes os oráculos dos profetas a coleções de cartas publicadas depois de uma grande guerra. Os profetas constituem, dissemos então, uma espécie de comentário à narrativa que os precedeu, a narrativa que vai de *Josué* até *II Reis*. De fato, porém, essa caracterização só pode ser aplicada aos três profetas maiores e aos nove primeiros dos profetas menores. Os últimos três profetas menores, que vamos agora examinar, constituem um comentário sobre eventos que ainda não foram narrados. Os eventos em questão, parcialmente narrados perto do fim do Tanach, nos livros de *Esdras* e *Neemias*, são o retorno da Babilônia de um grupo de Judá e o restabelecimento de Israel como uma província do império persa agora chamada Yehud, que significa "Judá" ou "Judeia".

Em princípio, portanto, *Ageu*, *Zacarias* e *Malaquias* deveriam soar incompreensíveis, como uma conversa entreouvida cujas referências escapam ao ouvinte. De fato, porém, *Ageu* e *Zacarias* são tão cuidadosamente datados e contêm tantos interlúdios breves em prosa a contextualizá-los, que acaba ficando bastante clara, apesar da falta de uma narrativa formal anterior, a situação básica em que Deus fala através desses dois profetas e através de Malaquias, este último não datado. Em *Ageu*, 1:1, por exemplo, a palavra do Senhor vem ao profeta "no segundo ano do rei Dario". Não se diz de onde Dario é rei, mas em *Ageu*, 2:2, o profeta recebe ordens de falar a "Zorobabel, filho de Sealtiel, *governador* de Judá" (itálico meu). Dario é, de fato, rei da Pérsia; mesmo que Ageu não o rotule como tal, ele deixa claro, pelo estrangeirismo do nome *Dario* e pelo uso da palavra *governador*, que os filhos de Judá retornaram à sua terra e aí estão sujeitos a algum tipo de potentado estrangeiro. Inferimos que a promessa de restauração feita por Deus foi cumprida de alguma forma. Mas de que forma? E como se sente Deus a respeito?

A especificidade material de algumas das exigências de Deus torna-se uma surpreendente resposta a ambas essas questões, o bastante para a resposta prover um novo cenário — ou, se não exatamente um cenário, ao menos um sugestivo pano de fundo — para os *Salmos*, os *Provérbios* e *Jó*. Por intermédio de Ageu, Deus repreende os filhos de Judá por terem reconstruído suas próprias casas mas não terem reconstruído o templo, a sua casa:

> Acaso é tempo de habitardes vós em casas apaineladas, enquanto esta casa permanece em ruínas? Ora, pois, assim diz o Senhor dos Exércitos: "Considerai o vosso passado. Tendes semeado muito e recolhido pouco; comeis, mas não chega para fartar-vos; bebeis, mas não dá para saciar-vos; vestis-vos, mas ninguém se aquece; e o que recebe salário, recebe-o para pô-lo num saquitel furado". [*Ag.*, 1:4-6]

Indiretamente, o Senhor nos diz que o retorno de Judá a Jerusalém não foi um retorno glorioso. O povo mal se mantém. Isso não chega nem perto do que havia sido prometido a eles. Mas a razão alegada para a pobreza de sua nova vida nacional é surpreendente: eles não construíram um templo para o seu Deus.

Isso é surpreendente porque em *II Samuel*, 7, o Senhor era magnificamente indiferente à arquitetura humana. Era-lhe indiferente a questão colocada por Davi: "Eu moro em casa de cedros e a arca de Deus se acha numa tenda" (*II Sm.*, 7:2). Por meio do profeta Natã, o Senhor perguntou a Davi, de maneira retórica: "Em todo lugar em que andei com todos os filhos de Israel, falei acaso alguma palavra com qualquer das suas tribos, a quem mandei apascentar o meu povo de Israel, dizendo: 'Por que não me edificais uma casa de cedro?'" (7:7). Salomão acaba construindo o templo, transformando o restante da população não israelita da terra em força escrava para a construção (*I Reis*, 9:15). E o Senhor aceita o presente de Salomão. No final da longa oração de sagração do rei, diz o Senhor: "Ouvi a tua oração, e a tua súplica que fizeste perante mim; santifiquei a casa que edificaste, a fim de pôr ali o meu nome para sempre; os meus olhos e o meu coração estarão ali todos os dias" (9:3).

A lealdade do Senhor à "casa", à dinastia, que ele construiu para Davi é incondicional, mas não o seu compromisso com o templo. Existe uma condição para a sua permanência:

> Porém se vós e vossos filhos de qualquer maneira vos apartardes de mim, e não guardardes os meus mandamentos, e os meus estatutos, que vos prescrevi, mas fordes, e servirdes a outros deuses e os adorardes [...] esta casa, agora tão exaltada, todo aquele que por ela passar pasmará e assobiará e dirá: "Por que procedeu o Senhor assim para com esta terra e esta casa?". Responder-se-lhe-á: "Porque deixaram o Senhor seu Deus [...]" [*I Rs.*, 9:6,8-9]

Se não existe agora nenhum templo na terra, portanto, é porque o Senhor desejou a destruição do templo que Salomão construiu para ele. Ele já não precisava de templo, e disse isso claramente. Agora quer um. Seja qual for a razão para a mudança, trata-se claramente de uma mudança.

Pode-se ver uma mudança nas circunstâncias de Judá assim como na atitude do Senhor depois de o templo ter sido construído (às pressas). Ele diz ao governador, ao alto sacerdote e ao restante do povo:

> "Quem há entre vós que, tendo edificado, viu esta casa na sua primeira glória? E como a vedes agora? Não é ela como coisa de nada aos vossos olhos? Ora, pois, sê forte, Zorobabel", diz o Senhor, "e sê forte, Josué, filho de Jozadaque, sumo sacerdote, e tu, todo o povo da terra, sê forte", diz o Senhor, "e trabalhai; porque eu sou convosco", diz o Senhor dos Exércitos [...] "A glória desta última casa será maior do que a da primeira", diz o Senhor dos Exércitos. [*Ag.*, 2:3-4:9]

A reclamação do Senhor em sua primeira manifestação por intermédio de Ageu foi que, como nenhum templo havia sido construído,

"os céus sobre vós retêm o seu orvalho, e a terra os seus frutos. Fiz vir a seca sobre a terra e sobre os montes; sobre o cereal, sobre o vinho, sobre o azeite e sobre o que a terra produz; como também sobre os homens, sobre os animais e sobre todo trabalho das mãos". [1:10-1]

Agora que o templo foi construído, Deus tornará a mandar chuva, a prosperidade retornará e tudo acabará sendo melhor do que antes. Ainda assim, a glória foi nitidamente postergada: o Senhor admite — antecipadamente, por assim dizer — que o novo templo não é nada, comparado com o antigo.

E o novo governante? O templo estava, evidentemente, intimamente ligado à monarquia israelita. Ali, como em nenhuma outra parte, a glória de Deus e a glória do rei estavam em comunhão; a casa de Deus (templo) e a casa de Davi (dinastia) eram celebradas como uma coisa só.

O Senhor mandou Ageu ao governador nomeado pelos persas, Zorobabel, um descendente de Davi, para dizer que ele é o messias, o "servo do Senhor" anonimamente celebrado nos poemas místicos de Isaías. Ele é que precipitará a nova era:

"Fala a Zorobabel, governador de Judá; farei abalar o céu e a terra; derrubarei o trono dos reinos, e destruirei a força dos reinos das nações; destruirei o carro e os que andam nele; os cavalos e os seus cavaleiros cairão, um pela espada do outro. Naquele dia", diz o Senhor dos Exércitos, "tomar-te-ei, ó Zorobabel, filho de Sealtiel, servo meu", diz o Senhor, "e te farei como um anel de selar; porque te escolhi", diz o Senhor dos Exércitos. [2:21-3]

A retórica é gasta, nada original, e grandiosa demais para um homem a quem nem mesmo Deus, aparentemente, consegue dirigir-se como rei, mas apenas como governador. Falando por intermédio de Zacarias, contemporâneo de Ageu, o Senhor liga Zorobabel, que presidiu a construção do novo templo depreciado, à glória prometida para o seu futuro, como para sugerir que um futuro será tão glorioso quanto o outro:

> As mãos de Zorobabel lançaram os fundamentos desta casa, elas mesmas a acabarão, para que saibais que o Senhor dos Exércitos é quem me enviou a vós outros. Pois quem despreza o dia dos humildes começos, esse alegrar-se-á vendo o prumo na mão de Zorobabel. [Zc., 4:9-10]

Porém, mesmo tendo enviado uma dúzia de sinais de que Zorobabel e o sumo sacerdote Josué seriam cogovernantes, o Senhor instrui Zacarias a coroar Josué e não Zorobabel. Toda a linguagem de herdeiro davídico é transferida para Josué, que, embora já sacerdote, deve governar "com um sacerdote à sua direita". Os críticos históricos acreditam que o texto foi alterado e que o nome de *Josué* foi colocado no lugar do nome de *Zorobabel*. Por que foi feita essa mudança? Será que os persas, alegando conspiração hierárquica, impediram esse esquema para restaurar um herdeiro de Davi em algum arremedo de trono? Será que o povo voltou-se contra Zorobabel por alguma razão? Será que o sumo sacerdote deu algum tipo de golpe? Os historiadores só sabem o que qualquer leitor atento do texto não pode deixar de perceber — ou seja, que nunca mais se ouve falar do messias Zorobabel e que o silêncio que o engole também engole a linhagem davídica.

Exaltando um escolhido dos persas como messias, Deus começa a parecer Dom Quixote exaltando a camponesa Aldonza Lorenzo como sua nobre amada Dulcinea del Toboso. Deus reconhece que o novo templo que insistiu para que fosse construído foi acolhido com algum desdém. Os judeus desdenhavam também Zorobabel? Mesmo sendo capaz de humor, o humor no Tanach nunca é feito à custa de Deus. O tipo de incongruência que Cervantes retrata como cômica, apesar do toque patético, aparece aqui somente como patético e apenas com um toque de humor não intencional, como nas últimas palavras do Senhor a Zacarias: "Naquele dia sucederá que pegarão dez homens, de todas as línguas das nações, pegarão, sim, na orla da veste de um judeu, e lhe dirão: 'Iremos convosco, porque temos ouvidos que Deus está convosco'" (8:23).

Os judeus a quem Deus faz essa promessa são descendentes da tribo de Judá, a quem ele prometeu que o retorno da Babilônia seria uma marcha triunfal pelo deserto: um novo êxodo e uma nova criação que faria todas as nações acorreram ao Sião para venerar o Deus único e enriquecer a nação que estaria encarregada de servir-lhe de sacerdote. Essa promessa era estimulante, mas sua revogação é agora iminente. Por que mandar dez gentios em cada manga de judeu para uma colônia judaica que, segundo a palavra do próprio Deus, está à beira da fome?

O próprio Deus parece faminto, figurativamente falando, no texto do último dos profetas pós-exílio, Malaquias. A religião israelita nunca enfrentou nenhuma charada para alimentar o seu Deus. Os sacerdotes e levitas comiam os alimentos que eram sacrificados a Deus. Era seu direito e todo mundo sabia que o faziam. Mesmo assim, três capítulos antes do final do pequeno livro que encerra todas as profecias, Deus formula uma queixa sobre a má qualidade dos animais a ele sacrificados, uma queixa que não podia contrastar mais fortemente com seu costumeiro sarcasmo senhorial sobre o assunto. "De que me serve a mim a multidão de vossos sacrifícios?", o Senhor disse a Isaías:

> *"estou farto de holocaustos de carneiros,*
> *e da gordura de animais cevados,*
> *e não me agrado do sangue de novilhos,*
> *nem de cordeiros, nem de bodes".* [*Is.*, 1:11]

Esse sentimento foi tão repetido ao longo de todos os profetas maiores e menores até esse ponto que se tornou um clichê.

Mas, falando a Malaquias, Deus coloca esse clichê de cabeça para baixo:

"O filho honra o pai, e o servo ao seu senhor. Se eu sou pai, onde está a minha honra? E se eu sou senhor, onde está o respeito para comigo? Diz o Senhor dos Exércitos a vós outros, ó sacerdotes que desprezais o meu nome. Vós dizeis: 'Em que desprezamos nós o teu nome?'. Ofereceis sobre o meu altar pão imundo, e ainda perguntais: 'Em que te havemos profanado?'. Nisto, que pensais: 'A mesa do Senhor é desprezível'. Quando trazeis animal cego para o sacrificardes, não é isso mal? E quando trazeis o coxo e o enfermo, não é isso mal? Ora apresenta-o ao teu governador; acaso terá ele agrado em ti, e te será favorável? Diz o Senhor dos Exércitos." [*Ml.*, 1:6-8]

Deve-se lembrar que no começo Deus não pediu nem esperava adoração por parte da humanidade. O primeiro relato da criação continha apenas injunções positivas a que ela fosse fecunda, se multiplicasse e exercitasse seu domínio sobre o mundo criado. Não havia proibições. O segundo relato acrescentou uma proibição, a de não comer o fruto da árvore do conhecimento do bem e do mal. Mas sobre a adoração, sobre o culto de qualquer tipo ao nome do Senhor, nem uma palavra. E nem uma palavra a esse respeito foi dita a Abraão, Isaque, Jacó ou José. O culto, na verdade, o culto exclusivo começou a ser exigido dos israelitas com Moisés; mas mesmo então, como fica claro pela prontidão com que o Senhor está sempre prestes a romper a aliança, ele não precisava daquilo que estava solicitando. A aliança com Abraão era uma aliança de fertilidade; e, como a nação descendente de Abraão cresceu em número, tornou-se necessário policiar agressivamente as fronteiras que dividiam essa nação das outras, cuja fertilidade não era divinamente proporcionada nem garantida. O culto passou a ser parte dessa política: em função da aliança e porque ajudava a manter Israel como uma nação à parte. Mas Deus não o exigiu de nenhuma maneira mais pessoal. E agora, de alguma forma, parece exigir o culto.

O fato de ele o exigir parece colocar a ele e a Israel num estado de relativa necessidade. Nenhum dos dois parece gozar do poder que gozavam antes. E, quando arenga com Israel como um pregador que reclama da coleta, sentimos que ambos estão pobres:

> "Roubará o homem a Deus? Todavia vós me roubais, e dizeis: 'Em que te roubamos?'. Nos dízimos e nas ofertas. Com maldição sois amaldiçoados, porque a mim me roubais, vós, a nação toda. Trazei os dízimos à casa do tesouro, para que haja mantimento na minha casa, e provai-me nisto", diz o Senhor dos Exércitos, "se eu não vos abrir as janelas do céu, e não derramar sobre vós bênção sem medida." [3:8-10]

Muito surpreendentemente, é em meio a essas reclamações que ouvimos sua primeira referência completa, inequívoca e indiscutível sobre si mesmo como mulher:

> Ainda fazeis isto: cobris o altar do Senhor de lágrimas, de choro e de gemidos, de sorte que ele já não olha para a oferta, nem a aceita com prazer da vossa mão. E perguntais: "Por quê?". Porque o Senhor foi testemunha da aliança entre ti e a mulher da tua mocidade, com a qual tu foste desleal, sendo ela a tua companheira e a mulher da tua aliança. Ninguém com um resto de bom senso o faria. Mas que fez um patriarca? Buscava descendência prometida por Deus. Portanto cuidai de vós mesmos, e ninguém seja infiel para com a mulher da sua mocidade. Porque o Senhor Deus de Israel diz que odeia o repúdio; e também aquele que cobre de violência as suas vestes, diz o Senhor dos Exércitos; portanto cuidai de vós mesmos e não sejais infiéis. [2:13-6]

Em *Isaías*, Deus era o marido e Israel a esposa de sua juventude, rejeitada, depois aceita de volta com misericordiosa ternura. Agora, Deus é a esposa, e Israel o seu marido.

Essa passagem, uma das últimas palavras que o Senhor dirá por intermédio de um profeta, coloca, como nenhuma passagem anterior colocou, a questão: devemos reconhecer uma deusa entre as personalidades que se fundem no caráter de Deus? Mas, antes de abordar essa questão, devemos apontar o caráter uniformemente submisso e depreciado da mulher na antiga sociedade israelita. Ao anunciar seu julgamento sobre o pecaminoso Israel, um juízo focalizado especificamente nas altivas e materialistas filhas de Sião, o Senhor prevê uma anarquia punitiva identificável no fato de mulheres tomarem o poder:

> *Os opressores do meu povo são crianças,*
> *e mulheres estão à testa do seu governo.*
> *Oh! povo meu! os que te guiam te enganam*
> *e destroem o caminho por onde deves seguir.* [*Is.*, 3:12]

Muito antes, na cidade sitiada de Tebes, quando uma mulher feriu mortalmente o rei Abimeleque derrubando sobre ele uma mó de moinho da muralha da cidade, Abimeleque chamou seu ordenança e disse: "Desembainha a tua espada e mata-me; para que não se diga de mim: 'Mulher o matou'" (*Jz.*, 9:54). As atitudes de Abimeleque e de Deus a respeito das mulheres são uma e a mesma. Uma mulher governante, uma mulher guerreira — qualquer dessas possibilidades é um insulto e uma desgraça.

Nem todas as mulheres são depreciadas, evidentemente. Jael, a queneia, é louvada no Canto de Débora e Baraque (*Juízes*, 5) por cravar uma estaca de tenda na cabeça do adormecido general cananeu Sisera, inimigo de Israel e antigo aliado dela. E quando Betsabá arma uma bem-sucedida trama para usurpar o trono de Israel do filho mais velho de Davi, Adonias, e garanti-lo para seu filho, Salomão, ela é julgada, pelos menos implicitamente, de forma muito positiva. O mesmo vale para Rebeca quando ela conspira com Jacó para enganar Esaú.

Independentemente do que possa pensar o leitor moderno dessas atitudes (das quais se podem inferir, evidentemente, os equivalentes masculinos), o Tanach não as condena. Elas servem mais para demonstrar que as mulheres eram, pelo menos algumas vezes, agentes poderosos na antiga sociedade israelita. E não faltam exemplos menores inteiramente benignos, como Ana, rezando por um filho e depois agradecendo ao Senhor com tocante eloquência, ou Abigail, confiando em Deus e em Davi ao mesmo tempo.

A questão mais profunda não é saber se as mulheres tinham poder na sociedade israelita, mas sim se existe uma deusa no íntimo do Deus de Israel. Deus é mulher além de homem, mãe além de pai, matriarca além de patriarca, esposa além de marido, e assim por diante?

A crítica histórica chamou atenção para o fato de o antigo deus cananeu El, deus do céu cuja personalidade foi absorvida na do Senhor Deus, ter uma consorte, Asherah, que deu à luz monstros para combater o rival mais jovem de El, Baal, mas que era também, de forma geral, uma deusa da fertilidade e da maternidade. Pela identificação com El, o Deus de Israel poderia, por assim dizer, ter herdado Asherah; e sobrevivem uns poucos versículos (pouquíssimos, com toda certeza) em que o Deus de Israel parece ser descrito como macho e fêmea em frases sucessivas — e, portanto, como um possível casal divino. O *Deuteronômio*, 32:18, versículo do Canto de Moisés, é sempre citado:

> *Olvidaste a Rocha que te gerou;*
> *e te esqueceste do Deus que te deu o ser.*

Originalmente, o versículo talvez terminasse com "Esqueceste a *árvore* que te deu o ser", uma vez que rocha e árvore, ou o altar de pedra e o poste de madeira, simbolizavam o casal divino El (Javé) e Asherah. Porém, se Javé e Asherah foram um casal, parecem não sê-lo mais. Javé, o Senhor, não tem esposa, e o texto do Tanach invariavelmente vincula Asherah a Baal mais do que a ele. Abusando da liberdade, pode-se dizer que

Javé talvez tenha um dia repartido Asherah com El; se assim foi, quando Javé tornou-se celibatário, Asherah, desprezada, acabou com Baal.

Mas, assim como um homem divorciado terá com as mulheres uma atitude interna diferente da que tem um homem que nunca foi casado, a relação do Senhor com Asherah e com a feminilidade pode não haver terminado simplesmente porque ela não é mais sua consorte. O objeto natural mais frequentemente associado a Asherah é a árvore ou sua representação, o poste sagrado. Assim, vemos em *Jeremias*, 17:1-2 (destaques meus):

> *O pecado de Judá está escrito*
> *com um ponteiro de ferro,*
> *e com diamante pontiagudo*
> *gravado na tábua do seu coração*
> *e nas pontas dos seus altares.*
> *Seus filhos se lembram*
> *dos seus altares e dos seus postes-ídolos* [ʾa*šerim*]
> *junto às árvores frondosas,*
> *sobre os altos outeiros.*

O substantivo comum ʾa*šerah* (ʾa*šerim* no plural), que significa "poste sagrado" nesta passagem, é também o nome da deusa.

Pedra e madeira, como representações emparelhadas de deus e deusa, são padrão na religião cananeia, e o par é objeto de zombaria em *Jeremias*, 2:27:

> [...] *dizem ao pau: "Tu és meu pai";*
> *e à pedra: "Tu me geraste".*

Na verdade, israelitas que tivessem se convertido culturalmente em cananeus provavelmente diriam à pedra: "Tu és meu pai", e à árvore: "Tu me geraste". O escárnio da inversão pode ser intencional. Vale a pena notar, entretanto, que no culto ao Senhor Deus a pedra, o elemento masculino, era perfeitamente aceitável na forma da pedra do altar. A madeira, na forma do poste ou *asherah*, era inaceitável; no entanto, o texto deixa claro que, apesar de infindáveis denúncias, o *asherah* continuou em uso como peça do mobiliário do culto, ao lado do altar de pedra do Senhor.

Como comentário ao caráter de Deus, o que sugere esse estado de coisas? Sugere que, independentemente de ter se tornado assexuado (ou de ter deixado de ser sexual), Deus não se fundiu — pelo menos não imediatamente — com sua antiga consorte, tornando-se nesse processo igualmente masculino e feminino, um ser ambissexual, mas sim divorciou-se de sua consorte e tentou excluir o elemento feminino de seu próprio caráter. A exclusão de Asherah só pode ser considerada como uma violenta repulsa emocional da parte do Senhor. Aos olhos do Senhor, o pior crime de Israel, o crime que finalmente o leva a destruir Jerusalém e anular até mesmo os remanescentes de Judá, é a horripilante decisão do rei Manassés de colocar uma imagem esculpida de Asherah no próprio templo do Senhor:

> Também pôs a imagem de escultura do poste-ídolo [Asherah] que [Manassés] tinha feito, na casa de que o Senhor dissera a Davi e a Salomão, seu filho: "Nesta casa e em Jerusalém, que escolho de todas as tribos de Israel, porei o meu nome para sempre". [...] Então o Senhor falou por intermédio dos profetas, seus servos, dizendo: "Visto que Manassés, rei de Judá, cometeu estas abominações, fazendo pior do que quanto fizeram os amorreus antes dele, e também a Judá fez pecar com os ídolos dele, assim diz o Senhor Deus de Israel: eis que hei de trazer tais males sobre Jerusalém e Judá, que todo o que os ouvir, lhe tinirão ambos os ouvidos. Estenderei sobre Jerusalém o cordel da [já conquistada e destruída] Samaria e o prumo da [também já aniquilada] casa de Acabe; eliminarei Jerusalém, como quem elimina a sujeira de um prato, elimina-a e o emborca. Abandonarei o resto da minha herança, entregá-lo-ei na mão de seus inimigos; servirá de presa e despojo para todos os seus inimigos". [*II Reis*, 21:7-14]

E, no entanto, apesar da tremenda repulsa à ideia de que fosse permitido a uma deusa coabitar com ele em sua casa, Deus continua sendo o criador que disse: "*Façamos* o homem à *nossa* imagem, conforme a *nossa* semelhança", e que então criou uma fêmea além de um macho. O que para o crítico histórico pode não passar de um resto fossilizado de linguagem mitológica é, para a crítica literária, um fato caracterológico que não se pode omitir. O macho humano sozinho não é a imagem de Deus, só o macho e a fêmea juntos o são. E essa dualidade da imagem deve, de alguma forma, refletir uma dualidade do original. É esse fato que exige que falemos mais de exclusão do que de mera ausência do lado feminino no caráter de Deus. E é essa exclusão que empresta significado ao *asherah* como fóssil litúrgico, um objeto opaco com o nome de uma deusa ainda muito presente, simbolizando na lembrança dos seus fiéis o que Deus foi ou pode ainda ser.

O *asherah* sublinha a razão por que a palavra *assexuado*, apesar de útil e provavelmente inevitável, é inexata quando aplicada a Deus. O Senhor não é um ser neutro ou neutralizado, muito menos um princípio impessoal ou abstrato, uma alma do mundo ou força vital. Ele é, sim, um ser masculino que não tem pais, nem mulher, nem filhos, nem relações sexuais de nenhuma espécie. Um destruidor tanto quanto um criador, um guerreiro tanto quanto um legislador, um governante distante tanto quanto um amigo íntimo, ele passa a existir por soma ou combinação, como precipitado de diversas personalidades divinas anteriores. Mas a subtração também desempenha um papel na formação do caráter, do personagem do Senhor. Sua identidade recebe uma definição crucial a partir daquilo que é negado ou tirado dele. A questão agora é: *A feminilidade foi subtraída dele?*

A melhor resposta parece ser: *Sim, mas não inteiramente*, e, devido a mais uma reversão imprevisível em sua história, sua feminilidade negada voltará a ser afirmada. O Senhor Deus com o *asherah* ereto ao lado do seu altar é como um homem extremamente viril carregando uma bolsa de mulher. Independentemente do restante de seu caráter aparente, o objeto é suficiente para levantar uma questão.

Uma vez admitido isso a priori, seria um erro, no entanto, apesar de toda a ternura de muitas passagens das profecias, dizer que neste ponto de sua história Deus é mãe e pai, macho e fêmea. A imagética maternal é transparente num versículo como *Isaías*, 66:12-3:

> *Eis que estenderei sobre ela* [*Jerusalém*] *a paz como um rio,*
> *e a glória das nações como uma torrente que transborda;*
> *então mamareis, nos braços vos trarão, e sobre os joelhos vos*
> *[acalentarão.*
> *Como alguém a quem a sua mãe consola,*
> *assim eu vos consolarei;*
> *e em Jerusalém vós sereis consolados.*

Mas trata-se apenas de imagens. O fato de Deus ocasionalmente usar imagens maternais quando fala de si mesmo aos profetas é muito menos significativo do que o fato de ele ter evitado durante tanto tempo imagens tanto paternais como maternais. Com a única e notável exceção de *II Samuel*, 7, ambos os tipos de imagens, paternais e maternais, estão ausentes desde o *Gênesis* até *II Reis*. Em *Isaías*, Deus começa a falar de si mesmo como pai e como mãe com bastante liberdade, porém, mais do que ver nisso o retorno do feminino, devemos lembrar que essa liberdade de expressão ocorre em meio a uma verdadeira explosão de linguagem metafórica, na qual ele fala de si mesmo como marido, amante, pastor, redentor (metaforicamente, aquele que resgata da escravidão) e muito mais. Trata-se inegavelmente de um impulso na direção da ternura e da suavidade; porém, como as deusas do Oriente Próximo são quase sempre absolutamente ferozes, esse impulso, em si e por si mesmo, não significa feminização.

O Senhor Deus, dissemos antes, só é pai analogicamente. Quando ele começa a falar de si mesmo como mãe, também é só uma analogia. A metáfora que escolhe para si mesmo em um momento determinado só reflete o que ele quer revelar de si mesmo naquele momento, e diferentes metáforas se sucedem rapidamente. Assim, em *Malaquias*, 2, pouco antes de Deus falar de si mesmo como esposa de Israel, Malaquias fala de Deus como pai de Israel: "Não temos nós todos o mesmo Pai? Não nos criou o mesmo Deus?" (2:10).

Isso não quer dizer que tudo o que Deus diz de si mesmo seja uma analogia. No entender do Tanach, Deus é realmente, não analogicamente, um criador, e sua aliança com Israel é realmente um acordo. Além disso, mais no sentido caracterológico do que no genital, ele sempre foi realmente masculino e nunca realmente feminino. Uma vez que ele se apresenta algumas vezes com forma humana e essa forma é sempre masculina, pode-se até afirmar que ele tem genitália masculina; mas sem função genital. Por peculiar que tudo isso possa parecer, são dados definitivos de sua identidade e de seu caráter.

E, no entanto, até isso irá mudar. Depois que Judá retorna de seu cativeiro na Babilônia, Deus vai se tornando gradualmente mais e mais andrógino. A analogia de feminilidade implícita em sua caracterização de si mesmo como esposa abandonada — uma feminilidade que é, evidentemente, signo de fraqueza — não está ligada a nenhuma mudança profunda que irá ocorrer. É uma condição e um prelúdio para a mudança. Por ora, no entanto, Deus não é nem feminino, nem andrógino. Ele pode ser mais bem descrito como um homem casto e abalado, mesmo quando compara a si mesmo com uma esposa maltratada, e à pergunta: *Existe uma deusa no íntimo de Deus?*, a resposta seria mais um *Não ainda* do que simplesmente um *Não*.

No começo deste capítulo, dissemos que a discussão de Ageu, Zacarias e Malaquias estabeleceria o palco para a extensa resposta da humanidade a Deus contida nos *Salmos*, nos *Provérbios* e em *Jó*. E a esse propósito sublinhamos um conjunto de passagens que contrastam fortemente esses profetas pós-exílio com os profetas pré-exílio e os profetas do exílio, passagens que sugerem claramente a decepção e o abandono sentidos pelo povo de Judá, e uma rara estreiteza de perspectiva e agudeza no tom de Deus. As promessas que Deus havia feito por intermédio de Isaías e dos profetas anteriores não foram cumpridas. Um arremedo de vida nacional está sendo reconstituído, mas para aqueles que têm boa memória não passa mesmo de um arremedo. Judá e seu Deus encontram-se ambos com identidades nitidamente modificadas pela história. Existem outras passagens nesses três profetas que soam mais esperançosas do que as que citamos, e outras ainda, particularmente *Zacarias*, 9-14, nas quais a esperança assume uma forma muito particular de apocalipse. Sobre isso é preciso dizer mais algumas palavras.

Um apocalipse é uma revelação críptica de uma destruição iminente, à qual se seguirá uma intervenção divina definitiva no fim dos tempos. Historicamente, o apocaliptismo é um tipo de semente que brota na Judeia, no solo escorchado das profecias não cumpridas. Sua previsões são codificadas e elaboradamente misteriosas, em parte para confundir os opressores estrangeiros de Judá e mais tarde dos judeus, em parte para renovar a crença da própria nação no poder de Deus e na especificidade nacional, quando todas as evidências parecem apontar em direção contrária. O apocalipse é, em geral, mais vasto, mas também mais vago em suas promessas, do que o são as profecias. Mesmo as exigências específicas de Deus (um templo, o dízimo, animais de qualidade nos sacrifícios etc.) ficam mais corriqueiras, suas promessas e ameaças ficam mais grandiosas. Mas o fato de o "dia do Senhor" previsto nos apocalipses estar sempre próximo sem nunca ser datado com exatidão impede que ele seja refutado pelos fatos, como o foram as profecias quando da restauração de Judá.

Os momentos apocalípticos ou protoapocalípticos em *Zacarias* não são os únicos entre os profetas da Bíblia. Existem passagens apocalípticas nos últimos capítulos de *Isaías*, em *Ezequias* e em outros. Mas vale notar que a intensidade da tendência apocalíptica — a tendência a codificar e postergar — não diminui em nada com a restauração de Judá em sua terra natal.

Esse fato revela o profundo descontentamento de Judá com o caráter da restauração, um descontentamento que, como vimos, transparece também em *Ageu*, *Zacarias* e *Malaquias*.

Como afirmação a respeito de Deus, o apocaliptismo parece dizer que ele está cada vez mais preocupado com uma destruição próxima, e cada vez mais inclinado a codificar o que tem a dizer sobre ela. É como previsão codificada da destruição que podemos examinar esta longa passagem de *Zacarias*:

> Assim diz o Senhor meu Deus: "Apascenta as ovelhas destinadas para a matança. Aqueles que as compram matam-nas, e não são punidos; os que as vendem dizem: 'Louvado seja o Senhor, porque me tornei rico'; e os seus pastores não se compadecem delas. Certamente já não terei piedade dos moradores desta terra", diz o Senhor; "eis, porém, que entregaria os homens cada um nas mãos do seu próximo, e nas mãos do seu rei; eles ferirão a terra, e eu não os livrarei da mão deles".
>
> Apascentei, pois, as ovelhas destinadas para a matança, as pobres ovelhas do rebanho. Tomei para mim duas varas: a uma chamei Graça, e à outra União; e apascentei as ovelhas. Dei cabo dos três pastores num mês. Então perdi a paciência com as ovelhas, e também elas estavam cansadas de mim. Então disse eu: "Não vos apascentarei: o que quer morrer, morra, o que quer ser destruído, seja, e os que restarem comam cada um a carne do seu próximo". Tomei a minha vara Graça e a quebrei, para anular a minha aliança, que eu fizera com todos os povos. Foi, pois, anulada naquele dia; e as pobres do rebanho que fizeram caso de mim reconheceram que isto era palavra do Senhor. Eu lhes disse: "Se vos parece bem, dai-me o meu salário; e se não, deixai-o". Pesaram, pois, por meu salário, trinta moedas de prata [preço de um escravo]. Então o Senhor me disse: "Arroja isso ao oleiro, esse magnífico preço em que fui avaliado por eles". Tomei as trinta moedas de prata e as arrojei ao oleiro na casa do Senhor. Então quebrei a minha segunda vara União para romper a irmandade entre Judá e Israel.

O Senhor me disse: "Toma ainda os petrechos de um pastor insensato. Porque eis que suscitarei um pastor na terra, o qual não cuidará das que estão perecendo, não buscará a desgarrada, não curará a que foi ferida, nem apascentará a sã; mas comerá a carne das gordas, e lhes arrancará até as unhas.

Ai do pastor inútil,
que abandona o rebanho;
a espada lhe cairá sobre o braço
e sobre o olho direito;
o braço completamente se lhe secará
e o olho direito de todo se escurecerá". [*Zc.*, 11:4-17]

Quem é o pastor? Quem são os compradores e os vendedores? Por que as varas são chamadas Graça e União? Qual é a aliança anulada? Qual o sentido do salário e da alusão ao preço de um escravo? Quem é o pastor predador previsto nos últimos versículos? E quando tudo isso acontecerá? Ou estará já acontecendo? A passagem é uma alegoria que pode muito bem ter sido um pouco menos obscura quando foi escrita do que é hoje. As referências ao mundo real podem ser adequadas a cada um dos seus componentes, mas em profecias anteriores essas referências teriam sido explicitadas, em vez de serem deixadas implícitas ou codificadas.

Falando para e através dos profetas anteriores, Deus usou livremente de metáforas, mas parcimoniosamente de alegorias. A alegoria é uma forma que se presta ao equívoco, mas Deus não tinha nenhum desejo de confundir. Ele não parecia preocupado, como parece aqui, em revelar e ocultar ao mesmo tempo. Quando o profeta lançou mão da alegoria da cordeirinha a fim de envergonhar Davi depois do assassinato de Urias, o Senhor exigiu que ele explicasse a alegoria imediatamente. Em *Isaías*, 5:1, o profeta fala de "minha amada" e de sua "vinha", mas imediatamente (5:7) decodifica:

Porque a vinha do Senhor dos Exércitos
é a casa de Israel,
e os homens de Judá
são a planta dileta do Senhor;
este desejou que exercessem juízo,
e eis aí quebrantamento da lei;
justiça,
e eis aí clamor.

Na alegoria dos maus pastores em *Zacarias* não se encontra uma decodificação comparável, e a razão é evidente: o Senhor está se escondendo. E Israel, consciente de que ele está se escondendo, vai ficando hostil para com a própria instituição da profecia.

Da maneira mais extraordinária, *Zacarias*, 13, coloca a profecia junto com a idolatria e a impureza numa breve lista de práticas a serem eliminadas no "dia do Senhor":

"Acontecerá naquele dia", diz o Senhor dos Exércitos, "que eliminarei da terra os nomes dos ídolos, e deles não haverá mais memória; e também removerei da terra os profetas e o espírito imundo. Quando alguém ainda profetizar, seu pai e sua mãe, que o geraram, lhe dirão: 'Não viverás, porque tens falado mentiras em nome do Senhor'; seu pai e sua mãe, que o geraram, o traspassarão quando profetizar. Naquele dia se sentirão envergonhados os profetas, cada um da sua visão, quando profetiza; nem mais se vestirão de manto de pelos, para enganarem. Cada um, porém, dirá: 'Não sou profeta, sou lavrador da terra; porque fui comprado desde a minha mocidade'." [*Zc.*, 13:2-5]

A profecia é um erro que o Senhor não cometerá duas vezes.

No entanto, tão importante quanto a tendência de Deus a ocultar suas intenções, é sua tendência a repisar mais o aspecto destrutivo do que os aspectos restaurativos dos grandes acontecimentos que estão por vir. A destruição arquetípica do mundo

— a única que não foi apenas prevista, mas que realmente ocorreu — foi a destruição mundial pelo dilúvio do *Gênesis*, 6-8. Essa ação, como vimos, foi obra de Deus, o destruidor, uma personalidade distinta, em profundo contraste com a personalidade do criador. A aliança com Abraão, que alguns dos primeiros profetas sonharam em expandir de alguma forma para toda a humanidade, teve como origem a resolução de um conflito interno de Deus. Quando Israel rompeu a aliança, a resolução estava em princípio comprometida. Ao prometer restituir a Israel a terra prometida, Deus estava também prometendo reconstituir seu próprio conflito interno. Mas se ele falhou em conseguir o que pretendia, se ao voltar Judá se decepcionou com a restauração e Deus achou que a maneira como o tratavam era mesquinha, a aliança passou a ser questionada novamente, e seu lado sombrio sentiu-se livre para afirmar-se de novo. Na alegoria de Zacarias, quando o profeta aceita o papel de pastor do rebanho condenado, está agindo, alegoricamente, em nome de Deus? De quem é de fato a voz que ouvimos na frase: "O que quer morrer, morra, o que quer ser destruído, seja, e os que restarem comam cada um a carne do seu próximo"? O sentido é vago e extremamente assustador, e igualmente assustador é o fato de a passagem toda girar em torno da destruição, como um criminoso que gira em torno de uma loja de armas.

Ao discutirmos o Êxodo de Israel do Egito e o triunfo do Senhor Deus sobre o Faraó, dissemos que se toda a Bíblia pudesse ser resumida numa palavra essa palavra seria *vitória*. Essa afirmação continua válida mesmo nesse momento contraditório e dilacerado da vida de Deus. *Zacarias*, 14, o último capítulo do livro, passa da descrição de batalhas apocalípticas para uma visão da paz miraculosa, quando os sobreviventes de todas as nações se dirigirem a Jerusalém para adorar. O Senhor promete que até os próprios sinetes dos cavalos terão a inscrição "Santo ao Senhor". A promessa, mesmo depois de seu fracasso, sobrevive, e tem mais peso do que a ameaça; mas, quando seu silêncio começa, Deus está tão desapontado com seu povo quanto o seu povo está com ele.

CONSELHEIRO
"Quão preciosos para mim, Senhor,
são os teus pensamentos."

SALMOS

As 150 orações que compõem o Saltério ou *Livro dos Salmos* constituem uma espécie de recapitulação de grande parte, mesmo que definitivamente não tudo, do que vem antes na Bíblia. Os *Salmos* voltam a aludir a muitos dos eventos e questões levantados nos 26 primeiros livros do Tanach (os cinco livros do Pentateuco, os seis da História Deuteronomista e os quinze dos profetas). Muitos dos *Salmos* são explicitamente atribuídos ao rei Davi e alguns deles são atribuídos a momentos determinados da trajetória de Davi. Outros, devido a seu conteúdo, fornecem outros indícios sobre a época em que foram recitados ou, mais provavelmente, cantados pela primeira vez.

Tal diversidade de conteúdo e origem torna difícil especificar o que os *Salmos* em conjunto revelam sobre Deus, e mais difícil ainda fazer com que o pouco que revelam signifique um passo adiante na biografia de Deus. Mas três fatores diminuem em grande parte essa dificuldade. Primeiro, os *Salmos* são falados no tempo presente. Mesmo que o momento em que um determinado salmo foi escrito de fato esteja no passado, o fato de o salmo ter sido preservado e recolhido constitui uma prova implícita de que a ideia que ele veicula e o sentimento que ele expressa ainda são válidos. Quando um salmo é localizado muito especificamente no passado, nele vem implícito que aquele momento passado e o sentimento então expresso merecem ser recordados e de alguma forma ainda têm validade. Por exemplo, o salmo 59 foi falado por Davi "quando Saul mandou que lhe sitiassem a casa, para o matar", mas o sentimento de seus versos de abertura aplica-se facilmente a outras situações:

Livra-me, Deus meu, dos meus inimigos;
põe-me acima do alcance dos meus adversários.
Livra-me dos que praticam a iniquidade,
e salva-me dos homens sanguinários. [Sl., 59:1-2]

O segundo fator a facilitar uma leitura sintética dos *Salmos* é o fato de que grande parte deles não traz especificação de tempo ou lugar.

Um terceiro fator é que, embora os *Salmos* possam ter sido escritos em momentos históricos muito diferentes, nós os lemos todos no mesmo momento literário. Podemos dizer dos *Salmos* algo semelhante ao que dissemos dos profetas quando os comparamos com a correspondência de um grande general lida depois que a guerra acabou. O caráter desse personagem, tal como as cartas o revelam, terá sido seu caráter mesmo durante a guerra; mas, como só depois da guerra descobrimos o que as cartas revelam a respeito de seu caráter, é como se para nós seu caráter mudasse depois da guerra. Mais do que uma correspondência com os grandes, os *Salmos* mais parecem entrevistas com os obscuros: soldados de infantaria anônimos e pagadores de impostos que testemunham o caráter de seu líder da maneira mais convincente não pelo que dizem sobre ele, mas pelo que dizem para ele. É notável que todos eles parecem ter falado com ele uma vez ou outra, grandes ou pequenos, em público ou em sua vida privada.

Em que momento se dão essas entrevistas? No momento caracterizado no início deste capítulo com nossa leitura dos três profetas pós-exílio. Israel mudou sua religião e abandonou Deus. Então Deus, recorrendo aos termos de sua aliança com Israel, puniu Israel e mandou-o ao exílio. Mas ele havia prometido que teria pena de Israel e que o traria de volta em triunfo, um triunfo que levaria o mundo todo a render homenagens a ambos, a Deus e Israel juntos. Agora Israel, na pessoa dos judeus exilados, retornou à sua capital e voltou a ter uma vida nacional, que contudo resultou perigosa e vazia. Devemos imaginar os *Salmos* falados ou cantados num templo construído em Jerusalém pelos que retornaram do exílio. Eles demoram para construir o templo, pressionados por suas necessidades práticas, e depois de construído ele parece a muitos deles definitivamente modesto.

Quando observamos a congregação que reza a Deus nesse edifício, o que nos surpreende no que escutamos? Eles estão vivendo em paz. Os judeus de fato viveram mais ou menos pacificamente como uma província do império persa durante dois séculos, antes que Alexandre, o Grande, viesse do Ocidente, dando início a mais um período de extrema violência em sua história. Imaginemos que os judeus estão na metade do seu período persa. Malaquias, o último profeta, morreu faz um século. Nem se sonha com Alexandre, que só surgirá um século depois. Muito claramente Deus e Israel fizeram as pazes, mas quais são os termos dessa paz?

O que surpreende qualquer um que leia os *Salmos* depois de ter lido todos os profetas é que, enquanto os profetas falam de um mau Israel, os salmistas falam dos maus *em* Israel. Durante algum tempo, os profetas falaram, sim, dos fiéis remanescentes, que comparavam com a maioria apóstata, mas, desde o Êxodo até o cativeiro na Babilônia, a comparação mais frequente é entre Israel e as outras nações do mundo. As diferenças individuais foram praticamente eliminadas nessa visão de mundo religiosamente coletivizada. Se o rei Manassés levou Judá à idolatria e ao sacrifício de crianças, não se fez nenhum esforço para localizar ou lidar separadamente com aqueles súditos que podem não ter se juntado a ele em seu pecado. A culpa e a inocência eram comuns a todos.

Isso parece ter mudado. Um dos salmos mais tocantes é um dos mais breves de todos, o salmo 131:

> *Senhor, não é soberbo o meu coração,*
> *nem altivo o meu olhar;*
> *não ando à procura de grandes coisas,*
> *nem de coisas maravilhosas demais para mim.*
> *Pelo contrário, fiz calar e sossegar a minha alma;*

como a criança desmamada se aquieta nos braços de sua mãe,
como essa criança é a minha alma para comigo.
Espera, ó Israel, no Senhor,
desde agora e para sempre.

Na paz imposta pelo império persa, Israel deixou de ser até mesmo um ator menor no cenário internacional. Séculos passaram-se desde que Israel entrou em guerra pela última vez. Suas vitórias sobre o Faraó, sobre os 31 reis cananeus que caíram diante de Josué, sobre os filisteus que Davi derrotou são uma lembrança distante. O que é significativo para uma nação assim confinada dentro de suas próprias fronteiras são as vitórias e derrotas pessoais, suas alegrias e tristezas, e — mais importante, ao que parece — a culpa e a inocência individuais. Talvez um terço dos *Salmos* falem de inimigos, e o ataque do inimigo contra o salmista, o ataque que motiva a oração, é, na maior parte das vezes, uma acusação de transgressão.

É possível, se não efetivamente certo, que muitos desses *Salmos* que têm o caráter de petições individuais a Deus refiram-se a um antigo tribunal, e que a proteção pedida na oração seja de caráter legal. Mesmo que isso não seja verdade ou seja apenas metaforicamente verdadeiro em alguns casos, o efeito da preocupação é fazer Deus parecer menos um guerreiro invencível e mais um poderoso magistrado cujo "amor fiel" pelo acusado protege o acusado do acusador e dos aliados poderosos e inescrupulosos do acusador.

Deve-se notar que os salmistas, apesar de serem sempre tão humildes quanto o autor do salmo que acabamos de citar, nunca se desculpam por dirigir-se a Deus diretamente, e nunca temem fazê-lo. Podem duvidar da própria inocência. Podem protestar contra sua falta de atenção ou sua severidade, mas nunca temem aproximar-se dele como os israelitas, muito justificadamente, temiam aproximar-se daquela divindade vulcânica e descontrolada que promulgou a lei no monte Sinai. Até mesmo os culpados podem vir a ele se, como no famoso exemplo abaixo, vêm pedir misericórdia:

Das profundezas clamo a ti, Senhor.
Escuta, Senhor, a minha voz:
estejam alerta os teus ouvidos às minhas súplicas.
Se observares, Senhor, iniquidades, quem, Senhor, subsistirá?
Contigo, porém, está o perdão,
para que te temam.
Aguardo o Senhor, a minha alma o aguarda;
eu espero na sua palavra.
A minha alma anseia pelo Senhor,
mais do que os guardas pelo romper da manhã.
Mais do que os guardas pelo romper da manhã,
espere Israel no Senhor,
pois no Senhor há misericórdia,
nele, copiosa redenção.
É ele quem redime a Israel,
de todas as suas iniquidades. [*Sl.*, 130]

O Saltério contém um determinado número de salmos que podem ser lidos como cantos de guerra. Um deles é o salmo 144:

Bendito seja o Senhor, rocha minha,
que me adestra as mãos para a batalha,
e os dedos para a guerra;
minha misericórdia e fortaleza minha,
meu alto refúgio e meu libertador,
meu escudo e aquele em quem confio,
e quem me submete o meu povo. [144:2-3]

E as vitórias emblemáticas do passado são cerimoniosa e insistentemente relembradas: seu espírito marcial é familiar e, nesse ponto, até mesmo clássico. Um espírito diferente, porém, informa um grupo de trinta ou quarenta salmos que não fazem referência à guerra ou a qualquer inimigo nacional passado ou presente. Muitos deles, como dissemos, referem-se a inimigos pessoais, mas outros simplesmente clamam a Deus por alívio do sofrimento e até mesmo, na ausência de sofrimento, por favor e apoio. A suposição universal, conforme notamos no Segundo Isaías, é de que Deus seja um amigo intimamente familiarizado com o suplicante. Nos *Salmos*, qualquer judeu pode rezar a Deus pedindo alívio, como Jacó rezou ao Deus pessoal de seu pai Abraão, como Davi rezou ao seu aliado invencível.

No salmo 56, identificado como "hino de Davi, quando os filisteus o prenderam em Gate", numa vívida metáfora, Davi imagina que Deus recolherá e guardará todas as lágrimas do jovem cativo:

> *Contaste os meus passos quando sofri perseguições;*
> *recolheste as minhas lágrimas no teu odre:*
> *não estão elas inscritas no teu livro?* [56:9]

Pedidos comparáveis em cenas menos dramáticas podem ser encontrados por toda parte no Saltério. Um dos mais eloquentes está no começo do salmo 139:

> *Senhor, tu me sondas e me conheces.*
> *Sabes quando me assento e quando me levanto;*
> *de longe penetras os meus pensamentos.*
> *Esquadrinhas o meu andar e o meu deitar,*
> *e conheces todos os meus caminhos.*
> *Ainda a palavra me não chegou à língua,*
> *e tu, Senhor, já a conheces toda.*
> *Tu me cercas por trás e por diante,*
> *e sobre mim pões tua mão.*
> *Tal conhecimento é maravilhoso demais para mim:*
> *é sobretudo elevado, não o posso atingir.* [139:1-6]

A sutil mas insidiosa mudança que separa essa passagem de passagens comparáveis em torno da incognoscibilidade do Senhor no Segundo Isaías é que aqui o foco está no conhecedor individual humano — não em Israel como um todo —, e que, muito claramente, o salmista vê o conhecimento do Senhor, em si e por si, como um prêmio incomparável. Adiante, no salmo 139, o salmista exclama:

Quão elevados para mim, Senhor, são os teus pensamentos!
E como é grande a soma deles!
Se os contasse, excedem os grãos de areia:
contaria, contaria, sem jamais chegar ao fim. [139:17-8]

A tradução da VPR traz: "Quão preciosos para mim, Senhor, são os teus pensamentos!". A palavra hebraica pode ter ambos os sentidos. E na segunda linha vê-se, claro, um eco da promessa divina de inumerável descendência a Abraão. Agora os pensamentos do Senhor mais do que os descendentes de Israel é que são inumeráveis. Mas como o salmista conseguiu saber os pensamentos de Deus? Já observamos diversas vezes que Deus parece não só ser desprovido de vida privada como também de pensamentos privados. Ele não se entrega a longos e pensativos solilóquios, e de fato nada diz que não tenha a humanidade ou, mais frequentemente, Israel como referência imediata. As palavras de Deus ao criar o mundo são uma espécie de solilóquio, como também suas palavras ao anunciar a destruição do mundo pela água, mas de resto suas palavras, inclusive suas leis, são faladas para a humanidade. Isso é verdade até a respeito da Torá, que não foi imposta a Israel no Sinai como maneira de abrir a nação para os ponderados ou preciosos pensamentos do seu Deus, mas como maneira de estabelecer uma aliança. E a aliança em si é imposta não como sua própria recompensa, mas como um instrumento de recompensas que para ambos os lados eram extrínsecas. Israel receberia a terra e a fertilidade sobrenatural prometida a Abraão. Tacitamente, Deus conseguiria restringir a essa nação apenas o seu dom inicial da fertilidade.

Admitindo-se tudo isso, a lei passa a ser vista como uma extensa e única externalização da mente de Deus. Por mais meramente instrumental que possa ter sido quando revelada, ela agora pode ser submetida a uma segunda avaliação, como sendo aquilo que o salmista chama de "preciosos pensamentos" de

Deus. E essa avaliação, tema principal de diversos salmos, às vezes chamados de "Salmos da Torá", constitui o tema de fundo de literalmente dezenas de outros. Com efeito, sempre que o salmista afirma a integridade como seu ideal ou celebra a integridade de Deus, sempre que menciona o "amor fiel" ou diz a rítmica e lapidar frase hebraica "*ki le^colam ḥasdo*", "pois seu amor fiel é para sempre", está relembrando a aliança e exaltando a lei.

Cada salmo, a partir do terceiro, traz um cabeçalho indicando seu autor, a ocasião em que foi dito, a melodia com que devia ser cantado, o acompanhamento instrumental que devia ter, ou uma variedade de outras indicações hoje dificilmente decifráveis. Como os dois primeiros salmos não têm nenhum cabeçalho, devem certamente ser considerados como cabeçalhos para a coleção toda. E o salmo 1 coloca a lei como um novo elemento central de meditação e deleite, um veículo por meio do qual o indivíduo judeu pode estabelecer uma relação pessoal com Deus:

> *Bem-aventurado o homem*
> *que não anda no conselho dos ímpios,*
> *não se detém no caminho dos pecadores,*
> *nem se assenta na roda dos escarnecedores.*
> *Antes o seu prazer está na lei do Senhor,*
> *e na sua lei medita de dia e de noite.*
> *Ele é como árvore*
> *plantada junto a corrente de águas,*
> *que, no devido tempo, dá o seu fruto,*
> *e cuja folhagem não murcha;*
> *e tudo quanto ele faz será bem-sucedido.*
> *Os ímpios não são assim;*
> *são, porém, como a palha que o vento dispersa.*
> *Por isso os perversos não prevalecerão no juízo,*
> *nem os pecadores na congregação dos justos.*
> *Pois o Senhor conhece o caminho dos justos,*
> *mas o caminho dos ímpios perecerá.*

Quando o salmista diz "medita", devemos com quase toda a certeza entender a recitação pública ou privada, mais do que a contemplação silenciosa; porém, "meditar" não é uma tradução errada: isso era e, em algumas sinagogas, ainda é uma forma específica de estudo, uma comunhão íntima, sensual, com o texto através do seu som, sem implicar a exclusão do seu significado — visto que uma exclusão total seria impossível, mesmo que desejada.

Por que o salmista não se deleita com a profecia assim como se deleita com o ensinamento do Senhor? Por que não estuda Isaías, Jeremias, Ezequiel, Oseias, dia e noite? Esses também são pensamentos ponderados de Deus, mas sobre eles reina um total silêncio nos *Salmos*. As próprias palavras *profeta*, *profetas* e *profecia* só ocorrem talvez cinco vezes em toda a coleção de 150 salmos. A razão para a profecia ser ignorada é quase certamente a mesma que a levou a se extinguir e que levou o próprio profeta Zacarias a desejar que ela se extinguisse — especificamente, o fato de uma boa parte daquilo que os profetas profetizavam não haver se concretizado. Os estatutos e mandamentos da lei enquanto tal não são previsões, não podiam ser invalidados pela história como as profecias podiam e foram. Havia, sim, promessas e ameaças a Moisés no Pentateuco, mas as promessas e ameaças mosaicas, tanto as bênçãos como as maldições, se cumpriram, umas no começo, outras no final do período pré-exílio. Foi profetizada uma grande restauração — as promessas feitas por intermédio de Isaías, Jeremias e Ezequiel —, que não aconteceu.

O silêncio dos *Salmos* a respeito dos profetas estende-se até mesmo àquelas questões referentes à lei em que os profetas parecem ter antecipado os *Salmos*. Assim a circuncisão, seja do pênis, seja do coração, jamais é mencionada nos *Salmos*. Quando Deus falou a Jeremias sobre a circuncisão do coração, estava retomando uma imagem que usara ao falar por intermédio de Moisés, o que deveria contar a seu favor para os salmistas. Por intermédio de Jeremias ele disse "aos homens de Judá e Jerusalém":

> *Circuncidai-vos para o Senhor,*
> *circuncidai o vosso coração,*
> *ó homens de Judá e moradores de Jerusalém,*
> *para que o meu furor não saia como fogo,*
> *e arda, e não haja quem o apague,*
> *por causa da malícia das vossas obras.* [*Jer.*, 4:4]

A injunção dada através de Moisés no *Livro do Deuteronômio* serviu de modelo a Jeremias: "Circuncidai, pois, o vosso coração, e não mais endureçais a vossa cerviz" (*Deut.*, 10:16). Em ambos os casos a intenção da imagem era sugerir sinceridade, colocando internamente uma cicatriz na mente, assim como a cicatriz no pênis era externamente sinal de fidelidade à aliança. E em ambos os casos, também, a razão para a fidelidade é inseparável das consequências da infidelidade: o Senhor recompensará uma e castigará a outra. Isso é verdadeiro até mesmo quando, por intermédio de Moisés, o Senhor diz a Israel para pensar em suas palavras:

> "Ponde, pois, estas minhas palavras no vosso coração e na vossa alma; atai-as por sinal na vossa mão, para que estejam por frontal entre os vossos olhos. Ensinai-as a vossos filhos, falando delas assentados em vossa casa, e andando pelo caminho, e deitando-vos e levantando-vos. Escrevei-as nos umbrais de vossa casa, e nas vossas portas, *para que se multipliquem os vossos dias e os dias de vossos filhos na terra que o Senhor sob juramento prometeu dar a vossos pais, e sejam tão numerosos como os dias do céu acima da terra.*" [*Deut.*, 11:18-21, itálicos meus]

E, no entanto, por meio dessa insistência na obediência interior foi estabelecido um caminho para uma interioridade que seria de deleite assim como de obediência. Esse é o "prazer na lei do Senhor" que abre o *Livro dos Salmos*.

Se o espírito do Saltério volta as costas à batalha e às grandes previsões, preferindo a vida privada e a lei, isso não se percebe no salmo 2, o segundo dos dois salmos que, juntos, são um extenso sobrescrito a toda a coleção. Esse salmo prevê nada menos que um império mundial para o Senhor e para o rei ungido de Israel, o messias do Senhor. O que se prevê *não* é a conversão das nações, como diziam os profetas, mas o domínio militar direto, do tipo que havia sido prometido às tribos de Israel quando conquistaram Canaã:

> *Por que se enfurecem os gentios*
> *e os povos imaginam coisas vãs?*
> *Os reis da terra se levantam,*
> *e os príncipes conspiram*
> *contra o Senhor e contra o seu Ungido, dizendo:*
> *"Rompamos os seus laços*
> *e sacudamos de nós as suas algemas".*
>
> *Ri-se aquele que habita nos céus;*
> *o Senhor zomba deles.*
> *Na sua ira, a seu tempo, lhes há de falar,*
> *e no seu furor os confundirá:*
> *"Eu, porém, constituí o meu Rei*
> *sobre o meu santo monte Sião".*
> *Proclamarei o decreto do Senhor:*
> *Ele me disse: "Tu és meu filho,*
> *eu hoje te gerei.*
> *Pede-me, e eu te darei as nações por herança,*
> *e as extremidades da terra por tua possessão.*
> *Com vara de ferro as regerás,*
> *e as despedaçarás como um vaso de oleiro".* [*Sl.*, 2:1-9]

Não fosse o contexto em que aparece, esse salmo poderia ser visto, à maneira antes indicada, como originário do passado da nação, mais uma celebração da glória passada do que um programa de ação. Dado o contexto, ele deve ser visto como afirmação de uma relação ideal entre Israel e as outras nações. Quanto a isso, os dois salmos formulam uma espécie de duplo ideal: Israel em casa e Israel no exterior. A julgar pelo restante do Saltério, no entanto, o salmo 1 expõe um ideal que está sendo perseguido, e o salmo 2 um sonho que ainda não foi abandonado. Isso não quer dizer que não haja outros momentos em que o salmista fala do Senhor como guerreiro. O segundo salmo mais famoso (depois do 23) é o salmo 137:

> *Às margens dos rios da Babilônia*
> *nós nos assentávamos e chorávamos,*
> *lembrando-nos de Sião.*
> *Nos salgueiros que lá havia*
> *pendurávamos as nossas harpas,*
> *pois aqueles que nos levaram cativos nos pediam canções,*
> *e os nossos opressores, que fôssemos alegres, dizendo:*
> *"Entoai-nos algum dos cânticos de Sião".* [137:1-3]

Mas esse começo queixoso dá logo lugar à sede de vingança:

> *Filha da Babilônia, que hás de ser destruída;*
> *feliz aquele que te der o pago*
> *do mal que nos fizeste!*
> *Feliz aquele que pegar teus filhos*
> *e esmagá-los contra a pedra.* [137:8-9]

Nada que tenha aparecido uma vez como fazendo parte da personalidade de Deus jamais desaparece por completo. Tudo o que desaparece por um tempo pode sempre estar preparando seu retorno. Em princípio, Deus nunca deixará de ser um destruidor, e nunca deixará de ser um guerreiro.

E, no entanto, no cômputo geral, o tom dominante do Saltério é de suave confiança em Deus, ardente ou urgente em tempos de conflito, nos lamentos ou nos pedidos pessoais que cumulam as páginas de abertura do Saltério, grato e lírico em tempos de paz, como no mais conhecido dos salmos, que é talvez o poema mais famoso da literatura ocidental, depois do Pai--Nosso:

*O Senhor é o meu pastor:
nada me faltará.
Ele me faz repousar em pastos verdejantes.
Leva-me para junto das águas de descanso;
refrigera-me a alma.
Guia-me pelas veredas da justiça
por amor do seu nome.*

*Ainda que eu ande pelo vale da
sombra da morte,
não temerei mal nenhum,
porque tu estás comigo:
a tua vara e o teu cajado
me consolam.*

*Preparas-me uma mesa
na presença dos meus adversários,
unges-me a cabeça com óleo;
o meu cálice transborda.
Bondade e misericórdia certamente me seguirão
por todos os dias da minha vida;
e habitarei na casa do Senhor
para todo o sempre. [Sl., 23]*

A diferença de tom entre esse salmo e

*Feliz aquele que pegar teus filhos
e esmagá-los contra a pedra.*

é assombrosa; e a longo prazo qualquer discussão sobre o caráter do Senhor Deus tem de simplesmente admitir que ambas as tendências são nele naturais. Nenhum salmista engana-se a seu respeito. E devemos notar também que mesmo o salmo 23, tantas vezes impresso em versões ilustradas para crianças, contém a prece ao Senhor que possibilitará ao salmista gabar-se de sua boa sorte diante dos inimigos:

> *Preparas-me uma mesa*
> na presença dos meus inimigos. [destaques meus]

A ternura do Deus dos *Salmos* não chega a anular a vingança.

Mas, para voltar à asserção central, o que é novo no Saltério, o que parece representar uma mudança de ênfase distinta e generalizada é a mudança do foco de atenção, que se desloca do nacional para o bem-estar pessoal e familiar, e de temas públicos e políticos agressivos para o estudo sereno da lei. O salmo 2, com seu tom militarista, não é, de fato, o prelúdio para uma série de salmos pedindo a destruição das nações independentes, equiparando-se aos oráculos em que os profetas previam tal destruição, nação por nação. E o contexto — provavelmente o contexto histórico e com toda certeza o contexto literário — no qual é dito o salmo 2 constitui a eliminação virtual da profecia por parte do último herdeiro de Davi, o messias fracassado, Zorobabel.

O rei de Israel foi num determinado momento um rei com povos que a ele se sujeitavam, dentro dos limites a que alude o *Salmo*, 2:1. No salmo 2 o salmista está pensando em Deus como um imperialista em seu próprio tempo? Talvez devêssemos dizer que ele está se *lembrando* do imperialista do passado. Memórias podem dar origem a sonhos, e as aventuras subsequentes — grandiosas e, em última análise, suicidas — do messianismo secular podem muito bem ter se alimentado em alguns dos salmos. Por outro lado, as memórias podem também não ser nada além de memórias. Sem deixar o nível literário, e observando a ambivalência e o conflito implícito, pode-se com bastante razão atribuir uma força maior do que essa à antologia, que não é apenas vigorosa, mas também nova. No *Livro dos Salmos*, o que é vigoroso e novo é o romance da lei.

Às vezes por meio da afirmação direta, na maior parte do tempo implicitamente, o salmista contrapõe o grande homem ao homem bom, e é pelo homem bom que ele e seu Deus estão apaixonados:

> *Vinde, filhos, e escutai-me;*
> *eu vos ensinarei o temor do Senhor.*

> *Quem é o homem que ama a vida*
> *e quer longevidade para ver o bem?*
> *Refreia a tua língua do mal,*
> *e os teus lábios de falarem dolosamente.*
> *Aparta-te do mal, e pratica o que é bom;*
> *procura a paz, e empenha-te por alcançá-la.*
> *Os olhos do Senhor repousam sobre os justos,*
> *e os seus ouvidos estão abertos ao seu clamor.*
> *O rosto do Senhor está contra os que praticam o mal,*
> *para lhes extirpar da terra a memória.*
> *Clamam os justos, e o Senhor os escuta*
> *e os livra de todas as suas tribulações.*
> *Perto está o Senhor dos que têm o coração quebrantado,*
> *e salva os de espírito oprimido.* [34:11-9]

Não se trata de uma oposição entre Israel e as nações, mas entre os bons e os maus, seja dentro de Israel, seja fora, sem levar em conta a nacionalidade. A lei, a longevidade e a estabilidade são motivos interligados nessa visão. No salmo 1, o homem bom é como uma árvore plantada perto da água, crescendo, maturando, dando frutos por muitos anos, enquanto o mau é palha levada pelo vento. A Torá — a ensinança religiosa de Israel — e a sabedoria — a herança secular comum do antigo Oriente Médio — quase se fundem nessa visão, uma fusão que, como veremos, fica mais completa com os *Provérbios*. E as recompensas da Torá-sabedoria dão-se todas numa escala enfaticamente humana. Nenhum salmista jamais promete que o homem direito terá descendência tão numerosa quanto as estrelas do céu ou o território de uma longa lista de povos vizinhos. As recompensas são mais as de uma vida familiar razoavelmente próspera. É assim que o romance da lei e o romance da família tornam-se um romance único:

> *Bem-aventurado aquele que teme ao Senhor*
> *e anda nos seus caminhos!*
> *Do trabalho de tuas mãos comerás,*

> *feliz será, e tudo te irá bem.*
> *Tua esposa, no interior de tua casa,*
> *será como a videira frutífera;*
> *teus filhos como rebentos de oliveira,*
> *à roda da tua mesa.*
> *Eis como será abençoado o homem que teme ao Senhor!*
>
> *O Senhor te abençoe desde Sião,*
> *para que vejas a prosperidade de Jerusalém*
> *durante os dias de tua vida,*
> *vejas os filhos de teus filhos.*
> *Paz sobre Israel!* [*Sl.*, 128]

Na presença dos que são grandes de verdade, o bem sempre parece pequeno. Na presença dos verdadeiramente bons, os grandes sempre parecem vãos. As visões concorrentes do povo judeu, conforme as vemos nos *Salmos*, cativaram a imaginação de tantos outros povos durante tantos séculos porque elas contêm essa extraordinária gama de possibilidades humanas. Imagine o encontro entre dois judeus. O primeiro é o homem a quem se dirige o salmista aqui, o homem sentado à cabeceira de sua mesa, ou, talvez melhor ainda, um dos brotos de oliveira em torno da mesa, um menino, digamos, de dezoito anos. O segundo é aquele outro judeu jovem sonhado por Isaías:

> *Porque um menino nos nasceu,*
> *um filho se nos deu;*
> *o governo está sobre os seus ombros;*
> *e o seu nome será:*
> *"Maravilhoso", "Conselheiro", "Deus Forte",*
> *"Pai da Eternidade", "Príncipe da Paz".* [*Is.*, 9:6]

Seja qual for a contradição lógica ou teológica entre as duas visões, existe uma diferença emocional marcante entre as duas. Mas como são ambas irresistíveis em seus próprios termos! Que menino você escolhe?

Evidentemente, a pergunta mais profunda, mais importante do ponto de vista biográfico, é: que menino Deus escolhe? Nos *Salmos*, em geral, Deus escolhe o broto de oliveira do ramo de Jessé, símbolo da linhagem davídica, messiânica. O rei sagrado está morto: viva o piedoso homem comum:

> *Mais vale o pouco do justo*
> *que a abundância de muitos ímpios.*
> *Pois os braços dos ímpios serão quebrados,*
> *mas os justos, o Senhor os sustém* [...]
> *Fui moço, e já agora sou velho,*
> *porém jamais vi o justo desamparado,*
> *nem a sua descendência a mendigar o pão.*
> *É sempre compassivo e empresta,*
> *e a sua descendência será uma bênção.* [*Sl.*, 37:16-7, 25-6]

Se a pergunta que Deus faz por intermédio dos profetas, e principalmente a si mesmo, é: podemos começar de novo?, a pergunta que os judeus fazem nos *Salmos*, depois do fracasso da profecia, é: podemos mais uma vez começar de novo? Eles respondem à própria questão afirmativamente, sem recorrer, como fez o próprio Deus ao falar por intermédio dos profetas, às vitórias cósmicas e históricas do passado, mas à lei como um bem em si — na verdade, como o próprio Deus. Quando o Senhor deu a lei no Sinai, ele próprio não se tornou legal por tê-la dado. O poder, não a legalidade, era seu traço definidor. Mas agora, para falar francamente, o Senhor foi derrotado. Ele tem apenas a lembrança da vitória. E num movimento paradoxal os judeus estão tomando a lei a eles imposta e impondo-a ao Senhor, pelo simples prazer que sentem nela, por sua simples celebração dela como o precioso pensamento de Deus. A ideia da moralidade como um fim em si, mais do que como um meio, como boa em si mais do que como um instrumento para atingir algum outro bem, é, nesse ponto, uma ideia ainda em elaboração. Uma vida familiar feliz, afinal de contas, não é uma recompensa pequena. E ao retrojetar, por assim dizer, a projeção que Deus faz de si mesmo, sua lei, sobre ele mesmo, personalizando-a e inserindo a aceitação dela numa relação pessoal com Deus, os judeus que coletaram os *Salmos*, que os dividiram em cinco livros, espelhando os cinco livros da Torá, deram um enorme passo à frente, levando essa ideia à sua plenitude.

Deus surpreende-se continuamente com o resultado da sua criação inicial de uma imagem de si mesmo. E a mudança de Deus — pode-se quase falar de domesticação — que ocorre nos *Salmos* não pode ser considerada a menor dessas surpresas. Todos conhecemos o truque de aplaudir para chamar para o palco o intérprete que está fora de cena. Os *Salmos* não fazem nada tão grosseiro, mas seus louvores dirigem-se de modo certamente desproporcional a *ṣedeq* e *ḥesed*, à integridade e ao amor fiel de Deus, mais do que ao seu poder de batalha ou à sua generosidade. Mas se Deus surpreende-se, também os judeus se surpreendem, pois devem essa nova relação com Deus aos gentios, por meio da acomodação que os profetas garantiram aos gentios. Tacitamente, esse aspecto da profecia interpenetra os *Salmos*.

Quando o monoteísmo atingiu sua formulação final no Segundo Isaías, ficou claro que os gentios teriam de ser acomodados de alguma forma na aliança de Israel com o Senhor. Mas no final o espaço aberto para eles passou a ser ocupado também pelos judeus. A aliança com Noé, que até o surgimento dos profetas é a única aliança formal do Tanach que não distingue israelitas de gentios, de fato não exigia nenhum culto. Em termos muito econômicos, os seres humanos, comedores de plantas no jardim do Éden, tinham a permissão de matar e comer animais, contanto que não os comessem vivos (esse é o sentido da ordem em *Gênesis*, 9:4: "Carne, porém, com sua vida, isto é, com seu sangue, não comereis"), mas estavam proibidos de matar a sua própria espécie. Nada mais se pedia a eles. De sua parte, Deus concordava em nunca mais destruir o mundo inteiro outra vez; não prometeu nada mais. Para uma geração de antropólogos muito posterior, a aliança com Noé pode ser fascinante como uma vaga memória da transição da espécie humana de puros coletores para coletores-caçadores, caçadores que comem a carne do animal abatido depois de uma pausa suficientemente longa para que ele sangre até a morte. Mas a abstenção de devorar a caça viva ou de matar outro ser humano significa pouquíssimo como reconhecimento de Deus, e muito menos como expressão de uma relação com Deus. E, ao falar com os profetas dessa nova relação com os gentios, o Senhor jamais menciona Noé.

A aliança dentro da qual o Senhor pretende — ou pretendeu um dia — acomodar os gentios é a aliança mosaica. Citando novamente duas passagens já citadas antes:

*"Aos estrangeiros que se chegam ao Senhor,
para o servirem, e para amarem o nome do Senhor,
sendo desse modo servos seus,
sim, todos os que guardam o sábado, não o profanando,
e abraçam a minha aliança,
também os levarei ao meu santo monte,
e os alegrarei na minha casa de oração;
os seus holocaustos e os seus sacrifícios
serão aceitos no meu altar,
porque a minha casa será chamada casa de oração
para todos os povos."* [Is., 56:6-7]

Mas o Senhor garante a Israel que esse desenvolvimento só enriquecerá seu sócio original na aliança:

*Estranhos se apresentarão e apascentarão os vossos rebanhos,
estrangeiros serão os vossos lavradores e os vossos vinhateiros.
Mas vós sereis chamados sacerdotes do Senhor,
e vos chamarão ministros de nosso Deus;
comereis as riquezas das nações,
e na sua glória vos gloriareis.* [61:5-6]

Em outras palavras, os gentios serão incluídos nas obrigações da aliança, e isso é considerado claramente como uma bênção e um privilégio para eles, mas só Israel se enriquecerá com a aliança. No caso, claro, de os gentios não aceitarem voluntariamente a aliança nem virem fazer holocaustos e oferendas em Jerusalém. Mas é muito possível que a ideia da Torá como bênção e deleite, muito diferente das bênçãos e maldições em *Deuteronômio*, 28, tenha surgido como decorrência de um exame da situação religiosa dos gentios. E, depois do fracasso da profecia, ou seja, depois do fracasso de Deus em restaurar a autonomia de Israel e mesmo a hegemonia que havia prometido, os judeus se viram diante de uma escolha: ou a Torá se tornava um bem em si, ou não teriam mais Torá nenhuma. Escolheram a primeira possibilidade e celebraram sua escolha nos *Salmos*.

Afirmar isso é apresentar, com a frieza de um movimento de jogo de xadrez, uma mudança que seguramente veio acompanhada de agonia tanto interna como externa. Quando, com Ezequias, Jerusalém conseguiu enfrentar o exército do assírio Senaqueribe, Judá parece ter feito a inferência tragicamente falsa de que sua capital-fortaleza era inexpugnável. Quando a verdade começou a impor-se a eles e a queda de Jerusalém começou a parecer não apenas possível, mas inevitável, um pânico terrível se apossou deles. A Bíblia de Jerusalém traduz assim a noite do desastre, em *Jeremias*, 30:5-7:

> *Ouvimos um grito de pavor,*
> *há terror, e não a paz?*
> *Interrogai e averiguai.*
> *Pode um homem dar à luz?*
> *Por que vejo a todos os homens*
> *com as mãos nos quadris, como a mulher em trabalho de parto?*
> *Por que todos os rostos se tornaram lívidos?*
> *Ai! Porque este é o grande dia!*
> *Não há outro semelhante a ele!*
> *É um tempo de angústia para Jacó,*
> *mas ele será salvo!*

Em outras palavras, parecia quase contrário à natureza que Jerusalém caísse. E, apesar desse desastre atingir também os culpados, era assim mesmo perturbador que os culpados parecessem prosperar. *Jeremias* de novo, desta vez na tradução da JPS:

> *Vencerás, ó Senhor, quando entro contigo num pleito;*
> *contudo contestarei os teus juízos:*
> *por que prospera o caminho dos perversos,*
> *e vivem em paz todos os que procedem perfidamente?*
> *Plantaste-os, e eles deitaram raízes;*
> *crescem, dão fruto;*
> *têm-te nos lábios, mas longe do coração.*
> *Mas tu, ó Senhor, me conheces,*
> *tu me vês, e provas o que sente o meu coração para contigo.*
> *Arranca-os como as ovelhas para o matadouro,*
> *e destina-os para o dia da matança.* [*Jer.*, 12:1-3]

A derrota em si bastava para enlouquecer a nação. Igualmente chocante era o escândalo de os inocentes, aqueles que sabiam em seus corações que haviam de fato mantido a aliança, serem punidos ao lado dos culpados. Essa posição recebe uma formulação extensa, explícita e, no contexto, chocante no salmo 44, que como muitos outros salmos narra as antigas vitórias de Deus e humildemente admite que

> *não foi por sua espada que possuíram a terra,*
> *nem foi o seu braço que lhes deu vitória,*
> *e, sim, a tua destra, e o teu braço,*
> *e o fulgor do teu rosto,*
> *porque te agradaste deles.* [*Sl.*, 44:3]

Mas o salmista contrasta esse passado brilhante com o sombrio presente, no qual

> *vendes por um nada o teu povo,*
> *e nada lucras com o seu preço,* [44:12]

e leva a acusação até o fim:

*Tudo isso nos sobreveio,
entretanto não nos esquecemos de ti,
nem fomos infiéis à tua aliança.
Não tornou atrás o nosso coração,
nem se desviaram os nossos passos dos teus caminhos,
para nos esmagares onde vive o monstro do mar* ["os chacais",
em outras traduções]
*e nos envolveres com as sombras da morte.
Se tivéssemos esquecido o nome do nosso Deus
ou tivéssemos estendido as mãos a deus estranho,
porventura não o teria atinado Deus,
ele que conhece os segredos dos corações?
Mas, por amor de ti, somos entregues à morte continuamente,
somos considerados como ovelhas para o matadouro.
Desperta! Por que dormes, Senhor?
Desperta, não nos rejeites para sempre.
Por que escondes a tua face,
e te esqueces da nossa miséria e da nossa opressão?* [44:17-24]

A linguagem — "Desperta" etc. — lembra o Segundo Isaías; mas aquele profeta, ao prometer que o Senhor despertaria, admitia que o castigo imposto a Israel fora merecido, mesmo que, em última análise, o Senhor tivesse ido longe demais. Aqui não é feita essa concessão. Alguns críticos históricos acreditam que o salmo 44 deve ter sido escrito em resposta a alguma derrota posterior, e isso é possível; mas por sua colocação ele só pode referir-se à derrota pela Babilônia e à condição de nação restaurada como objeto de riso e de desprezo entre seus vizinhos. A menção ao monstro do mar relembra o dilúvio e alude a seu medo mais profundo, mais indizível à persona demoníaca ainda latente no Deus de preciosos pensamentos.

FIADOR
"Nas praças levanta a sua voz."
PROVÉRBIOS

A nova centralidade da lei como realidade definidora na vida de Deus cria nele uma nova vulnerabilidade, não uma vulnerabilidade diante de deuses rivais, como já ocorreu antes, mas uma vulnerabilidade diante de leis rivais ou equivalentes. É esse o drama escondido em um dos livros menos lidos do Tanach, o *Livro dos Provérbios*. A lei de Deus, que nos *Salmos* é vista como a sua mais importante e mais duradoura expressão, cede espaço, no *Livro dos Provérbios*, a uma tradição de sabedoria secular mais ampla, mais anônima e mais impessoal. E essa alternativa à lei é "pregada" por uma alternativa aos profetas inteiramente inesperada — especificamente, a Senhora Sabedoria, uma misteriosa combinação alegórica de deusa, profetisa e anjo.

A sutil emergência da Senhora Sabedoria como rival de Deus e também sua consorte ou serva vem acompanhada de uma paradoxal inversão do papel que os *Salmos* atribuem a Deus. Nos *Salmos*, Deus é o fiador da justiça num mundo de *karma* sem *samsara* — um mundo no qual os bons são recompensados e os maus são punidos ainda em vida, ou, no máximo, na pessoa de seus filhos e netos. Não é bem assim nos *Provérbios*, onde Deus aparece pela primeira vez como um ser misterioso a quem se deve mencionar e a quem se deve recorrer quando acontece o oposto — ou seja, quando os bons são punidos e os maus recompensados. Com a Sabedoria, Deus continua a ser honrado como criador de um mundo que goza de uma ordem moral imanente — em outras palavras, um mundo em que a recompensa dos bons e o castigo dos maus constitui um mecanismo natural e, portanto, automático. Não se espera que Deus garanta o funcionamento dessa ordem moral interferindo *ad hoc* com recompensas e punições. Estas ocorrem como resultado intrínseco do aperfeiçoamento da humanidade, ou da sabedoria humana, uma busca às vezes caracterizada como devoção à Senhora Sabedoria. Os *Provérbios* dizem que Deus criou o mundo por intermédio dela, e que o funcionamento normal e normalmente benigno do mundo está nas mãos dela. Deus só age — ou talvez só tenha agido — diretamente em casos extremos, nada bem-vindos, imprevisíveis e contrários às suas expectativas.

Em resumo, quando as coisas vão bem, como os *Provérbios* esperam, Deus é honrado como criador de um mundo no qual as coisas dão certo, mas, quando as coisas dão errado, Deus é reconhecido como a fonte e também a explicação das exceções à regra. Deus é marginal, como a moldura de um quadro é marginal ao quadro. Muitas vezes ele não está no quadro, mas o quadro precisa dele.

Essa função quase negativa mas necessariamente enquadradora atribuída a Deus é o significado de um provérbio — "O temor ao Senhor é o começo da sabedoria" — repetido quase como um mantra três vezes nos *Provérbios* (1:7, 9:10 e 15:33), pelo menos uma vez nos *Salmos* (111:10), e em outros livros, com pequenas variações. Seu sentido, numa formulação secular, pode ser: "A primeira coisa que um homem de entendimento tem de entender é que existe muita coisa que ele nunca entenderá". A humanidade sempre lutará para controlar a vida, e os *Provérbios* louvam esse esforço. Mas um homem que não percebe que muita coisa inevitavelmente escapará ao seu controle está condenado à frustração e ao desespero. O senso comum é, por assim dizer, nada mais do que uma clareira na floresta, e é melhor estar preparado para isso desde o início. O provérbio 16 dá a essa ideia, tão central no casamento da Torá e da Sabedoria, um brilho extra:

> *O coração do homem pode fazer planos,*
> *mas a resposta certa dos lábios vem do Senhor.*
> *Todos os caminhos do homem são puros aos seus olhos,*
> *mas o Senhor pesa o espírito.*
> *Confia ao Senhor as tuas obras*

e os teus desígnios serão estabelecidos.
O Senhor fez todas as coisas para determinados fins.
[*Prov.*, 16:1-4]

Não existe nenhuma transposição fácil desta última frase para um nível secular, uma vez que, hoje como ontem, é neste ponto que a sabedoria secular atinge o seu limite. Mas devemos assim mesmo reconhecer que *Provérbios*, 16:4 constitui uma resposta nova e nada tradicional aos pedidos para que o Senhor coloque os inimigos do suplicante em seu devido lugar, dê a eles o que eles merecem e dê ao suplicante honesto o que lhe é devido, pedido que constitui matéria de, literalmente, dezenas de salmos. A resposta do Senhor imaginada aqui é: "Não, eu tenho os meus propósitos para eles e vocês [é o que está implícito] têm de suportá-los".

Isso constitui uma restrição drástica e ao mesmo tempo uma revisão drástica do papel de Deus como protagonista da Bíblia. Em certo sentido, a humanidade torna-se agora a protagonista, e Deus o antagonista. Os melhores resultados são atribuídos ao esforço humano, e a Deus a responsabilidade última, pessoal, por aqueles momentos em que a oposição, humana e circunstancial, prova-se insuperável. Ele é transformado, de maneira notável, na personificação de tudo isso; e como tal torna-se, senão uma explicação, pelo menos um nome para isso. Em outras palavras, em vez de dizer: "Não há como entender", os *Provérbios* dizem: "Não há como entendê-*lo*".

As reformulações seculares contemporâneas tendem a tornar impessoal aquilo que os *Provérbios* tornam pessoal. Por exemplo: "Não há bem que sempre dure, nem mal que nunca se acabe", ou versões mais recentes e mais feias como: "*Life's a bitch, and then you die*", ou "*Shit happens*",* mas estas não chegam a constituir reformulações de *Provérbios*, 16:4, porque não são de

---

* Provérbios contemporâneos norte-americanos que não têm equivalentes exatos em português: *"Life's a bitch and then you die"* = "A vida é uma puta e no fim você morre". *"Shit happens"* = "A merda sempre acaba acontecendo". (N. T.)

forma alguma confissões de que a vida ultrapassa a compreensão de quem os diz. Ao contrário, demonstram toda confiança de que todas as evidências relevantes foram examinadas e que esse é o amargo resultado. Para evitar a pretensão de onisciência, teriam de alguma forma de admitir o mistério, deixando assim de ser tão terminantemente seculares quanto pretendem ser.

O versículo: "O Senhor fez todas as coisas para determinados fins,/ E até o perverso para o dia da calamidade", deve ter sido extremamente reconfortante para aqueles que o escreveram e preservaram devido à sua suposição de que o Senhor era bom. Mas o mesmo versículo tem um potencial liberador mesmo que não se suponha nada além do fato de que o Senhor é misterioso ou, numa redução ainda maior, que a própria vida é um mistério e não simplesmente uma confusão. Em resumo, melhor uma humilde mas pelo menos potencialmente misericordiosa incerteza do que uma certeza orgulhosa e inevitavelmente masoquista. Este talvez seja o desafio de Pascal, dois milênios antes de Pascal. E, no entanto, esse dificilmente pode ser considerado um momento triunfante para o próprio Deus. Agora que o mundo está pronto e em movimento, Deus só deve ser invocado quando as coisas estão muito ruins, de forma que ele não tem de mostrar sempre e apenas a sua pior face. "Consolai, consolai o meu povo": esta é uma frase que ele não tem mais muita chance de dizer. Diante da maior parte de seus problemas, a humanidade se consola a si mesma, ou é culpada das próprias dores. Não há nenhum espaço para a recém-descoberta ternura de Deus. Mais do que uma pessoa consoladora, ele parece ser na melhor das hipóteses uma suposição semiconsoladora, e o velho destruidor na pior.

Ler os *Provérbios* depois de ler os *Salmos* é como sair do ardoroso murmúrio de uma igreja cheia, onde agonias ocultas e esperanças imoderadas sempre são dolorosamente expressas de alguma forma, para entrar na agitação do mercado diante da porta da igreja — bem perto, claro, mas do lado de fora. As expectativas aqui fora, à luz do dia, podem ser muito mais baixas, a única eloquência sendo a aspereza das respostas rápidas, mas existe um certo alívio na mudança. Todo mundo ainda acredita em Deus, refere-se sempre ao seu nome numa ou noutra frase, mas todo mundo parece também estar ocupado com outros assuntos além dele, confiando mais na esperteza materna do que, por assim dizer, no Deus pai ou avô, pois o Senhor Deus está mesmo começando a parecer um parente mais velho, ainda nominalmente chefe da casa, porém não mais um gerente muito ativo.

No casamento da Torá e da Sabedoria que aparece nos *Provérbios*, a Torá — ou pelo menos o Senhor que a Torá honra como seu autor — aprofunda a Sabedoria. Mas a Sabedoria amplia e esclarece a Torá ao discutir coisas como a formação do caráter e a prudência, aspectos da experiência moral humana a respeito dos quais a Torá geralmente silencia. O traço mais surpreendente dessa nova síntese, no entanto, é que nela a profecia, sobre a qual os *Salmos* mantêm doloroso silêncio, volta à vida, de certa forma, com a Senhora Sabedoria pregando numa esquina. Mas que tipo de profecia faz ela? Dispensando as acusações apaixonadas, as visões embriagadoras, toda e qualquer menção a países estrangeiros e qualquer previsão de condenação apocalíptica, ela tem os maneirismos de uma profetisa, mas uma mensagem que nunca vai muito além de: "Se você fizer papel de bobo, não diga que eu não avisei". Ao ressuscitar a profecia, ela de certa forma prepara seu funeral:

> *Grita na rua a sabedoria,*
> *nas praças levanta a sua voz;*
> *do alto dos muros clama,*
> *à entrada das portas e nas cidades profere as suas palavras:*
> *"Até quando, ó néscios, amareis a necedade?*
> *E vós, escarnecedores, desejareis o escárnio?*
> *E vós, loucos, aborrecereis o conhecimento?*
> *Atentai para a minha repreensão;*
> *eis que derramarei copiosamente para vós outros o meu espírito*
> *e vos farei saber as minhas palavras.*
> *Mas porque clamei e vós recusastes;*

> *porque estendi a minha mão e não houve quem atendesse;*
> *antes rejeitastes todo o meu conselho,*
> *e não quisestes a minha repreensão;*
> *também eu me rirei na vossa desventura,*
> *e, em vindo o vosso terror, eu zombarei.*
> *Em vindo o vosso terror como a tempestade,*
> *em vindo a vossa perdição como o redemoinho,*
> *quando vos chegar o aperto e a angústia,*
> *então me invocarão, mas eu não responderei;*
> *procurar-me-ão, porém não me hão de achar.*
> *Porquanto aborreceram o conhecimento,*
> *e não preferiram o temor do Senhor;*
> *não quiseram o meu conselho*
> *e desprezaram toda minha repreensão.*
> *Portanto comerão do fruto do seu procedimento*
> *e dos seus próprios conselhos se fartarão.*
> *Os néscios são mortos por seu desvio,*
> *aos loucos a sua impressão de bem-estar os leva à perdição.*
> *Mas o que me der ouvidos habitará seguro,*
> *tranquilo e sem temor do mal".* [1:20-33, destaques meus]

Na profecia, conforme já vimos, os eventos destacados seriam apresentados como punição e não como mera repreensão, que é o que ocorre aqui. Nesse caso a única punição é autoimposta; é simplesmente a consequência inerente e previsível do comportamento tolo.

Será surpreendente que essa erupção mais clara e ampla do feminino na relação da humanidade com Deus acabe falando pela voz do senso comum? Isso dependerá, evidentemente, do que se entender por "feminino" e também do que se espera de uma mãe ou de uma esposa. A crítica histórica não dá muita atenção à possibilidade de a Sabedoria ser a mãe da humanidade ou a esposa de Deus, mas isso se dá porque a crítica histórica a considera, no geral, como uma personificação da sabedoria do Deus masculino e, independente das terminações gramaticais femininas, como sendo em última análise masculina. Ela é considerada como uma figura de linguagem vagamente aparentada com a Palavra do Senhor, figura de linguagem infindavelmente repetida na frase: "E ouviu a Palavra do Senhor...".

Porém, na verdade, a sua identidade é bastante mais complicada do que isso, pois a Senhora Sabedoria fala não apenas *para* Deus, mas também em seu próprio nome *sobre* Deus e sobre sua relação com ele. A palavra *deusa* talvez efetivamente não a represente bem; mas, mesmo tomando-a como alegórica mais do que como mitológica, ela deve quase certamente ser considerada como a personificação da sabedoria humana no novo sentido autônomo de que falávamos há pouco, mais do que como a personificação da insondável sabedoria divina. Como tal podemos nos referir a ela, metaforicamente, como parceira de Deus, até mesmo esposa de Deus (a humanidade cooperando com Deus) e como mãe da humanidade (a humanidade cuidando de si mesma). E, como esposa e mãe, a Sabedoria nos lembra Asherah.

A Sabedoria fala de sua dupla relação com Deus e com a humanidade em *Provérbios*, 8:22-9:6:

> "*O Senhor me possuía no início de sua obra,*
> *antes de suas obras mais antigas.*
> *Desde a eternidade fui estabelecida,*
> *desde o princípio, antes do começo da terra.*
> *Antes de haver abismos, eu nasci,*
> *e antes ainda de haver fontes carregadas de águas.*
> *Antes que os montes fossem firmados,*
> *antes de haver outeiros, eu nasci.*
> *Ainda ele não tinha feito a terra, nem as amplidões,*
> *nem sequer o princípio do pó ao mundo.*
> *Quando ele preparava os céus, aí estava eu;*
> *quando traçava o horizonte sobre a face do abismo;*
> *quando fixava ao mar o seu termo,*
> *para que as águas não traspassassem os seus limites;*
> *quando compunha os fundamentos da terra:*
> *então eu estava com ele e era seu arquiteto,*

dia após dia era as suas delícias,
folgando perante ele em todo o tempo;
regozijando-me no seu mundo habitável,
e achando as minhas delícias com os filhos dos homens.
Agora, pois, filhos, ouvi-me,
porque felizes serão os que guardarem os meus caminhos.
Ouvi o ensino, sede sábios, e não o rejeiteis.
Feliz o homem que me dá ouvidos,
velando dia a dia às minhas portas,
esperando às ombreiras da minha entrada.
Porque o que me acha acha a vida,
e alcança o favor do Senhor.
Mas o que peca contra mim violenta a sua própria alma.
Todos os que me aborrecem amam a morte."

A sabedoria edificou a sua casa,
lavrou as suas sete colunas.
Carneou os seus animais, misturou o seu vinho,
e arrumou a sua mesa.
Já deu ordens às suas criadas,
e assim convida desde as alturas da cidade:
"Quem é simples, volte-se para aqui".
Aos faltos de senso diz:
"Vinde, comei do meu pão,
e bebei do vinho que misturei.
Deixai os insensatos, e vivei:
andai pelo caminho do entendimento".

No ponto em que a Sabedoria diz à humanidade: "Agora, pois, filhos, ouvi-me", o ônus da prova aparentemente passa a ser daqueles que negam que ela seja uma mãe, não só pelo uso da palavra *banim*, "filhos", mas também pela maneira claramente maternal como ela fala. Mas em que sentido, se é que há algum, pode o sujeito que fala ser uma esposa? É verdade que o fato de Deus tê-la criado de maneira alguma elimina essa possibilidade. No Oriente Próximo, em nenhum contexto ela precisaria, como sua esposa, ser sua igual, ser alguém que não tivesse sido criado. Nada o impediria de criá-la como sua esposa depois ou — como insiste ela — antes de criar a humanidade. Não, a dificuldade em chamar a Sabedoria de consorte de Deus parece estar mais no fato de que, apesar de ele se deleitar com ela, ela parece ser tanto sua assistente como sua companheira. Ela é construtora, açougueira, padeira, vinhateira, além de professora e "confidente". Mas tudo isso junto faz dela uma esposa?

Evidentemente, devemos perguntar antes: o que é uma esposa? Na Bíblia inteira só existe uma descrição da esposa, que, por acaso, está exatamente neste livro, em *Provérbios*, 31:10-7, e começa assim:

> *Mulher virtuosa quem a achará?*
> *O seu valor muito excede o de finas joias.*
> *O coração do seu marido confia nela,*
> *e nao haverá falta de ganho.*
> *Ela lhe faz bem, e não mal,*
> *todos os dias da sua vida.*
> *Busca lã e linho,*
> *e de bom grado trabalha com as mãos.*
> *E como o navio mercante,*
> *de longe traz o seu pão.*
> *É ainda noite, e já se levanta,*
> *e dá mantimento à sua casa,*
> *e a tarefa às suas servas.*
> *Examina uma propriedade e adquire-a;*
> *planta uma vinha com as rendas do seu trabalho.*
> *Cinge os seus lombos de força,*
> *e fortalece os seus braços.*

No antigo Oriente Médio, as mulheres eram uma forma e uma fonte de riqueza para os seus maridos. Como a Senhora Sabedoria, a boa esposa dessa descrição combina o prazer com a boa administração. Da mesma forma, portanto, se encontramos essa combinação na Senhora Sabedoria, podemos inferir que esta deve ser considerada, pelo menos metaforicamente, esposa de Deus. Entre ela e Deus não há nada sequer análogo a uma relação genital. Não existe sequer o menor indício disso no texto. Mas ela é genuinamente feminina, da mesma forma que ele, caracterologicamente, sempre foi genuinamente masculino, e portanto a parceria que existe entre eles é um conúbio. E se, além disso, ela representa a humanidade como um todo, onde está a dificuldade? Por meio dos profetas, Deus chamou a si mesmo repetida e ardentemente de marido de Israel. Aqui, ele seria o marido da humanidade em uma relação na qual a humanidade é sua extremamente vigorosa e confiante esposa.

Não é de surpreender que, ao transferir o foco de atenção para as atividades práticas, o Tanach dê um maior destaque às mulheres. Tanto antes do exílio como depois, diversos vizinhos maiores de Israel gozavam de um nível de desenvolvimento material notavelmente mais alto que o de Israel, além de uma maior integração no comércio mundial. Os operários habilidosos que construíram o palácio de Davi e o templo de Salomão foram trazidos da Fenícia. Com certeza antes do exílio e provavelmente depois, esposas estrangeiras constituíam um importante canal de entrada para a cultura material não israelita na vida israelita. A despeito das severas restrições colocadas pela Torá ao casamento misto, Moisés, Davi e, mais notoriamente, Salomão (para não falar de Abraão, Judá e José), todos tomaram esposas estrangeiras. Em *I Reis*, culpam-se as muitas esposas de Salomão pela introdução de religiões estrangeiras em Israel, mas sem dúvida elas trouxeram também habilidades, línguas, música, comida etc. — em resumo, todas as formas estrangeiras de indústria e riqueza —, e sem dúvida ensinaram o que trouxeram com elas às suas irmãs israelitas. Assim, a boa esposa era "como o navio mercante"; e assim, ao longo do tempo, deve ter brotado em Israel a sensação de que as mulheres, especialmente as mulheres estrangeiras, eram o repositório de grande parte da perícia material do mundo.

Se assim é, então não devemos concluir que, toda vez que os *Provérbios* começam um dos seus discursos anônimos com "Meu filho", seja um pai que esteja falando. A "linguagem abrangente" da NVPR, ao substituir a expressão *"My child"* por *"My son"*,* do início ao fim, choca-se com o conteúdo de muitos discursos, que parecem dirigidos explicitamente a homens jovens; mas, se não é sempre fácil imaginar uma moça jovem como ouvinte, é muitas vezes bem fácil imaginar uma mulher mais velha como o sujeito que fala. Não que os *Provérbios* sejam um texto feminista: pelos padrões contemporâneos, é serenamente sexista, investindo repetidamente, por exemplo, contra a mulher dissoluta, sem dedicar uma palavra sequer ao homem dissoluto. Um olhar mais atento, porém, revela uma interessante ambiguidade, principalmente no que tange à moralidade sexual.

Quem é o sujeito que fala no provérbio 7, um longo discurso contra a mulher dissoluta, que nem bem começa e já nos revela que a testemunha ocular da cena de sedução olhava por trás de uma treliça? Um homem poderia, evidentemente, assistir a uma cena de sedução de detrás de uma janela com treliça, mas na sociedade do Oriente Médio, acostumada a manter as mulheres encerradas, esse é o ponto de observação mais característico para uma mulher respeitável poder assistir a uma tal cena. É fácil imaginar, consequentemente, que o "meu filho" está recebendo conselhos sobre uma mulher dissoluta proferidos por sua mãe. Ousadamente, a narradora imagina uma mulher de sua própria classe social, uma mulher casada com um homem de algum recurso, traindo o seu marido em sua ausência, seduzindo um jovem estranho. Quem senão uma mãe poderia imaginar tão bem o que uma mulher de certa idade diria a um inocente como o seu filho?

* Coloca-se aqui uma questão de gêneros: *child*, "criança" ou "filho/filha", é neutro em inglês e portanto aplica-se coletivamente a filhos de ambos os sexos. Em português, a expressão é tradicionalmente traduzida como "meu filho", com sentido coletivo, indicando tanto filhos como filhas. (N. T.)

> [...] *da janela da minha casa,*
> *por minhas grades olhando eu,*
> *vi entre os simples, descobri entre os jovens,*
> *um que era carecente de juízo,*
> *que ia e vinha pela rua junto à esquina da mulher.*
> *E seguia o caminho da sua casa,*
> *à tarde do dia, no crepúsculo,*
> *na escuridão da noite, nas trevas.*
> *Eis que a mulher lhe sai ao encontro,*
> *com vestes de prostituta, e astuta de coração.*
> *É apaixonada e inquieta,*
> *cujos pés não param em casa;*
> *ora está nas ruas, ora nas praças,*
> *espreitando por todos os cantos.*
> *Aproximou-se dele, e o beijou,*
> *e de cara impudente lhe diz:*
> *"Sacrifícios pacíficos tinha eu de oferecer;*
> *paguei hoje os meus votos.*
> *Por isso saí ao teu encontro*
> *a buscar-te e te achei.*
> *Já cobri de colchas a minha cama,*
> *de linho fino do Egito, de várias cores;*
> *já perfumei o meu leito com mirra, aloés e cinamomo.*
> *Vem, embriaguemo-nos com as delícias do amor, até pela manhã;*
> *gozemos amores.*
> *Porque o marido não está em casa,*
> *saiu de viagem para longe.*
> *Levou consigo um saquitel de dinheiro;*
> *só por volta da lua cheia ele tornará para casa".* [7:6-20]

A autoria feminina dessa passagem parece plausível por outras razões além da janela de grades. Mesmo evidentemente cheio de ressentimento e censura, o autor não tem aquele tipo de repulsa visceral que os profetas tantas vezes pareciam sentir à simples ideia de uma mulher em estado de excitação sexual. O autor vê a mulher dissoluta, com todas as suas falhas, como um ser humano, um próximo e não, como Jeremias a veria, como uma fera no cio:

> *jumenta selvagem, acostumada ao deserto,*
> *e que, no ardor do cio, sorve o vento.*
> *Quem a impediria de satisfazer o seu desejo?*
> *Os que a procuram não têm de fatigar-se;*
> *no mês dela a acharão.* [*Jer.*, 2:24]

A prostituição metafórica e a prostituição literal, tanto masculina como feminina, são para os profetas inseparáveis, e com razão. Quando Jeremias começou seu ataque a Israel por adorar Baal, dizendo: "Pois em todo outeiro alto e debaixo de toda árvore frondosa te deitavas e te prostituías" (2:20), ele se referia às relações sexuais sacralizadas que eram parte do culto de fertilidade de Baal e Asherah. Mas o que o horroriza mais, a apostasia ou a fornicação? Nos *Provérbios*, uma prostituta em sua maior impudência não deve ser comparada a um animal impuro que está no cio.

Os *Provérbios* podem trazer ocasionalmente palavras duras sobre a má conduta sexual, mas a maior parte do tempo seus autores demonstram apenas um vivo interesse no assunto. Em nossa imaginação, que tipo de homem ou de mulher colocaria justapostos estes dois ditos de bom senso?

> *Há três coisas que são maravilhosas demais para mim,*
> *sim, há quatro que não entendo:*
> *o caminho da águia no céu,*
> *o caminho da cobra na penha,*
> *o caminho do navio no meio do mar,*
> *e o caminho do homem com uma donzela.*
> *Tal é o caminho da mulher adúltera:*
> *come; e limpa a boca,*
> *e diz: "Não cometi maldade".* [*Prov.*, 30:18-20]

Como diz o ditado, essas são flechas que atingem o alvo, uma depois da outra, a eloquência sobre a maravilha do amor sexual seguida da suprema crueza sobre aquilo em que ele pode às vezes se transformar. Não há nenhuma razão para supor que o "meu filho" não tenha visto as flechas atiradas por sua mãe.

Assim como ele pode também ter ouvido dela a irônica e pungente lição dada em 6:6-11:

> *Vai ter com a formiga, ó preguiçoso,*
> *considera os seus caminhos, e sê sábio.*
> *Não tendo ela chefe,*
> *nem oficial, nem comandante,*
> *no estio prepara o seu pão,*
> *na sega ajunta o seu mantimento.*
> *Ó preguiçoso, até quando ficarás deitado?*
> *Quando te levantará do teu sono?*
> *Um pouco para dormir, um pouco para toscanejar,*
> *um pouco para cruzar os braços em repouso,*
> *assim sobreviverá a tua pobreza como um ladrão*
> *e a tua necessidade como um homem armado.*

Sem dúvida está acima de qualquer discussão que os pais judeus, como todos os pais, viram-se, desde tempos imemoriais, empurrando os filhos para o trabalho. No entanto, até os *Provérbios*, tais sentimentos não recebem nem a mais modesta das menções na experiência religiosa israelita de Judá ou judaica. Nenhum livro do Tanach antes dos *Provérbios* contém nada semelhante a "Vai ter com a formiga". O Decálogo não contém nenhum mandamento dizendo: "Deveis trabalhar". E, em inúmeras ocasiões, ao falar com o seu povo, Deus insistiu que deviam depender do poder dele e não de suas próprias forças. Já nos referimos mais de uma vez ao que talvez seja o exemplo mais notável disso — o *Deuteronômio*, 6:10-2:

Havendo-te, pois, o Senhor teu Deus introduzido na terra que, sob juramento, prometeu a teus pais, Abraão, Isaque e

Jacó, te daria grandes e boas cidades, que tu não edificaste; e casas cheias de tudo o que é bom, casas que não encheste; e poços abertos, que não abriste; vinhais e olivais que não plantaste; e, quando comeres e fartares, guarda-te, para que não esqueças o Senhor, que te tirou da terra do Egito, da casa da servidão.

Moisés não está defendendo a preguiça em si, mas sua agressiva depreciação da importância do esforço humano para o progresso israelita deu início a uma tradição que continuou, sem interrupções, até o ponto a que chegamos — com toda certeza, não na vida não escrita da nação, mas sem dúvida alguma em sua literatura escrita.

É famosa a descrição de Sigmund Freud para a felicidade: "*Lieben und Arbeiten*", "amor e trabalho". A Senhora Sabedoria, como acabamos de ver, é franca a respeito de sexo e francamente interessada em sexo, uma esforçada trabalhadora e partidária do trabalho duro. Ela não é seguidora de Asherah, mas efetivamente toma como seu o antigo símbolo de Asherah:

[A sabedoria] *é árvore de vida para os que a alcançam, e felizes são todos os que a retêm.* [*Prov.*, 3:18]

Lembremos que a árvore da vida é a árvore cujos frutos Deus teme que Adão e Eva "tome[m] também [...] e coma[m], e viva[m] eternamente" [*Gên.*, 3:22]. Essa foi a segunda árvore que preocupou o Senhor Deus. A primeira, objeto de sua proibição direta, era chamada de "árvore do conhecimento do bem e do mal". Quando Adão e Eva comeram dessa árvore, o Senhor Deus disse: "Eis que o homem se tornou como um de nós, conhecedor do bem e do mal". Porém, para Adão e Eva, a primeira árvore parece não ter sido muito diferente da grande árvore verde de Asherah, pois, quando provaram o seu fruto, conheceram o desejo pela primeira vez: "Então [...] perceberam que estavam nus".

Quando a Senhora Sabedoria insiste em sua antiguidade, quando se coloca na cena primal da criação, próxima de Deus

379

numa relação de deleite, e quando a encontramos representada pela árvore da vida, uma árvore que significa não só fertilidade sexual, mas também todas as habilidades práticas que sustentam a vida, vemos nisso muitos ecos de Asherah. Mas seria errado afirmar que a Sabedoria agora feminiza o caráter de Deus, ao ser absorvida por ele. Ela permanece distinta dele, representando, ao contrário, a humanidade coletiva, a imagem de Deus e o antagonista de Deus. O mandamento completo que Deus enunciara à sua imagem em *Gênesis*, 1:28 era: "Sede fecundos, multiplicai-vos, enchei a terra e sujeitai-a; dominai sobre os peixes do mar, sobre as aves dos céus e sobre todo animal que rasteja pela terra". Se a primeira metade desse mandamento era uma ordem para gerar filhos, a segunda metade era uma ordem para usar a sabedoria — as forças humanas, criadas, da mente e do corpo — para prover tudo o que esses filhos necessitariam. O relacionamento de Deus com Adão e Eva, embora nunca definido pela palavra *aliança*, era implicitamente uma aliança na qual ele nunca impediria aquilo que havia comandado.

Porém, no dilúvio, ele impediu; e, depois do dilúvio, em sua aliança com Abraão, concedeu. A Senhora Sabedoria personifica a humanidade por um caminho efetivamente indireto, obedecendo ao mandamento inicial de Deus e reclamando a promessa inicial de Deus. Mas será que Deus, mesmo que suponhamos que suas intenções sejam as mais puras e estáveis, foi capaz algum dia de manter a sua promessa? Essa é a pergunta que os *Provérbios* deixam sem resposta, ao atribuírem a Deus o papel que atribuem. E é exatamente essa a questão que é retomada com uma vingança no *Livro de Jó*: pode-se confiar em Deus?

10. CONFRONTO

DENTRE OS LIVROS DA BÍBLIA, o *Livro de Jó* é um dos favoritos nos círculos literários. Só no século XX, nos Estados Unidos, os poetas Hart Crane, Robert Frost, Archibald MacLeish, W. S. Merwin e John Ashbery, além do dramaturgo Neil Simon, basearam nele obras importantes. Se ampliarmos nossa lista no tempo e no espaço, ela seria facilmente muito mais longa, pois o espetáculo de um homem verdadeiramente inocente padecendo uma agonia não merecida — tema central desse livro — é um dos mais sensíveis temas filosóficos e psicológicos. Os exegetas seculares muitas vezes viram o *Livro de Jó* como uma autorrefutação de toda a tradição judaico-cristã. Em "A masque of reason", de Frost, Deus chama Jó de "emancipador de seu Deus" e agradece a ele por ajudar a "estupidificar o deuteronomista/ e mudar o rumo do pensamento religioso".

O comentarista político William Safire deu ao seu livro sobre Jó o título de *The first dissident* [O primeiro dissidente]. Até mesmo os mais ortodoxos exegetas, porém, apressam-se em admitir que, ao exigir que Deus explique por que um servo íntegro tem de sofrer, o agonizante Jó questiona a existência e o caráter de Deus com uma urgência inaudita. Para os propósitos deste livro, o mais importante é saber que lado destrutivo ou demoníaco de Deus, já apresentado no Tanach, torna-se plenamente consciente tanto na mente dele como na nossa, graças ao confronto final com um ser humano individual. Os livros restantes do Tanach, mesmo interessantes e comoventes, como logo veremos, não conseguem apagar inteiramente a impressão perturbadora sobre Deus que esse confronto deixa em nós.

Uma vez isso tudo colocado com clareza já de início, devemos observar que, se Jó é um dissidente, ele não é de maneira nenhuma o primeiro dissidente da Bíblia, e que o autor de *Jó* só indiretamente estupidifica o deuteronomista. A eloquência do autor da poesia de *Jó* está acima de comparações, mas nem suas afirmações, nem sua solução para o problema do inocente que sofre deixam de ter paralelos anteriores na Bíblia. Como formulação do problema do sofrimento do inocente, o *Livro de Jó* não chega a superar o salmo 44:

> *Tudo isso nos sobreveio,*
> *entretanto não nos esquecemos de ti,*
> *nem fomos infiéis à tua aliança.*
> *Não tornou atrás o nosso coração,*
> *nem se desviaram os nossos passos dos teus caminhos,*
> *para nos esmagares onde vive o monstro do mar*
> *e nos envolveres com as sombras da morte.* [*Sl.*, 44:17-9]

E, como solução desse problema, o *Livro de Jó* não supera *Provérbios*, 16:4, versículo já repetidamente citado aqui:

> *O Senhor fez todas as coisas para determinados fins,*
> *e até o perverso para o dia da calamidade.*

Paralelos extrabíblicos ao *Livro de Jó* são sempre citados, mas é mais importante observar que nada há de subversivo neste livro — decerto nada nos discursos do próprio Jó — que já não tenha sido colocado de uma forma ou de outra nos livros que precedem *Jó* numa leitura linear da Bíblia. É verdade que algumas ideias importantes e relevantes sobre a função providencial do sofrimento em partes anteriores da Bíblia, como a teologia do sofrimento do Segundo Isaías, são ignoradas neste livro. Mas o *Livro de Jó* vem mais como uma culminação do que como uma inauguração das dúvidas a respeito de Deus ou daquelas sombrias intuições sobre o aspecto destrutivo e hostil de Deus que já vislumbramos tantas vezes.

Quanto ao deuteronomista em particular, deve-se observar, contrariando Frost, que, como Jó não é israelita, seus sofrimentos não constituem nenhuma violação da aliança deuteronômica. Jó nunca ouviu falar de Moisés. Não há tampouco nada na estrutura do *Livro de Jó* que possa sugerir que deva ser visto como uma alegoria dos sofrimentos de Israel durante ou depois do exílio babilônico. Nem Jó, nem Deus, nem Satã, nem nenhum dos acusadores de Jó chega sequer a insinuar a história de Israel. A única aliança conhecida por Jó é a aliança do Éden, por assim dizer, e ele não a conhece por conhecer o mito da criação israelita enquanto tal. Ele simplesmente acredita que Deus é criador e bom e que um Deus bom não criaria um mundo em que um homem inocente como ele acabe sofrendo sem nenhuma boa razão. Sua cosmologia é, com efeito, a do recém-concluído *Livro dos Provérbios*, menos a cláusula liberatória* judaica ou derivada da Torá.

O *Livro de Jó* introduz um novo e profundo desafio, mas o faz por recombinação, por assim dizer. Tendo adotado a visão de mundo geralmente tranquilizadora dos *Provérbios*, ele implicitamente retorna ao momento mais perturbador do *Gênesis*. De fato, a proposta do autor de *Jó* não é abrangente. Ele toma um caminho estreito, mas de tal forma que acaba abrindo possibilidades espetacularmente amplas. Para apreciar isso, é necessário pensar menos em Jó e sua causa, e mais em Deus e no que podemos chamar de seu embaraço. A visão de mundo que o autor de *Jó* procura questionar é a alegre sabedoria popular cuja influência no *Livro dos Provérbios* acabamos de analisar. Segundo essa tradição, no mundo criado por Deus os bons geralmente são recompensados, e os maus punidos. Mas a Torá dos judeus já providenciou uma correção crucial; nessa visão particularmente não judaica no interior dos *Provérbios*. "O começo da sabedoria é o temor a Deus"; em outras palavras, os bons são recompensados e os maus punidos, *exceto quando o*

---

* A expressão "cláusula liberatória", que voltará a aparecer no texto, é jurídica. Indica "cláusula em que se convenciona que uma das partes (de um contrato) ficará exonerada de responsabilidades ou encargos quando ocorram certas e determinadas circunstâncias". (N. T.)

Senhor, por suas próprias e misteriosas razões, decreta o oposto. No começo do *Livro de Jó*, nem Jó, nem seus amigos aprenderam essa versão corrigida, ou — poderíamos dizer — judaica, da sabedoria. Mas já a entenderam no final do livro, depois que o Senhor respondeu a Jó não fornecendo razões para o sofrimento de Jó, mas simplesmente repreendendo Jó por imaginar que um ser humano pode ousar pedir satisfações a Deus e, mais importante, depois de Jó ter suportado essa repreensão e haver sido recompensado por isso.

Na longa seção central do livro, quando Jó e seus interlocutores discutem a sua condição moral, eles se referem à divindade como ᵓ*elohim*, "Deus", usando um substantivo comum que é rotineiramente usado para outros deuses também. A divindade que repreende Jó, falando do interior de um redemoinho no final do livro, é *yahweh*, "o Senhor", uma divindade geralmente conhecida por esse nome só em Israel, apesar de o gentio Jó também chamá-lo por esse nome na fábula inicial. Que diferença faz a nomenclatura? Duas diferenças.

Em primeiro lugar, o impacto que qualquer judeu sofreria ao ler ou ouvir a conclusão do livro em hebraico seria comparável ao impacto de uma plateia que a súbita menção da frase "Nosso Senhor" em uma discussão pública sobre Jesus causaria sobre uma plateia europeia ou americana contemporânea. "Jesus" é um nome disponível para todos. "Nosso Senhor" só é usado pelos cristãos entre eles próprios. O *Livro de Jó* é, de maneira análoga, uma história na qual "Nosso Senhor" é o protagonista de uma história que rapidamente cede lugar a um extenso diálogo filosófico sobre "Jesus", diálogo esse que, por sua vez, cede lugar à continuação da história quando o próprio "Nosso Senhor" intervém na discussão sobre "Jesus".

A segunda diferença é a que vimos nas narrativas da criação e do dilúvio que dão início à Bíblia. O mundo criado por Deus, ᵓ*elohim*, era quase inteiramente positivo; nada nele era proibido à humanidade, a quem Deus ordenava apenas que fosse fecunda, se multiplicasse e dominasse. Ao contrário, o mundo criado pelo Senhor, *yahweh*, era perpassado por uma espécie de perigo;

havia uma proibição de fato nele, e, quando a proibição não foi observada, veio rapidamente uma punição maciça e em grande parte inexplicável. Uma diferença similar ocorreu no segundo começo, depois do dilúvio. Deus, *ᵓelohim*, exortou novamente a humanidade a ser fecunda e multiplicar-se. O Senhor, *yahweh*, simplesmente prometeu nunca mais tornar "a ferir todo vivente, como fiz". O Senhor (*yahweh*) furioso, imperioso e literalmente tempestuoso (falando do interior de um redemoinho) que confronta Jó no clímax do *Livro de Jó* não é estranho a Israel: desde o Êxodo, desde o grito exultante de "o Senhor é guerreiro", sua personalidade é de longe a personalidade dominante no caráter fundido do Senhor Deus. Mas Jó parece inicialmente perplexo diante desse aspecto de Deus, destruidor e criador ao mesmo tempo. Na teofania de encerramento do *Livro de Jó*, ele o encontra pela primeira vez e fica quase mudo.

O autor de Jó, porém, faz mais do que apenas confrontar um homem íntegro, mas ingênuo, com a plena ambivalência do Senhor Deus. Ele dá um largo e subversivo passo adiante. Dissemos que, seja como Deus, seja como Senhor, a divindade tem dentro dela um demônio submerso, uma serpente, um monstro do caos, uma deusa dragão da destruição. O autor de *Jó* externaliza esse conflito interno apresentando Deus como presa de tentação por um demônio real, Satã, que é mais claramente independente de Deus no *Livro de Jó* do que a Sabedoria é independente dele no *Livro dos Provérbios*.

E esse novo ator é introduzido para marcar um ponto. Pela posição adotada nos *Provérbios*, o mundo é justo no geral, mas, quando não é, presume-se que o Senhor teve boas razões para isso. O autor de *Jó* aceita essa posição como ponto de partida, mas depois especula: "Muito bem, e que razões são essas?". Ele responde à própria questão contando uma história profundamente blasfema sobre o Senhor Deus. A originalidade subversiva do *Livro de Jó* pode ser encontrada tanto nessa blasfêmia como na angustiada eloquência dos discursos do personagem-título.

SATANÁS
"Estremeço de pena pelo barro mortal."

JÓ

Num dia em que os filhos de Deus vieram apresentar-se perante o Senhor, veio também Satanás entre eles. Então perguntou o Senhor a Satanás: "Donde vens?". Satanás respondeu ao Senhor, e disse: "De rodear a terra, e passear por ela". Perguntou ainda o Senhor a Satanás: "Observaste a meu servo Jó? Porque ninguém há na terra semelhante a ele, homem íntegro e reto, temente a Deus, e que se desvia do mal". Então respondeu Satanás ao Senhor: "Porventura Jó debalde teme a Deus? Acaso não o cercaste com sebe, a ele, a sua casa e a tudo quanto tem? A obra de suas mãos abençoaste, e os seus bens se multiplicaram na terra. Estende, porém, a tua mão, e toca-lhe em tudo quanto tem, e verás se não blasfema contra ti na tua face!". Disse o Senhor a Satanás: "Eis que tudo quanto ele tem está em teu poder; somente contra ele não estendas a tua mão". E Satanás saiu da presença do Senhor. [*Jó*, 1:6-12]

"Como pulgas para moleques, assim somos nós para os deuses", disse o rei pagão Lear: "Eles nos matam por esporte". Apostar faz parte do esporte, e o Senhor foi tentado a fazer uma aposta com o inimigo da humanidade. A tradução da JPS usa "o Adversário" para a palavra hebraica *satan*, que ocorre aqui com o artigo definido, "o *satan*", sugerindo que deve ser lida como substantivo comum e não nome próprio. Algumas outras traduções trazem "Satã". Para nós basta saber que o Senhor foi suscetível às sugestões de um ser celestial hostil ao ser humano. Basta isso para ligar esses capítulos de abertura do *Livro de Jó* a todos os momentos anteriores do Tanach em que o Senhor Deus colocou-se ou viu-se colocado na posição de adversário da criatura humana.

Como parte do jogo, o diabo (podemos legitimamente chamá-lo assim) recebe a permissão de matar todos os filhos, filhas e servos de Jó. Jó não maldiz a Deus, porém, e Deus acha que ganhou a aposta. Mas não, o diabo quer brincar ainda mais com ele:

> "Pele por pele, e tudo quanto o homem tem dará pela sua vida. Estende, porém, a tua mão, toca-lhe nos ossos e na carne, e verás se não blasfema contra ti na tua face!" Disse o Senhor a Satanás: "Eis que ele está em teu poder; mas poupa-lhe a vida". Então saiu Satanás da presença do Senhor, e feriu a Jó de tumores malignos, desde a planta do pé até o alto da cabeça. Jó, sentado em cinza, tomou um caco para com ele raspar-se. [2:4-8]

Três amigos de Jó vêm agora "condoer-se dele e consolá-lo" (2:11). Durante sete dias, os quatro ficam sentados juntos, incapazes de fazer mais que chorar e rasgar as próprias roupas. Só então Jó pronuncia sua imortal fala de abertura. Na tradução de Stephen Mitchell:

> *Maldiga Deus o dia em que nasci*
> *e a noite que forçou-me para fora do útero.* [3:2]*

"O mundo em que vivemos pode ser entendido como resultado do caos e do acaso", escreveu Bertrand Russell, "e se é resultado de algum propósito deliberado, esse propósito deve provir de um demônio." Embora o autor de *Jó* não chegue a esposar a tese de que Deus é um demônio, ele certamente é capaz de posição equivalente. O mundo em que ele imagina Jó sofrendo é um mundo governado por um deus que faz apostas com o de-

---

* "Pereça o dia em que nasci/ e a noite que disse:/ 'Foi concebido um homem!'", na tradução de João Ferreira de Almeida usada como nossa referência. (N. T.)

mônio, manipulado e controlado por um demônio. O lado demoníaco do Senhor Deus, que nunca esteve ausente, tem, de repente, um aliado demoníaco. Satã no *Livro de Jó* é uma imagem espelhada da Sabedoria dos *Provérbios*. Tal como a Sabedoria assume muitas das responsabilidades benignas do Senhor, também o Adversário aparece aqui dando uma mão naquelas cruéis e inexplicadas reversões que os *Provérbios* atribuem exclusivamente ao Senhor. *O Livro dos Provérbios* tende a ver essas mudanças como mistérios, e sempre potencialmente benevolentes; o autor de *Jó* está preparado para vê-las como horrores.

Muitas interpretações do *Livro de Jó* o veem como uma espécie de oposição entre a moralidade *quid pro quo* do *Deuteronômio* ou a moralidade de causa e efeito dos *Provérbios* e uma moralidade superior na qual a virtude é uma recompensa em si. Pode ser, mas é preciso observar que é o diabo quem introduz essa moralidade superior e que ele o faz ao tentar o Senhor para que abuse de Jó. É o diabo quem insinua que, a menos que praticada "por nada", a virtude não é verdadeira virtude. Esse duro parâmetro é definitivamente cunhado pelo próprio Satã. Em toda a Bíblia até esse ponto, nunca ocorreu a Deus que a humanidade deveria servir a ele "por nada", isto é, sem recompensa. Ao contrário, de início não ocorreu a Deus nem que a humanidade devesse servi-lo. O Deus de Adão, o Deus de Noé, o Deus de Abraão, nunca pediu culto e só pediu obediência em termos mínimos. O Deus de Moisés, sim, pediu tanto culto como obediência, mas até mesmo ele tomou por certo que deveria recompensar tais serviços e nunca sugeriu que teria direito ao serviço de culto se negasse as recompensas, e muito menos se elas fossem substituídas por sofrimento imposto sem razão. Mas o Senhor, que agora mudou de ideia por causa do diabo, retira a recompensa e impõe sofrimento sem nenhuma outra razão além de provar ao diabo que Jó efetivamente "teme a Deus por nada".

Evidentemente, não se pode tomar a história básica, a fábula, do *Livro de Jó* tão a sério quanto estamos tomando, sem levar em conta o peso de sua conclusão. Depois de dizer suas últimas palavras, Jó recebe de volta suas fortunas e, de fato misteriosamente, o Senhor diz que Jó falou corretamente dele, enquanto os amigos de Jó, que insistiam na justiça de Deus, não o fizeram. Ao dizer isso, o Senhor parece admitir que realmente não foi tão justo quanto afirmavam os amigos de Jó; e, muito surpreendentemente, em seu furioso discurso a Jó o Senhor jamais afirma ser justo, mas apenas todo-poderoso. Mesmo que o Senhor não seja íntegro, porém, ou que pelo menos não tenha de defender e explicar sua integridade a um mero ser humano, ele ainda assim pode, por razões próprias, ser supergeneroso com Jó na terça-feira, tendo sido feroz com ele na segunda.

Mas pode também não fazer nada disso, ou fazer o contrário. Os *Provérbios* são confirmados em algum sentido abstrato; seu sistema sustenta-se funcionalmente, mesmo que não moralmente. Jó, agora iniciado na sabedoria judaica, conhece um Deus que não joga segundo regras que os seres humanos são capazes de entender inteiramente, regras que realmente desafiam o entendimento. Mas, no contrato implícito que liga Deus à humanidade, a incognoscibilidade de Deus parece agora perigosamente próxima de uma cláusula liberatória pela qual não apenas o contrato todo mas uma de suas partes contratantes pode desaparecer. Quando o próprio Deus revela-se um jogador, todas as apostas humanas perdem o valor.

Dois milênios depois do autor de *Jó*, o pensador francês René Descartes introduziu na filosofia o que chamou de "dúvida hiperbólica", perguntando se não seria possível que um *malin génie*, um "gênio maligno" ou demônio, distorcesse sistematicamente todas as percepções humanas, de forma que nada fosse o que parece. Embora Descartes considerasse essa possibilidade apenas teoricamente, ele não achou maneira de resolver a questão senão defendendo a tese de que Deus era Deus e que não seria Deus se fosse um enganador ou estivesse sujeito a enganos. Se o contrário fosse verdadeiro a respeito de Deus ao final do *Livro de Jó*, então tudo o que veio antes e tudo o que vem depois desse livro seria, em princípio, invalidado. Se o diabo determinasse as ações de Deus e o bem-estar ou não daqueles que servem a Deus, então, revisando a biografia de Deus até esse ponto, qualquer uma ou todas as atitudes de Deus poderiam ser efetivamente do diabo (ou de um diabo). Segundo o *Êxodo*, 31:18, as tábuas da aliança foram "escritas pelo dedo de Deus", mas, na verdade, de quem era o dedo? De maneira semelhante, olhando o restante da história de Deus que vem a seguir, nada que Deus faça ou diga daqui em diante merecerá ser tomado por seu valor aparente. A eliminação gratuita de toda a família de Jó é um exemplo isolado desse comportamento por parte dele? Por que não pode ser característico e usual? Como podemos saber? Se o sujeito de uma quase-biografia ou mitobiografia acaba não sendo ele mesmo, mas apenas um peão nas mãos de algum outro sujeito sobre o qual nada se sabe, essa biografia deve ser abandonada: simplesmente não pode ser escrita.

Assim, mesmo que o *Livro de Jó* não tenha sido escrito para estupidificar o deuteronomista, nem Isaías, nem o salmista, nem são Paulo, mas apenas para colocar a confortável e esquemática sabedoria do Oriente Médio de joelhos diante do imprevisível Senhor dos Judeus, este livro da Bíblia adquire uma força subversiva potencialmente mais vasta. Intuitivamente, tinham razão os escritores que se viram atraídos por *Jó* como por um abismo escancarado. No entanto, a subversão não precisa ocorrer ou, pelo menos, poderia ser radicalmente contida se (1) Jó não se arrependesse e, ao contrário, enfrentasse o discurso do Senhor dentro do redemoinho e se (2) a devolução da fortuna de Jó pelo Senhor fosse vista como arrependimento deste e como seu rompimento com o diabo. Numa tal leitura, a simplória confiança de Jó na justiça cotidiana do mundo seria ainda duramente fustigada, mas o autor de *Jó* teria destruído apenas o seu alvo e não o próprio Deus. Deus é mais forte do que o diabo, ou, se quisermos, o lado luminoso de Deus é mais forte que o sombrio.

A observação mais importante sobre a aposta do Senhor com o diabo é que o Senhor não a vence, ele simplesmente desiste dela. No primeiro estágio da fábula central, como acabamos de ver, o Senhor consente que o diabo ataque tudo, menos o corpo de Jó. No segundo estágio o Senhor permite que torture Jó; o diabo só não pode matar o homem. O terceiro estágio (fábulas sempre têm três partes) deve retomar o debate celeste e o Senhor deve dizer algo próximo do que disse depois de Jó ter enfrentado o primeiro ataque do diabo. Ele deveria gabar-se de que Jó "conserva a sua integridade embora me incitasse contra ele [uma segunda vez], para o consumir sem causa". Assim, tendo o Senhor vencido a aposta, a fábula terminaria. A fábula fecharia com uma cena igual àquela em *Zacarias*, 3:1-5, na qual Josué, sumo-sacerdote, é acusado pelo Adversário (na tradução da JPS: "o Acusador"), mas é defendido por um anjo e finalmente vingado pelo próprio Senhor.

De fato, o diabo não recebe uma repreensão formal semelhante no *Livro de Jó*. Depois dos discursos em que Jó desafia o Senhor, o diabo simplesmente desaparece da história, como o Bobo do *Rei Lear*, e o Senhor, implicitamente, dispensa a aposta ou o teste pelo sofrimento à luz do que diz Jó.

O Senhor lamenta o que fez? Se Deus não tem do que se desculpar, e esse é certamente o seu tom quando repreende Jó de dentro do redemoinho, ele não teria razão para dar a Jó "o dobro de tudo o que antes possuíra" (*Jó*, 42:10). Mas, como vimos no Segundo Isaías, quando o Senhor promete dupla compensação, está admitindo implicitamente que suas ações foram longe demais. A ação do Senhor aqui, se não um arrependimento explícito, é indiscutivelmente uma acomodação e um arrependimento implícito. Se não há ofensa da parte do Senhor, e/ou houvesse a menor ofensa que fosse da parte de Jó, ele teria recebido de volta — o que é mais triste, mas mais sábio — a modesta fortuna favorecida nos *Provérbios*:

> *Melhor é pouco havendo justiça,*
> *do que grandes rendimentos com injustiça.* [*Prov.*, 16:8]

Mas, todos protestarão, Jó não é culpado de nenhuma injustiça! A isso a resposta que praticamente todos os versículos da Bíblia bradam seria normalmente: "Ninguém é inocente de toda injustiça!". As escrituras hebraicas, como literatura nacional, são absolutamente notáveis pela maneira como dão a suas maiores figuras uma dimensão pecadora e mortal. O rei Davi, o próprio messias, homem que mais do que qualquer outra figura individual encarna a nação em sua beleza e glória, é exposto e exposto e exposto. Para raiva e desespero de Nietzsche, a literatura nacional dos judeus é uma literatura sem super-homens. Portanto, a resposta verdadeira e própria da sabedoria judaica ao desafio do autor de *Jó* poderia ser uma simples negação de sua premissa maior: não *existe* nenhum homem justo; somos todos pecadores. Claro que isso é exatamente o que os "consoladores" de Jó efetivamente dizem, mas a premissa da história é que Jó constitui a exceção à regra, a encarnação da impossibilidade, um homem inteiramente sem pecado, único explicitamente declarado tal pelo próprio Deus. E, devido a essa premissa, o Senhor não tem saída no impasse que criou para si mesmo. Se Jó não se arrepende, o Senhor tem de se arrepender.

E exatamente neste ponto encontramos o maior dilema para a interpretação tradicional do *Livro de Jó*. Em toda a sua dor e sofrimento, Jó (1) insiste em sua integridade, (2) exige que Deus explique por que o seu servo deve sofrer e (3) expressa consistentemente sua confiança de que Deus no fim o vingará, invocando mais de uma vez uma cena de tribunal como a que se lê em *Zacarias*, 3, porém, de acordo com a interpretação mais comum (4) *arrepende-se do que disse*. Quando o Senhor afirma que Jó falou corretamente, está se referindo ao arrependimento ou aos discursos? Não pode coerentemente referir-se a ambos, se o arrependimento repudia os discursos. Em seu segundo discurso a Jó, o Senhor afirma isso com toda clareza:

> *Acaso anularás tu, de fato, o meu juízo?*
> *Ou me condenarás, para te justificares?*
> *Ou tens braço como Deus,*
> *ou podes trovejar com a voz como ele o faz?* [*Jó*, 40:8-9]

Jamais se poderá dizer a última palavra sobre o *Livro de Jó*, mas pode-se levantar uma sólida questão em torno do fato de que Jó, até sua última palavra, nega que as perguntas acima sejam todas uma mesma pergunta. Ele não concorda que, se a resposta às duas segundas for não, a resposta às duas primeiras seja sim. Jó recusa-se a aceitar o mero poder físico como critério para a integridade moral.

Para provar esse ponto, devemos abandonar (pela primeira e única vez) o método adotado neste livro. Uma biografia de Deus não é um verdadeiro comentário da Bíblia; e no geral não abordamos o texto linha por linha, como deveria fazer um comentador, nem discutimos os comentadores anteriores, nem questionamos a propriedade de suas traduções. Se a leitura da Bíblia disso resultante até este ponto é, por vezes, nova, isso não se deve à leitura excêntrica de linhas individuais, e muito menos a emendas ou supressões no texto hebraico. Quanto à história, procuramos apenas evitar propostas históricas sub-reptícias em nome da crítica literária. Aceitamos a história, na medida em que existe uma visão de consenso da história do antigo Israel. A leitura aqui realizada busca conscientemente uma reintegração pós-crítica ou pós-moderna dos elementos míticos, ficcionais e históricos da Bíblia, de forma a permitir que o personagem de Deus possa emergir mais claramente da obra de que é protagonista.

Mas a importância central da resposta de Jó ao Senhor determina que se faça uma exceção a esse procedimento. O discurso em duas partes do Senhor a Jó é seu testamento, suas últimas palavras. Ele não tornará a falar no Tanach; entretanto, o sentido desse discurso dependerá inteiramente da maneira como Jó irá recebê-lo. Infelizmente, uma tradição de interpretação baseada numa silenciosa correção do texto hebraico (ver a seguir) conseguiu transformar em arrependimento uma resposta que deveria ser ouvida corretamente como ironia respondendo a sarcasmo. Essa tradição transformou um empate retórico entre o Senhor e Jó numa desequilibrada vitória do Senhor. Mas, uma vez que a vitória lhe vem no pior momento, quando o Senhor é parceiro de jogo do diabo, a vitória transforma-se numa paradoxal derrota do Senhor, e as intenções piedosas dos intérpretes acabam em blasfêmia. Uma leitura cuidadosa pode restaurar a ironia original, mas não sem uma discussão de detalhes linguísticos às vezes tediosos (se bem que suas partes mais técnicas foram colocadas numa nota ao final do livro).

Poucos discursos em toda a literatura podem ser mais adequadamente chamados de esmagadores do que os discursos do Senhor a Jó de dentro do redemoinho (*Jó*, 38-41). Se fossem musicados, nada, a não ser a *Sagração da primavera*, de Igor Stravinsky, chegaria perto do seu poder avassalador. Mas aí reside toda a sua dificuldade. O Senhor não se refere a absolutamente nada de si mesmo *exceto* o seu poder. De fato, numa passagem assombrosa, que vem imediatamente depois do último versículo citado antes, ele explicitamente integra sua justiça a seu poder. A força dita a lei, troveja ele a Jó. Apenas quando e se o miserável que raspa suas feridas com um caco puder demonstrar um poder comparável ao do Senhor, este levará a sério suas objeções:

> *Orna-te, pois, de excelência e grandeza,*
> *veste-te de majestade e de glória.*
> *Derrama as torrentes da tua ira,*
> *e atenta para todo soberbo, e abate-o.*
> *Olha para todo soberbo, e humilha-o,*
> *calca aos pés os perversos no seu lugar.*
> *Cobre-os juntamente no pó,*
> *encerra-lhes o rosto no sepulcro.*
> *Então também eu confessarei a teu respeito*
> *que a tua mão direita te dá vitória.* [40:10-4]

O Senhor apresenta-se com devastador sarcasmo e arrogante bravata como uma força amoral e irresistível. Porém Jó nunca questionou o poder do Senhor. É de sua justiça que deseja que preste contas. Para Jó e para a tradição que ele defende, é a simultaneidade de justiça e poder que faz com que Deus seja Deus. Faltando uma ou outra, Deus não é Deus. Em nenhum ponto da Bíblia, antes ou depois desses discursos de dentro do redemoinho, o Senhor Deus fala com tamanho poder amoral. Por que então o faz aqui? Por que não repreende Jó em linguagem como a do *Salmo*, 36:5-6:

> *A minha benignidade chega até os céus,*
> *a minha fidelidade até as nuvens.*
> *A minha justiça é como as montanhas;*
> *Os meus juízos, como um abismo profundo.*

Por que ele não alega que sua justiça está além do entendimento de Jó em vez de dizer que não existe uma coisa chamada justiça? Jó teria sido, da mesma forma, igualmente repreendido.

Nos *Salmos*, a grandeza do Senhor como criador e senhor do universo físico é sempre, implícita e às vezes explicitamente, apenas um prelúdio à sua verdadeira grandeza como juiz e fiador da justiça. Assim, no salmo 98:

> *Ruja o mar e a sua plenitude,*
> *o mundo e os que nele habitam.*
> *Os rios batam palmas,*
> *e juntos cantem de júbilo os montes,*
> *na presença do Senhor,*
> *porque ele vem julgar a terra;*
> *julgará o mundo com justiça,*
> *e os povos com equidade.* [*Sl.*, 98:7-9]

Por que, dessa vez, o Senhor para no prelúdio? Porque está num beco sem saída. Dessa vez, graças à engenhosidade do fabulista de *Jó*, os caminhos inescrutáveis do Senhor ficaram inescrutáveis demais. A divindade tem algo a esconder e, falando francamente, esconde esse algo empinando toda a sua majestosa estatura, enrolando os mantos da criação à sua volta, e altivamente mudando de assunto. Apesar de não ser nada típico do Senhor Deus omitir a sua justiça quando confrontado com a humanidade, ele não tem escolha. Sujeitou um homem à tortura por capricho. E, com a criatura nua em sua agonia, a questão passa a ser então ouvir o criador gabando-se de seu poder de domar baleias: *Jó acredita?*

O *pathos* da condição de Jó fica ainda mais intenso, e com ele o suspense das páginas de encerramento do livro, pelo fato de, apesar de identificar para nós a voz que fala do redemoinho como a voz do Senhor, o autor de *Jó* não fornecer explicação para Jó. A voz da sarça ardente identifica-se para Moisés com as palavras: "Eu sou o Deus de teu pai [...]". Nenhuma identificação comparável sai do redemoinho, apenas sarcásticas perguntas retóricas *sugerindo*, sem dúvida, que aquela voz é a voz de Deus, mas (para usar a linguagem de uma adulteração muito posterior) preservando a "negabilidade". Sem considerar a justiça ou injustiça do sofrimento de Jó, sem alegar que é um Deus justo, sem sequer identificar-se como Deus, a voz dentro do redemoinho praticamente desafia Jó:

> *Acaso quem usa de censuras contenderá com o Todo-poderoso* [Shaddai]*?*
> *Quem assim argui a Deus que responda.* [*Jó*, 40:2]

Jó pediu repetidamente a Deus que respondesse a suas perguntas a respeito da justiça. Agora, o dono dessa voz, em vez de identificar-se (até mesmo a referência a *Šadday*, comumente traduzido por "Todo-poderoso", é equívoca) e responder àquelas perguntas, tenta virar a mesa e exige que Jó lhe responda não a respeito da justiça, mas a respeito do poder.

Se o Senhor está se apresentando acuradamente nesses discursos, ele então apagou toda a sua história mais recente, tudo o que vai do *Êxodo* até os *Salmos*, e recorreu àquilo que ele era no momento do dilúvio, quando considerações morais praticamente não existiam para ele. Deu, de fato, um passo além até mesmo desse ponto, pois mesmo como destruidor do mundo ele não se permitia tortura pessoal gratuita. No entanto, o Senhor, ao proferir esses discursos, pode já ter desistido de sua aposta com o diabo. Ele pode estar se apresentando deliberadamente de maneira enganosa, na vã esperança de induzir Jó a renunciar, livrando assim o Senhor dessa enrascada tão inesperada. Que melhor recurso pode haver para esse ato desesperado do que uma pergunta retórica impossível de responder? Os discursos do Senhor a Jó podem ser, em resumo, uma última experiência, um teste calculadamente enganoso num livro que, tomado como um todo, constitui um gigantesco teste de engano calculado.

No final, tudo pende do fio da resposta de Jó a esses discursos do Senhor, e essa resposta não passa mesmo de um fio: sete versículos curtos, duas breves afirmações, respondendo a 123 versículos do Senhor. Mas, mesmo breves e perplexos como são, esses versículos parecem arrepiados de irônicos duplos sentidos e citações de irônica deferência às próprias palavras divinas que pretenderiam intimidar Jó.

Vejamos a primeira resposta de Jó:

> *Sou indigno; que te responderia eu?*
> *Ponho a mão na minha boca.*
> *Uma vez falei, e não replicarei,*
> *aliás, duas vezes, porém não prosseguirei.* [40:4-5]

É isso e pronto. Jó não cede nada. "Que te responderia eu?" é evasivo. "Sou indigno" pode ser verdade, mas quem disse o contrário? "Uma vez falei, e não replicarei/ aliás duas vezes, porém não prosseguirei" são palavras que desafiam a exigência do trovejador de que Jó fale sobre o trovão.

Uma recusa a falar pode ser tremendamente inescrutável. Moshe Greenberg, em seu ensaio sobre Jó em *The literary guide to the Bible*, cita Saadya Gaon, que escreveu no século X: "Quando um interlocutor diz a seu parceiro: 'Não posso responder-lhe', isso pode significar que ele concorda com a posição do outro, e equivale a dizer: 'Não posso contradizer a verdade'; ou pode significar que ele se sente dominado por seu parceiro, o que equivale a: 'Como posso responder-lhe se você domina a situação?'".

Jó está nesta segunda posição, reconhecendo o poder do Senhor e aí se detendo. O silêncio pode ser tanto desafiador como deferente. A *Bíblia de Jerusalém* traduz assim a resposta de Jó:

> *Eis que falei levianamente: que poderei responder-te?*
> *Parei minha mão sobre a boca;*
> *falei uma vez, não replicarei;*
> *duas vezes, nada mais acrescentarei.*

Mas, seguindo mais literalmente o texto original, podemos traduzi-lo com uma nota de recalcitrância:

> *Eu não tenho importância. O que posso dizer-te?*
> *Minha mão está sobre a minha boca.*
> *Uma vez falei: não insistirei.*
> *Por que prosseguir? Nada tenho a acrescentar.*

Estruturalmente, o autor de *Jó* criou uma simetria na forma de dois pedidos e duas recusas. Jó fala longamente sobre a justiça e pede a Deus que responda. Deus recusa. Deus fala longamente sobre o poder e pede a Jó que responda. Jó recusa. O mero silêncio da parte de Jó seria, em termos dramáticos, um pouco ambíguo demais. É importante que Jó responda apenas o suficiente para nos fazer saber que ele se recusa a responder, o suficiente para responder à nossa pergunta: ele vai se deixar levar? Em suas duas respostas ao Senhor, Jó se recusa a responder. Assim ele prova que não se convenceu. Assim abre o caminho para a acomodação do Senhor e para a alegria e reconciliação da conclusão.

Examinamos a primeira recusa de Jó em responder. Não existem grandes questões de exegese nesse *Jó*, 40:4-5. A segunda recusa, porém, é outra questão. O Septuaginto* dos séculos III e

---

* Tradução da Bíblia para o grego assim chamada por acreditar-se ter sido realizada por 72 judeus palestinos que terminaram o trabalho em setenta dias. (N. T.)

II a.C. lê *Jó*, 42:2-6, não como uma recusa a responder, mas como uma verdadeira retratação, dando início a uma tradição de exegese que essencialmente continua até os nossos dias. É notável, porém, que mesmo Stephen Mitchell e Edwin M. Good, comentadores muito recentes que efetivamente rompem com a posição de que Jó se arrepende, parecem incapazes de abandonar a satisfação de ver algum tipo de transformação final e decisiva ocorrer no personagem-título deste livro. Nossa posição é que, no estágio final de seu combate com o Senhor, o fato de não sofrer nenhuma transformação é exatamente o que constitui o triunfo de Jó. Ele, que foi tão eloquente, no final é ainda mais eloquente ao desistir de seu caso. O Senhor torturou Jó com seu silêncio. Com seu quase-silêncio, Jó coloca o Senhor em outro tipo de agonia. O primeiro discurso de Jó, no qual anuncia sem margem de dúvida o seu silêncio, é o que mais ilumina seu segundo discurso, menos transparente, que passamos a examinar agora.

Podemos começar nossa interpretação chamando a atenção para dois versículos que citam discursos anteriores de Deus e de Eliú, o último interlocutor humano de Jó. Muitas traduções — inclusive a *New English Bible* e a *Bíblia de Jerusalém* — trocam as palavras dessas citações, ocultando o fato de que são citações. A VPR, mais conservadora, mantém literalmente as frases originais, colocadas entre aspas. A versão do discurso final de Jó é assim:

² *"Bem sei que tudo podes,*
e nenhum dos teus planos pode ser frustrado.
³ *'Quem é aquele*
que sem conhecimento encobre o conselho?'
Na verdade falei do que não entendia;
coisas maravilhosas demais para mim, coisas que eu não conhecia.
⁴ *'Escuta-me, pois, e eu falarei;*
eu te perguntarei, e tu me ensinarás.'
⁵ *Eu te conhecia só de ouvir,*
mas agora os meus olhos te veem.
⁶ *Por isso me abomino,*
e me arrependo em pó e cinza."

O primeiro versículo desse discurso, na tradução da VPR, não admite nada além do poder superior. As confissões do Antigo Testamento, principalmente nos *Salmos*, são caracteristicamente admissões de poder e justiça ao mesmo tempo. A admissão de Jó detém-se cautelosamente no que foi pedido dele. Mas a recalcitrância de Jó torna-se mais ousada se lermos o texto como foi *escrito* em hebraico e não conforme convencionalmente pronunciado (e portanto traduzido) através dos séculos. As anotações do texto massorético ou texto-padrão do Tanach contêm o que se chama de indicações *ketib* e *qere*. Em aramaico, língua que sucedeu o hebraico como língua falada pelos judeus habitantes da Palestina e que veio a ser a língua dessas anotações, a primeira palavra quer dizer "escrito", a segunda "leia" (no imperativo). Por questão de sentido, mas também, eventualmente, por questão de reverência, o leitor da sinagoga, instruído por essas anotações marginais, lia outra palavra diferente da que se encontrava escrita no texto. Em *Jó*, 42:2, era instruído a trocar a palavra *yada^{c}ta*, "tu sabes", por *yada^{c}tiy*, "eu sei". Basta mudar isso no versículo 42:2 da tradução da VPR — de "Bem sei que tudo podes" para "Bem sabes que tudo podes" — e o tom de confissão e submissão torna-se imediatamente ambíguo e potencialmente irônico.

Duas vezes, no restante de seu breve discurso, Jó primeiro cita algo que Deus disse e depois comenta em cima disso. No discurso humano normal isso é uma coisa ligeiramente ofensiva. Se, depois de ouvir sua longa tirada contra mim, eu simplesmente citar suas primeiras palavras textualmente, na sua cara, estarei informando muito eficazmente que mantive a calma e que aquilo que você me disse não me afetou. É exatamente isso que Jó faz. O primeiro versículo que ele cita é o desafio do discurso inicial de Deus: "Quem é aquele que sem conhecimento encobre o conselho?". Sabemos que ao citar essas palavras Jó realmente deseja aceitar o desafio? Sim, porque ele prossegue com a palavra hebraica *laken*, "portanto". Uma pergunta: "Quem é aquele...?", não estabelece uma premissa da qual se possa tirar uma conclusão. Mas basta acrescentarmos alguma forma da afirmação "Tu dizes" à pergunta de Deus, agora na boca de Jó, que ela instantaneamente transforma-se numa premissa: "Tu disseste: 'Quem é aquele que sem conhecimento encobre o conselho?'...". Portanto [i. e., por teres dito isso] eu digo...". As palavras "Tu disseste" não precisam nem ser acrescentadas.* A citação pode ser sugerida pela mera entonação vocal. Informalmente, a parelha é:

"Tu disseste...?"
"Bem, então..."

Mas o que Jó conclui da premissa fornecida pela citação? O que ela lhe diz? Suas palavras seguintes têm um bem calculado duplo sentido. Na VPR:

*"Portanto falei do que não entendia;
coisas maravilhosas demais para mim, que eu não entendia."*

Nas palavras traduzidas por "maravilhosas demais" é que reside a ironia. Elas podem ser uma confissão. Podem também ser o contrário, uma ironia à autolouvação do Senhor. Em qualquer língua as comparações têm esse potencial. Em italiano, por exemplo, se eu lhe digo: *"Fa caldo, no?"*, "Faz calor, não é?", você pode responder: *"No"*, querendo dizer que, ao contrário de mim, acha que o tempo está fresco, ou pode responder: *"Anzi"*, querendo dizer que, ao contrário de mim, você acha que o tempo está um forno, quente demais para a simples palavra *caldo*. A expressão britânica, hoje ligeiramente fora de moda:

---

* A tradução de João Ferreira de Almeida faz os acréscimos, e os versículos que são citações de frases anteriores de Deus ficam assim:
³ "'Quem é aquele', como disseste, 'que sem conhecimento encobre o conselho?'
e
⁵ "'Escuta-me, pois', havias dito, 'e eu falarei; eu te perguntarei e tu me ensinarás'." (N. T.)

"*Rather!*", funciona da mesma forma. Se eu digo: "Esse sujeito é bem impertinente, não acha?", você pode responder descompromissadamente "*Rather*", querendo dizer que, sim, agora que eu disse isso, você acha mesmo que é um tanto impertinente, ou pode responder mais enfaticamente "*Rather!*" querendo dizer que mais do que meramente impertinente, o sujeito é um grosso intolerável. "Maravilhosas demais" em *Jó*, 42:3 é expressão ambígua exatamente assim. Em resumo, as duplas de versículos citados e seus comentários podem ser coerentemente traduzidas assim:

"Tu disseste: 'Quem é aquele que sem conhecimento encobre o conselho?'.
Bem, então, eu falei mais do que sabia, maravilhas além do meu alcance."

Depois de ter ouvido o poderoso discurso do Senhor, Jó pode estar dizendo que sabe que errou em seus próprios discursos. Depois de ter ouvido o bombástico discurso do Senhor, Jó pode também estar dizendo que ele conclui ter formulado uma verdade que ia além do que imaginara no momento.

Ao ler os comentários de Jó às palavras de Deus que ele cita, devemos lembrar que Jó pediu insistentemente que Deus desse um passo à frente e se revelasse, fosse declarando a inocência de Jó, fosse condenando-o por ter pecado. A implicação de todos esses discursos era inescapável: se Deus deixou de fazer uma coisa ou outra, ele é que acabaria condenado — por injustiça. Dado isso tudo, quando Deus finalmente fala e, ao invés de satisfazer às exigências de Jó, ele responde *ad hominem*: "Quem é aquele que sem conhecimento encobre o conselho?", pode-se afirmar que nesse momento ele vai além dos piores temores de Jó. Como um candidato político encurralado, o Senhor tenta impor-se ao seu oponente. Mas seu oponente está mais desanimado do que raivoso. Essa leitura é plausível, quer Jó acredite ou não que a voz no redemoinho é de Deus. O refrão da peça *J. B.*, de Archibald MacLeish, é assim:

Num bosque amarelo escutei então.
Se Deus é Deus, Ele não é bom.
Se Deus é bom, Ele não é Deus, não.

Para Jó, tanto faz que a Voz que lhe fala não seja boa ou não seja Deus. Seja como for, ele é forçado a concluir tristemente que falou mais do que sabia ao desafiar o juiz divino.

Jó nunca se dirige à voz no redemoinho chamando-a pelo nome. Em qualquer discurso de um inferior a um superior na escala social, o inferior é que é obrigado a abrandar suas afirmações diretas com honoríficos. Não apenas "Sim" e "Não", mas "Sim, senhor" e "Não, senhor". O Tanach quase nunca dispensa essas formas de tratamento quando um ser humano dirige-se ao Senhor, frequentemente acrescentando uma frase apaziguadora de algum tipo, como: "Meu Senhor, encontrei favor aos teus olhos" etc. Surpreendentemente, Jó nunca se dirige ao seu interlocutor como Deus ou Senhor, ou qualquer outra coisa em particular, e nunca fala dele como divino.

A voz no redemoinho não se identifica. Jó não completa o que a voz omite. Seja o que for que pensa consigo mesmo, Jó deixa sua fala "sem destinatário". E isso pode ser exatamente o que o Senhor quer que ele faça. Como sabemos, o diabo é personagem deste livro, personagem em cujas mãos o Senhor entregou o corpo de Jó, ao mesmo tempo entregando-se a si mesmo nas garras morais do diabo. Ao falar com Jó como se ele, Deus, fosse o diabo, Deus — deliberadamente ou não — está testando Jó, do mesmo modo como Deus testou Abraão. Isto é, ele tenta Jó, falando-lhe em tons de impiedoso poder. Jó passa no teste, do mesmo modo como Abraão passou. Não nos esqueçamos que Abraão *não* sacrificou Isaque e nunca disse que estava disposto a fazê-lo. Se Deus não tivesse interferido para acabar com a mascarada, o que Abraão faria é coisa que não fica esclarecida. Muito possivelmente, Deus preferiu baixar as cartas em vez de forçar Abraão a baixar as suas num ato final de desobediência. Abraão, que, como vimos, não recebeu bem a aliança do Senhor, acedeu aos desejos de Deus até e (desculpe,

Kierkegaard) só até o ponto em que, se não cedesse, estaria prestando homenagem ao diabo. Aqui é a mesma coisa: Jó não é desafiador gratuitamente. Ele concede o que tem de conceder — especificamente que seu interlocutor é, de alguma forma, um ser de enorme poder. Mas, ao mesmo tempo, Jó consegue calar tudo o que é possível calar.

Antes de examinar o próximo versículo do discurso final de Jó, devemos nos lembrar que Jó não escutou sozinho o discurso do Senhor. Seus amigos também escutaram, e escutaram suas respostas. Ignorando questões éticas e evitando condenar Jó por qualquer acusação além de ter pedido explicações, a Voz confundiu as expectativas deles, assim como as de Jó. Mas, tendo recebido um golpe de cada lado, o próprio Jó só pode agora sentir-se encurralado. Ninguém, humano ou divino, enxerga as coisas como ele. Se concordar com a Voz, segundo a qual a força dita a lei, estará contradizendo seus amigos humanos; se concordar com eles e afirmar que o Senhor é justo, estará afirmando da Voz o que nem a Voz afirma de si mesma. O que pode fazer?

Como sugere Edwin M. Good em *In turns of tempest: a reading of Job*, a primeira metade de 42:4, no discurso final de Jó, ecoa as palavras que Eliú, um dos interlocutores de Jó, disse em 33:31. A julgar pelas citações que escolhe, Jó se volta, numa exasperação implícita, de Deus para os homens e deles de volta para Deus. E sua próxima parelha faz um claro contraste entre as palavras dos homens a respeito dele e seu testemunho sobre si mesmo. Na VPR:

> *Eu te conhecia só de ouvir* [ele se refere aos piedosos conselhos dos amigos], *mas agora os meus olhos te veem* [agora ele ouve os discursos do Senhor dentro do redemoinho].

Mesmo que o texto não mencione nada mais visível que um redemoinho, Good acredita que Jó está olhando para o Senhor ao dizer isso. É uma interpretação possível; mas *Isaías*, 2:1, fala da "Palavra que Isaías, filho de Amós, *viu* a respeito de Judá e

Jerusalém" (itálico meu). Uma palavra vista é uma palavra recebida em primeira mão, mais do que de segunda mão. A VPR é sábia em ser literal nesse versículo.*

Chegamos agora ao ponto principal da interpretação tradicional, o críptico versículo final do discurso de Jó, que como uma cavilha está ligado por uma conexão lógica aos dois versos que acabamos de examinar; na tradução VPR:

> *Por isso me abomino,*
> *e me arrependo no pó e na cinza.*

Esses versos são como um frágil filamento do qual pende o fio que sustenta toda a leitura tradicional das últimas palavras de Jó enquanto retratação. Se os quatro primeiros versículos do discurso são geralmente traduzidos para serem lidos como uma retratação, é porque foram interpretados à luz desse verso de encerramento. Em hebraico, no entanto, esse versículo é ambíguo, e na solução que a VPR dá para essa ambiguidade nenhuma palavra pode ter menos a ver com o original do que a palavra *me*. Acrescentada na versão grega do Septuaginto e, de uma forma ou de outra, em quase todas as traduções desde então, essa palavra pode ser considerada como o nada no qual se fixa o filamento do qual pende o fio de onde oscila a interpretação tradicional. Contrariando a interpretação tradicional, é possível que, mesmo estando Jó dominado por sentimentos profundamente transformados e negativos a respeito de *algo* nesse momento, esse algo não seja ele mesmo.

Good e Mitchell atribuem ao cristianismo a culpa por essa interpretação do versículo 42:6 como um arrependimento. Good escreve que os membros do comitê da VPR, "sendo todos, menos um, cristãos, foram afetados pela longa tradição cristã da contrição, que exige do pecador consciência do seu pecado.

---

* A tradução de João Ferreira de Almeida resolve assim o problema: "Palavra que, em visão, veio a Isaías, filho de Amós, a respeito de Judá e Jerusalém". (N. T.)

Certamente foram afetados por isso devido às palavras 'arrependo no pó e na cinza'". Mitchell escreve:

> A versão do rei James e a maioria das outras nos apresentam um Jó que, em suas últimas palavras, abomina a si mesmo e arrepende-se no pó e na cinza. E o fazem numa base filológica extremamente frágil; o que é compreensível, porque pensavam com ideias cristãs ortodoxas, *esperando* encontrar arrependimento e autodepreciação como resposta adequada ao íntegro e mal-humorado deus que esperam encontrar.

Tanto Mitchell como Good ignoram o fato de que a tradição do arrependimento, que afeta esse verso, tem a idade do Septuaginto, uma tradução judaica séculos mais velha que o cristianismo, e profundamente baseada também nas anotações *ketib/qere* do texto massorético do *Livro de Jó*, que não recebeu nenhuma contribuição dos cristãos. O arrependimento em si é uma noção inteiramente judaica, meramente adotada pelo cristianismo.

Seja qual for a fonte do erro, porém, Mitchell e Good estão certos em reconhecê-lo como tal. "Eis que me matará, já não tenho esperança; contudo defenderei o meu procedimento", disse Jó em 13:15, um versículo que a *qere* torna notavelmente mais ousado: "Mesmo que me mate, nele confiarei". O Senhor agora está a ponto de matar Jó, e Jó efetivamente continua a discutir seu caso com ele. Se a morte nas mãos de Deus é o que Jó mais teme, o Senhor ainda não se deu conta disso: fisicamente, Jó está mais morto do que vivo. A riqueza de seus primeiros discursos, no entanto, é tal que fica mais fácil imaginá-lo nu, heroico e estático, como William Blake o desenhou, do que com o aspecto depauperado de um paciente terminal de AIDS, como seria mais adequado.

Uma abordagem mais modesta de um versículo do qual tanta coisa depende seria exigir dele o mínimo possível de novidade e deixar que seja apenas uma reformulação de posições que Jó manteve desde o início e às quais, de fato, agarrou-se com a força da ironia até os versículos imediatamente anteriores a este. Em tudo o que disse em seus discursos finais até esta última fala, Jó respondeu se recusando a responder. Não havendo provas fortes em contrário, devemos concluir que sua intransigência não é abandonada nas últimas palavras que diz. Fosse diferente, um homem com seus recursos linguísticos não seria tão breve. Em todos os seus discursos precedentes, mais longos, dirigidos a seus interlocutores humanos, Jó insistiu em sua inocência. O Senhor nada disse que fizesse Jó mudar de ideia a esse respeito. Se existir um único verso questionável, devemos continuar pensando que Jó não mudou de ideia e continua fiel a suas convicções.

Jó estava preocupado, é claro, com as consequências que haveria para o resto da humanidade se Deus resultasse o que parecia ser para Jó. Se lermos "pó e cinza" como expressão dessa preocupação, como uma referência à humanidade em sua fragilidade mortal, se lermos os verbos que a VPR traduz como "me abomino,/ e me arrependo" como transitivos, tendo "cinza e pó" ou (mais idiomaticamente) "barro mortal" como seu objeto, podemos traduzir suas palavras de encerramento assim:

"Agora que meus olhos te viram,
estremeço de pena pelo barro mortal."

Inteiro, o discurso ficaria assim:

Então, Jó respondeu ao Senhor:
"Sabes que tudo podes.
Nada o pode deter.
Perguntas: 'Quem é esse desordeiro ignorante?'.
Bem, falei mais do que sabia, maravilhas além do meu alcance.
'Tu ouves, eu falarei', dizes,
'eu perguntarei e tu responderás.'
Ouvira falar de ti,
mas agora que meus olhos o viram,
estremeço de pena pelo barro mortal".

Apesar de suas diferenças filosóficas, Mitchell e Good veem Jó primeiro admitindo, de uma forma ou de outra, que suas questões morais eram mesquinhas e depois sendo elevado ou conduzindo a alguma ideia mais nobre da mortalidade humana e da grandeza natural ou divina. Mas as questões de Jó serão mais mesquinhas do que a aposta inicial do Senhor? E pode Jó chegar no final a qualquer aceitação da mortalidade que seja maior do que a resignação que expressou com tal serenidade logo no começo: "Nu saí do ventre de minha mãe e nu voltarei; o Senhor o deu, e o Senhor o tomou; bendito seja o nome do Senhor" (1:21)? É fácil imaginar um editor mudando esse versículo para o fim do livro, transformando-o na constatação final de Jó. Por mais catártica que seja essa posição, porém, o texto que temos começa, não termina, com essas palavras. Sua posição sugere poderosamente que, quando Jó diz em 13:15 que clamará por justiça até o seu último alento, ele sabe exatamente o que está dizendo.

A brevidade no final, vinda de um homem de fluência tão apaixonada, indica uma derrota, certo, mas uma derrota puramente física. Moralmente, Jó aguentou até o fim, tratando os discursos do Senhor dentro do redemoinho como uma última dificuldade. Voltando à questão original, quando o Senhor louva Jó no final do livro, está louvando tanto a teimosia inicial de Jó com seus interlocutores humanos como sua recalcitrância final, profundamente consistente e altiva diante do próprio Senhor. Jó venceu. O Senhor perdeu. Mas a derrota, paradoxalmente, preservou o Senhor da demonização ou da irrelevância. Por sua obstinação, Jó resistiu à esmagadora eloquência com que o Senhor apresenta uma forma de impiedade insistentemente condenada no Tanach, mas talvez com particular clareza em *Sofonias*, 1:12:

Naquele tempo esquadrinharei Jerusalém com lanternas,
e castigarei os homens
que estão apegados à borra do vinho,
[em outras traduções: "que estão tranquilos em seus abrigos"]

> *e dizem no seu coração:*
> *"O Senhor não faz bem nem faz mal".*

Esta última posição não está inteiramente ausente do Tanach. Podemos ouvir uma apresentação algo desanimada, mas com uma eloquência intermitente, dessa posição em *Eclesiastes*, porém antes do *Eclesiastes* essa postura é atribuída àqueles que os *Salmos* chamam de "escarnecedores", os *Provérbios* chamam de "tolos", e os profetas chamam de "falsos profetas" ou "adúlteros". Evidentemente, através do autor de *Jó* esse grupo evidentemente substancial em Israel falou até certo ponto com sua própria voz — mas só até certo ponto: o *Livro de Jó*, afinal, termina com a restauração das fortunas de Jó, confirmando a posição ortodoxa da retribuição, que jamais pregou, na verdade, que a justiça era perfeitamente implementada em cada e em todos os momentos. Só é possível transformar a ortodoxia em heterodoxia dentro da mente do próprio Jó se atribuirmos uma pesada sobrecarga de novidade ao último versículo do discurso de Jó.

Dissemos antes que nos *Salmos*, nos *Provérbios* e em *Jó* o Senhor Deus seria caracterizado principalmente por aquilo que os seres humanos diriam a respeito dele, mais do que por suas próprias palavras ou atos. No *Livro de Jó* isso foi, evidentemente, apenas em parte verdadeiro. Ao concordar com uma aposta selvagem e cruel com o diabo, o Senhor caracterizou-se por sua própria ação. O que ele esperava era ganhar a aposta depressa. Esperava que Jó, tendo abençoado e não amaldiçoado Deus logo depois do primeiro turno de agonias infligidas por Satã, fosse simplesmente abençoá-lo de novo depois do segundo turno. Em vez disso, apesar de Jó recusar explicitamente o convite de sua mulher para amaldiçoar a Deus, ele prossegue, indo além da bênção ou da maldição, na direção de uma terceira alternativa que nem Deus nem o diabo haviam previsto: ele discursa para Deus, contracaracterizando-o empenhadamente como o tipo de Deus que não faria o que nós, leitores, sabemos que ele acabou de fazer. Sem perceber o que faz, Jó inverte a questão, transformando a integridade de Deus numa questão que está mais na mente do leitor do que na sua própria. E, em última análise, na própria mente de Deus também, pois, no final, Jó vence: o Senhor, de certa forma, curva-se à caracterização que Jó fez de Deus, abandona sua aposta com o diabo e, depois de uma vã tentativa de calar Jó com gritos, repara suas maldades duplicando a fortuna inicial de Jó.

Portanto, Jó pode ter salvado Deus de si mesmo, mas depois desse episódio Deus nunca mais parecerá para Jó a mesma coisa que parecia antes. Mais exatamente, o Senhor nunca mais será o mesmo para si mesmo. O diabo é agora uma parte permanente de sua realidade; e, apesar de livrar-se do Adversário na última hora, ele o faz por meio de uma humilhação mais profunda nas mãos de um adversário terrestre, o próprio Jó. Sem dúvida, a confiança absoluta e ingênua que Jó tinha em Deus ficou muito mais de acordo com uma sabedoria judaica bem mais nuançada e madura — em outras palavras, mais de acordo com uma visão realista do mundo, na qual a justiça é garantida pelo bom Deus e também ocasionalmente ameaçada pelo mau Deus. Porém, o Deus dessa nova visão é novo não apenas para Jó, mas também para o próprio Deus.

A visão que encerra o *Livro de Jó* não reconhece nenhum princípio operante independente de Deus a que tanto a divindade como a humanidade devam se submeter. Em outras palavras, não existe nenhuma síntese mais elevada, impessoal, além do bem pessoal e do mal pessoal. Segundo esse ponto de vista, o próprio Senhor Deus é definitivo, e portanto o mal e o bem devem ser encontrados nele simultânea e pessoalmente para serem encontrados em qualquer parte. Se Sofonias rejeita como errada a afimação: "O Senhor não faz bem nem faz mal", o contrário, a escandalosa verdade que o *Livro de Jó* evidencia, não é: "O Senhor só faz bem"; é, sim: "O Senhor faz bem e faz mal". Dentro de uma visão tão hiperpersonalizada da realidade definitiva como a que tinha o antigo Israel, "as pedras e setas da fortuna enfurecida", como as chama Hamlet, foram atiradas pelo próprio Shaddai.

* * *

O que torna Deus divino? O que faz o protagonista da Bíblia tão estranhamente instigante, tão repulsivo e atraente ao mesmo tempo? Já fizemos essa pergunta antes, mas podemos respondê-la mais plenamente agora. Deus mantém seu peculiar poder como personagem literário porque nele — em torno e através de qualquer fusão de antigas divindades semíticas que ele represente — aquilo que é mais radicalmente, incompreensivelmente aterrador na existência humana ganha voz e intenção, além de capricho e silêncio. No confronto entre Jó e a Voz de dentro do Redemoinho, chega ao clímax o processo pelo qual essa inescapável condição transforma-se nesse personagem assombroso.

O clímax é um clímax para o próprio Deus e não apenas para Jó ou para o leitor. Depois de Jó, Deus conhece a própria ambiguidade como nunca conheceu antes. Ele agora sabe que, mesmo não sendo o demônio de Bertrand Russell, ele tem um lado suscetível ao demônio, e que a consciência da humanidade pode ser mais refinada do que a sua. Com a ajuda de Jó, seu eu justo e bom venceu o eu cruel, caprichoso, da mesma forma que depois do dilúvio. Mas a vitória teve um preço enorme. Jó será pai de uma nova família, mas a família que ele perdeu por causa da aposta não voltará de entre os mortos; nem os servos que o diabo matou. E nem a própria inocência de Deus. O mundo ainda parece mais justo do que injusto, e Deus ainda parece mais bom do que mau; porém, o tom dominante ao final dessa obra extraordinária não é de redenção, mas de alívio.

11. OCULTAÇÃO

UMA POSIÇÃO COMUM a quase todos os comentadores do *Livro de Jó* é a de que, de uma forma ou de outra, o Senhor reduziu Jó virtualmente ao silêncio. Passa desapercebido o fato de que, do fim do *Livro de Jó* até o fim do Tanach, Deus nunca mais fala. Seu discurso de dentro do redemoinho é, com efeito, o seu testamento. Jó reduziu o Senhor ao silêncio. O *Livro das Crônicas* repetirá os discursos que o Senhor fez antes, geralmente citando-os literalmente a partir dos livros de *Samuel* e *Reis*. Feitos e escapadas miraculosas serão atribuídos a ele em *Daniel*, onde, remoto e silencioso, será visto pela última vez, sentado num trono, e chamado de "Ancião dos Dias". Não sendo nem mencionado no *Cântico dos Cânticos* e em *Ester*, haverá frequentes referências a ele nas *Lamentações* e no *Eclesiastes*, e chegará a receber fervorosas orações em *Neemias*. Mas nunca mais falará.

No último capítulo de *Jó*, o Senhor, sem revelar a Jó que pretende pôr um fim à sua agonia, diz a Elifaz: "A minha ira se acendeu contra ti e contra os teus dois amigos; porque não dissestes de mim o que era reto, como o meu servo Jó" (42:7). E então, surpreendentemente, o Senhor exige que Jó *reze* por seus três amigos, como continua dizendo a Elifaz: "Porque dele eu aceitarei a intercessão para que eu não vos trate segundo a vossa loucura". Jó concorda e os amigos que tão impiedosamente o acusam de erro são poupados. Só então Deus restaura a saúde e a fortuna de Jó.

Podemos imaginar como teria sido a oração de Jó? Ou como ele teria se portado naquele momento fecundo, depois da oração e antes de sua fortuna ser restaurada? E, depois de devolver-lhe a fortuna, o que pode o Senhor ter dito a ele? Teria contado a Jó sobre a aposta? Está tudo bem quando tudo acaba bem? Mesmo livre da dor, como Jó se sentiria a respeito da dor antes imposta a ele? O *Livro de Jó* tem 42 capítulos. *A masque of reason*, de Robert Frost, obra na qual o Senhor e Jó têm uma reunião em que ruminam sobre o ocorrido, traz como última linha: *"Aqui termina o capítulo 43 de* Jó". Para Frost, o impulso de continuar e completar o *Livro de Jó*, que muitos milhares já sentiram, possui um alcance extraordinariamente rico e reflexivo. O *Livro de Jó* é um exemplo excepcional do que John Keats chamou de "capacidade negativa" num escritor ou numa obra. Um poeta de capacidade negativa, escreveu Keats, é aquele "capaz de ver-se em incertezas, mistérios, dúvidas, sem nenhuma procura irritante por fato & razão". Keats considerou William Shakespeare o exemplo supremo de capacidade negativa, devido à sua incomparável habilidade de submeter-se aos seus próprios personagens. Os personagens de uma peça de Shakespeare seguem seus diferentes caminhos, e o dramaturgo tem a capacidade negativa de deixar que levem sua peça com eles. Não impõe a ela maior coerência do que a que eles permitem.

O autor do *Livro de Jó* deixa o Senhor e Jó levarem o *Livro de Jó* com eles, mas o que eles fazem com o livro é, até uma determinada medida, aquilo que o Tanach faz de si mesmo. Jó, como vimos, permanece fiel a si mesmo até o fim, mas, apesar de tudo o que dissemos, o Senhor também se mantém fiel a si mesmo. O Senhor suspende a aposta com Satã, louva Jó depois da teimosia de Jó, e compensa Jó, mas o Senhor permanece além da previsibilidade e, apesar de tudo o que diz o salmista, parece manter-se acima da lei. O Senhor pode exaltar os íntegros e humilhar os maus, porém, pode também não fazer nada disso. Nada do que diz ou faz implica mais do que: "Eu sou o que sou".

O autor de *Jó* não chega a ser o esteta que foi Keats. Suas paixões são morais, mais do que estéticas. No entanto, tal é a beleza isolada e atuante dos discursos de Jó e de Deus que ambos adquirem grande poder. Levante os olhos para o redemoinho e para o céu, para a visão do todo da realidade dentro da qual, na frase memorável de Stephen Mitchell, "a morte é uma ninharia", e todas as queixas de Jó parecem terrenas e triviais. Baixe os olhos para as feridas de Jó e para o monte de cinzas, e o vangloriar-se do Senhor soa assustadoramente oco. À maneira da grande arte, cada voz é em seu momento absoluta; e a capacidade negativa do autor de *Jó* é tal que, particularmente quando seguimos adiante e lemos o resto do Tanach, fica absolutamente impossível dizer de quem foi a última palavra. Se devido ao silêncio de Deus desde o fim do *Livro de Jó* até o final do Tanach concluirmos que Jó reduziu Deus ao silêncio, a vitória terá sido de Jó? Talvez. Jó sempre quis que Deus falasse, afinal; mas, particularmente depois de ter sua fortuna restaurada, não continuaria tendo esse desejo? Israel certamente não quer que Deus fique silencioso.

Israel. O próprio nome, neste momento, soa com certa estranheza. A esposa e principal antagonista de Deus já está em silêncio há um bom tempo, enquanto o Senhor tem sua contenda com esse gentio. E, no entanto, o *Livro de Jó*, apesar de todo o seu aparente isolamento do resto do Tanach, pode ser ligado a ele e a Israel se for lido como aquilo que a tradição judaica muito depois passou a conhecer como *midrash* haggádico* — uma lenda em vez de um comentário discursivo — numa estranha passagem do *Livro de Ezequiel*.

Em *Ezequiel*, 20, um grupo de "anciãos de Israel" vai questionar o Senhor, e, como no *Livro de Jó*, o Senhor recusa-se a responder. Falando ao homem que chamamos antes de o psicótico dos profetas, o Senhor diz:

> "Filho do homem, fala aos anciãos de Israel, e dize-lhes: 'Assim diz o Senhor Deus: "Acaso viestes consultar-me? Tão certo como eu vivo", diz o Senhor Deus, "vós não me consultareis.

---

* *Midrash*, "explicação" em hebraico, é o nome dos comentários judeus às Escrituras sagradas. *Haggadah*, "contar, relatar" em hebraico, é o nome da parte do Talmude dedicada a narrativas, lendas, parábolas; utilizado por extensão a qualquer narrativa lendária. (N. T.)

Julgá-los-ias tu, ó filho do homem, julgá-los-ias? Faze-lhes saber as abominações de seus pais"'." [*Ez.*, 20:3-4]

Em seguida, o Senhor acusa Israel de desobedecer a "meus estatutos, nem guardaram os meus juízos, os quais, cumprindo-os o homem, viverá por eles". A frase "Cumprindo-os o homem, viverá por eles" é repetida adiante, mas ocorre então uma estranha inversão:

"Também levantei-lhe no deserto a minha mão e jurei espalhá-los entre as nações, e derramá-los pelas terras; porque não executaram os meus juízos, rejeitaram os meus estatutos, profanaram os meus sábados, e os seus olhos se iam após os ídolos de seus pais; pelo que também lhes dei estatutos que não eram bons, e juízos pelos quais não haviam de viver; e permiti que eles se contaminassem com seus dons sacrificiais, como quando queimavam a fogo tudo o que abre a madre, para horrorizá-los a fim de que soubessem que eu sou o Senhor." [20: 23-6]

Estatutos, leis, que *não* eram bons? Juízos, regras, pelos quais *não* podiam viver? É assim que ele demonstra "que eu sou o Senhor"?

Nas frases "Tudo o que abre a madre" e "Contaminassem com seus dons sacrificiais", o Senhor está aludindo ao sacrifício de crianças. A prática de queimar crianças vivas constituía um sacrifício propiciatório a Moloque, embora condenada no *Levítico*, 18:21, com uma referência específica a essa divindade cananeia, tão bem conhecida no antigo Israel. As referências a ele em *II Reis* são frequentes. Era uma das formas comuns de expressão de apostasia em relação à religião recebida.

Como os anciãos de Israel continuaram praticando essa abominação, o Senhor agora recusou-se a falar com eles:

"Ao oferecerdes os vossos dons sacrificiais, como quando queimais a fogo os vossos filhos, vós vos contaminais com todos os vossos ídolos, até o dia de hoje. Porventura me consultaríeis, ó casa de Israel? Tão certo como eu vivo", diz o Senhor Deus, "vós não me consultareis." [20:31]

Mas, mesmo que a mentalidade histórica se satisfaça, uma vez que *Ezequiel*, 20, está situado na polêmica javeísta contra o culto a Moloque, a mentalidade filosófica ou teológica não se satisfaz. Os israelitas estão matando suas crianças para aplacar Moloque ou, como as palavras anteriores do Senhor parecem indicar, para agradar ao Senhor? E, se é o Senhor que exige isso, ele é Deus ou é o diabo? Evidentemente, esta é exatamente a possibilidade que Sören Kierkegaard levou tão a sério ao discutir *Gênesis*, 22, onde Deus pede a Abraão que sacrifique Isaque.

As questões filosóficas são inegavelmente interessantes. Se Deus ocasionalmente torna-se um demônio, nessas ocasiões a humanidade ética é superior a ele e deve desobedecer-lhe. Se Deus é capaz de testar a humanidade travestido de demônio, paradoxalmente, a humanidade só pode agradar a Deus e passar no teste desafiando a Deus. Para a crítica literária, entretanto, o que mais conta não é nem a luta histórica entre javeístas e moloquistas, nem os problemas especulativos do Deus enganador, mas simplesmente o personagem de Deus enquanto tal. Em *Ezequiel*, 20, o Senhor caracteriza-se alternadamente como benevolente e malevolente, um deus de vida e um deus de morte. Se estamos interessados não no que ele significa, mas no que ele é, ambos os lados de seu caráter devem ser admitidos.

A Bíblia de Jerusalém força uma tradução altamente interpretativa de *Ezequiel*, 20:25, tentando integrar os dois lados:

"Dei-lhes então estatutos que não eram bons e normas pelas quais não alcançariam a vida. Contaminei-os com as suas oferendas, levando-os a sacrificarem todo o primogênito, de modo que ficassem sabendo que eu sou Iahweh."

Uma nota acrescenta: "A teologia primitiva atribuía a Javé costumes e práticas que eram de responsabilidade dos próprios homens. Ezequiel parece ter em mente o mandamento de oferecer recém-nascidos [*Êx.*, 22:28-9], sempre tão grosseiramente equivocado pelos israelitas".

Mas o texto não diz que Ezequiel tinha isso em mente. Diz que o próprio Senhor tinha isso em mente. Ezequiel não caracteriza o Senhor, o Senhor caracteriza a si mesmo. Se da maneira mais normal, literária, admite-se que o Senhor seja protagonista da Bíblia, o traço demoníaco de seu caráter, mesmo que não definitivamente dominante, não pode jamais ser extirpado dele.

O *Livro de Ezequiel* levanta, mesmo que não desenvolva, a possibilidade de os sofrimentos históricos de Israel serem o crime de Deus. O autor parece propenso a imaginar, mesmo que só de passagem, que Deus seduziu Israel a pecar para depois puni-lo — tudo para provar que "eu sou Javé", o que significa dizer: para revelar seu caráter, para colocar-se em evidência.

Mas para quem? A vítima de sua sedução, o enganado Israel, dificilmente poderá ser o alvo dessa demonstração. Ao menos para o tempo que dura o engano, a ação do Senhor exige virtualmente uma outra testemunha em proveito da qual Israel seria exemplarmente maltratado. É a esse escândalo ou a esse dilema que o *Livro de Jó* pode se dirigir, pois Jó é de fato um homem justo, maltratado por seu criador só em função da discussão.

Como personagem literário, Jó tem uma perfeição abstrata e impossível, e como resultado seu sofrimento parece saltar fora da história. Ezequiel e a nação sofredora a que o Senhor se dirige por intermédio dele estão perfeitamente enquadrados na história. A questão a longo prazo do *Livro de Jó* é: como o Senhor — conforme o conhecemos agora, conforme ele se conhece agora — voltará à ação, se é que voltará, na vida de Israel? Essa questão acaba sendo respondida, mas a resposta não vem nada rápido.

ADORMECIDO
"Não acordeis nem desperteis o amor."
CÂNTICO DOS CÂNTICOS

O *Cântico dos Cânticos*, um ciclo de poemas sobre jovens amantes, pode quase ser comparado a uma peça satírica grega que vem depois da tragédia de Jó. Formalmente, o *Livro de Jó*, com seu *happy end*, é mais uma comédia. Mas a atmosfera que deixa é sombria e carregada de perguntas. É, portanto, uma surpresa e um alívio que algo tão sensual, tão lúdico, tão livre de dor e mesmo de esforço como o *Cântico dos Cânticos* ressoe pelo ar. Os jovens amantes entram em cena quase como crianças e forçam os adultos a mudar de assunto, como fazem as crianças. Seja o que for que Jó e o Senhor discutiam, eles nada têm a ver com isso:

> *Beija-me com os beijos de tua boca;*
> *porque melhor é o teu amor do que o vinho.*
> *Suave é o aroma dos teus unguentos,*
> *como unguento derramado é o teu nome;*
> *por isso as donzelas te amam.* [*Cânt.*, 1:2-3]

Quem são o rapaz e a moça e também o grupo de moças mencionado com tanta frequência? O ciclo contém um poema para o casamento do rei Salomão, menciona Salomão, e abre com as palavras: "Cântico dos Cânticos de Salomão". E, no entanto, a maior parte do tempo, o rapaz não parece ser um príncipe, nem a moça uma princesa.

> *Eu sou a rosa de Sarom,*
> *o lírio dos vales.*
>
> *Qual o lírio entre os espinhos,*
> *tal é a minha querida entre as donzelas.*

*

Qual a macieira entre as árvores do bosque,
tal é o meu amado entre os jovens;
desejo muito a sua sombra;
e debaixo dela me assento;
e o seu fruto é doce ao meu paladar. [2:1-3]

Esses poemas quebram o clima do *Livro de Jó* e estabelecem seu próprio clima por tratarem de um homem comum e uma mulher comum, o que é muito mais eficaz do que se tratassem de um rei e uma rainha.

O *Cântico dos Cânticos* nunca menciona Deus e não parece aludir nunca, de nenhuma outra forma, às tradições religiosas de Israel ou a tradições religiosas de qualquer tipo. Por essa razão, houve na Antiguidade quem argumentasse que não pertencia à Bíblia. Mas esses perderam a discussão para aqueles que primeiro observaram as menções ao grande Salomão e depois afirmaram que os poemas eram uma alegoria sobre o amor entre o Senhor e Israel. Os críticos históricos contemporâneos, porém, são unânimes em considerar o *Cântico dos Cânticos* como poesia de amor secular — uma lírica sobre o amor humano e uma alegoria sobre o amor divino. Entretanto, quando esses poemas são lidos como parte de uma leitura do Tanach, não deixam de nos recordar a única lírica amorosa anterior na coleção — as ardentes, mesmo que feridas, cenas de reconciliação imaginadas em *Isaías* e *Oseias*:

Porque o Senhor te chamou
como a mulher desamparada e de espírito abatido;
"como a mulher da mocidade que fora repudiada",
diz o teu Deus.
"Por breve momento te deixei,
mas com grandes misericórdias torno a acolher-te;
num ímpeto de indignação
escondi de ti a minha face por um momento;

mas com misericórdia eterna me compadeço de ti",
diz o Senhor, o teu Redentor. [Is., 54:6-8]

"Portanto, eis que eu a atrairei,
e a levarei para o deserto,
e lhe falarei ao coração.
E lhe darei, dali, as suas vinhas,
e o vale de Acor [dor] *por porta de esperança:*
será ela obsequiosa como nos dias da sua mocidade,
e como no dia em que subiu da terra do Egito." [Os., 2:14-5]

Tanto Isaías como Oseias comparam Israel e o Senhor não a jovens amantes, mas a um casal mais velho em sério desentendimento, procurando o caminho de volta ao amor de sua juventude. Isso está muito longe do amor evocado no *Cântico dos Cânticos,* porém nada em toda a poesia do Tanach chega mais perto do *Cântico dos Cânticos* do que essa lírica da reconciliação. Um leitor que observou o surgimento da ternura no caráter do Senhor e depois viu essa qualidade esquecida ou abandonada nos profetas pós-exílio, assim como nos *Salmos*, nos *Provérbios* e em *Jó*, não deixará de relembrá-la no *Cântico dos Cânticos.* Diante de um casal jovem, um casal mais velho não se lembra naturalmente do amor?

O Senhor ordenou a Oseias que se casasse com uma prostituta para que nunca soubesse se os filhos dela seriam efetivamente seus. Ela lhe deu três filhos, e todos receberam nomes simbólicos. O terceiro foi "Lo-ammi [Não-meu-povo], porque vós não sois meu povo, nem eu serei vosso Deus" (*Os.*, 1:9). Mas na cena de reconciliação imaginada, Deus aceita Lo-ammi como seu filho (da mesma forma que provavelmente Oseias aceitou o filho da prostituta na vida real):

[...] *e a Lo-ammi direi: "Tu és o meu povo";*
e ele dirá: "Tu és o meu Deus". [Os., 2:25]

Se a cena fosse musicada, pediria um compositor como o Arnold Schönberg de *Noite transfigurada*, composição que traduz em música um poema do poeta menor alemão Richard Dehmel. No poema de Dehmel, uma mulher perturbada confessa a seu amante que está grávida de outro homem e ele responde:

> *"Que a criança que estás para ter*
> *não faça tua alma sofrer.*
> *Ah, olha! Como é claro o universo cintilante!*
> *O brilho do todo reunido neste instante.*
> *Comigo cruzarás o mar gelado sem fim,*
> *mas aquecida por um fulgor, só nosso,*
> *de mim para você, de você para mim,*
> *transformaremos o filho do estranho. Teu,*
> *mas que agora terás de mim, será meu.*
> *Nosso, pelo esplendor que despertas em mim*
> *e pela criança que crias em mim."*
>
> *Ele abraça o seu corpo fornido,*
> *no ar seus alentos sopram unidos,*
> *dois humanos caminham na alta noite clara.*

O momento em que, na composição de Schönberg, essas palavras são "pronunciadas", quando, em uns poucos compassos musicais, o poder cede à ternura e a agitação cede à calma, é um dos pontos altos da arte do século XX, e um tal momento transfigurador parece ter sido atingido no Segundo Isaías e em *Oseias*. Nos profetas pós-exílio, porém, esse momento parece esquecido. Ou será que alguma coisa nos *Salmos*, nos *Provérbios* ou em *Jó* o substitui?

Por uma estranha via negativa ou misticismo por subtração, o *Livro de Jó* efetivamente se transforma num livro sobre o amor entre Jó e Deus. A palavra *amor* não ocorre nesse livro. Mas o diabo, seduzindo o Senhor para que ele exigisse serviços gratuitos de Jó, forçando Jó a provar que efetivamente "temerá a Deus por nada", disseca a relação entre Deus e um homem, reduzindo-a à sua forma pura. A menos que, em algum sentido,

Jó valorize Deus por si mesmo e em si mesmo, como pode ele dizer, quando perde tudo e sua própria esposa o aconselha a maldizer Deus e morrer: "Falas como qualquer doida; temos recebido o bem de Deus e não receberíamos também o mal?" (2:10). E, a menos que Deus também valorize Jó em si e por si mesmo e não somente como um troféu para exibir-se ao diabo, por que não pode simplesmente dispensar Jó quando a inconveniente arenga começa?

Comparamos o Senhor do Segundo Isaías ao marido ofendido de uma mulher abusada e abandonada. O Senhor do *Livro de Jó* é mais como o marido de uma mulher que, mesmo manifestando a própria devoção e a virtude dele, ainda assim recita uma lista de detalhes que qualquer júri consideraria como sendo motivo para o divórcio. E, por sua resposta à Voz dentro do redemoinho, Jó efetivamente divorcia-se do Senhor: forçado a escolher entre a justiça e Deus, ele escolhe a justiça, uma escolha que o Senhor acabará admitindo ter sido a escolha correta. A reconciliação final do *Livro de Jó* reverte a via negativa inicial, o processo de espoliação: Jó se vê provido, de novo, de muitas razões extrínsecas para temer/amar ao Senhor. Mas, se dessa forma estranha o *Livro de Jó* pode ser lido como uma comédia, como uma história de amor com a sua variedade própria de final feliz, decerto não é uma história de amor muito cheia de ternura ou de prazer. Ela não segue as pegadas de *Oseias* e *Isaías*, nem traz à lembrança a linguagem ou as ricas promessas desses livros.

O *Cântico dos Cânticos* faz tudo isso. Mesmo concordando com a opinião dos exegetas modernos de que se trata de poesia secular, não é difícil imaginar que algum editor antigo tenha desejado que fosse mais do que isso e incluído o livro em detrimento de outras poesias de amor genuinamente religiosas. Mas sob esse aspecto o *Cântico dos Cânticos* só pode desapontar. Pode-se escolher um ciclo de poemas de amor secular de algum tipo para colocar a serviço da expressão alegórica da relação amorosa do Senhor com Israel, mas este ciclo não é do tipo certo. Em todas as leituras possíveis, a relação entre Deus e Israel traz sempre uma grande carga de dor de ambas as partes. A poesia amorosa pode ter um espaço para a dor, mas o *Cântico dos Cânticos* não tem. A dor poderá chegar algum dia para os jovens amantes que dizem esses poemas, mas ainda não se manifestou. E o único verso que, pelo fato de ser um tanto críptico e repetido diversas vezes, poderia prestar-se a uma leitura simbólica é quase comicamente impróprio para uso alegórico:

> *Conjuro-vos, ó filhas de Jerusalém,*
> *pelas gazelas e cervas do campo,*
> *que não acordeis nem desperteis o amor,*
> *até que este o queira.* [*Cânt.*, 2:7 e passim]

A imagem bíblica padrão para o medo que Israel sentia de que o Senhor o desertasse ou, por qualquer razão, não mais o apoiasse é uma imagem de sono: "Desperta! Por que dormes, Senhor?" (*Sl.*, 44:23). E, ao contrário, a linguagem padrão para consolo e novos começos, especialmente no Segundo Isaías, é: "Desperta! Desperta!". O *Cântico dos Cânticos* não foi escrito de acordo com essas convenções, mas também não consegue escapar delas inteiramente. Sem dúvida, uma parte do encanto desse livro é o fato de ele ser banhado não apenas pelo amor, mas pelo luxo e pela segurança de, digamos, um grande jardim secreto. E que maior e mais profunda segurança pode haver do que a segurança do amor protegido, amorosamente vigiado? Mas tudo o que sabemos da comunidade judaica recém-restabelecida em Jerusalém nos dá prova exatamente do oposto: privações, amargura incipiente, e ansiedade interminavelmente vigilante. Se a donzela é Sião e o jovem é Deus, ela não pode, neste exato momento, querer que ele continue dormindo. Consequentemente, o *Cântico dos Cânticos* não é e não pode ser uma alegoria.

Ao mesmo tempo, se Deus está agora ausente do Tanach, não é porque retirou-se abertamente. Nenhuma retirada foi anunciada. Ele não foi embora do céu com uma última bênção a Israel. Se seu discurso no redemoinho é, de fato, o seu testamento, só poderemos comprovar isso depois de passado um tempo literário mais longo. Ele não indicou que aquele era um discurso final. Seu silêncio, mesmo neste ponto ainda inicial, começa a pesar sobre nós. O encanto dos versos podem nos distrair dessa preocupação de fundo, mas a preocupação também nos distrai do encanto: *Onde está ele? O que aconteceu?*

ESPECTADOR
"Voltou ao seu povo e aos seus deuses."
RUTE

No cânon judaico o que vem depois do *Cântico dos Cânticos* é o *Livro de Rute*. Este livro, apesar de aludir com a devida piedade ao Senhor em diversos pontos, atribuindo tanto o bem como o mal à sua intervenção, faz um comentário oblíquo mas chocante sobre a intensidade ou não com que sua presença é sentida ao mostrar, pela primeira e única vez no Tanach, um israelita honesto sugerindo ingenuamente o culto a um falso deus. O contexto, sem dúvida, é mais do que suficiente para tornar a sugestão prudente e só secundariamente blasfema. No entanto, o que é insinuado, mais do que expresso, quando a sugestão é feita, ainda é de grande monta: que não há por que parar e perguntar ao Senhor se ele se ofenderá com tal procedimento. A questão só diz respeito aos seres humanos envolvidos.

A sugestão de culto estranho é feita pela israelita Noemi à sua nora moabita viúva, Rute. Noemi também é viúva, e seus dois filhos morreram há pouco. Movida pela fome em Israel, sua família fora estabelecer-se em Moabe, onde seus dois filhos desposaram mulheres moabitas, Orfa e Rute. A fome diminuiu em Israel, e Noemi está se preparando para retornar à sua terra natal, Belém. Ela estimula as noras a ficarem e encontrarem maridos em Moabe: "Ide, voltai cada uma à casa de sua mãe". Chorando, elas insistem que voltarão com Noemi à sua terra, mas ela repete o conselho, e Orfa acaba concordando em ficar. É nesse momento que Noemi diz a Rute: "Eis que tua cunhada voltou ao seu povo e aos seus deuses; também tu, volta após a tua cunhada" (*Rt.*, 1:15). No contexto, a sugestão não é chocante, mas isso é apenas uma outra maneira de dizer que o contexto mudou drasticamente. O *Livro de Rute* é expressamente situado "nos dias que julgavam os juízes", uma época de guerra sangrenta entre Moabe e Israel, quando seria impensável para qualquer israelita estimular qualquer um que já cultuasse o Senhor a cultuar Camos, o deus moabita. Mas a ação de Rute é só nominalmente situada naquela era remota. Por sua posição no cânon, por sua época literária, Rute vem muito mais tarde, depois da ascensão e queda da monarquia, depois do exílio e do retorno. Com efeito, o *Livro de Rute* trata das relações entre judeus e moabitas depois do restabelecimento de uma comunidade judaica em Jerusalém.

Os moabitas eram não-judeus, possivelmente falavam o hebraico, e eram corretamente tidos pelo judeus como um povo próximo. O autor do *Livro de Rute* deixa implícito que as relações entre as duas nações eram mutuamente tolerantes e até cooperativas. Mas o Senhor jamais revogou sua implacável oposição a esse tipo de tolerância e miscigenação. Necessariamente, portanto, o autor de *Rute* deixa implícito que o Senhor está tão inativo nesse ponto que, no mínimo, não há o que temer de sua parte quando seus desejos não são respeitados.

Tendo voltado a Belém com Rute, Noemi aconselha a nora a tentar uma espécie de sedução benigna com Boaz, um rico parente do falecido marido de Noemi. Numa noite depois do início da colheita, quando Boaz tiver bebido para comemorar, Rute deverá ir secretamente à eira, onde ele estará dormindo, e descobrir os "seus pés", um eufemismo para seus genitais. Ela obedece, ele acorda, e ela lhe pede: "Estende a tua capa sobre a tua serva", querendo dizer que ele deveria ter pena e se casar com ela. Habilmente, o autor ralenta a história neste momento, mas no fim Boaz e Rute efetivamente se casam, e ficamos sabendo que entre seus muitos descendentes está o rei Davi (de cuja ascendência parcialmente moabita existem outras provas). A história é contada com grande afeto e delicadeza e termina com as mulheres de Belém atribuindo o final feliz ao Senhor, mas com algo mais que reverência à própria Rute:

> Então as mulheres disseram a Noemi [quando Rute teve um filho de Boaz]: "Seja o Senhor bendito, que não deixou

hoje de te dar resgatador, e seja afamado em Israel o nome deste. Ele será restaurador da tua vida, e consolador da tua velhice, pois tua nora, que te ama, o deu à luz, e ela te é melhor do que sete filhos". [4:14-5]

O *Livro de Rute* faz um instigante contraste com o *Cântico dos Cânticos*. Se este livro passa em total silêncio pelas dificuldades do casamento, como a pobreza, a infertilidade, a destituição e os parentes, então *Rute* pode ser lido com bastante clareza como um livro a respeito das dificuldades do matrimônio. Porém, nas mãos de seu autor, essas dificuldades são todas enfrentadas e superadas: o amor entre mulheres atravessa gerações e nacionalidades e triunfa acima de tudo. A devoção pura que Rute expressa a Noemi: "Não insistas para que te deixe, e me obrigue a não seguir-te; porque aonde quer que fores, irei eu, e onde quer que pousares, ali pousarei eu; o teu povo é o meu povo, e o teu Deus é o meu Deus" (1:16), é justificadamente famosa e profundamente convincente em sua forma. O *Livro de Rute* também tem a mesma marca distintamente feminina de realismo que vimos em certos pontos dos *Provérbios*, uma astúcia pungente a respeito dos homens e do que eles são ou não capazes de fazer. Pouquíssimas outras narrativas da Bíblia são, como esta, uma história de mulheres espertas e das relações entre elas. São as mulheres que têm todos os papéis principais e que dão início às ações mais importantes. Boaz, ator coadjuvante da história, é um bom homem, mas precisa de ajuda para fazer a coisa certa, e Noemi — enviando Rute na calada da noite — sabe exatamente o tipo de ajuda necessário. O que os homens mais fazem no *Livro de Rute* é morrer, deixando as mulheres a cuidar de si mesmas; e a aclamação de Rute como nora "melhor que sete filhos" (um eco da fala de Elcana para sua mulher Ana em *I Samuel*, 1:8) é mais do que meramente retórica. É como uma mão na luva e as mulheres a usam com um certo floreio.

Quanto ao Senhor, ou melhor, quanto às tradicionais sensibilidades do Senhor, se se pode dizer que o *Livro de Rute* as caracteriza, é só para sugerir que houve uma mudança nelas.

Essa mudança vem implícita na menção que o livro faz a uma mulher anônima que foi mãe de todos os moabitas. Na destruição de Sodoma, só Ló, sua mulher e suas duas filhas foram poupados. Como todos os homens de Sodoma haviam morrido, não sobrara ninguém para se casar com as filhas de Ló. As duas jovens embebedam o pai com vinho, deitam com ele

> e assim as duas filhas de Ló conceberam do próprio pai. A primogênita deu à luz um filho, e lhe chamou Moabe: é o pai dos moabitas, até o dia de hoje. A mais nova também deu à luz um filho, e lhe chamou Ben-Ami: é o pai dos filhos de Amom, até o dia de hoje. [*Gên.*, 19:36-8]

Boaz não é pai de Rute, é apenas um parente do sogro de Rute. Ela não o embebeda; simplesmente vai até ele depois de ele ter bebido. E, se aceitarmos a história como está escrita, ele não dorme com ela essa noite em que ela descobre seus genitais, mas só depois do casamento, um casamento que ele só contrai depois de cumprir devidamente as diversas exigências sociais. Mas essa honrosa versão da sedução de Ló pela mãe de todos os moabitas só serve para transformar ainda mais eficazmente uma história que celebra a dignidade, a devoção mútua e a iniciativa das mulheres em geral numa história de reabilitação das mulheres moabitas em particular.

Ao discutir os *Provérbios*, observamos que as mulheres estrangeiras eram quase inevitavelmente o canal pelo qual as culturas estrangeiras vinham a Israel. Inevitavelmente devia ser assim também para outros povos, devido à cultura de guerra que tratava as mulheres de uma nação derrotada como propriedade, exterminando os homens derrotados. As mulheres eram mensageiras de cultura através das fronteiras nacionais simplesmente porque sobreviviam para isso. As mulheres, evidentemente, adotavam quase sempre a cultura da família em que se casavam, mas até que ponto seriam convincentes nesse papel? Depois da sedução de Ló, a história ou lenda israelita só volta a mostrar mulheres moabitas na infame orgia em torno do Baal de Peor, quando Fineias conquista os favores do Senhor empalando, com um único golpe de sua lança, um israelita que copulava com uma sacerdotisa-prostituta moabita (*Números*, 25). Essa é, em geral, a imagem da mulher moabita: idólatra, prostituta, corruptora de homens mais velhos.

É quase certeza que o autor do *Livro de Rute*, possivelmente moabita, seja uma mulher. Ele/ela responde a tudo isso celebrando o amor casto de Rute por sua sogra e sua fervorosa lealdade ao Senhor de Israel, sugerindo, finalmente, que nem todo amor entre um homem mais velho e uma mulher mais jovem é corruptor. Mas o que pensa Deus? Judeus e moabitas, ambos sujeitos à Pérsia depois da queda da Babilônia, não estariam em posição de se exterminar mutuamente, mas com certeza eram capazes de casar entre si. O autor/autora do *Livro de Rute* é claramente favorável ao casamento entre pessoas de povos diferentes. No entanto, o Senhor, falando por intermédio de Malaquias, o último profeta, deixou clara sua discordância com essa posição ao dizer:

> "Judá tem sido desleal, e abominação se tem cometido em Israel e em Jerusalém; porque Judá profanou o santuário do Senhor, o qual ele ama, e se casou com adoradores de deus estranho. O Senhor eliminará das tendas de Jacó o homem que fizer tal, seja quem for, e o que apresenta ofertas ao Senhor dos Exércitos." [*Ml*., 2:11-2]

Em *Rute*, o povo de Belém invoca o Senhor contra o Senhor e compara a moabita com os grandes nomes das mulheres israelitas quando diz a Boaz, no dia de seu casamento:

> "Somos testemunhas; o Senhor faça a esta mulher, que entra na tua casa, como a Raquel e como a Lia, que ambas edificaram a casa de Israel; e tu, Boaz, há-te valorosamente em Efrata, e faze-te nome afamado em Belém. Seja a tua casa como a casa de Perez, que Tamar teve de Judá, pela prole que o Senhor te der desta jovem." [*Rt*., 4:11-2]

O povo de Belém menciona pública e ousadamente uma outra viúva não israelita, Tamar, que seduziu o sogro, Judá, para não ficar sem filhos.

É concebível tomarmos a caracterização implícita do Senhor como um Deus que apoia o casamento entre povos diferentes como um novo estágio no desenvolvimento de seu caráter. O que faz desse momento uma mudança caracterológica para ele, assim como uma mudança disciplinar, por assim dizer, para Israel, é que esse momento devolve-lhe a benignidade universal para com a fertilidade humana de que o "Sede fecundos e multiplicai-vos" falava no início. Se sua benignidade voltou, então o lado criador terá marcado um ponto contra o lado destruidor de seu caráter. Mas uma tal leitura constituiria um abuso de uma técnica legítima. Um personagem pode, sem dúvida, ser caracterizado em sua ausência por outros que interagem com ele. Mas o *Livro de Rute* não tem a copiosa caracterização do Senhor que encontramos nos *Salmos* e nos longos e apaixonados discursos de *Jó*. Mesmo nos *Provérbios*, o texto, em toda a sua frequente secularidade e distância de qualquer preocupação especial com Israel, propõe um novo papel claro e identificável para o Senhor assumir.

O *Livro de Rute*, porém, presta uma atenção muito modesta ao Senhor Deus. Sua preocupação maior é com uma mudança na dignidade e no respeito mútuo das mulheres. A polêmica subjacente sobre a decência e a ortodoxia das esposas estrangeiras apresenta alguma dificuldade para ser traduzida como uma afirmação de que o próprio Deus tornou-se mais tolerante com elas. Tolerante ou intolerante, o Senhor Deus é, no que concerne à ação desta história, quase ocioso. Na lista de personagens do *Livro de Rute* ele é quase um espectador. Resultados felizes ou não a ele são atribuídos, bons votos são feitos mencionando seu nome, mas as referências, os pronunciamentos parecem meramente *pro forma*. O Senhor Deus não diz nada, como já observamos; e para todo e qualquer fim prático, ele também não faz nada.

RECLUSO
"De nuvens te encobriste."

LAMENTAÇÕES

Muitos, talvez a maioria, dos repórteres jornalísticos já viveram a experiência de comparecer a uma entrevista coletiva à qual o entrevistado — o presidente, digamos — nunca chega. A concentração e a dissipação de energia antes e depois de um não-evento desse tipo é instrutiva. Em que momento o grande homem começa a não-chegar? Em que momento sua não-chegada é admitida? No começo, um observador pode sentir a atenção concentrada, a presença do ausente, um foco emocional e físico no ponto iluminado, vigiado por câmeras, que o presidente irá ocupar. E então... a desconcentração dessa mesma energia, a crescente inquietação e a ligeira confusão física da multidão, cabeças que se voltam, alguém que se levanta ou que acena, talvez, depois vozes que vão se elevando acima do respeitoso murmúrio inicial, e depois um fio que vai engrossando até tornar-se uma torrente de gente indo embora à medida que a presença ausente vai se transformando numa ausência presente.

Um clima de transição desse tipo afeta os seis livros que vêm depois do *Livro de Jó* no cânon judaico: o *Cântico dos Cânticos*, *Rute*, as *Lamentações*, o *Eclesiastes*, *Ester* e *Daniel*. Figurativamente, o *Cântico dos Cânticos* é um casal de repórteres que está apaixonado e alheio ao que se passa; *Rute* é uma história maravilhosa que uma mulher morena e bem vestida, ainda sentada, está contando a outra mulher, enquanto olha distraída a porta para o caso de o presidente chegar afinal; *Eclesiastes* é um colunista mais velho que se julga o "decano" da sua profissão e aproveita a ocasião para discursar um pouco alto demais num tom que ele pretende cínico, mas que atinge a muitos como meramente confuso; *Ester* é um repórter da imprensa escrita ligeiramente truculento que se preocupa mais em colocar o pessoal da televisão no seu devido lugar do que com qualquer coisa que o presidente diga ou deixe de dizer; *Daniel* é um jovem radical perturbado que segundo os rumores teve contato particular com o presidente.

Tudo muito interessante. Pode-se escrever um livro sobre qualquer um desses repórteres. Mas e o presidente? E aquela gente toda que está interessada no que o presidente pudesse dizer, que ainda acha que aquilo que o presidente faz ou deixa de fazer é de imensa importância?

Imagine as *Lamentações* como um repórter de cara sombria na primeira fila, bloco de anotações no colo, minigravador a postos no bolso do colete, muito mais triste com a ausência do presidente do que irritado com ela ou pronto para correr para outros assuntos. *Como podem levar tudo isso tão pouco a sério?*, ele pensa consigo mesmo a respeito dos colegas relaxados; *o país está caindo aos pedaços!*

As *Lamentações* é um mini-Saltério de cinco capítulos apenas, e que consiste de lamentos sobre a destruição de Jerusalém. O tom desafiador que soa ocasionalmente no *Livro dos Salmos* e que se torna uma espécie de guerra entre Deus e um homem no *Livro de Jó* não é encontrado em parte alguma. O autor, que podemos chamar de elegista, declara-se culpado em nome de Israel. O Senhor avisou repetidamente a Israel, insiste ele, que seria esse o resultado de sua apostasia nacional. E a nação apostatou de qualquer forma. O Senhor foi fiel à sua palavra:

> *Fez o Senhor o que intentou;*
> *cumpriu a ameaça que pronunciou*
> *desde os dias da antiguidade:*
> *derrubou, e não se apiedou;*
> *fez que o inimigo se alegrasse por tua causa,*
> *exaltou o poder dos teus adversários.* [Lm., 2:17]

As *Lamentações* juntam a imagética do Servo Sofredor do Segundo Isaías com uma linguagem que lembra as reclamações de *Jó*. O versículo de abertura de *Lamentações*, 3, lembra o "homem de sofrimento" de *Isaías*, da mesma forma que, um pouco adiante, a referência ao envelhecimento da carne e da pele do autor relembra *Jó*:

> *Eu sou o homem que viu a aflição*
> *pela vara do furor de Deus.*
> *Ele me levou e me fez andar*
> *em trevas e não na luz.*
> *Deveras ele volveu contra mim a sua mão,*
> *de contínuo todo dia.*
> *Fez envelhecer a minha carne e a minha pele,*
> *despedaçou os meus ossos.*
> *Edificou contra mim,*
> *e me cercou de veneno e de dor.*
> *Fez-me habitar em lugares tenebrosos,*
> *como os que estão mortos para sempre.*
> *Cercou-me de um muro, já não posso sair;*
> *agravou-me com grilhões de bronze.*
> *Ainda quando clamo e grito,*
> *ele não admite a minha oração.*
> *Fechou os meus caminhos com pedras lavradas,*
> *fez tortuosas as minhas veredas.* [3:1-9]

Mas os versículos do meio desse longo poema, que segue a ordem do alfabeto hebraico, com um versículo para cada letra, oferecem uma clara, mesmo que severa, explicação do que aconteceu e por quê; até para o indivíduo que sofre, tudo faz parte do plano do Senhor:

> *Bom é aguardar a salvação do Senhor,*
> *e isso em silêncio.*
> *Bom é para o homem*
> *suportar o jugo na sua mocidade.*
> *Assente-se o solitário e fique em silêncio;*
> *porquanto esse jugo Deus o pôs sobre ele;*

> *ponha a sua boca no pó;*
> *talvez ainda haja esperança.*
> *Dê a face ao que o fere;*
> *farte-se de afronta.*
> *O Senhor não rejeitará para sempre;*
> *pois, ainda que entristeça a alguém,*
> *usará de compaixão*
> *segundo a grandeza das suas misericórdias.* [3:26-32]

O *Livro das Lamentações* é notável por justapor um esmagador sentido de perda a uma inabalável admissão de que a perda foi merecida, e a uma desesperada mas confiante súplica final por vingança contra aqueles que impuseram o merecido castigo:

> *Tu lhes darás a paga, Senhor,*
> *segundo a obra das suas mãos.*
> *Tu lhes darás cegueira de coração,*
> *a tua maldição imporás sobre eles,*
> *na tua ira os perseguirás*
> *e eles serão eliminados*
> *de debaixo dos céus do Senhor.* [3:64-6]

Apesar de Deus ter feito do pecado deles o seu instrumento, o pecado ainda é pecado.

Psicologicamente, o elegista ainda está bastante próximo do Senhor, ainda profundamente engajado na problemática tradicional do pecado e da reconciliação de Israel, e ainda, através da dor, recusa-se a perder a esperança em uma intervenção divina maior. Existe integridade e também *pathos* nessa posição. O autor recusa-se a só sofrer: ele insiste em sofrer como judeu. O que está acontecendo não está meramente acontecendo: é tudo parte de uma transação invisível. Para fazer com que as coisas sejam assim, ele tem de tomar os eventos como resultado dos pecados seus e da nação. Feito isso, ele pode acreditar que o Senhor pode e irá acabar com o sofrimento, mesmo que, como diz ele:

> *cobriste-vos de ira, e nos perseguiste;*
> *e sem piedade nos mataste.*
> *De nuvens te encobriste*
> *para que não passe a nossa oração.* [3:43-4]

Infelizmente, existe um outro tipo de *pathos* para o leitor que chega às *Lamentações*, neste ponto do Tanach. Por meio de suas descrições dolorosamente vívidas e vividas, o *Livro as Lamentações* afirma ter sido revelado depois da queda de Jerusalém e antes da restauração. Em outras palavras, à época de sua escritura imaginada, o elegista depara-se com o impacto da destruição da cidade e o cruel estabelecimento do cativeiro e da opressão nacionais. Por mais horrível, porém, que fosse esse tempo, era iluminado pela esperança de uma grande restauração. Agora a restauração ocorreu, e, tristemente, grande parte do que o elegista lamentava continua ocorrendo, inclusive, segundo o testemunho dos profetas pós-exílio, a subserviência, a carência e uma dolorosa sensação de perda. O leitor sabe, coisa que o elegista parece não saber, que, mesmo depois da restauração, Jerusalém ainda podia dizer:

> *Escravos dominam sobre nós;*
> *ninguém há que nos livre da sua mão.*
> *Com perigo de nossas vidas providenciamos o nosso pão,*
> *por causa da espada do deserto.*
> *Nossa pele se esbraseia como um forno,*
> *por causa do ardor da fome.* [5:8-10]

Essa admissão traz, de volta ao primeiro plano, a questão do silêncio do Senhor, e rompe a nova síntese que parecia quase cumprida no *Livro dos Salmos*, mesmo que o *Livro de Jó* não a tivesse rompido de nenhuma outra maneira.

Nos *Salmos*, era rara, apesar de não de todo ausente, uma linguagem como a que o elegista usa para falar do triste estado da nação. O Senhor do belo céu e da lei deslumbrante tornou-se íntimo da alma e sólido alicerce do bem-estar familiar. O pano de fundo para a contemplação da Torá-Sabedoria era cada vez mais o esplendor da natureza em vez da glória da história israelita. E, contra esse pano de fundo, questões pessoais e familiares pareciam ter em grande parte substituído a esperança anterior de uma verdadeira vingança nacional em massa. Implicitamente, eram toleráveis as condições de vida a curto prazo para os judeus diante dessas grandes mudanças. Para o elegista, porém, essas condições parecem insuportáveis. E, seja quem for que tem razão, o Senhor continua em silêncio: nenhuma resposta, nenhuma resposta melhor parece iminente. Voltando à nossa comparação mundana, na sala em que deveria realizar-se a entrevista coletiva do presidente, estão agora dobrando as cadeiras e tirando as bandeiras, quase temerosos de perturbar o último e devotado repórter ainda sentado em seu lugar, tão quieto e tão ereto, com o bloco no colo e o lápis na mão, que se recusa a perder as esperanças, que se recusa a ouvir o silêncio.

ENIGMA
"Quem poderá endireitar o que ele torceu?"

ECLESIASTES

A palavra grega *ekklesiastes*, usada para traduzir *qohelet* em hebraico, significa algo como "aquele que reúne" ou "reunidor", e pode referir-se tanto a seres humanos reunidos como a ditos reunidos num livro.* Assim como o *Livro dos Provérbios*, o *Livro de Eclesiastes* contém tanto discursos longos como ditos breves; e, como os *Provérbios*, o *Eclesiastes* traz ditados sobre ambos os lados de uma variedade de assuntos. A sabedoria popular é caracteristicamente assistemática e autocontraditória, portanto, para cada "Pensa, antes de falar", há um "Quem não arrisca não petisca". Assim, em 3:19-21, diz o Eclesiastes:

> Porque o que sucede aos filhos dos homens sucede aos animais; o mesmo lhes sucede: como morre um, assim morre o outro, todos têm o mesmo fôlego de vida, e nenhuma vantagem tem o homem sobre os animais; porque tudo é vaidade. Todos vão para o mesmo lugar; todos procedem do pó, e ao pó tornarão. Quem sabe que o fôlego de vida dos filhos dos homens se dirige para cima, e o dos animais para baixo, para a terra?

Mas em 12:7, diz, concluindo um melancólico poema sobre a devastação da velhice:

> *E o pó volte à terra,*
> *como o era,*

---

* A tradução de João Ferreira de Almeida traz um subtítulo: *Livro do Eclesiastes ou o Pregador.* (N. T.)

*e o espírito volte a Deus
que o deu.*

O Eclesiastes fica igualmente dividido no que tange aos conselhos práticos de como a vida deve ser vivida. A primeira das citações acima chega à conclusão prática:

Pelo que vi não haver coisa melhor do que alegrar-se o homem nas suas obras, porque essa é a sua recompensa; quem o fará voltar para ver o que será depois dele? [*Ec.*, 3:22]

Em outro ponto, porém, falando de sua tentativa de gozar as próprias posses, ele diz:

¹¹ Considerei todas as obras que fizeram as minhas mãos, como também o trabalho que eu, com fadigas, havia feito; e eis que tudo era vaidade e correr atrás do vento, e nenhum proveito havia debaixo do sol. ¹² Pois como há de ser o homem que me sucederá, e quem governará sobre o que foi há muito construído? [2:11-2]*

O Eclesiastes é mais do que um filósofo de botequim, porém. Sua inconsistência não é simplesmente a inconsistência da sabedoria popular, que é sempre *ad hoc* e cuja completude depende da situação particular a que cada ditado se aplica. O Eclesiastes é mais precisamente um protofilósofo, que busca a sabedoria, que vê com ceticismo muitas das questões comuns da humanidade e começou a ver com ceticismo a própria sabedoria tradicional, sem excluir o tipo especial de sabedoria que tenta lidar com o ceticismo recolhendo-se na posição subfilosófica de apenas viver a vida. Existe uma calma e atraente resignação em al-

---

* A tradução de João Ferreira de Almeida para o versículo 12 é inteiramente diferente: "Então passei a considerar a sabedoria e a loucura e a estultícia. Que fará o homem que seguir o rei? O mesmo que outros já fizeram". (N. T.)

guns discursos do Eclesiastes, mas pelo juízo que ele próprio faz, seus discursos são fúteis, e chega-se a acreditar que seu frequente horror pela vida não é só afetação (2:17).

Apesar de também quanto a Deus o Eclesiastes pesar ambos os lados de todas as questões, pode-se dizer que nessa questão ele começa a questionar o que pode ser chamado de premissas ocultas do monoteísmo judeu. A noção de recompensa como resultado da ação humana — seja recompensa da aliança ou simplesmente recompensa do empenho — é seriamente comprometida pela noção quase platônica da presciência divina de um ciclo de eventos infinitamente recorrente:

Sei que tudo quanto Deus fez durará eternamente;

*nada se lhe pode acrescentar
e nada lhe tirar;*

e isto faz Deus para que os homens temam diante dele.

*O que é já foi,
e o que há de ser também já foi;*

Deus fará renovar-se o que se passou. Vi ainda debaixo do sol que

*no lugar do juízo reinava a maldade,
e no lugar da justiça, maldade ainda.*

Então disse comigo: Deus julgará o justo e o perverso; pois há tempo para todo propósito e para toda obra. [3:14-7]

Se isso soa fatalista, devemos notar que o fatalismo tem as suas compensações. Em 9:7, o Eclesiastes escreve: "Vai, pois, come com alegria o teu pão e bebe gostosamente o teu vinho, pois Deus já de antemão se agrada das tuas obras". (A versão do rei James traduz: "Segue teu caminho, come teu pão com alegria e bebe teu vinho de coração leve", captando a ternura avuncular do verso.)

No Tanach, a crença em Deus pressupõe a não-recorrência do tempo, e também a interconexão das gerações. Aos olhos do deuteronomista, a descendência abundante constitui uma recompensa, e para todos os autores mais antigos outras recompensas — como também alguns castigos —, atribuídas à descendência, contam como se atribuídos à própria pessoa. O Eclesiastes tem uma posição muito mais moderna e individualista, para não dizer um tanto preconceituosa, a respeito desses assuntos: da vida nada se leva, e, se tudo fica para trás, de que adianta tudo isso?

> Há um mal que vi debaixo do sol, e que pesa sobre os homens: o homem a quem Deus conferiu riquezas, bens e honra, e nada lhe falta de tudo quanto a sua alma deseja, mas Deus não lhe concede que disso coma, antes o estranho o come: também isso é vaidade e grave aflição. Se alguém gerar cem filhos, e viver muitos anos, até avançada idade, e se a sua alma não se fartar do bem, e além disso não tiver sepultura, digo que um aborto é mais feliz do que ele. [6:1-3]

Nesse ponto, a posição do Eclesiastes faz um notável contraste com Jó, ecoando a linguagem de Jó no começo, mas depois afastando-se dela para uma direção toda própria:

> Como saiu do ventre de sua mãe, assim nu voltará, indo-se como veio; e do seu trabalho nada poderá levar consigo. Também isso é grave mal: precisamente como veio, assim ele vai; e que proveito lhe vem de haver trabalhado para o vento? [5:14-5]

O "Nu saí do ventre [...]" dito por Jó terminava com "Bendito seja o nome do Senhor". O versículo equivalente no *Eclesiastes* não.

O Eclesiastes não amaldiçoa nem abençoa a Deus, apenas o

considera incompreensível e faz o que pode para escapar das suas apostas, inclusive qualquer aposta que envolva sabedoria ou integridade:

> Atenta para as obras de Deus: pois, quem poderá endireitar o que ele torceu? No dia da prosperidade goza do bem, mas no dia da adversidade considera em que Deus fez assim este como aquele; consequentemente, o homem não pode encontrar falha em Deus.
> Tudo isto vi nos dias da minha vaidade: há justo que perece na sua justiça, e há perverso que prolonga os seus dias na sua perversidade. Não seja demasiadamente justo, nem exageradamente sábio; por que te destruirias a ti mesmo? Não sejas demasiadamente perverso, nem sejas louco; por que morrerias fora do teu tempo? Bom é que retenhas isto, e também daquilo não retires a tua mão; pois quem teme a Deus de tudo isto sai ileso. [7:13-8]

Aqui também é instrutivo comparar o Eclesiastes com Jó, que disse à sua mulher: "Temos recebido o bem de Deus, e não receberíamos também o mal?" (*Jó*, 2:10), mas que sem dúvida prosseguiu até "encontrar falha nele". A ideia escandalosa de que Deus é amigo e inimigo, criador e destruidor, é ventilada casualmente aqui, como se fosse pouco mais do que bom senso teológico, ao menos se traduzirmos como a JPS, seguindo o comentador medieval Rashi. O texto hebraico é opaco. As palavras traduzidas por "Consequentemente, o homem não pode encontrar falha em Deus" são traduzidas na *Bíblia de Jerusalém* como "Para que não tomemos nada por garantido", e na NVPR "Para que o homem nada descubra do que há de vir depois dele". A leitura de Rashi é ao mesmo tempo mais piedosa e mais ousada do que qualquer dessas duas, mais modernas.

O conselho do Eclesiastes — ser bom, mas não demais, ser sábio, mas não demais — é o senso comum ético que ele deduz do seu senso comum teológico. É consenso entre os exegetas que o *Eclesiastes* é o clandestino do cânon, um livro que por direito não devia ter entrado na Bíblia. Ainda mais do que *Jó*, é uma espécie de inversão de tudo o que veio antes. E, no entanto, uma passagem como essa é provavelmente mais próxima daquilo que os pais ensinam a seus filhos, sejam judeus ou cristãos, a caminho da sinagoga ou da igreja, há milênios. O Eclesiastes é o Polônio da Bíblia.

Mas o que tem Deus a dizer, se é que tem algo a dizer, a respeito desse ceticismo entediado relativo à sua justiça e a seu controle sobre o curso das coisas? Será que o céu vai se escurecer mais uma vez com outro redemoinho e uma voz trovejante soará de novo?

> *Quem é este que escurece os meus desígnios*
> *com palavras sem conhecimento?* [*Jó*, 38:1]

Não, Deus deixa o Eclesiastes passar em silêncio, da mesma forma que o Eclesiastes deixa Deus passar em silêncio. Os versículos mais famosos do *Eclesiastes* estão entre os mais famosos de toda a Bíblia:

> Vi ainda debaixo do sol que não é dos ligeiros o prêmio, nem dos valentes a vitória, nem tampouco dos sábios o pão, nem ainda dos prudentes a riqueza, nem dos entendidos o favor; porém tudo depende do tempo e do acaso. Pois o homem não sabe a sua hora. Como os peixes que se apanham com a rede traiçoeira, e como os passarinhos que se prendem com o laço, assim se enredam também os filhos dos homens no tempo da calamidade, quando cai de repente sobre eles. [*Ec.*, 9:11-2]

Essas frases apresentam a visão de mundo mais secular que se pode imaginar. A afirmação de que a corrida não é para os "ligeiros" constitui uma espécie de versão inframoral da queixa judaica contida nos *Salmos* de que os justos sofrem e os maus são recompensados. O que o *Eclesiastes* subverte com sua sombria eloquência não é a aliança entre Israel e Deus, mas a visão dos *Provérbios*, de que o esforço (pelo menos no geral) traz recompensa ("Vai ter com a formiga [...]"). E o versículo imediatamente seguinte — no qual a morte é vista não como natural ao fim da vida, mas como uma súbita e cruel armadilha no meio dela — não constitui, tampouco, nenhum ataque à crença religiosa. O Eclesiastes, assim como o autor de *Jó*, tem o bom senso de colocar como seu alvo a sabedoria do Oriente Próximo, mais do que as tradições particulares de Israel. Porém ele difere notavelmente do autor de *Jó*, pois não considera Deus nem mesmo um tópico de grande importância. E se Deus discorda, nada diz.

12. INCORPORAÇÃO

Em que momento uma sensação de pausa cede lugar a uma sensação de fim? O *Livro de Jó* é o clímax do Tanach e o momento culminante da biografia de Deus. Os livros que vêm em seguida — *Cântico dos Cânticos*, *Rute*, *Lamentações* e *Eclesiastes*— são, de fato, um *dénouement*. Essa palavra francesa significa, literalmente, "desenredar", "desembaraçar". Na peça de teatro, depois que o conflito criado pelo dramaturgo já foi essencialmente resolvido, resta sempre ainda um desembaraçar, um arranjo final, antes que a peça chegue a um encerramento satisfatório. Se não por outra razão, só para dar algum tempo para que o impacto do clímax da peça seja assimilado.

Nesse sentido é que consideramos os quatro livros examinados no capítulo 11 como um *dénouement*. Existem, sim, pontos de contato ocasionais entre eles e o *Livro de Jó*: o tom angustiado das *Lamentações*, a resignação do *Eclesiastes* e alguns outros. Mas essas ligações não fazem deles uma solução final do relacionamento de Jó com Deus. Eles constituem um *dénouement* principalmente por introduzirem uma pausa entre o *Livro de Jó* e os livros que finalizam o Tanach. Eles mudam de assunto. Marcam o tempo. Eles aquietam.

E então a sensação de pausa por eles introduzida conduz a algo diferente, uma fugidia mas penetrante sensação de movimento e culminação. A biografia de Deus, como vimos antes, tem vários começos. Deus, ᵓ*elohim*, cria o mundo de um jeito; o Senhor, *yahweh*, de outro. Mas, se não houvesse nenhuma história da criação, o Tanach podia começar com Noé; se não houvesse nenhuma história do dilúvio, podia começar com Abraão; se não houvesse aliança patriarcal, então com Moisés. Nos livros que vamos examinar agora, o Tanach, com seus vários começos, chega a vários finais. Em cada um desses finais, a vida de Deus chega a um fecho, mas em nenhum deles ele morre.

Podemos dizer, mantendo nosso foco sobre ele, que Deus se aquieta; mas, ampliando um pouco o foco, podemos dizer que ele é incorporado à nação judaica. O ato com que Deus se torna homem como Jesus Cristo é chamado na teologia cristã de encarnação — da palavra latina *carnis*, "carne": o espírito de Deus se torna carne na pessoa de Jesus. *Incorporação* — do latim *corpus*: "corpo" — é um conceito similar, mas que não traz consigo nenhuma carga: o judaísmo não atribui nem à nação judaica como um todo o relacionamento com Deus que o cristianismo atribui a Jesus.

De qualquer forma, deixando de lado a especulação teológica, parece efetivamente ocorrer uma transferência pragmática de funções e expectativas nos livros de *Ester*, *Daniel*, *Esdras*, *Neemias* e *Crônicas*. Atitudes que Deus teria tomado em prol dos judeus, declarações que teria feito por eles, eles agora tomam e fazem sozinhos. Deus ainda é Deus e o único Deus. Eles ainda são nada mais do que seres humanos. E, no entanto, de uma forma estranha, ele e eles trocam de papéis.

AUSÊNCIA
"Ele lhes tinha declarado que era judeu."
ESTER

A evolução da religião do antigo Israel para o judaísmo e a evolução da nação de Israel para o judaísmo mundial não é assunto deste livro, e, de qualquer forma, só os primeiríssimos estágios desse processo estão registrados na Bíblia. Os livros de *Ester* e *Daniel*, que não contêm nenhum registro de eventos históricos, são ambos, mesmo assim, de grande interesse para os historiadores como prova de uma transformação da consciência nacional. Respectivamente, eles contam a história de uma mulher e de um homem que ascendem a uma posição de distinção em cortes imperiais de impérios em que os judeus são apenas um entre muitos povos. Ester, que se torna rainha do império persa, usa seu poder para armar os judeus para que combatam seus inimigos. Daniel, que se torna cortesão, conselheiro e "mágico-chefe" do rei da Babilônia, também obtém um triunfo violento, mesmo que mais estreito, sobre seus inimigos, e passa a ter uma série de visões apocalípticas nas quais a Babilônia e os impérios seguintes são destruídos e a nação do próprio Daniel triunfa.

Embora a atitude de Ester com relação ao império persa seja muito mais benigna do que a de Daniel com relação aos impérios babilônio, persa e grego, ambos os livros tomam impérios como coisas normais. E em ambos os livros um padrão que irá se repetir inúmeras vezes ao longo de 2500 anos de história judaica já está em operação. Nesse padrão, os judeus são uma minoria identificável, vulnerável, odiada por alguns, mas que progride à força do talento (a beleza de Ester, o brilho de Daniel) e da integridade. Sua sobrevivência depende de sua disponibilidade para assumir riscos recíprocos, de sua habilidade de conseguir a proteção daqueles que ocupam os postos mais altos, e de sua capacidade de determinar oportunamente o curso dos acontecimentos — especialmente os eventos perigosos. A fidelidade à religião judaica não é necessariamente um elemento da identidade judaica, nem da autodefesa judaica.

O *Livro de Ester* — cuja inclusão na Bíblia é tão surpreendente quanto a do *Livro do Eclesiastes* — assinala algo como um extremo na separação entre o destino judeu e a religião judaica. Deus não é mencionado nesse livro, e, num momento em que os judeus são considerados uma minoria distinta dentro do império persa, nem a sua religião é mencionada sequer como traço secundário de sua identidade. Eles são meramente um grupo étnico, e o *Livro de Ester* é a narrativa de um episódio triunfante em sua história. A rainha da Pérsia ofendeu seu marido, e o rei decidiu tomar nova esposa. As mais belas donzelas do reino são trazidas à capital, Susã. Ester, órfã adotada por seu primo Mordecai, é a que mais lhe agrada e torna-se sua rainha. O fato de ela esconder do rei Assuero a sua identidade judaica sugere que isso seria uma limitação, mas ela não demonstra nenhuma reserva quanto a casar-se com um persa e aparentemente não faz nenhum esforço para praticar sua própria religião, mesmo secretamente. Enquanto isso, na trama secundária do livro, Mordecai recusa-se a ajoelhar-se ou curvar-se diante de Hamã, que acaba de ser promovido a primeiro-ministro e tem direito a essas homenagens por édito real. Os cortesãos importunam Mordecai — que há pouco salvou o rei de um assassinato avisando a rainha Ester — insistindo para que obedeça a ordem real, mas ele "lhes tinha declarado que era judeu" e isso é tudo o que o livro traz de mais próximo de um compromisso religioso ou de uma alusão a Deus.

Hamã então disse a Assuero:

> Existe espalhado, disperso entre os povos em todas as províncias do teu reino ["está espalhado um povo à parte", traduz a *Bíblia de Jerusalém*], um povo cujas leis são diferentes das leis de todos os povos, e que não cumpre as do rei; pelo que não convém ao rei tolerá-lo. Se bem parecer ao rei, de-

crete-se que sejam mortos, e nas próprias mãos dos que executarem a obra eu pesarei deles dez mil talentos de prata que entrem para os tesouros do rei. [*Est.*, 3:8-9]

Hamã provavelmente conseguirá essa prata saqueando os judeus que serão mortos. A reação dos judeus a esse édito é notável:

Quando soube Mordecai tudo quanto se havia passado, rasgou as suas vestes e se cobriu de pano de saco, e de cinza [...] Em todas as províncias aonde chegava a palavra do rei e a sua lei, havia entre os judeus grande luto, com jejum e choro, e lamentação; e muitos se deitavam em pano de saco e em cinza. [4:1, 3]

Jejum, pano de saco e cinzas eram às vezes sinais de arrependimento no antigo Israel, mas Mordecai não menciona pecado algum, não conclama os judeus ao arrependimento, nem fala do édito do rei como um ato de Deus. Jejum, pano de saco e cinzas são também sinais de luto, e parecem não ser nada mais do que isso nesse caso. Podiam também ser empregados junto com orações quando de uma crise pessoal ou, principalmente, de uma grande crise nacional. Mas numa omissão extremamente surpreendente, nem Mordecai, nem nenhum dos judeus agora correndo perigo de vida chama ao Senhor em oração.

A omissão é surpreendente porque esse decreto de extermínio é muito parecido com o decreto do Faraó contra todos os bebês israelitas de sexo masculino. Os israelitas do Egito clamaram conscientemente ao seu Deus, "e o seu clamor subiu a Deus", e ele o ouviu e veio em seu socorro. O clamor dos judeus da Pérsia não sobe a Deus, Deus não toma nenhuma atitude a seu favor, e eles não dão nenhuma indicação do que esperam que ele o faça.

Ao contrário, eles se safam desse perigo por sua própria coragem e criatividade. Quando Ester teme entrar em presença do rei sem ter sido chamada, ofensa capital segundo as regras da corte, Mordecai a estimula a ir:

Não imagines que, por estares na casa do rei, só tu escaparás entre todos os judeus. Porque, se de todo te calares agora, de outra parte se levantará para os judeus socorro e livramento, mas tu e a casa de teu pai perecereis; e quem sabe se para tal conjuntura como esta é que foste elevada a rainha? [4:12-4]

O conselho de Mordecai a Ester é forte mas mundano, da mesma forma que os conselhos gerais do Eclesiastes sobre o mesmo assunto são mundanos:

Melhor é serem dois do que um, porque têm melhor paga do seu trabalho. Porque se caírem, um levanta o companheiro; ai, porém, do que estiver só; pois, caindo, não haverá quem o levante. Também, se dois dormirem juntos, eles se aquentarão; mas um só como se aquentará? Se alguém quiser prevalecer contra um, os dois lhe resistirão; o cordão de três dobras não se rebenta com facilidade. [*Ec.*, 4:9-12]

Conforme observamos antes, o Eclesiastes refere-se com frequência, mesmo que casualmente, a Deus; Ester jamais se refere a ele. Mas podemos imaginar que, em circunstâncias como as descritas no *Livro de Ester*, o Eclesiastes se conduziria mais ou menos da mesma forma que Ester e Mordecai se conduzem. Ele também passaria pouco tempo falando com ou sobre Deus. Partes do *Eclesiastes*, de fato, podem ser lidas como conselhos ligeiramente surrados dados a um cortesão:

Nem no teu leito amaldiçoes o rei,
nem tampouco no mais interior do teu quarto, o rico;
porque as aves dos céus poderiam levar a tua voz,
e o que tem asas daria notícias das tuas palavras. [10:20]

Um passarinho me contou..., como diz o ditado. O *Livro de Ester* é, até certo ponto, o *Livro do Eclesiastes* posto em prática.

Ester assume o risco que Mordecai insiste que assuma e é recompensada. O rei, ainda fascinado por ela, oferece-lhe metade de seu reino. Em vez de aceitar, ela alerta o rei que Hamã está planejando a execução pública de Mordecai, o qual, conforme o rei descobriu por acaso nos arquivos do palácio, uma vez revelou-lhe um plano de assassinato. Ester explica a seu marido em maiores detalhes o plano de Hamã para exterminar os judeus, que são, ela revela então, seus ancestrais. Furioso, o rei dá a fortuna de Hamã para Mordecai, executa Hamã no cadafalso que Hamã havia preparado para Mordecai, e decreta um dia de imunidade aos judeus que quiserem vingar-se de todo e qualquer inimigo:

> [...] o rei concedia aos judeus de cada cidade que se reunissem e se dispusessem para defender a sua vida, para destruir, matar e aniquilar de vez toda e qualquer força armada do povo da província que viesse contra eles, crianças e mulheres, e que se saqueassem os seus bens, num mesmo dia, em todas as províncias do rei Assuero, no dia treze do duodécimo mês, que é o mês de Adar. [*Est.*, 8:11-2]

Ester pede mais um dia desses e o rei atende seu pedido. Os judeus matam 75 mil pessoas e "fizeram dos seus inimigos o que bem quiseram" (9:5). Mais tarde, em memória de sua libertação e dessa vingança, eles criam os dois dias da festa do Purim, assim chamada por causa do *pur* ou sorteio que Hamã fizera para selecionar Adar como o mês em que os judeus morreriam, "o dia catorze do mês de Adar, e o dia quinze do mesmo, todos os anos, como os dias em que os judeus tiveram sossego dos seus inimigos, e o mês que se lhes mudou de tristeza em alegria, e de luto em dia de festa" (9:21-2).

A ausência de qualquer referência a Deus, mesmo que de passagem, no *Livro de Ester* sugere a muitos comentadores uma exclusão deliberada. O feriado do Purim, acréscimo posterior ao calendário judaico, muito provavelmente tomado emprestado dos babilônios antes de o *Livro de Ester* haver sido escrito, tornou-se uma espécie de bacanal judaica, e talvez por essa razão deva ter parecido melhor manter o nome divino ao largo de qualquer associação com a data e do risco de qualquer dessacralização. Numa tal leitura, o *Livro de Ester* é ficção histórica consciente, escrita para entretenimento e sua violência não é nem mais nem menos edificante do que a violência de um filme norte-americano de ação e aventura em que o herói acaba com centenas de bandidos genéricos com uma metralhadora. A tradução do Septuaginto, porém, contém referências a Deus e orações de Mordecai e de Ester, entre diversos outros acréscimos substanciais ao texto. Algumas dessas referências e acréscimos têm por efeito tornar a história mais adequada, *prima facie*, para que fosse incluída no Tanach, porém elas podem ter sido fornecidas pelos judeus falantes do grego da Diáspora Ocidental, enquanto outras podem provir de um original hebraico não corrigido, isto é, de uma época anterior àquela em que todas as referências a Deus foram expurgadas do texto. Tudo isso pertence ao reino da especulação histórica. O que resta é o efeito mais ativa do que passivamente secular do texto hebraico colocado no cânon judeu.

O Tanach é uma coleção de livros que lida, no geral, com o relacionamento entre Deus e Israel. A crise suprema desse relacionamento foi a apostasia em massa que Israel cometeu contra esse Deus e o devastador castigo que Deus impôs a Israel na forma de derrota e exílio. A aliança entre eles, que começou quando Deus libertou os judeus da escravidão e do iminente genocídio no Egito, pareceu efetivamente haver terminado quando a terra que Deus lhes dera havia tanto tempo tornou-se possessão de invasores estrangeiros. É nesse ponto que se rompe a narrativa formal do relacionamento entre Deus e Israel, que vai do *Êxodo* até *II Reis*. Sem dúvida, mesmo na ausência de narrativa, é possível inferir dos profetas pré-exílio e do exílio quais eram as esperanças divinas e humanas por um novo começo e, da mesma forma, pode-se inferir dos profetas pós-exílio o que foi efetivamente esse novo começo. No entanto, não se encontra nenhuma narrativa formal sobre a vida da nação como um todo nos profetas e nos escritos que vão desde *Isaías* até o *Eclesiastes*. Além disso, depois do último profeta (Malaquias), a direção geral é dada decididamente pelas questões individuais mais do que pelas coletivas.

Por todas essas razões, a retomada da narrativa em *Ester* e o fato de essa narrativa efetivamente lidar com o destino coletivo da nação em sua diáspora emprestam a esse livro um impacto inegável. A grande maioria das ocorrências das palavras *judeu* e *judeus* no Tanach encontra-se nesse livro. Nos livros anteriores do Tanach, as palavras correspondentes são *israelita* e *Israel*, sendo que o nome da nação (e seu epônimo ancestral) refere-se coletivamente a todos os que a ela pertenciam. Israel era uma união de doze tribos, e os judeus, filhos de Judá, constituíam apenas uma delas. Só raramente se fazia referência aos filhos de Judá como judaicos ou judeus. A palavra coletiva para eles era *Judá*, e raramente eles eram chamados de qualquer outra forma. O fato de a retomada da narrativa da história nacional coincidir com essa mudança crucial na autodesignação de Israel atribui a *Ester*, livro em que ocorre essa retomada, uma maior importância. Podemos dizer que Israel está de volta, agora chamando a si mesmo de "os judeus", ainda falando hebraico, sem se misturar com nenhuma outra nação, mas, surpreendentemente, sem o seu Deus.

Essa última inferência não seria necessária se o *Livro de Ester* assumisse uma forma diversa da que assumiu — se, em outras palavras, não fosse uma história de genocídio evitado, mimetizando o próprio mito de fundação da nação. O poder da lembrança do Êxodo como um paradigma de redenção divina do genocídio é tal que, quando a ameaça que levou ao Êxodo está para ser repetida, Deus não pode estar mera e neutramente ausente da história. Se ele não intervém para salvar seu povo ou, pelo menos, se o povo não chega a clamar por ele em sua hora de perigo, fica parecendo que Deus foi agressivamente dispensado da história. Seja qual for a intenção do *Livro de Ester*, esse é o efeito que ele tem. Em certas famílias, determinadas palavras não podem ser ditas. Passam-se anos sem que se discuta o porquê de essas palavras não poderem ser faladas, mas o silêncio continua e é "ouvido" a todo momento. Seja qual for a intenção do silêncio a respeito de Deus no *Livro de Ester*, esse é o efeito que ele tem. Ester e Mordecai não são a encarnação de Deus. Para qualificá-los assim seria preciso ao menos dizer a palavra *Deus*. Mas eles estão muito próximos de ser uma encarnação da ação redentora de Deus. Eles fazem pelos judeus sob o poder de Assuero o que o Senhor fez por Israel sob o poder do Faraó. Eles fazem o que se esperava que o ungido pelo Senhor fizesse de novo por um Israel restaurado. Não é preciso dizer que o ungido do Senhor, o Messias, não é mencionado em *Ester*, e que a própria palavra *Israel* nunca é dita pela protagonista.

Literariamente, o *Livro de Ester* é às vezes colocado ao lado dos livros de *Judite* e *Tobit* [ou *Tobias*], obras originalmente escritas em hebraico ou aramaico, mas preservadas apenas na tradução grega do Septuaginto. Todos três são histórias de ficção edificantes sobre os judeus que vivem sob poder estrangeiro. Mas na caracterização deles a palavra-chave é *edificante*, pois o que é edificação para um pode ser objeto de escândalo para outro. *Judite* e *Tobias* são muito mais piedosos do que *Ester*. Em ambos, ao lado do valor humano do protagonista, a ajuda continua a vir em nome do Senhor, mas nenhum dos dois está incluído no cânon judaico, e *Ester* está. Especular mais prolongadamente a esse respeito implicaria desviarmo-nos demais de nosso assunto para abordarmos a história da diáspora judaica, mas, no mínimo, não se pode ignorar o fato de que *Ester* foi incluído precisamente porque *não* espera a redenção do Senhor. Alguém naquela época deve ter gostado do livro justamente por essa razão. E é muito notável ligar essa autonomia com a autonomia de Neemias, outro judeu persa que toma a defesa dos judeus como responsabilidade pessoal e não de Deus. Acertadamente, os historiadores leem *Ester* como ficção e *Neemias* como história, mas existe um laço espiritual importante entre os dois.

Mesmo que ninguém naquela época gostasse de *Ester* por essas razões (e desde o começo houve objeções tanto judias como cristãs ao livro), mesmo que o efeito literário de sua disposição seja puramente acidental, esse efeito é duradouro. Quando no *Livro de Ester* homens maus conspiram contra os judeus de Susã e os judeus não clamam a Deus por causa dessa injustiça, como faz o salmista, alguma coisa muda. Mesmo ultrajados e quase em pânico pelo risco que correm, a sensação de ultraje atinge apenas os seres humanos envolvidos, e o pânico não impede que ajam com decisão e autonomia. Isso também muda alguma coisa. "Desde a Índia até a Núbia", que é a extensão do império de Assuero, segundo o *Livro de Ester*, os judeus, em seu relacionamento com Deus, se tornaram, por assim dizer, a ex-esposa agora responsável só por seus próprios atos, o antigo cliente agora defendendo-se sozinho, o filho crescido que sai de casa. O mundo dos judeus é às vezes hostil, mas com talento, coragem e um pouco de sorte eles estão se virando. Deus, ao que tudo indica, não é mais problema deles.

O ANCIÃO DOS DIAS
"Sela o livro até o tempo do fim."

DANIEL

Mesmo havendo algo de terminal no *Livro de Ester*, ele não é o último livro do Tanach, e sua última palavra, ou estudado silêncio, acerca de Deus tampouco é final. No *Livro de Daniel*, Deus e Israel estão novamente juntos, pelo menos através de intermediários. Daniel, como Ester, é um judeu em uma corte imperial, mas, no *Livro de Daniel*, Deus está presente como fonte reconhecida de sucesso, o que não corresponde a nada semelhante no *Livro de Ester*. *Ester* é uma narrativa única, contínua, enquanto *Daniel* consiste de um conjunto de episódios da vida do herói na corte babilônica (*Daniel*, 1-6), seguido de um conjunto de visões (*Daniel*, 7-12). Mas pelo menos a primeira metade de *Daniel* pode ser considerada como uma espécie de versão religiosa de *Ester*.

Talvez o contraste mais claro entre *Ester* e *Daniel*, sob esse aspecto, seja o que existe entre dois episódios nos quais inimigos particularmente insidiosos dos judeus caem vítimas de suas próprias armadilhas. Em *Ester*, 5-7, Hamã termina empalado na estaca de cinquenta cúbitos que havia mandado levantar para a execução de Mordecai. Em *Daniel*, 6, os perseguidores de Daniel morrem na cova dos leões que eles haviam preparado para a execução dele. A ofensa de Mordecai ia pouco além, se é que ia, do desrespeito pessoal por Hamã, enquanto a ofensa de Daniel era especificamente religiosa, desafiando um decreto — promulgado como armadilha contra ele — que ordenava que, por trinta dias, todas as preces deviam ser feitas apenas ao rei. A vingança de Mordecai é um triunfo puramente pessoal (ou pessoal e nacional), enquanto a de Daniel redunda em crédito mundial para Deus. O rei em *Daniel* escreve "a todos os povos, nações e homens de todas as línguas que habitam em toda a terra":

"Paz vos seja multiplicada! Faço um decreto, pelo qual em todo o domínio do meu reino os homens tremam e temam perante o Deus de Daniel; porque ele é o Deus vivo e que permanece para sempre; o seu reino não será destruído e o seu domínio não terá fim. Ele livra e salva, e faz sinais e maravilhas no céu e na terra; foi ele quem livrou Daniel do poder dos leões." [6:25-7]

O *Livro de Daniel* abre com o protagonista e três outros jovens judeus — Hananias, Misael e Azarias — na corte de Nabucodonosor, rei da Babilônia, para onde foram levados como cativos depois de Nabucodonosor haver saqueado Jerusalém. Esses capítulos de abertura têm um tom que lembra os capítulos finais do *Livro do Gênesis*, no qual José, levado ao Egito como cativo, ascende ao poder na corte do Faraó. Como José em sua época, Daniel e seus amigos são mais astutos do que os outros servidores da corte real: "Em toda matéria de sabedoria e de inteligência, sobre que o rei lhes fez perguntas, os achou dez vezes mais doutos do que todos os magos e encantadores que havia em todo o seu reino" (1:20).

A maior habilidade de Daniel, como José, é a adivinhação por intermédio da interpretação de sonhos, mas há diferenças. Quando José interpretou o sonho do Faraó das sete vacas gordas e sete vacas magras etc., Deus ajudou-o a prever um curso de acontecimentos que não era, em si, resultado de um plano divino. O Deus que ajudava José não era um deus assim tão grande: grande o bastante para saber o que estava acontecendo, mas não o bastante para determinar o que iria acontecer. Era, como dissemos ao discutir José, um deus pessoal com um mandato limitado. E, apesar de José gozar do amor fiel de Deus e reconhecer a ajuda divina, ele não falava a Deus nem em termos de petição nem de agradecimento. Ao contrário, Daniel agradece extravagantemente ao "Deus do Céu", que é também o "Deus de meus pais", por ter lhe revelado numa visão noturna o sentido do sonho de Nabucodonosor; e, ao fazê-lo, honra esse Deus como a causa de todos os eventos que agora revela:

Seja bendito o nome de Deus de eternidade em eternidade,
porque dele é a sabedoria e o poder;
é ele quem muda o tempo e as estações,
remove reis e estabelece reis;
ele dá sabedoria aos sábios
e entendimento aos entendidos.
Ele revela o profundo e o escondido;
conhece o que está em trevas,
e com ele mora a luz.
A ti, ó Deus de meus pais,
eu te rendo graças e te louvo,
porque me deste sabedoria e poder;
e agora me fizeste saber o que te pedimos,
porque nos fizeste saber este caso do rei. [2:20-23]

O resultado dessa revelação é, no espírito de Isaías, que os gentios acabam reconhecendo o verdadeiro Deus e, no processo, os judeus prosperam. Daniel explica o sonho de Nabucodonosor, frisando para o rei que só é capaz disso porque "existe um Deus no céu que revela mistérios" e porque esse Deus escolhe desvendar o futuro a Nabucodonosor por intermédio de Daniel. Em resposta, o rei diz: "Certamente, o vosso Deus é Deus dos deuses, e o Senhor dos reis, e o revelador de mistérios, pois pudeste revelar este mistério (2:47), e faz chover presentes sobre Daniel, apontando a ele e seus companheiros para altos cargos públicos. Deus parece ter voltado à ativa por trás da cena. Porém, como veremos, há uma sutil mudança.

Uma parte do efeito literário do *Livro de Ester* é que ele é representado inteiro no presente, como um filme, e, de fato como um filme, com pouquíssima história de fundo. Em contraste marcante com o resto do Tanach, a história e a memória não têm nenhuma consequência no *Livro de Ester*, e isso pode não ser acaso: a memória judaica era, em sua quintessência, a memória dos poderosos atos de Deus, e os judeus do *Livro de Ester* não mais procuram Deus. Daniel é diferente de Ester, sendo mais tipicamente judeu, olhando tanto para trás como para a frente, e continuando sempre a esperar a ação divina.

Entretanto, para Daniel a história tornou-se mais um teatro para assistir à ação do que uma arena onde participar dela, e isso parece às vezes valer também para o Deus de Daniel. Podemos lembrar que o Eclesiastes acreditava que passado e futuro, mesmo não podendo ser conhecidos, eram inteiramente predeterminados e recorrentes. Daniel não chega a afirmar a completa predeterminação, e muito menos a recorrência. A autonomia para tanto fica reservada apenas a Deus. E, no entanto, podemos discernir um sentido nascente da história como, para usar uma imagem anacrônica, um vasto carretel de filme cujo conteúdo pode ser conhecido antes de ser projetado. O fato de Deus haver feito o filme conta menos que o fato de ele ou seus anjos poderem, a seu critério, fazer uma pré-estreia dele ou, como logo veremos, protelar indefinidamente o seu lançamento.

É o milagre da profecia — a previsão do futuro em nível internacional —, mais que qualquer milagre num campo de batalha, que deve humilhar os gentios e levá-los a cultuar o Deus verdadeiro. Assim, em *Daniel*, 4, Daniel prevê uma época de humilhação pessoal e miséria para Nabucodonosor; depois que a profecia se realiza e que terminam os tempos difíceis, Nabucodonosor diz: "eu bendisse o Altíssimo e louvei e glorifiquei ao que vive para sempre" (4:34). O Faraó teve de ser forçado pela "mão poderosa e pelo braço estendido" de Deus para chegar a um reconhecimento (temporário) de Deus. Mesmo quando um desastre com causas divinas ocorre com um inimigo gentio, como o que se abate sobre Belsazar na noite em que a famosa "escritura na parede" aparece durante o festim, esse poder de Deus é comprovado menos pelo fato de Belsazar ser derrotado do que pelo fato de a derrota ter sido prevista. Quando Dario, o medo, destrona Belsazar, o babilônico, os judeus podem estar só trocando um governante por outro; mas, se por intermédio do seu Deus eles têm um acesso intelectual único a essas e a futuras mudanças desse tipo, eles detêm um outro tipo de domínio sobre a própria condição. Cada vez mais, o conhecimento é poder, e quase mais que poder.

Nos últimos seis capítulos de *Daniel*, que não têm nenhum paralelo com Ester, essa ênfase no conhecimento só vai ficando mais pronunciada. O conhecimento era também importante para o salmista, claro, que achava os "pensamentos de Deus", conforme expressos na Torá, "importantes" ou "preciosos". A persistente valorização da lei como guia de vida e como uma trilha para a intimidade com Deus obteve uma espécie de resgate do fracasso das profecias. Mas, afinal, foi apenas a segunda metade, a parte restaurativa da profecia, que resultou decepcionante. A primeira metade, a que julgava, fora um sucesso, na medida em que os castigos preditos pelos profetas pré-exílio — as derrotas, o exílio — efetivamente se cumpriram. Paradoxalmente, esses desastres podiam continuar figurando entre os atos poderosos de Deus, como provas de seu poder.

Mas um novo tipo de desastre desafiava esse tipo de conceitualização. A ligação primitiva era plausível devido ao fato de os desastres virem após uma inegável apostasia em massa. Mais tarde, porém, os judeus começaram a ser perseguidos porque eram fiéis ao seu Deus. Perseguições desse tipo (que ocorreram de fato, historicamente, quando os gregos sucederam os persas no domínio do Oriente Próximo) são mencionadas nas visões de Daniel. Nessas visões, o autor recorre à grande experiência que os judeus agora adquiriram sobre a ascensão e queda de impérios para inscrever seus infortúnios atuais numa visão apocalíptica mais ampla, em que o desastre derruba uma longa série de impérios até que, finalmente, Deus e seu povo sagram-se vitoriosos. A visão é confortadora, apesar de seus horrores a curto prazo, porque elimina aquilo que sempre torna a dor menos tolerável — precisamente a sensação de que alguém foi gratuitamente escolhido para o sofrimento. Shakespeare escreveu: *"Golden lads and girls* all *must as chimney sweepers come to dust"*.*
Na visão apocalíptica de Daniel, os rapazes dourados chamam-

---

* Douradas moças e moços tornar-se-ão,/ qual limpador de chaminés, em pó do chão. (N. T.)

-se Sargom e Nabucodonosor e Ciro e Alexandre. O fato de que todos eles, sem exceção, acabarão em pó torna mais suportável o fato de, à época da escritura, ser Israel quem parece ser o limpador de chaminés.

No final, claro, o que consola mais não é a queda de impérios enquanto tal, mas a gloriosa vitória de Israel. *Daniel*, 7 é a visão de uma série de bestas desumanas, uma mais odiosa que a outra, até que acaba aparecendo "um como filho de homem". As bestas subumanas são os impérios gentios, cujo domínio é temporário; o ser humano triunfante simboliza os judeus, cujo domínio, quando vier, será eterno:

Quanto aos outros animais, foi-lhes tirado o domínio; todavia, foi-lhes dada prolongação de vida por um prazo e um tempo. Eu estava olhando nas minhas visões da noite,

e eis que vinha com as nuvens do céu,
um como o filho do homem,
e dirigiu-se ao ancião de dias,
e o fizeram chegar até ele.
Foi-lhe dado domínio e glória, e o reino,
para que os povos de todas as línguas o servissem;
o seu domínio é domínio eterno, que não passará,
e o seu reino jamais será destruído. [7:12-4]

Daniel não sabe o que significa essa visão, até que lhe seja explicada, mas a explicação, muito surpreendentemente, não vem do Ancião dos Dias — o próprio Deus —, mas de um atendente, que explica que a última besta da série

proferirá palavras contra o Altíssimo, magoará os santos do Altíssimo, e cuidará em mudar os tempos e a lei; e os santos lhe serão entregues nas mãos, por um tempo, dois tempos e metade dum tempo. Mas depois se assentará o tribunal para lhe tirar o domínio, para o destruir e o consumir até o fim. O reino e o domínio, e a majestade dos reinos debaixo de todo o céu, serão dados ao povo dos santos do Altíssimo; o seu reino será reino eterno, e todos os domínios o servirão e lhe obedecerão. [7:25-7]

O dado mais notável da explicação é a frase "Depois se assentará o tribunal". Muito rapidamente, já ouvimos falar ou vimos um tribunal celeste antes: na criação, na visão inaugural de Isaías, no julgamento celeste das guerras entre a Síria e Israel descrito por Miqueias, no *Livro de Jó* e em outras poucas ocasiões. Mas que algum outro membro do tribunal celeste, que não o próprio Deus, tome alguma atitude é coisa extremamente rara. Aqui, o "atendente" que explica a visão a Daniel parece ser não só uma manifestação de Deus, como ocorre várias vezes no *Livro do Gênesis*, mas um ser distinto numa assembleia celeste, tomando uma atitude coletiva.

Essa impressão é fortalecida e também complicada em *Daniel*, 8 quando, depois de ter uma outra visão do fim, Daniel ouve dois "santos" conversando. Ele então vê "um com aparência de homem" e ouve uma voz, não necessariamente, nem mesmo presumivelmente, a voz de Deus, dizendo: "Gabriel, dá a entender a este a visão" (8:16). O famoso anjo Gabriel faz aqui a sua primeira aparição na Bíblia, e explica a Daniel que a visão que ele teve era uma representação do final dos tempos. Desanimado, Daniel recebe instruções para manter a visão em segredo até que seja coisa do passado.

Em *Daniel*, 9, o protagonista andou lendo *Jeremias* e em *Jeremias*, 25:12 chegou à profecia de que, setenta anos depois da queda de Jerusalém sob Nabucodonosor, a própria Babilônia cairia. Depois de ler a passagem, Daniel veste pano de saco e cobre-se de cinza, faz jejum e prolongadas orações a Deus, confessando abjeta e repetidamente que o desastre é resultado direto da desobediência de Israel, implorando a intervenção de Deus. E então:

Falava eu ainda, e orava, e confessava o meu pecado e o pecado do meu povo Israel, e lançava a minha súplica perante a face do Senhor, meu Deus, pelo monte santo do meu Deus. Falava eu, digo, falava ainda na oração, quando o homem Gabriel, que eu tinha presenciado na minha visão ao princípio, veio rapidamente, voando, e me tocou à hora do sacrifício da tarde. Ele queria instruir-me, falou comigo, e disse: "Daniel, agora saí para fazer-te entender o sentido. No princípio das tuas súplicas, saiu a ordem, e eu vim, para to declarar, porque és mui amado; considera, pois, a coisa, e entende a visão". [9:20-3]

O próprio *Livro de Daniel* situa as visões de Daniel pouco antes e depois da queda da Babilônia diante dos persas, mas, por sua colocação na sequência literária do Tanach, são efetivamente lidas como sendo de data posterior. Como vimos no *Livro de Ester*, a Pérsia está há muito estabelecida, e além disso um grupo de judeus retornou a Jerusalém. É em benefício deles que os "setenta anos" de Jeremias são reinterpretados por Gabriel como setenta semanas de anos, salvando assim o texto e restaurando a esperança de uma ainda futura vitória definitiva para os santos de Deus, como são às vezes chamados neste livro. Gabriel divide esse período de 490 anos para Daniel, mencionando vários eventos passados e futuros. Os particulares dessa visão, porém, são menos importantes do que o fato de a escritura registrada e consultada ter agora importância divinatória comparável à dos sonhos e visões e do que o fato de Deus, ainda e mais uma vez, continuar inativo e silencioso. A Bíblia de Deus está começando a substituir o Deus da Bíblia.

Gabriel retorna em *Daniel*, 10 na forma de "um homem vestido de linho, cujos ombros estavam cingidos de ouro puro de Ufaz; o seu corpo era como o berilo, o seu rosto como um relâmpago, os seus olhos como tochas de fogo, os seus braços e os seus pés brilhavam como bronze polido, e a voz das suas palavras como o estrondo de muita gente" (10:5-6). Gabriel traz notícia de guerra no céu. Ele procurou vir depressa em auxílio de Daniel, e diz:

"Mas o príncipe do reino da Pérsia me resistiu por vinte e um dias; porém Miguel, um dos primeiros príncipes, veio para ajudar-me, e eu obtive vitória sobre os reis da Pérsia. Agora vim para fazer-te entender o que há de suceder ao teu povo nos últimos dias; porque a visão se refere a dias ainda distantes [...] Eu tornarei a pelejar contra o príncipe dos persas; e, saindo eu, eis que virá o príncipe da Grécia. Mas eu te declararei o que está expresso na escritura da verdade; e ninguém há que esteja ao meu lado contra aqueles, a não ser Miguel, vosso príncipe". [1:13-4, 20-1]

O que vem em seguida é um longo relato codificado, mas decifrável, da ascensão e queda de diversos impérios no Oriente Próximo. Sua ascensão e queda não é atribuída a nenhuma ação de Deus, nem a nenhum vasto plano divino. Mesmo sabendo previamente qual será o resultado, Gabriel alega não ter mais controle sobre ele, mesmo em nome de Deus:

"Nesse tempo se levantará Miguel, o grande príncipe, o defensor dos filhos do teu povo, e haverá tempo de angústia, qual nunca houve, desde que houve nação até àquele tempo; mas naquele tempo será salvo o teu povo, todo aquele que for achado inscrito no livro. Muitos dos que dormem no pó da terra ressuscitarão, uns para a vida eterna, e outros para vergonha e horror eternos. Os que forem sábios, pois, resplandecerão, como o fulgor do firmamento; e os que a muitos conduziram à justiça, como as estrelas sempre e eternamente. Tu, porém, Daniel, encerra as palavras e sela o livro, até o tempo do fim." [12:1-4]

Se no *Livro de Ester* Deus parece haver abdicado em favor de Ester e Mordecai, no *Livro de Daniel* ele parece haver abdicado em favor de Gabriel e Miguel, o conselheiro e o príncipe guerreiro que, respectivamente, guiarão e defenderão a nação até sua vitória final. Fica claro que o combate será difícil. Se existem um "príncipe da Pérsia" e um "príncipe da Grécia" celestes, supostamente deverá haver outros príncipes também. O tempo em que eles eram um bater de asas anônimo em torno do trono do Deus único, poderosamente dominante, parece ter passado para sempre. A afirmação do poder maligno de Satã contra Jó parece agora ter sido apenas um presságio dos outros seres angélicos que estavam por vir. A vitória final dos justos ainda é garantida, mas nesse ínterim existe pouca esperança de algo mais do que uma simples compreensão dos estágios da tribulação:

> Eu ouvi, porém não entendi; então eu disse: "Meu senhor, qual será o fim destas coisas?". Ele respondeu: "Vai, Daniel, porque estas palavras estão encerradas e seladas até o tempo do fim. Muitos serão purificados, embranquecidos e provados; mas os perversos procederão perversamente, e nenhum deles entenderá, mas os sábios entenderão". [12:8-10]

Há algo de frio nessa visão. Mesmo sendo uma visão de vitória, dificilmente pode ser considerada uma visão de reconciliação, paz mundial, o leão deitado ao lado do carneiro, as nações dirigindo-se a Sião para aprender a lei etc. Não é nem mesmo uma visão de prosperidade idílica numa terra onde correm o leite e o mel. A imagem do fim foi, com efeito, empobrecida pela imagem dos estágios que levam ao fim. Os justos podem esperar ser como as estrelas do céu, mas falta o assombro que o salmista trouxe a cada menção das estrelas. Deus fez sua aparição final e silenciosa, e a história que começou com a criação da luz e do firmamento e das estrelas acabou com as estrelas. O "No princípio" foi projetado para o fim, para a vitória final. E exatamente aqui, nesta nota nominalmente triunfante mas estranhamente frouxa, a biografia de Deus chega ao seu segundo final.

Até o fim do *Livro de Daniel* resta uma vaga possibilidade do retorno de Deus. Agora essa possibilidade não existe mais. Deus fez o que tinha de fazer. De uma forma ou de outra, outros levarão adiante sua obra. Houve momentos de triunfo; os livros das *Crônicas* figuram no cânon justamente para lembrar esses momentos antes que o Tanach termine. Houve momentos de esplêndida confiança cega. Houve momentos de áspera raiva, e talvez de igualmente áspero arrependimento, e pelo menos um momento de algo como vergonha.

Mas não haverá mais desses momentos, não haverá mais nenhum elo na cadeia. O Ancião dos Dias, como Daniel agora o chama, não está morto, mas velho e, por implicação, cansado. Não derrotado, não destruído, ele, de certa forma, retira-se de cena. A multiplicidade que o caracterizou em seus momentos mais vigorosos não se rende, em seu gradual desaparecimento, à unidade e depois à nulidade, mas ele parece mais pungentemente real exatamente por não se render simples e definitivamente. Afinal, nada que a literatura inventa é mais artificial do que os finais. As vidas reais nunca terminam com um fecho artístico. Elas são ou bruscamente interrompidas, como diz o Eclesiastes, ou terminam num lento escurecimento que nada tem da perfeição redonda de uma última página bem criada. A vida real termina, poderíamos dizer, exatamente como termina a vida de Deus: com o esforço supremo que não chega a atingir o alvo (a Voz no redemoinho), com o começo de um longo período em que se tem cada vez menos a dizer e no qual a devoção dos amigos vai sendo dominada lentamente por seu silêncio; pode-se ainda alegar que o conselho de alguém sempre foi mais valioso que seu poder, e essa alegação ajuda — mas só um pouco. E, então, a luz falha.

LIVROS
"Estabelecemos aliança fiel e o escrevemos."

ESDRAS e NEEMIAS

Os livros de *Esdras* e *Neemias* retomam a narrativa interrompida no fim de *II Reis*, e a história que contam é de reconciliação entre o Senhor e seu povo escolhido. O que é notável, porém, é que nesses livros o papel dos dois é praticamente invertido. Nos dias de Abraão, Moisés, Josué e Davi, o Senhor tomava atitudes vigorosas em favor de Israel. Nos dias de Esdras e Neemias, é Israel que toma essas atitudes em favor do Senhor. Tornam-se sócios da aliança novamente, mas numa base inteiramente diferente.

Historicamente, o império babilônico foi breve; e o império persa, que o sucedeu, despachou um grupo de exilados de Judá para Jerusalém com a finalidade de construir um templo no sítio do templo que os babilônicos haviam destruído. Naquela época, a intenção persa podia não ser separar a Judeia da província ocidental maior a que pertencia então. Porém, o resultado foi esse; e, se os livros de *Esdras* e *Neemias* fornecem menos do que um relato completo do ressurgimento da Judeia como unidade política distinta, mesmo que subordinada, esses livros fornecem ao menos vívidas cenas da época em que essa mudança ocorreu.

Historicamente, os livros de *Esdras* e *Neemias* podem ser vistos como um trecho da infância dos judeus enquanto povo distinto dos outros povos que compunham o Grande Israel, e distinto das outras nações do mundo. Nesses livros, vemos os judeus assumindo pela primeira vez o caráter de nação duradoura, cuja ampla diáspora sustenta uma pequena população na terra natal. Nobres judeus com influência sobre o trono do poder mundial começam a assumir um papel-chave na garantia de sobrevivência e bem-estar da nação. Vimos expressões legendárias desse ideal: José alertando o Faraó sobre a fome iminente e salvando com isso seu pai e irmãos, Ester e Mordecai frustrando a trama de dois eunucos para assassinar o rei da Pérsia e depois frustrando a trama mais ampla contra os judeus do império, Daniel distinguindo-se na corte babilônica. Mas Neemias, copeiro do rei da Pérsia, é o primeiro em quem esse ideal encarna-se num cenário inequivocamente histórico.

O terceiro desenvolvimento, decisivo tanto religiosa como historicamente, é a aceitação do domínio estrangeiro pelo grupo politicamente ascendente em Jerusalém e seu desenvolvimento da autossegregação sociorreligiosa como alternativa para a verdadeira soberania política. Nos livros de *Esdras* e *Neemias*, os que impõem essa filosofia o fazem claramente enfrentando uma oposição ponderável. Alguns judeus recusam a estreita observância da endogamia e do descanso no sábado como sinal e reforço da identidade coletiva. A diáspora pode resignar-se à hegemonia estrangeira, mas alguns que estão na própria terra — de Judá por oposição a judeus, quase se pode dizer — continuam atraídos pela visão messiânica das nações do mundo acorrendo a Jerusalém para cultuar Deus e/ou pela visão apocalíptica do Armagedon como prelúdio dessa glória. Essas posições são mencionadas mesmo aqui. Mas o caminho religiosamente devoto e politicamente pragmático adotado pelos ex-exilados Esdras e Neemias acabará se transformando no judaísmo que conhecemos hoje e provará ser a salvação dos judeus. E deve ser reconhecido como uma resposta extraordinariamente criativa e sagaz ao tipo de trauma nacional que acaba com a vida nacional de incontáveis pequenas nações.

A ousadia dessas atitudes judaicas não vem acompanhada, porém, de nenhuma ousadia da parte do Senhor Deus. A própria ênfase que esses livros colocam na devoção dos líderes judeus ao Senhor e na disposição do povo em agradá-lo, arrependendo-se dos seus pecados assim que os pecados lhes são apontados, adquire um efeito paradoxal. Essa ênfase faz o Senhor parecer menos o criador, suserano, pai ou rei dos judeus e mais seu guardião enfraquecido, mesmo que querido. A honra pode ser dele, mas o vigor é dos humanos.

No Tanach, a virtude humana e o vigor divino são sempre inversamente proporcionais. O Senhor Deus nunca pareceu mais invencível do que quando conduzia os israelitas "de dura cerviz", queixosos, recalcitrantes, para fora do Egito, através do deserto até a terra de Canaã. A geração de migrantes que encontramos em Esdras e Neemias é, ao contrário, o retrato da piedade. No entanto, o próprio Senhor em companhia deles nunca fala nem age. Por essa razão esse prelúdio à história dos judeus parece uma coda à história de Deus. Naquela época, ele parecia estar criando a eles como o seu povo; agora, eles parecem estar preservando a ele como seu Deus.

ESDRAS

O *Livro de Esdras* começa, por assim dizer, promissor, quando "despertou o Senhor o espírito de Ciro, rei da Pérsia, o qual fez passar pregão por todo o seu reino" autorizando uma delegação de judeus a retornar para Jerusalém e reconstruir o templo destruído. Mas será que o rei age por vontade própria, ou será a sua ação apenas atribuída ao despertar do Senhor? A pergunta pode parecer de má vontade ou "moderna", mas não nos esqueçamos que essa situação — israelitas cativos prontos para partir para a terra prometida — relembra muito de perto o êxodo do Egito. E lembremos que naquela ocasião o Senhor estava tão ansioso por demonstrar inequivocamente seu poder que endureceu o coração do Faraó, fazendo deliberadamente que o rei egípcio recusasse permissão de saída aos israelitas. Uma vitória sem oposição não lhe bastava.

Seja como for, os judeus responderam à proclamação com boa vontade. Uma substancial delegação parte para Jerusalém e os que ficam na Babilônia ajudam os emigrantes "com objetos de prata, com ouro, bens, gado e coisas preciosas [...]" (*Ed.*, 1:6). O próprio rei devolve à custódia deles os preciosos objetos de culto que Nabucodonosor havia levado embora.

Sob as ordens de Zorobabel, o governador judeu apontado

pelos persas, e de Jesua, o sacerdote, os sacrifícios regulares têm início no local do velho templo antes mesmo de se lançarem as fundações do novo. Mas na cerimônia de consagração das novas fundações os sentimentos estão dolorosamente confusos:

> Porém muitos dos sacerdotes e levitas e cabeças de famílias já idosos, que viram a primeira casa, choraram em alta voz quando à sua vista foram lançados os alicerces desta nova casa; muitos, no entanto, levantaram as vozes com gritos de alegria. De maneira que não se podiam discernir as vozes de alegria das vozes de choro do povo [...] (3:12-3)

Este é o momento de que o profeta Zacarias disse:

> As mãos de Zorobabel lançaram os fundamentos desta casa, elas mesmas a acabarão, para que saibais que o Senhor dos Exércitos é quem me enviou a vós outros. Pois quem despreza o dia dos humildes começos, esse alegrar-se-á vendo o prumo na mão de Zorobabel. [*Zc.*, 4:9-10]

Porém, o prumo logo cai da mão de Zorobabel: a oposição local faz rapidamente com que a construção do templo seja interrompida.

Paradoxalmente, a oposição vem de gente que quer ajudar na construção do templo, não-israelitas que o rei assírio estabeleceu na terra e que adotaram o culto do Senhor. Disseram eles: "Deixai-nos edificar convosco, porque, como vós, buscaremos a vosso Deus; como também já lhe sacrificamos desde os dias de Esar-Hadom, rei da Assíria que nos fez subir para aqui" (*Ed.*, 4:2). O que se pode supor é que alguns israelitas ficaram na terra depois da conquista assíria do reino do Norte de Israel em 722 a.C. Senão, como poderiam os recém-chegados ter adotado o culto do Senhor israelita? Pode-se também supor que a oferta partira dos descendentes dos nativos e também da parte imigrante da Samaria, como passara a ser chamada a região, em honra da sua capital. Mas os judeus recusam a oferta das "gentes da terra" (frase usada no *Livro de Josué* para descrever os nativos cananeus que Israel tem de deslocar):

> "Nada tendes conosco na edificação da casa a nosso Deus; nós mesmos, sozinhos, a edificaremos ao Senhor, Deus de Israel, como nos ordenou Ciro, rei da Pérsia." Então as gentes da terra desanimaram o povo de Judá, inquietando-o no edificar. [4:3-4]

Os samaritanos então denunciam os judeus ao rei persa, alegando que a reconstrução de Jerusalém terminará em rebelião: "Nós, pois, fazemos notório ao rei que, se aquela cidade se reedificar e os seus muros se restaurarem, sucederá que não terá a posse das terras desta banda do Eufrates" (4:16) — isto é, a oeste do Jordão. O sucessor de Ciro se deixa convencer pelas denúncias e inverte o decreto de restauração: "Não se edifique aquela cidade a não ser com autorização minha" (4:21). Armados com esse decreto, os samaritanos interrompem o trabalho dos judeus recorrendo à força.

Algum tempo depois, estimulados pelas profecias de Ageu e Zacarias, Zorobabel e Jesua retomam o trabalho no templo. O então governador persa pergunta ao rei se eles têm autorização para a reconstrução, e desta vez o decreto original é favorável. Rapidamente, "em virtude do que profetizaram o profeta Ageu e Zacarias, filho de Ido [...] terminaram [...]" (6:14).

A consagração do templo terminado é uma ocasião de alegria sem lágrimas, mas será que Deus teve algum papel na reconstrução? Ele "despertou o espírito do rei Ciro" no começo, mas será que o texto o inclui apenas como um gesto? Se o Senhor é o verdadeiro agente, então por que o trabalho é interrompido quando o sucessor de Ciro resolve interromper e retomado quando o sucessor do sucessor resolve que seja retomado? O Senhor parece não ter mais o poder que tinha quando enfrentou o Faraó para impor sua vontade a seu povo acima de qualquer oposição.

Pode-se também perguntar se ele abandonou a ambição expressa uma vez antes de que todas as nações o reconhecessem em seu templo de Jerusalém. Se o rei persa, um não-judeu, pode decretar a reconstrução do templo, fazendo disso até certo ponto seu próprio projeto, por que os não-judeus locais, alguns deles israelitas, não podem participar também? Fica parecendo que o rei persa é, pelo menos no nível prático, uma autoridade mais importante do que o Senhor Deus. Quando "as gentes da terra" oferecem ajuda, os judeus não dizem que o Senhor Deus proibiu que recebessem ajuda, nem o Senhor aparece em pessoa para dizer: "Proíbo isso". Ao contrário, a Pérsia é que é invocada: "Nós mesmos, sozinhos, a edificaremos ao Senhor, Deus de Israel, como nos ordenou Ciro, rei da Pérsia" (4:3). A devoção ao Senhor Deus de Israel sem dúvida é sincera, mas essas palavras sugerem inevitavelmente que o Senhor é agora dependente de Israel, e não o contrário.

Quando Moisés tirou os israelitas do Egito, levou-os para o monte Sinai. Nunca em toda a sua vida, conforme contada no Tanach, o Senhor Deus pareceu tão poderosamente dominante como quando, por intermédio de Moisés, deu a Israel a sua lei. A lei é um signo maior e lembrança da sua vontade irresistível e da assustadora violência com que a impunha. É surpreendente, portanto, descobrir que neste ponto a lei, assim como o templo, passou para a alçada do rei da Pérsia. Esdras, "escriba versado na lei de Moisés", cuja linhagem vem desde Arão, irmão de Moisés, recebe um encargo do rei Artaxerxes:

> Porquanto és mandado da parte do rei e dos seus sete conselheiros para fazeres inquirição a respeito de Judá e de Jerusalém, segundo a lei do teu Deus, a qual está na tua mão [...] Tu, Esdras, segundo a sabedoria do teu Deus, que possuis, nomeia magistrados e juízes, que julguem a todo o povo que está dalém do Eufrates, a todos os que sabem as leis de teu Deus, e ao que não as sabe, que lhas façam saber. Todo aquele que não observar a lei do teu Deus e a lei do rei, seja condenado ou à morte, ou ao desterro, ou à confiscação de bens ou à prisão. [7:14, 25-6]

No restante do encargo a Esdras, em versículos não citados aqui, o rei detalha seu suporte material ao templo; mas seu endosso da lei é mais notável. Os acadêmicos históricos acreditam que a lei "a qual está na tua mão" era um documento escrito — seja a Torá, seja o *Livro do Deuteronômio*. Tudo sugere que o rei revisou o documento escrito e simplesmente o incorporou à lei do império. Na opinião de Artaxerxes, a lei de Esdras "depende" da lei de Artaxerxes assim como o próprio Esdras depende de Artaxerxes.

Na opinião judaica a relação é só ligeiramente diferente. Esdras diz: "Bendito seja o Senhor Deus de nossos pais, que deste modo moveu o coração do rei para ornar a casa do Senhor, a qual está em Jerusalém; e que estendeu para mim a sua misericórdia perante o rei, os seus conselheiros e todos os seus príncipes poderosos" (7:27). O texto do *Livro de Esdras* começa com um pequeno alicerce narrativo: "Despertou o Senhor o espírito de Ciro, rei da Pérsia [...]". Não existe um tal alicerce narrativo para a imposição da lei judaica. Não lemos: "O Senhor Deus inspirou ao rei que impusesse a lei do Senhor...". O que temos é um ato do rei que recebe uma interpretação teológica da parte de Esdras.

Os israelitas piedosos interpretaram suas vidas dessa forma desde o começo do Tanach. Por exemplo, no nascimento de Simeão, um dos filhos de Lia, lemos (*Gên.*, 29:33): "Concebeu outra vez, e deu à luz um filho, e disse: 'Soube o Senhor que era preterida, e me deu mais este; chamou-lhe, pois, Simeão'". Mas na narrativa anterior, tais interpretações eram preparadas por ações relatadas pelo narrador. Neste caso, dois versículos antes, no *Gênesis*: "Vendo o Senhor que Lia era desprezada, fê-la fecunda". Nos livros de *Esdras* e *Neemias*, não é lançado esse alicerce narrativo; e esses livros adquirem, como resultado, um peculiar caráter moderno. Embora nunca discutam a descrença, jamais apresentam a crença como inevitável em face dos poderosos atos de Deus.

Um momento de rara candura e timidez exatamente sobre isso ocorre em *Esdras*, 8. Uma grande delegação — na verdade, uma segunda emigração — de judeus da Babilônia acompanha Esdras, levando um fortalecimento potencialmente substancial para a colônia de Jerusalém. Antes de partirem, Esdras ordena aos emigrantes que jejuem e implorem a Deus por uma jornada segura,

> porque tive vergonha de pedir ao rei, exército e cavaleiros para nos defenderem do inimigo no caminho, porquanto já lhe havíamos dito: a boa mão do nosso Deus é sobre todos os que o buscam, para o bem deles; mas a sua força e a sua ira contra todos os que o abandonam. Nós, pois, jejuamos e pedimos isto ao nosso Deus, e ele nos atendeu. [*Ed.*, 8:22-3]

Quanto provém da benevolência de Deus e quanto provém da benevolência do rei? Esdras tem aguda consciência dessa questão.

Sua própria consciência constitui a presença principal de Deus na ação. Em *Esdras* e *Neemias*, ao contrário de vários dos livros que examinamos no capítulo 10, Deus não passa em silêncio. Ele é mencionado frequentemente; a devoção a ele motiva a ação, mesmo ações ousadas; e nesse ínterim continua a ter seu lugar. Por outro lado, sua realidade é uma realidade atribuída, muito distante da realidade manifesta de antigamente. A mudança, profunda e ocasionalmente pungente, é que faz dos livros de *Esdras* e *Neemias* o terceiro final do Tanach. Ele continua vivendo, sim, mas a vitalidade dos judeus ultrapassa palpavelmente a dele.

Se as interpretações de Esdras marcam uma mudança definitiva do poder demonstrado para o poder atribuído ao Senhor Deus, a longa oração que Esdras faz em 9:6-15 marca uma mudança semelhante da profecia para a oração. Na profecia israelita clássica, o Senhor fala a Israel e conclama-o à ação. Na clássica oração israelita dos *Salmos*, Israel fala a Deus e o conclama a agir. Em *Esdras*, 9:6-15, temos uma combinação das duas coisas: Esdras fala ostensivamente a Deus, mas não é Deus e sim

Israel que ele conclama à ação. Diante dos olhares dos exilados retornados, Esdras rasga as roupas, arranca os cabelos e confessa o grave pecado daqueles dentre eles que se casaram com mulheres locais "e assim se misturou a linhagem santa com os povos dessas terras" (9:2). Mas nesse ponto de sua oração, ponto em que um profeta anunciaria a punição de Deus, Esdras exorta a sua congregação fazendo uma pergunta retórica aparentemente para Deus, mas dirigida de fato ao povo:

> Agora, ó nosso Deus, que diremos depois disto? Pois deixamos os teus mandamentos, que ordenaste por intermédio dos teus servos, os profetas, dizendo: "A terra em que entrais para a possuir, é terra imunda pela imundície dos seus povos, pelas abominações com que, na sua corrupção, a encheram duma extremidade à outra. Por isso não dareis as vossas filhas a seus filhos, e suas filhas não tomareis para os vossos filhos, e jamais procurareis a paz e o bem desses povos; para que sejais fortes, e comais o melhor da terra, e a deixeis por herança a vossos filhos para sempre". Depois de tudo o que nos tem sucedido por causa das nossas más obras, e da nossa grande culpa, e vendo ainda que tu, ó nosso Deus, nos tens castigado menos do que merecem as nossas iniquidades, e ainda nos deste este restante que escapou, tornaremos a violar os teus mandamentos, e a aparentar-nos com os povos destas abominações? [9:10-4]

Existem aqui ecos verbais dos *Salmos*, mas os *Salmos* eram genuinamente falados para Deus. Não se pode classificar de insincera essa oração, mas ela passa por Deus para atingir os judeus.

Mas nunca subestime um grande pregador. O efeito da "oração" de Esdras é dramático:

> Enquanto Esdras orava, e fazia confissão, chorando prostrado diante da casa de Deus, ajuntou-se a ele de Israel mui grande congregação de homens, de mulheres e de crianças;

pois o povo chorava com grande choro. Então Secanias, filho de Jeiel, um dos filhos de Elão, tomou a palavra e disse a Esdras: "Nós temos transgredido contra o nosso Deus, casando com mulheres estrangeiras, dos povos de outras terras, mas no tocante a isto, ainda há esperança para Israel. Agora, pois, façamos aliança com o nosso Deus de que despediremos todas as mulheres e os seus filhos, segundo o conselho do Senhor [...] Levanta-te, pois esta coisa é de tua incumbência, e nós seremos contigo; sê forte, e age". [10:1-4]

Nesse décimo e último capítulo do *Livro de Esdras* segue-se um divórcio em massa e expulsão de filhos. Hordas de homens judeus, que haviam se casado com mulheres não judias e em alguns casos tinham filhos delas, são citados por nome. Todas essas mulheres e crianças são expulsas.

Pela moralidade de outros povos e outras eras, o arrependimento induzido por Esdras foi moralmente errado, enquanto o pecado que ele condenou não era. Mas, tomando-se a moralidade do Tanach como a encontramos, o surpreendente não é que os pecadores tenham sido punidos, mas que tenham sido punidos com tal suavidade. Depois da fornicação/apostasia em massa com as sacerdotisas de Baal de Peor (*Números*, 25), o Senhor matou 24 mil israelitas com a peste e exigiu que Moisés executasse todos os que haviam deitado com mulher estrangeira, empalando-os com os rostos voltados para o sol. A punição então imposta aos midianitas por seduzir as israelitas era genocida em caráter. Nada tão violento ocorre aqui, e Esdras não sugere em sua oração que isso devesse ocorrer. As palavras dos "profetas" que ele cita não são encontradas assim em nenhum ponto do Tanach, mas seus equivalentes mais próximos são injunções que o Senhor dá por intermédio de Moisés no *Deuteronômio*. Lá, Moisés fala tanto de recompensas como de punições:

Quando o Senhor teu Deus te introduzir na terra, a qual passas a possuir, e tiver lançado fora muitas nações de dian-

> te de ti [...] e o Senhor teu Deus as tiver dado diante de ti, para as ferir, totalmente as destruirás; não farás com elas aliança, nem terás piedade delas; nem contrairás matrimônio com os filhos dessas nações: não darás tuas filhas a seus filhos, nem tomarás suas filhas para teus filhos; pois elas fariam desviar os teus filhos de mim, para que servissem a outros deuses; e a ira do Senhor se acenderia contra vós outros, e depressa vos destruiria. [*Deut.*, 7:1-4]

Esdras fala apenas de recompensas ou, mais precisamente, de resultados desejáveis. A atitude tomada está de acordo com os desejos do Senhor, mas o feliz efeito da complacência está embutido, e o infeliz efeito da não-complacência simplesmente não é mencionado.

É notável o contraste entre a recalcitrância dos israelitas sob as ordens de Moisés e a docilidade dos judeus remanescentes sob o comando de Esdras. Na pessoa de Secanias, os remanescentes exortam o novo Moisés, Esdras, a discipliná-los e aceitam a medida corretiva — a expulsão de suas mulheres e da "linhagem misturada" — sem oposição. Até certo ponto, eles fazem consigo mesmos o que Deus um dia fez com eles, assumindo o papel de juiz. Mas a atitude tomada é mais corretiva do que punitiva.

O efeito sobre a realidade do Senhor é negativo, se o compararmos com o que ele era em *Números*. Porém, essa comparação pode ser errada. Ao longo dos diversos livros anteriores, ele foi não só muito menos do que era em *Números*, mas significativamente menos do que é aqui, como destinatário da oração de Esdras e fonte do ideal de pureza étnica pregado por Esdras. Em termos humanos, o momento pode ser comparado àquele momento de uma longa conversa entre muitas pessoas em que, de repente, os que falam mais dão-se conta de que alguém — vamos chamá-lo de Francis, por exemplo — está não apenas silencioso, mas foi totalmente ignorado. O participante silencioso continua silencioso, mas passa então a ser incluído na conversa por meio de frases de deferência como "Tenho certeza que o Francis concorda" ou "Como o Francis sempre diz".

Em termos puramente sociológicos ou políticos, Esdras sem dúvida tinha razão de afirmar que a radical autossegregação por parte dos judeus tinha muito a ver com "gozar a pilhagem da terra e legá-la a seus filhos para todo o sempre". Isso é verdade mesmo que "a terra" seja metaforicamente tomada como a coesão social ou a "localização" étnica dos judeus no mundo. O *Livro de Esdras* não nos revela quais eram as "abominações" das mulheres expulsas. Historicamente, é muito concebível que as divorciadas fossem, em suas crenças e práticas, iguais aos homens que em *Esdras*, 4 se oferecem para ajudar os exilados judeus retornados a reconstruir o templo — isto é, não-israelitas ou israelitas só em parte devotos do Senhor. Suas "abominações", mais do que a prática de qualquer religião rival, podiam ser desvios sincréticos da prática da religião israelita, e nesse caso a reação adequada teria sido uma reforma e não um divórcio em massa.

Mas, se tivesse sido essa a reação, os judeus seriam a curto prazo demograficamente engolidos por uma população multiétnica devota do Deus judaico. Eles seriam como uma família depois de a firma fundada pela família ter se tornado uma sociedade de capital aberto: respeitadas até certo ponto, mas não mais no controle dos negócios. Isso foi exatamente o que aconteceu quinhentos anos depois aos judeus que fundaram o cristianismo como uma forma de judaísmo aberta a não-judeus. Deixando de lado os comentários teológicos ou de valor, podemos atribuir presciência a Esdras por haver tomado a atitude que tomou no momento em que tomou. Sem ele, uma religião monoteísta mundial aberta a todos podia ter surgido quinhentos anos antes do que surgiu, porém os judeus como nação teriam desaparecido.

Atribuir a Esdras a acomodação dos judeus ao seu novo status como minoria em diáspora e vassalo político em sua própria terra significa simplesmente falar desse complexo processo histórico na linguagem simplificada e personalizada que o próprio Tanach utiliza. A tradição judaica posterior iria reverenciar Esdras como um segundo Moisés, dizendo: "Esdras seria digno de receber a Torá se Moisés não tivesse vindo antes dele". Os historiadores contemporâneos não têm certeza se Esdras efetivamente existiu, mas é claro que, independentemente do que se diga a respeito dele, de fato ocorreu uma mudança como aquela que se atribui a ele. Isto é, os judeus passaram a ser uma nação endógama, autossegregada. Regras que eram evidentemente desrespeitadas havia séculos por reis e súditos passaram a ser estritamente observadas, a despeito da enorme resistência inicial.

Tomando o Tanach como obra literária, como funciona essa mudança enquanto capítulo da biografia de Deus? A resposta, já sugerida, é que o *Livro de Esdras*, lido como literatura, funciona como parte do fim da vida de Deus. Arranja-se um lugar seguro e honrado para ele durante um período de dinâmica criatividade na vida de seu povo. No fim dele está o começo do seu povo.

NEEMIAS

Neemias, último livro do Tanach a levar adiante a narrativa (*Crônicas I* e *II* retomam eventos anteriores à queda de Jerusalém), é também o primeiro e único livro do Tanach que é uma narrativa histórica escrita inteiramente na primeira pessoa. *Esdras*, 8-9 também é na primeira pessoa, mas figura numa obra de dez capítulos, quase todos na terceira pessoa. Por sua localização no final do cânon, a mudança da terceira para a primeira pessoa na narrativa de *Neemias* enche-se de sentido. Desde o começo da aliança entre o Senhor Deus e Israel, o Senhor Deus sempre foi, muito claramente, o sócio majoritário. No *Livro de Esdras*, como nos esforçamos por demonstrar, Israel começa a se transformar no sócio principal. No *Livro de Neemias*, Neemias passa a falar em seu próprio nome no momento em que começa a controlar o fluxo de eventos. Essa mudança na forma da narrativa é paralela a uma mudança no caráter do protagonista divino:

As palavras de Neemias, filho de Hacalias:

No mês de quisleu, no ano vigésimo, estando eu na cidadela de Susã [capital persa], veio Hanani, um de meus irmãos, com alguns de Judá; então lhes perguntei pelos judeus que escaparam, e que não foram levados para o exílio, e acerca de Jerusalém. Disseram-me: "Os restantes, que não foram levados para o exílio e se acham lá na província, estão em grande miséria e desprezo; os muros de Jerusalém estão derribados, e as suas portas queimadas a fogo".

Tendo eu ouvido estas palavras, assentei-me e chorei, e lamentei por alguns dias; e estive jejuando e orando perante o Deus dos céus. [*Ne.*, 1:1-4]

Em seguida, vem uma ardente oração com um final algo surpreendente: "Ah, Senhor, Deus dos céus, Deus grande e temível! [...] concede que seja bem-sucedido hoje o teu servo e dá-lhe mercê perante este homem [o rei]. Nesse tempo eu era copeiro do rei" (1:5-11).

Copeiro do rei! Mesmo que não queiramos entender que "copeiro" significa que Neemias era o Ganimedes do rei, seu jovem favorito, ele deve ser ao menos um jovem evidentemente à vontade no círculo mais íntimo do rei. Nesse aspecto, o *Livro de Neemias* tem algo em comum com os últimos capítulos em primeira pessoa do *Livro de Daniel*. Porém, aqueles capítulos apresentavam as visões-sonho de Daniel sobre o Ancião dos Dias e o futuro secreto de todo o mundo. Mesmo escritas em primeira pessoa, essas visões eram pouco narrativas e nada históricas. Quando Neemias fala em primeira pessoa, é para nos contar de suas ações definitivamente mundanas e práticas, não de suas visões místicas.

O que torna tão importante essa mudança é o fato de ela colocar Neemias, um ser humano, como encarregado da história comum — ou da condição, se quisermos — de Deus e de Israel. Até esse momento quase final, ninguém no Tanach, nem mesmo o rei Davi, controlou o fluxo de eventos como Neemias controla. E, de uma forma que também não tem paralelo em nenhum dos livros anteriores do Tanach, Neemias, esbanjando segurança, revela a nós, seus leitores, os seus propósitos, ao mesmo tempo que os oculta, pelo menos em suas implicações completas, de seus contemporâneos.

Para o rei, ele afirma que seu projeto é limitado: quer reconstruir a muralha de Jerusalém, nada mais, e a pedido do rei estabelece a data de seu retorno. Os dignitários persas na província "além do rio" (oeste do Jordão) ficam desconfiados, mas Neemias chega munido de cartas de proteção do rei. Mais tarde, em sua primeira noite em Jerusalém, ele vai, a cavalo, fazer sua vistoria secreta das ruínas da muralha da cidade. Nesse momento, os líderes judeus locais ainda não sabem o que ele tem em mente.

Ocorre que seu projeto não é apenas engajar os próprios judeus de Jerusalém no reparo gradual dos danos causados pelos babilônicos à cidade, mas também atrair uma força de trabalho de todo o campo judaico para, quase do dia para a noite, transformar Jerusalém numa cidade fortificada capaz de servir como cidadela regional, enfraquecendo assim o controle exercido sobre a Judeia por Sambalá, o horonita. Da Samaria, Sambalá reclama jurisdição sobre toda a região em nome do rei persa, e não é sem razão que pergunta a Neemias: "Que é isso que fazeis? Quereis rebelar-vos contra o rei?" (2:19). A resposta honesta, jamais formulada, é não e sim: não, Neemias não pretende rebelar-se contra o rei, mas sim, está a ponto de presentear o rei com uma irreversível revisão administrativa do seu domínio transjordaniano.

Em sua extrema especificidade, *Neemias*, 3 pode ser lido como uma ordem de serviço do projeto de reconstrução, preservada até os nossos dias. Grupos de trabalho de diferentes partes da Judeia responsabilizam-se por diferentes setores da muralha a ser reconstruída. Relatando o escárnio de seus inimigos — "Ainda que edifiquem, vindo uma raposa derrubará o seu muro de pedra" — , Neemias interrompe a própria narrativa com uma breve prece por vingança: "Ouve, ó nosso Deus, pois estamos sendo desprezados; caia o seu opróbrio sobre a sua cabeça" (4:3-4). Um momento depois, Neemias relata no tom inconfundível de um líder natural: "Assim edificamos o muro, e todo o muro se fechou até a metade de sua altura; porque o povo tinha ânimo para trabalhar" (4:6).

Situada num alto promontório, com suprimento de água próprio, Jerusalém era muito adequada para ser uma fortaleza. Como cidade jebusita, havia resistido aos israelitas até muito depois de eles já terem dominado os campos em torno. Quando foi tomada por Davi, resistiu aos inimigos israelitas durante séculos, chegando a derrotar uma tentativa de conquista assíria. Com muralhas decentes, podia ressurgir como significativo poder local outra vez.

Não tendo conseguido barrar os esforços de Neemias, Sambalá faz uma coalizão local para detê-lo pela força, mas Neemias está pronto para ele:

Daquele dia em diante, metade dos meus moços trabalhava na obra, e a outra metade empunhava lanças, escudos, arcos e couraças; e os chefes estavam por detrás de toda a casa de Judá; os carregadores, que por si mesmos tomavam as cargas, cada um com uma das mãos fazia a obra, e com a outra segurava a arma. Os edificadores cada um trazia a sua espada à cinta, e assim edificavam; o que tocava a trombeta estava junto de mim. Disse eu aos nobres, aos magistrados e ao resto do povo: "Grande e extensa é a obra, e nós estamos no muro, mui separados, longe uns dos outros. No lugar em que ouvirdes o som da trombeta, para ali acorrei a ter conosco; o nosso Deus pelejará por nós". Assim trabalhávamos na obra; e metade empunhava as lanças desde o raiar do dia até o sair das estrelas. [4:16-21]

Toda a força de trabalho transformou-se, no dizer displicente e revelador de Neemias, em "meus moços" [com o sentido de "servos"]. Ele promete, retoricamente: "Nosso Deus pelejará por nós". Mas é muito mais específico na descrição de como ter uma força de trabalho e um exército ao mesmo tempo e de como reunir rapidamente uma defesa contra qualquer tentativa inimiga de atravessar a muralha, concentrando suas forças num único ponto.

Confiança em Deus ou autoconfiança? Para o deuteronomista, para Isaías e para o salmista, a autoconfiança israelita era digna de repreensão: Israel devia confiar no Senhor e não em seu próprio valor ou capacidade. Mas Neemias, apesar de toda sua devoção, mantém-se um tanto distante desse traço da tradição. Essa atitude pode ser constatada em sua reação à última tentativa de intimidação. Sambalá manda-lhe uma carta "amigável" que contém uma ameaça velada,

> do teor seguinte: "Entre as gentes se ouviu, e Gesém [um líder árabe] diz, que tu e os judeus intentais revoltar-vos; por isso reedificas o muro e, segundo se diz, queres ser o rei deles, e puseste profetas para falarem a teu respeito em Jerusalém, dizendo: 'Este é o rei de Judá'. Ora, o rei ouvirá isso, segundo essas palavras. Vem, pois, agora, e consultemos juntamente".
>
> Mandei dizer-lhe: "De tudo o que dizes coisa nenhuma sucedeu; tu, do teu coração, é que o inventas". Porque todos eles procuravam atemorizar-nos, dizendo: "As tuas mãos largarão a obra, e não se efetuará". [6:6-9]

Enquanto isso, outro amigo fingido dentro da cidade sugere que haverá em breve um ataque irresistível contra Jerusalém e que Neemias deve buscar refúgio no templo. Neemias responde:

> "Homem como eu fugiria? E quem há, como eu, que entre no templo para que viva? De maneira nenhuma entrarei". Então percebi que não era Deus quem o enviara; tal profecia falou ele contra mim, porque Tobias e Sambalá o subornaram. [6:11-2]

Como leigo, Neemias não podia entrar no santuário. O falso aviso era uma tentativa de levá-lo a cometer sacrilégio.

Ambas as partes da resposta de Neemias são importantes. Por um lado, ele é, aos próprios olhos, um judeu piedoso que respeita as regras do templo. Mas, por outro lado, é um guerreiro que confia em seu próprio valor para defender-se, mesmo atribuindo seu sucesso ao Senhor. E sua autoconfiança é evidentemente justificada:

> Acabou-se pois o muro aos vinte e cinco dias do mês de elul, em cinquenta e dois dias. Sucedeu que, ouvindo-o, todos os nossos inimigos temeram, todos os gentios nossos circunvizinhos, e decaíram muito no seu próprio conceito; porque reconheceram que por intervenção de nosso Deus é que fizemos esta obra. [6:15-6]

A segurança nacional agora essencialmente garantida, Neemias conduz os negócios domésticos em Jerusalém, regulando as dívidas e realizando um censo, com sua agora já familiar energia. De passagem, diz (5:14): "[...] desde o dia em que fui nomeado seu governador na terra de Judá, desde o ano vinte, até o ano trinta e dois do rei Artaxerxes, doze anos, nem eu nem meus irmãos comemos o pão devido ao governador". Como copeiro do rei, é concebível que Neemias fosse homem de grande riqueza pessoal, servindo ao governo da maneira como alguns milionários norte-americanos ocupam posições civis sem receber salário. Fora isso, o encargo que Neemias recebeu de Artaxerxes no começo desta narrativa definitivamente não era para o cargo de governador. Conforme apontamos, seu encargo limitava-se a reconstruir a muralha da cidade e depois retornar a Susã. Mas Susã fica muito longe de Jerusalém. Será que Artaxerxes ainda detinha, em termos práticos, o poder de chamar Neemias de volta? Assim que Jerusalém retoma os negócios como cidade fortificada, não se faz mais nenhuma menção à Pérsia, nem a seu rei.

Em vez disso, a ação volta-se para Esdras e com isso, de uma forma nova, para Deus. Em *Neemias*, 8-10, Esdras lê "o livro da Lei de Moisés" sobre um púlpito de madeira, "perante homens e mulheres, e os que podiam entender". Ao mesmo tempo, levitas postados no meio da multidão "leram no Livro, na lei de Deus, claramente, dando explicações, de maneira que entendessem o que se lia" (8:1, 3, 8). Nem toda a população judia da recém-nascida Jerusalém compreendia o hebraico; é presumível que alguns entendessem apenas o aramaico, a língua franca do império persa (como havia sido antes do império assírio).

A leitura assusta o povo, e as pessoas começam a chorar. Mas os líderes religiosos os tranquilizam: "Ide, comei carnes gordas, tomai bebidas doces e enviai porções aos que não têm nada preparado para si; porque este dia é consagrado ao nosso Senhor; portanto não vos entristeçais, porque a alegria do Senhor é a vossa força" (8:10). Os líderes então conduzem o povo à celebração — pela primeira vez em muito tempo, mesmo que não, como diz o texto, pela primeira vez desde os dias de Josué — da festa dos tabernáculos ou cabanas: abrigos temporários como os que eram usados pela nação durante sua estadia no deserto depois de receber a lei e entrar em aliança com o Senhor, mas antes de entrar na terra prometida.

Depois da leitura da lei, sete levitas recitam uma longa oração (*Neemias*, 9-10), narrando a história da nação e ratificando a lei de Deus conforme lida em nome do povo. A conclusão da oração é assim:

> Eis que hoje somos servos; e até na terra que deste a nossos pais, para comerem o seu fruto e o seu bem, eis que somos servos nela. Seus abundantes produtos são para os reis, que puseste sobre nós, por causa dos nossos pecados; e segundo a sua vontade dominam sobre os nossos corpos e sobre o nosso gado; estamos em grande angústia.
>
> Por causa de tudo isso estabelecemos aliança fiel, e o escrevemos; e selaram-na os nossos príncipes, os nossos levitas e os nossos sacerdotes. [9:36-8]

Vem em seguida uma lista de nomes. Então o povo faz um juramento oral:

O resto do povo [...] todos os que tinham saber e entendimento, firmemente aderiram a seus irmãos, seus nobres convieram numa imprecação e num juramento, de que andariam na lei de Deus, e que foi dada por intermédio de Moisés, servo de Deus; de que guardariam e cumpririam todos os mandamentos do Senhor, nosso Deus [literalmente "yahweh nosso Senhor"], e os seus juízos e os seus estatutos. [10:28-9]

Vem a seguir uma lista de diversos itens escolhidos para ratificação explícita: a proibição do casamento misto, a proibição do comércio no sabá, o estabelecimento do sétimo ano como ano sabático, em que os débitos seriam todos perdoados, mais um conjunto de medidas para manter o templo de Jerusalém que termina afirmando: "Assim não desampararíamos a casa do nosso Deus" (10:39).

Agora que os judeus comprometeram-se a observar a lei de Deus e ratificaram sua aliança com ele, como o Senhor indica que aceitou essa ratificação? Vale relembrar, neste ponto, como ele indica, no *Livro do Êxodo*, sua aceitação da ratificação feita no monte Sinai depois da primeira leitura da lei. No *Êxodo* lemos:

Moisés [...] tendo-se levantado pela manhã de madrugada, erigiu um altar ao pé do monte, e doze colunas, segundo as doze tribos de Israel. E enviou alguns jovens dos filhos de Israel, os quais ofereceram ao Senhor holocaustos, e sacrifícios pacíficos de novilhos. Moisés tomou metade do sangue e o pôs em bacias; e a outra metade espargiu sobre o altar. E tomou o livro da aliança, e o leu ao povo; e eles disseram: "Tudo o que falou o Senhor, faremos, e obedeceremos". Então tomou Moisés aquele sangue e o aspergiu sobre o povo, e disse: "Eis aqui o sangue da aliança que o Senhor fez convosco a respeito de todas estas palavras".

E subiram Moisés e Arão, e Nadabe, e Abiú, e setenta dos anciãos de Israel. E viram o Deus de Israel, sob cujos pés havia uma como pavimentação de pedra de safira que se parecia com o céu na sua claridade. Ele estendeu a mão sobre os escolhidos dos filhos de Israel; porém eles viram a Deus, e comeram e beberam.

Então disse o Senhor a Moisés: "Sobe a mim ao monte, e fica lá; dar-te-ei tábuas de pedra e a lei e os mandamentos que escrevi para os ensinares". Levantou-se Moisés com Josué, seu servidor; e, subindo Moisés ao monte de Deus, disse aos anciãos: "Esperai-nos aqui até que voltemos a vós outros. Eis que Arão e Hur ficam convosco; quem tiver alguma questão, se chegará a eles".

Tendo Moisés subido, uma nuvem cobriu o monte. E a glória do Senhor pousou sobre o monte Sinai, e a nuvem o cobriu por seis dias; ao sétimo dia do meio da nuvem chamou a Moisés. O aspecto da glória do Senhor era como um fogo consumidor do cimo do monte, aos olhos dos filhos de Israel. E Moisés, entrando pelo meio da nuvem, subiu ao monte; e lá permaneceu quarenta dias e quarenta noites. [*Êx.*, 24:4-18]

O Senhor é ameaçador e, mesmo que só por essa razão, uma figura tremendamente real nessa longa passagem. A despeito do fato de Israel haver gritado em uníssono: "Tudo o que falou o Senhor, faremos, e obedeceremos", ninguém sabe se os anciãos de Israel correriam perigo se comparecessem à sua presença. Eles o fazem com segurança, porém, e o veem e comem e bebem. A concretude dessas ações deles, para não falar das palavras ditas pelo Senhor e da nuvem de fogo, sublinha a concretude do próprio Senhor. Não resta a menor dúvida de que ele é um sócio ativo na celebração da aliança.

Na leitura da lei em *Neemias*, 8-10, porém, o Senhor não diz nem faz nada em resposta à sua aceitação pelo povo. Em que sentido, então, poder-se-ia dizer que o Senhor é real para eles, ou simplesmente real? Em que sentido, se existe algum, pode-se dizer que ele está presente?

Os livros de *Esdras* e *Neemias* de fato apresentam, ambos, uma objetificação e uma encarnação funcional do Senhor Deus.

A mente de Deus está objetificada em sua lei, escrita agora em múltiplas cópias, interpretada e traduzida de acordo com as necessidades para cada judeu. Depois da leitura do livro,

> Esdras abriu o livro à vista de todo o povo, porque estava acima dele; abrindo-o ele, todo o povo se pôs de pé. Esdras bendisse ao Senhor, o grande Deus; e todo o povo respondeu: "Amém! Amém!", levantando as mãos; inclinaram-se e adoraram ao Senhor, com o rosto em terra. [*Ne.*, 8:5-6]

O livro não é um ídolo; mas, quando Esdras o mostra ao povo, o povo curva-se diante dele como se estivesse diante do Senhor. O povo não está no templo. Esdras fez a leitura de cima de um "púlpito de madeira". É a visão do livro que provoca a reação. O livro divino contém tudo o que Deus precisa dizer. Ele não precisa falar de novo, e não fala.

Quanto aos atos de Deus, os líderes judeus que conhecem as leis conhecem suas vontades e podem, portanto, servir como vigários. No céu (ele é agora rotineiramente mencionado como o Deus do céu e que está no céu), ele retém o poder de influenciar o curso dos acontecimentos humanos. Mas transferiu para Esdras, Neemias e seus associados a responsabilidade de prover oportunamente aos judeus tanto civil como militarmente, enquanto seu povo na terra. Entre os poderes efetivamente delegados está o poder de aceitar em seu nome a ratificação da nova aliança por parte do povo judeu.

Com a nova aliança assim autorratificada, ocorre uma nova marcha a Sião, em *Neemias*, 11, na forma de reassentamento, na capital reconstruída, de um décimo da população de cada cidade da província. Em *Neemias*, 12, o enérgico líder realiza um censo dos sacerdotes e levitas encarregados da administração do templo que deverá ser agora, claramente, o centro comercial além de religioso de toda a Judeia, e leva a multidão para um grande espetáculo inaugural, dividindo o numeroso pessoal do templo em dois coros e dirigindo-os em procissão com harpas, liras e címbalos ao longo do topo da nova muralha e de volta ao templo.

Neemias, então, volta à Pérsia afinal; mas no capítulo 13, o último do livro, ele retorna a Jerusalém para punir os apóstatas da nova aliança. Expulsa um amonita que encontra morando numa sala do templo, reforça a observância às restrições do sabá, e ataca mais uma vez o casamento misto:

> Vi também naqueles dias que judeus haviam casado com mulheres asdoditas, amonitas e moabitas. Seus filhos falavam meio asdodita, e não sabiam falar judaico, mas a língua de seu respectivo povo. Contendi com eles, e os amaldiçoei, e espanquei alguns deles, e lhes arranquei os cabelos, e os conjurei por Deus, dizendo: "Não dareis mais vossas filhas a seus filhos, e não tomareis mais suas filhas, nem para vossos filhos, nem para vós mesmos. Não pecou nisto Salomão, rei de Israel? Todavia entre muitas nações não havia rei semelhante a ele, e ele era amado do seu Deus, e Deus o constituiu rei sobre todo o Israel. Não obstante isso as mulheres estrangeiras o fizeram cair no pecado. Dar-vos-íamos ouvidos, para fazermos todo este grande mal, prevaricando contra o nosso Deus, casando com mulheres estrangeiras?". [13:23-7]

O sermão de Neemias aos fustigados e escalpados cônjuges mistos espelha exatamente o sermão-prece de Esdras em *Esdras*, 9. E nesse tom, com o brado de encerramento de Neemias: "Lembra-te de mim, Deus meu, para o meu bem" (13:31), a história de Israel chega ao último ponto registrado no Tanach, e assim se completa o terceiro final da biografia de Deus.

RONDÓ PERPÉTUO
"Que suba."

CRÔNICAS

Neemias, o copeiro que queria ser rei, ficou feio e tirânico no fim de sua carreira. O que ele fez — espancando transgressores, arrancando-lhes o cabelo — não tem precedentes. Foi também bastante chocante ver o rei Salomão ser exposto mais uma vez como paradigma do pecador. Afinal, mesmo pecador, não foi ele um grande rei? Ou, mesmo grande rei, foi ele afinal um pecador? Suspeita-se que Neemias tenha se inclinado para esse último juízo. Mas tal pergunta não pode simplesmente ser deixada no ar. Algo tem de ser dito. E esse algo vem nos livros das *Crônicas*.

O primeiro livro das *Crônicas* começa com nove capítulos introdutórios com uma genealogia que vai desde Adão até os exilados da Babilônia. O que vem depois de *I Crônicas*, 10, até o fim de *II Crônicas*, recapitula a história israelita desde a ascensão de Davi até a queda de Jerusalém. O segundo livro das *Crônicas* termina com uma coda de um verso e meio sobre o retorno dos exilados judeus a Jerusalém sob o rei Ciro da Pérsia. Mas essas palavras, as derradeiras do Tanach, são, quase literalmente, as palavras que abrem o *Livro de Esdras*:

> No primeiro ano de Ciro, rei da Pérsia, para que se cumprisse a palavra do Senhor, por boca de Jeremias, despertou o Senhor o espírito de Ciro, rei da Pérsia, o qual fez passar pregão por todo o seu reino, como também por escrito, dizendo:
> "Assim diz Ciro, rei da Pérsia: o Senhor, Deus dos céus, me deu todos os reinos da terra, e me encarregou de lhe edificar uma casa em Jerusalém, que está em Judá; quem entre vós é de todo o seu povo, que suba [...]" [*Ed.*,1:1-3a; *II Cr.*, 36:22-3]

Esdras, 1, porém, não para aí, mas continua:

"[...] a Jerusalém de Judá, e edifique a casa do Senhor, Deus de Israel; ele é o Deus que habita em Jerusalém. Todo aquele que restar em alguns lugares em que habita, os homens desse lugar o ajudarão com prata, ouro, bens e gados, afora as dádivas voluntárias para a casa do Senhor, a qual está em Jerusalém." [*Ed.*,1:3b-4]

O fato de os eventos relatados em *Esdras* e *Neemias* serem cronologicamente posteriores àqueles das *Crônicas* e que um fragmento da abertura de *Esdras* reste ainda no final das *Crônicas* sugere fortemente aos historiadores que os livros de *Esdras* e *Neemias* vinham originalmente depois das *Crônicas* (como vêm ainda no Septuaginto e no Antigo Testamento), e foram deslocados para a atual posição na Bíblia hebraica, o Tanach, por questões editoriais. Qual seria essa razão é questão de especulação histórica. Os livros de *Esdras* e *Neemias*, à parte sua relação com as *Crônicas*, são um quebra-cabeça editorial e um labirinto histórico. Escritos parte em aramaico, parte em hebraico, consistem em parte de material original e em parte de documentos persas reproduzidos, e trazem todos os indícios de extensas montagens e desmontagens. A repetição das primeiras palavras do livro de *Esdras* no fim de *II Crônicas* pode muito bem ser um acidente, mas mesmo assim seu efeito é transformar estes últimos livros do Tanach no equivalente literário de um rondó musical. O rondó é uma composição musical que tem as últimas notas idênticas às primeiras, de forma que, em princípio, poderia continuar para sempre. ("Three blind mice"* é o

---

* Antiga canção inglesa para crianças: *"Three blind mice, three blind mice,/ see how they run!/ See how they run !/ They all ran after the farmer's wife,/ who cut their tails with a carving-knife;/ did you ever see such fun in your life/ as three blind mice?"* [Três ratinhos cegos,/ três ratinhos cegos,/ veja como correm!/ Veja como correm!/ Todos atrás da mulher do fazendeiro/ que cortou o rabo deles com a faca de açougueiro;/ já viu na sua vida coisa mais gozada/ que três ratinhos cegos?]. (N. T.)

exemplo mais conhecido, embora se possam citar outros mais nobres.)

O rondó é composto caracteristicamente para ser cantado a três ou quatro vozes simultaneamente; e, uma vez todas as vozes cantando, é impossível dizer o que é começo, o que é meio e o que é fim. Como um círculo, não como uma linha, não tem começo, nem meio, nem fim, de maneira que essa forma circular de canção, em seu apogeu, parece desafiar a morte. Pode-se dizer que o Tanach desafia a própria morte e a morte de Deus por terminar num rondó literário que pode ser lido infindavelmente desde Adão, no começo das *Crônicas*, passando por Davi no meio, chegando ao "Que suba" do final e indo daí para "A Jerusalém que está em Judá" no começo de *Esdras* até o fim de *Esdras* e *Neemias*, e de volta ao Adão do começo das *Crônicas*, passando por Davi até o "Que suba" e daí para "A Jerusalém que está em Judá", *ad infinitum*.

Se essa ideia parece forçada, queremos sugerir, em primeiro lugar, que qualquer apreciação literária do texto do Tanach como um todo terá forçosamente de abordar o fato anômalo de que o fim de seu texto remete o leitor para o meio de sua história. Pode-se considerar a anomalia de um final que remete para o meio como um simples acidente, não merecendo, portanto, comentários; pode-se também alegar que é fácil descobrir a intenção teológica ou religiosa subjacente; ou — como posição intermediária — pode-se prescindir da intenção e racionalizar o acidente, se é que se trata de acidente, focalizando seu efeito literário efetivo. A primeira alternativa faz da posição ocupada no cânon mero ruído; a segunda a transforma em música; a terceira a transforma, para retomarmos uma comparação feita antes, em música aleatória — isto é, um rondó literário acidental. Uma vez que o judaísmo, a religião que editou os livros nessa ordem, percorre o ciclo de suas festas religiosas, numa interminável revisão recorrente da história israelita, o fato de o Tanach terminar num quase rondó é muito adequado, tenha esse efeito sido ou não intencional. A escritura editada para girar eternamente em torno do eixo das palavras "Que suba" e o calendário litúrgico que retorna anualmente à frase "No ano que vem em Jerusalém" se harmonizam muito bem.

Esteticamente, será que essa conclusão satisfaz? John Keats talvez pensasse que sim, pelo menos o Keats que escreveu, na "Ode a uma urna grega":

> Fair youth, beneath the trees, thou canst not leave
> Thy song, nor ever can those trees be bare;
> Bold Lover, never, never canst thou kiss,
> Though winning near the goal — yet, do not grieve;
> She cannot fade, though thou hast not thy bliss,
> For ever wilt thou love, and she be fair!

> *Belo jovem, teu canto não podes deixar*
> *sob essas árvores que não podem fenecer;*
> *nunca, nunca, podes beijar, ousado amante,*
> *mesmo tão perto do alvo — não deves chorar:*
> *ela não murcha e mesmo sem teu prazer,*
> *ama-la-ás e será bela eternamente.*

A relação entre Deus e Israel, como a do belo jovem e seu amor, preserva-se por estar congelada. A linguagem é um meio que segue em frente. Detenha-a, suspenda uma sílaba e ela se torna mero som. Para obter com esse instrumento de criação de frases o equivalente à bela frustração obtida pela suspensão de um momento na pintura de um vaso, é preciso transformar uma história contínua numa história interminavelmente recorrente. Isso é o que o fim muito especial dos livros das *Crônicas* possibilita.

Evidentemente, a conquista do efeito estético depende de mais coisas além da simples suspensão da ação. É preciso também perguntar que tipo de ação é suspenso. Keats não teria ficado tão tomado pela urna grega se ela não mostrasse um beijo que foi interrompido. Onde está o beijo nos livros das *Crônicas*?

O beijo — o momento de extrema beleza e ternura que a mente pode revisitar para sempre sem cansar-se — vem em *I Crô-*

nicas, 28-9, nas últimas palavras do rei Davi, quando ele renuncia ao trono em prol de seu filho, Salomão. Tudo está agora pronto para a construção do grande templo do Senhor, mas Davi explica que o Senhor disse a ele: "Não edificarás casa ao meu nome, porque és homem de guerra e derramaste muito sangue". Davi então lembra-se da cena em *II Samuel*, 7, para a qual já chamamos atenção, em que, pela primeira vez, o Senhor Deus fala de si mesmo como pai: ele será o pai de Salomão, construirá uma casa, uma dinastia para Davi, em vez de exigir que Davi construa uma casa, um templo para ele. Davi curva-se à vontade do Senhor, mas manda fazer o projeto do templo e separa o material para sua construção. Estes ele solenemente confia ao seu filho, em presença de Deus, dizendo:

"Tu, meu filho, Salomão, conhece o Deus de teu pai, e serve-o de coração íntegro e alma voluntária; porque o Senhor esquadrinha todos os corações e penetra todos os desígnios do pensamento. Se o buscares, ele deixará achar-se por ti, se o deixares, ele te rejeitará para sempre. Agora, pois, atende a tudo, porque o Senhor te escolheu para edificares casa para o santuário; sê forte, e faze a obra." [*I Cr.*, 28:9-10]

O tom paternal de Davi com seu filho, vindo logo depois da alusão à paternidade de Deus, inunda o momento de amor familiar. Depois de entregar o projeto a Salomão, Davi continua:

"Sê forte e corajoso, e faze a obra; não temas, nem te desanimes, porque o Senhor Deus, meu Deus, há de ser contigo; não te deixará, nem te desamparará, até que acabes todas as obras para o serviço da casa do Senhor. Eis aí os turnos dos sacerdotes e dos levitas para todo serviço da casa de Deus; também se acham contigo, para toda obra, voluntários com sabedoria de toda espécie para cada serviço; como também os príncipes e todo o povo estarão inteiramente às tuas ordens." [28:20-1]

O longo discurso de Davi é notável pela maneira como ele se dirige alternadamente e com afetuosa sinceridade aos seus súditos, ao seu filho e ao seu Deus. Historicamente, a julgar pelos livros de *Reis*, a ascensão de Salomão ao trono, depois da morte de Davi, esteve repleta de lances vis e sangrentos, e Salomão deveu seu triunfo final menos a seu pai do que a sua mãe, Betsabá, que, astuta, percebeu as intrigas palacianas e livrou-se impiedosamente dos rivais do filho. Os *Livros das Crônicas* contam uma história de sucessão muito diferente. Davi abdica em favor de Salomão, e assiste à unção de Salomão. Depois de construir o templo, Salomão recitará sua oração consagratória, que repete textualmente as orações encontradas em *II Reis*. Até certo ponto, os oito capítulos que tratam da sucessão e consagração do templo (*I Cr.*, 28-*II Cr.*, 7) estão no coração da história.

Mas o cerne mais íntimo, o momento que podemos chamar de "o beijo", está no adeus de Davi, em sua oração de despedida ao Senhor, que não consta dos livros de *Reis*:

"Bendito és tu, Senhor, Deus de nosso pai Israel, de eternidade em eternidade. Tua, Senhor, é a grandeza, o poder, a honra, a vitória e a majestade; porque teu é tudo quanto há nos céus e na terra; teu, Senhor, é o reino, e tu te exaltaste por chefe sobre todos. Riquezas e glória vêm de ti, tu dominas sobre tudo, na tua mão há força e poder; contigo está o engrandecer e a tudo dar força. Agora, pois, ó nosso deus, graças te damos, e louvamos o teu glorioso nome.

Porque quem sou eu, e quem é o meu povo para que pudéssemos dar voluntariamente estas coisas? Porque tudo vem de ti, e das tuas mãos to damos. Porque somos estranhos diante de ti, e peregrinos como todos os nossos pais; como a sombra são os nossos dias sobre a terra, e não temos permanência. Senhor, nosso Deus, toda esta abundância, que preparamos para te edificar uma casa ao teu santo nome, vem da tua mão, e é toda tua. Bem sei, meu Deus, que tu provas os corações, e que da sinceridade te agradas; eu também, na sinceridade de meu coração dei voluntariamente todas estas coisas; acabo de ver com alegria que o teu povo que se acha aqui te faz ofertas voluntariamente. Senhor, Deus de nossos pais, Abraão, Isaque e Israel, conserva para sempre no coração do teu povo estas disposições e pensamentos, inclina-lhe o coração para contigo; e a Salomão, meu filho, dá coração íntegro para guardar os teus mandamentos, os teus testemunhos e os teus estatutos, fazendo tudo para edificar este palácio para o qual providenciei. [*I Cr.*, 29:10-9]

Este é o coral de encerramento a que o rondó final do Tanach retorna eternamente: Deus é pai, Davi é rei, Salomão é príncipe regente; e numa terra em que a lei é não apenas perfeita, mas alegremente observada, todas as mãos estão a postos para começar a construção de um templo magnífico.

Quando vimos o Senhor Deus pela última vez, no final do *Livro de Daniel*, ele olhava de longe, o Ancião dos Dias, sentado em seu alto trono, onisciente, talvez, mas silencioso e impassível. Como Ancião dos Dias, o Senhor Deus não faz discurso final. Suas últimas palavras continuam sendo seu discurso para Jó de dentro do redemoinho. Mas a oração que Davi lhe dirige, se a colocarmos na boca do próprio Senhor Deus, tem uma notável semelhança retórica com aquele discurso, porém, é claro, ela misericordiosamente inverte o tom. Se falado por Deus, em vez de Davi, o discurso de Davi começaria assim: "Minha é a grandeza, o poder, a glória, a vitória, e a majestade; porque é meu tudo quanto há nos céus e na terra". A segunda metade continuaria, muito no estilo do Deus que humilhou Jó: "Porque quem sois, e quem é o teu povo, para que me pudessem dar voluntariamente estas coisas? Pois todas as coisas vêm de mim, e da minha mão me são dadas".

Mas Davi efetivamente fala a Deus e oferece a ele, e o faz em confiança e em amor. Ao terminar o Tanach, a mente de Deus foi objetivada na lei, a ação de Deus encarnada na liderança, e agora, finalmente, a voz de Deus é transferida para a oração. A última oração de Davi ao Senhor Deus é um discurso de despedida. A voz é a voz do velho rei, mas o desejo é o desejo do Deus eterno.

13. POSLÚDIO
Deus perde o interesse?

AS TRAGÉDIAS GREGAS CLÁSSICAS são todas versões diferentes da mesma tragédia. Todas apresentam a condição humana como uma disputa entre o pessoal e o impessoal, o impessoal saindo inevitavelmente vitorioso. Se qualquer das circunstâncias que levam à inexorável queda de Édipo, na peça *Édipo rei*, de Sófocles, tivesse sido diferente — se quando criança ele tivesse sido abandonado em outra estrada; se Jocasta, sua mãe, tivesse morrido antes do retorno de Édipo a Tebas; se qualquer elo da cadeia houvesse se quebrado —, seu desejo de saber a verdade, sua "falha trágica", não teria significado sua ruína. Mas estava predeterminado que os eventos deviam ocorrer dessa e só dessa maneira, e o fim dele seria inevitavelmente o que foi. O espetáculo é catártico na medida em que consegue sugerir que todas as vidas humanas são variações do choque que ele apresenta. Ao lamentar a sorte de Édipo, Sófocles nos convida a lamentar por nós mesmos.

Hamlet é outro tipo de tragédia. Apesar de vermos Hamlet num conjunto de circunstâncias que compreendem, tanto quanto *Édipo rei*, verdades veladas e reveladas, com uma relação complexa e apaixonada entre o protagonista e seus pais, o desfecho trágico nunca parece inevitável. Além disso, a falha de Hamlet, infindavelmente debatida, localiza-se, de alguma forma, em seu caráter e, portanto, continuaria sendo uma falha em qualquer outro conjunto diferente de circunstâncias. A particularidade do conjunto de circunstâncias em que o vemos não tem o mesmo papel que o conjunto comparável tem na tragédia grega. O embate é diferente daquele entre o nobre e condenado Édipo contra uma cadeia férrea de eventos. É, ao contrário, o conflito interno ao próprio caráter de Hamlet entre "o tom inato da resolução" e "o pálido pendor do pensamento".

Séculos de discussões sobre esses dois clássicos não podem ser reduzidos a um parágrafo para cada um. Mas uma discussão mais longa não vai alterar o ponto para o qual tende a comparação: o Tanach, por diferente que seja de ambos, está muito mais próximo do espírito de *Hamlet* do que de *Édipo rei*. Sua ação tem origem no interior do caráter de seu protagonista; e, mesmo quando ele deixa de agir, sua abstenção constitui uma realidade muito mais importante que qualquer evento ou cadeia de eventos. Nenhuma *ananke*, nenhum destino inexorável que proceda autonomamente fora dele, jamais toma seu lugar como motor do Tanach em seu avanço constante. Mesmo nos livros de *Esdras* e *Neemias* quando, no que tange a questões práticas, a iniciativa passa de Deus para os líderes de seu povo eleito, a liderança acredita estar fazendo sua vontade. E quer essa postura seja ou não convincente, é inegável a total ausência de qualquer alternativa impessoal ao Deus pessoal na conclusão do Tanach. Até a última página da coleção de livros a ação começa ou com Deus ou com os seres humanos. Não há uma terceira alternativa: nem Destino, nem Natureza, nem Cosmos, nem Terra de Ninguém.

IMAGINAR O DEUS ÚNICO COMO MÚLTIPLO

A melhor maneira de ressaltar até que ponto o Tanach é um clássico dominado pelo personagem é imaginarmos como sua ação se desenrolaria se as diversas personalidades fundidas no personagem do Senhor Deus fossem liberadas como personagens independentes. Quando o personagem do Senhor Deus é dividido assim, o que resulta é uma história que começa a assumir imediatamente os contornos familiares de um mito mais "comum". Mudando ligeiramente os nomes, podemos imaginar o Tanach desenrolando-se mais ou menos assim:

> No princípio, o deus Eloh criou o mundo físico. Depois, Eloh e seu irmão Yah partiram para a criação da raça huma-

na. Eloh, calmo e benigno, propôs a Yah que criassem a humanidade "à sua imagem". Para Eloh, a criatura humana deveria ser o coroamento, a culminação da criação. Yah, porém, relutou em fazer a humanidade "como um de nós". Propôs encarregar-se ele próprio dessa criação, e escolheu fazer a humanidade de pó, mas impulsivamente soprou seu próprio espírito na criatura. Eloh queria uma raça humana de machos e fêmeas desde o início. Yah, porém, que sempre agia primeiro e pensava depois, fez primeiro só o macho, mas pouco a pouco foi percebendo que era preciso uma companheira. Eloh propôs deixar os humanos soltos em meio a toda a criação. Yah, ao contrário, os prendeu num jardim, e impôs-lhes regras com o objetivo de mantê-los na ignorância.

A deusa réptil Mot, então, levou a mulher a desobedecer a Yah, e a mulher, por sua vez, levou seu marido a juntar-se a ela no pecado. Enfurecido, Yah humilhou Mot, determinando que daí em diante passasse a rastejar como uma serpente, sobre o próprio ventre, mas o castigo que impôs a ela foi menos severo que aquele que impôs ao homem e à mulher: trabalho duro, dores no parto, e mortalidade precoce. Eles foram então expulsos do jardim, mas, quando estavam saindo, Yah, tomado de súbita ternura, cobriu a nudez deles com roupas de peles que ele próprio confeccionou.

A despeito da punição de Yah, o primeiro casal humano foi fértil, e a raça humana multiplicou-se e encheu a terra, exatamente como Eloh havia pretendido. Mas essa fertilidade enfureceu Mot, que transformou seu sinuoso e viscoso corpo num dilúvio mundial. Tudo o que tinha vida — todos os animais e plantas assim como toda a humanidade — pereceu. Felizmente, Eloh e Yah impediram a vitória total de Mot. Dias antes de ela atacar, eles avisaram Noé para que construísse um barco e nele colocasse um pouco de cada coisa da criação. A batalha deles contra Mot durou quarenta dias, mas no final saíram vitoriosos. As águas do dilúvio recuaram, e a criação começou de novo. Eloh declarou que o arco-íris seria um sinal eterno de que Mot nunca mais poderia destruir a terra com uma enchente. A própria Mot foi temporariamente apaziguada pelo perfume do sacrifício que Noé queimou para Yah.

Após um lapso de muitas gerações, num mundo mais uma vez cheio de gente, Abrão, um nômade batalhador, sem filhos, recebeu um visitante divino, o misterioso mas gentil Magen. Magen prometeu ajudar Abrão a ter filhos e a guiá-lo para uma terra fértil, onde sua descendência se transformaria numa tribo poderosa. Abrão seguiu as instruções de Magen, foi para onde ele o mandou ir e submeteu-se à circuncisão como sinal de sua aliança com Magen. Magen propiciou casamentos e nascimentos na tribo de Abrão, ajudou mulheres e homens, e interveio em tempo de fome ou de outras ameaças, frustrando, por exemplo, a tentativa de Mot de, disfarçada de Eloh, exigir o sacrifício do filho de Abrão, Isaque. Os poderes de Magen eram modestos, mas suas intenções eram a benignidade em pessoa. Ele serviu discretamente enquanto a tribo de Abrão crescia em tamanho e prosperidade.

A tribo de Abrão, agora chamada Israel, acabou migrando para o Egito, onde tornou-se mais numerosa que os próprios egípcios. Mot então voltou o Faraó, rei dos egípcios, contra os israelitas. O Faraó os escravizou e começou a matar seus filhos homens ao nascer. Oportunamente, os gemidos dos israelitas oprimidos chegaram aos ouvidos de Eloh e de Yah, e os dois mandaram Sab em seu socorro. Sab apareceu para o israelita Moisés na forma de um fogo que não se consumia e mandou que ele desafiasse o Faraó. Seguiu-se uma orgia de violência contra o Egito. Castigo somava-se a castigo, o rio tornou-se sangue, a terra secou, e todo primogênito masculino foi morto. No clímax da batalha, Sab cortou o corpo líquido de Mot em duas partes com sua espada, e o exército do Faraó afogou-se em seus restos mortais.

Israel estava agora livre do domínio do Faraó, mas devia

servir Sab por toda a eternidade. Sab conduziu a horda de escravos libertados para o vulcão do deserto onde ele passou a morar, e do meio da fumaça e do fogo trovejou os termos em que eles deviam, doravante, servi-lo. Temerosos, mas gratos, eles concordaram. Ele então os conduziu através do deserto pura a terra que Magen havia dado antes a Abrão. Em nítido contraste com o pacífico Magen, Sab os comandou no extermínio de todos os habitantes da região central da terra, para evitar qualquer tentação de que viessem a adorar o deus deles.

Inicialmente, os israelitas seguiram suas instruções, mas depois fraquejaram e começaram a se consorciar com os nativos da terra. Ele lhes havia prometido riqueza e poder se fossem fiéis, mas prevenira-os que horrendos sofrimentos estariam à sua espera se fossem infiéis. Gradualmente, eles foram efetivamente se tornando infiéis. Depois da morte dos seus grandes reis, Davi e Salomão, Sab voltou-se implacavelmente contra eles. Usando a Babilônia e a Assíria como instrumentos de sua ira, destruiu a capital, Jerusalém, expulsou-os da terra que havia conquistado para eles, e mandou-os para o exílio e para a escravidão.

Eloh, Yah, Mot e Sab começaram então a competir entre si, proporcionando grandiosas visões do que viria a seguir. Sab, irado porque as nações que usou como instrumentos para punir Israel foram longe demais, quis destruí-las como havia destruído Israel. Eloh queria construir uma ordem mundial pacífica, na qual uma Jerusalém esplendidamente reconstruída servisse de cidade santuário para todas as nações. Yah achou que Sab tinha ido longe demais com Israel e desejou confortar a nação, passando, de repente, a dizer que a amava como a um filho ou como a uma esposa. Magen sofria: para ele era um mistério como as coisas podiam ter chegado a esse impasse. Ele clamou a Yah que salvasse Israel em seu favor. Mot, que não morrera afinal, reemergiu para propor uma nova aniquilação espetacular do mundo inteiro.

Nesse *dénouement*, nenhuma das ameaças de Sab e Mot foi levada a efeito. Eloh inspirou o rei da Pérsia para que permitisse a uma delegação de judeus retornar a Jerusalém e construir um templo modesto em honra de Eloh, abandonando a ideia de fazer todas as nações afluírem para adorá-lo ali. Sab estava virtualmente fora de cena, mas a lei por ele imposta foi redescoberta e celebrada como preciosos pensamentos de um deus. Começou a brotar um novo tom de confiança ágil e prático entre os israelitas, cuja epítome foram as aparições breves mas memoráveis de Sherah, uma deusa da criatividade, sabedoria e habilidades.

Nesse ponto, quando uma estabilidade modesta mas real começava a tomar forma, Mot tentou um último e desesperado ataque. Yah, desconfiado e sugestionável, como sempre, havia se gabado junto a Mot a respeito de Jó, um homem exemplar tanto nos cuidados externos como na sinceridade interna de sua devoção a Yah. Mot, porém, desafiou Yah: Jó era devoto só porque Yah o havia tratado tão bem, dizia a deusa má. Melindrado, Yah decidiu testar a devoção de Jó impondo-lhe grande sofrimento. Conforme o previsto, Jó perseverou em sua devoção: "Yah dá, Yah tira, bendito o nome de Yah". Como resultado, Yah derrotou Mot mais uma vez, mas Jó conquistou uma vitória moral sobre Yah ao expor o papel de Mot no abuso perpetrado por Yah contra seu servo. Yah restaurou as fortunas de Jó, mas veio então um grande silêncio. Nenhum dos grandes deuses voltou a falar, e nenhum, exceto Eloh, foi visto novamente; ele foi entrevisto apenas uma vez, silencioso com seus cabelos brancos, como um monarca sentado sobre um trono distante.

Aos poucos os israelitas foram tomando conta de suas próprias vidas. Eloh e Yah ainda eram cultuados, mas acreditava-se agora que sua casa era no céu; pouco se esperava deles na terra. A lei de Sab foi codificada e copiada, mas era agora uma lei sob firme custódia humana. Anualmente, era celebrado um drama religioso relembrando a epopeia de Israel e seus deuses. Seu ponto alto viria com a promessa de Yah, feita a Davi, de que Salomão seria o filho adotivo de Yah, e com a promessa de Davi a Yah de que Salomão construiria um templo em honra de todos os deuses e preservaria a paz entre eles.

O que essa versão politeísta do Tanach tem e que o Tanach não tem é clareza e um sentido de relativa inevitabilidade. O que ela não tem é um protagonista único, central. Assim relatado, o rumo dos acontecimentos, desempenhando basicamente o papel que o rumo dos acontecimento desempenha num mito grego bem povoado, é mais importante do que qualquer ator individual. Quando os diversos deuses mencionados são reduzidos a um ou dois traços característicos apenas, a narrativa adquire, a despeito da turbulência da ação, certa calma subjacente: o que será, será.

No Tanach, ao contrário, a atmosfera mais característica é uma difusa ansiedade: o que será poderá não ser — tudo depende de um Deus assustadoramente imprevisível. Nesse clássico único e que exerce infinita influência, a trama está, por assim dizer, presa ao personagem principal. A clareza desaparece no torvelinho de personalidades e funções que estão reunidas nele. Nunca se sabe o que ele irá fazer; mais perturbador ainda, nunca se sabe se ele vai fazer alguma coisa, e os eventos não fluem majestosa e impessoalmente sem ele. O grito do salmista: "Por que dormes, ó Senhor?", aponta para uma ansiedade religiosa que constitui também o suspense literário que perpassa o Tanach, particularmente em sua última terça parte. Quando o Senhor Deus agirá? Será que agirá? Maciçamente no início e residualmente mesmo no final, essa é a pergunta que tudo define. Essa é a boca divina que engole e regurgita a lenda.

A CRIAÇÃO ENQUANTO TRAGÉDIA

Mas por que esse ansioso interesse é, de fato, tão constante no começo e apenas residual no fim? A vida do Senhor Deus no

Tanach começa em atividade e discurso e termina em passividade e silêncio. Isso, agora, já deve estar óbvio. O que não é óbvio é o porquê de isso ser assim. Por que a obra assume a forma de um longo decrescendo até o silêncio? Por que, por assim dizer, começa no clímax e declina a partir daí?

Nossa pista está no fato de que o curso da vida do Senhor Deus flui não só da onipotência para a relativa impotência, mas também da ignorância para a relativa onisciência. O Deus que vimos nos primeiros versículos do *Gênesis* era tão confiante quanto ativo, mas sua confiança logo passou a parecer cega, porque ele imediatamente se surpreende com as consequências de sua ação. Em primeiro lugar, ele sabia o que estava fazendo? O Deus que vemos nos últimos capítulos de *Daniel* é um Deus que conhece em seus mais frios detalhes todo o curso vindouro da história. Por silencioso que seja o Ancião dos Dias, ele *sabe*. Como o conhecimento do Senhor Deus cresceu, devemos perguntar: o que ele aprendeu que o reduziu ao silêncio?

Podemos começar pela confissão de motivos implícita e originária: "Façamos o homem à nossa imagem, conforme a nossa semelhança". Essa frase sempre foi lida como uma afirmação da nobreza da humanidade, mas ela pode ser tomada também como uma afirmação da não-transparência inicial de Deus para si mesmo. Ele quer uma imagem porque precisa de uma imagem.

Quando perguntamos anteriormente: "O que faz Deus divino?", observamos que, desde o começo, ele parece não ter vida que não seja ligada à sua criatura humana. Como não existem outros deuses, não pode haver uma vida social divina. A mitologia israelita não conhece nenhum monte Olimpo, nenhum clube de campo celestial onde uma divindade possa se divertir com outros do seu próprio tipo. É verdade que Deus é mencionado quase desde o início como "o Deus do céu". Na primeira ocasião em que Abraão fala *de* e não *para* o seu Deus, o rótulo que escolhe é "Deus do céu". Mas o Senhor Deus é também o Deus da terra. Assim como não existe lugar que não seja dele, também não existe lugar que seja só dele. Na consagração do templo, Salomão pede a Deus que ouça as preces do povo em sua "morada celeste". No começo de sua longa oração porém, Salomão havia dito: "Eis que os céus, e até o céu dos céus, não te podem conter, quanto menos esta casa que eu edifiquei" (*I Rs.*, 8:27). Deus é onipresente, sim, mas a sua onipresença é apenas outro nome para a sua solidão.

Parece não haver efetivamente ninguém com quem ele possa ficar, a não ser a criatura que fez à sua própria imagem. Conta-se que Honoré de Balzac chamou em seu leito de morte pelos personagens que havia criado em sua ficção. Mas, e se Balzac não tivesse tido em sua vida outra companhia além desses personagens? Por analogia, ele estaria então na condição em que, ao que tudo indica, Deus parece estar no começo de sua vida. Se, porém, queremos que essa analogia funcione, devemos admitir um Balzac divino que é, ao mesmo tempo, o único autor do mundo e um autor que nunca escreveu antes. Quando pega a caneta na mão pela primeira vez estará preparado para o que virá a seguir?

No começo do Tanach, o Senhor Deus é um ser em quem a ignorância a respeito de si mesmo está ligada a um imenso poder — imenso talento, podíamos arriscar, prosseguindo na analogia com Balzac. Ponto-chave entre as coisas que ele ainda não sabe é que sua ignorância de si mesmo tem algo a ver com sua vontade de criar. Ele cria a humanidade porque quer ser conhecido, amado, ou servido? Ao longo do tempo, a interação com sua criatura irá sugerir a ele que, sim, ele efetivamente deseja tudo isso para si, mas no começo ele não sabe o que deseja, e não sabe também que precisa de sua criatura para descobrir isso.

O conhecimento precede a ação inicial de Deus apenas num ponto — em sua decisão de criar uma autoimagem. Só nesse ponto ele primeiro diz o que vai fazer e depois faz. Até esse ponto, a famosa frase de Goethe: "No começo era o Ato", o caracteriza perfeitamente. Só nesse ponto ele irradia a perfeita, mas ilusória, confiança do sonâmbulo. E fatidicamente ele dota sua criatura do único poder sobre o qual tem um mínimo de controle consciente. Ele dá ao homem e à mulher, ao casal que fez à sua imagem, o poder de fazerem imagens de si mesmos. Ele os faz uma espécie reprodutora, cuja descendência ao mesmo tempo replicará e não replicará a eles próprios.

Por sua ação inaugural, Deus põe em movimento a cadeia de ações e reações que examinamos. Voltamos a este princípio porque ele nos traz o mais próximo possível de uma explicação do porquê de a história de Deus terminar em silêncio. Em resumo, no momento em que Deus entende o que o motivou no princípio, sua motivação fica comprometida. Isso é que explica por que, para colocar numa palavra, ele se cala.

O TANACH ENQUANTO RECUSA DA TRAGÉDIA

O desejo de uma autoimagem traz em si um potencial trágico. Quando você se vê em sua imagem, você vai querer continuar olhando? Ou o autoconhecimento resultará fatal para a autoestima? Você perderá interesse em si mesmo, e, mais ainda, em qualquer imagem de si mesmo, quando a imagem tiver servido ao seu propósito e você souber quem você é?

Se o Tanach fosse uma tragédia, Deus, tendo aprendido a verdade a respeito de si mesmo por intermédio de sua relação com a humanidade, principalmente sua relação com Jó, terminaria em desespero. Mas o Tanach não é uma tragédia, e o Senhor Deus não termina em desespero. A tragédia tem clareza e finalidade. A recusa da tragédia caracteristicamente não tem nenhuma dessas duas coisas. O Tanach recusa a tragédia e termina, consequentemente, em seu tipo próprio de caos, só que o protagonista termina vivo, não morto. Tomado como um todo, o Tanach é uma comédia divina, que escapa por pouco de ser uma tragédia.

Jó, sendo a imagem mais perfeita de Deus, chega muito perto de destruir Deus. Jó parece oferecer ao Senhor não apenas um comportamento imaculado, mas também um coração aberto e adorador:

> Decorrido o turno de dias de seus banquetes, chamava Jó a seus filhos e os santificava; levantava-se de madrugada, e

oferecia holocaustos segundo o número de todos eles, pois dizia: "Talvez tenham pecado os meus filhos, e blasfemado contra Deus em seu coração". Assim o fazia Jó continuamente. [*Jó*, 1:5]

A fantasia do Senhor era que, ao infligir gratuitamente sofrimentos a Jó, ele provocaria apenas uma demonstração maior e mais gloriosa da devoção desprendida de Jó. Jó é puro e inocente; ele fará qualquer coisa, pensa o Senhor. Mas, para horror do Senhor, Jó acaba se revelando uma autoimagem do Senhor mais perfeita do que o Senhor havia planejado. O Senhor quer saber do que é feito Jó. Muito bem, Jó mostrará a ele, mas Jó descobrirá também do que é feito o Senhor. Jó é a imagem suprema do desejo de Deus de conhecer a Deus, pois ele aceita seu sofrimento, mas não o aceita em silêncio; não se conforma com não ter explicação para o sofrimento. E, quando o Senhor, em seu discurso final, tenta silenciar Jó pela força bruta, Jó conclui que já ouviu o que tinha de ouvir. Não pede a Deus que continue a expor a si mesmo. Com efeito, perde interesse nele. E então, como resultado, o Senhor jamais reconquista o próprio interesse em si mesmo.

A exposição de Deus no final do *Livro de Jó* deveria ser o momento da verdade que se torna o momento de morte. Ao descobrir que é aquilo que Jó lhe ensina que é, o Senhor devia achar impossível continuar; e é quase isso o que acontece.

Quase. Na seção do capítulo 9 intitulada "Esposa", dissemos que o feminino não estava meramente ausente do personagem desenvolvido de Deus, mas que havia sido ativamente excluído dele. Em seu princípio criativo, Deus falou de si mesmo no plural e viu a si mesmo refletido mais no casal humano do que no macho humano. Mas depois a fêmea no macho divino foi suprimida, e de fato suprimida mais efetivamente do que o destruidor no criador divino. Quando uma deusa foi trazida ao templo de Deus, a reação dele foi quase de violência suicida, pois quando destruiu Jerusalém, como vimos, ele quase destruiu a si mesmo. Passado esse ponto, como vimos também, o

Tanach perde sua continuidade narrativa mais superficial: a história de Deus rompe-se. Mas narrativa e personagem são interdependentes. Podemos também dizer que, passado esse ponto, o personagem desenvolvido de Deus também se rompe. O que resgata tanto a história de Deus como o próprio Deus é o que não se encaixa em nenhum dos dois.

No *Cântico dos Cânticos*, que vem logo depois do *Livro de Jó*, o restante não israelita da humanidade torna a entrar na história, e um espírito secular empurra não só Israel mas o próprio Deus para a margem. O cantor não identificado do *Cântico dos Cânticos* é uma jovem jocosa, fisicamente exuberante e alegre. Seu efeito na vida do Senhor Deus é poderoso justamente porque torna difusa uma intensidade que seria fatal. Se o clímax trágico do fim do *Livro de Jó* não for superado de alguma forma, a vida de Deus acabará. O *Cântico dos Cânticos* é o trunfo de que se lança mão. Ele quebra o clima, muda de assunto e salva a vida do Senhor.

Depois do *Cântico dos Cânticos* vem o *Livro de Rute*, confirmando e solidificando o novo clima. Nesse livro, Noemi, que não é nada confiável em termos de ortodoxia, manda que as duas noras viúvas retornem a Moabe, para cultuarem Camos, casarem e serem felizes. Mas uma das duas, Rute, insiste em voltar para Israel com a sogra. Noemi concorda, mas uma vez de volta à sua terra logo se empenha na questão prática de discretamente seduzir um parente rico para que se case com a jovem.

Assim, o mortal silêncio do Senhor Deus é encoberto pela agitação e pelo ruído da vida real. Ao longo das *Lamentações*, do *Eclesiastes*, de *Ester* e *Daniel*, o silêncio de Deus pode continuar, mas, graças aos *Provérbios*, ao *Cântico dos Cânticos* e a *Rute*, o silêncio *apenas* continua. Ele não adquire maior força. Não se torna ensurdecedor. A relação de Deus com a humanidade não atinge mais o tom fatal dos últimos capítulos do *Livro de Jó*.

E então, de repente, como se fosse um barco há muito na praia que começa a oscilar de novo sobre uma maré que sobe, nos vemos outra vez em uma narrativa histórica. O Senhor Deus tem lugar de honra na narrativa, mas é agora uma força motivadora mais do que um ator na trama. Seus "preciosos pensamentos", tão caros ao salmista e ligados pelo salmista ao papel ainda lembrado e reconhecido de senhor do universo físico, são objetivados e tornam-se acessíveis a todos os membros da comunidade — como uma constituição, como lei escrita à qual todos juraram solene obediência e na qual alguns deles efetivamente assinam os seus nomes. Os vizinhos próximos de Israel são hostis, mas eles reconhecem ao menos que não existe outro deus senão o Senhor Deus; o rei da Pérsia chega perto disso também. Muito significativamente, Neemias vai e volta entre Jerusalém e Susã, a capital persa. Os filhos de Israel na terra prometida são sucedidos pelo judaísmo mundial.

Neemias pode ser descrito como sendo, pessoalmente, o primeiro dia do resto da vida do Senhor Deus. Apesar de Neemias ser homem, tem em si o espírito prático e enérgico da Senhora Sabedoria na manhã da criação. Falta-lhe um pouco de consciência. Ele tende a agir primeiro e refletir depois (quando reflete). Ele tende a reconhecer o pecado só depois de cometido. Ele só é guerreiro quando forçado a isso. Mas em tudo isso só relembra o que seu criador era em seu momento de maior vigor. Neemias não é divino. Ele não é o filho de Deus. Mas em pontos-chave ele é o reflexo perfeito, a autoimagem abrangente, a quase encarnação do jovem *yahweh ᵓelohim*.

DEUS DIVIDIDO, HOMEM DIVIDIDO

Começamos este poslúdio com a afirmação de que o Tanach é mais parecido com *Hamlet* do que com *Édipo rei*. Por que será isso? Afinal, os autores das últimas partes do Tanach eram contemporâneos cronológicos dos grandes dramaturgos gregos. E, deixando de lado as relações diretas entre as sociedades, podemos afirmar que muitas realidades sociais e materiais comuns marcaram independentemente os dois. Ambas as sociedades mantinham escravos, por exemplo, ambas cultivavam a oliveira, ambas untavam o cabelo e o corpo com óleo, ambas praticavam o sacrifício de animais, e assim por diante, numa longa lista. Dois milênios depois, numa sociedade que não fazia nada disso, porém, *Hamlet* constitui um parente espiritual mais próximo do Tanach do que o *Édipo rei*, porque a sociedade elisabetana *lia* a Bíblia com muito mais seriedade do que lia os gregos, e era descendente de uma sociedade inglesa medieval que, pode-se afirmar, exagerando só um pouco, praticamente não lia outra coisa além da Bíblia. É precisamente o efeito profundo da Bíblia na sociedade europeia que pode explicar por que a tragédia shakespeariana é tão diferente da tragédia grega.

Os livros de história geralmente chamam atenção para o fato de a Bíblia ser a enciclopédia popular da Idade Média, mas a Bíblia foi também uma escola para a imaginação medieval, e dentro dessa escola o personagem do Senhor Deus era a lição maior, mais dominante e menos possível de se esquecer. Quando se discute o monoteísmo, pode-se levantar uma questão: que as culturas politeístas sempre abrigam em seu interior uma elite intelectual que desposa seja o monoteísmo, seja alguma forma de monismo filosófico. Segundo esse argumento bastante familiar, o politeísmo, com todo o seu colorido e variedade, deve ser considerado como parte da cultura popular. A elite o conhece, sem dúvida, e pode apreciá-lo e referir-se a ele casualmente, mas atribui a ele pequena ou nenhuma importância intelectual.

Tudo isso pode ser verdade, porém os historiadores da religião que sustentam essa posição tendem a ignorar o impacto psicológico de um monoteísmo que seja imaginativo além de conceitual. Um monoteísmo em que o divino não é apenas concebido mas também imaginado como único deve ter sobre seus seguidores efeito diferente de um monoteísmo em que o divino é concebido como único mas imaginado como muitos — e assim retratado na arte, no teatro, e no folclore. A exposição prolongada a um Deus em quem diversas personalidades coexistem, e ao lado do qual nenhum deus é jamais retratado nem pelo simples prazer folclórico, deve produzir um modo de pensar no eu como entidade igualmente composta e igualmente solitária. Os deuses dos panteões politeístas sem dúvida não são imaginados como seres simples. Eles não são simplórios, monocromáticos, ao lado de um Senhor Deus que é como uma coalizão, um arco-íris. Qualquer um deles — Vishnu, por exemplo — pode conter em seu caráter porções de experiência humana, a experiência do amor físico no caso de Vishnu, que o caráter do Senhor Deus omite. Mas seja qual for a complexidade interior ou o conflito interno de um Vishnu, sempre resta ao devoto a possibilidade de um escape tanto imaginativo como conceitual. Em outras palavras, existe sempre um outro deus a quem se pode transferir o que é incompatível. Não é assim para o devoto do Senhor Deus. Tudo resulta em crédito para o Senhor Deus. Tudo redunda também em sua culpa. Ele não tem oponente cósmico além de si mesmo. Ninguém pode escapar-lhe e ele não pode escapar de si próprio. Na medida em que o Tanach pode ser chamado de tragédia, ele é uma tragédia — igual a *Hamlet* e explicando *Hamlet* — cuja inevitabilidade é essa inevitabilidade de caráter. O caráter, o personagem do Senhor Deus, é contraditório, e ele está preso em suas contradições.

Se ele fosse, por exemplo, ou o onipotente Senhor do Céu ou o solícito Amigo dos Pobres, mas não ambos, poderia escapar da armadilha. Mas ele é ambos, e não pode escapar. O que constitui um problema de teodiceia para o coitado cujo sofrimento não é aliviado ("Como pode um Deus bom...?") constitui um conflito de identidade para o Deus que não o alivia. Mais uma vez, se ele fosse apenas o marido terno e solícito do Segundo Isaías e não também o carniceiro de espada na mão de *Josué*, ele poderia escapar. Mas ele é ambos, e não pode escapar. Está preso, como Hamlet está preso — em si mesmo.

A civilização ocidental descende igualmente de Atenas e de Jerusalém, e rotineiramente falamos de ambos os tipos de tragédia. A explosão em pleno ar da espaçonave *Challenger*, horripilante resultado de um defeito em um anel de vedação, foi uma tragédia à maneira grega. O tormento do pai decidido a ser ao mesmo tempo um pai amoroso para seus filhos e um atleta mundialmente conhecido é uma tragédia judaica. A primeira tragédia vem de fora; a segunda vem de dentro. A primeira é arrastada para um desfecho inevitável; a segunda pode não ter solução e por essa razão pode-se ficar sem rumo para sempre (na pior das hipóteses) ou ser manipulado (na melhor) por alguma intrusão da comédia: os jovens amantes do *Cântico dos Cânticos*, o alegre conspirador do *Livro de Rute*, o ativo construtor do *Livro de Neemias*.

Ambos os tipos de tragédia são ocidentais, mas é sem dúvida o segundo tipo que nos toca mais profundamente. "O intelecto do homem é forçado a escolher/ a perfeição da vida, ou a perfeição da obra", escreveu W. B. Yeats. Em sua pungência, o verso parece a quintessência da modernidade, mas tem tudo a ver com a antiga memória sepultada de um Deus que precisava escolher, mas não podia. Esse Deus é o original de quem somos até hoje a imagem dividida. Ele é a respiração inquieta que ainda ouvimos em nosso sono.

AGRADECIMENTOS

Pensamos que estamos sozinhos. Mas basta levantar os olhos para ver que estamos cercados. Este livro foi escrito com a ajuda de uma generosa bolsa da John Simon Guggenheim Foundation. Os capítulos de abertura foram escritos no Gould Center for Humanistic Studies do Claremont McKenna College, os capítulos finais numa série de retiros nos fins de semana no Humanities Center da Claremont Graduate School. Dentre os muitos favores institucionais, agradeço especialmente à biblioteca da Escola de Teologia de Claremont e ao *Los Angeles Times*, principalmente na pessoa de seu editor, Shelby Coffey III, que, na fina expressão de Hart Crane, permitiu que eu viajasse. Jonathan Segal, da Alfred A. Knopf, Inc., foi paciente mas vigilante enquanto eu esperava um demorado manuscrito, receptivo mas rigoroso quando o recebeu pronto — um aliado além de editor. Georges Borchardt instilou confiança em diversos momentos cruciais, como só é capaz quem é mais cético do que a gente mesmo, a respeito de quase tudo. Minha esposa Jacqueline, e minha filha, Kathleen, repreenderam-me muitas vezes para que eu parasse de fazer as coisas que uma esposa e uma filha esperam de um pai e marido e que, em vez disso, me trancasse com Deus. Prezo as lembranças dessas repreensões.

Outros ajudaram de outras maneiras, físicas e espirituais, maiores e menores, passivas e ativas, variadas demais para serem descritas. Agradeço penhoradamente a Martha Andresen, Elazar Barkan, Daniel Boyarin, Janet Brodie, Susan Brown, Joel Conarroe, Frank Moore Cross, Deus, Mary Douglas, Richard Drake, Richard Eder, Howard Eilberg-Schwartz, Richard Elliott Friedman, Nicholas Goodhue, Donald Hall, K. C. Hanson, Holly Hauck, Michael Heim, Herman Hong, William LaFleur,

Thomas O. Lambdin, Herb Leibowitz, Jon Levenson, William Loverd, Peter Machinist, Burton Mack, John Maguire, Frank McConnell, Ruth Mellinkoff, Mary J. Miles e a League of Irish Fatalists, Thomas Plate, Robert Polzin, Ricardo Quinones, Alex Raksin, Martin Ridge, Philip Roth, Murray Schwartz, Stanislav Segert, Elisabeth Sifton, Jack Stark, e *last* mas muito longe de *least*, a Mark C. Taylor.

APÊNDICE

OS LIVROS DO TANACH

TORÁ: OS CINCO LIVROS DE MOISÉS

Gênesis
Êxodo
Levítico
Números
Deuteronômio

NEBI'IM: OS PROFETAS

Os profetas anteriores

Josué
Juízes
I e II Samuel
I e II Reis

Os profetas posteriores

Isaías
Jeremias
Ezequiel
Oseias
Joel
Amós
Obadias
Jonas
Miqueias
Naum
Habacuque
Sofonias
Ageu

Zacarias
Malaquias

KETUBIM: OS ESCRITOS
Salmos
Provérbios
Jó
Cântico dos Cânticos
Rute
Lamentações
Eclesiastes
Ester
Daniel
Esdras
Neemias
I e II Crônicas

NOTAS

PROGRAMA

15 "o Senhor é um": A frase traduzida como "Ouvi, ó Israel, o Senhor é nosso Deus, o Senhor é um" é hoje traduzida mais usualmente, à luz da pesquisa histórica, por: "[...] o Senhor é nosso Deus, só o Senhor". Como o hebraico não tem verbo de ligação, a frase hebraica em questão, numa tradução extremamente literal, ficaria: "Ouvi Israel o Senhor nosso Deus o Senhor um". Dependendo do lugar onde se inserir o verbo *é*, a frase adquirirá diferentes sentidos.

Os teólogos sempre leram a frase como uma formulação emblemática do monoteísmo, igual ao "Não existe outro deus, senão Deus" do islamismo. Os historiadores, porém, acreditam que a frase expressava originalmente a devoção exclusiva de Israel ao Senhor mais do que o status teológico do Senhor enquanto divindade única. Eles acreditam que as palavras "o Senhor" traduzem um nome próprio, *yahweh*, atribuído a uma divindade que nenhum israelita antigo consideraria dupla ou múltipla. Em resumo, em seu cenário original, a afirmação *"yahweh* é um" soaria supérflua ou absurda.

Eu pessoalmente acredito que a frase tinha originalmente um certo duplo sentido. Seu sentido primário seria, sem dúvida, o que os historiadores identificaram e que a maioria das traduções hoje reflete. O sentido secundário, porém, mesmo no princípio, poderia ter sido: "[...] o Senhor nosso Deus, o Senhor está só", isto é, sem a consorte que maior parte das divindades semíticas costumava ter. Assim ficariam simultaneamente afirmadas a devoção exclusiva de Israel ao Senhor e a ausência de qualquer objeto não humano para sua própria devoção. Em resumo, a fidelidade mútua que a frase traz implícita faz dela, afinal, um bom emblema da integridade e da unidade interna que a Bíblia tão ansiosamente atribui a Deus.

1. PRELÚDIO — PODE-SE ESCREVER A VIDA DE DEUS?

16 "Para William Kerrigan": *Hamlet's perfection* (Baltimore/ Londres: Johns Hopkins University Press, 1994), pp. 31-3.

21 "não existe [...] nenhuma garantia à afirmação de que Deus é imutável": A *Epístola aos Hebreus* cita a única passagem do Tanach que, na minha opinião, chega mais perto de afirmar a imutabilidade de Deus:

> *Em tempos remotos lançaste os fundamentos da terra;*
> *e os céus são obras das tuas mãos.*
> *Eles perecerão, mas tu permaneces.*
> *Todos eles envelhecerão como um vestido,*
> *como roupa os mudarás, e serão mudados.*
> *Tu, porém, és sempre o mesmo,*
> *e os teus anos jamais terão fim.* [*Sl.*, 102:25-7]

No resto do salmo 102, que começa com: "Oração do aflito que, desfalecido derrama o seu queixume perante o Senhor", porém, a preocupação dominante não é com a imutabilidade ontológica do Senhor, mas com sua confiabilidade moral. A ideia de que o Senhor que fez os céus deve ser ainda mais imutável do que esses céus só interessa ao salmista como uma imagem para a constância moral do Senhor. Da mesma forma o único tipo de mutabilidade que o Tanach ativamente elimina da figura de Deus é a infidelidade

Os tradutores devem estar sempre atentos quanto aos possíveis deslizes nesse ponto. A versão do rei James erra, por exemplo, ao traduzir *Malaquias*, 3:6: "Porque eu, o Senhor, não mudo; por isso vós, ó filhos de Jacó, não sois consumidos". Melhor tradução seria: "Pois que eu sou o Senhor, vós, filhos de Jacó, não pereceram". A integridade e fidelidade do Senhor garantem a sobrevivência de Israel. Por razões práticas não tratamos de sua mutabilidade ou imutabilidade em outros aspectos.

23 "Robert Alter escreveu a respeito": *The world of biblical literature* (Nova York: Harper Collins, Basic Books, 1992), pp. 22-3.

25 "Judeus e cristãos igualmente": Cf. Harold Bloom, "'Before Moses was, I am': the Original and the Belated Testaments", *Notebooks in cultural analysis 1* (1984), p. 3. Nos parágrafos de abertura de *The book* of *J* (Nova York: Grave Weidenfeld, 1990, p. 3), Bloom estende-se mais sobre esse ponto:

> A Bíblia hebraica [...] não deve ser confundida com a Bíblia cristã, que é baseada nela, mas constitui uma revisão muito severa da Bíblia dos judeus. Os judeus chamam a sua sagrada escritura de Tanach, um acrônimo das três partes da Bíblia: Torá (a Ensinança, ou Lei, também, conhecida como os Cinco Livros de Moisés, ou Pentateuco); Nevi'im (os profetas); e Ketubim (os escritos). Os cristãos chamam a Bíblia hebraica de Antigo Testamento ou Aliança, para que possa ser superado pelo Novo Testamento, obra ainda inaceitável para os judeus, que consideram que sua Aliança não é antiga e portanto não está superada. Como os cristãos são

obrigados a continuar chamando o Tanach de Antigo Testamento, eu sugiro que os críticos e leitores judeus mencionem suas Escrituras como Testamento Original, e a obra cristã como Testamento Tardio, pois, afinal de contas, é isso que ele é, uma obra revisionista que tenta substituir um livro, a Torá, por um homem, Jesus de Nazaré, proclamado Messias da Casa de Davi pelos crentes cristãos.

Bloom tem razão ao afirmar que os cristãos são obrigados a acreditar que ao lado da aliança de Deus com os judeus existe agora uma nova aliança, à qual eles pertencem, com toda uma nova raça humana. Porém, não são obrigados a usar *Antigo Testamento* como título para a primeira parte de sua escritura.

Aprendi a palavra *Tanach* na primavera de 1966, quando assistia a minhas primeiras aulas de hebraico na sinagoga principal de Roma (eu era um seminarista jesuíta na época, mas renunciei à Companhia de Jesus alguns anos depois). Minha primeira reação ao acrônimo foi dizer: "Que inteligente!". A segunda foi: "Que prático!" — isto é, que prático usar uma palavra que não ofendia os judeus e ao mesmo tempo era perfeitamente aceitável também para cristãos. Passei o ano acadêmico seguinte, 1966-7, na Universidade Hebraica de Jerusalém, e lá encontrei numerosos cristãos que viviam em Israel havia muitos anos e eram inteiramente fluentes em hebraico. Quando falavam hebraico entre eles, nunca se referiam à Bíblia hebraica por nenhuma outra palavra que não *Tanach*, apesar de ser perfeitamente possível traduzir a expressão "Antigo Testamento" para o hebraico.

Observei que muitos judeus falantes do inglês não conhecem a palavra *Tanach* e tive a oportunidade de iniciar várias pessoas no seu uso. Por essas e outras razões, tendo a ver o Tanach de maneira bem menos comprometida do que Bloom, mas é possível que isso se deva ao fato de meus estudos sérios sobre a coleção terem começado onde e com quem começaram. De fato, foi quando me explicaram a palavra *Tanach* na sinagoga romana que me dei conta de que os judeus liam os livros do Antigo Testamento numa ordem diferente da nossa. Na época, a diferença pareceu-me apenas curiosa, mas nos anos seguintes me vi retornando à questão — sem nenhuma intenção especial: eu simplesmente me pegava pensando a respeito. Gradualmente, comecei a perceber que essa diferença fazia do Tanach e do Antigo Testamento duas obras intimamente relacionadas, mas em última análise clássicos literários inteiramente distintos.

O Antigo Testamento é, no bem conhecido sentido que Bloom atribui à palavra uma releitura extremamente "forte" do Tanach, talvez a leitura mais forte de qualquer clássico da história da literatura. Mas, ao largo dessa leitura, o Tanach continua lá, não mais prisioneiro do Antigo Testamento do que qualquer obra sujeita a uma releitura forte é prisioneira dos seus leitores. Isso é fato, particularmente se atentamos, coisa que Bloom deixa de fazer, para a ordem definitiva do Tanach. Há alguns críticos da literatura inglesa para quem Milton está acorrentado à forte leitura que dele fez Blake. Mas há outros para quem Blake é apenas um excêntrico talento menor. Nada que os malucos blakianos possam dizer mudará a opinião dos nobres miltonianos, e isso vale também para o nobre Tanach e o maluco Novo Testamento.

A questão seria diferente, sem dúvida alguma, se os cristãos houvessem suprimido ou revisado — isto é, se tivessem reescrito literalmente — as escrituras judaicas. Mas talvez surpreendentemente, em vista de outros males que os cristãos causaram aos judeus ao longo dos séculos, eles não o fizeram. Aparentemente foi decisiva para isso a influência dos fundadores judeus — que fundaram a nova religião sobre sua interpretação da morte de um judeu, à luz das escrituras judaicas.

26 "O que hoje chamamos de rolo de pergaminho": Sobre o códex e o início do cristianismo, cf. T. Keith Dix:

> O cristianismo trouxe consigo uma surpreendente mudança na antiga confecção do livro, ou seja, a ascensão do códex, ver Colin H. Roberts e T. C. Skeat, *The birth of the codex* (Londres [Oxford University Press], 1983). Um códex — a forma dos livros modernos — é uma coleção de folhas pregadas num dorso ou lombada, geralmente protegida por capas. Por volta do século II d.C., o códex de papiro havia se tornado a forma exclusiva dos livros da Bíblia cristã. Para as escrituras judaicas, por outro lado, o rolo continuava a ser a única forma aceitável; no caso da literatura grega, o códex emparelhou com o rolo por volta do ano 300 e depois ultrapassou-o em popularidade.
>
> Considerações práticas como conveniência e economia — no rolo escrevia-se de um lado só, no códex escrevia-se dos dois — recomendavam a todos a nova forma de estocagem de texto.
>
> No entanto, parecem insuficientes para explicar (nas palavras de Roberts e Skeat) a "instantânea e universal" adoção do códex pelos cristãos já no ano 100 [...] Seja qual for a maneira como surgiu o códex de papiro, que passou a ser usado para os textos cristãos, os cristãos devem ter favorecido o códex porque seu uso os diferenciava dos judeus e de outros não-cristãos. (*The Oxford companion to the Bible*, eds. Bruce M. Metzger e Michael D. Coogan [Nova York: Oxford University Press, 1993], pp. 94-5.)

O último ponto levantado por Dix foi extensamente desenvolvido por C. H. Roberts, que acredita também que meras considerações práticas não podem explicar a "estranha adoção" do códex pela Igreja dos primeiros tempos. Mas deu-se um passo adiante quando a forma de estocagem de texto que se acreditava propriedade exclusiva dos escritos sagrados cristãos se estendeu às escrituras que os cristãos haviam herdado:

> Este último desenvolvimento é que é mais notável, por marcar a independência da Igreja das tradições e práticas judaicas e apontar o caminho para a formação do cânon cristão. Possuímos códices dos livros do Antigo Testamento, ou fragmentos deles, que datam da primeira metade do século II. A adoção do códex para textos especificamente cristãos (inclusive, por exemplo, o Terceiro Evangelho e Atos, que, sendo dirigidos ao mundo greco-judaico e tendo pretensões literárias, deveriam naturalmente ter sido publicados em forma de rolo) teria ocorrido um pouco antes, sendo tal a autoridade atribuída aos textos cristãos que eles determinaram o formato dos livros do Antigo Testamento usados na Igreja, em vez do contrário. (*The Cambridge history of the Bible*, vol. 1: *From the beginnings to Jerome*, eds. P. R. Ackroyd e C. F. Evans [Londres: Cambridge University Press, 1970], pp. 59-60.)

29 "dois cânones judaicos antigos": Contando todas as linguagens e considerando tanto o Tanach como o Novo Testamento, atestam-se mais do que dois cânones bíblicos. Para os propósitos deste livro, porém, só dois serão considerados: o cânon protestante do Antigo Testamento e o cânon judeu do Tanach. A posição de que o cânon Septuaginto, do qual deriva a ordem do cânon protestante, é antigo e judeu em sua origem é defendida por Harry M. Orlinsky em seus prolegômenos a *Introduction to the masoretico-critical edition of the Hebrew Bible*, de C. D. Ginsburg (Nova York: Ktav, 1966), pp. XIX-XX. Posição igualmente comum é a de que os códices antigos ainda existentes do Septuaginto apresentam influência cristã. Assim diz Sid Z. Leiman em *The canonization of Hebrew Scripture: the Talmudic and Midrashic evidence* (Hamden, Conn.: Transactions, The Connecticut Academy of Arts and Sciences/Archon Books, 1976), p. 150:

> O fato de [o Septuaginto] colocar a coleção profética por último entre os livros bíblicos é algo patentemente artificial: um tal arranjo só pode servir à ideia de que os livros proféticos antecipam os Evangelhos (que vêm imediatamente depois deles nas Bíblias cristãs), ideia que não poderia ter surgido antes do nascimento do cristianismo. Note-se especialmente que nos dois celebrados manuscritos unciais [do Septuaginto] — o códex Alexandrinus e o códex Sinaiticus — os livros proféticos precedem os livros poéticos!

Eu fico com Leiman contra Orlinsky.

Tanakh: Tecnicamente, o nome teria de ser *Tinkan* (*torah*, *nebi'im*, *ketubim*, *nebi'im*), pois a divisão do Septuaginto é quadripartite, não tripartite: (1)

torá, (2) profetas anteriores, (3) escritos e (4) profetas posteriores, ou, para usar as categorias do próprio Septuaginto (1) Pentateuco, (2) história, (3) sabedoria e (4) profecia. À parte tais detalhes, o que interessa para a biografia de Deus é que o Antigo Testamento, com efeito, desloca a parte intermediária do Tanach para o final.

29 "a tradução citada": *Tanakh: a new translation of the Holy Scriptures according to the traditional Hebrew text*, editor chefe Harry M. Orlinsky; eds. H. L. Ginsberg e Ephraim A. Speiser (Filadélfia: Jewish Publication Society, publicação 5746, 1985).

31 "Acadêmicos da Bíblia versus críticos da Bíblia": O prolongado debate entre críticos e acadêmicos, que, como demonstra William Kerrigan, tão fortemente estruturou o entendimento coletivo dos estudos de Shakespeare, só em anos recentes começou a ter o mesmo efeito sobre os estudos da Bíblia. Durante quase todo o século XX, os estudantes seculares da Bíblia colocaram-se como e *somente* como estudiosos acadêmicos. Não havia conflito entre acadêmicos e críticos porque não havia críticos. A frase um tanto estranha "Estudos críticos históricos" era usada para nomear a combinação de dados extrabíblicos (i. e., históricos) coletados pela arqueologia com uma análise não religiosa (i. e., crítica) do texto. Neste livro, eu próprio refiro-me às vezes aos praticantes dessa disciplina como "críticos históricos", porém o termo mais usual dentro da instituição é simplesmente *scholars* [estudiosos, conhecedores do assunto, traduzido ao longo do texto por "acadêmicos"].

Dependendo de quem a pratica, a história pode, evidentemente, ser mais uma arte do que uma ciência. Pode também ser filosoficamente informada ou mesmo filosoficamente determinada. Na virada do século, os estudiosos bíblicos hegelianos dominavam os estudos bíblicos britânicos e norte-americanos da mesma forma que críticos hegelianos de Shakespeare, tal como A. C. Bradley, dominavam os estudos shakespearianos britânicos e norte-americanos. Mas a tendência dos estudos acadêmicos norte-americanos do Antigo Testamento — comparável à tendência dos estudos shakespearianos e cujo epítome é a carreira de William Foxwell Albright — pendia para um repúdio explícito do elemento hegeliano do historicismo germânico. Mesmo tendo o alemão como primeira língua (Albright nasceu numa comunidade de imigrantes na zona rural do estado norte-americano de Iowa onde essa língua ainda era falada), ele era, em termo religiosos, um típico protestante norte-americano e, intelectualmente, um empirista germano-americano. Albright lia os alemães por sua filologia e não por sua filosofia. Seus alunos e os alunos de seus alunos fizeram abertamente a mesma coisa. Na terminologia de Kerrigan, Albright era um acadêmico puro: um historiador, por oposição — e de fato oposição muito decidida — ao filósofo ou ao crítico literário.

O fato de os estudos históricos da Bíblia terem prosseguido por tanto tempo sem oposição intelectual séria (mesmo na Alemanha) levou, como era de se esperar, a uma extrema hipertrofia dos estudos históricos. No que diz respeito ao Velho Historicismo, a erudição que ele trouxe para a interpretação do Tanach reduz a quase nada qualquer coisa com que a interpretação de qualquer clássico secular, inclusive as peças de Shakespeare, pudesse ter sonhado. O mais arrogante, mais factual dos estudiosos de Shakespeare jamais teve de dominar uma língua não indo-europeia, muito menos diversas dessas línguas, nem uma escrita não alfabética, nem disciplinas tão antigas quanto a dendrocronologia e a epigrafia. Um pouco de latim e um pouco de grego já bastavam. As necessidades objetivas da interpretação histórica da Bíblia, especialmente do Antigo Testamento, podem exigir tais prodígios do estudioso da Bíblia, mas assim mesmo é muitíssimo importante o fato de não haver nos estudos bíblicos, como sempre houve no estudo dos clássicos gregos e latinos, alguma forma de crítica estética *secular*. Só do púlpito a crítica histórica atraía um grande número de seguidores — mas era inteiramente ignorada fora da igreja.

Os extremos barrocos do "Novo Historicismo" bíblico são ainda mais impressionantes em seu desenvolvimento do que os do "Velho Historicismo" bíblico (note-se que os próprios estudiosos da Bíblia nunca usam nenhum dos dois termos). Kerrigan considera Stephen Greenblatt um radical, por acreditar, nas palavras de Kerrigan, que "não existem autores" e que, na formulação do próprio Greenblatt, "as obras de arte [...] são produtos da negociação e do intercâmbio coletivos". Mas, por radicais que essas posições possam ser nos estudos de Shakespeare, eles constituem o fundamento dos cursos básicos de estudos da Bíblia. Há pelo menos um século, dá-se por certo que Moisés não escreveu os livros de Moisés e que o Moisés que aparece nos livros de Moisés (quatro deles), não é o Moisés histórico — se é que existiu um Moisés histórico. O *Livro de Isaías* é rotineiramente subdividido em Isaías, Deutero-Isaías e Trito-Isaías, e nenhuma das divisões é considerada obra do Isaías histórico, o profeta que aparece em *II Reis*.

Tais exemplos poderiam ser multiplicados *ad infinitum*, mas o triunfo da "negociação e intercâmbio coletivos" aparece particularmente em um exemplo do estudo contemporâneo do Novo Testamento. A oração do Pai-Nosso (*Mateus*, 6:9-13) é assim, em sua versão mais familiar:

> Pai nosso que estais no céu, santificado seja o vosso nome; venha a nós o vosso reino, seja feita a vossa vontade, assim na terra como no céu. O pão nosso de cada dia nos dai hoje; perdoai as nossas dívidas assim como nós perdoamos aos nossos devedores, e não nos deixeis cair em tentação, mas livrai-nos o mal.

Porém o "Seminário de Jesus", um grupo de reconhecidos estudiosos do Novo Testamento, acredita que o Jesus histórico só pronunciou duas das palavras que compõem a oração do Pai-Nosso — ou seja, as duas primeiras: *Pai* e *nosso*. O que vem depois disso foi coletivamente negociado pela Igreja cristã primitiva. Comparado a isso, Greenblatt é o conservadorismo em pessoa.

As conclusões dos estudos bíblicos do "Novo Historicismo", visto derivarem de uma erudição vitoriosa, estão acima de qualquer refutação em seus próprios termos. Ou melhor, só podem ser refutadas aos pouquinhos e isso só por alguém disposto a empreender o trabalho intimidantemente difícil de entrar na batalha historiográfica. Mas os termos historicistas não são, de forma alguma, os únicos termos possíveis. Existem outras batalhas igualmente dignas de serem travadas, e outros termos legítimos com que abordar uma herança literária clássica.

Voltando ao Tanach, o academismo histórico acredita que nunca houve a batalha de Jericó, da qual Josué teria participado, porque a arqueologia provou que o sítio de Jericó era desabitado na época. O fundamentalismo pode contestar essa conclusão, mas a crítica literária pode aceitá-la e prosseguir, resgatando das ruínas históricas a história da batalha de Jericó como obra literária.

Na batalha de Jericó, o Senhor Deus aparece em pessoa como homem armado, de espada na mão, pronto para guerrear:

> Estando Josué ao pé de Jericó, levantou os olhos e olhou: eis que se achava em pé diante dele um homem que trazia na mão uma espada nua; chegou-se Josué a ele, e disse-lhe: "És tu dos nossos, ou dos nossos adversários?". Respondeu ele: "Não; sou príncipe do exército do Senhor, e acabo de chegar". Então Josué se prostrou sobre o seu rosto na terra, e o adorou, e disse-lhe: "Que diz meu Senhor ao seu servo?". Respondeu o príncipe do exército do Senhor a Josué: "Descalça as sandálias de teus pés, porque o lugar em que estás é santo". E fez Josué assim.[*Js.*, 5:13-5]

"Remove as sandálias dos teus pés, porque o lugar em que estás é santo" — foi isso o que o Senhor disse a Moisés quando lhe falou da sarça ardente (*Êx.*, 3:5). Tendo prometido a vitória naquela época, o Senhor vem agora proporcioná-la. A vitória será dele, ele parece insistir, e não apenas de Josué. Cito esse episódio como um emblema: pode não ter status como história, mas na vida do Senhor Deus é um momento vívido e emocionante, que merece ser discutido enquanto tal. Em resumo, se a crítica de *Hamlet* está pronta a redescobrir o príncipe, talvez já seja hora de a crítica da Bíblia redescobrir o Senhor Deus.

Estudiosos históricos tradicionais como leitores íntimos do texto: Ver a conversa entre Frank Kermode e Michael Payne em *Poetry, narrative, history. the Bucknell lectures in literary theory* (Londres: Blackwell, 1990), pp. 70-1. Payne diz:

Uma atitude que vem desde Moulton até, talvez, Helen Gardner é a seguinte: se um crítico literário tem um fim de semana livre, ele ou ela pode, talvez, esclarecer problemas de estudos bíblicos que estudiosos embolorados não conseguem solucionar.

Kermode, um crítico literário, responde:

Acho que você tem razão. Duas coisas devem ser ditas a esse respeito. Uma é que a qualidade profissional de grande parte dos estudos bíblicos técnicos é bastante alta; acho que bem mais alta do que estamos normalmente acostumados em nossa profissão. É inevitável constatar isso. E, uma vez que esses textos foram minuciosamente examinados durante muito tempo, esses estudos criaram uma poderosa tradição. Essa tradição tem seu lado mau, assim como seu lado bom, acho, e este é o segundo ponto. A formação que, até há pouco tempo, as pessoas recebiam em estudos bíblicos era muito completa. Por exemplo, eles sabem muito mais grego que a maior parte das pessoas que não são estudiosas da Bíblia, e dominam o hebraico e o aramaico e muitas outras coisas, de que o não-profissional sente falta. A força dessa tradição tem um outro efeito, ou seja, torna muito difícil enxergar fora dela.

31 "impressionantes estudos técnicos": William Foxwell Albright, *Yahweh and the gods of Canaan* (Garden City, N. Y.: Doubleday, 1968); Frank Moore Cross, *Canaanite myth and hebrew epic: essay in the history of the religion of Israel* (Cambridge: Harvard University Press, 1973); Mark S. Smith: *The early history of God; Yahweh and the other deities in ancient Israel* (San Francisco: Harper Collins, 1991).

36 "'Minha mãe era judia'": A mais famosa versão desse *jingle* a respeito de Jesus está no *Ulysses* de James Joyce. A quadra inicial é assim:

> I'm the queerest young fellow that ever you heard.
> My mother's a jew, my father a bird.
> With Joseph the joiner I cannot agree
> So here's to disciples and Calvary.
> [Nova York: Random House/Vintage Books, 1990; p. 19]

> *Sou um cara bem estranho, se você quiser.*
> *Minha mãe é judia, meu pai um qualquer.*
> *José, o carpinteiro, era um otário.*
> *Aqui! pros discípulos e para o Calvário.*

2. GERAÇÃO

42 "Senhor Deus", yahweh ʾelohim: Embora pareça uma combinação de dois nomes, na verdade ʾ*elohim* na expressão *yahweh* ʾ*elohim* serve apenas para identificar *yahweh* como inconfundivelmente divino. Eu usei a tradução convencional "Senhor Deus", mas o efeito de *yahweh* ʾ*elohim* em hebraico é "Senhor (Deus)" ou "Javé (Deus)" ou, talvez melhor ainda, "o divino Javé". Passado o segundo relato da criação — ou seja, a partir de *Gênesis*, 4 — o texto do Tanach, tendo já estabelecido claramente a sua divindade, refere-se a *yahweh* ʾ*elohim* simplesmente como *yahweh*, "o Senhor".

O costume de traduzir *yahweh* por "o Senhor" é consagrado por longo uso em inglês (e em português), uso esse em que os cristãos respeitaram a antiga tradição judaica. Aceito essa tradição. Mas, para entender como o personagem de Deus vai tomando forma de um livro a outro no Tanach, é importante apontar o que o uso comum esconde.

Um ou dois exemplos de um trecho um pouco adiante do Tanach podem esclarecer isso. Compare o Êxodo, 20:1, traduzido literalmente como: "Eu sou o Senhor teu Deus, que te tirei da terra do Egito", com *Gênesis*, 45:4: "Eu sou José vosso irmão, a quem vendestes para o Egito". Gramaticalmente, essas duas frases têm estrutura quase idêntica. Em ambas um substantivo comum está aposto ao nome próprio, mas só na segunda o substantivo comum aparece como tal na tradução. Ficaria aparente na primeira também, se traduzíssemos: "Eu sou Javé, teu deus, que te tirou do Egito".

Inúmeras vezes no Tanach ʾ*elohim* é usado como substantivo comum num aposto explicativo ao nome *yahweh* em expressões como, usando a tradução convencional, "o Senhor teu Deus", "o Senhor, Deus de Abraão" e "o Senhor, Deus do céu". Em todas três, a maiúscula inicial de "Deus" obscurece o fato de ʾ*elohim* ser, nesses pontos, um substantivo comum mais do que um nome próprio. Da mesma forma, o uso de maiúscula inicial no substantivo comum "Senhor" obscurece o fato de que *yahweh* é, aqui como sempre, um nome próprio mais do que qualquer substantivo comum. Tecnicamente, essas frases seriam mais bem traduzidas por "Javé, teu deus", "Javé, deus de Abraão" e "Javé, o deus do céu". No entanto, o efeito semântico de "Javé" para os ocidentais seria o de fazer Deus parecer, de repente, não um estranho cósmico, mas apenas um estranho étnico; em outras palavras, não o augusto Deus da nossa própria tradição, mas apenas algum estranho opaco. Minha determinação de evitar esse inconveniente explica por quê, deferências à parte, preferi usar "o Senhor" como minha tradução comum de *yahweh*.

A questão toda é complicada, evidentemente, pelo fato de o antigo Israel ter começado a acreditar na unidade de Deus antes de ter uma cultura intelectual monoteísta plenamente desenvolvida para dar suporte à sua crença. O politeísmo ainda está presente de várias formas na linguagem do Tanach porque era intelectualmente dominante na cultura da época. Em marcante contraste, a cultura intelectual ocidental moderna, inclusive todas as línguas ocidentais modernas, são completa e habitualmente monoteístas. O resultado é que fica praticamente impossível para as traduções nas línguas ocidentais modernas capturar esses ecos antigos do politeísmo — e a impressão que elas dão é a de um monoteísmo que luta para emergir.

A palavra hebraica *yahweh* é um verbo com função de substantivo, muito possivelmente uma abreviação de algum nome-sentença. Os norte-americanos estão familiarizados com esses nomes-sentença na cultura nativa norte-americana, como o do famoso *Dança-com-lobos*. Se *Dança-com-lobos* fosse abreviado para *Dança*, funcionaria em inglês da mesma forma que *yahweh* funciona em hebraico. Como *Dança*, o nome-verbo *yahweh* tem um sentido léxico próprio, sem nenhuma referência ao ato de dançar. Mais adiante teremos oportunidade de falar sobre o sentido léxico de *yahweh*. Por ora, basta observar que esse nome próprio, como todos os nomes próprios, poderia ser razoavelmente transliterado em vez de ser traduzido. O frequente sobrenome inglês *Woods* não é traduzido por *Bosque* em espanhol: continua sendo *Woods*. Com o acréscimo de uma maiúscula (o alfabeto hebraico não tem maiúsculas), poder-se-ia fazer coisa semelhante com *yahweh*. É o que acontece nas traduções que usam "Javé" onde nós usamos "o Senhor". Mas, se é razoável assumir essa alternativa de tradução mais recente, é também razoável, como já indicamos, manter a alternativa mais antiga.

Existe uma outra objeção a "o Senhor" que requer um comentário preliminar. Alguns teólogos feministas objetaram que "o Senhor" é uma designação patriarcal e propuseram como alternativas os nomes secundários de Deus na Bíblia, como "o Todo-poderoso" e "Santo".* Em termos religiosos, essas substituições são perfeitamente legítimas, mas para os propósitos literários deste livro não são. Minha preocupação não é — como seria a do teólogo — com aquilo que a divindade é. Em outras palavras, não estou preocupado com a divindade conhecida por qualquer e todos os meios como uma realidade presente, mas apenas com a divindade enquanto personagem que se desenvolve de uma página para outra da Bíblia. Nesse desenvolvimento, a feminilidade chega tarde — mesmo que só um pouco mais tarde, apresso-me em acrescentar, do que a paternidade ou a realeza. A palavra *patriarcal* — derivada da palavra grega *pater*, "pai", e *arche*, "regra", "governo" — é, em termos descritivos, inadequada para ele da forma como aparece nos capítulos de abertura do *Gênesis*, porque nesse ponto ele ainda não é nem pai, nem governante. A melhor palavra polêmica para usar contra ele, para aqueles que desejam uma polêmica, seria *machista*. A palavra não polêmica seria simplesmente *masculino*. As pala-

---

* Em inglês, ambas as expressões, "the Almighty" e "The Holy One", são neutras em termos de gênero. Em português, no entanto, continuariam sendo nomes masculinos. (N. T.)

vras hebraicas *yahweh* e *ʾelohim* são ambas morfologicamente masculinas; e quando a divindade aparece em forma humana, como o faz em alguns pontos do *Livro do Gênesis*, aparece sempre em forma masculina. Esquiva, a divindade não é nem assexuada, nem celibatária, nem neutra. Sua identidade sexual é uma questão complexa e exigirá maiores comentários em diversos pontos deste livro. Basta dizer, no que tange à nomenclatura apenas, que a apresentação do *desenvolvimento* do seu personagem nada ganharia se atribuíssemos a ele, já desde o início, uma sexualidade neutra, um nome que escondesse o gênero.

44 "'Esta, afinal,/ é osso dos meus ossos'": A tradução é minha. O substantivo hebraico para *mulher* e um outro substantivo hebraico inflexionado que significa "*seu homem*" ou "*seu marido*" são virtualmente homônimos.

62 "Um destruidor tanto quanto um criador?": Quando comparo o Senhor ou Deus a uma fusão de Marduque e Tiamat, não tenho intenção de sugerir que a história do monoteísmo israelita começa na Babilônia. A história que a Bíblia conta, objeto hábil para a crítica literária, e a história da narrativa da Bíblia, mais propriamente objeto da história antiga, não são a mesma coisa. Os estágios históricos por que passa o monoteísmo em vias de formulação completa não correspondem necessariamente aos períodos da vida do Senhor Deus conforme podem ser acompanhados nas páginas da Bíblia. O que acontece no começo da vida pode ter sido pensado mais tarde na história, e vice-versa. A questão literária a ser levantada sobre o protagonista da história do dilúvio no *Gênesis* é que, tendo sido um criador, ele agora torna-se também um destruidor. Acredito que essa questão da radical ambiguidade do personagem divino pode ser levantada com clareza por meio da comparação entre a história do dilúvio bíblico e a história babilônica, mas a questão não depende dessa comparação.

Historicamente, as personalidades de diversas divindades semíticas antigas contribuem para a personalidade do Senhor Deus de Israel. A contribuição de Marduque não foi nem especialmente antiga, nem especialmente grande. Quanto a Tiamat, é evidentemente difícil provar, do ponto de vista histórico, que uma deusa do caos aquático e da destruição tenha contribuído para o caráter da divindade de Israel apenas observando sua *ausência* da história diluviana na qual ele é o protagonista. Mas meu interesse não é a historiografia e sim a caracterização. Sejam quais forem os estágios históricos que o texto atravessou até atingir a forma que hoje lemos, a divindade que está em suas páginas pode ser descrita como *semelhante* a Marduque fundido com a sua Tiamat. Dizer isso, espero, significa extrair algum benefício literário da história, mas não significa escrever história.

83 "o nome ʾel": El, um alto deus conhecido por esse nome em todo o mundo semita, não era sempre idêntico em todas as regiões. O El cananeu tinha certas responsabilidades pessoais junto à humanidade. Fazia parte, por exemplo, do luto. Mas o caráter mais amplamente interpessoal ou íntimo da *relação* que Abraão e seus descendentes têm com o seu alto deus encontra uma analogia mais próxima na Mesopotâmia. Acima de tudo, a combinação desses elementos é que é única. Sobre o El cananeu, ver John Gray, *Near Eastern mithology: Mesopotâmia, Syria, Palestine* (Londres: Hamlyn, 1969), pp. 70-1, 86.

85 "A religião da antiga Mesopotâmia": Os leitores interessados no deus pessoal da Mesopotâmia podem consultar Thorkild Jakobsen, *Treasures of darkness: a history of Mesopotamian religion* (New Haven, Conn.: Yale University Press, 1976).

96 "'Deus de meu pai Abraão'": O Tanach da JPS lê: "Ó, Deus de meu pai Abraão e Deus de meu pai Isaque", onde eu coloco "deus de meu pai Abraão e deus de meu pai Isaque". O hebraico, como já observamos antes, não tem maiúsculas. Usei minúsculas aqui e em vários outros pontos para sugerir o caráter mais humilde da divindade em questão.

110 "comparação entre Judá e José": O herdeiro presumível de Jacó não é, evidentemente, nem Judá, nem José, mas seu filho mais velho, Rubem. Jacó retira sua bênção do primogênito porque Rubem uma vez dormiu com Bila, uma das concubinas de seu pai, episódio mencionado num único versículo (*Gênesis*, 35:22). A relação entre os três continua sendo importante até o fim do Tanach. *I Crônicas*, 5:1-2 explica:

> Pois [Rubem] era o primogênito, mas por ter profanado o leito de seu pai deu-se a sua primogenitura aos filhos de José, filho de Israel; de modo que na genealogia não foi contado como primogênito. Judá, na verdade, foi poderoso entre seus irmãos e dele veio o príncipe; porém o direito da primogenitura foi de José.

4. JÚBILO

163 "tabernáculo ou tenda de moradia de Deus": A palavra hebraica *miskan* recebe a mesma tradução latina tradicional tanto na edição da JPS como na VPR. Essa palavra vem do latim *tabernaculum*, que quer dizer "tenda". Ao longo do tempo, a palavra *tabernáculo* assumiu o caráter sagrado do seu ocupante, mas deve-se entender que o que está sendo construído para o Senhor Deus aqui é uma tenda de moradia — semelhante, porém mais elaborada, às tendas do povo acampado com ele no deserto. Se não se levar em conta sua finalidade residencial, o sentido de sua construção fica obscuro.

187 "Circuncidai, pois, o vosso coração": Utilizei a tradução que a VPR dá para essa passagem em grande parte devido à sua tradução de *Deuteronômio*, 10:16: "Circuncidai, pois, o vosso coração, e não endureçais a vossa cerviz". A tradução da JPS para o mesmo versículo é: "Cortai, pois, a dureza de vossos corações e não mais endureçais a vossa cerviz". É interessante notar que a VPR mantém a metáfora da primeira metade do versículo e dá uma tradução não metafórica, interpretativa, à segunda metade, enquanto a versão da JPS faz exatamente o contrário. Eu preferiria manter ambas as metáforas, mas particularmente a primeira: circuncidar tem um sentido moral no contexto israelita que "cortar a dureza do coração", seja o que for que a frase quer dizer, não tem.* Evidentemente, esse versículo faz referência a uma mudança de atitude. Se a metáfora da circuncisão for desprezada, toda imagem de cortar deve ser eliminada com ela. Portanto "Abri vossos corações e não sede mais teimosos".

191 "Pois o amor da aliança foi precedido por um amor mais misterioso e gratuito": Essa questão é repetidamente levantada.

> Não vos teve o Senhor afeição, nem vos escolheu, porque fôsseis mais numerosos do que qualquer povo, pois éreis o menor de todos os povos, mas porque o Senhor vos favoreceu [a tradução de João Ferreira de Almeida traz: "vos amava"], e para guardar o juramento que fizera a vossos pais, o Senhor vos tirou com mão poderosa e vos resgatou da casa da servidão, do poder de Faraó, rei do Egito. [*Deut.*, 7:7-8]

Entre parênteses, podemos observar a força com que a literatura nacional dos judeus reprova o orgulho judaico. Mas, à parte isso, a tradução da JPS corretamente abafa uma frase que podia ser traduzida literalmente como "Porque o Senhor vos amava" ou "Pelo amor que vos tinha o Senhor" ou "Porque o Senhor vos favoreceu".

Por que essa tradução é melhor? Pode-se argumentar contra isso que, ao frisar a gratuidade do favor do Senhor, Moisés certamente chegou perto de chamá-lo de amor. Mas existe uma diferença entre fidelidade a um compromisso e carinho, e o contexto tem muito de compromisso e nada de carinho. Na passagem citada, o amor ou favor do Senhor vem ligado imediatamente ao "juramento que fizera a vossos pais". A mesma ligação deve ser vista em *Deuteronômio*, 10:12-6, passagem citada antes, em que Moisés exorta os israelitas a circuncidar seus corações. Por que deveriam fazer isso? Por causa do que o Senhor havia feito antes: "Tão-somente o Senhor se afeiçoou a teus pais para os amar: a vós outros, descendentes deles, escolheu de todos os povos [...] Circuncidai, *pois*, os vossos corações [...]".

---

* A tradução de João Ferreira de Almeida faz exatamente isso: mantém as duas metáforas. (N. T.)

Mas essa ligação não sugere que o fato de o Senhor ter escolhido originalmente Abraão constitui um ato de amor? Se na circuncisão literal os israelitas renunciam a uma parte dos seus pênis (simbolicamente, à sua autonomia reprodutiva) em prol do Senhor, não são eles então exortados aqui a renunciar a uma parte de seus corações (simbolicamente, à sua autonomia emocional)? E essa perda não será amor? Além disso, se a relação é tão recíproca quanto parece, o Senhor não teria também, por extensão, dado seu coração a Israel? Em resumo, a circuncisão do coração não seria uma pista a respeito das emoções do próprio Senhor?

A resposta é não. Lembrando que coração significa o que chamaríamos de mentalidade, a metáfora da circuncisão implica devoção espontânea e ilimitada através das gerações — devoção que não se detém para pensar primeiro, e sim que age imediatamente —, mas não implica nada como a comunhão emocional entre os amantes. Como a escolha de Israel pelo Senhor é gratuita, a devoção devida por Israel deve ser igualmente gratuita. E, no entanto, especificamente do lado do Senhor, o relacionamento não tem a interioridade do amor no sentido mais completo da palavra. Apesar de dizer aos israelitas: "Circuncidai vossos corações", Moisés nunca cita o Senhor em nenhuma expressão equivalente a "Circuncidei o meu coração". O Senhor fala por intermédio de suas ações e só de suas ações. Ele escolheu Israel, sim, e desse ato Moisés infere que ele ama Israel. Mas o próprio Senhor, depois de falar tantas coisas por intermédio de Moisés em seu próprio nome no *Livro do Êxodo*, jamais diz: "Eu vos amo", por intermédio dele em todo o *Livro do Deuteronômio* — no qual a palavra amor é tantas vezes usada.

Considere como seria diferente o efeito de *Deuteronômio*, 7:7, se o Senhor, em vez de Moisés, fosse o narrador, e as palavras fossem ditas na primeira pessoa: "Não vos tive afeição, nem vos escolhi, porque fôsseis mais numerosos do que qualquer povo, pois éreis o menor de todos os povos, mas porque vos amava...". Em resumo, Moisés pode inferir o favor divino, mas só Deus pode declarar o amor divino. No *Deuteronômio* Deus não o faz, e a omissão não pode ser acidental.

É uma sensação em tudo semelhante a essa que leva a JPS a dar uma tradução relativamente distanciada a um versículo muito citado, o *Deuteronômio*, 10:18-9; "[O Senhor] acolhe o estrangeiro, dando-lhe pão e vestes. Acolhei, pois, o estrangeiro porque fostes estrangeiros na terra do Egito". A tradução da NVPR para esse versículo é: "[O Senhor] ama o estrangeiro, dando-lhe pão e vestes. Amai, pois, o estrangeiro, porque fostes estrangeiros na terra do Egito".*

---

* A tradução de João Ferreira da Silva difere de ambas: "[O Senhor] faz justiça ao órfão, e à viúva, e ama o estrangeiro, dando-lhe pão e vestes. Amai, pois, o estrangeiro, porque fostes estrangeiros na terra do Egito". (N. T.)

Apesar de eu criticar a tradução da JPS por ser interpretativa e meio censória quanto à expressão "Circuncidai vossos corações", a escolha que essa tradução faz aqui de *acolhei* em vez de *amai* não constitui a preferência por uma palavra abstrata no lugar de uma concreta, mas por uma palavra que sugere comportamento em vez de uma palavra que sugere emoção. Da maneira como leio o *Livro do Deuteronômio*, *acolher* é uma sugestão muito melhor. O Senhor Deus acabará amando, mas não ainda.

5. TRIBULAÇÃO

215 "Deus ainda não foi nunca [...] caracterizado [...] como um rei": Não pretendo afirmar nenhuma verdade histórica ao dizer que, desde a monarquia israelita até a queda de Jerusalém, Deus jamais tenha sido mencionado como rei. A linguagem da realeza está por toda parte no *Livro dos Salmos*, e pode-se presumir que muitos dos Salmos datam da época da monarquia. Mas só esse fato basta para tornar ainda mais surpreendente a ausência de qualquer linguagem real aplicada a Deus em toda a História Deuteronomista (de *Josué* até *II Reis*). Numa leitura direta do Tanach, a primeira aparição de Deus enquanto rei só vem no *Livro de Isaías*, primeiro livro *depois* da queda da monarquia israelita.

7. TRANSFORMAÇÃO

254 "O gueto egípcio": Sobre a relação entre o judaísmo filônico e o cristianismo, ver Daniel Boyarin:

> Vou sugerir que certas tendências, mesmo não nitidamente definidas, já separavam os falantes do grego do século I, relativamente aculturados pelo helenismo, dos falantes do semítico, menos aculturados. Essas tendências iriam, na minha hipótese, se polarizar ao longo do tempo, levando *no fim* a uma aguda divisão entre helenizadores, que foram absorvidos pro grupos cristãos, e anti-helenizadores, que formavam o nascente movimento rabínico. A adoção de Fílon exclusivamente pela Igreja e o fato de ele ser ignorado pelo rabinos é sintomático dessa relação que caracterizou o movimento cristão em termos gerais por sua conexão com o médio e neoplatonismo. Na verdade, essa relação (entre o judaísmo filônico e o cristianismo) foi reconhecida também na Antiguidade, pois a lenda popular cristã reza que Fílon converteu-se ao cristianismo. [*Carnal Israel: reading sex in Talmudic culture* (Berkeley: University of California Press, 1993), pp. 4-5.]

258 as citações de Isaías são todas da VPR: Depois de alguns conflitos, escolhi usar a VPR em vez do Tanach da JPS como meu texto de citação neste capítulo. Como leio os livros do Tanach na ordem judaica, no restante do livro usei o Tanach da JPS como meu principal texto de citação. No entanto, considero Isaías o maior poeta da Bíblia, emparelhando com o autor do *Livro de Jó* na eloquência e superando-o em abrangência. Dentre as traduções para o inglês existentes, a VPR parece-me, em termos poéticos, a menos irregular em seu poder literário.

Como Isaías é um profeta intensamente invocado no Novo Testamento, por se considerar que profetizou a vinda de Cristo, eu, como cristão, posso parecer suspeito de haver favorecido uma tradução feita sob auspícios cristãos. Não é o caso. Efetivamente escuto ecos do *Messias* de Haendel no *Isaías* da VPR, ecos que não escuto no *Isaías* da JPS, mas isso não é mais do que um divertimento agradável. Quanto à interpretação do texto hebraico, as duas traduções não têm grandes diferenças. E elas diferem menos ainda no que diz respeito à tradução de versículos que poderiam parecer se prestar, polemicamente a leituras messiânicas ou antimessiânicas. Uma das maiores, e sempre pouco notada, conquistas dos estudos contemporâneos da Bíblia é o fato de, nesses assuntos, o conhecimento, mais do que a filiação religiosa, determinar as conclusões.

Anunciar uma nova tradução de um grande clássico literário, como o falecido John Ciardi escreveu uma vez, anunciando a sua deslumbrante tradução da *Divina comédia*, de Dante, significa anunciar uma derrota. Como todos os tradutores da Bíblia já começam derrotados, ninguém pode alegar vitória sobre o outro. O *Isaías* da JPS tem momentos de maravilhosa força; mas, sem pretender desdenhar, e pedindo, ao contrário, sua indulgência, neste ponto eu troco de cavalos e prefiro cavalgar pelo *Isaías* da VPR.*

269 "a emergência da ideia de um estado mundial na Assíria": Sobre a utilização que os assírios faziam de sua capacidade como cocheiros para "[remover] a fronteira dos povos", ver John Keegan:

> [...] os assírios resolveram o problema da civilização mesopotâmica — cuja terra era rica, mas desprovida de defesas naturais e cercada de predadores — passando para a ofensiva e estendendo progressivamente as fronteiras do que veio a se tornar o primeiro império etnicamente eclé-tico, e que compreendia partes do que hoje são a Arábia, o Irã e a Turquia, ao lado da totalidade dos atuais Síria e Israel. Portanto, o legado dos carros era a ar-

---

* Toda essa questão das diversas traduções consultadas pelo autor gerou problemática de outra natureza para a tradução em português. A nota do tradutor no início deste livro deve servir de esclarecimento. (N. E.)

te da guerra em si. O próprio carro constituía o núcleo do exército de campanha. [*A history of warfare* (Nova York: Alfred A. Knopf, 1993), p. 16.]

286 "'Vós, todos os animais do campo'": *Isaías*, 56:6-9 é citado na tradução da Bíblia de Jerusalém. Tanto a VPR, como a versão da JPS leem esse versículo como abertura da seção imediatamente seguinte (56:9-12, nessa leitura), como uma acusação feita aos líderes de Israel, seus pastores, por terem deixado a nação, o rebanho, sem defesa diante de seus inimigos, as feras dos bosques. Ambas as leituras são coerentes, e ambas são irônicas: as nações são feras em ambas. É muito concebível que o versículo tenha recebido essa colocação ambivalente deliberadamente.

8. INTERLÚDIO

307 "o que o Senhor Deus e Frédéric [Moreau] têm em comum": Constitui uma questão de grande interesse potencial saber até que ponto Flaubert pode ter moldado sua própria personalidade na de Deus, fazendo seus personagens criadores como ele próprio e depois perdoando as suas transgressões criativas. Ver também a discussão de *Hamlet* e da tragédia centrada no personagem no poslúdio deste livro.

9. RESTAURAÇÃO

323 " Ageu, Zacarias, Malaquias": Dois dos primeiros nove profetas menores, Joel e Jonas, também foram efetivamente escritos depois do exílio, ou pelo menos é o que acredita a maioria dos críticos históricos; porém, como esses dois não trazem nenhuma data explícita em suas linhas de abertura, eles parecem ser contemporâneos aos livros proféticos anteriores ao exílio, explicitamente datados, que vêm antes ou depois deles.

368 "o desafio de Pascal, dois milênios antes de Pascal": O filósofo francês do século XVII, Blaise Pascal, acreditava que não há nenhum meio definitivamente convincente de determinar se a espécie humana foi criada por um Deus bom, por um demônio mau, ou pelo acaso. Sua posição pessoal era apostar na primeira alternativa. Para citar Richard H. Popkin:

> Se existe um Deus, argumentava [Pascal], ele é infinitamente incompreensível para nós. Mas ou Deus existe ou não existe, e não somos capazes de dizer qual é a alternativa verdadeira. No entanto, tanto as nossas vidas presentes como as nossas possíveis vidas futuras podem ser

grandemente afetadas pela alternativa que aceitarmos. Daí, questionava Pascal, uma vez que a vida eterna e a felicidade são resultado possível de uma escolha (se Deus de fato existe) e uma vez que nada se perde se estivermos errados quanto à outra escolha (se Deus não existe, mas escolhemos acreditar que existe), então a aposta razoável, diante do que pode estar em jogo, é escolher a alternativa teísta. Aquele que não acredita assume um risco infinitamente desarrazoado só por não saber qual a alternativa verdadeira. [*The encyclopedia of Philosophy* (Nova York: Macmillan, 1967), vol. 6, p. 54.]

10. CONFRONTO

397 "citações de irônica deferência": A deferência irônica de que falo é, em aspectos importantes, semelhante à submissão fingida que David Robertson vê em *"The Book of Job:* a literary study", *Soundings,* 56 (1973), pp. 446-69, um estudo que, a despeito de sua brevidade, conquistou, justificadamente, um lugar permanente em toda a discussão subsequente dos versículos centrais do livro central do Tanach.

397 O ensaio de Greenberg: *The literary guide to the Bible,* editado por Robert Alter e Frank Kermode (Cambridge: Harvard University Press, 1987), p. 298.

404 Edwin M. Good: *In turns of tempest: a reading of Job* (Stanford: Stanford University Press, 1990), p. 371.

A interpretação que Good dá para Jó, 42:6: Ibid., p. 26.

406 "'A versão do rei James e a maioria das outras'": Stephen Mitchell, *The Book of Job* (Berkeley: North Point Press, 1987), p. xxv.

406 Jó, 42:6: No versículo questionado, a palavra traduzida como "me abomino" é o verbo hebraico *ʾemʾas*. Trata-se de um verbo cujo sentido denota rejeição, com uma nota particular de repulsa física. Antes (19:17-8), Jó usa o mesmo verbo para caracterizar a repulsa instintiva que as crianças sentem ao verem seu corpo repulsivo. O contexto deixa claro assim, que a raiz *m's* é uma palavra com profundas conotações físicas:

> *O meu hálito é intolerável à minha mulher,*
> *e pelo mau cheiro sou repugnante aos filhos de minha mãe.*
> *Até as crianças me desprezam* [*maʾasu*];
> *e, querendo eu levantar-me, zombam de mim.*

A forma ʾ*em* ʾ*as* é transitiva; isto é, exige um objeto para completar o seu sentido. Mais do que tomar ʾ*apar wa* ʾ*eper*, "pó e cinzas", como seu objeto, porém, o Septuaginto decidiu que "eu mesmo", *apesar de não aparecer no texto*, tinha de ser entendido como objeto do visceral horror de Jó nesse momento e acrescentou o pronome grego adequado, *emauton*, à sua versão. A maioria das outras traduções desde então fez algo equivalente. Assim, a tradução da JPS: "eu abjuro", implica o objeto "minhas palavras" ("desprezo minhas palavras = "abjuro"). Só quando se fornece tal objeto a palavra ʾ*em* ʾ*as* pode ser transformada em predicado numa sentença de abjuração ou arrependimento. Um objeto reflexivo tal como "a mim mesmo" ou "minhas palavras" é sempre acrescentado porque os tradutores acreditam que o sentido do verso exige um objeto.

De fato, porém, o versículo não sugere arrependimento *a não ser* pelo acréscimo gratuito de um objeto reflexivo. Em outras palavras, só quando um objeto reflexivo e com ele o arrependimento são acrescentados da cabeça do tradutor é que eles aparecem na tradução. Sem o acréscimo de um objeto como "a mim mesmo" ou "minhas palavras" nesse ponto, qualquer sentido de abjuração desaparece dessa passagem. Basta não suplementar o significado de ʾ*em* ʾ*as* na direção tradicional para permitir que o resto do curto discurso mergulhe em radical ambiguidade e, portanto, recupere a sua ironia original. Os tradutores, em geral, têm de procurar eliminar a ambiguidade, mas a ironia constitui um desafio especial: ela exige a ambiguidade.

A anotação ao 42:6 na edição de 1991 da *New Oxford annotated Bible*, de Samuel Terrien, agora revisada por Roland E. Murphy, admite que o uso do *a mim mesmo* na tradução não tem justificativa: "O sentido não é claro. *Abomino a mim* mesmo, porém nenhum objeto vem indicado em hebraico". Infelizmente, a despeito da anotação, a tradução tradicional é mantida na NVPR.

O acréscimo de *a mim mesmo*, traduzindo algo que não está no texto, tem um efeito secundário, também destrutivo, sobre a compreensão do versículo. A tradição de inserir um objeto depois de ʾ*em* ʾ*as* rompeu a ligação entre ʾ*em* ʾ*as* e o verbo imediatamente seguinte, *wenihamtiy*, traduzido na VPR como "E me arrependo". A ligação entre os dois é mais forte do que pode parecer em qualquer tradução, porque o segundo verbo está sintaticamente ligado ao primeiro pela "conversão" da forma imperfeita para a perfeita, uma mudança que não afeta o sentido léxico de nenhum dos dois verbos, mas efetivamente coloca ambos em sequência narrativa. Isto é poesia, evidentemente, não prosa narrativa, mas mesmo assim Jó está nos contando o que aconteceu com ele como resultado da aparição do Senhor. Os dois verbos devem ser lidos como uma hendíadis — ou seja, como uma ação única expressa através de dois verbos. Quando os dois são lidos dessa forma, ʾ*em* ʾ*as*, o primeiro verbo não mais carece de objeto nem precisa ser suplementado com um objeto reflexivo conhecido, mas tem o mesmo objeto de *wenihamtiy* — ou seja, "pó e cinzas". A poesia hebraica funciona por paralelismo. Nesse caso, dois verbos intimamente ligados na primeira metade do verso estão contrabalançados por dois substantivos intimamente ligados na segunda. A *Bíblia hebraica* de Stuttgart, edição crítica padrão do texto hebraico do Tanach, divide o 42:6 dessa forma — isto é, os dois verbos na primeira metade do verso, os dois substantivos na segunda. As traduções que insistem em fornecer um segundo objeto conhecido para ʾ*em* ʾ*as* são forçadas a esquecer a forma poética do verso traduzido.

Quanto ao segundo verbo, *niḥamtiy* (o prefixo *we-* é a conjunção "*e*"), ele pode significar — quando seguido da preposição ᶜ*al*, como aqui, tanto "lamento *que*", e assim também "mudo de ideia" (donde "me arrependo") como "lamento *por*". A pista para o sentido mais apropriado é dada normalmente pelo substantivo que vem depois da preposição. Se esse substantivo indica uma pessoa, o verbo deve ser traduzido por "lamento por"; senão, "lamento que". O que vem depois da preposição ᶜ*al* em *Jó*, 42:6, ᶜ*apar wa* ʾ*eper*, "pó e cinzas", pode representar qualquer tipo de objeto. Pode referir-se a um ser humano como corruptível — isto é, condenado à decadência física — da mesma forma que, em inglês, *clay* ("barro"). Quando Abraão está discutindo com o Senhor sobre a destruição de Sodoma, ele diz (*Gên.*, 18:27): "Eis que me atrevo a falar ao Senhor, eu que sou pó e cinza". Se ᶜ*apar wa* ʾ*eper* for tomado nesse sentido aqui, a frase *niḥamtiy* ᶜ*al wa* ʾ*eper* pode ser traduzida: "Sou levado à compaixão pelo barro mortal". O efeito de ʾ*em* ʾ*as* antes de *niḥamtiy* é de intensificar essa compaixão ao atribuir a Jó como predicado a mesma reação física profunda que ele atribui a si mesmo ao dizer em 9:21: ʾ*em* ʾ*us ḥayyay*, "abomino a minha vida", e, de novo, a mesma reação física que em 19:18 é atribuída às crianças quando elas olham o corpo putrefato de Jó. Repulsa e compaixão não são mutuamente exclusivos. Quem, ao ver as fotos dos campos de concentração nazistas, não sente ambas as coisas? Jó, sabendo o que agora sabe de Deus, sente ambas em relação a seus próximos.

Porém, na Bíblia, pó e cinzas estão também associados ao arrependimento do pecado, e isso abre toda uma outra linha de interpretação. Se considerarmos que ᶜ*apar wa* ʾ*eper* significa, por metonímia, arrependimento do pecado, Jó estaria dizendo: "Lamento pelo pó e pelas cinzas" ou, com efeito, "arrependo-me do arrependimento". Edwin M. Good prefere este último sentido e dá o seguinte polimento à sua leitura:

> Posso concordar com aqueles que pensam que Jó se arrepende de algum pecado da seguinte maneira: se mal interpretar voluntariamente o mundo constitui um pecado, Jó se arrepende dele. Se pensar que a questão do pecado é importante para interpretar o mundo constitui pecado, Jó se arrepende dele. Se a essência da religião é resolver o problema do pecado, Jó se arrepende da religião. [*In turns of tempest*, p. 378]

Terrien e Murphy, na edição de 1991 da *New Oxford annotated Bible*, preferem a leitura de "barro mortal" para ᶜ*apar wa* ʾ*eper*, mas concordam com Good que não se trata de arrependimento de nenhum pecado comum:

Arrepender-se, verbo que é usado com frequência para indicar que o Senhor muda de ideia (*Êxodo*, 32:14; *Jeremias*, 18:8, 10), não significa aqui arrependimento do pecado (ver vv. 7-8, onde se diz que Jó falou *o que era certo*). *Em pó e cinzas*, no sentido em que essa figura expressa sua fraqueza e humanidade, "visto que sou apenas pó e cinzas" (ver também *Gênesis*, 18:27; *Jó*, 30:19).

Stephen Mitchell, em seu livro *The Book of Job* (ver nota na p. 535), concorda com Terrien e Murphy a respeito de "pó e cinzas", mas prefere ler *niḥamtiy* em um outro sentido também aceito: "Conforta-me" — isto é, "sinto compaixão por *mim mesmo*". A tradução da JPS chega perto desse sentido, traduzindo *niḥamtiy* por "abrandar". Mitchell traduz assim a última linha do discurso final de Jó: "Portanto me calo, *confortado* por saber-me pó". Na interpretação efetivamente budista de Mitchell para o *Livro de Jó, a* derrota de Jó é uma paradoxal rendição que coincide com a iluminação. Jó abandona sua estrita insistência na moralidade e aceita, num momento de liberação extática, sua própria finitude e mortalidade:

> Quando se abandona a vontade pessoal, o futuro e o passado desaparecem, a estrela da manhã explode em canto, e a vontade profunda, contemplando o mundo que criou, diz: "Olha, isto é muito bom".
> No final, o conforto de Jó está em sua mortalidade. O corpo físico é reconhecido como pó, o drama pessoal como engano. É como se o mundo que percebemos com nossos sentidos, esse festival deslumbrante e terrível, fosse apenas a película que envolve uma bolha, e tudo o mais, dentro e fora dela, puro resplendor. Tanto o sofrimento como a alegria passam a ser então como um breve reflexo, e a morte um quase nada. [p. XXVIII]

Nessa tradução, ᵓ*em* ᵓ*as*, a palavra que Mitchell traduz por "me calo" em vez de qualquer equivalente a "abomino" curva-se sob um grave peso interpretativo; mas sua interpretação perfeitamente defensável de *niḥamtiy* tem o apoio de Moshe Greenberg, no *Literary guide* acima citado.

Nenhuma tradução de 42:6 pode excluir significativamente as diferentes alternativas, como Good se esforça por admitir a priori. Mas tanto Good como Mitchell consideram que Jó atinge uma conquista intelectual nas últimas palavras de seu último discurso. Dadas as circunstâncias, isso parece ser esperar demais. Terrien coloca-se ao lado deles na nota a 42:5 da edição de 1962 da *Oxford annotated Bible*:

> Deus não justificou Jó, mas veio até ele pessoalmente; aquele que sustenta o universo tem tanta consideração por um homem solitário que oferece a ele a plenitude de sua comunhão. Jó não é declarado inocente, mas

obtém muito mais que o reconhecimento de sua inocência: é aceito pelo onipresente senhor da criação e a intimidade com o Criador torna supérfluo o inocentamento. O problema filosófico não é resolvido, mas transfigurado pela realidade teológica do relacionamento divino-humano.

A "intimidade com o Criador", de que fala Terrien, o "puro resplendor" de Mitchell, o arrependimento de "pensar que a questão do pecado é importante para interpretar o mundo" de Good — todas essas três proposições parecem exigir algo de sobre-humano de um homem que ainda jaz nu num monte de cinzas, um homem ainda coberto por hediondas feridas "da planta do pé ao alto da cabeça" e — esmagando todas as outras considerações — um homem que acabou de saber que sua condição é incurável: Deus não o resgatará nem o inocentará, só zombará dele até, no final, matá-lo.

Se não atribuirmos nenhuma epifania ao verso final, mas apenas uma perseverança final, lendo ᶜ*apar wa* ʾ*eper* como uma referência à humanidade em sua mortal fragilidade, lendo ʾ*em* ʾ*as weniḥamtiy* ᶜ*al* como dois verbos em hendíadis conotando, conjuntamente, repulsa e piedade, com ᶜ*apar wa* ʾ*eper*, referindo-se ao homem mortal, como seu objeto, podemos traduzir o verso final dura e literalmente como: "Agora meus olhos o viram; portanto, sinto repulsa e compaixão pelo pó e pelas cinzas", ou, mais idiomaticamente: "Agora que meus olhos o viram, estremeço de pena pelo barro mortal".

Minha interpretação de *Jó*, 42:6 deve muito a uma carta que, em janeiro de 1988, escreveu-me Stanislav Segert, professor emérito de línguas semíticas na UCLA. Comentando a mais antiga tradução existente desse versículo, um fragmento de targum, ou tradução para o aramaico, encontrado entre os pergaminhos do mar Morto, Segert escreve:

> [...] o targum mais antigo da cova Qumran 11 traz ʾ*tnsk w* ʾ*tmh* ʾ(com o *h* acima da linha). Van der Ploeg e Van der Woude, na sua edição de 1971, o traduzem por "*Je suis épanché et dissolu*"; Sokoloff (1974) por "Sou vertido e fervido", e dá no glossário (p. 216) o sentido de "dissolver" para *mhy*; Pope (1973) traz na p. 349 o texto do 11Q Targum com a tradução "Sou vertido e dissolvido/batido".

Segert sugere que todas essas traduções refletem a ligação sintática e semântica dos dois verbos que, em minha opinião, uma tradição de tradução posterior, extrinsecamente motivada (e ainda hoje dominante) erroneamente separou em "abomino (a mim mesmo)" de um lado e "arrependo-me em pó e cinzas" de outro.

O difícil hebraico do *Livro de Jó* fica um pouco apartado do hebraico do restante do Tanach, e os estudiosos do século XX têm dado particular atenção aos esclarecimentos que podem se lançar sobre *Jó* pela comparação de sua prosódia com a prosódia da recém-decifrada (1930) linguagem cognata do ugarítico. Segert, imigrante checo autor de uma gramática-padrão do ugarítico, faz maiores comentários sobre a estrutura de *Jó*, 42:6, dividindo-o da maneira usual em 42:6a e 42:6b:

> Visto que ambos os complementos adverbiais coordenados de 6b são funcionalmente substantivos sinônimos, pode-se supor uma sinonimia funcional correspondente em ambos os predicados verbais coordenados em 6a. As *perons* [sic, *persons*, "pessoas", talvez] são idênticas; o perfeito consecutivo (não marcado por tônica na última sílaba por causa da posição em pausa) corresponde ao imperfeito, a diferença de padrão verbal é provocada pela falta de *qal* de *nhm*.
>
> [No entanto], a divisão em duplas tal como na BHS [*Bíblia Hebraica Stuttgartensis*] — 6a, dois verbos, 6b, dois substantivos — é adotada em [apenas] uma minoria das traduções modernas [...] A preferência [generalizada] pela divisão das duplas deixa agora o primeiro verbo isolado e liga o segundo verbo a substantivos usados para expressar arrependimento. Mas o sentido geral de ambos os verbos aponta na mesma direção (6b, cf. *Jó* 30:19 [versículo em que "pó e cinzas" refere-se não ao arrependimento, mas à humilhante vulnerabilidade física de Jó]).

Segert não acredita que a interpretação tradicional de "arrependimento" ou "mudança de sentimento" possa ser descartada com base apenas em argumentos linguísticos ou de prosódia, mas confirma a minha posição de que argumentos técnicos podem de fato ser levantados para a interpretação alternativa que proponho para 42:6.

Segert, porém, levanta uma questão sobre a minha interpretação das linhas paralelas do 42:5. Aí, leio aquilo que Jó *vê* de Deus como antítese ao que — no hemistíquio paralelo seguinte — ele *ouviu* sobre Deus. O paralelismo antitético desse tipo é comum na poesia hebraica, mas Segert observa que ele parece não ocorrer em nenhum outro ponto do *Livro de Jó*. E cita M. Pope: "É difícil encontrar um caso claro de paralelismo antitético no *Livro de Jó*". Segert comenta: "O valor de tal antítese no último verso da seção poética de Jó seria significativo pela surpresa totalmente inesperada (esse recurso foi estudado pelos estruturalistas de Praga)".

Seja o 42:5b uma antítese ou uma ênfase de 42:5a, o 42:6 ainda pode ser lido como um juízo desanimado de Jó sobre Deus mais do que um juízo a respeito de sua derrota própria. Assim, podemos traduzir:

> (42:5b enfatizando 42:5a)
> 42:5a *Eu te conhecia só de ouvir,*
> 42:5b *e, agora que os meus olhos te veem,*
> 42:6a *estremeço de pena*
> 42:6b *pelo barro humano.*

Ou:

>(42:5b revertendo 42:5a)
>⁴²:⁵ᵃ *Eu te conhecia só de ouvir,*
>⁴²:⁵ᵇ *mas, agora que meus olhos te veem,*
>⁴²:⁶ᵃ *Estremeço de pena*
>⁴²:⁶ᵇ *pelo barro humano.*

O que muda com a alteração de "e" para "mas" nessas duas traduções (a mesma palavra hebraica pode originar qualquer dessas duas conjunções) é apenas que devemos entender que Jó pensou antes sobre Deus. Na primeira tradução, Jó afirma implicitamente velhas dúvidas agora confirmadas. Na segunda, ele alude a crenças mais felizes, agora refutadas. A distinção é importante, mas secundária. O que é importante é se Deus consegue ou não forçar Jó a desviar sua atenção de Deus, voltando-a para o próprio Jó. Se Deus conseguir forçar Jó a, de alguma forma, parar de colocar a culpa em Deus e começar a culpar-se a si mesmo, Deus vence. Se Deus não conseguir isso, Deus perde. Em linguagem política contemporânea, a questão é se Deus consegue colocar em xeque seu oponente. A despeito do esforço espetacular, Deus, a meu ver, fracassa em sua tentativa, e, como resultado, Jó passa a ser um ponto de mutação na vida de Deus, se lermos essa vida como um movimento da autoignorância para o autoconhecimento.

Em resumo, se Deus derrota Jó, Jó deixa de ser um evento sério na vida de Deus e Deus pode esquecer a arrogância falante de Jó. Mas, se Jó derrota Deus, Deus não pode esquecer Jó, nem nós tampouco. Tendo a criatura colaborado a tal ponto na criação do seu criador, os dois ficam, doravante, permanentemente ligados.

11. OCULTAÇÃO

420-1 "Noite transfigurada":

>*Das Kind, das du empfangen hast,*
>*sei deiner Seele keine Last,*
>*o sieh, wie klar das Weltall schimmert!*
>*Es ist ein Glanz um Alles her,*
>*du treibst mit mir auf kaltem Meer,*
>*doch eine eigne Wärme flimmert*
>*von dir in mich, von mir in dich;*
>*dir wird das fremde Kind verklären,*
>*du wirst es mir, von mir gebären,*

> *du hast den Glanz in mich gebracht,*
> *du hast mich selbst zum Kind gemacht.*
>
> *Er fasst sie um die starken Hüften,*
> *ihr Atem mischt sich in den Lüften,*
> *zwei Menschen gehn durch hohe, helle Nacht.*

Esses versos, que concluem o poema, são pouco menos da metade do poema. Para o poema completo e uma discussão de sua relação com a composição de Schönberg, ver Walter Frisch, *The early works of Arnold Schoenberg 1893-1908* (Berkeley: University of California Press, 1993), pp. 109 ss. A tradução é minha.

435 "De nuvens te encobriste": Sobre as implicações da progressiva ocultação ou enfraquecimento de Deus, ver Samuel S. Balentine, *The hidden God: the hiding of the face of God in the Old Testament* (Nova York: Oxford University Press, 1983); Richard Elliot Friedman, "The hiding of the face: an essay on the literary unity of biblical narrative", pp. 207-22, in Jacob Neusner, Baruch A. Levine e Ernest S. Frerichs, eds., *Judaic perspectives on ancient Israel* (Philadelphia: Fortress Press, 1987); e principalmente Jon D. Levenson, *Creation and the persistence of evil: the Jewish drama of divine omnipotence* (São Francisco: Harper & Row, 1989).

12. INCORPORAÇÃO

475 divórcio em massa: A polaridade que preocupava os autores do *Livro de Esdras* e que preocupa eternamente os comentadores é a polaridade judeus/gentios. Mas é difícil ler sobre um divórcio em massa sem pensar em uma outra polaridade: masculino/feminino. A crítica feminista vem a nossas mentes sempre que se lê uma passagem como esta. E a crítica feminista pode ser apenas a primeira forma de desenvolvimento de uma onda de críticas centradas no leitor. Ellen van Wolde, da Theologische Faculteit Tilburg, Países Baixos, escreve:

> O estudo da literatura no século XX demonstra um desenvolvimento que se reflete indiretamente na exegese da Bíblia. A ideia de que o sentido de um texto bíblico é determinado pelo autor (crítica tradicional e redacional) foi, primeiro, substituída pela convicção de que o texto em si era a fonte principal (a leitura atenta, a estilística, o estruturalismo). Subsequentemente, houve uma tendência a atribuir também ao leitor alguma importância (a análise retórica, a crítica de resposta do leitor, os estudos considerando a posição do narrador ou do leitor). Agora afirma-se que o

leitor é, em grande parte, responsável pela determinação do sentido (desconstrução, pós-estruturalismo, crítica ideológica). Inicialmente, o interesse era focalizado no objeto (o texto), mas deslocou-se depois, mais e mais, na direção do sujeito da significação (o leitor). Neste momento, o sujeito em sua definição ideológica, em seu contexto social específico (ler como mulher, como homem negro, como mulher chinesa), é considerado por muitos como o principal fator determinante do sentido de um texto. ["A text-semantic study of the Hebrew Bible, illustrated with Noah and Job", *Journal of Biblical Literature*, vol. 113, nº 1, primavera 1994, p. 19)

O resumo histórico de Van Wolde termina com uma versão secular da interpretação individual e protestante da Escritura, uma tradição que está viva nos Estados Unidos em muitos milhares de grupos de estudos da Bíblia, cujo objetivo é que cada participante determine o que a Bíblia significa para ele pessoalmente. Os estudos históricos, baseados no texto, focalizados no autor — também protestantes em seus fundamentos —, foram até certo ponto uma tentativa de colocar um freio na infinita fragmentação que constitui o resultado lógico de uma interpretação feita por cada indivíduo "em seu contexto social específico".

A abordagem adotada neste livro é centrada no leitor na medida em que atentar para o efeito literário, mesmo quando nenhuma intenção autoral pode ser estabelecida, privilegia necessariamente um leitor individual imaginário que sente o suposto efeito. Mas meu leitor imaginário é ideal, mais do que real. Ele não escapa, sem dúvida, da minha persona social, mas eu tampouco persigo a ele ativamente, insistindo em exercer meus direitos como "sujeito de significação". Eu defenderia a crítica clássica como um caminho do meio entre a crítica histórica à direita e a terapia política ou psicológica à esquerda.

477 "'Esdras seria digno'": Rabino José, em *b. Megilla 16b*. Para esta e outras citações da literatura rabínica, ver Jacob M. Myers, em *Ezra, Nehemiah*, The Anchor Bible (Nova York: Doubleday, 1965), p. LXXII.

483 "'o livro da Lei de Moisés'": Como o *Livro do Deuteronômio* é uma obra sobejamente adequada para a leitura pública, por ser considerado geralmente como o "livro da lei" encontrado e lido em voz alta pelo rei Josias em Jerusalém algumas décadas antes de sua queda (ver *II Reis*, 22), e como tanto a leitura pública como a leitura em *Neemias*, 8, produzem agudo incômodo nos ouvintes (o rei rasga as roupas, o povo chora), eu acredito que, historicamente, existiu um Esdras e ocorreu uma leitura e que o livro lido (o texto diz livro, não livros) continha apenas o *Livro do Deuteronômio*, não toda a Torá.

Imagino que a reação relatada, em ambos os eventos, foi estimulada por *Deuteronômio*, 28, capítulo de encerramento das bênçãos e maldições daqueles que mantinham ou rompiam a aliança, e não por *Deuteronômio*, 32, a bênção

de Moisés, que encerra o texto revelado. As bênçãos e maldições, conclusão-
-padrão para uma aliança na Antiguidade, podem ter sido o final original, e as
maldições bastante adequadas para provocar lágrimas ou pânico.

O fato de a Torá ter sido, com certeza, editada na Babilônia e de Esdras
retornar à Babilônia (sob o poder persa) na posição de doutor em leis levou à
ideia de que o trabalho o editorial de completar toda a Torá já estava concluído à época de sua visita. Mas, dado o fato de que a Babilônia continua a ser o
centro de gravidade intelectual para o judaísmo mundial mesmo depois do
restabelecimento da vida nacional judaica na Judeia, tanto pode ser como não
ser que a edição haja avançado bastante pelo período persa.

ÍNDICE REMISSIVO

Abel, *ver* Caim e Abel
Abigail, 225, 309, 332
Abimeleque, rei de Gerar, 79, 202-3, 331
Abital, 225
Abiú, 485
Abrão/Abraão, 65-93, 95-6, 98, 102-6, 108, 110-1, 117, 119-22, 125-7, 129, 131-3, 135, 142-3, 146, 153-5, 162, 176, 179-80, 187, 190-2, 195-6, 201, 206, 209, 219, 239, 250, 271, 275, 284, 293, 299, 300-1, 316, 329, 342, 348-9, 374, 378, 380, 388, 403, 416, 444, 466, 495, 500-1, 504, 526, 529, 531, 537
Absalão, 206, 222-4, 268, 309
Acabe, rei, 228-30, 232, 334
Acaz, 261
Acusador, o, 391
Adão e Eva, 48, 50-1, 54-5, 57-9, 67, 78, 88, 90, 107, 117, 135, 146, 209, 284, 288, 379-80, 388, 489, 491
Adonai-nissi (altar), 153
Adonias, 331
Adversário, 386, 388, 391, 410; *ver também* Satã
Afeque, 235
Ageu, 252
Ageu, Livro de, 252, 255, 320-4, 326-7, 337, 339, 470, 515, 534
agnosticismo, 184, 255
Ai, 67, 200
Ainoam, 225
Albright, William Foxwell, 31-2, 522, 525

Alexandre, o Grande, 254, 345, 460
Alexandria, 254
aliança, arca da, 203, 216
Aliança, Livro da, 147, 151, 156-9, 167, 485
Alter, Robert, 23, 518, 535
Amaleque e amalequitas, 147, 153, 211, 273
amonitas, 73, 224, 254, 488
amorreus, 110, 129, 131, 167, 188, 334
Amós, 404-5, 515
Ana, 206-10, 298, 300, 332, 427
ananke, 143, 212, 498
Ancião dos Dias, 19, 412, 455, 460, 465, 479, 495, 504
Antigo Testamento, 18, 25-6, 28-30, 36, 74, 124, 294, 400, 490, 518-9, 521-3
antropomorfismo, 303
Aoliabe, 164
apocalipse, 275-7, 338-9, 342, 369, 446, 459, 467
Apolo, 117
Aquis de Gate, 212
Arã, 229, 231-3, 241
Arábia, 88, 273, 533
aramaico, 253, 400, 453, 484, 490, 525, 539
Arão, 133-4, 148, 150, 154-5, 175-7, 471, 485-6
arca de Noé, 59, 305
arco-íris, 60, 64, 500, 511
Aristóteles, 18, 21
Armagedon, 467
Artaxerxes, rei, 471-2, 483

árvore da vida, 52, 56, 379-80
árvore do conhecimento do bem e do mal, 43, 45, 51, 135, 146, 329, 379
asdoditas, 488
Asenate, 110
ʾašer, 130-1
ʾašerab, 333
Ashbery, John, 381
Asherah, 33, 332-4, 371, 377, 379-80
Assíria e império assírio, 236, 238, 240, 243, 245, 267, 269-72, 274, 277-8, 317, 469, 481, 484, 501, 533
Assuero, rei, 447, 450, 453-4
Atos, 521
Azarias, 456
baʿal, 127
baʿal yahweh ṣebaʾot, 208
Baal, 33, 122-3, 127-8, 140, 142, 150-1, 179, 208, 220, 229, 230-2, 241, 244, 262, 280, 281, 285, 332-3, 377
Baal Berith, 203
Baal de Peor, 177, 179, 183, 428, 475
Babel, torre de, 282
Babilônia e império babilônico, 62, 119, 167, 190, 195, 203, 238, 240, 243, 245, 249, 252-4, 257, 264-5, 267, 269, 272, 277, 278-80, 282, 287, 290, 317, 323, 328, 337, 345, 354, 364, 429, 446, 450, 456, 461-2, 466, 468, 473, 489, 501, 528, 544
Balaão, profeta, 177-8
Balaque, rei de Moabe, 177
Balzac, Honoré de, 505
Baraque, 302, 331
Basã, 167, 177, 216
bayit, 218
Beckett, Samuel, 319-20
Beethoven, Ludwig van, 259, 279
Belém, 425-6, 429-30

Belsazar, 458
Ben-Ami, 428
Ben-Hadade, rei de Arã, 233
Benjamin e benjaminitas, 109, 204-6
Berseba, 83
Betel, 67, 95, 98, 100-1, 104, 186
Betel/Ai, 68
Betsabá, 224-5, 227, 309, 331, 494
Betuel, 82
Bezalel, 164
bezerro de ouro, 177-8, 232
Bíblia: cristã, 25, 28, 124, 144, 277, 518, 520-3, 525, 528; de Jerusalém, 12-5, 74, 104, 362, 398-9, 416, 441, 447, 534; hebraica, 18-22, 24-30, 33, 36, 87, 109, 124, 144, 490, 518-9, 537, 540
Blake, William, 235-6, 406, 520
Bloom, Harold, 23, 518-9
Boaz, 426-9
Book of Job, The (Mitchell), 535, 538
Bradley, A. C., 16-8, 32, 522
budismo, 145, 538
Byron, lord George Gordon, 236
Caim e Abel, 54-5, 57-8, 62, 78, 146, 160
Camos, 220, 241, 282, 426, 508
Canaã e cananeus, 67-8, 86, 94, 98, 101, 103-5, 109-10, 127, 137, 140, 141-2, 147-8, 151-3, 155, 162, 167, 175, 178-9, 188, 195-7, 199, 202, 216, 242-3, 253, 263, 273, 282, 285, 300, 302, 333, 346, 353, 468, 470
Canaanite myth and Hebrew epic (Cross), 31, 525
cânon: cristão, 521; judaico alexandrino, 29-30, 425-6, 431, 441, 451, 453, 465, 478, 491, 521; ordem do, 25-6, 521; palestino, 29-30; protestante, 521; Septuaginta, 521
Cântico dos Cânticos, 321, 412, 418-20,

422-3, 425, 427, 431, 444, 508, 512, 516
Canto de Débora e Baraque, 302, 331
Canto de Moisés, 332
Casa de nosso Deus (o Senhor), 485, 490, 493
Cervantes, Miguel de, 13, 327
Churchill, Winston, 250
Ciardi, John, 533
Cinco Livros de Moisés, *ver* Pentateuco
circuncisão, 70-2, 77-8, 83, 102-3, 119, 133-4, 187, 191, 195, 351, 500, 530-1
Ciro, rei da Pérsia, 287, 290, 460, 468, 470-2, 489; e a reconstrução do templo de Jerusalém, 253, 279
códex, 27, 520-1; Alexandrinus, 521; Sinaiticus, 521
concepção, 34, 89, 119
Crane, Hart, 381, 513
criação, 33, 40-4, 46, 48, 49-50, 59-64, 67, 71, 74, 82, 108, 114, 118-9, 121-2, 125, 133, 173, 179, 192, 219, 239, 251, 270-1, 274, 280, 290, 302, 305, 320, 328-9, 360, 379, 384, 444, 464, 498-9, 503, 509, 526, 539, 541
cristianismo, 12, 27-8, 255, 292, 405-6, 445, 477, 520-1, 532
Cristo, 11, 21, 28, 533
Crônicas, Livro das, 198, 232, 412, 445, 465, 478, 489-92, 494, 516, 529
Cross, Frank Moore, 31-2, 513, 525
cusitas, 222-3
Damasco, 231, 233
Dan e danitas, 204
Daniel, 446, 455-9, 461-5, 467, 479
Daniel, Livro de, 412, 431-2, 445-6, 455-6, 458-64, 479, 495, 504, 508, 516
Dario, o medo, 458

Dario, rei da Pérsia, 323
Davi, 198, 210, 212-3, 216-8, 220-7, 234-5, 237-8, 258, 261, 268, 270, 280, 299, 302, 309, 316, 324-7, 331-2, 334, 340, 343, 346, 348, 356, 374, 392, 426, 466, 479, 481, 489, 491, 493, 494, 495-6, 501, 503, 519
davídica, dinastia, 218, 238, 327, 359
Débora, 302, 331
Decálogo (Dez Mandamentos), 147, 151, 156, 168, 281, 378
Dedã e dedanitas, 88, 273
Dehmel, Richard, 421
Descartes, René, 389
Deus de nossos pais, 219, 472, 495
deus pessoal, 85-7, 94, 96-7, 105-6, 122-3, 126, 140, 161, 180, 298-9, 303, 348, 456, 498, 529
deuses: gregos, 114, 116, 125, 173; romanos, 173
Deuteronômio, Livro do, 166-7, 177, 180-2, 184, 191, 195-6, 198-9, 203, 208, 215, 235, 240-1, 243, 245-6, 250, 259, 272, 280-1, 283, 288-9, 298, 301-2, 305, 310, 332, 352, 362, 378, 388, 472, 475, 515, 529-32, 543
Dez Mandamentos, *ver* Decálogo
Dez mandamentos, Os (Cecil B. De Mille), 137
dez pragas do Egito, 67, 135, 149
diabo, 387-91, 393, 397, 403-4, 409-10, 416, 421-2; *ver também* Satã
diáspora, 252, 466, 467, 477; judaica mediterrânea, 29, 255, 452-3; ocidental, 254, 451
dilúvio, 59-63, 65, 71, 82, 97, 107, 114, 118-9, 121, 134, 146, 191, 239, 242, 274, 300, 342, 364, 380, 384, 396, 411, 444, 499
Diná, 101, 201
Don Quixote (Cervantes), 13, 327

Early history of God, The (Smith), 31, 525
Ebal, 191
Eclesiastes, Livro de, 26, 145, 409, 412, 431, 437-42, 444, 447, 449, 452, 458, 465, 508, 516
Éden, jardim do, 43, 54-6, 58, 360, 383; *ver também* Adão e Eva
Édipo rei (Sófocles), 497-8, 509
Edom e edomitas, 91, 141
ʾ*edonay*, 42
Educação sentimental, A (Flaubert), 307
Efraim, filho de José, 110, 193, 202, 237
Efraim, território de, 202, 204
efraimitas, 204, 206
Egito, 67, 69, 105-7, 120, 122-3, 126, 129, 131-6, 138-9, 142, 147, 149, 152-5, 161, 166, 171, 174-5, 179, 182, 184, 188, 190, 192, 196-8, 201-2, 210-1, 216-7, 236, 242-4, 246, 254, 257, 271-2, 274, 279, 287-8, 290, 300, 304, 316, 342, 376, 379, 420, 448, 451, 456, 468, 471, 500, 526, 530
Egla, 225
ʾ*ehyeh*, 129-30
Ehyeh-Asher-Ehyeh (ʾ*ehyeh* ʾ*ašer* ʾ*ehyeh*), 129
ʾ*el* ᶜ*elyon*, 68
ʾ*el* ᶜ*olam*, 83, 93
El Berith, 203
El cananeu, 83-4, 332
ʾ*el šadday*, 71, 95
El Shaddai, 70, 396, 410
El-Betel, 101
Elã, 272
Elão, 475
Elcana, 206-7, 427
Elda, 88
Elgibor, 268
Eli, 207
Elias, 228-32, 235-7, 238, 241
Elifaz, 412
Eliseu, 228, 231-6, 238
Eliú, 399, 404
ʾ*elohim*, 42, 63, 83, 89, 108, 111, 113, 118, 123, 126, 384, 444, 526, 528
ʾ*em* ʾ*as*, 535-9
endogamia, 467
Esar-Hadom, rei da Assíria, 469
Esaú, 91-2, 95-7, 99-101, 103, 108, 110, 146, 331
Esdras, 445, 467, 471-8, 483, 487-8
Esdras, Livro de, 213, 252, 323, 445, 466-8, 472, 473, 475, 477-8, 486, 489-91, 498, 516
Esperando Godot (Beckett), 319-20
Ester, 431, 446-51, 453, 455, 457, 459, 467
Ester, Livro de, 20, 26, 213, 321, 412, 431, 445-7, 449-55, 457, 462-3, 508, 516
esterilidade, 65, 70, 119, 152, 206, 210
estupro, 78, 101, 119, 204, 206
Etiópia, 271, 287
Eva, *ver* Adão e Eva
Evangelhos, 28, 234, 521
exílio babilônico, 249, 253, 261, 383
Êxodo (do Egito), 137, 139, 142, 146, 150-1, 161-2, 179, 271, 280, 290, 328, 342, 345, 385, 452, 468
Êxodo, Livro do, 20, 113, 120, 122, 125-7, 129, 133, 136-7, 140, 144, 147, 154, 156, 158-9, 161, 163-4, 166-72, 174, 176, 182, 196, 211, 240-1, 250, 260, 272, 288, 291, 298, 301, 303, 390, 396, 417, 451, 485-6, 515, 524, 526, 531, 538
Ezequias, 238, 261, 278, 283, 338, 362
Ezequiel, 251-2, 351, 417
Ezequiel, Livro de, 26, 252, 414, 416-7, 515
Faraó, 20, 67-8, 70, 79, 105-6, 121, 126-7, 129, 133-40, 151, 153, 197, 216, 240, 243-4, 267, 302, 342,

346, 448, 453, 456, 458, 466, 468, 470, 500, 530
feminista, crítica, 542
Fenícia, 374
ferezeus, 129, 131, 188
filisteus, 152, 212, 283, 346, 348
Fílon de Alexandria, 254-5, 532
Fineias, 178, 429
First Dissident, The (Safire), 381
Flaubert, Gustave, 307, 534
fratricídio, 119
Freud, Sigmund, 127, 379
Frost, Robert, 381-2, 413
fruto proibido, 44-5, 51
fundamentalismo, 524
Gabriel, 461-3
Gaon, Saadya, 397
Gênesis, Livro do, 19, 21-2, 40, 42-3, 47, 50, 54-7, 59, 62, 64-6, 68, 70-1, 73, 79, 83, 85, 87, 89-91, 94, 97, 101, 103, 107-10, 113, 114, 116, 119, 122, 127, 132, 141, 146, 150, 153-4, 166, 180, 182, 187, 195-7, 213, 220, 277, 288, 294-5, 301-3, 305, 310, 320, 336, 342, 360, 380, 383, 416, 456, 461, 472, 504, 515, 526-9, 538
Gerizim, 191
Gérson, 133-4
Gesém, 482
Gibeá, 205
Gideão, 203
God's favorite (peça teatral), 13
Goethe, Johann Wolfgang von, 505
Gomorra, 75, 259
Good, Edwin M., 399, 404-6, 408, 535, 537-9
Grécia e império grego, 114, 116, 125, 173, 254, 269, 446, 459, 463, 509-10
Greenberg, Moshe, 397, 535, 538
Greenblatt, Stephen, 17, 523, 524
Haendel, Georg Friedrich, 259, 533

Hagar, 70, 74, 91
Hagite, 225
Hamã, 447-8, 450, 455
Hamate, 272
Hamlet (Shakespeare), 16, 18-9, 32, 220-1, 410, 497-8, 509-11, 517, 524, 534
Hamor, 101-2, 203
Hananias, 456
hayyehudim, 252
Hazael, 231-5
Hazor, 200
hebraico (língua), 29, 36, 38, 61, 68, 71, 77, 82, 86, 110, 127, 130, 200, 207, 218, 253, 260, 268, 290, 300-1, 308, 384, 393, 400, 405, 414, 426, 433, 437, 441, 451-3, 484, 490, 517, 519, 525-9, 533, 535-7, 539
helenismo, 532
ḥesed, 158-9, 180, 186, 207-8, 308, 350, 360, 536-9
heteus, 129, 131, 152, 188
heveus, 101-3, 129, 132, 152, 188
hinduísmo, 144
História Deuteronomista, 183-4, 209, 224-5, 228-9, 243, 256, 263, 308, 381-2, 390, 440, 482, 532
Historicismo: germânico, 522; Novo, 17, 523-4; Velho, 523
hititas, 81, 146
holocaustos, 80, 154, 259, 260, 286, 301, 328, 361-2, 485, 507
homossexualidade, 77
Horebe, monte, 126, 230, 233, 237
Hur, 486
Idade Média, 510
Ido, 470
idolatria, 148-9, 155, 161, 163, 232, 238, 253, 280-3, 296, 341, 345, 429
Iluminismo, 168
Imitatio Dei, 11

In turns of tempest: a reading of Job (Good), 404, 535, 537
incesto, 78, 109
infanticídio, 119, 126-7, 178, 205, 211, 345, 415-6
Isaías, 236, 238, 251-2, 255-7, 259, 261, 266-8, 270-1, 284, 288-9, 291-2, 298, 310, 312, 315, 326, 328, 338, 351, 358, 390, 404-5, 420, 457, 461, 482, 523, 533
Isaías, Livro de, 21, 26-7, 255-6, 258-9, 264-5, 267, 272, 276-9, 283, 285, 287-8, 290, 294-6, 298-301, 309, 311, 321, 331, 336, 338, 340, 404, 419, 422, 433, 452, 515, 523, 532-4
Isaque, 79-84, 88-9, 91-3, 95-6, 103, 105-6, 108, 110-2, 120, 122, 125-7, 129, 131, 135, 142, 146, 162, 187, 195, 301, 329, 378, 403, 416, 495, 500, 529
Ismael, 70, 72-3, 88, 108
Israel, *ver* Jacó
Israel e israelitas, 15, 18, 21, 31, 33-4, 73, 85-6, 88, 91, 96-8, 100-1, 105, 120-3, 125-6, 129, 131-42, 144-5, 147-9, 152-6, 159, 161-4, 166-206, 208-12, 214-7, 219-21, 223-6, 228-35, 237-47, 249-52, 255-6, 258-9, 261-7, 269, 271-4, 276-7, 279-92, 297-303, 305-6, 308-13, 315-6, 321, 323-4, 329-34, 337, 339, 341-2, 344-9, 352-4, 356-8, 360-2, 364, 374, 377, 383-5, 393, 409-10, 414-7, 419-20, 422-3, 425-30, 432, 434, 442-3, 446, 448, 451-3, 455, 460-1, 466, 468-79, 481-2, 485-6, 488, 490, 492, 494-5, 500-2, 508-9, 517-9, 525-6, 528-34, 542
J. B. (peça teatral), 402
Jaboque, 97
Jacó, 89-106, 108-12, 120, 122, 125-7, 129, 131, 135, 142, 146, 156, 162-3, 187, 193, 195, 201, 203, 207, 209, 234-5, 262, 284-5, 287, 297, 299, 301, 329, 331, 348, 362, 378, 429, 518, 529
Jael, a queneia, 331
jebuseus, 129, 132, 188, 481
Jeoás, rei de Israel, 235
Jeremias, 251-4, 256-7, 351-2, 377, 462, 489
Jeremias, Livro de, 26, 252, 333, 362-3, 461, 515, 538
Jericó, 167, 184, 241, 524
Jericó, batalha de, 184, 241, 524
Jeroboão, 238
Jerusalém, 67, 110, 125, 142, 167, 190, 195, 216, 218, 224-5, 236-8, 249, 252-4, 256, 258, 261-2, 269, 275, 279, 285, 292, 296, 302, 310-1, 324, 334, 336, 342, 345, 351-2, 358, 362, 405, 408, 423, 426, 429, 432, 435, 456, 461-2, 466-8, 470-3, 478-85, 488-92, 501-2, 507, 509, 511, 519, 532, 543
Jessé, 238, 270, 359
Jesua, 469-70
Jesus Cristo, 21, 145, 234, 255, 384, 445, 523, 525
Jesus de Nazaré, 519
Jeú, 231-2
Jewish Publication Society (JPS), 30, 83, 130-1, 172, 185, 187, 200, 207, 252, 260, 299, 363, 386, 391, 441, 522, 529-34, 536, 538
Jezebel, 228-9, 232
Jó, 20, 297, 381-414, 417-8, 421-2, 440-1, 444, 464, 495, 502, 506-7, 535-8, 540-1
Jó, Livro de, 13, 20, 26, 145, 163, 313, 321-2, 324, 337, 380-92, 394-6, 398-400, 402, 406, 409-10, 412-4, 417-22, 430-3, 435, 441-4, 461, 507-8, 516, 533, 537-40

Joabe, 222-3, 225
Joel, 515, 534
Jonas, 515, 534
Jônatas, 210, 212, 309
Jordão, rio, 96-8, 101, 167, 178, 184, 186, 199, 234, 242, 470, 480
Josafá, rei de Judá, 229
José, 90, 101, 103-12, 119, 142, 161, 191-3, 198, 201-2, 207, 209, 237, 271, 299, 303, 329, 374, 456, 466, 525-6, 529
Josias, 238, 543
Josué, 153, 161, 192, 199, 200-4, 211, 234-5, 241, 285, 325, 327, 346, 391, 466, 484, 486, 511, 524
Josué, Livro de, 195-6, 198-200, 204, 209, 216, 237, 241, 243, 273, 323, 470, 515, 524, 532
Jotão, 261
Joyce, James, 35, 525
judaísmo, 12, 185, 254, 255, 271, 445-6, 467, 477, 491, 509, 544; alexandrino, 255; filônico, 532
Judeia, 252, 257, 323, 338, 466, 480, 487, 544
judeus, 11, 14, 20-1, 25-8, 42, 109, 144, 184, 218, 245, 252, 254-5, 280, 282-3, 290-2, 327-8, 338, 344-5, 358-60, 362, 378, 383, 392, 398, 400, 414, 426, 436, 442, 445-60, 462, 466-71, 473-80, 482, 485, 487-9, 502, 518-20, 530, 542
Judite, 453
Judite, Livro de, 453
Juízes, Livro dos, 186, 197, 199, 202-4, 206, 237, 241, 243, 302, 331, 515
Jung, Carl, 36
kabod, 163
karma, 145, 159, 365
Keats, John, 413, 492
Keegan, John, 533
Kermode, Frank, 524-5, 535

Kerrigan, William, 16-8, 31, 517, 522-3
ketib, 400, 406
ketubim, 29, 516, 521
Kierkegaard, Sören, 404, 416
Knights, L. C., 17-8
Laai-Roi, 88
Labão, 82, 94-5
Laís, 204
Lamentações, Livro das, 26, 412, 431-5, 444, 508, 516
lebab, 187
Levi e levitas, 102, 110, 127, 136, 148, 155, 168, 178, 204-5, 215, 328, 469, 484, 487, 493
Levítico, Livro do, 167-72, 179, 181-2, 241, 260, 266, 295, 415, 515
Lia, 91, 94, 109, 208, 429, 472
Literary guide to the Bible, The (Greenberg), 397, 535, 538
Ló, 22, 68, 76-8, 110, 428
Lo-ammi, 420
Luz, 101, 104
Macbeth (Shakespeare), 319
MacLeish, Archibald, 381, 402
Malaquias, 234, 255, 323, 328-9, 337, 345, 429, 452, 534
Malaquias, Livro de, 320-3, 337, 339, 516, 518
Manassés, 110, 193, 202, 334, 345
Maomé, 26
Maquedá, 200
Marduque, 62-3, 119, 140, 282, 528
Marwin, W. S., 381
"Masque of reason, A" (Frost), 381, 413
massorético, texto, 400, 406
masturbação, 119
Mateus, Evangelho segundo, 27, 523
Mediterrâneo, mar, 255, 291
Melquisedeque, 68
merkabah, 234

Mesopotâmia, 46, 85-7, 97, 140, 274, 529
Messias, 234, 453, 519
Messias (Haendel), 259, 533
Micaías, 228-30
Mical, 216-7, 225
Midiã e midianitas, 88, 126, 177-8, 475
midrash, 414
Miguel, 463
Mille, Cecil B. De, 137
Milton, John, 236, 520
Miqueias, 266, 461
Misael, 456
miškan, 147, 529
Mitchell, Stephen, 387, 399, 405-6, 408, 413, 535, 538-9
Moabe e moabitas, 73, 110, 141-2, 167, 177, 282, 425-6, 428-9, 488, 508
Moisés, 126-7, 129-31, 133-6, 138-40, 147-51, 153-6, 158-64, 166-8, 170, 173-8, 180-2, 184-9, 191-4, 198-9, 201-4, 209, 211, 215, 219, 228, 232, 234-5, 239-40, 242-3, 245-7, 256, 259, 266, 280, 285, 288-9, 295, 298-9, 301-3, 309, 329, 332, 351-2, 374, 379, 383, 388, 396, 444, 466, 471, 475-8, 483, 485-6, 500, 518, 523-4, 530-1, 543-4, 547
Moisés e o monoteísmo (Freud), 127
Moloque, 415-6
monoantropismo, 284
monoteísmo, 15, 32, 46, 63, 85-6, 96, 114, 122, 124, 127, 144-5, 274, 281-2, 284, 292, 360, 439, 477, 510, 517, 527-8
Montgomery, Bernard, 250
Mordecai, 447-51, 453, 455, 463, 467
Morto, mar, 73, 539
mosaica, aliança, 156, 280, 300, 361
muçulmanos, 14, 26
Murphy, Roland E., 536-8
Nabote, 228-9

Nabucodonosor, rei da Babilônia, 167, 252, 456-8, 460-1, 468
Nadabe, 485
Naor, 81, 84, 92, 95, 110
Natã, 217-8, 222, 224-7, 258, 268, 302, 324
Neardeia, 254
Nebate, 238
nebi'im, 29, 515, 521
Neemias, 453, 466-8, 478-83, 487-9, 509
Neemias, Livro de, 323, 412, 445, 453, 466-7, 472-3, 478-80, 483-4, 486-7, 490-1, 498, 512, 516, 543
Nevi'im, 518
New English Bible, 399
New Oxford annotated Bible (Terrien), 536-7
Nietzsche, Friedrich Wilhelm, 392
nihamtiy, 537-8
Noé, 59-60, 67, 78, 88, 107, 118, 134, 180, 209, 261, 272, 284, 301, 305, 360-1, 388, 444, 499-500
Noemi, 425-7, 508
Noite transfigurada (Schönberg), 420, 541
Nona Sinfonia (Beethoven), 259, 279
Nova Versão Padrão Revisada (NVPR), 58, 77, 130, 260, 299, 375, 441, 531, 536
Novo Testamento, 21, 25, 27-8, 124, 139, 277, 518, 520-1, 523, 533
Números, Livro dos, 136, 166-7, 170, 172-3, 175, 177, 180, 182, 184, 199, 241, 280, 429, 475-6, 515
Ode a uma urna grega (Keats), 492
Ogue, rei de Basã, 216
Olimpo, monte, 504
Orfa, 425
Oseias, 351, 420
Oseias, Livro de, 419, 421-2, 515
Oxford annotated Bible, 276, 538
Padã-Arã, 92, 94, 104

pahad yishaq, 95
Pai-Nosso (oração), 21, 354, 523
Palestina, 400
parta, império, 253
Pascal, Blaise, 368, 534, 535
Patros, 271
Peniel, 98
Pentateuco, 166-7, 169, 180-1, 184, 249, 263, 304, 343, 351, 518, 522
Peor, 178, 183-4
Perez, 110, 429
Pérsia e império persa, 252-3, 269, 279, 287, 290, 291, 323, 326, 327, 345-6, 429, 446-8, 459, 462-3, 466-72, 480, 483-4, 488-90, 502, 509
Pope, Marvin H., 163, 539-40
Provérbios, Livro dos, 321-2, 324, 337, 357, 365, 366-9, 371, 373, 375, 377-8, 380, 382-3, 385, 388-9, 391, 409, 420-1, 427-8, 430, 437, 443, 508, 516
punição, 261, 311, 313, 315, 370
Purim, festa do, 450
qere, 400, 406
"Quantos filhos tinha lady Macbeth?" (Knights), 17
queneus, 121, 211
Raabe, 290
Raquel, 91, 94, 108-9, 207-8, 429
Rashi, 441
Rebeca, 82, 83, 90, 91-2, 110, 146, 207, 331
Reis, I Livro dos, 199, 213, 228, 230, 233-4, 236-8, 241, 243, 324, 374, 412, 494, 505, 515
Reis, II Livro dos, 19, 195-6, 198-9, 203, 209, 213, 216, 233, 236-8, 241, 243, 245, 247, 252, 283, 294-5, 302-3, 310, 323, 334, 336, 412, 415, 451, 466, 494, 515, 523, 532, 543
Renaissance self-fashioning (Greenblatt), 17
Revelação, Livro da, 28

Roma e império romano, 27, 173, 184, 253-4, 519
Russell, Bertrand, 387, 411
Rute, 425-9, 508
Rute, Livro de, 425-7, 429-31, 444, 508, 512, 516
sabá, 485, 488
sabedoria, 14, 106, 251, 269, 289, 301, 357, 365-7, 369-72, 379-80, 383-4, 389-90, 392, 410, 437-8, 441, 443, 456-7, 471, 493, 502, 522; *ver também* Senhora Sabedoria
sacrifício, 80, 83, 132, 169, 191, 259, 281, 286, 361, 376, 403, 415-6, 462, 469, 485, 500; de animais, 136, 154-5, 261, 328, 338, 510; de crianças, 244, 345, 415-6, 500
šadday, 71, 396
Safate, 231
Salmos, Livro dos, 21, 237, 320-2, 324, 337, 343-6, 348, 350-2, 356, 358-60, 362, 365-6, 368-9, 395-6, 400, 409, 420-1, 430, 432, 435, 442, 473-4, 516, 532
Salomão, 198, 218, 220-2, 237-8, 301-2, 324-5, 331, 334, 374, 418-9, 488-9, 493-5, 501, 503-5
Samaria, 228, 238, 253, 334, 469, 480
samaritanos, 470
Sambalá, 480-2
samsara, 365
Samuel, 209-10, 212, 215, 300
Samuel, I Livro de, 197, 199, 206, 209, 210-1, 213, 237, 241, 243, 321, 412, 427, 515
Samuel, II Livro de, 21, 198-9, 210, 213-4, 220, 222, 224, 237, 241, 243, 258, 261, 276, 302, 321, 324, 336, 412, 493, 515
santo, 15, 86, 107, 168, 176, 266, 271, 280-1, 286, 353, 361, 460, 462, 494, 524

Santo de Israel, o, 258, 264-5, 267, 279, 282, 306
Sara/Sarai, 67-70, 74-5, 79, 81, 88, 90-1, 119, 206
sarça ardente, 126-7, 131, 140, 193, 266, 298, 396, 524
Sargom, 460
Sarsalão, 268
sassaniano, império, 253
Satã, 383, 385-6, 388, 409, 413, 464; *ver também* diabo
Saul, 210-3, 218, 226, 273, 309, 343
Schönberg, Arnold, 420-1, 542
Sealtiel, 323, 326
Secanias, 475-6
sedeq, 360
sedução, 119
Segunda Guerra Mundial, 214, 250
semita, língua, 83
Senaqueribe, 236, 283, 362
Senhor (Senhor Deus), 18, 21, 25, 30-2, 35-6, 42-54, 56-7, 64, 84, 87-90, 96-101, 103-5, 107, 111, 120, 122, 125, 127, 129, 132, 149-51, 153-5, 158, 164, 173-4, 177, 179, 184-5, 187, 191, 196, 201, 208-9, 216, 219-20, 222, 226, 230-1, 235, 241-3, 245, 250, 253, 255-8, 266, 274, 277, 282, 286, 288, 292-3, 296, 300, 302-3, 305-7, 310, 321-2, 330, 332-6, 342, 355, 369, 379, 385-6, 388, 395, 409-10, 414, 416, 430, 467-8, 471-3, 478, 486, 493, 495-6, 498, 503-6, 508-11, 524, 526, 528-9, 532, 534
Senhor dos Exércitos, 197, 207-8, 217, 228, 261, 263-4, 266, 268, 274-5, 279, 282, 306, 324-7, 329-30, 341, 429, 469
Senhora Sabedoria, 365-6, 369, 371, 373-4, 379-80, 509

Septuaginto, 181, 398, 405-6, 451, 453, 490, 521-2, 536
serafim, 265-6
serpente, 44-8, 50, 52-3, 57, 59, 63, 385, 499
Sete, 58
sétimo dia de descanso, *ver* sabá
Shakespeare, William, 16, 17, 137, 413, 459, 510, 522-3; Hamlet, 16, 32, 220; Macbeth, 319
Shakespearean negotiations (Greenblatt), 17
Shakespearean tragedy (Bradley), 16
Sião, monte, 142, 237, 262, 269-70, 275, 285, 290, 292, 328, 353-4, 358, 423, 464, 487
Sidom, 204
Siló, 111
Simeão, 102, 110, 472
Sinai, deserto, 174
Sinai, monte, 149-51, 154-6, 158, 167-70, 178, 183, 187, 219, 230, 232-3, 242, 271, 284, 305, 346, 349, 359, 471, 485-6
Siquém, cidade heveia, 67, 98, 100-2, 110, 191-2, 201-3, 206, 238
Siquém, filho de Hamor, 102, 203
Síria, 228-9, 231, 233, 461, 533
Sisera, 331
Smith, Mark S., 31-2, 525
Sodoma, 68, 75-9, 87, 89, 93, 98, 132, 204, 245, 259, 428, 537
Sófocles, 497, 548
Sofonias, Livro de, 408, 410, 515
Sura, 254
Susã, 447, 454, 479, 483, 509
tabernáculo de Deus, 164
Talmai, 225
Talmud, 253, 414
Tamar, 109-10, 429-30
Tanach, 29-32, 35-6, 83, 107, 109, 113, 119, 122-4, 130, 139, 180, 186-7, 198-9, 207, 209, 214, 237,

242, 252, 255, 281, 294, 299, 302-3, 306, 320-1, 323, 327, 332, 337, 343, 360, 365, 374, 378, 381, 386, 393, 400, 403, 408-9, 412-4, 419-20, 423, 425, 435, 440, 444, 451-2, 455, 457, 462, 465, 468, 471-3, 475, 477-80, 488-91, 495, 498, 503-6, 508-11, 518-24, 526, 529, 532, 533, 535, 537, 539
Tema, 273
teofania do Sinai, 154, 156, 178, 230, 232, 233
teografia, 20-1
teologia, 12, 18, 20, 22, 31, 73, 224, 237, 251, 254, 382, 416, 445, 513, 517, 527; feminista, 527
Terra Prometida, 20, 81, 147, 176, 184, 191, 196, 247, 342, 468, 484, 509
Terrien, Samuel, 536-9
Tetrateuco, 184
Tiamat, 33, 62-3, 97, 119, 123, 140, 528
Tobias, 482
Tobias, Livro de, 453
Todo-poderoso, o, 71-2, 75, 83, 389, 396, 527
toledot, 180
Torá, 166, 227, 349-50, 360, 362, 369, 374, 383, 459, 472, 478, 515, 519, 522, 543-4
torá, ensinança, 357, 366, 369, 436, 518
Turquia, 533
Ulysses (Joyce), 525
Ur, 127, 191

Urias, 225-6, 340
Uzias, 261
Vermelho, mar, 139-41, 152, 186, 219, 291
Versão do rei James, 231, 406, 439, 518, 535
Versão Padrão Revisada do Antigo Testamento (VPR), 65, 83, 130, 180, 200, 229, 349, 399-401, 404-5, 407, 529-30, 533-4, 536
Vishnu, 511
vontade de Deus, 145
White, E. B., 227
Wolde, Ellen Van, 542-3
yahweh, 42, 63, 83, 85, 89, 93, 105, 118, 122-3, 125-6, 130-1, 207, 298, 384-5, 444, 485, 517, 526-8
yahweh ʾelohim, 42, 63, 86, 509
Yahweh and the gods of Canaan (Albright), 31, 525
yahweh ṣebaʾot, 207-8
Yam, 140
yd^c, 300
Yeats, W. B., 512
Yehud, 323
Zacarias, 252, 255, 327-8, 337, 342, 351, 469-70, 534
Zacarias, Livro de, 252, 320-3, 338-9, 341-2, 391-2, 516
Zerá, 110
Zeus, 114
Zípora, 133
zkr, 300
Zorobabel, 323, 325-7, 356, 468-70

Jack Miles nasceu em Chicago, em 1942. Ex-jesuíta, fez seus estudos religiosos na Pontifícia Universidade Gregoriana, em Roma, e na Universidade Hebraica, em Jerusalém. É doutor em línguas do Oriente Médio pela Universidade Harvard. Foi porfessor titular da Universidade da Califórnia e bolsista da Fundação Guggenheim. Integrou o corpo editorial do *Los Angeles Times*, dirigiu o programa de prêmios do mesmo jornal e foi presidente do Círculo Nacional de Críticos Literários. Atualmente, é editor-contribuinte do periódico *Atlantic Monthly* e colaborador do *New York Times*. Dele, a Companhia das Letras publicou *Cristo — Uma crise na vida de Deus* (2002).